Leasing A – Z

Christian Glaser

Leasing A – Z

Kennzahlen für die Steuerung von Leasing-Gesellschaften

3. Auflage

Springer Gabler

Christian Glaser
Heilbronn, Deutschland

ISBN 978-3-658-31838-3 ISBN 978-3-658-31839-0 (eBook)
https://doi.org/10.1007/978-3-658-31839-0

Die Deutsche Nationalbibliothek verzeichnet diese Publikation in der Deutschen Nationalbibliografie; detaillierte bibliografische Daten sind im Internet über http://dnb.d-nb.de abrufbar.

Springer Gabler ist ein Imprint der eingetragenen Gesellschaft Springer Fachmedien Wiesbaden GmbH und ist ein Teil von Springer Nature.
Die Anschrift der Gesellschaft ist: Abraham-Lincoln-Str. 46, 65189 Wiesbaden, Germany

Über den Autor

Dr. Christian Glaser promovierte zum Risikomanagement von Finanzdienstleistern und ist aktuell Generalbevollmächtigter einer namhaften Finanzierungsleasing-Gesellschaft.

Darüber hinaus ist er Autor zahlreicher Fachveröffentlichungen im Bereich des Controllings und Risikomanagements sowie Mitglied der Arbeitsgruppen „Regulatorik", „Strategie und Stresstests" sowie „Risikotragfähigkeit" des Bundesverbands Deutscher Leasing-Unternehmen e.V. (BDL).

Er ist außerdem Speaker auf risikomanagementbezogenen Seminaren und Workshops sowie nebenberuflicher Dozent für das Thema Risikomanagement an mehreren Hochschulen, darunter einer Dualen Hochschule (University of Cooperative Education) in Baden-Württemberg.

Neben diesem Buch sind bereits die Titel

- „BaFin-Sonderprüfungen gemäß § 44 KWG" (2020),
- „Risiko im Management" (2019),
- „Risikomanagement im Leasing" (2. Aufl., 2018) und
- „Wettbewerbsfaktor Vertrieb bei Finanzdienstleistern" (2. Aufl., 2017)

im Springer-Verlag erschienen.

E-Mail: christian.glaser@outlook.com

Geleitworte zur dritten Auflage

2020 ist für die Leasing-Branche ein Jahr besonderer Herausforderungen. Feierte die Branche 2019 noch Rekordergebnisse, hielt die COVID-19-Pandemie sie mit ihren Auswirkungen ein Jahr später in Atem. Doch auch bei solchen unvorhersehbaren Ereignissen zeigen sich Robustheit, Anpassungsfähigkeit, Reaktionsvermögen und Solidität der Leasing-Wirtschaft. Die Branche ist verhältnismäßig stabil durch die Krise gekommen und ist als Investitionsmotor für den Neustart und Aufholprozess der Wirtschaft unverzichtbar.

Zukunftsfähig beweist sich Leasing auch bei aktuellen Megathemen und nimmt eine bedeutende Rolle bei der Umsetzung von Innovationen ein: Wenn es um die Vereinbarkeit von technologischem Fortschritt und Klimazielen geht, um Mobilitätskonzepte der Zukunft, um die Realisierung der Digitalisierung in den Unternehmen oder um Fragen zu nachhaltigem Wirtschaften und Sharing Economy, bietet Leasing passende Konzepte und Antworten. Ein jährliches Neugeschäft von zuletzt rund 75 Mrd. EUR und eine Mobilien-Leasingquote von 24 % belegen die enorme Bedeutung der Investitionsform für den Mittelstand und den damit verbundenen volkswirtschaftlichen Nutzen.

Fast 60 Jahre nach seiner Etablierung in Deutschland ist Leasing daher attraktiver denn je. Garant für den nachhaltigen Erfolg ist neben der Expertise und Innovationskraft der Leasing-Gesellschaften ihre Vielfalt mit hersteller-, bankenverbundenen und unabhängigen Leasing-Gesellschaften sowie die mittelständische Struktur der Branche. In den vergangenen Jahren ist nicht nur das Produkt Leasing anspruchsvoller geworden, auch die Anforderungen an das Management von Leasing-Gesellschaften sind gestiegen. Der vielfältige Einsatz von Leasing setzt das Wissen um Leasing-Güter und deren Managementprozesse als Finanzdienstleistungen voraus. Umso wichtiger ist es, das Know-how über Leasing weiterzuentwickeln und weiterzugeben.

Und dass der Bedarf hierfür wächst, zeigt die erforderliche Neuauflage der Arbeit von Christian Glaser. Der Autor trifft mit seinem Glossar zu wichtigen Kennzahlen in der Unternehmensteuerung des Leasings das Bedürfnis nach einer praxisnahen Darstellung und fördert damit den richtigen Gebrauch und das eindeutige Verständnis zentraler Begriffe. Das Buch ist daher uneingeschränkt nicht nur dem engeren Kreis von Beschäftigten im Leasing zu empfehlen, sondern allen, die im Kontakt zur Branche stehen und Informationen suchen.

Handlich und dennoch breit und anschaulich werden die Leasing-Begriffe im Werk dargestellt und machen es hierdurch zu einem grundlegenden Kompendium für Theorie und Praxis.

Berlin, im Juni 2020
Dr. Claudia Conen,
Hauptgeschäftsführerin Bundesverband Deutscher Leasing-Unternehmen e.V.

In Zeiten des rasanten technologischen Wandels müssen Unternehmen produktiver und Abläufe rascher automatisiert werden. Kurz gesagt: Die digitale Transformation erfordert Investitionen. Leasing kann einen wichtigen Beitrag zur Bewältigung dieser Herausforderungen leisten.

Bereits bekannt sind die positiven Effekte von Leasing als Finanzierungsinstrument, wie Schonung der Liquidität, Optimierung von Kapitalstruktur, Senkung der Kapitalkosten, Vereinfachung des Cash-Managements und Investitionen während der Wachstumsphase. Leasing ist gerade bei Expansionen eine interessante Finanzierungsmöglichkeit, da eine großzügigere Kreditvergabe möglich ist, weil das Leasingobjekt der Bank gehört und ihr damit als Sicherheit dient. Dies hat auch eine positive Auswirkung auf den Preis: Leasingzinsen sind tiefer als Kreditzinsen.

Über diese bekannten Vorteile hinaus kann Leasing aber auch positive Impulse für die Entwicklung eines Unternehmens haben. So schafft Leasing finanziellen Spielraum für Forschung und Entwicklung, was gleichzeitig die Agilität fördert. Unternehmen können auf Innovationszyklen kurzfristiger reagieren und bleiben so stets am Ball der technologischen Entwicklungen.

Damit Innovationen über Leasing finanziert werden können, müssen sich auch die Leasinggesellschaften selbst, ihr Angebot und ihre Modelle immer weiterentwickeln. Die Komplexität des Leasinggeschäfts ist in den letzten Jahren zudem gerade auch im regulatorischen Bereich deutlich gestiegen und wird weiter steigen. Zur Kontrolle und Steuerung ihrer Geschäfte sind Leasinggesellschaften deshalb mehr denn je auf geeignete Instrumente angewiesen. Das vorliegende Buch zeigt die betriebswirtschaftlichen Zusammenhänge von Kennzahlen auf und erläutert deren Einsatzmöglichkeiten, was es zu einem wertvollen Begleiter für Leasinggesellschaften aber auch Leasingnehmer macht.

Zürich, im Juli 2020
Prof. Dr. Cornelia Stengel, Geschäftsführerin Schweizerischer Leasingverband

Ein einheitliches, eindeutiges und korrektes Verständnis von Fachbegriffen, Definitionen und Kennzahlen schafft einen Qualitätsstandard als Grundvoraussetzung für Effizienz und Effektivität in der Unternehmenssteuerung. In einer Zeit des dynamischen Wandels mit einer stetigen Veränderung von Chancen-/Risikoprofilen gewinnt ein durchgängiges Steuerungssystem noch stärker an Bedeutung. Dieses Buch bietet praxisrelevante Tipps und eine optimale Orientierungshilfe, um diese großen Herausforderungen zu meistern. Durch die sinnvolle und übersichtliche Darstellung, sind die Inhalte sehr gut nachvollziehbar und schlüssig. Das Zusammenspiel aus Lexikon und Ratgeber ist eine perfekte Kombination, um das Leasing von A bis Z kennenzulernen und zu verstehen.

Ulrich Bergmann, Finanzvorstand (CFO) CHG-MERIDIAN AG

Ein absolutes Muss für die Bibliothek aller Experten der Leasingbranche. Herr Dr. Glaser schafft es wieder einmal absolut fundiert, leicht verständlich und flüssig im Stil, sein umfangreiches theoretisch-akademisches Know-how mit seinem ergänzenden, langjährigen Praxiswissen zu verbinden. Es ist die nahezu perfekte Symbiose denkbarer Kennzahlen aus Theorie, spezifischer Regulatorik und der vielfältigen Praxis. Eine wirklich seltene Gabe, diesen Dreiklang verständlich und praxisrelevant verbinden zu können und eben gerade deshalb ein Muss. Mit der 3. Auflage wird den vielfältigen Neuerungen von A bis Z (Aufsichtsrechtliche Neuerungen bis Zuwanderung der Kunden) oder neueren Erkenntnissen vom Vertrieb über die Marktfolge bis zu den direkt steuernden Einheiten Rechnung getragen und damit ein exzellenter Praxisleitfaden der Leasingbranche auf den neusten Stand gebracht. Ein Dank der Branche sei Ihnen, lieber Herr Dr. Glaser, gewiss.

Guido Feldhaus, Geschäftsführer SüdLeasing GmbH

Es gibt wohl kein zweites Kompendium, welches in derart umfassender und zugleich fachkundiger Weise eine spezifische Verbindung herstellt zwischen ‚Kennzahlen' und ‚Leasinggesellschaft'. Wer hier nicht die für seine Zwecke passende treffgenaue Kennziffer mitsamt ihrer Herleitung und Bedeutung findet, hat nicht richtig gesucht. Und wer das Werk systematisch durchsieht, erhält unzählige Anregungen, wie die Steuerung einer Leasinggesellschaft weiter geschärft und zielgenauer ausgerichtet werden kann. In der dritten Auflage finden wir eine nochmals um wichtige zeitgemäße Aspekte ergänzte Sammlung, die einzigartig wertvoll und damit für alle Stakeholder der Leasingbranche geradezu unverzichtbar ist. Ein sehr anschauliches Standardwerk und damit vollständig praxistauglich.

Dr. Christoph Halstrick, Vorsitzender der Geschäftsführung Commerz Real Mobilienleasing GmbH

Neben den unbestrittenen Vorteilen, welche die Lektüre des Standardwerkes für Kennzahlenanalyse für jeden Controller einer Leasinggesellschaft hat, können die von Dr. Glaser übersichtlich strukturierten Kennzahlen auch für den Vertrieb einer Leasinggesellschaft einen deutlichen Mehrwert bei der systematischen und potentialorientierten Kundenarbeit bringen. Ein umfassendes Nachschlagewerk für die leasingspezifische Theorie und Praxis.

Volker Jacobi, Geschäftsführer Postbank Leasing GmbH

Der Digitalisierung einen Schub zu geben, ist explizites Ziel laufender Konjunkturprogramme - die dafür notwendige Infrastruktur eignet sich perfekt für die flexible Finanzierungsform Leasing. Christian Glaser präsentiert hier das 1x1 der Kennzahlen zur Steuerung. Das Standardwerk liefert geballtes Wissen für Praktiker, aber auch Gründer und Investoren - klar, detailreich und trotzdem kompakt.

Antje Leminsky, Vorstandsvorsitzende GRENKE AG

Dass das Buch Leasing A-Z bereits nach so kurzer Zeit in der dritten Auflage erscheint, ist ein Gütesiegel und gleichzeitig wenig verwunderlich, wenn man sich den Inhalt genauer anschaut. Kompakt, klar verständlich und strukturiert werden die unterschiedlichsten Kennzahlen, die für die Steuerung einer Leasinggesellschaft relevant sind, aufgeführt. Dabei erfolgt eine ausgewogene Darstellung der unterschiedlichsten Blickwinkel und Funktionen, die für ein ganzheitliches Management wichtig sind. Das Buch von Christian Glaser hat sich zu einem Referenzbuch für die Leasingbranche entwickelt und kann nicht nur Controllern empfohlen werden, sondern allen Führungskräften, Geschäftsführern und Vorständen, die im Leasingumfeld tätig sind.

Maximilian Meggle, Sprecher der Geschäftsführung MMV Leasing GmbH/MMV Bank GmbH

In dem überschaubaren Angebot an Leasing-Fachliteratur hat Christian Glasers „Leasing A - Z" einen festen und renommierten Platz eingenommen. Sowohl der ambitionierte als auch der angehende Leasingprofi findet hier ein umfangreiches und fachlich tiefgehendes Wissen. Hervorzuheben ist der ganzheitliche Blick auf das facettenreiche Finanzierungsleasing und insbesondere das Abgreifen der in den vergangenen

Jahren immer relevanter gewordenen aufsichtsrechtlichen Aspekte. Christian Glaser hat mit hoher Motivation, seiner langjährigen Erfahrung und fachlichen Expertise die aktuelle Ausgabe geschaffen. Leasing von A - Z ist eine etablierte und fundierte Lektüre zum vielfältigen und komplexen Thema Leasing.

Georg Müller, Geschäftsführer abcfinance GmbH

Die 3. Auflage in acht Jahren - eigentlich sagt das im Fachbuchbereich schon Alles. Leasing A - Z hat sich zu dem Standard-Nachschlagewerk in der Leasingbranche entwickelt. Dabei gibt das Buch nützliche Anregungen weit über die Leasingbranche hinaus. Auch für unser, über das Leasing hinausgehende, Unternehmenskonzept als Spezialist für strukturierte Nutzungsüberlassungen und Investmentmanagement finden sich vielfältige Anregungen. Gerade die Definitionen und die Erläuterungen verschiedener Kennzahlen sind Teil unverzichtbaren Managementwissens. Dies alles ist verständlich und stets vollständig erklärt. So entwickelte sich Leasing A - Z zu einem Standardwerk für das tägliche Management im Bereich der Finanzwirtschaft. Ein Handbuch, welches man greifbar haben sollte - sowohl für die eigene Entscheidungsfindung und unternehmensinterne Kommunikation als auch für die Darstellung komplexer Sachverhalte nach außen.

Oliver Porr, geschäftsführender Gesellschafter LHI Leasing GmbH

Erfolg ist zumeist nicht das Ergebnis von Zufällen, sondern von rechtzeitiger, angemessener Steuerung. Unternehmenssteuerung setzt Verständnis voraus, und Verständnis ist das Ergebnis der Analyse von Informationen. Sie zu erheben, zu bündeln, auszuwerten und verständlich zu machen, ist ein wesentlicher Erfolgsfaktor in jedem Unternehmen. Kennzahlen sind dabei unverzichtbare Hilfsmittel jeder Analyse. In einzigartigem Umfang und großer Klarheit hat Dr. Christian Glaser hunderte von Kennzahlen zusammengestellt, anhand von Beispielen erläutert, ihre Aussage und die Grenzen der Nutzbarkeit dargestellt. Das Buch hat sich seit seinem Erscheinen, nunmehr in dritter Auflage, zum Standardwerk für die Leasingbranche entwickelt, als umfassender Einblick für Interessierte, vor allem aber als unverzichtbare Hilfe für Analyse, Controlling und Entscheidung.

Thomas Rinn, Geschäftsführer Ferrari Financial Services GmbH

„Leasing A - Z" von Christian Glaser gibt einen umfassenden und praxisorientierten Überblick über alle wesentlichen Kennzahlen, die für die Steuerung und das Verständnis einer Leasinggesellschaft von Bedeutung sind. Hierbei beschränkt sich der Autor in seinem Buch nicht ausschließlich auf die klassischen finanzwirtschaftlichen Kennzahlen, sondern zeigt vielmehr gleichermaßen die relevanten Kennzahlen für sämtliche anderen Aspekte des Leasinggeschäfts (wie z.B. Risikomanagement, Vertrieb/ Marketing, Personal und Finanzierung) auf. Aufgrund des klaren und systematischen Aufbaus kann der Leser bei jeder einzelnen Kennzahl auf den ersten Blick erkennen, wie die Kennzahl definiert ist, welche Aussagekraft diese hat, wie genau die Ergebnisse zu interpretieren sind und wo die Aussagekraft einer Kennzahl an ihre Grenzen stößt. Neben zahlreichen Aktualisierungen der bisherigen Kennzahlen und der Ergänzung um weitere Kennzahlen (u.a. in den Bereichen Digitalisierung und Vertrieb) zeichnet sich die vorliegende dritte Ausgabe durch wertvolle und praxistaugliche Hinweise für eine adressatengerechte Darstellung und Visualisierung der aus den Kennzahlen abgeleiteten Kernbotschaften aus. Mit der neuen Ausgabe von „Leasing A - Z" gibt Christian Glaser damit jedem Controller/CFO oder Geschäftsführer/Vorstand einer Leasinggesellschaft ein schlagkräftiges Instrument in die Hand, um den Zustand und die Entwicklung seiner Leasinggesellschaft betriebswirtschaftlich fundiert und gut verständlich anhand von Kennzahlen adressatengerecht und handlungsorientiert aufzuzeigen. Ebenso geeignet ist das Buch aber auch für jeden Außenstehenden, der versucht zu verstehen, wie genau es um eine Leasinggesellschaft steht und wie es dieser gelingt, ihre konkreten Strategien umzusetzen. Das umfassende Set an Kennzahlen stellt sicher, dass sowohl auf hohen Aggregationsebenen als auch im Detail die jeweils relevanten Fragen sehr präzise und prägnant gestellt werden können.

Hubert Spechtenhauser, Geschäftsführer UniCredit Leasing GmbH

Die bereits 3. Auflage des „Leasing A-Z" gewährt einen noch umfassenderen Überblick mit vielen aktuellen Praxisbeispielen zum Thema Leasing. Auch in Österreich stellt dieses Handbuch mit der übersichtlichen Aufzählung von relevanten Kennzahlen eine wichtige und verständnisvolle Unterlage für angehende und bestehende Führungskräfte der Leasingbranche dar.

Wolfgang Steinmann, Generalsekretär Verband Österreichischer Leasing-Gesellschaften

Geleitworte zur zweiten Auflage

Mehr als die Hälfte der außenfinanzierten Investitionen werden mittlerweile über Leasing realisiert. Diese Zahl zeigt deutlich, dass Leasing in der deutschen Wirtschaft, vor allem in der mittelständischen Wirtschaft, seit Jahren fest verankert ist. In der akademischen Welt dagegen wird Leasing immer noch stiefmütterlich behandelt. In den gängigen Lehrbüchern zur betrieblichen Finanzwirtschaft wird Leasing typischerweise in eines der letzten Kapitel verbannt. Über eine meist oberflächliche Behandlung der verschiedenen Leasingformen sowie der steuerlichen und bilanziellen Wirkungen kommt die Darstellung meist nicht hinaus.

Dabei sind mit der Bedeutung des Leasings auch die Vielfalt der Leasingformen und die Komplexität der Leasingverhältnisse gestiegen. Diese Dynamik des Leasings bringt es mit sich, dass sich oftmals noch keine einheitliche Begriffsbildung herauskristallisiert hat. Dies macht es dringend notwendig, dass Begriffe einheitlich definiert werden, um so zu einer einheitlichen Sprachregelung zu kommen.

Mit der Komplexität des Leasinggeschäfts sind auch die Anforderungen an das Management von Leasinggesellschaften enorm gestiegen. Dazu hat auch die Unterstellung der Leasinggesellschaften unter eine eingeschränkte Bankenaufsicht beigetragen. Die Mindestanforderungen an das Risikomanagement verlangen, dass Leasinggesellschaften über geeignete Instrumente zur Steuerung ihrer Geschäfte und der damit verbundenen Risiken verfügen. Dabei stützt man sich vielfach auf Kennzahlen. In Form von Kennzahlen werden Zielvorgaben definiert und mit Hilfe von Kennzahlen wird die Zielerreichung gemessen. Kennzahlen enthalten hochverdichtete Informationen. Darin liegt ihr Vorteil, aber auch ihre Gefahr. Kennzahlen ermöglichen es, in knapper Form Ziele präzise zu definieren, eine schematische und unreflektierte Anwendung von Kennzahlen kann aber auch falsche Impulse geben. Wichtig ist somit ein fundiertes betriebswirtschaftliches Verständnis der Aussagekraft von Kennzahlen. Darin liegt ein großer Vorzug dieses Buches: Die Kennzahlen werden nicht nur definiert, sondern deren Einsatzmöglichkeiten werden anhand von Beispielen erläutert und deren Aussagekraft wird kritisch gewürdigt. Dies macht dieses Buch zu einem wertvollen Nachschlagewerk für alle, die sich mit Leasing beschäftigen, sei es als Mitarbeiter/in in einer Leasinggesellschaft oder als Leasingnutzer.

Köln, im November 2015
Univ.-Prof. Dr. Thomas Hartmann-Wendels
Direktor Forschungsinstitut für Leasing an der Universität zu Köln

„Er ist der Herr der Kennzahlen - über dreihundert, alphabetisch geordnete Quotienten zur Steuerung über Kennzahlen bilden ein umfangreiches Glossar für Führungskräfte und Praktiker im Controlling. Interpretation und insbesondere die kritische Würdigung zur Aussagekraft der Kennzahlen sind wesentliche Stärken dieses hilfreichen Werkes. Glasers Buch schafft Transparenz und hilft Wichtiges von Unwichtigem abzugrenzen. Ein Muss für jeden, der die Welt der Kennzahlen verstehen will."

Martin Mudersbach, Vorsitzender der Geschäftsführung
akf Bank GmbH & Co. KG / akf Leasing GmbH & Co. KG

„Durch die systematische Darstellung und den Umfang der Kennzahlen ist das Buch von Christian Glaser eine Pflichtlektüre und wichtiges Arbeitsmittel für jeden Controller einer Leasinggesellschaft. Es hat sich zu einem Standardwerk entwickelt und kann somit auch den Refinanzierungspartnern der Leasinggesellschaften - und bei kapitalmarktorientierten Leasinggesellschaften auch deren Investoren - wertvolle Vergleichsmöglichkeiten eröffnen."

Wolfgang Grenke, Vorstandsvorsitzender GRENKELEASING AG

„Leasing A-Z ist ein unverzichtbarer Ratgeber für die tägliche Praxis in der Leasing-Branche. Das Fachbuch erläutert anwendungsbezogen relevante Kennzahlen des Leasings und fördert mittels vieler Beispiele deren schnelles Verständnis. Dank seines klaren und systematischen Aufbaus findet sich der Leser leicht zurecht und erhält sowohl detailreiches als auch kompaktes Wissen in einem Band."

Martin Mehrgott, Geschäftsführer MAN Financial Services GmbH

Geleitworte zur ersten Auflage

In diesem Jahr feiert die deutsche Leasing-Branche ihr 50-jähriges Bestehen. Man kann daher zu Recht behaupten, die Branche befände sich im besten Alter. Zwar sind Sturm und Drang der Anfangsjahre einer zunehmenden Reife gewichen, dennoch sind die Anpassungsfähigkeit und das Reaktionsvermögen ungebremst. Wie auch in der Vergangenheit wird Leasing eine bedeutende Rolle bei der Umsetzung des technologischen Fortschritts einnehmen und die Verbreitung von Innovationen fördern. Neue Konzepte in Bereichen wie Mobilität und Energie bieten dafür breite Chancen. Ein jährliches Neugeschäft von rund 50 Mrd. Euro und eine Mobilien-Leasingquote von über 20% sind zudem deutliche Belege für die volkswirtschaftliche Bedeutung, die sich die Branche in den vergangenen Jahren erarbeitet hat.

Diese Leistung wird von einer Vielzahl von Leasing-Gesellschaften erbracht, deren grobe Einordnung in hersteller- und bankenabhängige sowie unabhängige Leasing-Gesellschaften nur einen ersten Hinweis auf die große Vielfalt der Gesellschaften gibt. Neugeschäftsvolumina von einigen Millionen bis zu mehreren Milliarden Euro sowie der damit einhergehende Unterschied in der Anzahl der Mitarbeiter sind weitere Belege. Um dennoch von einer Branche sprechen zu können, bedarf es über den Begriff des Leasings hinaus einer einheitlichen „Sprache", derer sich die einzelnen Mitglieder bedienen. Nur wenn man „die gleiche Sprache spricht", wird der gegenseitige Austausch zum gemeinsamen Vorteil möglich.

Hier setzt die Arbeit von Herrn Glaser an. Der Autor entwickelt ein Glossar zu wichtigen Kennzahlen im Leasing und fördert damit zunächst den richtigen Gebrauch und das eindeutige Verständnis zentraler Begriffe. Das Buch ist daher nicht nur dem engen Kreis von Beschäftigten im Leasing zu empfehlen, sondern allen, die im Kontakt zur Branche stehen und praxisnahe Informationen suchen.

Darüber hinaus macht die breite und anschauliche Darstellung der Begriffe das Werk zu einer Form von Handbuch im Leasing. Der Leser kann das Buch sowohl dazu nutzen, unbekannte Begriffe nachzuschlagen als auch zur systematischen Aneignung von Wissen über Kennzahlen im Leasing. Erfahrene Mitarbeiter werden beim Studium der Begriffe nicht nur Bekanntes bestätigt finden, sondern auch neue Anregungen erhalten. Insofern liefert der Autor ein Nachschlagewerk und Fachbuch zugleich, das praxisnahe Hinweise zur Nutzung von Kennzahlen in der Unternehmensteuerung gibt.

Berlin, im Januar 2012
Bundesverband Deutscher Leasing-Unternehmen e.V.
Horst Fittler,
Hauptgeschäftsführer Bundesverband Deutscher Leasing-Unternehmen e.V.

„In einem herausfordernden ökonomischen Umfeld wächst die Bedeutung finanzwirtschaftlicher Steuerungsinstrumente und damit die Bedeutung von Kennzahlen als zentrales betriebliches Informationssystem. Kompetent, verständlich und anwendungsorientiert präsentiert dieses Buch die für Leasingunternehmen relevanten Kennzahlen. Dabei liegt der Fokus besonders auf der praxisnahen Vermittlung des Kennzahleninhalts, der Aussagekraft, Interpretation sowie Beeinflussungsmöglichkeit und Datenherkunft. Die umfassende und lexikalische Darstellung von Kennzahlen sowie die klare Strukturierung ermöglicht die Nutzung als Nachschlagewerk, auf das der Praktiker, nicht nur aus der Leasingbranche, als griffbereite „Datenbank" zurückgreifen kann. Dieses Buch eines Praktikers richtet sich an die Führungskräfte/Mitarbeiter im Leasingbereich bzw. der Unternehmens-praxis. Es eignet sich auch für Wirtschaftsprüfer und Steuerberater sowie Studierende der Wirtschaftswissenschaften."

WP/StB *Prof. Dr. Thomas Caduff*

„Das Buch ist eine Fundgrube für Ansätze zur Entwicklung und Umsetzung einer kennzahlenbasierten Unternehmenssteuerung von Leasinggesellschaften. Die anschauliche, mit vielen Beispielen versehene Darstellung schlägt eine Brücke zwischen Theorie und Praxis und liefert eine Vielzahl von Denkanstößen für die tägliche Arbeit. Dieses Buch gehört in die Aktentasche aller Führungskräfte von Leasinggesellschaften."

Dr. Bodo Chrubasik, ehem. Generalbevollmächtigter VR Leasing AG

„Die Vielfalt an Kennzahlen, die zum Instrumentarium einer modernen Steuerung von Leasinggesellschaften gehören, wird übersichtlich systematisiert und kompakt und zugleich anschaulich sowie praxisnah dargestellt. Angesichts der zunehmenden Bedeutung von Kennzahlen ist besonders verdienstvoll, dass die Aussagekraft jeder Kennzahl kritisch gewürdigt wird und somit einer unreflektierten Anwendung von Kennzahlen vorgebeugt wird. Das Buch eignet sich hervorragend als Nachschlagewerk, es ist aber zugleich auch jedem zu empfehlen, der sich über den aktuellen Stand des Managements von Leasinggesellschaften umfassend informieren möchte."

Univ.-Prof. Dr. Thomas Hartmann-Wendels, Direktor Forschungsinstitut für Leasing an der Universität zu Köln

„Ohne die Kenntnis spezifischer Kennzahleninhalte ist heute weder die allgemeine Wirtschaftspresse noch sind fachspezifische Artikel wirklich verständlich. Die lexikalische Aufbereitung mit dem Schwerpunkt - aber nicht mit der Einschränkung - „Leasinggeschäft" bietet eine dankenswerte Hilfe im Dschungel der Kennzahlen und für die damit verbundene Komplexität. Die gute Strukturierung und leserfreundliche Gestaltung erleichtern den Zugang zur komplexen Materie. Für den interessierten Praktiker hält sie auf Basis der umfassenden Auswahl von Kennzahlen notwendige Impulse für eine vertiefende Lektüre bereit. Die Ableitung eines unternehmensindividuellen Sets von Kennzahlen ist auf Basis dieses, alle relevanten Aspekte einer Leasinggesellschaft abdeckenden, Nachschlagewerks näher gerückt."

Heinz-Hermann Hellen, Leiter Controlling und Rechnungswesen, Deutsche Leasing AG

Vorwort zur dritten Auflage

Liebe Leserin, lieber Leser,

äußerst glücklich und dankbar bin ich darüber, dass ich aufgrund der sehr guten Nachfrage nach noch nicht einmal zehn Jahren bereits die dritte Auflage dieses Buchs veröffentlichen darf. Durch eine Vielzahl an Diskussionen - sowohl fachlich-inhaltlich als auch gesamtheitlich in den unterschiedlichsten Themenbereichen, die für die Finanzbranche im Allgemeinen und die Leasingbranche im Speziellen relevant sind - konnten einzelne Themenbereiche noch weiter geschärft oder gar gänzlich neu aufgenommen werden.

Die meisten Leasinggesellschaften haben häufig nur das Neuabschlussvolumen und die Barwertmarge im Blick. Diese Kenngrößen sind allerdings erst der letzte Teil im Verkaufsprozess. Sie sind vielmehr das Ergebnis des Prozesses davor - und somit zum Zeitpunkt der Messung nicht mehr steuerbar. Bei mehrmonatigen Akquisitionszyklen brauchen Leasinggesellschaften also weitere und vor allem frühere Indikatoren, um das zu erwartende Ergebnis zu antizipieren und sich darauf einzustellen. Außerdem gilt es im Sinne einer ausgewogenen und ganzheitlichen Steuerung, den Fokus nicht nur rein auf den Vertrieb zu legen.

Nicht nur aufsichtsrechtliche Anforderungen wie etwa die erhöhten Anforderungen der BCBS 239, die in den MaRisk ihren Niederschlag gefunden haben, sondern auch betriebswirtschaftliche Überlegungen, zwingen Leasinggesellschaften zu umfassenden Schritten in der Harmonisierung ihrer Daten. Wenn die Anforderungen in einem einheitlichen, technischen Umfeld umgesetzt werden und wenn die Daten funktionsübergreifend nutzbar gemacht werden, können völlig neue Ansatzpunkte entstehen.

Erhöhte Anforderungen an Reporting und Controlling sollten nicht nur als regulatorische Pflichtübung angesehen werden, sondern können zu einem strategischen Wettbewerbsvorteil entwickelt werden. Denn je flexibler, individueller und schneller ein Management Reporting ausgestaltet ist, umso besser sind typischerweise auch die darauf aufbauenden Unternehmensentscheidungen.

Die Kennzahlen und das darauf aufbauende Management Reporting sollten so ausgewählt und aufgebaut sein, dass es ein gutes Zusammenspiel zwischen Information und Handlungsreaktion des Managements gibt. Die Kennzahlen sollten präzise und eindeutig sein, um zu gewissen Handlungen zu motivieren. Außerdem sollten möglichst viele Mitarbeiter gut damit arbeiten können und auch die Ermittlung und Validierung der Daten sollte schnell und unproblematisch vonstattengehen.

Neben einer passenden Auswahl der Kennzahlen (alphabetische Anordnung im Buch) - egal ob dies nun in Form eines ganzheitlichen Kennzahlensystems oder nur in Form einzelner Kennzahlen ist - kommt es insbesondere auf eine adressatengerechte Darstellung und Visualisierung (siehe Kapitel „Kennzahlenbasierte Unternehmenssteuerung") an, um dann - im Sinne des langjährigen Direktors für visuelle Kommunikation bei McKinsey, Gene Zelazny - „aus Zahlen Bilder" zu entwerfen. Denn letztgenannte sorgen regelmäßig dafür, dass die Fülle der Informationen deutlich besser verarbeitet werden kann und dadurch auch bessere Entscheidungen getroffen werden.

In der vorliegenden dritten Auflage des Buchs „Leasing A-Z" wurden zahlreiche Aktualisierungen der Kennzahlen vorgenommen, etwa 20 Kennzahlen wie die Kapitaldienstfähigkeit, der Digitalisierungsgrad, der Kundenaufwandsindex, die Konversionsrate, der Net Promoter Score und viele mehr neu eingefügt sowie auch die Hinweise für die Darstellung und Visualisierung als zentralem Bestandteil der Zahlenpräsentation aktualisiert und erweitert. Die bewährte Methodik aus den Vorauflagen, mit einem kompakten und strukturierten Überblick über die jeweiligen Kennzahlen, wurde beibehalten.

Ich wünsche Ihnen nun eine spannende Lektüre und freue mich schon jetzt auf weitere zahlreiche Resonanz und einen angeregten Austausch von Ideen zu den dargestellten Themen und Kennzahlen.

Heilbronn, im Juli 2020

Herzlichst, Ihr
Dr. Christian Glaser

Vorwort zur zweiten Auflage

Liebe Leserinnen und Leser,

ich möchte mich auf diesem Wege recht herzlich für Ihre positive Resonanz zur ersten Auflage dieses Buchs bedanken. Aufgrund der hohen Nachfrage habe ich mich bereits jetzt in der glücklichen Lage wiedergefunden, mir Gedanken über eine zweite Auflage machen zu dürfen. Auch haben zahlreiche angeregte Gespräche zur ersten Auflage geholfen, neue Themenschwerpunkte herauszuarbeiten.

Leasing ist - was auch von einer aktuellen Marktstudie („Leasing in Deutschland 2015") von TNS Infratest im Auftrag des Bundesverbands Deutscher Leasing-Unternehmen e.V. (BDL) bestätigt wurde - fest im Mittelstand verankert. Ein Großteil der Kunden aber auch der Leasinggesellschaften kann dem Mittelstand zugerechnet werden. Das vorliegende Buch hat sich zum Ziel gesetzt, auch speziell dieser Zielgruppe praxisnahe und leicht umsetzbare Lösungen mit an die Hand zu geben. Ferner werden Mitarbeiter und Entscheider aller Tätigkeitsgebiete und Unternehmensgrößen einer Leasinggesellschaft sowie alle am Thema Leasing Interessierten, Studenten und Dozenten wirtschaftswissenschaftlicher Fachbereiche sowie insbesondere auch Wirtschaftsprüfer und -berater angesprochen.

Da das Buch auch weiterhin lexikalisch aufgebaut und der Großteil der dargestellten Kennzahlen weitgehend zeitlos gültig ist, war keine grundlegende Überarbeitung nötig. Sicherlich sind vereinzelt neue Kennzahlen hinzugekommen bzw. die eine oder andere Ausführung wurde aktualisiert. Der grundlegende Aufbau ist aber unverändert geblieben.

Eine echte Neuerung der zweiten Auflage bildet allerdings das dritte Kapitel des Buchs, in dem auf Kennzahlen in Zeiten der Digitalisierung abgestellt wird. Das heißt, es wird verstärkt auf die Darstellung und Präsentation der Kennzahlen eingegangen. Denn die besten Kennzahlen sind nutzlos, wenn sie vom Empfänger nicht vollständig, korrekt und möglichst schnell verarbeitet werden können.

Kennzahlen dienen als Entscheidungsgrundlage bei Managemententscheidungen. Sie schaffen Transparenz und sollen den Entscheidern helfen, sich durch den Unternehmensdschungel durchzukämpfen. Genau dies wird in Kapitel 3 anhand anschaulicher Praxisbeispiele und leicht umzusetzender Profi-Tipps versucht zu vermitteln. Sicherlich können nicht alle Aspekte umgehend umgesetzt werden, aber es werden doch die Möglichkeiten zur Verbesserung des Reportings und damit auch langfristig zur nachhaltigen Verbesserung des Unternehmenserfolgs aufgezeigt.

So wünsche ich Ihnen nun viel Spaß und interessante Einblicke bei der Lektüre der zweiten Auflage und bedanke mich für Ihr Vertrauen.

Heilbronn, im November 2015
Christian Glaser

Vorwort zur ersten Auflage

Nach Angaben des Bundesverbands Deutscher Leasing-Unternehmen e.V. (BDL) wurden allein im Jahr 2011 über 21,4% aller gesamtwirtschaftlichen Investitionen über Mobilien-Leasing finanziert. Darüber hinaus werden über die Hälfte aller außenfinanzierten Investitionen über Leasing abgewickelt. Diese Quote unterstreicht die Bedeutung und herausragende Stellung des Leasings im Gefüge der Finanzintermediäre, aber auch für die gesamtwirtschaftliche Entwicklung.

Da sich aber wie in allen Wirtschaftsbereichen so auch auf dem Leasingmarkt ein deutlich verschärfter Wettbewerb mit immer komplexeren Rahmenbedingungen und Wechselwirkungen einstellt, wird es für Leasinggesellschaften immer wichtiger, sich frühzeitig auf neue Kundenanforderungen einzustellen und Abweichungen von den gesteckten Zielen in einem frühen Stadium aufzudecken, um sich einen Wettbewerbsvorsprung zu sichern.

Aufgrund der sehr heterogenen Leasinglandschaft in Deutschland, in der sich Leasinggesellschaften unterschiedlichster Größen und mit den unterschiedlichsten Geschäftsmodellen und Zielgruppen entwickeln, gibt es zur Bewältigung der vorgenannten Aufgaben bisher allerdings keine universell einsetzbaren Managementwerkzeuge. Das vorliegende Werk möchte dabei helfen, diese noch bestehende Lücke zu schließen.

Mit seinen weit über 200 ausführlich erläuterten Kennzahlen gibt es Neulingen ebenso wie „alten Hasen", egal auf welcher Verantwortungsebene, im Leasinggeschäft Anregungen bei der Ausgestaltung der Unternehmenssteuerung. Dies geschieht unabhängig von der Größe der Leasinggesellschaft und zumeist auch unabhängig vom Geschäftsmodell oder der Zielgruppe.

Die Darlegung der Kennzahlen konzentriert sich weniger auf die reaktiven Aspekte ihrer Handhabung, als auf Ihre aktive Nutzung zum Zwecke einer gezielten Beeinflussung zukünftiger Unternehmensgeschicke. Die Struktur der einzelnen Erläuterungen ist so gewählt, dass die zentrale Rolle der Kennzahlen bei der Umwandlung strategischer Ziele in strategische Handlungen deutlich hervortritt.

Ein besonderes Augenmerk wird darüber hinaus auf eine ausgewogene Mischung unterschiedlichster, insbesondere auch sehr praxisorientiert ausgestalteter, Kennzahlen gelegt.

Um dem Leser eine hohe Anwendungsbreite zu bieten, wurden Kennzahlen aus den unterschiedlichsten Tätigkeitsgebieten und Verantwortungsbereichen einer Leasinggesellschaft zusammengetragen, wie bspw. dem Risikomanagement, Vertrieb und Marketing, Personalwesen, aber auch der Refinanzierung, Kreditentscheidung oder der Betrugsprävention.

Doch außer an Entscheider in Leasinggesellschaften richtet sich das Buch auch an alle am Thema Leasing Interessierten, Studenten und Dozenten wirtschaftswissenschaftlicher Fachbereiche sowie insbesondere auch an Wirtschaftsprüfer und berater, die sich auf die Leasingbranche spezialisiert haben und auf der Suche nach entweder einem fundierten praxisnahen Einblick oder einer punktuellen Information sind.

Heilbronn, im Januar 2012
Christian Glaser

Inhalt

Über den Autor 5
Geleitworte zur dritten Auflage 6
Geleitworte zur zweiten Auflage 12
Geleitworte zur ersten Auflage 14
Vorwort zur dritten Auflage 17
Vorwort zur zweiten Auflage 19
Vorwort zur ersten Auflage 20
Einleitung 25

A 35
B 85
C 119
D-E 135
F 153
G-J 175
K 197
L 245
M 261
N-O 301
P-Q 331
R 355
S-U 389
V 427
W-Z 473

Kennzahlenbasierte Unternehmenssteuerung 495
Kennzahlenverzeichnis 547
Literaturverzeichnis 557

Einleitung

C. Glaser, *Leasing A – Z*, https://doi.org/10.1007/978-3-658-31839-0_1

Einleitung

Über die Arbeit mit diesem Buch

Das vorliegende Buch enthält weit über 200 Kennzahlen für die Steuerung von Leasinggesellschaften. Hierbei handelt es sich unter anderem um Kennzahlen aus den Bereichen Risikomanagement, Vertrieb und Marketing, Personalwesen, aber auch um finanzielle Kennzahlen aus den Bereichen der Refinanzierung, der Kreditentscheidung oder der Betrugsprävention.

Die Kennzahlen sind im Folgenden alphabetisch angeordnet. Sofern eine Kennzahl aus mehreren Worten besteht (z.B. durchschnittliche Restlaufzeit der Verträge), so wird der augenscheinlich wichtigste Bestandteil der Kennzahl für die alphabetische Sortierung herangezogen (*hier:* Restlaufzeit, durchschnittliche). Handelt es sich um eine Kennzahl, die aus mehreren Worten besteht, die mit einem Bindestrich verbunden sind, wird der Anfangsbuchstabe des ersten Worts für die alphabetische Anordnung herangezogen (z.B. Cross-Border-Leasing-Quote).

Ähnliche oder synonym verwendete Kennzahlen werden zusammengefasst. Hierbei wird ggf. zu Beginn einer Kennzahl ein kurzer Vermerk auf ähnliche Begrifflichkeiten gesetzt. Geläufige Begriffe werden zudem nochmals eigens alphabetisch aufgeführt und ein Hinweis auf die entsprechend ausführlich behandelte Kennzahl gesetzt (z.B. Gewinnschwelle → vgl. Break-Even-Point).

Auf ähnliche oder angrenzende Kennzahlen bzw. Themenbereiche wird ebenfalls bei der Beschreibung der Kennzahl verwiesen (z.B. Kundenzufriedenheit → *vgl. hierzu*: Kundenloyalitätsindex).

Grundlagen von Kennzahlen

Kennzahlen sind Messgrößen, mit deren Hilfe in konzentrierter Form quantitativ erfassbare Sachverhalte (beispielsweise einzelne betriebliche Abläufe) dargestellt und bewertet werden können. Sie fassen die Fülle an unterschiedlichen Informationen in einer aussagekräftigen Größe zusammen und können damit relativ einfach in einen größeren Zusammenhang, beispielsweise ins Verhältnis zu Vergleichsgrößen aus anderen Unternehmensbereichen oder anderen Perioden, gestellt werden (vgl. Hoffjan 2009, S.12).

Eine wichtige Eigenschaft von Kennzahlen ist das Aufzeigen von Abhängigkeiten und die Reduktion der Komplexität sowie die Möglichkeit einer präzisen und unmittelbaren Information der Adressaten unter Berücksichtigung und Fokussierung auf das Wesentliche (vgl. Reichmann/Kißler 2009, S.208). Kennzahlen bilden aufgrund dieser Eigenschaft zumeist die wesentliche Grundlage für betriebswirtschaftliche und unternehmerische Entscheidungen.

Kennzahlen dienen häufig der Operationalisierung von Unternehmenszielen und unterstützen damit sehr stark die Idee des Managements by Objectives. Bei dieser Führung durch Zielvereinbarungen soll die Leistungsfähigkeit und gleichzeitig auch die Zufriedenheit der Mitarbeiter gesteigert werden (vgl. Bühner 2004, S.89).

Darüber hinaus können Kennzahlen die Funktion von Messgrößen einnehmen. Mit Hilfe geeigneter Größen können hierbei Schwachstellen in den unterschiedlichen Unternehmensbereichen aufgezeigt und Abweichungen vom Ziel frühzeitig signalisiert werden. Kennzahlen können damit also auch die Funktion eines Beurteilungs- und Entscheidungsbarometers einnehmen. Abbildung 1.1 zeigt exemplarische Funktionen von Kennzahlen in übersichtlicher Form auf.

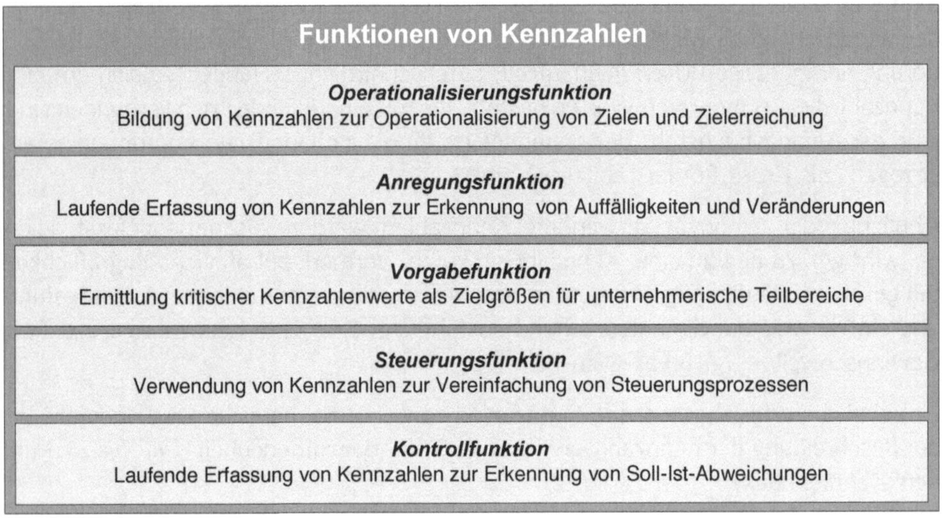

Abb.1.1: Ausgewählte Funktionen von Kennzahlen

Quelle: Eigene Darstellung, in Anlehnung an: Jung 2007, S.160.

Die Definition von Kennzahlen hat sich in den letzten Jahren verändert, wie die folgende Tabelle 1.1 zeigt. Auch wurde der Begriff „Kennzahl" häufig ersetzt durch „Key Performance Indicator (KPI)" oder „Performance Measure". Das Ziel von Kennzahlen, KPIs oder Performance Measures - oder wie die Kenngrößen auch genannt werden - ist es gemäß sämtlicher aufgeführter Definitionen, bestimmte strategische Ziele oder sonstige Zielgrößen in einer Kennziffer messbar zu machen und dadurch die Zielerreichung objektiv beurteilen zu können.

Verfasser	Jahr	Definition
Reichmann	2006	„Kennzahlen werden als jene Zahlen betrachtet, die quantitativ erfassbare Sachverhalte in konzentrierter Form erfassen."
Burkert	2008	„Unter einer Kennzahl wird jede Art von quantitativer Information verstanden, die über unternehmensinterne oder unternehmensexterne Sachverhalte Auskunft gibt."
Gladen	2014	„Kennzahlen sollen komplizierte betriebliche Sachverhalte, Strukturen und Prozesse auf einfache Weise abbilden, um damit einen möglichst umfassenden und schnellen Überblick zu garantieren, Führungsinstanzen bei (fallweisen) Analysen dienen, Führungsinstanzen bei der laufenden Planung, Durchsetzung und Kontrolle dienen durch Ausschaltung irrelevanter Daten."
Horváth et al.	2015	„Kennzahlen sollen relevante Zusammenhänge in verdichteter, quantitativ messbarer Form wiedergeben. [...] Kennzahlen gehören zu den klassischen Instrumenten des Controllers, weil mit ihrer Hilfe die Informationsversorgung erfolgen kann. [...] [Sie] können eine Informations- und/oder eine Steuerungsaufgabe haben."

Tab.1.1 Veränderung des Begriffs „Kennzahl" im Zeitverlauf

Quellen: Reichmann 2006, S.19; Burkert 2008, S.9; Gladen 2014, S.10; Horváth et al. 2015, S.286.

Kennzahlen sind typischerweise Hard Facts und sprechen als solche das Bewusste, das Analytische und das Berechnende an. Abbildung 1.2 stellt dies gegenüber zum Unterbewussten, zum Intuitiven und auch zum Erfahrungsbasierten. Denn ohne objektive Fakten werden wichtige Managemententscheidungen eher aus dem Bauch heraus und aufgrund von Heuristiken der Entscheider getroffen. Ein gutes Kennzahlensystem sorgt dafür, dass ein ausgewogenes Verhältnis von Hard Facts, aber eben auch der wichtigen Intuition und Erfahrung, gefunden werden kann.

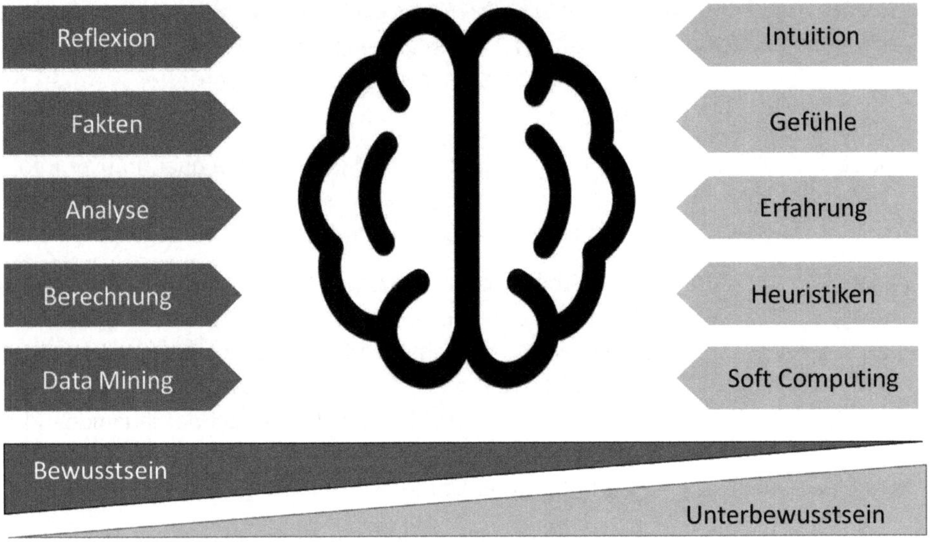

Abb.1.2 Gegenüberstellung von Bewusstem und Unterbewusstem

Quelle: Eigene Darstellung, in Anlehnung an Meier 2019, S.898.

Eine sehr gute und auch anschauliche Definition der notwendigen Kriterien einer Kennzahl ist in der folgenden Box 1.1 in Anlehnung an Matzke (2018, S.220) dargestellt.

Box 1.1 Notwendige Kriterien einer Kennzahl

Profi-Tipp: Eine gute Kennzahl ist...

- eine Quantifizierung , die
-  objektiv nachweist ,
- in welchem Maß 
- sich ein Performance-Ergebnis 

- über die Zeit entwickelt. 

Die zentralen Kriterien guter Kennzahlen lassen sich auch an den Negativbeispielen, also Symptomen und Ursachen, warum Kennzahlen und Kennzahlensysteme die Erwartungen verfehlen, festmachen (in Anlehnung an Matzke 2018, S.219):

- Die Mitarbeiter beklagen sich darüber, dass die Erhebung und Auswertung von Kennzahlen sie von ihrer eigentlichen, „echten" Arbeit abhält.
- Es gibt viel zu viele Kennzahlen, die alle gleich wichtig zu sein scheinen.
- Es wird so viel Zeit für die Erhebung der Daten benötigt, dass es keine Zeit mehr gibt, die Daten zu analysieren.
- Wenn Ist-Werte von Zielwerten oder historischen Werten signifikant abweichen, löst dies keine Aktivitäten auf der Handlungsebene aus.
- Berichte sind so umfangreich, unübersichtlich und mit tabellarischen Details überfrachtet, dass der Bericht keine klaren Informationen bereitstellt.
- Werte werden so lange „bearbeitet", bis der Wert herauskommt, der problemlos „nach oben" kommuniziert werden kann.
- In einem Entscheidungsmeeting gibt es mehr Diskussionen darüber, wer die richtigen Werte für die Kennzahlen mitgebracht hat, als Diskussionen, welche Maßnahmen und Entscheidungen aufgrund der Abweichung sinnvoll sind.

Die Bildung von Kennzahlen

Im Wesentlichen unterscheidet man zwei Arten von Kennzahlentypen: zum einen absolute Kennzahlen und zum anderen Verhältniskennzahlen.

Absolute Kennzahlen

Absolute Kennzahlen können ohne weitere Probleme ermittelt werden, da sie beispielsweise direkt aus der Bilanz oder Gewinn- und Verlustrechnung (GuV) oder anderen Berichten entnommen werden können.

Beispiele für absolute Kennzahlen sind: Umsatz bzw. aktiviertes oder kontrahiertes Neugeschäftsvolumen, Gewinn, Forderungen aus aktivierten Leasingverträgen etc.

Kritisch zu sehen ist bei den absoluten Kennzahlen insbesondere die fehlende Zusammenfassung zahlreicher Informationen und damit verbunden die erschwerte Vergleichbarkeit. Deshalb werden in der Praxis häufiger Verhältniskennzahlen verwendet.

Verhältniskennzahlen

Verhältniskennzahlen dienen dazu, absolute Kennzahlen miteinander zu vergleichen, indem diese relativ zueinander ins Verhältnis gesetzt werden.

Verhältniskennzahlen lassen sich wiederum in Gliederungszahlen, Beziehungszahlen und Indexzahlen unterteilen.

Gliederungszahlen dienen dazu, eine Teilsumme ins Verhältnis zur zugehörigen Gesamtsumme zu setzen. Es soll hierbei insbesondere die Größenordnung aufgezeigt werden.

Beispiele für eine Gliederungszahl sind:

Fixkostenanteil = Fixkosten/Gesamtkosten, Marktanteil = Neuabschlussvolumen eigenes Institut/Neuabschlussvolumen gesamte Leasingbranche etc.

Beziehungszahlen dienen dazu, absolute Kennzahlen, die eigentlich unabhängig voneinander sind, aber in einem inneren Zusammenhang miteinander stehen, ins Verhältnis zu setzen. Hierdurch werden häufig komplexe Wirkungszusammenhänge relativ einfach in einer Kennzahl aggregiert und eine Interpretation der Situation wird deutlich erleichtert.

Beispiele für eine Beziehungszahl sind:

Dynamischer Verschuldungsgrad = Fremdkapital/Cashflow x 100%, Angebotseffizienz = Neuabschlussvolumen/Volumen abgegebener Angebote, Liquidität 3. Grades = Umlaufvermögen/kurzfristige Verbindlichkeiten

Indexzahlen dienen dazu, gleichartige Kennzahlen, die allerdings zumeist zeitlich oder räumlich unterschiedlich sind, ins Verhältnis zu setzen. Indexzahlen geben zumeist die prozentuale Abweichung einer Kennzahl zur Vorperiode an.

Beispiel für eine Indexzahl: Deutscher Aktienindex (DAX) = Kursentwicklung der 30 größten Aktiengesellschaften, Wachstum des Neuabschlussvolumens im Vergleich zum Vorjahr etc.

Über den Nutzen von Kennzahlen

Kennzahlen bieten die Möglichkeit, die betriebliche Entwicklung und damit die Planentwicklung anhand weniger Indikatoren zu verfolgen und frühzeitig über Abweichungen informiert zu werden. Hierzu ist es allerdings sehr wichtig, individuell festgelegte Kennzahlen in regelmäßigen Abständen zu erstellen und deren Entwicklung mit vordefinierten Planwerten in Soll-Ist-Vergleichen zu analysieren.

Nichtsdestotrotz sollte die Auswahl geeigneter Kennzahlen sehr akribisch erfolgen. Es muss immer im Kontext der unternehmensindividuellen Ziele und Prozesse sowie unter Berücksichtigung des Nutzens der Kennzahl, des Aufwands bei der Datenbeschaffung und mit Blick auf die Adressaten der Berichte entschieden werden, welche Kennzahlen für die Steuerung des (Leasing-)Instituts brauchbar bzw. sinnvoll einsetzbar und vor allen Dingen auch valide und effizient ermittelbar sind.

In der Praxis bewährt hat sich zudem eine Reduktion auf wenige, beispielsweise 10 bis 15 wichtige und aussagekräftige Fokuskennzahlen. Auf diese Weise soll sichergestellt werden, dass die zentralen Erkenntnisse nicht in einer Informationsflut der unzähligen Kennzahlen untergehen. Es gilt die Faustregel, je höher die Hierarchieebene ist, umso stärker sind auch die Kennzahlen aggregiert.

Geben Sie lieber eine Handlungsanregung, als zehn neue, intelligente Kennzahlen einzuführen, die zu keiner Handlung führen!

Wichtig ist immer der Dreiklang aus:

1. Konzeption (der Methode der Kennzahlenbildung und der Kennzahlenauswahl),
2. Information (schnelle Erfassung und eindeutige Verständlichkeit der Aussage) und
3. Aktion (klare Handlungsempfehlungen und Auslösung von Maßnahmen).

Die Konzeption und richtige Auswahl von Kennzahlen wird in Kapitel 2 behandelt, ehe Kapitel 3 auf die Information und insbesondere deren Darstellung eingeht. Auf Basis dieses Zusammenspiels, können konkrete Maßnahmen und Handlungsempfehlungen ergriffen werden. Denn nur dadurch ergibt sich ein konkreter Mehrwert - nicht die Information, sondern die darauf basierende Handlung schafft einen Mehrwert!

Da nicht nur die Auswahl der richtigen Kennzahlen wichtig ist, sondern auch die Interpretation und Auswertung im richtigen Kontext, die Grenzen der Aussagekraft und der Aufwand für die Datenerhebung, werden diese Parameter explizit im folgenden Kapitel in alphabetischer Reihenfolge für jede einzelne Kennzahl dargestellt.

Für den Berichtsempfänger ist dabei sehr wichtig, dass er

- die Kennzahlen beeinflussen kann und
- die Kennzahlen einen Zusammenhang zwischen Ursache und Wirkung aufzeigen.

Ausgehend von den identifizierten Fokuskennzahlen kann relativ einfach ein Kennzahlensystem aufgebaut werden, welches in Form von untergeordneten Kennzahlen ausgewählte Wirkungszusammenhänge aufzeigt und eine deutlich höhere Detailtiefe bietet. Hierdurch können insbesondere tiefgreifendere Informationen erhoben werden sowie darauf aufbauende Steuerungsimpulse begründet und verifiziert werden.

Bei der weiteren Verwendung der Kennzahlen werden diese häufig grafisch aufbereitet, beispielsweise in Form von Diagrammen. Sofern die Kennzahlen in tabellarischer Form weitergegeben werden sollen, können mit Hilfe von Trendpfeilen oder der Hervorhebung starker Abweichungen mittels der sog. Ampel-Logik, bei der starke Zuwächse grün, Stagnationen gelb und starke Einbrüche rot hervorgehoben werden, die Übersichtlichkeit und die schnelle und zielgerichtete Information der Berichtsadressaten deutlich erhöht werden.

A

C. Glaser, *Leasing A – Z*, https://doi.org/10.1007/978-3-658-31839-0_2

Abbuchungsauftragsquote (in %)

→ *vgl. hierzu*: Lastschriftenquote

Abbruchrate (in %)

→ *vgl. hierzu*: Verweildauer

ABC-Kundenanalyse

→ *vgl. hierzu*: A-/B-/C-Kundenquote

A-/B-/C-Kundenquote (in %)

Die ABC-Kundenanalyse bewertet die Beziehungen zu Leasingnehmern anhand des Anteils der Abschluss- bzw. Bestandsvolumina oder des Ertrags bzw. der Barwertmarge am Gesamtbestand. Sie ist damit ein Maß für die Aktivität und Wichtigkeit einzelner Kunden oder Kundengruppen und wird häufig zur Priorisierung von kundenspezifischen Maßnahmen, etwa im Marketing, herangezogen.

A-/B-/C-Kundenquote

$$= \frac{\text{Anzahl an A-/ B- /C-Kunden}}{\text{Gesamtkundenanzahl}} \cdot 100\%$$

A-Kunden = nach Größe absteigend sortierte Kunden, mit denen ca. 80% des Restobligos bzw. der Barwertmarge erzielt werden

B-Kunden = nach Größe absteigend sortierte Kunden, mit denen weitere 15% des Restobligos bzw. der Barwertmarge erzielt werden

C-Kunden = nach Größe absteigend sortierte Kunden, mit denen die verbleibenden 5% des Restobligos bzw. der Barwertmarge erzielt werden

Auf Basis des Pareto-Prinzips wird folgende Idealverteilung angenommen:

- A-Kunden: 80% des Ertrags bzw. des Restobligos mit 20% der Leasingnehmer
- B-Kunden: 15% des Ertrags bzw. des Restobligos mit 30% der Leasingnehmer
- C-Kunden: 5% des Ertrags bzw. des Restobligos mit 50% der Leasingnehmer

Hinweis: Die Intervalle je Kundenklasse sollten institutsindividuell gewählt werden. Je präziser die Intervalle an die individuelle Situation angepasst sind, umso höher ist letztendlich auch der Mehrnutzen für die Steuerung.

Aussagekraft

Anhand der A-/B-/C-Kundenquote sollen die Leasingnehmer entsprechend ihrer Aktivität in Form von Abschlussvolumina und damit anhand ihrer gegenwärtigen Wichtigkeit zur monetären Zielerreichung der Leasinggesellschaft kategorisiert werden. Durch einen Vergleich mit der Entwicklung zur Vorperiode sowie zur idealtypischen Pareto-Verteilung können mit relativ geringem Aufwand priorisierte Maßnahmen für die einzelnen Kundenklassen ergriffen werden.

Anhand eines strukturierten Kundenmanagements können beispielsweise die vorhandenen Ressourcen auf die unterschiedlichen Kundengruppen verteilt werden, wodurch ein nachhaltiges und profitables Wachstum ermöglicht werden soll.

Interpretation

Häufig wird anhand der Klassifizierung eines Kunden als A-, B- oder C-Kunde entschieden, mit welchem Aufwand die Kundenbetreuung oder unter Umständen auch eine Kundenrückgewinnung betrieben werden soll. Die Einteilung der Leasingnehmer in A-, B- und C-Kunden dient nicht selten als Gradmesser, um Marketing- und Außendiensttätigkeiten, aber auch die administrative Betreuung an den jeweiligen Kundenklassen auszurichten.

Darüber hinaus kann beispielsweise anhand der C-Kundenquote kritisch untersucht werden, wie hoch der Anteil an kleinen, häufig auch weniger profitablen und unter Umständen *(nicht zwangsläufig!)* mit geringem Potenzial ausgestatteten Leasingnehmern ist.

Durch eine Orientierung und Ausrichtung der A-/B-/C-Kundenquoten an der Geschäfts- und Risikostrategie kann sichergestellt werden, dass sich die Geschäftstätigkeiten der Leasinggesellschaft strategiekonform entwickeln.

Beispiel

Die Leasinggesellschaft unterteilt ihre Leasingnehmer in A-, B- und C-Kunden, wobei auf die A-Kunden 80%, auf die B-Kunden 15% und auf die C-Kunden 5% der Barwertmarge entfallen.

Bei den Kundenquoten zeigt sich, dass die A-Kundenquote 10%, die B-Kundenquote 60% und die C-Kundenquote 30% beträgt.

Wie sich durch einen Vergleich mit der Pareto-Verteilung zeigt, gibt es also insbesondere bei den A- und C-Kunden eine starke Konzentration auf relativ wenige Kunden und bei den B-Kunden eine besonders breite Kundenbasis.

Ein mögliches Steuerungsziel könnte die Stabilisierung der A-Kunden in Form von bestimmten Kundenbindungsmaßnahmen sein. Im Beispiel zeigt sich nämlich ein hohes Risikopotenzial für die Barwertmarge beim Verlust eines einzelnen A-Kunden. Die A-Kunden sollten deshalb besonders ausgeprägt betreut und umsorgt werden. Ein weiteres Ziel könnte insbesondere in der Entwicklung von B- zu A-Kunden liegen. Es sollte also versucht werden, die A-Kundenverteilung auf eine breitere Basis zu stellen, indem bei B-Kunden das Potenzial weiter ausgeschöpft wird, beispielsweise durch mehr oder intensiver genutzte Besuchstermine oder verbesserte Angebotskonditionen.

Grenzen der Aussagekraft

Die A-/B-/C-Kundenquote hat nur eine sehr begrenzte Aussagekraft. Sie dient insbesondere für einen ersten Überblick über das Kundenportfolio und wird mit einer idealtypischen Verteilung verglichen oder die Entwicklung im Vorperiodenvergleich überprüft. Für eine erhöhte Aussagekraft sollte sie in der Folge insbesondere in Kombination mit weiteren Kennzahlen, beispielsweise dem Customer Lifetime Value als Indikator für den Kundenwert, der Potenzialschätzung der einzelnen Kunden(-gruppen) und der strategischen Bedeutung einzelner Kunden betrachtet werden.

So kann es beispielsweise vorkommen, dass C-Kunden im Portfolio sind, die ein erhebliches Potenzial besitzen oder aber eine wichtige strategische Bedeutung als Referenz- oder „Leuchtturm"-Leasingnehmer für die Akquisition neuer Leasingnehmer haben. In diesen Fällen würde eine pauschale Strategie für A-/B-/C-Kundenklassen deutlich zu kurz greifen.

Darüber hinaus ist aus Risikogesichtspunkten häufig ein granulares Kundenportfolio mit einer hinreichend breiten Basis an C-Kunden anzustreben.

Beeinflussungsmöglichkeiten

Die A-/B-/C-Kunden lassen sich insbesondere durch eine entsprechende Betreuung durch den Außendienst sowie durch zahlreiche auf sie zugeschnittene Marketingmaßnahmen und eine entsprechende administrative Verwaltung steuern. Durch kosteneffiziente und potenzialorientierte Maßnahmen soll eine kostenoptimale Betreuung und damit eine im Sinne der Leasinggesellschaft ausgestaltete nachhaltige Ertragsorientierung ermöglicht werden.

Datenherkunft

Die A-/B-/C-Klassifizierung lässt sich sehr einfach durchführen, indem die Bestandsdaten entweder aus der Leasingverwaltungs- oder einer Customer-Relationship-Management-Software entnommen und den jeweiligen Kundenklassen zugeteilt werden.

Die Klassifizierungskriterien sollten nicht pauschal übernommen, sondern eng an das Kundenportfolio und die Geschäfts- und Risikostrategie des Instituts angepasst werden. Für die erstmalige Ermittlung der Klassifizierungskriterien findet häufig eine

Rücksprache zwischen dem Kundenmanagement und der Vertriebsleitung, teilweise sogar unter Einbezug der Geschäftsleitung, statt.

Angrenzende Kennzahlen

vgl. Customer Lifetime Value; Nullkundenquote; Potenzialausschöpfung; Potenzialkundenquote

Ablehnungsquote (in %)

Die Ablehnungsquote gibt das im Zuge der Vertragsgenehmigung abgelehnte Anfragevolumen im Verhältnis zum insgesamt angefragten Engagementvolumen (bewertet zu Anschaffungswerten) an.

Ablehnungsquote

$$= \frac{\text{Volumen abgelehnter Anfragen}}{\text{Gesamtanfragevolumen}} \cdot 100\%$$

Aussagekraft

Die Absagequote gibt unter anderem Auskunft über die Anfragequalität. So wird im Zuge der Kredit- bzw. Bonitätsüberprüfung der potenziellen Kunden häufig bereits eine Vielzahl der Anfragen aufgrund einer zu schlechten finanziellen Ausstattung bzw. einer für den angefragten Betrag ungenügenden Bonität abgelehnt. Darüber hinaus können Anfragen auch aufgrund eines erhöhten Fraud- oder Geldwäscherisikos abgelehnt werden oder auch, wenn nur ein unzureichender Einblick in die wirtschaftlichen oder finanziellen Verhältnisse des Kunden besteht.

Interpretation

Die Höhe der Absagequote hängt wesentlich von der institutsindividuellen Risikopolitik einer jeden Leasinggesellschaft ab. Je strenger die Kriterien der Genehmigung sind bzw. je risikoaverser die Risikostrategie ausgestaltet ist, umso höher ist tendenziell auch die Absagequote.

Aus Effizienzgründen sollte die Absagequote einerseits nicht zu hoch sein, da ansonsten ein sehr hoher und kostenintensiver administrativer Aufwand entsteht, der über die entsprechenden Neuabschlüsse wieder erzielt werden muss.

Andererseits kann eine besonders niedrige Absagequote zum einen auf eine eher laxe Risikostrategie hindeuten, bei der zahlreiche auch wesentliche Risiken ins Portfolio aufgenommen werden. Zum anderen kann eine niedrige Absagequote aber auch auf eine bestimmte Vorselektion vonseiten des Außendienstmitarbeiters hindeuten. Es ist zwar gut und auch wünschenswert, wenn eine grobe Vorauswahl bereits direkt beim Vertrieb stattfindet und dadurch aussichtslose Engagementanfragen von Vornherein nicht an die Kreditprüfung weitergereicht werden. Trotzdem sollte immer auch berücksichtigt werden, dass die Bonitätseinschätzung häufig eine tiefgreifendere Analyse der finanziellen Verhältnisse erfordert, bei der auch qualitative Einschätzungen mit einfließen. Wenn nun bereits im Vertrieb entsprechende Bonitätsvorprüfungen vorgenommen werden, kann es auch dazu kommen, dass eigentlich im Sinne der Kredit- und Risikopolitik realisierbare Engagements aufgrund von Fehleinschätzungen vom Vertrieb überhaupt nicht mehr angefragt werden.

Beispiel

Im Berichtsmonat wurden vom Vertrieb 300 Anfragen mit einem Volumen von insgesamt 36 Mio. EUR zur Genehmigung eingereicht.

Von diesen Anfragen wurden 90 mit einem Volumen von 9,2 Mio. EUR abgelehnt.

Die (volumenbezogene) Ablehnungsquote beträgt damit also 25,6%.

Grenzen der Aussagekraft

Anhand der Ablehnungsquote allein kann keine Aussage über die Qualität der Bonitätsprüfung getroffen werden. Hierzu gilt es, beispielsweise langfristige Ausfall- und Verlustquoten oder andere Vergleichswerte heranzuziehen.

Auch ein Vergleich zwischen verschiedenen Leasinggesellschaften ist aufgrund der unterschiedlichen risikostrategischen Ausrichtungen wenn überhaupt nur sehr begrenzt möglich und auch nur bedingt aussagekräftig.

Beeinflussungsmöglichkeiten

Die Ablehnungsquote kann durch eine möglichst hohe Transparenz der zugrunde liegenden Beurteilungskriterien wesentlich beeinflusst und entsprechend gesteuert werden. Durch die Information des Vertriebs über diese Kriterien kann beispielsweise bei eindeutigen Fällen eine entsprechende Vorselektion erreicht werden, ohne dass durch gravierende Fehleinschätzungen mögliche ertragsstarke und sich im Rahmen der Bonitätsvorgaben bewegende Neugeschäfte bereits im Vorfeld vom Außendienst fälschlicherweise aussortiert werden.

Mehrfaches wieder zurückfließen. Auf der anderen Seite zeigt sich häufig das Phänomen, dass bei einer zu hohen Rationalisierung und zu hohen Automatisierung zwar einerseits die Abschlusskosten gesenkt werden können, gleichzeitig aber auch einige Kunden abspringen, da sie sich nicht hinreichend gut betreut fühlen.

Deshalb wird häufig zudem der prozentuale Anteil der Abschlusskosten an der kumulierten Barwertmarge ermittelt. Hierbei können beispielsweise unterteilt nach Vertriebsmitarbeiter, Kundenbranche, Vertriebsregion oder Kundenbonität entsprechende Entwicklungen analysiert und die Gründe etwa für einen steigenden Anteil ermittelt werden.

Beispiel

Ein Institut hat im Berichtsmonat abschlussbedingte Personalkosten für die Vertriebsmitarbeiter einer Vertriebsregion in Höhe von 40 TEUR sowie administrative und EDV-seitige Aufwendungen in Höhe von 55 TEUR zu verzeichnen. Insgesamt wurden im relevanten Vertriebsgebiet im Betrachtungszeitraum 1.400 neue Verträge kontrahiert.

Die Abschlusskosten belaufen sich also im Berichtsmonat und im betrachteten Vertriebsgebiet auf durchschnittlich 67,86 EUR je Auftrag.

Grenzen der Aussagekraft

Die Abschlusskosten sollten unbedingt in Verbindung mit den erwarteten Verlusten und weiteren Kostenbestandteilen während der Vertragslaufzeit sowie unter Berücksichtigung des ertragsseitigen Nutzens beurteilt werden. Darüber hinaus sollte auch die strategische Ausrichtung der Leasinggesellschaft als Vergleichsmaßstab herangezogen werden.

So kann es beispielsweise sein, dass mögliche Ertragseinbußen bewusst in Kauf genommen werden, um in bestimmten Bereichen sogenannte Einstiegsgeschäfte zu realisieren. Hierdurch sollen zum einen die Wettbewerbssituation und der Marktanteil nachhaltig gesichert werden und im Laufe der Kundenbeziehung auch ein positiver Kundenwert bzw. Customer Lifetime Value erreicht werden.

Beeinflussungsmöglichkeiten

Häufig wird das Ziel ausgegeben, die Abschlusskosten im Zeitablauf nachhaltig zu senken. Dies soll beispielsweise durch eine Steigerung der Effizienz bei den zugrunde liegenden Prozessen gelingen. Nichtsdestotrotz muss neben den Abschlusskosten auch die Anzahl der Abschlüsse bzw. die Angebotseffizienz berücksichtigt werden. Erst dann kann die wahre Effizienz der getätigten Abschlüsse valide beurteilt werden.

Datenherkunft

Die Abschlusskosten werden zumeist über Zuschlagssätze oder Pauschalwerte anhand von Kostenstellenrechnungen bzw. einem prozentualen Anteil an den Vertriebskosten in Verbindung mit den kontrahierten Verträgen ermittelt.

Darüber hinaus werden auch Prozesskostenrechnungen durchgeführt, bei denen die Zuschlagssätze neu validiert werden, etwa indem der Anteil der Abschlusskosten insbesondere an den Vertriebskosten anhand einer Zeiterfassung ermittelt wird.

Angrenzende Kennzahlen

vgl. Akquisitionskosten je (Neu-)Kunde; Angebotseffizienz; Angebotskosten; Vertriebskosten

Abschreibungsquote, ordentliche (in %)

Die ordentliche Abschreibungsquote setzt die Summe der kumulierten (ordentlichen) Abschreibungen des Betrachtungszeitraums ins Verhältnis zum zukünftigen Ertrag aus Leasingraten und Restwertansprüchen (→ *Restobligo)* bzw. zum aktivierten Bestandsvolumen der Leasingobjekte zum Betrachtungsstichtag.

Ordentliche Abschreibungsquote

$$= \frac{\text{kumulierte AfA im Betrachtungszeitraum}}{\text{Restobligo zum Betrachtungsstichtag}} \cdot 100\%$$

Alternativ: **Ordentliche Abschreibungsquote**

$$= \frac{\text{kumulierte AfA im Betrachtungszeitraum}}{\text{aktiviertes Bestandsvolumen zum Betrachtungsstichtag}} \cdot 100\%$$

Aussagekraft

Anhand der Abschreibungsquote kann häufig in Verbindung mit dem jeweiligen Jahresüberschuss bzw. -fehlbetrag ein präziseres Bild über die Ertragskraft eines Instituts getroffen werden.

Gerade für Leasinggesellschaften sind Verzerrungen des jeweiligen Periodenerfolgs durch die zeitliche Verschiebung von Erträgen und Aufwendungen üblich. Diese Verzerrung gilt es bei der Erfolgsermittlung und der Ermittlung der Ertragskraft einer Leasinggesellschaft zu berücksichtigen.

Interpretation

Eine steigende Abschreibungsquote ist häufig ein Indikator für ein erhöhtes Neugeschäftsvolumen mit einem steigenden Abschreibungsvolumen und/oder die Wahl der degressiven Abschreibungsmethode. Die im Zuge der Corona-Krise für die Jahre 2020 und 2021, wie bereits im Zuge der Finanzkrise zwischen 2008 und 2010, wieder eingeführte degressive Abschreibung (für Käufe bzw. bis spätestens Ende 2021 angeschaffte Leasingobjekte) ist hierbei die einzige steuerlich anerkannte Möglichkeit, effektiv eine solche Risikovorsorge zu bilden.

Aus Risikogesichtspunkten ist eine hohe Abschreibungsquote häufig zu begrüßen, da hierdurch die Möglichkeit besteht, für drohende Verluste aus nicht gedeckten Restbuchwerten am Leasingende eine gewisse Risikovorsorge zu bilden.

Unter Ertragsgesichtspunkten ist auf der anderen Seite häufig eine möglichst niedrige Abschreibungsquote zu favorisieren, um einen möglichst hohen Jahresüberschuss zu erwirtschaften.

Die Abschreibungsquote stellt also in erheblichem Maße ein geschäftspolitisches Steuerungsinstrument dar, das je nach Unternehmenspolitik und strategisch-taktischer Ausrichtung eingesetzt und entsprechend modifiziert werden kann.

Beispiel

Ein Institut hat im Betrachtungszeitraum Aufwendungen in Höhe von 220 Mio. EUR für Abschreibungen verbucht und gleichzeitig Erträge durch Leasingraten und Restwertansprüche in Höhe von 270 Mio. EUR erwirtschaftet.

Die Abschreibungsquote beläuft sich im obigen Beispiel auf 81,5%.

Grenzen der Aussagekraft

Neben den ordentlichen Abschreibungen werden häufig zudem außerordentliche Abschreibungen nötig, bei denen die Pauschal- oder Einzelwertberichtigungen *(→ vgl. Wertberichtigungsquote)* zumeist die Vorstufe bilden.

Je nach Dominanz der Ertragsaspekte oder der kaufmännischen Vorsicht entwickelt sich auch die Abschreibungsquote innerhalb eines Instituts. So wird die Abschreibungsquote häufig auch zur steuerlichen Optimierung eingesetzt oder aber zur Ausschüttungsoptimierung, entweder indem durch eine niedrig angesetzte Abschreibung ein entsprechender Jahresüberschuss zur Ausschüttung erwirtschaftet wird oder indem durch eine hoch angesetzte Abschreibung wie der degressiven Absetzung für Abnutzung (AfA) der Jahresüberschuss soweit reduziert wird, dass keine Ausschüttung fällig wird und die Substanz stattdessen als stille Reserve oder Risikovorsorge im Leasingunternehmen verbleibt.

Ein institutsübergreifender Vergleich anhand der Abschreibungsquote allein ist deshalb nur dann möglich, wenn zahlreiche zusätzliche Informationen, wie beispielsweise die zugrundeliegende Abschreibungsart sowie weitere strategisch-politische Informationen zur Verfügung stehen.

Beeinflussungsmöglichkeiten

Einen wesentlichen Einfluss auf die Abschreibungsquote haben insbesondere die gewählte Abschreibungsart sowie das Leasingobjekt. Insbesondere durch eine degressive Abschreibung können häufig erhebliche stille Reserven gebildet werden, die erst im Zeitablauf wieder schrittweise aufgelöst werden. Es muss allerdings auch berücksichtigt werden, dass das Leasingobjekt und die zugrunde liegende betriebsgewöhnliche Nutzungsdauer einen weiteren erheblichen Einfluss auf die Abschreibungsquote haben. Außerdem sind die Branche und die Nutzungsintensität, beispielsweise Mehrschichtnutzung, wesentlich für die Höhe der Abschreibung und damit letztendlich auch für die Abschreibungsquote.

Darüber hinaus hängt die Abschreibungsquote stark vom Neuabschlussvolumen sowie den zugrunde liegenden Erträgen in Form von vereinnahmten Leasingraten und Restwertansprüchen ab. Die Höhe der Leasingraten und des Restwerts richtet sich unter anderem nach der Länge der Grundmietzeit und der zugrunde liegenden Marge der Leasinggesellschaft.

Datenherkunft

Die Daten für die Ermittlung der Abschreibungsquote können durch das Finanz- und Rechnungswesen und/oder die Bilanzierungsabteilung anhand der Gewinn- und Verlustrechnung bzw. den Aufwands- und Ertragskonten ermittelt werden.

Angrenzende Kennzahlen

vgl. Wertberichtigungsquote

Absenzquote (in %)

→ *vgl. hierzu*: Krankheitsquote

Absprungrate (in %)

→ *vgl. hierzu*: Verweildauer

Abwicklung, taggenaue (in %)

→ *vgl. hierzu*: Servicegrad

Acid Test Ratio (in %)

→ *vgl. hierzu*: Working Capital

Adressenausfallrisiko-Prämie (in EUR)

→ *vgl. hierzu*: Verlust, erwarteter

Akquisitionskosten je (Neu-)Kunde (in EUR)

Unter die Akquisitionskosten fallen sämtliche Aufwendungen, die bei der Gewinnung von Neukunden bis hin zum Abschluss des ersten Leasingvertrags anfallen. Neben gezielten Werbemaßnahmen gehört hierzu insbesondere die persönliche Ansprache des potenziellen Leasingnehmers, zumeist durch einen Außendienstmitarbeiter sowie die Kosten für die Ausarbeitung eines Angebots und sämtliche weiteren, dem Leasingvertrag vorgelagerten, Prozesse.

Akquisitionskosten je (Neu-)Kunde	
=	alle mit der Gewinnung von Neukunden verbundenen Kostenbestandteile

Beispielhafte Kostenpositionen für Akquisitionskosten:

- Werbekosten, z.B. für Printanzeigen, Sponsoring
- Kosten für Verkaufsförderungsmaterialien, z.B. Prospekte
- Kosten für Verkaufsförderungsaktionen, z.B. Mailings, Werbegeschenke, Events
- Vertriebskosten, z.B. Personalkosten, Reisekosten, Spesen, Provisionen, Boni
- Kosten für Kundeninformationen, z.B. Newsletter, Imagebroschüren, Homepage
- Kosten für das Beschwerde- bzw. allgemein für das Kundenmanagement, z.B. Trainings/Schulungen, Personalkosten

Aussagekraft

Die beispielhaft genannten Kostenpositionen werden nicht alle vollumfänglich zu den Akquisitionskosten hinzugerechnet. So werden beispielsweise die Kosten für

Kundeninformationen oder das Kundenmanagement, aber auch Kosten für Schulungen oder allgemein die vertriebliche Betreuung in der Regel nur anteilig den Akquisitionskosten zugeschlagen, da ein Teil dieser Kosten auch auf Bestandskunden zurückzuführen ist.

Anhand der Akquisitionskosten erhalten die Verantwortlichen ein Gespür über den Mindestertrag, der mit den jeweiligen Leasingnehmern zu erzielen ist, um profitabel zu wirtschaften.

Hierbei gilt es zudem zu berücksichtigen, dass die Akquisitionskosten proportional mit dem Verhandlungsfortschritt ansteigen. So sind die Akquisitionskosten in der Regel am höchsten, wenn der potenzielle Leasingnehmer den ausgefertigten Leasingvertrag unterschriftsreif vorliegen hat.

Interpretation

Je höher die Akquisitionskosten pro Kunde sind, umso höher ist auch das Risiko bzw. das mögliche Verlustpotenzial im Kundengewinnungsprozess, sofern die Akquisition nicht erfolgreich verläuft.

Für die meisten Leasinggesellschaften stellen die Akquisitionskosten ein wesentliches Kriterium für die Steuerung der Vertriebskanäle dar. So weichen häufig unter Berücksichtigung der entsprechenden Ertragspotenziale die Kundengewinnungsmaßnahmen beispielsweise im Big-Ticket- und im Small-Ticket-Leasingbereich erheblich voneinander ab.

Beispiel

Die Kosten für Werbeanzeigen und andere Werbemaßnahmen für die Neukundengewinnung betragen je Neukunde ca. 75 EUR. Die Vertriebskosten und die Verkaufsförderungsmaßnahmen summieren sich auf 475 EUR. Weitere Kostenbestandteile werden anteilig in Höhe von 250 EUR je Kunde weiterverrechnet.

Die Akquisitionskosten je neuem Leasingnehmer betragen damit 800 EUR.

Grenzen der Aussagekraft

Eine valide Aussage bzw. Basis für Steuerungsmaßnahmen kann durch eine isolierte Betrachtung der Akquisitionskosten nicht getroffen werden. Erst durch die Verknüpfung mit einer ertragsorientierten Kennzahl, wie beispielsweise dem Kundenwert bzw. dem Customer Lifetime Value kann eine Aussage über die Vorteilhaftigkeit der Kundengewinnung und letztendlich auch die Angemessenheit der Akquisitionskosten getroffen werden.

Es sollte außerdem bedacht werden, dass zur Gewinnung profitabler Kunden nicht immer exorbitant hohe Akquisitionskosten nötig sind. Häufig gelangen zukünftig profitable Kunden über (Weiter-)Empfehlungen bereits bestehender Leasingnehmer zur Leasinggesellschaft.

Beeinflussungsmöglichkeiten

Um die Akquisitionskosten möglichst gering zu halten bzw. an die prognostizierten Ertragschancen entsprechend anzupassen, sollten die Akquisitionstätigkeiten auf die unterschiedlichen Vertriebskanäle und Kundenprofile abgestimmt werden.

So kann beispielsweise auf der einen Seite eine Konzentration - insbesondere verbunden mit einem erhöhten Akquiseaufwand - auf erfolgversprechende Kunden vorgenommen werden. Diese versprechen die höchste Wahrscheinlichkeit zur Deckung der gesamten Akquisitionskosten, die abhängig von ihrer exakten Höhe häufig nicht durch das Erstgeschäft, sondern erst allmählich durch Folgegeschäfte, gedeckt werden können.

Darüber hinaus gilt es immer auch abzuwägen, inwiefern erhöhte Akquisitionskosten durch Entwicklungschancen der entsprechenden Kundengruppen gerechtfertigt sind.

Datenherkunft

Die mit der Akquisition verbundenen Kosten können relativ einfach der Gewinn- und Verlustrechnung (GuV) entnommen und je nach Detaillierungsgrad auf einzelne Kunden oder Branchen etc. heruntergebrochen werden.

Angrenzende Kennzahlen

vgl. Abschlusskosten je (Neu-)Kunde; Vertriebskosten

Aktive Vertriebszeit je Vertriebsmitarbeiter (in %)

Die aktive Vertriebszeit gibt den Anteil der Arbeitszeit des Außendienst- bzw. allgemein des Vertriebsmitarbeiters an seiner gesamten Arbeitszeit an, in der reine Vertriebstätigkeiten, wie beispielsweise Kundenakquise in Form von Telefonaten oder persönlichen Besuchen, die Erstellung von Angeboten und Verträgen etc. durchgeführt werden.

Aktive Vertriebszeit je Vertriebsmitarbeiter

$$= \frac{\text{Für Vertriebstätigkeiten aufgewendete Arbeitszeit in der Betrachtungsperiode}}{\text{Gesamtarbeitszeit in der Betrachtungsperiode}} \cdot 100\%$$

Aussagekraft

Anhand der aktiven Vertriebszeit je Vertriebsmitarbeiter kann ein Eindruck darüber gewonnen werden, wie hoch der Anteil der tatsächlichen Kerntätigkeit und häufig eng damit verbunden der wirklich wertschöpfenden bzw. zumindest der in besonderem Maße wertschöpfenden Arbeitszeit an der gesamten Arbeitszeit des jeweiligen Vertriebsmitarbeiters ist.

Vielfach wird der Aufwand für die Administration (z.B. Korrespondenz, Koordinationsaufwand, Angebotsbearbeitung, Führung von Kundenakten, Vor- und Nachbereitung von Besuchsterminen etc.) und sonstige Tätigkeiten (z.B. Fahrzeiten etc.) deutlich unterschätzt und auf der anderen Seite die effektiv verbleibende, aktive Vertriebszeit überschätzt.

Analog zur aktiven Vertriebszeit werden häufig auch die Zeitanteile von wichtigen vertriebsbezogenen Tätigkeiten ermittelt. Hierunter fällt beispielsweise die Besuchszeit oder die Präsenzzeit beim Kunden vor Ort, die unter anderem maßgeblich von der Anzahl der Kunden je Vertriebsmitarbeiter, der allgemeinen Arbeitsbelastung des Vertriebsmitarbeiters sowie der Fahrtzeit des Vertriebsmitarbeiters zum Kundentermin abhängt.

Interpretation

Die aktive Vertriebszeit ist häufig der zentrale Bestandteil, der erfolgreiche von weniger erfolgreichen Vertriebsmitarbeitern unterscheidet. So kommt es häufig nicht oder zumindest nur sehr begrenzt auf die Gesamtarbeitszeit je Betrachtungsperiode an, sondern vielmehr auf die wirklich effektiv genutzte, aktive Vertriebsarbeitszeit.

Eine hohe aktive Vertriebszeit ist typischerweise auch ein Indikator für eine effektive und effiziente Kundenbetreuung. Es können also über diese Hilfsgröße Rückschlüsse auf die Betreuungsgüte der Leasingnehmer, beispielsweise unterteilt nach Vertriebsmitarbeitern, geschlossen werden.

Beispiel

Ein Vertriebsmitarbeiter wendet pro Tag mit einer Grundarbeitszeit von 8 Stunden (Std.) Arbeitszeit durchschnittlich 1,5 Std. für Kundentermine bzw. Telefonate mit Kunden, 3,5 Std. für die An- und Abreise zu den jeweiligen Kundenterminen sowie 3 Std. für sonstige und administrative Tätigkeiten auf.

Die aktive Vertriebszeit beträgt in diesem Fall also 18,8%.

Grenzen der Aussagekraft

Die aktive Vertriebszeit eines Vertriebsmitarbeiters beträgt nach einer im Jahr 2009 veröffentlichten ländervergleichenden Studie von den Organisationsberatern der Firma Proudfoot Consulting und Gallup durchschnittlich nur 11% der gesamten Arbeitszeit (vgl. Proudfoot 2009, S.13). Dies zeigt, wie der Aufwand für wirklich aktive Vertriebszeit häufig überschätzt wird und macht gleichzeitig aber auch deutlich, wie hoch die Potenziale zu einer Steigerung der Vertriebs-Performance bei einer Steigerung der aktiven Vertriebszeit immer noch sind.

Eine aktive Vertriebszeit von knapp 100% ist zwar eher unrealistisch, aber eine Steigerung auf 20-30% ist in den meisten Fällen durchaus im Bereich des Möglichen.

Für eine valide Aussagekraft muss allerdings zur aktiven Vertriebszeit zudem der entsprechende Erfolg in Form von Vertragsabschlüssen, beispielsweise gemessen an der erzielten Barwertmarge, hinzugezogen werden. Hierdurch kann eine Aussage über die effiziente Nutzung der aktiven Vertriebszeit getroffen werden.

Beispielsweise kann eine gründliche Vor- und Nachbereitung der Besuchstermine sowie eine entsprechend optimal gestaltete Tourenplanung einerseits zu einem zusätzlichen administrativen Aufwand führen, der die aktive Vertriebszeit weiter reduziert. Gleichzeitig kann dieser Zusatzaufwand aber andererseits auch dazu führen, dass die verbleibende aktive Vertriebszeit sehr effizient genutzt wird und der Vertriebserfolg insgesamt deutlich erhöht wird.

Beeinflussungsmöglichkeiten

Die aktive Vertriebszeit hängt zum einen wesentlich von den persönlichen Charaktereigenschaften und der Arbeitsweise des Vertriebsmitarbeiters ab. Hierbei können, etwa in den Bereichen Selbstorganisation oder Zeitmanagement, bei identifizierten Defiziten auch gezielte Schulungsmaßnahmen durchgeführt werden.

Zum anderen hängt sie aber auch wesentlich von den jeweiligen institutsinternen Gegebenheiten ab. So kann beispielsweise aufgrund einer umfangreichen Übernahme von Back-Office-Tätigkeiten durch den Vertrieb die aktive Vertriebszeit deutlich reduziert werden. Darüber hinaus führen aber auch sehr große Vertriebsgebiete mit einer hohen Fahrtzeit zwischen den einzelnen Besuchsterminen zu einer hohen „Totzeit", während der keine Zeit mit bzw. beim potenziellen oder bestehenden Leasingnehmer verbracht werden kann.

Datenherkunft

Die aktive Vertriebszeit kann durch eine Befragung der einzelnen Vertriebsmitarbeiter oder durch eine Prozessanalyse mit einer Schätzung des entsprechenden Zeitaufwands je einzelner Tätigkeit ermittelt werden.

Angrenzende Kennzahlen

vgl. Kundendichte; Verfügbarkeitsindex im Vertrieb

Aktivische Terminrisikoquote (in %)

→ *vgl. hierzu*: Offene Posten

Aktivkunden

→ *vgl. hierzu*: Aktivkundenquote

Aktivkunden je Vertriebsmitarbeiter

→ *vgl. hierzu*: Aktivkundenquote

Aktivkundenquote (in %)

Die Aktivkundenquote stellt die Anzahl der Aktivkunden einer Leasinggesellschaft ins Verhältnis zur Gesamtkundenanzahl. Darüber hinaus wird häufig auch die absolute Anzahl an Aktivkunden für die Ableitung von Steuerungsmaßnahmen herangezogen.

Aktivkundenquote

$$= \frac{\text{Anzahl an Aktivkunden}}{\text{Gesamtkundenanzahl}} \cdot 100\%$$

Aussagekraft

Die Definition eines Aktivkunden hängt in der Regel vom jeweiligen Institut und insbesondere vom Geschäftsmodell und der Kundenstruktur ab.

Häufig werden als Aktivkunden alle Kunden klassifiziert, die innerhalb eines bestimmten Zeitraums, beispielsweise eines Jahres, eine Aktivität in Form eines Neuabschlusses eines Leasing- oder Mietkaufvertrags vorzuweisen haben.

Wichtig ist, Aktivkunden von Kunden mit aktiven Leasing- oder Mietkaufverträgen zu unterscheiden. Bei Leasingnehmern mit aktiven Verträgen kann es sich auch um Kunden handeln, die aus unterschiedlichen Gründen kein Neugeschäft mehr abschließen wollen oder können, aber noch aktive Leasing- oder Mietkaufverträge haben, die einige Monate oder gar Jahre zuvor abgeschlossen wurden.

Beeinflussungsmöglichkeiten

Die Aktivkundenquote kann durch eine kontinuierliche und gut ausgeprägte Kundenbetreuung und Kundenbindung gesteigert oder zumindest auf einem hohen Niveau stabilisiert werden. So beeinflusst insbesondere die Kundenzufriedenheit die nachhaltige Kundenloyalität und damit letztendlich auch den Anteil der Aktivkunden im Portfolio.

Einen wesentlichen Einfluss auf die Gesamtanzahl der Kunden und damit auch auf die Aktivkundenquote hat die Neukundenakquisition. Zu Beginn wirkt sich eine Neukundenakquisition positiv auf die Aktivkunden aus. Sofern allerdings keine weiteren Abschlüsse in den anschließenden Perioden folgen, hat dies wiederum einen negativen Einfluss auf die Aktivkundenquote.

Datenherkunft

Der Anteil der Aktivkunden kann relativ einfach ermittelt werden. Entweder mit einer Customer-Relationship-Management-Software oder mit einer klassischen Leasingverwaltungssoftware, bei der die Auftragseingänge von Verträgen auf Kundenebene innerhalb eines bestimmten Zeitraums untersucht werden.

Alle Kunden, bei denen der jüngste Auftragseingang im definierten Zeitraum für Aktivkunden liegt, sind entsprechend als Aktivkunden zu klassifizieren. Diese Klassifizierung ist im Regelfall IT-gestützt möglich.

Angrenzende Kennzahlen

Kundenzufriedenheit; Kundenloyalitätsindex; Potenzialkunden

Altersstruktur der Mitarbeiter (in %)

Die Altersstruktur der Mitarbeiter ermittelt den jeweiligen Anteil der Mitarbeiter je Altersklasse

Altersstruktur der Mitarbeiter

$$= \frac{\text{Anzahl der Mitarbeiter innerhalb einer Altersgruppe}}{\text{Gesamtanzahl Mitarbeiter aller Altersgruppen}} \cdot 100\%$$

Aussagekraft

Anhand der Altersstruktur der Mitarbeiter kann die altersmäßige Verteilung bezogen auf das gesamte Unternehmen, aber auch auf einzelne Unternehmensbereiche ermittelt werden.

Interpretation

Anhand der Altersstruktur wird häufig frühzeitig eine eventuelle Überalterung identifiziert. So kann es bei einem hohen Anteil an Mitarbeitern, beispielsweise zwischen 55 und 67 Jahren dazu kommen, dass es im Falle der Verrentung oder allgemein des Ausscheidens zu einem erheblichen Know-how-Abfluss kommt.

Darüber hinaus ist zu beobachten, dass es bei älteren Mitarbeitern überproportional häufig zu einer erhöhten Umstellungszeit auf Neuerungen, beispielsweise auf eine neue Leasingverwaltungssoftware, kommt und mit zunehmendem Alter auch die Länge eines krankheitsbedingten Arbeitsausfalls kontinuierlich zunimmt (vgl. Statista 2020).

Bei einer überdurchschnittlich jungen Belegschaft hingegen fehlt häufig die Berufserfahrung, die insbesondere in Extremsituationen sehr wichtig für das Institut ist. Außerdem ist der Anteil an weniger loyalen und wechselwilligen Mitarbeitern in jüngeren Jahren häufig deutlich höher.

Das Ziel der meisten Institute ist deshalb eine möglichst ausgeglichene Altersstruktur und entsprechend eine granulare Verteilung der Mitarbeiter auf die einzelnen Altersgruppen.

Beispiel

Eine Leasinggesellschaft beschäftigt in ihrem Back-Office 200 Mitarbeiterinnen und Mitarbeiter. Hiervon sind 20 Mitarbeiter jünger als 25 Jahre, 45 zwischen 25 und 35 Jahren, 60 zwischen 35 und 45 Jahren, 35 zwischen 45 und 55 Jahren und 40 über 55 Jahre alt.

Der Anteil der unter 25-jährigen Mitarbeiter beträgt damit 10%, der 25- bis 35-Jährigen 22,5%, der 35- bis 45-Jährigen 30%, der 45- bis 55-Jährigen 17,5% und der über 55-Jährigen 20%.

Grenzen der Aussagekraft

Die Altersstruktur der Belegschaft kann nur ein weicher Faktor bei der Steuerung sowie gegebenenfalls auch bei der Personalauswahl von Mitarbeitern sein. Vielmehr kommt es auf die Qualifikationen, die Motivation und auch die Charaktereigenschaften bzw. die Soft Skills der Mitarbeiter an. Bei der Entscheidung, ob die Mitarbeiter die Leasinggesellschaft voranbringen und damit den nachhaltigen und langfristigen Erfolg sichern können, ist das Alter wenn überhaupt nur zweitrangig.

Beeinflussungsmöglichkeiten

Die Altersstruktur kann zum einen aktiv beeinflusst werden, indem Neueinstellungen getätigt werden oder Mitarbeiter entlassen werden. Zum anderen wird sie aber auch von den freiwilligen Abgängen oder der Verrentung von Mitarbeitern beeinflusst.

Datenherkunft

Die Daten zur Altersstruktur können über die Personalabteilung ermittelt werden. Diese kann zudem häufig weitere Analysen, etwa zum Durchschnittsalter der Belegschaft etc., durchführen.

Andienungsrechtsquote (in %)

Die Andienungsrechtsquote gibt den Anteil der Teilamortisations-Leasingverträge mit einem Andienungsrecht im Verhältnis zum Gesamtbestand an Teilamortisations-Leasingverträgen im aktiven Vertragsbestand an.

Andienungsrechtsquote

$$= \frac{\text{Restobligo Teilamortisations-Leasingverträge mit Andienungsrecht}}{\text{Restobligo Gesamtbestand Teilamortisations-Leasingverträge}} \cdot 100\%$$

Aussagekraft

Bei einem klassischen Teilamortisations-Leasingvertrag erzielt der Leasinggeber während der Grundmietzeit über die Leasingraten nur einen Teil der gesamten Anschaffungskosten des Leasingobjekts. Zur Deckung des noch nicht amortisierten Teils wird deshalb häufig mit den Leasingnehmern ein sogenanntes Andienungsrecht vereinbart.

Durch das Andienungsrecht hat der Leasinggeber das Recht (nicht die Pflicht!), nach Ablauf der Vertragslaufzeit dem Leasingnehmer das Leasingobjekt zum kalkulierten Restwert zu verkaufen oder das Leasingobjekt anderweitig zu verwerten.

Ein Andienungsrecht gibt es nur für Teilamortisationsverträge, da nur hier ein Restwert kalkuliert wurde, während bei Vollamortisationsverträgen kein Restwert, sondern lediglich ein Restbuchwert nach dem Ende der Grundmietzeit übrig bleibt.

Teilamortisations-Leasingverträge mit Andienungsrecht können deshalb als eine Art Vollamortisationsvertrag angesehen werden, bei dem am Vertragsende die Vollamortisation durch das Andienungsrecht realisiert werden kann.

Teilamortisations-Leasingverträge mit Andienungsrecht werden häufig für Leasingobjekte mit einer niedrigen Werthaltigkeit oder Fungibilität herangezogen.

Interpretation

Teilamortisations-Leasingverträge mit Andienungsrecht erfreuen sich vonseiten der Leasinggesellschaften sehr großer Beliebtheit, da diese hierdurch einen Großteil der Risiken, beispielsweise das Objekt- bzw. Werthaltigkeitsrisiko abwälzen können und gleichzeitig am Vertragsende trotzdem noch an einem gestiegenen Marktwert partizipieren können.

Darüber hinaus besteht insbesondere im Falle einer Forfaitierung der Vorteil, dass Teilamortisationsverträge mit Andienungsrecht häufig problemlos forfaitiert werden können, während Teilamortisationsverträge insbesondere mit offenen Restwerten häufig nicht oder nur sehr schwer refinanziert werden können, da die Forfaitierungspartner zumeist keine Restwerte ankaufen.

Beispiel

Die Leasinggesellschaft hat Teilamortisations-Leasingverträge mit einem Restobligo von 230 Mio. EUR in ihrem Portfolio. Hiervon sind Verträge mit einem Volumen von 195 Mio. EUR Restobligo mit einem Andienungsrecht der Leasinggesellschaft versehen.

Die Andienungsrechtsquote beträgt damit 84,8%.

Grenzen der Aussagekraft

Ein Teilamortisations-Leasingvertrag mit Andienungsrecht wird unter zahlreichen Risikoaspekten einem Vollamortisations-Leasingvertrag gleichgestellt bzw. unter Ertragsgesichtspunkten häufig sogar vorgezogen.

Es muss allerdings berücksichtigt werden, dass sich bei einem Teilamortisationsvertrag (mit Andienungsrecht) im Vergleich zu einem Vollamortisationsvertrag das →*Blankorisiko* häufig deutlich ungünstiger entwickelt. So sind im Regelfall die Leasingraten bei Teilamortisationsverträgen deutlich niedriger ausgestaltet als bei Vollamortisationsverträgen. Hierdurch entsteht gleichzeitig ein höheres Blankorisiko, das erst nach Ende der Grundmietzeit durch Inanspruchnahme des Andienungsrechts nivelliert wird.

Ein Andienungsrecht ist zudem nur bei entsprechend guten Bonitäten wirklich risikomindernd. Insbesondere beim Andienungsrecht wird eine schlechte Bonität häufig in besonderem Maße schlagend, da das Andienungsrecht erst am Ende der gesamten Vertragslaufzeit zum Tragen kommt.

Beeinflussungsmöglichkeiten

Die Andienungsrechtsquote kann insbesondere durch strikte Vorgaben im Zuge der Kreditpolitik bzw. der Engagementprüfung oder aber durch entsprechende Steuerungsimpulse im Vertrieb, beispielsweise durch Berücksichtigung im Prämien- oder Provisionssystem, maßgeblich beeinflusst bzw. aktiv gesteuert werden.

Datenherkunft

Anhand der Leasingverwaltungssoftware lassen sich häufig sehr einfach diejenigen Teilamortisations-Leasingverträge ermitteln, bei denen ein Andienungsrecht besteht. Hierbei wird häufig bereits der kalkulierte Restwert als fest vereinbart angegeben oder softwareseitig ein entsprechendes Kennzeichen gesetzt.

Angrenzende Kennzahlen

vgl. Blankorisiko; Vollamortisationsquote

Anfragefrequenz je Kunde

→ *vgl. hierzu*: Kontakthäufigkeit

Angebotseffizienz (in %)

Die Angebotseffizienz wird über das Verhältnis von abgeschlossenen bzw. kontrahierten Verträgen im Verhältnis zu den abgegebenen Angeboten ermittelt.

Angebotseffizienz *(mengenmäßig)*

$$= \frac{\text{Anzahl kontrahierter Verträge im Betrachtungszeitraum}}{\text{Anzahl abgegebener Angebote im Betrachtungszeitraum}} \cdot 100\%$$

Kundenentwicklung *(wertmäßig)*

$$= \frac{\text{Volumen kontrahierter Verträge im Betrachtungszeitraum}}{\text{Volumen abgegebener Angebote im Betrachtungszeitraum}} \cdot 100\%$$

Aussagekraft

Anhand der Angebotseffizienzquote wird ermittelt, wie viele Angebote tatsächlich zu einem Auftrag geführt haben.

Neben einem Indikator für die Leasingfreundlichkeit des Marktes allgemein wird damit häufig auch der Erfolg des eigenen Instituts im Markt gemessen.

Die Angebotseffizienz wird zudem häufig als Indikator für die Wettbewerbsstellung des eigenen Instituts herangezogen. Eine hohe Angebotseffizienzquote ist nicht selten ein Gütesiegel für den eigenen Vertrieb, zufriedene Kunden, einen guten Service, ein gutes Preis-Leistungs-Verhältnis, ein positives Unternehmensimage und ein gut funktionierendes Marketing etc.

Interpretation

Das Ziel der meisten Institute ist eine höchstmögliche Angebotseffizienz. Es wird unterstellt, dass mit jeder Angebotsunterbreitung gewisse Kosten entstehen, die von der Barwertmarge aus den kontrahierten Verträgen kompensiert werden müssen. Je mehr Verträge also abgeschlossen werden können, umso geringer sind auch die anteiligen Angebotskosten aus nicht erfolgreichen Angeboten, die von den kontrahierten Verträgen getragen werden müssen.

Die Angebotseffizienz wird insbesondere im Zeitvergleich, aber auch im Vergleich zwischen einzelnen Vertriebsmitarbeitern, Vertriebsregionen, Kundenbranchen etc. ermittelt.

Darüber hinaus wird die Angebotseffizienz häufig getrennt nach Kundenklassen sowie Angebotsvolumina untersucht. So ist die Angebotseffizienz bei A- bzw. Potenzialkunden häufig ebenso stark im Fokus wie bei großvolumigen Angeboten.

Beispiel

In einem Vertriebsgebiet wurden im betrachteten Zeitraum 720 Angebote abgegeben. Aus 300 Angeboten resultierten Vertragsabschlüsse von Leasing- und Mietkaufverträgen.

Die Angebotseffizienz beträgt damit 41,7%.

Grenzen der Aussagekraft

Die Angebotseffizienz ermöglicht keine Aussage über die Vorteilhaftigkeit bzw. die Profitabilität der erteilten Aufträge. Außerdem wird nicht untersucht, wie hoch der Aufwand für ein abgegebenes Angebot tatsächlich ist.

Für eine valide Aussage sollte auch die Arbeitsweise der einzelnen Vertriebsmitarbeiter sowie die Erfassung der Angebotsvolumina ermittelt werden. Es kann beispielsweise sein, dass ein Vertriebsmitarbeiter seinen Kunden generell in einer sehr frühen Phase bereits ein Angebot macht, das er in einer späteren Phase nochmals überarbeitet, während ein anderer Vertriebsmitarbeiter erst bei einem konkreten Bedarf ein Angebot anfertigt und ansonsten im Vorfeld eine grobe mündliche Einschätzung abgibt.

Beeinflussungsmöglichkeiten

Die Angebotseffizienz hängt wesentlich von der Kundenzufriedenheit und der Kundenloyalität ab. Diese wird wiederum maßgeblich vom Vertrieb sowie den Kundenbetreuungs- und Kundenbindungsmaßnahmen beeinflusst.

Darüber hinaus gilt es, dem Kunden individuelle Angebote mit einem möglichst hohen Mehrwert zu bieten. Insbesondere bei einer flexiblen Abwicklung besteht in hohem

Maße die Möglichkeit, sich positiv vom Wettbewerb abzuheben und letztendlich auch eine hohe Angebotseffizienz zu erzielen.

Darüber hinaus kann ein permanenter Wettbewerbsvergleich dazu führen, dass ein geändertes Angebotsverhalten der Konkurrenten frühzeitig identifiziert wird und mit einem ausreichenden zeitlichen Vorlauf bei Bedarf auf die Änderungen reagiert werden kann.

Datenherkunft

Die Daten für die Ermittlung der mengen- und wertmäßigen Angebotserfolgsquote können über die Vertriebssteuerungs- bzw. sofern vorhanden über eine Customer-Relationship-Management-Software ermittelt werden.

Angrenzende Kennzahlen

vgl. Angebotsvolumen; Kundenloyalitätsindex; Kundenzufriedenheit; Neuvertragsvolumen, kontrahiertes; Angebotserfolgsquote (in %)

→ *vgl. hierzu*: Angebotseffizienz

Angebotsfrequenz je Kunde

→ *vgl. hierzu*: Kontakthäufigkeit

Angebotskosten (in EUR)

Unter die Angebotskosten fallen sämtliche Kosten, die mit der Abgabe des Angebots verbunden oder dieser vorgelagert sind. Hierzu gehören beispielsweise die Arbeitszeit des Außendienstmitarbeiters, EDV-Kosten für die Erstellung des Angebots, Kosten für die Anfrage bei Kreditversicherungen oder Forfaitierungspartnern etc.

Angebotskosten	
=	alle mit der Erstellung eines Angebots anfallenden Kosten

Beispielhafte Kostenpositionen für Angebotskosten:

- Arbeitszeit des Vertriebs-/Außendienstmitarbeiters
- EDV-Kosten für die Erstellung des Angebots
- Kosten für die Bonitätsprüfung und Objektbewertung
- Prämie für die Anfrage bei Kreditversicherern, Forfaitierungspartnern, Garantiegebern bzw. Rückkaufpartnern etc.
- Kosten für die Geldwäscheüberprüfung (gem. §4 des Geldwäschegesetzes muss die Identifikation des Vertragspartners bereits vor Begründung der Geschäftsbeziehung erfolgen)

Aussagekraft

Die Angebotskosten stellen einen Kostenblock dar, der auf einzelne Kunden, Branchen, Regionen, Verkaufsgebiete etc. heruntergebrochen werden kann. Durch eine Gegenüberstellung mit den Ertragserwartungen stellen die Angebotskosten zzgl. weiterer Vertriebs- und Administrationskosten die langfristig nicht zu unterschreitende Mindestgrenze des Ertrags dar, um eine positive Ertragsperspektive zu gewährleisten und den Substanzwert nachhaltig zu steigern.

Zu Beginn einer Kundenbeziehung oder auch bei Aufnahme einer strategisch wichtigen Kundenbeziehung kann es ebenso wie bei einer Neueinstellung eines Außendienstmitarbeiters vorkommen, dass die Angebotskosten nicht vollumfänglich gedeckt werden können. Hier sollte einzelfallbezogen und unter Berücksichtigung des jeweiligen Kundenwerts entschieden werden, ob eine entsprechende Kundenbeziehung nachhaltig erfolgreich sein kann oder nicht. Bei neuen Außendienstmitarbeitern führt eine erhöhte Anzahl an Angeboten häufig fast automatisch zu einer erheblichen Senkung der Angebotskosten.

Interpretation

Für die Interpretation der Angebotskosten wird häufig neben der absoluten Höhe insbesondere auch eine Ertragskomponente herangezogen, anhand derer die Angemessenheit in Verbindung mit den Vertriebskosten besser beurteilt werden kann.

Allein anhand der Höhe der Angebotskosten kann noch keine Aussage über die Vorteilhaftigkeit oder eventuelle Schwachstellen innerhalb der Ablauforganisation im Vertrieb getroffen werden. So kann es beispielsweise trotz sehr hoher Angebotskosten dazu kommen, dass diese durch anschließende Aufträge um ein Mehrfaches wieder zurückfließen. Auf der anderen Seite kann es trotz oder vielleicht gerade aufgrund sehr niedriger Angebotskosten (beispielsweise bei zu stark standardisierten Angeboten) dazu kommen, dass nur sehr wenige Aufträge generiert und hierdurch bedingt nicht alle Angebotskosten gedeckt werden können.

Deshalb wird häufig auch der prozentuale Anteil sämtlicher Angebotskosten an der kumulierten Barwertmarge ermittelt. Hierbei können beispielsweise unterteilt nach Vertriebsmitarbeiter, Kundenbranche, Vertriebsregion oder Kundenbonität entsprechende Entwicklungen analysiert und die Gründe beispielsweise für einen steigenden Anteil ermittelt werden.

Beispiel

Ein Institut hat im Berichtsmonat angebotsbedingte anteilige Personalkosten für die Vertriebsmitarbeiter einer Vertriebsregion in Höhe von 40 TEUR sowie administrative und EDV-seitige anteilige Aufwendungen in Höhe von 55 TEUR zu verzeichnen. Insgesamt wurden im betrachteten Vertriebsgebiet in diesem Zeitraum 2100 Angebote an bestehende Kunden und Neukunden versendet.

Die Angebotskosten belaufen sich im Berichtsmonat und im betrachteten Vertriebsgebiet auf durchschnittlich 45,24 EUR je Angebot.

Grenzen der Aussagekraft

Die Angebotskosten sollten unbedingt in Verbindung mit den Vertriebskosten sowie mit dem ertragsseitigen Nutzen beurteilt werden. Darüber hinaus sollte auch die strategische Ausrichtung der Leasinggesellschaft als Vergleichsmaßstab herangezogen werden.

So kann es beispielsweise sein, dass mögliche Ertragseinbußen bewusst in Kauf genommen werden, um in bestimmten Bereichen sogenannte Einstiegsgeschäfte zu platzieren. Hierdurch soll zum einen die Wettbewerbssituation und der Marktanteil nachhaltig gesichert und im Laufe der Kundenbeziehung außerdem ein positiver Kundenwert bzw. Customer Lifetime Value erreicht werden.

Beeinflussungsmöglichkeiten

Häufig wird das Ziel ausgegeben, die Angebotskosten im Zeitablauf nachhaltig zu senken. Dies kann beispielsweise durch eine Steigerung der Effizienz bei den zugrunde liegenden Prozessen gelingen. Nichtsdestotrotz muss neben den Angebotskosten auch die Erfolgsaussicht eines Angebots berücksichtigt werden. Erst dann kann die Effizienz der Angebote, als die wichtigste Steuerungsgröße bei der Beurteilung von Angeboten und Angebotskosten, valide bewertet werden.

Datenherkunft

Die Angebotskosten werden zumeist über Zuschlagssätze bzw. Pauschalwerte anhand von Kostenstellenrechnungen bzw. einem prozentualen Anteil an den Vertriebskosten in Verbindung mit den erstellten Angeboten ermittelt.

Darüber hinaus werden auch Prozesskostenrechnungen durchgeführt, bei denen die Zuschlagssätze neu validiert werden, indem der Anteil der Angebotskosten insbesondere an den Vertriebskosten anhand einer Zeiterfassung ermittelt wird.

Angrenzende Kennzahlen

vgl. Abschlusskosten; Angebotseffizienz; Vertriebskosten

Angebotsvolumen (in EUR)

Das Angebotsvolumen gibt das kumulierte Anschaffungsvolumen der im Berichtszeitraum abgegebenen Angebote an.

Angebotsvolumen
= kumulierte Anschaffungsvolumina aller abgegebenen Angebote

Aussagekraft

Das Angebotsvolumen ist eine wichtige Vergleichsgröße im operativen Vertriebscontrolling. Es stellt zumeist eine Vorstufe zum anschließenden Auftragsvolumen dar. Außerdem kann anhand der Entwicklung des Angebotsvolumens häufig bereits eine Aussage über die Stimmung im Markt und damit die Leasingfreundlichkeit getroffen werden.

Interpretation

Anhand des Angebotsvolumens per se können wenn überhaupt nur sehr begrenzte Steuerungsimpulse getroffen werden. Deshalb wird in der operativen Steuerung den einzelnen Angeboten idealerweise bereits ein Status, anhand dessen die Erfolgswahrscheinlichkeit des Angebots zum Ausdruck gebracht werden kann, zugeteilt. Zu diesen Status gehören entsprechende Abstufungen beispielsweise in „solid" (sicherer Auftrag), „stable" (ziemlich sicherer Auftrag), „stretch" (hart umkämpft bzw. Hängepartie) sowie „lost" (an den Wettbewerb verlorener Auftrag).

Insbesondere anhand der entsprechenden Statusabstufungen entstehen konkrete Steuerungsmöglichkeiten speziell für die Vertriebssteuerung. So kann etwa der Fokus der Vertriebssteuerung gezielt auf die Unterstützung der Außendienstmitarbeiter bei profitablen, aber hart umkämpften „stretch"-Angeboten gelegt werden. Außerdem können

Vergleiche beispielsweise zwischen einzelnen Vertriebsmitarbeitern gezogen werden und gezielt zwischen Mitarbeitern mit einem hohen Anteil an sicheren Angeboten und Mitarbeitern mit einem hohen Anteil an erfolglosen bzw. verlorenen Angeboten nach den Gründen hierfür und nach jeweiligen Verbesserungspotenzialen gesucht werden.

Durch einen entsprechenden Vorperiodenvergleich können allein schon anhand der Verteilung der Volumina auf die unterschiedlichen Status sowie durch die Statusmigrationen, sehr frühzeitig entsprechende Markttendenzen identifiziert und Steuerungsimpulse als Reaktion hierauf abgeleitet werden.

Beispiel

Im Betrachtungszeitraum wurden 720 Angebote mit einem gesamten Volumen von 59,6 Mio. EUR abgegeben. Hiervon wird bei 20 Angeboten mit einem Volumen von 9,8 Mio. EUR die Erfolgswahrscheinlichkeit als maximal eingeschätzt, bei 100 Verträgen mit einem Volumen von 20 Mio. EUR als sehr wahrscheinlich und bei 410 Verträgen mit einem Volumen von 22 Mio. EUR als Hängepartie. 190 Angebote mit einem Volumen von 7,8 Mio. EUR wurden bereits an den Wettbewerb vergeben.

Das gesamte Angebotsvolumen im Betrachtungszeitraum belief sich auf 59,6 Mio. EUR. Auf die Klasse „solid" entfallen 9,8 Mio. EUR (16,4%), auf „stable" 20 Mio. EUR (33,6%), auf „stretch" 22 Mio. EUR (36,9%) und auf „lost" 7,8 Mio. EUR (13,1%).

Grenzen der Aussagekraft

Die jeweiligen Status zu den Angebotsvolumina sind im Regelfall sehr subjektiv geprägt und bringen die persönliche Einschätzung speziell der Vertriebsmitarbeiter zum Ausdruck. Aufgrund der unterschiedlichsten Charaktere der Vertriebsmitarbeiter muss deshalb insbesondere auch im Sinne einer höheren Vergleichbarkeit versucht werden, die Statusvergabe anhand standardisierter Kriterien möglichst objektiv zu gestalten.

Neben den jeweiligen Angebotsvolumina sollten unbedingt die tatsächlichen Auftragsvolumina ermittelt werden und neben der Angebots- bzw. Auftragseffizienz insbesondere auch die Prognosegüte der Statuseinschätzungen kritisch überprüft werden. Darüber hinaus sollten die ergriffenen Maßnahmen, die aufgrund des jeweiligen Status des Angebots ergriffen wurden sowohl auf ihre Effektivität als auch auf ihre Effizienz hin überprüft werden.

Beeinflussungsmöglichkeiten

Das Angebotsvolumen ist von mehreren Faktoren abhängig. Zum einen beeinflusst die Kreditpolitik wesentlich das genehmigte und anschließend angebotene Volumen. Zum anderen hängt das Angebotsvolumen aber auch sehr stark von der Investitionsneigung der Zielgruppe und dem Akquisitionserfolg der Vertriebsmitarbeiter ab.

Darüber hinaus ist das Angebotsvolumen bei ansonsten identischen Voraussetzungen auch von der Geschäftspolitik der Kunden, etwa der Vorgehensweise bei der Angeboteinholung, abhängig. In Fällen, in denen Kunden eine erhöhte Anzahl an insbesondere hochvolumigen Angeboten einholen, steigt zwar nominell das Angebotsvolumen, in den meisten Fällen ändert dies allerdings nichts am anschließend kontrahierten Volumen.

Datenherkunft

Die Angebotsvolumina sind dem Vertriebssteuerungssystem bzw. der Vertriebsverwaltungssoftware zu entnehmen. Insbesondere auch die Zuteilung der jeweiligen Status erfolgt durch den zuständigen Vertriebsmitarbeiter in enger Rücksprache mit der Vertriebsleitung sowie unter Berücksichtigung der Klassifizierungsvorgaben zu den einzelnen Statusklassen.

Angrenzende Kennzahlen

vgl. Angebotseffizienz

Angebotswegequote (in %)

→ *vgl. hierzu*: Vertriebswegequote

Anschaffungswert, durchschnittlicher (in EUR)

→ *vgl. hierzu*: Neuvertragsvolumen, kontrahiertes

Anspannungsgrad I-II (in %)

→ *vgl. hierzu*: Fremdkapitalquote

Anzahlungsvolumen (in EUR)

Das Anzahlungsvolumen gibt die Summe der an Lieferanten geleisteten Anzahlungen vor entsprechender Lieferung des Leasingobjekts und auch vor Aktivierung der Leasingverträge an.

Anzahlungsvolumen	
=	Summe aller an Lieferanten geleisteten Anzahlungen vor Lieferung des Leasingobjekts

Aussagekraft

Die geleisteten Anzahlungen stellen das latente Verlustpotenzial im Falle eines Ausfalls des Lieferanten dar. Hierbei wird unterstellt, dass der Leasinggeber nicht - wie dies in den meisten Fällen vertraglich vereinbart ist - Rückgriff auf den Leasingnehmer nehmen kann und deshalb einen möglichen Ausfall selbst zu tragen hat.

Darüber hinaus stellt ein sehr hohes Anzahlungsvolumen auch einen Indikator für ein potenzielles Liquiditätsrisiko und auch ein Zinsänderungsrisiko dar. So kann es zum einen vorkommen, dass sich bei einem längeren Zeitraum zwischen den geleisteten Anzahlungen und der schlussendlichen Aktivierung des Leasingvertrags der zugrunde liegende Zinssatz stark erhöht und sich ein Zinsänderungsrisiko ergibt, das aus geschäftspolitischen oder rechtlichen Gründen unter Umständen nicht oder zumindest nicht vollumfänglich auf den Leasingnehmer abgewälzt werden kann. Zum anderen kann sich ein Liquiditätsrisiko dadurch ergeben, dass beispielsweise aufgrund von Lieferschwierigkeiten oder Nachbesserungen am Leasingobjekt eine erhebliche zeitliche Verschiebung zwischen den Liquiditätsabflüssen, in Form der geleisteten Anzahlungen, und den Liquiditätszuflüssen, in Form der erhaltenen Leasingraten, die erst nach Bezahlung der Schlussrechnung möglich sind, entsteht. So kommt es nicht selten dazu, dass je nach Liquiditätsausstattung sowie je nach Dauer und Höhe der zu entrichtenden Abschlagszahlungen für diese Zahlungen eine Zwischenfinanzierung, etwa in Form eines kurzfristigen Kredits, in Anspruch genommen werden muss.

Interpretation

Das Anzahlungsvolumen sollte immer auch im Kontext der Ausfallwahrscheinlichkeit des Lieferanten sowie der Möglichkeit einer vertragsseitigen Überwälzung des Lieferanten-Adressenausfallrisikos bewertet werden. Dadurch, dass die den Anzahlungen zugrunde liegenden Zinssätze zu Lasten des Leasingnehmers vonseiten der Leasinggesellschaften zumeist mit entsprechenden Puffern für Marktpreisrisiken kalkuliert werden, wird das Zinsänderungsrisiko weitgehend eliminiert.

Je nach Höhe der Anzahlungen und je nach Bonität des Leasingnehmers wird bei vielen Leasinggesellschaften auch ein anlassbezogenes Lieferantenrating vollzogen, bei dem die Bonität und entsprechend die Ausfallwahrscheinlichkeit des Lieferanten abgeschätzt wird.

Beispiel

Im Betrachtungszeitraum wurden an 140 Lieferanten durchschnittlich 95 TEUR an Anzahlungen vor der Lieferung der Leasingobjekte geleistet.

Das Anzahlungsvolumen im Betrachtungszeitraum beläuft sich damit auf 13,3 Mio. EUR.

Grenzen der Aussagekraft

Anhand des Anzahlungsvolumens per se kann keine Aussage über das Volumen mit einer tatsächlich erhöhten Ausfallwahrscheinlichkeit getroffen werden.

Für eine valide Betrachtung und eine entsprechend solide Aussagekraft muss das Anzahlungsvolumen zusammen mit der Lieferantenbonität betrachtet und zudem überprüft werden, inwieweit mögliche Verluste auf den Leasingnehmer abgewälzt werden können.

Ein eventuelles Liquiditätsrisiko wird ebenfalls durch zahlreiche risikomindernde Maßnahmen reduziert. Darüber hinaus erfolgt häufig eine überdurchschnittlich hohe Verzinsung des Anzahlungsbetrags, der sich wiederum in einer hohen Barwertmarge niederschlägt.

Beeinflussungsmöglichkeiten

Das Anzahlungsvolumen kann dadurch begrenzt werden, dass die Anzahlungen vom Kunden im Namen und auf Rechnung der Leasinggesellschaft bezahlt werden und die Leasinggesellschaft erst die Schlussrechnung nach Lieferung des Leasingobjekts begleicht und dem Leasingnehmer die bereits an den Lieferanten geleisteten Anzahlungen zurückerstattet.

Datenherkunft

Die geleisteten Anzahlungen können stichtagsgenau dem Bilanzkonto „geleistete Anzahlungen auf Anlagevermögen" auf der Aktivseite der Bilanz entnommen werden.

Angrenzende Kennzahlen

vgl. Überwälzungsquote

Arbeitgeberattraktivitätsindex (in %)

Der Arbeitgeberattraktivitätsindex wird anhand unterschiedlicher und institutsindividuell auszuwählender Faktoren gemessen. Als harte Faktoren werden häufig die Mitarbeiterfluktuation, die Anzahl der Bewerbungen auf ausgeschriebene Arbeitsstellen, die Gehaltsentwicklung innerhalb eines bestimmten Zeitraums etc. herangezogen.

Darüber hinaus werden auch die Ergebnisse von Mitarbeiterbefragungen sowie von Bewertungen durch externe Bewerber und Interessenten im Arbeitgeberattraktivitätsindex berücksichtigt.

Arbeitgeberattraktivitätsindex

$$= \frac{\text{Ist-Wert Mitarbeiterloyalität}}{\text{Soll-Wert Mitarbeiterloyalität bei höchster Attraktivität des Arbeitgebers}} \cdot 100\%$$

Arbeitgeberattraktivitätsindex *(alternativ)*

$$= \frac{\text{Ist-Wert Bewerbungen je ausgeschriebener Stelle}}{\text{Soll-Wert Bewerbungen je ausgeschriebener Stelle bei höchster Attraktivität}} \cdot 100\%$$

Aussagekraft

Die Arbeitgeberattraktivität stellt häufig den zentralen Faktor dar, um einerseits die bestehenden Mitarbeiter langfristig an das Institut zu binden und deren Loyalität nachhaltig zu stärken sowie andererseits neue und hoch qualifizierte Mitarbeiter zu gewinnen. Insbesondere auch im viel beschriebenen „War for Talents", also dem Kampf um hoch qualifizierte Nachwuchskräfte spielt die Arbeitgeberattraktivität bzw. das sogenannte Employer Branding eine zentrale Rolle.

Zu den wesentlichen Faktoren für eine hohe Arbeitgeberattraktivität zählen unter anderem die Verdienst- und Karrieremöglichkeiten, familienfreundliche und flexible Arbeitszeitmodelle, etwa Teilzeit oder Home-Office, betriebliche Sozialeinrichtungen, aber auch eine positive und offene Unternehmenskultur.

Interpretation

Ein hoher Arbeitgeberattraktivitätsindex senkt neben den Personalbeschaffungs- bzw. Recruiting-Kosten, unter anderem aufgrund einer höheren Anzahl an Initiativbewerbungen sowie insgesamt einer deutlich höheren Anzahl an geeigneten Bewerbern, insbesondere auch den Anteil an ungewollten Mitarbeiterfluktuationen. Bei den ungewollten Mitarbeiterfluktuationen handelt es sich nicht selten um gut ausgebildete Know-how-Träger, mit deren Abgang durch den Know-how-Verlust erhebliche finanzielle Mehraufwendungen verbunden sind.

Außerdem erhöht sich mit einer hohen Arbeitgeberattraktivität aufgrund der höheren Mitarbeiterloyalität und -zufriedenheit häufig auch die Bereitschaft vonseiten der Mitarbeiter, unter Umständen auch zumindest vorübergehend gewisse Einschnitte zu akzeptieren, ohne dass sich dies umgehend auf die Motivation negativ auswirkt. Dies kommt insbesondere in finanziell und konjunkturell schweren Phasen für das Institut zum Tragen.

Zur Steigerung der Arbeitgeberattraktivität ist es wichtig, dass sich die ergriffenen Maßnahmen neben den institutsindividuellen Besonderheiten insbesondere an den

Anforderungen und Erwartungen der bestehenden sowie der potenziellen neuen Mitarbeiter bzw. Bewerber orientieren.

Beispiel

Ein Institut erhält für eine ausgeschriebene Stelle im Rechnungswesen 210 Bewerbungen. Hiervon kommen nach einer ersten Sichtung der Qualifikationen rund 90 Bewerber in die engere Auswahl.

Der Marktführer und gleichzeitig das als attraktivstes Leasingunternehmen geltende Institut erhält üblicherweise für eine ähnliche Stelle 100 potenziell geeignete Bewerbungen.

Die Arbeitgeberattraktivität beträgt also 90% gemessen am Marktführer, was einer hohen Attraktivität entspricht.

Grenzen der Aussagekraft

Bei der Beurteilung der Arbeitgeberattraktivität gilt es in besonderem Maße, die Ermittlungsmethoden zu überprüfen. So haben die Ermittlungsmethoden zum einen eine erhebliche Auswirkung auf die Vergleichbarkeit von Arbeitgebern, beispielsweise konkurrierenden Instituten. Zum anderen sollten aber auch die Rahmenbedingungen berücksichtigt werden. So kann es beispielsweise sein, dass die Mitarbeiter ihren Arbeitgeber nur deshalb als attraktiv beurteilen, weil sie kurz zuvor eine Gehaltserhöhung erhalten haben. Speziell in wirtschaftlich schlechten Zeiten kann es sein, dass nur deshalb viele Bewerbungen auf eine Arbeitsstelle eingehen, weil nur wenige Arbeitsstellen frei sind. Bei den Bewerbern sollten zudem die Qualifikationen und die zu erwartende Loyalität berücksichtigt werden.

Außerdem sollte die Arbeitgeberattraktivität insbesondere unter Abwägung von Kosten und Nutzen beurteilt werden. So ist insbesondere für kleine und mittlere, aber auch für große Leasinggesellschaften in vielen Fällen eine höchstmögliche Attraktivität auf breiter Basis nicht kosteneffizient darstellbar. Es sollten vielmehr kritische Größen für die Ziele, die mit einer Steigerung der Arbeitgeberattraktivität verbunden sind, ermittelt und möglichst quantifiziert dargestellt werden.

Beeinflussungsmöglichkeiten

Die Arbeitgeberattraktivität basiert im Wesentlichen auf den Erwartungen und Wünschen der Mitarbeiter und der Bewerber eines Instituts. Anhand von Befragungen können diese Anforderungen kanalisiert und entsprechend umgesetzt werden. Außerdem dienen insbesondere Benchmarks mit den Marktführern bzw. mit besonders attraktiven Arbeitgebern dazu, Schwachstellen und Optimierungspotenziale im eigenen Institut zu identifizieren.

Neben den materiellen Faktoren wie beispielsweise der Vergütung, sind es insbesondere auch immaterielle Faktoren wie beispielsweise ein kollegiales und familiäres Arbeitsumfeld, aber auch Lob und Anerkennung für die geleistete Arbeit, die die Arbeitgeberattraktivität maßgeblich beeinflussen.

Datenherkunft

Die Ermittlung der Arbeitgeberattraktivität anhand von Befragungen wird häufig durch eine Mitarbeiterbefragung, aber auch durch Marktforschungsinstitute bei externen potenziellen Bewerbern durchgeführt.

Bei den meisten anderen Hilfskonstrukten zur Erhebung der Arbeitgeberattraktivität, etwa der Ermittlung der Bewerbungen je freier Stelle, der Mitarbeiterfluktuation oder der Gehaltsentwicklung, hilft häufig die Personalabteilung.

Für die Bestimmung der Soll-Werte dienen neben einem Benchmark und den Mitarbeitererwartungen insbesondere auch die institutsindividuellen Zielvorgaben, die zumindest einmalig durch die Geschäftsleitung verifiziert werden sollten.

Angrenzende Kennzahlen

vgl. Mitarbeiterloyalität; Mitarbeiterzufriedenheit; Personalbeschaffungskosten je Eintritt

Arbeitszufriedenheit

→ *vgl. hierzu:* Mitarbeiterzufriedenheit

Ärgerquotient (in %)

→ *vgl. hierzu*: Beschwerdequote; Mitarbeiterzufriedenheit

Assoziationsquote

→ *vgl. hierzu:* Bekanntheitsgrad

At-Risk-Maße (in EUR)

→ *vgl. hierzu:* Value-at-Risk

Attrition Rate (in %)

→ *vgl. hierzu*: Drehtürgeschwindigkeit; Kundenloyalitätsindex

Aufstiegsquote, interne (in %)

Die interne Aufstiegsquote ist eine wesentliche Kennzahl des Personalcontrollings und stellt die Anzahl der Arbeitsstellen, die mit instituts- oder konzerninternem Personal besetzt wurden, ins Verhältnis zur Gesamtanzahl der im Betrachtungszeitraum besetzten Arbeitsstellen.

Interne Aufstiegsquote

$$= \frac{\text{mit institutsinternem Personal besetzte } \textit{(höhere)} \text{ Stellen im Betrachtungszeitraum}}{\text{Gesamtanzahl neu besetzter Stellen im Betrachtungszeitraum}} \cdot 100\%$$

Aussagekraft

Die interne Aufstiegsquote zeigt die Karrierechancen der Mitarbeiter auf und dient diesen häufig als Ansporn und als zusätzliche Motivation. Häufig werden gezielte Karriereplanungsgespräche durchgeführt, mit der Absicht, die Mitarbeiterzufriedenheit zu steigern bzw. hoch zu halten und damit auch die Mitarbeiterloyalität positiv zu beeinflussen.

Interpretation

Je höher die interne Aufstiegsquote eines Instituts ist, umso höher ist gleichzeitig häufig auch die Attraktivität des Instituts für die eigenen Mitarbeiter. Diese sind vielfach leistungsbereiter, wenn sie das Gefühl vermittelt bekommen, dass sich Einsatz und Arbeitseifer in ihrer Karriere bemerkbar machen.

Darüber hinaus werden durch interne Stellenbesetzungen häufig die Eingewöhnungszeiten minimiert. Allein schon aufgrund spezieller IT-Infrastrukturen und spezifischen Unternehmensabläufen sowie entsprechender Netzwerke innerhalb der Gesellschaft zu anderen Abteilungen, vollzieht sich eine institutsinterne Stellenbesetzung im Regelfall problemloser. Das häufig ausgegebene Motto „Aufstieg geht vor Einstieg" berücksichtigt dabei auch, dass mögliche Missverständnisse zwischen den Stelleninhabern und der Leasinggesellschaft bzw. den jeweiligen Vorgesetzten, auf ein Minimum begrenzt werden können. So identifizieren sich die meisten Mitarbeiter bereits mit der Unternehmensphilosophie bzw. der Unternehmenskultur und können durch entsprechende Qualifikationsmaßnahmen im Rahmen der Personalentwicklung langfristig auf bestimmte Stellen vorbereitet werden.

Eine interne Aufstiegsquote von 100% auf der anderen Seite ist auf lange Sicht zumeist aber auch nicht erreichbar und auch nicht wünschenswert. So helfen beispielsweise externe Bewerber häufig in bestimmten Bereichen dazu, einen Know-how-Transfer zu generieren und damit vom Vorsprung einzelner Wettbewerber zu profitieren. Darüber hinaus muss bei der Stellenvergabe auch die natürliche Fluktuation berücksichtigt werden, die allein durch den internen Arbeitsmarkt nicht adäquat ausgeglichen werden kann.

Beispiel

Im Betrachtungszeitraum wurden 49 Stellen innerhalb eines Instituts neu besetzt. Hiervon wurden 22 Stellen mit externen Bewerbern und 27 Stellen mit Mitarbeitern besetzt, die bereits an anderer Stelle im Unternehmen tätig sind bzw. waren.

Die interne Aufstiegsquote beträgt damit 55,1%.

Grenzen der Aussagekraft

Allein anhand der internen Aufstiegsquote kann keine Aussage über die Qualität bzw. das Potenzial der Mitarbeiter für die jeweiligen Stellen getroffen werden.

So kann es beispielsweise aufgrund einer Bevorteilung von internen Bewerbern für eine Stelle dazu kommen, dass Bewerbungen von externen Kandidaten mit einem höheren Potenzial und einem besseren fachspezifischen Know-how als interne Bewerber bereits im Vorfeld abgelehnt werden. Hierdurch verschlechtern sich die Wettbewerbschancen des Instituts mittel- bis langfristig in der Regel sehr stark.

Es gilt deshalb allgemein der Grundsatz, dass immer die am besten geeigneten Mitarbeiter für eine Stelle bevorzugt werden sollten, egal ob diese bereits im Unternehmen tätig sind oder von extern kommen. Zentral für den langfristigen Unternehmenserfolg ist nicht, wie hoch die interne Aufstiegsquote ist, sondern vielmehr wie genau bzw. wie hoch der „Person-Job-Fit", also die Eignung der jeweiligen Person für die Arbeitsstelle, ist.

Beeinflussungsmöglichkeiten

Einen wesentlichen Einfluss auf die adäquate Besetzung vakanter Stellen mit eigenen, bestehenden Mitarbeitern nimmt die Personalentwicklung ein. Diese kann bereits in einem frühen Stadium die Mitarbeiter gezielt auf bestimmte Tätigkeitsfelder vorbereiten, beispielsweise durch individuelle Nachwuchsförderprogramme.

Darüber hinaus hängt der Wille zur Besetzung offener Stellen mit bestehenden Mitarbeitern insbesondere wesentlich vom Betriebsrat, aber auch der Geschäftsführung ab. Die Geschäftsführung gibt die strategische Stoßrichtung vor. So kann beispielsweise die Vorgabe lauten, dass in bestimmten Kernprozessen ein Know-how-Vorsprung des Wettbewerbs durch eine gezielte Abwerbung von Know-how-Trägern nivelliert werden soll.

Datenherkunft

Die Kennzahl der internen Aufstiegsquote kann in der Personalabteilung bzw. der Personalentwicklung oder Human Resources-Abteilung ermittelt werden. Diese hat im

Regelfall einen umfassenden Überblick über die Anzahl der im Zeitraum besetzten Stellen sowie der eingestellten externen Mitarbeiter und der intern aufgestiegenen Mitarbeiter, die damit häufig in ein neues Kompetenzengebiet einsteigen.

Angrenzende Kennzahlen

vgl. Fluktuationsquote; Mitarbeiterzufriedenheit

Auftragsbestandsdauer, durchschnittlich gewichtete (in Tagen)

→ *vgl. hierzu:* Auftragsbestandsvolumen

Auftragsbestandsvolumen (in EUR)

Der Auftragsbestand umfasst alle kontrahierten Leasing- und Mietkaufverträge, die mit den Anschaffungswerten der Leasingobjekte bewertet wurden. Ein kontrahierter Leasing- oder Mietkaufvertrag befindet sich solange im Auftragsbestand, bis er durch Inmietsetzung aktiviert wird und dementsprechend auch die Leasingraten durch den Leasingnehmer bedient werden und die Leasinggesellschaft Kapitalrückflüsse erhält.

Auftragsbestandsvolumen	
=	Summe der Anschaffungswerte aller Leasingverträge im Auftragsbestand
	Mit *Auftragsbestand* = Dauer zwischen Kontrahierung und Inmietsetzung mit anschließendem Rateneinzug beim Leasingnehmer

Aussagekraft

Das Auftragsbestandsvolumen gibt Auskunft über den Status der jeweiligen Leasingverträge. Der Auftragsbestand stellt eine Zwischenstufe zwischen Angebotsphase und dem aktiven Vertragsbestand dar. Im Auftragsbestand befinden sich bereits vom Kunden angenommene Angebote, die aus den unterschiedlichsten Gründen, beispielsweise aufgrund von einem nach dem Unterzeichnungsdatum des Leasingvertrags liegenden Lieferdatum (ist immer dann der Fall, wenn es sich nicht um die Spezialform des Sale-and-Lease-Backs handelt), aufgrund von Auftragsfertigung, Verzögerungen oder Mängeln bei der Objektlieferung und weiteren Gründen, die einer Inmietsetzung entgegenstehen, noch nicht aktiviert wurden.

Interpretation

Jede Leasinggesellschaft hat unweigerlich einen bestimmten Auftragsbestand, der sich bei jedem Leasingvertrag, mit Ausnahme von Sale-and-Lease-Back-Verträgen, die sofort nach Auszahlung des Kaufpreises aktiviert werden und bei denen auch umgehend die Leasingraten eingezogen werden, ergibt.

Der Auftragsbestand kann als Indikator für die zukünftige Entwicklung bzw. für das potenzielle aktivierbare Vertragsvolumen herangezogen werden.

Gleichzeitig entstehen durch ein hohes Auftragsbestandsvolumen in Verbindung mit einer hohen Auftragsbestandsdauer aber auch nicht zu unterschätzende Opportunitätskosten.

In Verbindung beispielsweise mit geleisteten Anzahlungen kann eine allzu starke Verschiebung zwischen den Liquiditätsabflüssen durch die Bezahlung des Kaufpreises für das Leasingobjekt und den Liquiditätszuflüssen durch den Erhalt der Leasingraten auch einen Einfluss auf das Liquiditätsrisiko haben. So kann es beispielsweise sein, dass die Leasinggesellschaft eine Zwischenfinanzierung in Anspruch nehmen muss, um die jederzeitige Zahlungsfähigkeit sicherstellen zu können.

Als weiterer Indikator für das Liquiditätsrisiko wird häufig die durchschnittlich gewichtete Auftragsbestandsdauer ermittelt, bei der die Auftragsbestandsdauer der einzelnen Leasingverträge jeweils mit den Anschaffungskosten gewichtet wird.

Je nach Geschäftspolitik gibt es auch Fälle, in denen Leasinggesellschaften an bestimmte Kunden oder generell keine Anpassungen bei den dem Angebot zugrunde liegenden Konditionen vornehmen, selbst wenn der Refinanzierungszinssatz erheblich angestiegen ist. In solchen Fällen steigert eine hohe Verweildauer von Verträgen im Auftragsbestand ein entsprechendes Zinsänderungsrisiko, sofern keine Zinssicherungsmaßnahmen ergriffen wurden.

Beispiel

Die Leasinggesellschaft hat momentan 280 Leasingverträge, die bereits kontrahiert wurden, aber noch nicht in Miete gesetzt werden konnten, in ihrem Portfolio. Der durchschnittliche Anschaffungswert der jeweiligen Leasingobjekte beträgt 150 TEUR.

Der Auftragsbestand beläuft sich damit auf 42 Mio. EUR.

Grenzen der Aussagekraft

Durch die Kennzahl des Auftragsbestandsvolumens allein kann keine Aussage über die Gründe für die unter Umständen relativ hohe Auftragsbestandsverweildauer getroffen werden. Das isoliert betrachtete Auftragsbestandsvolumen ist daher nur bedingt aussagekräftig. Neben der Ermittlung und Dokumentation der jeweiligen Gründe sollte in

Verbindung mit dem Volumen unbedingt auch die durchschnittliche, in der Regel mit dem Anschaffungsvolumen gewichtete, Verweildauer im Auftragsbestand ermittelt werden.

Hierdurch können anhand der Entwicklung der Verweildauer im Auftragsbestand unter Berücksichtigung verschiedener Bezugsgrößen, wie beispielsweise der Branche, Region, Vertriebsmitarbeiter etc. relativ einfach Ausreißer ermittelt werden, die einer tiefergehenden Analyse unterzogen werden können.

Beeinflussungsmöglichkeiten

Ein in vielen Leasinggesellschaften etabliertes Instrument zur Senkung des Auftragsbestandsvolumens ist die gezielte Nachfrage beim Leasingnehmer in Fällen, in denen eine Abnahmeerklärung bereits an den Leasingnehmer ausgehändigt wurde, diese aber aus den unterschiedlichsten Gründen noch nicht unterzeichnet wurde und damit auch noch keine Rechnungsfreigabe für die Bezahlung des Kaufpreises an den Lieferanten erteilt wurde.

Durch diese gezielten Nachfragen kann der Auftragsbestand vielfach mit relativ einfachen Mitteln gesenkt oder zumindest niedrig gehalten werden.

Datenherkunft

Die Datenbasis für die Ermittlung des Auftragsbestands kann der Leasingverwaltungssoftware bzw. dem Vertriebsinformationssystem entnommen werden.

Auftrags-Besuchs-Quote (in %)

→ *vgl. hierzu:* Besuchstermineffizienz

Auftragseffizienz (in %)

→ *vgl. hierzu:* Vertriebskosten

Auftragsintensität (in EUR)

→ *vgl. hierzu:* Barwertmarge; Neuvertragsvolumen, kontrahiertes

Ausfallquote Leasingnehmer (in %)

→ *vgl. hierzu:* Insolvenzvolumen, kumuliertes

Ausfallquote Lieferant (in %)

→ *vgl. hierzu*: Insolvenzvolumen, kumuliertes

Ausfallwahrscheinlichkeit (in %)

Die Ausfallwahrscheinlichkeit stellt die Wahrscheinlichkeit dar, mit der es bei der entsprechenden Bezugsgröße zu einem Forderungsausfall bzw. zur Zahlungsunfähigkeit (in der Regel bezogen auf einen Zeitraum von einem Jahr) kommt.

Ausfallwahrscheinlichkeit

$$= \frac{\text{Forderungsausfälle p.a.}}{\text{Restobligo}} \cdot 100\%$$

Beispielhafte Bezugsgrößen für die Ausfallwahrscheinlichkeit: Ratingklasse, Kundenbranche, Region etc.

Aussagekraft

Die Ausfallwahrscheinlichkeit ist eine zentrale Kenngröße für die Steuerung des Kredit- bzw. Adressenausfallrisikos. Häufig wird bereits bei der Vertragsgenehmigung und einer dazugehörigen Bonitätseinstufung, in der Regel mittels eines Ratingsystems, eine entsprechende Ausfallwahrscheinlichkeit unterstellt und dementsprechend ein erwarteter Verlust ermittelt.

Interpretation

Die Ausfallwahrscheinlichkeit kann in die erwartete und die realisierte Ausfallwahrscheinlichkeit unterschieden werden.

Während die realisierte Ausfallwahrscheinlichkeit als ex-post-Betrachtung auf rein vergangenheitsbezogenen Daten basiert, kommen in der erwarteten Ausfallwahrscheinlichkeit als Element einer ex-ante-Betrachtung insbesondere zukunftsorientierte Bestandteile zum Einsatz. In der erwarteten Ausfallwahrscheinlichkeit werden häufig basierend auf der realisierten Ausfallwahrscheinlichkeit bestimmte Anpassungen vorgenommen. So wird häufig beispielsweise in konjunkturell schwierigen Phasen unter Hinzunahme von Prognosewerten eine Anpassung der historischen Ausfallwahrscheinlichkeit vorgenommen.

Die Ausfallwahrscheinlichkeit wird sehr häufig auf Ratingklassen und/oder Branchen heruntergebrochen, kann aber auch nach weiteren Bezugsgrößen unterteilt werden, beispielsweise nach Außendienstmitarbeitern, Restvertragslaufzeiten etc.

Sofern ein System des risikoadjustierten Pricings existiert, bildet die realisierte bzw. vielmehr die erwartete Ausfallwahrscheinlichkeit häufig die Grundlage für die Validierung der Risikoaufschläge und dementsprechend für die Mindestbarwertmargen.

Beispiel

Die Leasinggesellschaft unterteilt ihre Kunden in die Ratingklassen A, B und C. Das Restobligo in Höhe von 450 Mio. EUR verteilt sich mit 120 Mio. EUR auf die Klasse A, mit 180 Mio. EUR auf die Klasse B und mit 150 Mio. EUR auf die Klasse C. Die Verteilung des Restobligos auf die einzelnen Ratingklassen hat sich im laufenden Jahr im Vergleich zum Vorjahr nicht verändert.

Im letzten Jahr haben sich in Klasse A Ausfälle in Höhe von 2,2 Mio. EUR realisiert, in Klasse B in Höhe von 8,9 Mio. EUR und in Klasse C in Höhe von 15,3 Mio. EUR. Es wird davon ausgegangen, dass sich die zukünftigen Ausfälle analog zum Vorjahr entwickeln.

Die realisierte und die erwartete Ausfallwahrscheinlichkeit für die Klasse A beträgt 1,83%, für B 4,94% und für C 10,2%.

Grenzen der Aussagekraft

Die Ausfallwahrscheinlichkeit per se ermöglicht noch keine Aussage über den entsprechenden Verlust. So kann es bei besonders werthaltigen Leasingobjekten dazu kommen, dass der Verlust gering gehalten wird oder unter Umständen gar ein Verwertungsmehrerlös erzielt werden kann.

Die Ausfallwahrscheinlichkeit sollte deshalb immer im Zusammenhang mit dem jeweiligen Blankoanteil betrachtet werden. Auf Grundlage dieser Einschätzung können dann auch valide Steuerungsimpulse entwickelt werden.

Darüber hinaus sollte beachtet werden, dass es sich bei der Datenbasis um repräsentative Daten handelt. Es sollte deshalb immer eine hinreichend lange Datenhistorie gewählt werden, um sicherzustellen, dass ein möglichst kompletter Konjunkturzyklus abgebildet werden kann und nicht nur ein kleiner Ausschnitt, etwa eine Boom- oder Rezessionsphase mit extremen Ausprägungswerten.

Beeinflussungsmöglichkeiten

Wesentlicher Einflussfaktor für eine proaktive Steuerung der Ausfallwahrscheinlichkeit ist ein möglichst umfassender Einblick in die finanziellen Verhältnisse des Leasingnehmers. Im Zuge der Vertragsgenehmigung wird die Ausfallwahrscheinlichkeit wesentlich gesteuert, indem sichergestellt wird, dass die verbindlichen kreditpolitischen Vorgaben eingehalten werden.

Aus risikostrategischen Gesichtspunkten werden im Falle einer entsprechend hohen Ausfallwahrscheinlichkeit häufig zusätzliche Sicherheiten eingeholt, um das Blankorisiko, also die Verlusthöhe bei Schadenseintritt, möglichst gering zu halten.

Datenherkunft

Die Ausfallwahrscheinlichkeit kann anhand der realisierten Ausfälle bezogen auf das gesamte Portfolio ermittelt werden. Die Insolvenzabteilung führt häufig in regelmäßigen Abständen und anlassbezogen mit der Kreditabteilung entsprechende Auswertungen durch.

Häufig werden auch in Form von Ad-hoc-Auswertungen bei Überschreitung bestimmter Mindestgrenzen risikoreduzierende Maßnahmen verpflichtend ergriffen.

Angrenzende Kennzahlen

vgl. Blankorisiko; Verlust, erwarteter

Ausfallzeit, maximale (in Stunden)

→ *vgl. hierzu:* Total Blackout Index

Auslagerungsquote (in %)

Die Auslagerungsquote stellt die Anzahl der ausgelagerten Tätigkeiten ins Verhältnis aller Tätigkeiten der betrachteten Leasinggesellschaft.

Auslagerungsquote

$$= \frac{\text{Anzahl ausgelagerter Tätigkeiten}}{\text{Anzahl aller Tätigkeiten der Leasinggesellschaft}} \cdot 100\,\%$$

Aussagekraft

Anhand der Auslagerungsquote kann eine Aussage darüber getroffen werden, wie viele Tätigkeiten - insbesondere Kernaufgaben und prozesse - auf der einen Seite von der betrachteten Leasinggesellschaft selbst durchgeführt werden und wie viele auf der anderen Seite an Dienstleister ausgelagert sind.

Gerade im IT-Umfeld finden sich sehr häufig ausgelagerte Tätigkeiten. Umgekehrt werden klassischerweise im Vertrieb bzw. ganz allgemein im kundennahen Bereich die meisten Tätigkeiten selbst erbracht.

Da es gerade bei Auslagerungen wichtig ist, die notwendigen Daten jederzeit verfügbar zu haben und bei den kritischen Auslagerungen eine maximal tolerable Ausfallzeit oder -quote zu haben, wird dies häufig in den Service Level Agreements in den Auslagerungsverträgen niedergeschrieben.

Interpretation

Eine hohe Auslagerungsquote kann sowohl positiv als auch negativ sein. Einerseits kann sie ein Zeichen dafür sein, dass die Leasinggesellschaft vom Know-how und der Kernkompetenz des Dienstleisters, speziell in Randbereichen für die Leasinggesellschaft, profitieren kann (beispielsweise im IT-Umfeld). Andererseits ist eine hohe Auslagerungsquote aber auch ein Anzeichen für eine gewisse Abhängigkeit. Die Leasinggesellschaft sollte sich deshalb regelmäßig hinterfragen, wie aufwendig es wäre, die outgesourcte Tätigkeit wieder inzusourcen. Bestehen überhaupt noch die Strukturen hierfür bzw. gibt es ausreichendes Know-how bei den eigenen Mitarbeitern für die jeweilige Tätigkeit?

Eine pauschale Aussage, ob eine hohe oder niedrige Auslagerungsquote gut ist oder gar wie hoch die optimale Auslagerungsquote ist, kann nicht getroffen werden. Vielmehr kommt es sehr stark auf das Geschäftsmodell, auf die Geschäfts- und Risikostrategie sowie die eigenen Ressourcen im Vergleich zu den jeweiligen Dienstleistern an. Außerdem kann sich eine solche Betrachtung im Zeitverlauf auch ändern, beispielsweise, wenn sich die Serviceangebote verbessern oder die internen Ressourcen und das Know-how verändert haben.

Beispiel

Von den elf identifizierten Kernprozessen im IT-Umfeld hat die Leasinggesellschaft sieben ausgelagert. Im Vertrieb hingegen wurde von acht Kernprozessen keiner ausgelagert.

Die Auslagerungsquote im IT-Bereich beläuft sich deshalb auf 63,6 % und im Vertrieb auf 0 %.

Grenzen der Aussagekraft

Die Auslagerungsquote trifft keine Aussage über die Auslagerungsqualität. In einigen Fällen ist eine Auslagerung die einzige Möglichkeit, eine Tätigkeit durchzuführen, qualitativ höherwertiger abzubilden, wenn beispielsweise der Auslagerungspartner bestimmte Vorgaben oder Zertifizierungen erfüllt, oder die Prozesskosten zu senken, da der Dienstleister die Tätigkeiten aufgrund von Degressionseffekten zu einem besseren Preis anbieten kann.

Beeinflussungsmöglichkeiten

Die Auslagerungsquote hängt einerseits von der Definition eines Kernprozesses und andererseits maßgeblich von den an externe Dienstleister ausgelagerten Tätigkeiten ab.

Datenherkunft

Eine automatische Ermittlung der Auslagerungsquote ist sehr schwer möglich. Vielmehr werden die Kernprozesse häufig händisch geprüft und es wird dabei ermittelt, welche Tätigkeiten vollumfänglich oder zumindest teilweise von einem Dienstleister erbracht werden. Außerdem muss auch entschieden werden, ob bzw. ab wann eine Teilauslagerung als Auslagerung gezählt wird und wann nicht.

Angrenzende Kennzahlen

vgl. Total Blackout Index; IT-Ausfallquote

Auslandsanteil (in %)

→ *vgl. hierzu:* Cross-Border-Leasingquote

Auslastungsgrad Kredit-/Refinanzierungslinie (in %)

Der Auslastungsgrad der Kredit- und/oder Refinanzierungslinien stellt das aktuell in Anspruch genommene Volumen einer Kredit- bzw. Refinanzierungslinie ins Verhältnis zum maximal vereinbarten Volumen.

Auslastungsgrad Kredit-/Refinanzierungslinie

$$= \frac{\text{aktuelle Auslastung Kredit-/ Refinanzierungslinie}}{\text{maximales vereinbartes Volumen Kredit-/ Refinanzierungslinie}} \cdot 100\%$$

Aussagekraft

Der Auslastungsgrad der Kredit- und/oder Refinanzierungslinien wird häufig als Indikator für die Liquiditätsversorgung und damit als Kenngröße für die Beurteilung eines möglichen Liquiditätsrisikos herangezogen.

Bei der Abschätzung möglicher Liquiditätsengpässe wird zudem die Kredit- bzw. Refinanzierungsstruktur unterteilt nach den jeweiligen Kreditgebern bzw. Refinanzierungspartnern häufig einzeln untersucht. Hierbei können neben gefährlichen Klumpenrisiken insbesondere auch im Vergleich zur Geschäfts- und/oder Risikostrategie gegenläufige

Entwicklungen frühzeitig entdeckt werden, während diese auf aggregierter Gesamtebene nicht selten kompensiert werden und damit unentdeckt bleiben.

Darüber hinaus wird der Auslastungsgrad aber auch für die Ermittlung des Wachstumspotenzials auf Grundlage des verfügbaren Refinanzierungsvolumens herangezogen.

Interpretation

Für die Ermittlung der optimalen Auslastungshöhe muss die institutsindividuelle Risikoneigung sowie die zugrunde liegende Wachstumspolitik berücksichtigt werden. In besonders risikoaversen Instituten beispielsweise wird die Risikovermeidung zumeist deutlich höher gewichtet als ein möglicherweise vergebenes Wachstumspotenzial. Hierbei sollte immer ein möglichst hoher Liquiditätspuffer in Form einer nur niedrig ausgelasteten Kredit- bzw. Refinanzierungslinie vorhanden sein.

In Instituten hingegen, in denen das Wachstum im Vordergrund steht und die Risikoneigung entweder nur gering ausgeprägt ist oder aber insbesondere zur Minimierung des Liquiditätsrisikos andere Vorsorgemaßnahmen ergriffen wurden, sollte der Auslastungsgrad höchst möglich ausgestaltet sein. Dies hat häufig auch den Vorteil, dass die Kosten für eine etwaige Bereitstellungsprovision entweder überhaupt nicht anfallen oder aber durch Degressionseffekte bei einer hohen Auslastung niedrig gehalten werden können.

Beispiel

Ein Institut hat eine kurzfristige Kontokorrentkreditlinie aktuell mit einem Volumen von 7,2 Mio. EUR in Anspruch genommen. Das vereinbarte maximal verfügbare Volumen dieser Kontokorrentkreditlinie beläuft sich auf 25 Mio. EUR.

Der Auslastungsgrad dieser Kreditlinie beläuft sich auf 28,8%.

Grenzen der Aussagekraft

Der Auslastungsgrad der Kredit- und/oder Refinanzierungslinie kann nur sehr begrenzt als Indikator für ein mögliches Liquiditätsrisiko herangezogen werden. Im Regelfall wird das Liquiditätsrisiko präziser durch den Einsatz weiterer Kennzahlen abgeschätzt und eingegrenzt.

Es muss bei der Beurteilung des Auslastungsgrads beispielsweise berücksichtigt werden, dass für eine valide Interpretation des Liquiditätsrisikos unbedingt zusätzlich noch eine Aussage über die Wahrscheinlichkeit sowie die Höhe des zu erwartenden Verlusts eines schlagend werdenden Liquiditätsrisikos notwendig ist. Darüber hinaus muss zudem geklärt werden, ob in einer solchen Extrem- bzw. Stresssituation der ermittelte Liquiditätspuffer als Differenz zwischen der maximalen und der aktuellen Auslastungsgrenze überhaupt noch zur Verfügung steht.

Beeinflussungsmöglichkeiten

Die Auslastung der Kredit- und/oder Refinanzierungslinie kann entweder durch eine Senkung oder Erhöhung des aktuell in Anspruch genommenen Volumens beeinflusst werden sowie durch eine Anpassung des maximalen Limits.

Datenherkunft

Die Ermittlung des Auslastungsgrads der Kredit- und/oder Refinanzierungslinien obliegt in der Regel dem Treasury. In Verbindung mit dem Risikomanagement werden hierbei einerseits die Mindestgrenzen im Sinne der Risikostrategie und der Risikotragfähigkeit ermittelt und andererseits eine möglichst effiziente Nutzung dieser Linien sichergestellt.

Angrenzende Kennzahlen

vgl. Liquiditätspuffer

Automatisierungsquote (in %)

→ *vgl. hierzu*: Self-Service-Ratio

B

C. Glaser, *Leasing A – Z*, https://doi.org/10.1007/978-3-658-31839-0_3

Barwertmarge (in EUR oder in % vom (Neu-)Abschlussvolumen)

Die Barwertmarge (franz. „marge" = „Spielraum" bzw. „Spanne") ist eine der zentralen Kennzahlen für Leasinggesellschaften und bezeichnet den ermittelten Unterschiedsbetrag zwischen den barwertigen Forderungen in Form der Leasingraten und etwaigen barwertigen Restwertansprüchen (Restobligo) einerseits und den barwertigen Aufwendungen für die Refinanzierung andererseits. Teilweise werden auch noch weitere variable Kosten, etwa barwertige Aufwendungen für die Angebots- und Auftragsabwicklung bzw. sonstige Kosten berücksichtigt. Im Folgenden wird die Barwertmarge aber in ihrer allgemeinsten Form näher behandelt und zusätzliche barwertige und variable Kosten nicht weiter berücksichtigt.

Barwertmarge
= Erlöse aus barwertigen Leasingraten und ggf. Restwertansprüchen ./. barwertige Aufwendungen für die Refinanzierung

Barwertmarge
$= \frac{\text{Restobligo ./. barwertiger Refinanzierungsaufwand}}{\text{(Neu-)Abschlussvolumen bzw. Anschaffungswert}} \cdot 100\%$

Aussagekraft

Die Barwertmarge wird häufig als der „Deckungsbeitrag für Leasinggesellschaften" bezeichnet, der für weitere Kosten aus der Administration bzw. Marktfolge allgemein, für erfolgsabhängige Tantiemen, aber auch für Steuern und Gewinne herangezogen wird.

Die Barwertmarge wird unterteilt in eine Barwertmarge mit Nachmietgeschäft bzw. eine Barwertmarge ohne Nachmietgeschäft. Bei Vollamortisationsverträgen mit fest vereinbarter Kaufoption kann beispielsweise bereits zu Vertragsbeginn eine Barwertmarge mit Nachmietgeschäft ermittelt werden. Für Teilamortisationsverträge andererseits ist aufgrund der Nicht-Existenz eines Nachmietgeschäfts lediglich eine Barwertmarge ohne Nachmietgeschäft ermittelbar.

Für die Steigerung der Aussagekraft wird die Barwertmarge häufig in Form von Verhältniskennzahlen mit unterschiedlichen Bezugsgrößen errechnet. So kann die Barwertmarge beispielsweise je Branche, Leasingnehmer bzw. Kreditnehmereinheit, Außendienstmitarbeiter, Region, Leasingobjekt- oder Ratinggruppe etc. ermittelt werden.

Darüber hinaus wird die Barwertmarge auch als Effizienzgröße für Vertriebs- und Akquisitionstätigkeiten herangezogen, etwa bei der Ermittlung der durchschnittlichen Barwertmarge je Kunde oder je Besuchstermin beim Kunden.

In enger Verbindung zur Barwertmarge steht häufig auch der Economic Value Added (EVA), bei dem der zusätzlich zu den Kapitalkosten erwirtschaftete Erfolg ermittelt wird. Der EVA ist eine auch bei Leasinggesellschaften weit verbreitete wertorientierte Kenngröße.

Interpretation

Die Barwertmarge wird analog zum Deckungsbeitrag bei produzierenden Unternehmen häufig als Instrument zur Berechnung der Preisuntergrenze herangezogen. Ein zentrales Anwendungsgebiet findet sich insbesondere beim risikoadjustierten Pricing, bei dem je nach Ratingnote für die Kundenbonität bzw. auch für die Fungibilität des Leasingobjekts unterschiedliche Mindestbarwertvorgaben an die anzusetzende Marge gemacht werden. Eine erhöhte Barwertmarge soll hierbei insbesondere als Risikopuffer dienen, mit dem die Verluste aus einem erhöhten Ausfallrisiko getragen werden sollen. Zu nennen wären hierbei insbesondere die Differenz zwischen dem ausstehenden Forderungsvolumen (→ *vgl. hierzu* Restobligo) und dem Marktwert bzw. dem aktuellen Wiederverkaufswert des Leasingobjekts (→ *vgl. hierzu* Blankorisiko) sowie die zusätzlichen Kosten für die Abwicklung im Debitorenmanagement bzw. Mahnwesen und der Insolvenzenbetreuung.

Bei relativ wertinstabilen Leasingobjekten besteht zudem eine erhöhte Gefahr von Verlusten für die Leasinggesellschaft sowohl für die Verwertung des Leasingobjekts während der Grundmietzeit (im Falle eines Ausfalls des Leasingnehmers) als auch zum Ende der Grundmietzeit (insbesondere bei Verträgen mit offenen Restwerten).

Sofern die Werthaltigkeit bzw. Fungibilität des Leasingobjekts auf der anderen Seite als sehr hoch eingeschätzt wird, kann es sogar vorkommen, dass im Falle eines Ausfalls des Leasingnehmers der Leasinggesellschaft gar kein Verlust entsteht, wenn der erzielte Verwertungserlös die ausstehenden Forderungen an den Leasingnehmer übertrifft. Deshalb werden in solchen Fällen für gewöhnlich auch niedrigere Barwertmargen akzeptiert.

Beispiel

Der Kaufpreis für das Leasingobjekt beläuft sich auf 150.000 EUR. Die barwertig ermittelten Forderungen der Leasinggesellschaft gegenüber ihrem Kunden, der Daniel Düsentrieb AG, belaufen sich auf 169.400 EUR. Für die Refinanzierung fallen für die Leasinggesellschaft im gleichen Zeitraum barwertige ermittelte Zins- und Tilgungsaufwendungen in Höhe von 165.000 EUR an.

Die Barwertmarge der Leasinggesellschaft beträgt im vorliegenden Fall also 4.400 EUR bzw. 2,93%.

Grenzen der Aussagekraft

Die Barwertmarge sollte immer auch unter Berücksichtigung der strategischen Stoßrichtung beim einzelnen Leasingnehmer beurteilt werden. So kann es durchaus für Einstiegsgeschäfte bei strategisch wichtigen „Leuchtturm"- bzw. Prestige-Kunden sinnvoll sein, eine äußerst niedrige oder gar eine negative Barwertmarge in Kauf zu nehmen, sofern durch zukünftige oder andere damit verbundene Geschäfte eine Kompensation stattfindet.

Bei manchen Ausschreibungen bzw. Auftragsvergaben wird eine Finanzierungslösung mit einer einzigen Leasinggesellschaft als Bedingung gestellt. So kommt es insbesondere auch im Projektgeschäft, beispielsweise beim Verleasen einer kompletten Fertigungsstraße für ein Unternehmen der Automobilbranche sowie dessen Zulieferern, häufig zu Kompensations- bzw. Quersubventionseffekten.

Eine isolierte Betrachtung bzw. ein isoliertes Festhalten an bestimmten Mindestbarwertvorgaben je einzelnem Kunden greift hierbei deutlich zu kurz.

Darüber hinaus sollte zudem unbedingt berücksichtigt werden, dass allein anhand der Barwertmarge keine Aussage darüber getroffen werden kann, ob sämtliche Kosten des Instituts gedeckt sind und damit ein Erlösüberschuss, also ein Gewinn, erzielt wird.

Beeinflussungsmöglichkeiten

Die Barwertmarge kann erhöht werden, indem beim Leasingnehmer hohe Leasingraten durchgesetzt werden bzw. der Ratenverlauf beispielsweise degressiv anstatt linear ausgestaltet wird, ein hoher Restwert erzielt wird, oder aber der Refinanzierungssatz möglichst niedrig gehalten wird. So werden häufig bestimmte Geschäfte beispielsweise gezielt mit Refinanzierungs- bzw. Forfaitierungspartnern abgeschlossen, bei denen (häufig allerdings erst ab gewissen Schwellenwerten für den Anschaffungswert) attraktivere Refinanzierungsbedingungen angeboten werden.

Datenherkunft

Die Barwertmarge wird häufig in der Marktfolge bzw. im Treasury in Verbindung mit den aktuell gültigen Refinanzierungskonditionen ermittelt. Darüber hinaus können über das Vertriebs-Informations-System zahlreiche Auswertungen mit den unterschiedlichsten Bezugsgrößen und Verhältniskennzahlen ermittelt werden.

Angrenzende Kennzahlen

vgl. Mindestbarwertmarge

Basket-to-Buy-Rate (in %)

→ *vgl. hierzu*: Konversionsrate

Bearbeitungseffizienz (in %)

→ *vgl. hierzu:* Servicegrad

Bedarfsdeckungsrate (in %)

→ *vgl. hierzu:* Kundendurchdringungsrate

Bekanntheitsgrad (in %)

Der Bekanntheitsgrad gibt den Anteil der Befragten im Verhältnis zur Gesamtanzahl der Befragten an, die die betroffene Leasinggesellschaft kennen.

Bekanntheitsgrad

$$= \frac{\text{Anzahl der Befragten, die die betroffene Leasinggesellschaft kennen}}{\text{Gesamtanzahl der Befragten}} \cdot 100\%$$

Aussagekraft

Je höher der Bekanntheitsgrad einer Leasinggesellschaft in ihrer Zielgruppe und je besser das damit verbundene Image ist, umso höher ist auch der Anteil der Leasingnehmer, die initial für den Aufbau der Geschäftsbeziehung sind. So werden beispielsweise verstärkt weitere Angebote zum gezielten Wettbewerbsvergleich bei einer bekannten Leasinggesellschaft eingeholt aber auch Leasinganfragen bei nur einer bekannten Leasinggesellschaft gestellt.

In Verbindung mit dem Bekanntheitsgrad einer Leasinggesellschaft wird über die sogenannte Assoziationsquote untersucht, mit welchen Eigenschaften das Institut zuvorderst in Verbindung gebracht wird. Dies kann beispielsweise von Kompetenz und Fairness bis hin zu Intransparenz oder „Abzocke" reichen.

Interpretation

Je höher der Bekanntheitsgrad einer Leasinggesellschaft ist, umso erfolgreicher bzw. effektiver sind in der Regel auch die Werbemaßnahmen.

Durch einen hohen Bekanntheitsgrad sinken häufig zudem die Akquisitionskosten, da ein Großteil der Kunden die Leasinggesellschaft bereits kennt oder auch ohne direkte Ansprache durch den Außendienst ein Geschäft tätigen möchte.

Der Bekanntheitsgrad dient in Verbindung mit dem Image des Leasinginstituts häufig auch als Indikator für den Markenwert. Der Markenwert bzw. die sogenannte Brand Equity wird insbesondere bei der Schätzung des Unternehmenswerts, etwa bei der Ermittlung des Firmenwerts und damit letztendlich des Kaufpreises im Zuge einer Übernahme einer anderen Leasinggesellschaft oder allgemein eines anderen Unternehmens, herangezogen.

Beispiel

Anhand einer Eingrenzung auf die Hauptzielgruppe der Leasinggesellschaft in einer abgegrenzten Region werden von einem Marktforschungsinstitut 500 Firmen befragt, ob sie die betroffene Leasinggesellschaft kennen. Von den 500 befragten und zielgruppenrelevanten Firmen kannten 280 die Leasinggesellschaft.

Der Bekanntheitsgrad der Leasinggesellschaft innerhalb der relevanten Zielgruppe beträgt damit 56,0%.

Grenzen der Aussagekraft

Die Kennzahl des Bekanntheitsgrads sollte unbedingt in Kombination mit weiteren Kennzahlen, beispielsweise des mit der Marke bzw. dem Institut verbundenen Images sowie den zusätzlich generierten Erträgen bzw. den für den Vertragsabschluss eingesparten Akquisitionskosten aufgrund des Bekanntheitsgrads beurteilt werden. So kann es beispielsweise sein, dass eine Leasinggesellschaft zwar sehr bekannt ist, das Image dafür aber sehr schlecht. Dementsprechend ist der Bekanntheitsgrad einer „Abzocker-Leasinggesellschaft" mitunter aufgrund der negativen Mund-Propaganda oder eines entsprechenden Berichts in den Medien sehr hoch, was allerdings aufgrund des schlechten Images nicht zu einer erhöhten Abschlussquote führen dürfte. Erst durch eine ganzheitliche Betrachtung dieser Kenngrößen kann deshalb etwa eine Werbemaßnahme auf ihre Wirksamkeit und ihre Effizienz überprüft werden.

Die Höhe des Bekanntheitsgrades ist zudem von der Art der Befragung abhängig. So kann die befragte Person beispielsweise bei einer Befragungsart gebeten werden, einen bekannten Werbeslogan einer Leasinggesellschaft zu vervollständigen. Bei einer anderen Befragungsart wiederum kann die befragte Person lediglich gefragt werden, ob sie eine bestimmte Leasinggesellschaft kennt oder nicht.

Beeinflussungsmöglichkeiten

Das zentrale und direkt beeinflussbare Ziel von Werbemaßnahmen ist eine Steigerung des Bekanntheitsgrads, möglichst in Verbindung mit einem positiven Image des Instituts. Beispielhafte Werbemaßnahmen sind für Leasinggesellschaften die klassischen Werbeaktivitäten in Form von Printanzeigen, aber auch online-Werbung sowie Sponsoring bei öffentlichen Ereignissen, allgemein eine gezielte Öffentlichkeitsarbeit sowie eine Telefonansprache oder idealerweise eine Vorstellung des Unternehmens im Rahmen eines Besuchstermins des Außendienstmitarbeiters vor Ort beim potenziellen Kunden.

Eine weitere stark ansteigende Möglichkeit, den Bekanntheitsgrad zu steigern besteht in der gezielten Nutzung der neuen Medien. So können beispielsweise in sozialen Netzwerken Informationen über das eigene Unternehmen eingestellt werden oder bei entsprechenden Fachartikeln oder -foren bzw. auf Websites, bei denen etwa Finanzierungsalternativen verglichen werden, gezielte Verlinkungen oder Werbeflächen platziert werden.

Durch eine entsprechend ausgeprägte Öffentlichkeitsarbeit können zudem mit relativ niedrigem finanziellem Aufwand potenzielle Referenzen erzeugt werden. Dies reicht etwa von einem Zeitungsbericht, in dem die Leasinggesellschaft positiv erwähnt wird über ein Interview mit einem möglichst ranghohen Mitarbeiter des Unternehmens zu einem aktuellen Finanzierungs- oder Leasingthema bis hin zu eigens verfassten Artikeln in Fachzeitschriften.

Datenherkunft

Der Bekanntheitsgrad wird zumeist anhand einer Marktforschung innerhalb eines im Vorfeld klar abgegrenzten Bereichs ermittelt. Häufig werden geografische und branchenbezogene, aber auch bonitäts- bzw. größenabhängige Abgrenzungen vorgenommen.

Angrenzende Kennzahlen

vgl. Kundenloyalitätsindex; Kundenzufriedenheit

Bekanntheitsquote der Kunden (in %)

Die Bekanntheitsquote der Kunden gibt den Anteil der persönlich bekannten Kunden im Verhältnis zur Gesamtanzahl aller Kunden an. Als persönlich bekannt werden im Regelfall diejenigen Kunden gezählt, bei denen mindestens ein persönlicher Besuchstermin vor Ort durch einen (Außendienst-)Mitarbeiter der Leasinggesellschaft stattgefunden hat.

Bekanntheitsgrad

$$= \frac{\text{Anzahl persönlich bekannter Kunden}}{\text{Gesamtanzahl der Befragten}} \cdot 100\%$$

Aussagekraft

Der persönliche Kontakt bildet für zahlreiche Leasinggesellschaften trotz der modernen Formen der Kommunikation weiterhin den zentralen Absatzweg. So findet die Akquisitionsphase sehr häufig in Form eines Besuchstermins, bei dem der Außendienstmitarbeiter die Leasinggesellschaft und falls nötig die Vor- und Nachteile der Finanzierungsalternative Leasing vorstellt, statt.

Der persönliche Kontakt wird häufig als besondere Form der Wertschätzung des Kunden, aber auch vonseiten des Kunden als Form der Professionalität und Seriosität gesehen und ist anderen Kontaktwegen, beispielsweise der rein telefonischen Geschäftsanbahnung, zumeist überlegen.

Interpretation

Ein hoher persönlicher Bekanntheitsgrad der eigenen Kunden wird häufig als der zentrale Faktor für den Aufbau einer langfristigen Kundenbeziehung bzw. Partnerschaft interpretiert. So erhöhen sich neben der Kundenbindung zumeist auch die Wechselbarrieren des Kunden, sodass auch die Loyalität der Kunden zunimmt.

Bei einer erhöhten Anzahl an Kunden, die über Vermittler oder Vendor-Partner angetragen wurden besteht im Regelfall kein direkter Kontakt zum Kunden. Der Ansprechpartner des Kunden bleibt häufig der Vermittler oder der Vendor-Partner bzw. Hersteller oder Händler. Hierdurch ist es umso schwerer für die Leasinggesellschaft, die bestehende Kundenbeziehung zu entwickeln und zu erweitern, da die Ermittlung der Kundenbedürfnisse und darauf aufbauend das Angebot an maßgeschneiderten Lösungen nur begrenzt möglich sind.

Zudem muss berücksichtigt werden, dass die Kunden häufig nur aufgrund des Vermittlers oder Vendors zur eigenen Leasinggesellschaft gekommen sind. Im Falle eines Wechsels des Vermittlers oder Vendors gehen diese Kunden häufig ebenfalls an den Wettbewerb verloren.

Bei einem entsprechend guten persönlichen Kontakt des Leasingnehmers mit der Leasinggesellschaft und einer offenen Kommunikation kann häufig festgestellt werden, dass Probleme deutlich besser und flexibler gemeistert werden können. So kann es beispielsweise auch bei sehr guten Bonitäten dazu kommen, dass es aufgrund des Ausfalls eines großen Auftraggebers kurzfristig zu Zahlungsschwierigkeiten kommt. Bei persönlich bekannten Leasingnehmern bestehen häufig bessere Einblicke in die wirtschaftliche Lage, sodass in solchen Fällen präziser und flexibler gemeinsam mit dem Kunden nach Problemlösungen gesucht werden kann.

Je individueller eine Kundenberatung stattfindet, umso höher ist auch die Wahrscheinlichkeit, dass die Kundenbedürfnisse erfüllt werden. Dies äußert sich wiederum in einer hohen Kundenzufriedenheit und einer positiven Mund-Propaganda bzw. einer erhöhten Weiterempfehlungsquote sowie einem positiven Image des Instituts.

Beispiel

Ein Außendienstmitarbeiter betreut in seinem Vertriebsgebiet 320 aktive Kunden. Hiervon sind ihm 270 Kunden persönlich bekannt, die anderen 50 Kunden sind über Vermittler angetragen worden.

Die Bekanntheitsquote der Kunden beträgt 84,4%.

Grenzen der Aussagekraft

Die Bedeutung des persönlichen Bekanntheitsgrads von Leasingnehmern muss häufig insbesondere im Massenkundengeschäft und/oder Vendor- sowie insbesondere im Small-Ticket-Leasing relativiert werden. In diesen Geschäftsfeldern ist eine persönliche Kundenbeziehung im Regelfall aufgrund der Zeit- und Kostenintensität nicht profitabel bzw. effizient darstellbar.

Darüber hinaus sollte berücksichtigt werden, dass allein anhand des Anteils der persönlich bekannten Leasingnehmer noch keine Aussage über die Kundenbindung oder mögliche Wettbewerbsvorteile getroffen werden kann. So sollte neben dem jeweiligen Kundenwert der persönlich bekannten Kunden insbesondere auf die Zufriedenheit dieser Kunden abgestellt werden. Die Zufriedenheit basiert nämlich nicht nur auf dem Aufbau von persönlichen Beziehungen sondern insbesondere auch auf der kontinuierlichen Kontaktpflege.

Beeinflussungsmöglichkeiten

Um einen hohen Anteil an persönlich bekannten Kunden zu generieren ist es wichtig, dass der Großteil der Kunden direkt vom eigenen Außendienst akquiriert wird. Darüber hinaus gilt es, die bestehenden Kundenbeziehungen kontinuierlich zu pflegen, damit die Kunden trotz des persönlichen Ansprechpartners nicht abwandern. Hierbei können etwa eine gut geführte Kundendatenbank mit den Bedürfnissen, Erwartungen und Wünschen der Kunden, aber auch gezielte Aus- und Weiterbildungen der Vertriebsmitarbeiter helfen.

Datenherkunft

Anhand eines Customer-Relationship-Management-Tools können die persönlich bekannten Kunden durch eine entsprechende Kategorisierung kenntlich gemacht werden. Hierbei besteht zudem die Möglichkeit, neben dem Customer Lifetime Value auch weitere Informationen auszuwerten, wie beispielsweise die Kosten für die persönliche Betreuung oder auch die Kontaktfrequenz etc.

Angrenzende Kennzahlen

vgl. Kundenloyalität; Kundenzufriedenheit

Beschwerdequote (in %)

Die Beschwerdequote ermittelt den Anteil der Kunden mit Beschwerden im Betrachtungszeitraum bezogen auf den Gesamtbestand der Kunden.

Beschwerdequote

$$= \frac{\text{Kunden mit Beschwerden}}{\text{Gesamtbestand der Kunden}} \cdot 100\%$$

Aussagekraft

Eine Beschwerde ist in der Regel das deutlichste Zeichen der Unzufriedenheit oder der Verärgerung eines Kunden. Der Leasingnehmer bringt hierbei zum Ausdruck, dass seine Erwartungen an die Prozesse und Produkte oder die Versprechungen der Leasinggesellschaft nicht oder nicht vollumfänglich erfüllt wurden.

In der Regel beschwert sich ein Kunde nur dann, wenn er die Hoffnung auf eine Besserung der Situation oder Beseitigung der Mängel noch nicht aufgegeben hat. Die Beschwerdequote bringt also in besonderem Maße den Anteil der gefährdeten Kundenbeziehungen zum Ausdruck.

Die Beschwerden werden häufig als zentraler Anknüpfungspunkt für Prozessverbesserungen aufgenommen. So besteht bei den Beschwerden die Möglichkeit, die Kundenbeziehungen wieder zu festigen, während beispielsweise durch eine leise Abwanderung der Kunden in der Regel keine Möglichkeit zur Rückgewinnung mehr besteht.

Interpretation

Das Ziel einer jeden Leasinggesellschaft ist eine möglichst hohe Kundenzufriedenheit und damit auch eine möglichst niedrige Beschwerdequote. So lebt jedes Institut von seinen Kunden bzw. genauer gesagt von der Zufriedenheit und Loyalität seiner Leasingnehmer. Insbesondere im Falle von Beschwerden sind diese Faktoren stark gefährdet.

Eine Null-prozentige Beschwerdequote ist trotz aller Anstrengungen im Regelfall unerreichbar. Es ist deshalb besonders wichtig, dass die Beschwerden der Leasingnehmer dankend angenommen und die Ursachen hierfür behoben werden. Darüber hinaus kann durch ein funktionierendes Beschwerde- und Feedbackmanagement die Kundenbindung nachhaltig erhöht werden. Dies hängt damit zusammen, dass gerade in Ausnahmesituationen, wie im Falle einer Beschwerde die Sensibilität der Kunden exponentiell ansteigt und die Anstrengungen und Reaktionen auf die Beschwerde sehr penibel beäugt werden. Gerade in einer solchen Situation ist zudem die Bereitschaft, zu einer anderen Leasinggesellschaft zu wechseln, besonders ausgeprägt.

Zur Ermittlung der maximal noch effizienten Maßnahmen zur Rückgewinnung bzw. zur Stabilisierung der gefährdeten Kundenbeziehung sollte zudem der jeweilige Kundenwert bzw. Customer Lifetime Value herangezogen werden.

Beispiel

Ein Leasingunternehmen hat 12.000 Kunden. Hiervon haben sich im Betrachtungszeitraum 300 Kunden beschwert.

Die Beschwerdequote liegt damit bei 2,5%.

Grenzen der Aussagekraft

Bei der Interpretation der Beschwerdequote gilt es zu berücksichtigen, dass sich nur ein geringer Teil der unzufriedenen Kunden auch tatsächlich beschwert. Viel häufiger wandern die Kunden direkt ab. Experten schätzen die Zahl der unzufriedenen Kunden, die sich auch tatsächlich beschweren auf knapp 4% (vgl. Edwards 2010, S.26). Die Beschwerdequote ist also häufig nur die Spitze des Eisbergs „Kundenunzufriedenheit".

Darüber hinaus gilt es zu berücksichtigen, dass unzufriedene Kunden sehr aktiv ihre negativen Erfahrungen kommunizieren, in der Regel deutlich stärker als zufriedene Kunden ihre positiven Erfahrungen kundtun.

Bei der Bearbeitung der Kundenbeschwerden sind im Vorfeld unbedingt die Gründe für die Unzufriedenheit des Kunden zu klären. Es gibt auch Fälle, in denen sich Kunden unberechtigterweise beschweren. So kann es beispielsweise dazu kommen, dass sich ein Kunde, der zum ersten Mal einen Teilamortisations-Leasingvertrag mit Andienungsrecht abschließt und hierbei im Vorfeld ausgiebig über die Auswirkungen eines solchen Andienungsrechts informiert wurde, im Nachhinein über die finanzielle Mehrbelastung aufgrund des Andienungsrechts beschwert.

Unter Berücksichtigung des Kundenwerts wird häufig entschieden, ob selbst bei ungerechtfertigten Beschwerden auf Kulanzbasis ein Ausgleich zur Sicherung der Kundenbeziehung erfolgt oder nicht.

Ein Anstieg der Beschwerdequote muss darüber hinaus nicht unbedingt ein Zeichen für eine erhöhte Unzufriedenheit der Kunden sein. Es kann auch vielmehr ein Zeichen einer ausgeprägten und konstruktiven Feedbackkultur oder allgemein eines offenen Beschwerdemanagements sein, bei dem die Leasingnehmer ermuntert und bestärkt werden, ihre Beschwerden zu äußern. Durch den Abbau von Beschwerdehemmnissen und die aktive Förderung des Kundenmanagements kann es einerseits zu einer höheren Beschwerdequote kommen, gleichzeitig besteht dadurch aber die Möglichkeit einer nachhaltigen Kundenbindung, sofern die Beschwerden als Chance angesehen und entsprechende Gegenmaßnahmen ergriffen werden.

Beim institutsübergreifenden Vergleich der Kundenzufriedenheit anhand lediglich der Beschwerdequote gilt es deshalb auch die Etablierung eines Beschwerdemanagements und die möglichen Barrieren bei der Abgabe einer Beschwerde zu berücksichtigen.

Beeinflussungsmöglichkeiten

Die Beschwerdequote kann dadurch reduziert werden, dass die Leasingnehmer im Vorfeld ausgiebig über den Leistungs- und Vertragsumfang aufgeklärt werden und auch auf mögliche Probleme bereits im Vorfeld offensiv hingewiesen werden.

Außerdem sollte die Kommunikation stets offen geführt werden. Dies hat unter anderem zur Folge, dass keine falschen Versprechungen sowohl in der Werbung als auch im persönlichen Verkaufsgespräch gemacht werden dürfen.

Datenherkunft

Die Datenbasis für die Ermittlung der Beschwerde stellt das Customer Relationship Management, das zumeist in der Vertriebssteuerung bzw. im Kunden- oder Beschwerdemanagement angesiedelt ist, zur Verfügung.

In der Beschwerdestatistik sollten neben den Gründen insbesondere auch die erfolgten Maßnahmen, die Dauer der Beschwerdeabwicklung sowie die Zufriedenheit der Kunden mit diesen Maßnahmen vermerkt werden.

Die Beschwerdezufriedenheit wird häufig anhand einer direkten Befragung des Kunden ermittelt. Neben der Ermittlung der Zufriedenheit des Kunden mit der Beschwerdebearbeitung wird diesem hierdurch nochmals aufgezeigt, wie ernst die Leasinggesellschaft seine Beschwerde nimmt bzw. genommen hat.

Angrenzende Kennzahlen

vgl. Customer Lifetime Value; Kundenloyalität; Kundenzufriedenheit

Bestandsvolumen (in EUR)

= Restobligo → *Eigenbestandsanteil* zzgl. Restobligo → *Forfaitierungsanteil*

Besuchsdauer

→ *vgl. hierzu*: Verweildauer

Besuchsfrequenz (pro Stunde/Tag/Monat)

Die Besuchsfrequenz stellt dar, wie oft ein Besucher in einem bestimmten Zeitintervall auf eine Website zugreift. Sie ist eine wichtige Kennzahl für die Steuerung der Onlineaktivitäten und kann sowohl an der Anzahl an Seitenzugriffen, der Anzahl an Besuchern sowie der Anzahl an Besuchen (unter Umständen unterteilt nach Erst- und Folgebesuchen) gemessen werden.

Besuchsfrequenz

= Anzahl an Seitenzugriffen [pro Stunde/Tag/Monat]

oder

= Anzahl an Besuchern [pro Stunde/Tag/Monat]

oder

= Anzahl an Besuchen (unterteilt nach Erst- und Folgebesuchen) [pro Stunde/Tag/Monat]

Aussagekraft

Anhand der Besuchsfrequenz kann eine Aussage getroffen werden, wie relevant und/oder auch wie interessant ein gewisser Content, also Inhalt, auf der Website ist. Je interessanter die Websiteinhalte sind, umso mehr Seitenzugriffe, Besucher und Besuche werden auf der Website zu verzeichnen sein. Im Zusammenhang mit der Besuchsfrequenz werden typischerweise verwendete Browser, Herkunft, Ein- und Ausstiegseiten und vieles mehr angezeigt.

Um der Besuchsfrequenz und insbesondere der Beurteilung des Besuchsverhaltens noch mehr Kontext zu geben, wird häufig auch die Besuchsaktualität ermittelt:

Besuchsaktualität

= Zeitdauer seit dem letzten Besuch des Kunden

Dadurch können Cluster gebildet werden und die Aussagekraft je Cluster steigt durch eine differenziertere Betrachtung der Besuchsfrequenz.

Interpretation

Die Besuchsfrequenz ist eine der ganz einfachen und elementaren Kennzahlen zur Erfolgsmessung und Optimierung von Websites. Gleichzeitig sollte sie aber immer auch im Kontext der Ziele der Webpräsenz interpretiert werden. Die zentrale Frage sollte zuerst sein: „Wo haben wir unsere Website?" bzw. „Welche Ziele möchten wir durch unseren Onlineauftritt erreichen?". Dies können beispielsweise sein:

- Förderung des Unternehmensimages und der Reputation (Besuchstiefe, Verweildauer, Besuchsfrequenz)
- Gewinnung neuer Kundenkontakte (Konversionsrate = neue Kontakte pro Besuch, Kosten pro Kontakt, Besuchsfrequenz)
- Vertrieb von Services (platzierte Leasinganfragen pro Besuch, Höhe des Anfragevolumens, Anzahl von Vertragsabschlüssen/Angebotsanfragen pro Besucher, Kosten pro Kunde)

Anhand der bereits angegebenen Kennzahlen können die Ziele der Website geprüft werden. Denn auch Websites sind Marketinginvestitionen, deren Zweck auf der kurz-, mittel- oder langfristigen Steigerung des Vertriebserfolgs beruht.

Beispiel

Im letzten Jahr wurde die Website 48.000 Mal besucht. Dies entspricht einer monatlichen Besuchsfrequenz von 4.000 und einer täglichen Besuchsfrequenz von knapp über 131.

Grenzen der Aussagekraft

Die Besuchsfrequenz allein ermöglicht zwar eine gewisse Aussage über Trends bzw. allgemein die Besuchsanzahl der Homepage, nicht aber hinsichtlich der Relevanz dieser Besuche. Waren beispielsweise wirklich die richtigen Kunden und Interessenten auf der Homepage? Auch vermeintlich einfache Fragen wie: „Wer war auf unserer Homepage unterwegs?" können anhand dieser Kennzahl nicht beantwortet werden. Sie kann und sollte deshalb nur als erste Indikation herangezogen werden, bevor weitere Analysen durchgeführt werden.

Wenn die Kennzahl der Besuchsfrequenz isoliert betrachtet wird, hängen die Ergebnisse häufig etwas in der Luft. Es ist nicht sofort und allein ersichtlich, was sich nun an Erkenntnismehrwert aus der einzelnen Kennzahl ergibt.

Beeinflussungsmöglichkeiten

Ein wesentlicher Treiber der Besuchsfrequenz ist die Marketingfunktion. Entweder, indem über klassisches Marketing der Traffic auf und das Interesse an der Website gestärkt wird. Oder andererseits eine Steigerung des Traffics über Suchmaschinenoptimierung, um sicherzustellen, dass die eigene Website und deren Inhalt auch in den relevanten Bereichen und Suchbegriffen gut gerankt wird.

Datenherkunft

Die Besuchsfrequenz und speziell das Besucherverhalten werden typischerweise von Web Analytics Tools, wie etwa Google Analytics, gemessen.

Angrenzende Kennzahlen

vgl. Verweildauer; Kundenzufriedenheit; Besuchstiefe

Besuchstermine je Außendiensttag/Monat, durchschnittliche

→ *vgl. hierzu:* Verfügbarkeitsindex im Vertrieb

Besuchstermineffizienz (in % oder in EUR)

Die Besuchstermineffizienz, häufig auch Auftrags-Besuchs-Quote genannt, wird über das Verhältnis von abgeschlossenen Verträgen und der Anzahl an Besuchsterminen eines Vertriebsmitarbeiters im Betrachtungszeitraum ermittelt.

Besuchstermineffizienz

$$= \frac{\text{Anzahl kontrahierter Verträge im Betrachtungszeitraum}}{\text{Anzahl Besuchstermine im Betrachtungszeitraum}} \cdot 100\%$$

Besuchstermineffizienz *(alternativ)*

$$= \frac{\text{Neuabschluss-Volumen bzw.Barwertmarge kontrahierter Verträge}}{\text{Anzahl Besuchstermine im Betrachtungszeitraum}} \cdot 100\%$$

Aussagekraft

Anhand der Besuchstermineffizienzquote wird ermittelt, wie viele Besuchstermine des Außendienstmitarbeiters tatsächlich zu einem Auftrag geführt haben bzw. wie hoch das durchschnittliche Neuabschlussvolumen oder die Barwertmarge je Besuchstermin waren.

Neben einem Indikator für die Leasingfreundlichkeit des Marktes allgemein werden damit häufig auch die Wettbewerbsstellung und der Erfolg des eigenen Instituts im Markt gemessen.

Eine hohe Besuchstermineffizienzquote ist darüber hinaus insbesondere auch eine Messgröße für die Qualität und den Verkaufserfolg des eigenen Außendiensts, aber auch ein Indikator für zufriedene Kunden, für ein gutes Image, für ein gutes Preis-Leistungs-Verhältnis etc.

Interpretation

Das Ziel der meisten Institute ist eine höchstmögliche Besuchstermineffizienz. Dies hängt vor allem damit zusammen, dass durch den Direktvertrieb im Allgemeinen und einen jeden Besuchstermin im Speziellen relativ hohe Kosten entstehen, die von der Barwertmarge aus den kontrahierten Verträgen kompensiert werden müssen. Je mehr Verträge also abgeschlossen werden können, umso geringer sind auch die anteiligen Direktvertriebskosten aus nicht erfolgreichen Besuchsterminen bzw. erfolglosen Akquisitionsversuchen, die von den kontrahierten Verträgen getragen werden müssen.

Die Besuchstermineffizienz wird insbesondere im Zeitvergleich, aber auch im Vergleich zwischen einzelnen Vertriebsmitarbeitern, Vertriebsregionen, Kundenbranchen etc. ermittelt.

Darüber hinaus wird die Besuchstermineffizienz häufig getrennt nach Kundenklassen sowie Angebotsvolumina untersucht. So ist die Besuchstermineffizienz bei A- bzw. Potenzialkunden häufig ebenso stark im Fokus wie bei großvolumigen Angeboten.

Beispiel

Ein Vertriebsmitarbeiter hatte im Betrachtungszeitraum 350 Besuchstermine bei bereits aktiven Kunden und bei Interessenten und damit potenziellen Neukunden. Aus diesen 350 Besuchsterminen resultierten 290 Vertragsabschlüsse von Leasing- und Mietkaufverträgen mit einem Abschlussvolumen von 20,3 Mio. EUR und einer Barwertmarge von 1,01 Mio. EUR.

Die Besuchstermineffizienz beträgt damit 82,9%. Pro Besuchstermin konnte durchschnittlich ein Neuabschlussvolumen von 58.000 EUR und eine Barwertmarge von 2.886 EUR erzielt werden.

Grenzen der Aussagekraft

Eine Aussage über die Qualität bzw. den Vertriebserfolg eines Außendienstmitarbeiters allein anhand der Besuchstermineffizienz-Quote treffen zu wollen, greift eindeutig zu kurz. Für eine Aussage über den langfristigen Erfolg bzw. die langfristig zu erwartende Effizienz sollten deshalb unbedingt der Customer Lifetime Value und das Potenzial der betrachteten bzw. der besuchten Kunden in der Beurteilung mitberücksichtigt werden.

Darüber hinaus sollte beachtet werden, dass es insbesondere bei der Neukundengewinnung im Regelfall nicht zuvorderst darauf ankommt, sofort ein möglichst hohes Abschlussvolumen zu generieren, sondern vielmehr eine langfristige und

Beispiel

Von den insgesamt 200 unterschiedlichen Bereichen der Homepage der Leasinggesellschaft hat der Kunde A insgesamt 22 Bereiche angeklickt.

Die Besuchstiefe des Kunden A auf der Website der Leasinggesellschaft beträgt also 11 %.

Grenzen der Aussagekraft

Die Kennzahl der Besuchstiefe trifft keine Aussage darüber, ob der Besucher auch wirklich das gefunden hat, was er gesucht hat. Vielmehr kann eine hohe Besuchstiefe auch das Ergebnis dessen sein, dass der Besucher wahllos auf der Homepage herumgeklickt hat, da er sich schlichtweg nicht zurechtgefunden hat.

Außerdem sollten im Zusammenhang mit Stichwort- und Bereichsoptimierungen der Website regelmäßige Analysen durchgeführt werden, in denen das Kundenerlebnis im Mittelpunkt steht. Manche Themen möchte der Kunde ohne großen Aufwand sofort finden, bei anderen Inhalten - etwa wenn es um Hintergrundinformationen geht - ist es vom Kunden auch gewünscht, sich etwas zu „verlieren" und vom Hundertsten ins Tausendste zu kommen. Um die richtige Balance diesbezüglich zu finden, ist es essenziell, sich regelmäßig mit den Kunden zusammenzusetzen und deren Erfahrung bei der Benutzung der Website zu ermitteln.

Beeinflussungsmöglichkeiten

Die Besuchstiefe wird einerseits von den Klicks der Besucher und damit auch der Anzahl an Besuchern, sowohl der Erstbesucher als auch der Folgebesucher, und andererseits von der Anzahl an unterschiedlichen Bereichen und insbesondere deren Übersichtlichkeit in der Struktur der Website beeinflusst.

Datenherkunft

Die Daten und Klicks können häufig sehr einfach über Click Analytics-Programme ausgewertet werden, beispielsweise Google Analytics (sofern dies datenschutzseitig erlaubt ist). Anhand vorab definierter Bereiche kann auch ein Drill-Down und eine detailliertere Auswertung wie beispielsweise „Landing Page" für bestimmte Suchbegriffe, Abbruchrate (also Verlassen der Website) nach dem Klick auf bestimmten Bereich etc. vorgenommen werden.

Angrenzende Kennzahlen

vgl. Verweildauer; Kundenzufriedenheit; Besuchsfrequenz

Betriebszugehörigkeit (in Jahren)

→ *vgl. hierzu:* Mitarbeiterloyalität

Betrugsquote (in %)

Die Betrugsquote ermittelt den prozentualen Anteil des durch Betrug oder sonstige strafbare Handlungen entstandenen Schadens gemessen am gesamten barwertigen Forderungsbestand bzw. Restobligo sowie alternativ das Verhältnis zwischen betrügerischen Kundenkontakten und der Gesamtanzahl an Kunden.

Unter Betrug wird hierbei auch der umfangreichere Themenbereich Fraud (lat. „Fraus": Göttin der Falschheit und weibliches Pendant von „Dolos") subsumiert. Unter Betrug fällt insbesondere die Erlangung eines privaten Vermögensvorteils durch Täuschung beziehungsweise die pflichtwidrige Wahrnehmung von Vermögensinteressen. Besonders weit verbreitet sind im Leasing die Betrugsformen der Unterschlagung und/oder Mehrfachübereignung, Luftfinanzierung, aber auch der Wertbetrug oder der Betrug durch eigene Mitarbeiter.

Betrugsquote *(wertmäßig, gesamt)*

$$= \frac{\text{Anzahl kontrahierter Verträge im Betrachtungszeitraum}}{\text{Anzahl Besuchstermine im Betrachtungszeitraum}} \cdot 100\%$$

Betrugsquote *(mengenmäßig, nur extern)*

$$= \frac{\text{Anzahl kontrahierter Verträge im Betrachtungszeitraum}}{\text{Anzahl Besuchstermine im Betrachtungszeitraum}} \cdot 100\%$$

Aussagekraft

Während die betragsmäßige Betrugsquote das Verhältnis zwischen dem erlittenen Verlust und dem gesamten Restobligo ermittelt und damit eine erste grobe Abschätzung der Effektivität der Betrugsprävention, aber auch der Risikotragfähigkeit vornimmt, ermittelt die mengenmäßige externe Betrugsquote den Anteil betrügerischer Kundenkontakte gemessen an allen Kundenkontakten bzw. in inverser Darstellung die Anzahl „normaler" Kundenkontakte je einem Betrugsfall.

Die Betrugsquote kann eine wichtige zusätzliche Aussagekraft beinhalten, wenn sie nicht nur isoliert für den aggregierten Gesamtbestand ermittelt wird, sondern zudem unterteilt wird nach Regionen, Ratingklassen, Branchen, Vertriebskanälen etc.

Häufig zeigen sich insbesondere im Zeitablauf gewisse Trends sowie regionale und branchenbezogene Tendenzen und Unterschiede, die es aktiv zu steuern und entweder zu verhindern oder zumindest abzumildern gilt.

Während die Betrugsquote nur die realisierten Betrugs- und Fraudfälle erfasst, ist für eine effiziente Steuerung deshalb insbesondere ein Frühwarnsystem (→ vgl. Fraud-Red-Flags-Quote) notwendige Voraussetzung.

Interpretation

Betrugsfälle stellen häufig eine große Gefahr für Leasinggesellschaften dar. Nicht selten kann es durch groß angelegte, ggf. sogar bandenmäßig organisierte, Betrugsfälle zu existenzgefährdenden Schäden kommen, wie auch das Beispiel FlowTex aus den 1990er-Jahren eindrucksvoll gezeigt hat.

Für eine wirkungsvolle Steuerung sollten deshalb bestimmte Obergrenzen für die Betrugsquote bestimmt werden, bei deren Überschreiten vordefinierte Notfallpläne greifen und Sofortmaßnahmen abgeleitet werden müssen.

Die Betrugsprävention versucht zwar alles, um möglichst eine Betrugsquote von 0% zu erreichen, häufig werden aber aus Effizienzgründen Zielvorgaben mit Quoten darüber festgelegt. Hierbei wird zum einen berücksichtigt, dass die Betrugsprävention immer auch ein Drahtseilakt zwischen einer möglichst flexiblen und schnellen Kundenbetreuung darstellt und zum anderen der zusätzliche manuelle Prüfungsaufwand auch mit in der Regel erhöhten Kosten verbunden ist.

Es wird deshalb versucht, anhand von altbekannten Risikomustern Präventionsmaßnahmen zu ergreifen und die maximale Verlusthöhe so niedrig wie möglich zu halten, damit keine Existenzgefahr entstehen kann.

Beispiel

Die Leasinggesellschaft hat in ihrem Portfolio 6.500 Leasingverträge, die sich auf 2.900 Kunden mit einem Restobligo von 540 Mio. EUR verteilen.

Im Betrachtungszeitraum haben sich insgesamt 10 Betrugsfälle ereignet, bei denen ein Schaden von 2,43 Mio. EUR entstanden ist.

Damit ergibt sich eine wertmäßige Betrugsquote von 0,45% sowie eine mengenmäßige Betrugsquote von 0,34%. Das heißt, dass statistisch gesehen auf 290 reguläre, nicht betrügerische Kundenkontakte je ein betrügerischer Kundenkontakt fällt.

Grenzen der Aussagekraft

Anhand der Betrugsquote ist immer nur eine ex-post-Steuerung, das heißt eine rein reaktive Steuerung, möglich. Wenngleich anhand der Entwicklung und der Verteilung

auf einzelne Bezugsgrößen gewisse Trends entdeckt werden können, sollte für eine effektive und effiziente Betrugsprävention insbesondere ein Frühwarnsystem aufgebaut werden, das anhand von Ad-hoc-Maßnahmen eine proaktive Steuerung der Betrugsrisiken ermöglicht.

Beeinflussungsmöglichkeiten

Verluste, die durch Betrugsfälle entstehen, können nur sehr schwer gesteuert werden. Es können zwar anhand von Schadensfall- und Betrugsdatenbanken sowie anderen Erhebungsformen die unterschiedlichsten Betrugsmuster und aktuellen Trends ermittelt werden, allerdings kann es bereits durch einen einzigen Betrugsfall zur Existenzgefährdung einer Leasinggesellschaft kommen.

Durch eine ständig aktualisierte Betrugsprävention, die an die neuesten identifizierten Betrugsmuster angepasst ist und bei der das Ziel einer präventiven Verhinderung unternehmensweit über alle Verantwortungsbereiche hinweg implementiert wurde, kann versucht werden, eine nachhaltige Risikominimierung zu vollziehen.

Datenherkunft

Die genauen Daten zu den Betrugsfällen können - sofern dies vorhanden ist - einer Schadensfalldatenbank für operationelle Risiken oder einer Betrugsdatenbank sowie klassischerweise dem Debitorenmanagement bzw. der Insolvenzenbetreuung, die zumeist auch die Betrugsfälle bearbeitet, entnommen werden. In zunehmendem Maße gibt es auch eigenständige Abteilungen (in der Regel beim Risikomanagement bzw. der Compliance-und Geldwäsche-Funktion angesiedelt), die sich vollumfänglich der Betrugsprävention und der Aufarbeitung von Betrugsfällen und sonstigen strafbaren Handlungen zu Lasten des Instituts widmen.

Angrenzende Kennzahlen

vgl. Fraud-Red-Flags-Quote

Bewerberanzahl je ausgeschriebener Stelle

→ *vgl. hierzu:* Arbeitgeberattraktivitätsindex

Big-Ticket-Leasing-Quote (in %)

→ *vgl. hierzu:* Ticketindex

Bilanzgewinn/-verlust (in EUR)

→ *vgl. hierzu:* Jahresergebnis

Blankorisiko (in EUR oder in %)

Der Begriff des Blankorisikos stammt aus dem Bankenbereich und bezeichnet im Allgemeinen die Differenz zwischen dem Restobligo zzgl. etwaigen offenen Posten und den zugehörigen Sicherheiten. Für Leasinggesellschaften fällt unter die Kategorie der Sicherheit als wesentlichster Faktor der Marktwert bzw. der Wiederverkaufswert des zugrunde liegenden Leasingobjekts.

Anders ausgedrückt: Der nicht durch Sicherheiten abgedeckte Teil des Restobligos wird als Blankorisiko bezeichnet.

Blankorisiko	
=	Restobligo zzgl. etwaiger offener Posten ./. Wiederverkaufswert Leasingobjekt bzw. Marktwert sonstiger Sicherheiten
=	$\frac{\text{Restobligo ./.Sicherheiten zzgl.Wiederverkaufswert Leasingobjekt}}{\text{Restobligo bzw.Anschaffungswert}} \cdot 100\%$

Aussagekraft

Dem Blankorisiko kommt bei der Risikosteuerung sowie insbesondere auch bei der Risikoüberwachung und -kommunikation eine wesentliche Rolle zu.

Das Blankorisiko gibt den betragsmäßigen Anteil der ausstehenden Forderungen wieder, die im Falle eines Adressenausfalls tatsächlich zu Verlusten führen können.

Für die tägliche Risikosteuerung wird das Blankorisiko häufig auf unterschiedliche einzelne Bezugsgrößen heruntergebrochen. So können Blankorisiken je Kunde oder Kreditnehmereinheit (Zusammenfassung von rechtlich und/oder wirtschaftlich eigentlich unabhängigen Unternehmen zu einem einzigen Kunden bzw. Kreditnehmer i.S.d. §19 Abs.2 Satz 1 KWG), je Ratingklasse oder auch je Objektgruppe und Region differenziert werden. Die Bezugsgröße hängt vom jeweiligen Steuerungs- bzw. Informationsbedürfnis ab.

Interpretation

Die Höhe bzw. allgemein die Beurteilung des Blankorisikos sollte in Verbindung mit der Risikotragfähigkeitsanalyse vorgenommen werden.

Es gilt zwar aus Risikogesichtspunkten die einfache Regel, je niedriger das Blankorisiko, umso geringer ist die Wahrscheinlichkeit für starke ggf. sogar existenzbedrohende Verluste. Andererseits sollte das Blankorisiko immer auch im Kontext der damit verbundenen Erträge und auch der Bonität des Leasingnehmers beurteilt werden.

So kann ein relativ hohes Blankorisiko in Fällen bewusst in Kauf genommen werden, in denen die erzielte Marge exorbitant hoch ist und die Risiken um ein Vielfaches übertrifft. Für Leasingnehmer mit einer herausragenden Bonitätsausstattung ist ein relativ hohes Blankorisiko häufig - auch und insbesondere im Sinne der Risikostrategie - vertretbar.

Beispiel

Der größte Leasingnehmer, die Hans Dampf GmbH hat aktuell 60 Leasingverträge mit einem noch ausstehenden, barwertigen Forderungsvolumen von 7,9 Mio. EUR. Das Volumen, das wirksam über eine Ausfallbürgschaft, eine Forfaitierung oder eine Rückkaufvereinbarung abgesichert ist sowie die aktuell erzielbaren Wiederverkaufspreise für die Leasingobjekte belaufen sich auf insgesamt 6,5 Mio. EUR.

Das Blankorisiko für die Hans Dampf GmbH beträgt im vorliegenden Fall also 1,4 Mio. EUR.

Grenzen der Aussagekraft

Wesentlicher Bestandteil für die Ermittlung des Blankorisikos ist der quantifizierte Wert der, dem Restobligo gegenübergestellten, Sicherheiten. Insbesondere in konjunkturell schwierigen Phasen kommt es aber häufig dazu, dass die Marktwerte der Sicherheiten rasch und stark an Wert einbüßen.

So kann es passieren, dass durch den konjunkturellen Abschwung eine bestimmte Branche oder Region besonders stark getroffen wird und damit beispielsweise die Ausfallbürgschaften der dort ansässigen Garantiegeber entweder stark an Wert verlieren oder gar gänzlich wertlos werden, sofern der Bürge ausfällt.

Ein weiterer Aspekt ist die Wertbeständigkeit der Objektsicherheiten. So muss häufig im Zuge des Genehmigungsprozesses, bei dem ein Blankorisikoverlauf ermittelt wird und dieser in Kombination mit der Leasingnehmer-Bonität vor dem Hintergrund der gegebenen Kreditpolitik geprüft wird, bereits der Wert der Sicherheiten für einige Monate bzw. einige Jahre im Voraus möglichst präzise abgeschätzt werden.

In einem durchschnittlichen Horizont der Leasingdauern von nicht selten 3-5 Jahren oder gar noch mehr können allerdings zahlreiche negative Marktentwicklungen oder -verwerfungen entstehen. Zu nennen sei hierbei exemplarisch der drastische Einbruch bei den Marktwerten bzw. Wiederverkaufswerten für Pkw im Zuge der Ende 2008 eingeführten Abwrackprämie oder auch die Marktwertverluste von Diesel-Pkw im Zuge der Dieselfahrverbote und der Diskussionen um E-Mobilität gut 10 Jahre später. Hier kam es - zumindest für einen gewissen Zeitraum - zu erheblichen Einbrüchen der Preise auf dem Gebrauchtwagenmarkt und damit zu einem erhöhten Blankorisiko bei Pkw-Leasingverträgen.

Beeinflussungsmöglichkeiten

Der Blankoanteil bzw. das Blankorisiko kann aktiv beeinflusst werden. So können zusätzliche Sicherheiten, beispielsweise in Form von Ausfallbürgschaften, Rücknahmegarantien der Hersteller oder Lieferanten der Leasingobjekte sowie in Form weiterer Versicherungen, abgeschlossen werden. Zur Erhaltung eines möglichst hohen Wiederverwertungserlöses werden zudem häufig explizit die einzuhaltenden Wartungsintervalle sowie auch entsprechende Verbote der Schichtnutzung, der Untervermietung o.ä. vertraglich fixiert.

Datenherkunft

Zur Ermittlung des Blankorisikos werden die beiden Größen der ausstehenden Forderungen bzw. des Restobligos und die dem Restobligo gegenüberstehenden Sicherheiten benötigt.

Das Restobligo kann relativ einfach anhand von Summen- und Saldenlisten bzw. anhand von Zins- und Tilgungsplänen über das Finanz- und Rechnungswesen in der Regel vollautomatisch systemseitig ermittelt werden. Die quantifizierten Werte für die Sicherheiten werden zum einen vom Asset Management, das zumeist einen detaillierten Überblick im Bereich der Be- und Verwertung der Leasingobjekte hat, ermittelt. Zum anderen werden etwa in der Kreditabteilung die Sicherheiten, beispielsweise die Bürgschaften, beurteilt und wertmäßig eingeschätzt.

Angrenzende Kennzahlen

vgl. Restobligo; Überwälzungsquote

Bonitätsprüfungsquote, vereinfachte (in %)

Die vereinfachte Bonitätsprüfungsquote gibt den Anteil der Bonitätsprüfungen an, die stark vereinfacht im Vergleich zur klassischen Bonitätsprüfung durchgeführt werden.

Bonitätsprüfungsquote, vereinfachte *(mengenmäßig)*

$$= \frac{\text{Anzahl vereinfachter Bonitätsprüfungen}}{\text{Gesamtanzahl Bonitätsprüfungen}} \cdot 100\%$$

Bonitätsprüfungsquote, vereinfachte *(wertmäßig)*

$$= \frac{\text{Anfragevolumen vereinfachter Bonitätsprüfungen}}{\text{kumuliertes Anfragevolumen aller Bonitätsprüfungen}} \cdot 100\%$$

Aussagekraft

Insbesondere bei Leasingverträgen mit einem sehr niedrigen Anschaffungswert oder umgekehrt einer hohen Objektsicherheit oder anderen Sicherheiten, wie beispielsweise Anzahlungen, Kautionen, Bürgschaften oder Rückkaufgarantien sowie Kunden aus sehr kleinen wirtschaftlichen Verhältnissen und einem gut abschätzbaren Risiko einer Bonitätsverschlechterung wird häufig auf eine umfangreiche Bonitätsprüfung verzichtet.

In diesen Fällen werden zumeist keine Bonitätsunterlagen wie Jahresabschlüsse, Betriebswirtschaftliche Auswertungen oder sonstige Nachweise zur Ermittlung der wirtschaftlichen Verhältnisse des potenziellen Leasingnehmers verlangt.

Die Engagementprüfung wird hier in der Regel nur anhand eines Scorings, einer Abfrage einer Wirtschaftsauskunftei, einer Bankauskunft sowie ggf. einer Selbstauskunft des Kunden durchgeführt.

Interpretation

Bei der Ermittlung der mengen- und wertmäßigen vereinfachten Bonitätsprüfungsquote ist häufig zu beobachten, dass die mengenmäßige Prüfungsquote deutlich höher als die wertmäßige Prüfungsquote ist. Dies hängt damit zusammen, dass die vereinfachte Bonitätsprüfung in den meisten Fällen nur für kleinvolumige Leasingverträge erlaubt ist und ab einem gewissen Anfragevolumen verbindlich weitere Bonitätsunterlagen, wie Jahresabschlüsse oder Betriebswirtschaftliche Auswertungen, eingeholt werden müssen.

Eine hohe vereinfachte Bonitätsprüfungsquote ist häufig einerseits ein Zeichen für eine effiziente Bonitätsprüfung. Hierdurch soll den im Verhältnis zur Barwertmarge relativ hohen administrativen Kosten der Bonitätsprüfung gerecht und eine effiziente Abwicklung ermöglicht werden. Dies gilt allerdings nur für kleinvolumige und relativ werthaltige Leasingobjekte sowie Leasingverträge mit Zusatzsicherheiten.

Auf der anderen Seite deutet eine hohe Quote der vereinfachten Bonitätsprüfungen darauf hin, dass in die wirtschaftlichen Verhältnisse der geprüften Leasingnehmer nur ein äußerst begrenzter Blick möglich ist bzw. zum Zeitpunkt der Vertragsgenehmigung war. Durch diesen erschwerten Einblick in die wirtschaftlichen Verhältnisse steigt das Risiko einer Fehleinschätzung der wirtschaftlichen Verhältnisse des Kunden. Hierdurch steigt insbesondere das Risiko von Verlusten aus Insolvenzen, aber auch das Betrugs- oder Fraudrisiko durch die Leasingnehmer.

Beispiel

Von den 1.200 im Betrachtungszeitraum geprüften Vertragsgenehmigungen mit einem kumulierten Anschaffungswert von 84 Mio. EUR wurden 180 Anfragen mit einem Anschaffungswert von insgesamt 5,3 Mio. EUR lediglich einer vereinfachten Bonitätsprüfung unterzogen.

Die mengenmäßige vereinfachte Bonitätsprüfung beträgt damit 15,0%, während sich die wertmäßige vereinfachte Bonitätsprüfung auf 6,31% beläuft.

Grenzen der Aussagekraft

Für eine erhöhte Aussagekraft des latenten Risikos einer Fehleinschätzung der Bonität eines Leasingnehmers aufgrund einer nur vereinfachten Bonitätsprüfung sollte das Blankorisiko der vereinfachten Bonitätsprüfungen ermittelt werden. Häufig zeigt sich gerade hier, dass aufgrund werthaltiger Objekte und entsprechender zusätzlicher Sicherheiten oder Anzahlungen bzw. Kautionen nur ein sehr niedriges Blankorisiko oder gar eine Überdeckung und damit gar kein Blankorisiko besteht.

Für die Überprüfung der Validität der Bonitätseinschätzungen trotz nur unzureichender Einblicke in die wirtschaftlichen Verhältnisse wird häufig ein langfristiger Schadensfalltrend ermittelt, dem die jeweiligen Verwertungserlöse aus der Verwertung der Leasingobjekte im Falle einer Insolvenz, gegenübergestellt werden.

Beeinflussungsmöglichkeiten

Die Voraussetzungen für eine vereinfachte Bonitätsprüfung sind individuell je Leasinggesellschaft zu treffen. Je nach Kunden- und Objektstruktur sowie der Liquiditätsausstattung des Instituts sind hierbei die Volumengrenzen sowie die erforderlichen Daten und Informationen festzulegen.

Die Grundlage für die Obergrenzen bildet die Kreditpolitik, die im Regelfall eng an die Risikotragfähigkeit angelehnt ist und unter risikopolitischen Überlegungen an geänderte Rahmenbedingungen regelmäßig anzupassen ist.

Datenherkunft

Die Engagements mit einer vereinfachten Bonitätsprüfung finden sich häufig in einer einheitlichen Ratingklasse. In diesem Fall kann der Anteil dieser Engagements sehr einfach systemseitig mit einer Standard-Leasingverwaltungssoftware ausgewertet werden.

Sofern keine solchen eindeutigen Zuordnungsmerkmale bestehen, können die Daten von der Kreditabteilung bzw. der Engagementprüfung im Regelfall entsprechend ermittelt und aufbereitet werden.

Bonitätsschwankung, durchschnittliche

→ *vgl. hierzu:* Ratingmigrationsindex

Bouncerate (Newsletter) (in %)

→ *vgl. hierzu*: Öffnungsrate

Bouncerate (Website) (in %)

→ *vgl. hierzu*: Verweildauer

Branchenindex (in %)

→ *vgl. hierzu:* Konzentrationsindex; Kundendichte

Brand Awareness

→ *vgl. hierzu*: Markenbekanntheitsindex

Brand Equity

→ *vgl. hierzu:* Bekanntheitsgrad

Break-Even-Point (in Verträgen)

Der Break-Even-Point ermittelt allgemein die Menge an kontrahierten Verträgen, die nötig ist, um die fixen Kosten einer Leasinggesellschaft zu decken.

Break-Even-Point

$$= \frac{\text{Fixkosten}}{\text{durchschnittliche Barwertmarge je kontrahiertem Leasing-/Mietkaufvertrag}} \cdot 100\%$$

Beispielhafte Fixkosten:

- Sachkosten der Administration
- Gehälter der Administration
- Fixgehalt im Vertrieb
- Miete für Büroräume
- Leasingraten für den Fuhrpark
- etc.

Aussagekraft

Im Break-Even-Point entsprechen die gesamten Erlöse den gesamten Kosten der Leasinggesellschaft. Hierin ist der Gewinn bzw. der Übererlös gleich Null. Für eine wirtschaftliche und effiziente Abwicklung ist es deshalb das Ziel, den Break-Even-Point zu überschreiten.

Der Break-Even-Point wird als Mindestmenge an Vertragsabschlüssen mit einer durchschnittlichen Barwertmarge angesehen, die erreicht werden muss, um kostendeckend bzw. kosteneffizient zu arbeiten.

Interpretation

Die Break-Even-Point-Analyse berechnet die Mindestmarge bzw. die durchschnittliche Mindestabschlussanzahl an kontrahierten Verträgen für die Deckung der fixen, hauptsächlich administrativen Kosten sowie der Akquisitions- und fixen Vertriebskosten.

Hierdurch kann für die Jahresplanung und für die vertriebsindividuellen Zielsetzungs- und Planungsprozesse bereits eine Mindestgrenze an Verträgen bei konstanter Marge erhoben werden. Darüber hinaus kann bei einer gleich bleibenden Anzahl an Verträgen aber auch eine Mindestmarge ermittelt werden. Neben den Akquisitionskosten werden häufig auch die erwarteten Verluste als Fixkosten in die Kalkulation aufgenommen.

Die Erkenntnisse der Break-Even-Point-Analyse fließen häufig zudem in die Ermittlung von Mindestvorgaben für das Abschlussvolumen sowie die Barwertmarge je Einzelvertrag, je Leasingnehmer, je Leasingobjekt etc. ein.

Beispiel

Eine Leasinggesellschaft ermittelt fixe Kosten in Höhe von 30 Mio. EUR. Die durchschnittliche Barwertmarge beläuft sich auf 3.200 EUR.

Der Break-Even-Point beträgt damit also 9.375. Das bedeutet, dass der Abschluss von 9.375 Leasing- oder Mietkaufverträgen mit einer durchschnittlichen Barwertmarge von 3.200 EUR notwendig ist, um die Fixkosten in Höhe von 30 Mio. EUR zu decken (in diesem Fall beträgt der Gewinn 0 EUR).

Grenzen der Aussagekraft

Anhand der Break-Even-Point-Ermittlung lässt sich maximal eine sehr grobe Schätzung erstellen. Für eine präzise Ermittlung der Wirtschaftlichkeit ist der Break-Even-Point für eine Leasinggesellschaft im Regelfall absolut ungeeignet.

So variieren die Akquisitions- und sonstigen Vertriebskosten kundenindividuell sehr stark, je nach Kundenansprache und je nach Werbeintensität. Darüber hinaus sind aber auch die jeweiligen Barwertmargen sehr volatil. Eine starre Orientierung an Durchschnittswerten greift deshalb zu kurz und führt nicht selten zu Fehlsteuerungsimpulsen und der Einengung in der vertrieblichen Gestaltungsfreiheit.

Beeinflussungsmöglichkeiten

Durch eine Absenkung der Fixkosten kann die Break-Even-Menge gesenkt werden. Eine Senkung der Fixkosten ist beispielsweise durch eine verstärkte variable Vergütung möglich.

Darüber hinaus kann die Break-Even-Menge aber auch durch eine Erhöhung der Barwertmarge gesenkt werden.

Datenherkunft

Die vergangenheitsbasierten durchschnittlichen Ertragsbestandteile in Form der Barwertmargen können der Vertriebssteuerung bzw. dem Vertriebsverwaltungssystem oder der Vertriebsstatistik entnommen werden.

Die fixen Kosten auf der anderen Seite können den einzelnen fixen GuV-Bestandteilen entnommen werden. Weitere nicht in der GuV erfasste, aber relevante Kostenbestandteile sind gegebenenfalls zu schätzen.

Eine zukunftsgerichtete Ermittlung des Break-Even-Points ist nur anhand von Schätzungen mit den damit verbundenen Unschärfen möglich.

Angrenzende Kennzahlen

vgl. Barwertmarge

Bruttogewinn (in % oder in EUR)

→ *vgl. hierzu:* Barwertmarge

Bürgschaftsquote (in %)

→ *vgl. hierzu:* Überwälzungsquote

C

C. Glaser, *Leasing A – Z*, https://doi.org/10.1007/978-3-658-31839-0_4

Capital-Lease-Quote (in %)

→ *vgl. hierzu*: Operate-Leasing-Quote

Cashflow-at-Risk (in EUR)

→ *vgl. hierzu*: Value-at-Risk

Cashflow, barwertiger (in EUR)

Der Cashflow ist eine betriebswirtschaftliche Kennzahl, anhand derer die im Betrachtungszeitraum erwirtschafteten liquiden Mittel dargestellt werden. Der Cashflow bezeichnet in seiner allgemeinsten Form die Differenz zwischen Einzahlungen und Auszahlungen.

Cashflow, barwertiger *(direkte Methode)*	
=	Einzahlungen ./. Auszahlungen p.a.
Cashflow, barwertiger *(indirekte Methode)*	
=	Jahresüberschuss/-fehlbetrag
+	Abschreibungen
./.	Zuschreibungen
+	Erhöhung von langfristigen Rückstellungen
./.	Verminderung von langfristigen Rückstellungen
Modifizierter Cashflow *(alternativ)*	
=	geplante, barwertige Einzahlungen ./. geplante, barwertige Auszahlungen

Aussagekraft

Der Cashflow dient dazu, insbesondere einen Rückschluss auf die Schuldentilgungsfähigkeit eines Unternehmens zu ermöglichen. Er wird häufig auch unternehmens- und institutsübergreifend zum Vergleich der Finanz- und Ertragskraft herangezogen.

Der Cashflow steht einem Institut grundsätzlich für Investitionen, zur Tilgung von Verbindlichkeiten und zur Gewinnausschüttung zur Verfügung.

Die Anwendung des klassischen Cashflows gestaltet sich für Leasinggesellschaften häufig eher schwierig. Durch die leasingtypische Verschiebung von auszahlungswirksamen Aufwendungen zu Vertragsbeginn für den Anschaffungswert des Leasingobjekts und den einzahlungswirksamen Erträgen in Form der periodischen Leasingraten entsteht häufig ein verzerrtes Bild. Deshalb wird nicht selten ein modifizierter Cashflow ermittelt, der in Anlehnung an die Substanzwertermittlung, geplante und barwertige Ein- und Auszahlungen berücksichtigt. Zu berücksichtigen ist hierbei, dass häufig bereits ein Risikoabschlag vorgenommen wird, der Einzahlungsschmälerungen beispielsweise in Form von Insolvenzen berücksichtigt. Die barwertigen Einzahlungen sind damit also im Regelfall niedriger als das entsprechende Restobligo.

Der Cashflow wird häufig darüber hinaus für die Ermittlung des dynamischen Verschuldungsgrades verwendet. Der dynamische Verschuldungsgrad wird in Prozent angegeben, wobei ein Verschuldungsgrad von beispielsweise 200% einem Zeitraum von 2 Jahren entspricht, in dem bei gleichbleibendem Cashflow die Verschuldung beglichen ist.

Dynamischer Verschuldungsgrad

$$= \frac{\text{Fremdkapital}}{\text{Cashflow}} \cdot 100\%$$

Für die meisten Leasinggesellschaften ist der klassische dynamische Verschuldungsgrad analog zum klassischen Cashflow ebenfalls weniger relevant, da die Cashflows häufig von Jahr zu Jahr sehr stark schwanken. Stattdessen wird für die Ermittlung des dynamischen Verschuldungsgrades häufig eine Liquiditätsablaufbilanz herangezogen, in der sämtliche zukünftigen Ein- und Auszahlungen beinhaltet sind, soweit diese bereits bekannt sind. Diese werden dann entsprechend den periodengleichen Verbindlichkeiten gegenübergestellt. Hierdurch entsteht ein deutlich präziseres Bild des per Saldo entstehenden Liquiditätszu- und -abflusses, da auch Schwankungen im Cashflow in den unterschiedlichen Perioden eine adäquate Berücksichtigung finden.

Interpretation

Das Ziel einer jeden Leasinggesellschaft ist es, einen nachhaltig positiven Cashflow zu erzielen. Erst durch einen nachhaltig positiven Cashflow können weitere Investitionen oder eine zusätzliche Expansion, Schuldentilgung, Ausschüttung von Dividenden oder allgemein die Bildung von Gewinnrücklagen oder Rückstellungen ermöglicht werden.

Je höher der Cashflow ist, umso flexibler kann sich eine Leasinggesellschaft auf neue Marktentwicklungen einstellen, indem beispielsweise frühzeitig gezielte Investitionen in neuen Marktsegmenten, beispielsweise im Onlinesegment, vorgenommen werden können.

Ein steigender Cashflow bei gleichzeitig sinkendem Jahresüberschuss wird häufig positiv interpretiert, da in diesem Fall die Steuerlast gesenkt wurde. Ein sinkender Cashflow bei gleichzeitigem Anstieg der Verbindlichkeiten kann ein erster Indikator für mögliche finanzielle Probleme des Instituts sein. Ein negativer Cashflow ist häufig ein Zeichen für eine finanzielle Notlage. Für Leasinggesellschaften sollte unbedingt der modifizierte Cashflow berücksichtigt werden, da es ansonsten zu einem verzerrten Bild über die Finanz- und Ertragslage des Instituts kommen kann. Gerade in Phasen mit einem hohen Neuabschlussvolumen und entsprechend hohen Barwertmargen haben die meisten Leasinggesellschaften einen negativen, klassisch ermittelten Cashflow vorzuweisen. Dies hängt damit zusammen, dass im Betrachtungszeitraum erhebliche Zahlungsabflüsse für die Finanzierung der Leasingobjekte zu verzeichnen sind und die Zahlungszuflüsse in Form der Leasingraten erst verteilt auf die Folgeperioden wieder zurückfließen.

Der Cashflow wird häufig auch ins Verhältnis zu unterschiedlichen Bezugsgrößen gestellt. So wird für einen Vergleich zwischen unterschiedlichen Leasinggesellschaften häufig die Anzahl der Mitarbeiter berücksichtigt und entsprechend der Cashflow je einzelnem Mitarbeiter oder die Cashflow-Rendite auf das eingesetzte Kapital ermittelt. Darüber hinaus wird der Cashflow häufig auf einzelne Vertriebsmitarbeiter, Vertriebsregionen, Kundenbranchen, Vertragsarten, Leasingobjektgruppen oder Ratingklassen heruntergebrochen.

Beispiel

Im Betrachtungszeitraum verzeichnet die Leasinggesellschaft ein sehr starkes Wachstum beim Neugeschäft. So stehen 30 Mio. EUR Einzahlungen einem Auszahlungsvolumen von 55 Mio. EUR gegenüber.

Der klassische Cashflow beträgt damit -25 Mio. EUR.

Für eine Vergleichbarkeit der Finanz- und Ertragslage zwischen unterschiedlichen Leasinggesellschaften werden zum einen Liquiditätsablaufbilanzen erstellt und auch der modifizierte Cashflow ermittelt. Hierbei stehen nun in einem Zeitraum von 7 Jahren geplante, zum Betrachtungszeitpunkt abgezinste Einzahlungen in Höhe von 395 Mio. EUR geplanten, barwertigen Auszahlungen in Höhe von 340 Mio. EUR gegenüber. Bei den Einzahlungen wurden Risikoabschläge in Höhe von 2,1 Mio. EUR berücksichtigt.

Der modifizierte Cashflow für einen Zeitraum von 7 Jahren beträgt somit 55 Mio. EUR.

Grenzen der Aussagekraft

Bei der Interpretation des Cashflows gilt es zu berücksichtigen, dass es insbesondere aufgrund der leasingtypischen Verschiebung der einzahlungs- und auszahlungswirksamen Positionen zu einem verzerrten Bild kommen kann. Es werden deshalb zukünftige Entwicklungen und Zahlungsströme beim modifizierten Cashflow berücksichtigt.

Solche in die Zukunft gerichteten Aussagen sind allerdings häufig nur sehr schwer möglich und beinhalten eine gewisse Unschärfe, die es bei der Ableitung von Steuerungsimpulsen zu berücksichtigen gilt.

Durch eine isolierte Betrachtung des Cashflows entsteht zudem die Herausforderung, dass keine Aussage über die Mittelherkunft getroffen werden kann. Es wird grundsätzlich nicht zwischen ordentlichen und außerordentlichen Erträgen oder Aufwendungen unterschieden, wodurch nur sehr schwer auf die zukünftige Entwicklung eingegangen werden kann. Ein erhöhter Cashflow kann sich beispielsweise dadurch ergeben, dass nur ein sehr geringer oder im schlimmsten Fall gar kein Zuwachs beim Neugeschäft verzeichnet werden kann. Dies hat zur Folge, dass zwar auf der einen Seite die Auszahlungen in der Betrachtungsperiode entsprechend niedrig sind, auf der anderen Seite fallen dadurch aber auch die zukünftigen Einzahlungen entsprechend geringer aus.

Beeinflussungsmöglichkeiten

Der Cashflow lässt sich grundsätzlich dadurch erhöhen, dass Einzahlungen erhöht oder Auszahlungen reduziert werden. So haben beispielsweise die Höhe der Leasingraten oder aber auch deren Verlauf (beispielsweise degressiv, linear oder progressiv) einen erheblichen Einfluss auf die Einzahlungen. Ebenso wichtig ist hierbei das Forderungsmanagement, bei dem durch entsprechende Betreuung von einzelnen Leasingnehmern das Ziel verfolgt wird, die Forderungsausfälle so niedrig wie möglich zu halten und Liquiditätszuflüsse in der vertraglich vereinbarten Höhe und zum richtigen Zeitpunkt zu sichern.

Die Auszahlungen können dadurch reduziert werden, dass Leasinggesellschaften mit bestimmten Herstellern entsprechende Rahmenabkommen schließen, wodurch zusätzliche Rabatte und Boni erzielt werden können.

Nichtsdestotrotz ist es meistens das Ziel, bei entsprechend hoher Fungibilität und Werthaltigkeit der Leasingobjekte ein erhöhtes Neuabschlussvolumen zu erzielen, womit in der Regel auch eine erhöhte Auszahlungsquote verbunden ist.

Datenherkunft

Bei der direkten, klassischen Ermittlung des Cashflows können die exakten Werte für die Ein- und Auszahlungen dem Finanz- und Rechnungswesen bzw. der Buchhaltung entnommen werden. Für die Ermittlung der indirekten Methode dienen häufig die in der Bilanz und der Gewinn- und Verlustrechnung ermittelten Positionsveränderungen.

Für eine valide Ermittlung einer Liquiditätsablaufbilanz gilt es in Zusammenarbeit zwischen Buchhaltung bzw. Finanz- und Rechnungswesen, Treasury, Risikomanagement und Vertriebssteuerung und -planung entsprechende Werte zu ermitteln. Die Grundlage bilden zwar die vertraglichen Vereinbarungen, die in Form des Restobligos zeitlich verteilt durch das Finanz- und Rechnungswesen sowie teilweise das Treasury dargestellt werden können. Hierbei müssen aber auch bestimmte Risikoabschläge für erwartete Verluste in Rücksprache mit dem Risikomanagement und der Vertriebsplanung berücksichtigt werden.

Angrenzende Kennzahlen

vgl. Barwertmarge; Substanzwert nach dem BDL-Schema

Cash Ratio (in %)

→ *vgl. hierzu*: Working Capital

Churn Rate (in %)

→ *vgl. hierzu*: Nullkundenquote

Click-Through-Rate (in %)

→ *vgl. hierzu*: Öffnungsrate

Conditional Value-at-Risk (in EUR)

→ *vgl. hierzu*: Value-at-Risk

Conversion Rate (in %)

→ *vgl. hierzu*: Konversionsrate

Cost-Income-Ratio (in %)

Die Cost-Income-Ratio beschreibt die operative Aufwands- und Ertragsrelation einer Leasinggesellschaft und dient der Effizienzmessung, indem der im Betrachtungszeitraum angefallene Verwaltungsaufwand ins Verhältnis zu bestimmten Ertragskenngrößen gesetzt wird.

Cost-Income-Ratio

$$= \frac{\text{Verwaltungsaufwendungen (Personal- und Sachaufwendungen)}}{\text{Ertragspositionen (Zins-,Provisions-,Verwertungsüberschuss etc.)}} \cdot 100\%$$

Aussagekraft

Die Kennzahl der Cost-Income-Ratio bzw. des Kosten-Ertrags-Verhältnisses dient als wesentliches Element bei der Beurteilung der Wirtschaftlichkeit einer Leasinggesellschaft bzw. allgemein eines Finanzinstituts.

Für die Ermittlung der Kennzahl wird der im zugrunde liegenden Geschäftsjahr bzw. allgemein im zugrunde liegenden Betrachtungszeitraum angefallene Verwaltungsaufwand ins Verhältnis zu den Ertragspositionen abzüglich der Zuführung zur Risikovorsorge gesetzt. Zu den Ertragspositionen einer Leasinggesellschaft zählen hierbei insbesondere der Zinsüberschuss, der Verwertungsüberschuss, das Provisionsergebnis sowie der Bruttozuwachs des Substanzwerts (vor Steuern).

Interpretation

Da die Cost-Income-Ratio in quantifizierter Form Aufschluss über die Wirtschaftlichkeit einer Leasinggesellschaft gibt, gilt: je kleiner die Kennzahl ist, umso effizienter sind die Prozesse innerhalb der Leasinggesellschaft ausgestaltet.

Beispiel

Der Verwaltungsaufwand der Leasinggesellschaft betrug im Betrachtungszeitraum 7,2 Mio. EUR, während sich das Ergebnis aus dem Leasinggeschäft (inkl. Zinsüberschuss, Provisionsergebnis, Verwertungsüberschuss, Bruttozuwachs Substanzwert etc.) auf insgesamt 17,2 Mio. EUR belief.

Die Cost-Income-Ratio betrug damit im Betrachtungszeitraum 41,86%.

Grenzen der Aussagekraft

Insbesondere im institutsübergreifenden Vergleich ist die Aussagekraft eher begrenzt. So kann nur dann valide ein Vergleich zwischen unterschiedlichen Instituten vorgenommen werden, wenn unter ähnlichen Marktsituationen gewirtschaftet wird bzw. gewirtschaftet wurde sowie Bewertungseffekte (insbesondere Wertberichtigungen, Abschreibungen und Rückstellungen) auf das Ergebnis eliminiert wurden. Beim Vergleich von Instituten beispielsweise mit unterschiedlichem Absatzmarkt, Geschäftsmodell etc. wird das jeweilige Ergebnis durch Unterschiede beispielsweise beim Verwertungs- oder Zinsüberschuss nicht selten stark verzerrt.

Darüber hinaus gilt es zu beachten, dass die Cost-Income-Ratio eine statische Kennzahl ist, die im Wesentlichen auf Bilanzpositionen basiert, die einen stichtagsbezogenen und vergangenen Wert anzeigen. Durch diese ex-post-Sicht kann die Kennzahl der Cost-Income-Ratio deshalb häufig nicht oder nur sehr eingeschränkt dynamisch genutzt werden und deshalb können, wenn überhaupt, auch nur sehr begrenzt Zukunftsbetrachtungen in die Steuerung mit einbezogen werden.

Beeinflussungsmöglichkeiten

Die Cost-Income-Ratio hängt wesentlich vom Verwaltungsaufwand einerseits und vom Rohertrag bzw. entsprechenden Ertragspositionen und dem Bruttozuwachs des Substanzwerts andererseits ab.

Die Cost-Income Ratio kann entweder dadurch beeinflusst werden, dass unter gleichbleibenden Verwaltungskosten ein höherer Ertrag erzielt wird, beispielsweise indem verbesserte Arbeitsabläufe geschaffen werden, wodurch in derselben Zeit mehr Leasingverträge abgewickelt werden können. Zum anderen kann die Cost-Income-Ratio dadurch beeinflusst werden, dass bei gleichbleibendem Ertrag die Verwaltungskosten gesenkt werden. Dies kann etwa dadurch erreicht werden, dass die Sachkosten drastisch gesenkt werden, indem beispielsweise verstärkt die Mietkosten für die Büroräumlichkeiten reduziert werden sowie die Prüfungskosten für die Jahresabschlussprüfung gesenkt werden. Häufig sind allerdings auch die Personalaufwendungen als Hauptkostentreiber eine wesentliche Stellschraube.

Datenherkunft

Die Datenbasis für die Cost-Income-Ratio kann dem Finanz- und Rechnungswesen entnommen werden. Hierbei wird häufig noch detaillierter in den Aufwands- und Ertragskonten nach weiteren Informationen über bestimmte Entwicklungen gesucht. So werden beispielsweise bei einigen Leasinggesellschaften bei einer Unterschreitung bestimmter Obergrenzen vordefinierte Maßnahmenbündel ergriffen.

Credit Risk Indicator (in EUR)

→ *vgl. hierzu*: Verlust, erwarteter

Credit Value-at-Risk (in EUR)

→ *vgl. hierzu*: Value-at-Risk

Cross-Border-Leasingquote (in %)

Die Cross-Border-Leasingquote gibt das Restobligo von Cross-Border-Leasingverträgen im Verhältnis zum gesamten Restobligo des Vertragsportfolios an.

Cross-Border-Leasingquote

$$= \frac{\text{Restobligo Cross-Border-Leasingverträge}}{\text{Restobligo Gesamtportfolio}} \cdot 100\%$$

Aussagekraft

Cross-Border-Leasing bezeichnet allgemein ein grenzüberschreitendes Leasingverhältnis, bei dem die Standorte des Leasingnehmers und des Leasinggebers durch Staatsgrenzen voneinander getrennt sind. In den meisten Fällen werden durch Cross-Border-Leasing steuerliche Vorteile genutzt.

Durch einen häufig sehr hohen administrativen Aufwand aufgrund komplexer Vertragsgestaltungen und zusätzlicher Risiken werden Cross-Border-Leasingverträge zumeist erst bei einem sehr hohen Volumen oder einer sehr hohen Barwertmarge abgeschlossen. Im Mobilienleasing ist die Bedeutung von Cross-Border-Leasing im Vergleich zum Immobilienleasing häufig deutlich geringer.

Interpretation

Durch die dem Cross-Border-Leasing zugrunde liegende Internationalisierung verschärfen sich zahlreiche Risiken. Das Objekt- bzw. Werthaltigkeitsrisiko beispielsweise kann sich aufgrund unterschiedlicher Wartungsintervalle oder der erschwerten Verwertung des Leasingobjekts im Ausland verschärfen. Die Bonität eines ausländischen Leasingnehmers kann zudem aufgrund häufig nur unzureichender Einblicke in die wirtschaftlichen Verhältnisse sowie unterschiedlicher wirtschaftlicher Rahmenbedingungen nur erschwert eingeschätzt werden, wodurch sich das Adressenausfallrisiko erhöht.

Neben Risiken, die sich aus unterschiedlichen zivilrechtlichen und steuerrechtlichen Vorgaben sowie Wechselkursschwankungen (sofern die Zahlungsströme in unterschiedlichen Währungen abgewickelt werden) ergeben, ist speziell das Länderrisiko sehr eng mit einem Cross-Border-Leasinggeschäft verbunden. Das Länderrisiko ergibt sich insbesondere aufgrund wirtschaftlicher und politischer Rahmenbedingungen, die sich auf die Transferfähigkeit eines bestimmten Landes niederschlagen und sich - unabhängig von der Bonität des Leasingnehmers - auf die Zahlungsfähigkeit eines Leasingnehmers auswirken können.

Beispiel

Das Gesamtvertragsportfolio einer Leasinggesellschaft umfasst 5.100 aktive Leasingverträge mit einem Restobligo von 408 Mio. EUR. Hierunter befinden sich 1.050 Cross-Border-Leasingverträge mit einem Restobligo von 130 Mio. EUR.

Die (wertmäßige) Cross-Border-Leasingquote beläuft sich damit auf 31,9%.

Grenzen der Aussagekraft

Anhand der Cross-Border-Leasingquote allein kann nicht automatisch auf ein erhöhtes Risiko geschlossen werden. So kann man beispielsweise durch eine standardisierte Abwicklung den administrativen Aufwand gering halten, durch Währungsabsicherungen bzw. Termingeschäfte Verluste aus Wechselkursschwankungen minimieren oder gänzlich ausschließen etc.

Für eine valide Steuerungsgrundlage sollte das entsprechende Blankorisiko, das um die zusätzlichen Risiken aus dem Cross-Border-Leasingverhältnis erweitert wurde, zusammen mit den Cross-Border-Leasingverträgen beurteilt und darauf basierend entsprechende Steuerungsimpulse abgeleitet werden.

Beeinflussungsmöglichkeiten

Die Cross-Border-Leasingquote wird maßgeblich durch den Abschluss von Cross-Border-Leasingverträgen bestimmt. Häufig kann ein Großteil der Risiken aber durch den Abschluss von Versicherungen oder durch eine Forfaitierung (wobei diese i.d.R. deutlich schwerer zu realisieren ist als bei einer klassischen Leasingabwicklung) auf Dritte abgewälzt werden.

Sofern es das Ziel ist, die Cross-Border-Leasingquote beispielsweise zu senken, kann das Cross-Border-Leasingvolumen stabil gehalten werden, wenn von einem steigenden Neugeschäftsvolumen und damit einem steigenden Restobligo auf Gesamtportfolioebene ausgegangen wird. Die Cross-Border-Leasingquote kann aber auch durch eine Reduzierung des Restobligos von Cross-Border-Leasingverträgen erreicht werden, beispielsweise indem keine neuen Verträge mit dieser rechtlichen Konstellation mehr ins Portfolio aufgenommen werden.

Datenherkunft

Die Cross-Border-Leasingquote kann häufig relativ einfach mit der Leasingverwaltungssoftware ausgewertet werden. Durch eine Kennzeichnung von Verträgen, bei denen der Leasingnehmer seinen Sitz im Ausland hat und sich das Leasingobjekt entsprechend im Ausland befindet, können das Restobligo dieser Verträge und damit die Cross-Border-Leasingquote relativ einfach ermittelt werden.

Current Ratio (in %)

→ *vgl. hierzu*: Working Capital

Beispiel

Die Gesamtbarwertmarge betrug im Betrachtungszeitraum 7,5 Mio. EUR p.a. Die durchschnittliche Kundenanzahl belief sich auf 3.000 und die durchschnittliche Kundenbeziehungsdauer auf 20 Jahre.

Der durchschnittliche Kundenwert beträgt damit 50 TEUR, verteilt auf die gesamte durchschnittliche Kundenbeziehungsdauer.

Der größte Leasingnehmer trug in den letzten Jahren durchschnittlich mit 150 TEUR p.a. zur gesamten Barwertmarge bei. Es wird geschätzt, dass sich dieser Wert stabilisiert und sich die weitere Beziehungsdauer auf mindestens noch 25 Jahre erstreckt.

Der Kundenwert des größten Leasingnehmers beträgt (mindestens) 3,75 Mio. EUR.

Grenzen der Aussagekraft

Bei der Beurteilung des Customer Lifetime Values ist zu berücksichtigen, dass durch die zahlreichen zukunftsgerichteten Werte auch gewisse Unschärfen entstehen bzw. nicht gänzlich auszuschalten sind. Je weiter die Aussagen in die Zukunft reichen, das heißt also beispielweise, je länger sich die prognostizierten Kundenbindungszeiträume darstellen, umso schwieriger wird es auch, präzise und trennscharfe Werte zu ermitteln.

Darüber hinaus sollten auch Faktoren für die zukünftige Entwicklung miteinfließen und für eine genaue Ermittlung sollte nicht nur eine lineare Entwicklung analog zur momentanen Situation herangezogen werden. So kann es zum einen dazu kommen, dass sich ein Großteil der betrachteten Kundenbeziehungen erst in der Akquisitionsphase mit sehr niedrigem oder gar negativem Kundenwert befindet, der allerdings in den nachfolgenden Perioden gesteigert werden kann.

Umgekehrt kann es aber auch dazu kommen, dass Beziehungen zu Kunden, die sich auf dem Höhepunkt ihrer Ertragskraft aus Sicht der Leasinggesellschaft befinden, aus den unterschiedlichsten Gründen ins Stocken geraten oder gänzlich beendet werden.

Beeinflussungsmöglichkeiten

Der Customer Lifetime Value steht und fällt in erheblichem Maße mit der Zufriedenheit der Leasingnehmer. So steht in den meisten Fällen sowohl die durchschnittliche Verweildauer als auch die durchschnittliche Barwertmarge in sehr engem Zusammenhang mit der Kundenzufriedenheit und der Kundenbetreuung. Es wird deshalb häufig versucht, anhand von Kundenbindungsinstrumenten (beispielsweise persönliche langfristige Betreuung durch einen Ansprechpartner, umfassende Serviceangebote auch im After-Sales-Bereich, Prämien für besonders wichtige Kunden etc.) nachhaltig profitable Kunden an das Institut zu binden und damit den Kundenwert weiter zu erhöhen.

Ein weiterer Einflussfaktor zur Steigerung des Kundenwerts insbesondere bei kleineren Leasingnehmern ist die Reduktion der Kosten und damit die Erhöhung der Marge. Beispielsweise können bei Kunden im Small-Ticket-Bereich, also Leasingverträgen mit einem kleineren Anschaffungsvolumen, gezielt die Vertriebskosten gesenkt werden. So können hierbei abgespeckte und weitestgehend automatisierte Prozesse in der Marktfolge, aber auch im Markt durchgeführt werden. Dies kann sich beispielsweise dadurch äußern, dass keine regelmäßige persönliche Betreuung durch Vor-Ort-Besuche des Außendienstmitarbeiters stattfindet, sondern auf telefonische Betreuung umgestellt wird oder auch nicht bzw. nur in sehr begrenztem Maße auf individuelle Wünsche eingegangen wird bzw. werden kann.

Datenherkunft

Die für die Ermittlung des Kundenwerts erforderliche Barwertmarge kann aus dem Vertriebsinformationssystem entnommen werden.

Die Kundenanzahl sowie die entsprechende Dauer der Kundenbeziehung können im Regelfall vollautomatisch systemseitig aus den Stammdaten der Leasingverwaltungssoftware erhoben werden. Je detaillierter diese Daten aufbereitet werden bzw. auswertbar vorliegen (beispielsweise unterteilt nach Vertriebskanal, Zeitpunkt des letzten Vertragsabschlusses, Angebote und Angebotserfolg, ggf. Ablehnungsgründe, Abschluss von Leasingverträgen bei Wettbewerbern etc.), umso höher ist auch die Validität der Kennzahl.

Die Dauer der Kundenbeziehung bzw. allgemein die Kundenbindungsrate wird häufig anhand der jährlichen Fluktuation der Kunden grob abgeschätzt. Die so größtenteils automatisch ermittelten Werte werden nur noch bei Bedarf kleineren Anpassungen unterzogen.

Angrenzende Kennzahlen

vgl. Barwertmarge; Fluktuationsquote; Kundenloyalitätsindex; Kundenzufriedenheit

Customer Retention Costs (in EUR)

→ *vgl. hierzu*: Kundenbindungskosten

D–E

C. Glaser, *Leasing A – Z*, https://doi.org/10.1007/978-3-658-31839-0_5

Dauer bis Folgeabschluss

→ *vgl. hierzu*: Folgeabschlussquote

Debitorenlaufzeit (in Tagen)

→ *vgl. hierzu*: Offene Posten

Debitorentage (in Tagen)

→ *vgl. hierzu*: Offene Posten

Debt Capacity (in %)

→ *vgl. hierzu*: Verschuldungskapazität

Deckungsbeitrag (in EUR)

→ *vgl. hierzu*: Barwertmarge

Digitalisierungsgrad (in %)

Der Digitalisierungsgrad gibt den Anteil der Kernprozesse an, die vollautomatisch-digital und ohne jegliche Medienbrüche abgewickelt werden, gemessen an der Gesamtanzahl der Kernprozesse.

Digitalisierungsgrad
$= \frac{\text{Anzahl vollautomatisch abgewickelter Kernprozesse}}{\text{Anzahl aller Kernprozesse}} \cdot 100\%$

Aussagekraft

Speziell in Zeiten der Digitalisierung ist es für eine Leasinggesellschaft wichtig, aus Effizienz- und Schnelligkeitsgründen so viele Kernprozesse wie möglich zu digitalisieren und zu automatisieren. Der Digitalisierungsgrad kann, je nach Fachbereich, eine wichtige Erkenntnis darüber ermöglichen, wie hoch das Potenzial für weitere Automatisierungen ist.

Neben Kostenüberlegungen ist es insbesondere ein zentraler Faktor für Schnelligkeit und kundenseitig durchgeführte Workflows, etwa eine automatische Generierung einer vorzeitigen Vertragsablöse, einer Änderung der Bankverbindung, ein Nachdruck einer

Dauerleasingrechnung etc. Der Digitalisierungsgrad ist also ein wichtiger Gradmesser für die Prozesskosten- und die Zeiteffizienz. Die Prozesskosteneffizienz und die Zeiteffizienz für digitale Prozesse können dabei auch gesondert errechnet werden.

Prozesskosteneffizienz

$$= \frac{\text{Prozesskosten digitaler Prozess (neu)}}{\text{Prozesskosten nicht-digitaler Prozess (alt)}} \cdot 100\%$$

Zeiteffizienz

$$= \frac{\text{durchschnittliche Durchlaufzeit digitaler Prozess (neu) [Minuten]}}{\text{durchschnittliche Durchlaufzeit nicht-digitaler Prozess (alt) [Minuten]}} \cdot 100\%$$

Je niedriger der Wert der Prozesskosten- bzw. Zeiteffizienz ist, umso höher ist die durch den digitalen Prozess gesteigerte Produktivität des betrachteten Prozesses.

Interpretation

Die optimale Höhe des Digitalisierungsgrads hängt sehr stark von der Marktpositionierung und der Geschäftsstrategie ab: Im Falle einer hohen Individualität und Kundenorientierung mit einem persönlichen Kontakt mag die Zielgröße etwas niedriger sein als in einem standardisierten Massengeschäft, etwa im kleinvolumigen Vendor-Leasing. Aus diesem Grund wird deshalb immer wieder auch der Individualisierungsgrad herangezogen, um die Variantenvielfalt zu ermitteln und diesen dem Digitalisierungsgrad gegenüberzustellen.

Individualisierungsgrad

= Anzahl unterschiedlicher Varianten der Kernprozesse für den Standardprozess „Leasinganfrage des Kunden bis zur Vertragsaktivierung"

Je geringer der Individualisierungsgrad und umgekehrt je höher der Automatisierungs- und Digitalisierungsgrad ist, umso geringer ist typischerweise auch die Komplexität der Prozesse. Dadurch sinkt die Fehleranfälligkeit (wenngleich natürlich die Abhängigkeit von der Digitalisierung steigt). Auf der anderen Seite steigen allerdings auch die Abhängigkeit und ein systemisches Risiko von den Geschäftsregeln der Automatisierung. Wenn etwa Chatbots, Robotic Process Automation (RPA) etc. eingesetzt werden, ist typischerweise der initiale Implementierungsaufwand sehr hoch und die Flexibilität und Anpassungsfähigkeit im Falle kurzfristiger Änderungen nicht sofort möglich.

Beispiel

Die betrachtete Leasinggesellschaft ermittelt für ihren Vertriebsbereich insgesamt 11 Kernprozesse. Hiervon werden momentan 5 Kernprozesse vollautomatisch abgewickelt, 6 Kernprozesse werden händisch abgewickelt oder halbautomatisch und halbmanuell.

Der Digitalisierungsgrad beträgt folglich 5 / 11 = 45,5 %.

Grenzen der Aussagekraft

Im Digitalisierungsgrad wird kein Kosten-Nutzen-Verhältnis berücksichtigt. Denn wenngleich eine 100%ige Digitalisierung und Automatisierung der Kernprozesse technisch möglich ist, ist dies häufig aber auch sehr teuer. In vielen Fällen liegt deshalb aus betriebswirtschaftlichen Gründen die Ziel-Digitalisierungsquote unter 100 %.

Außerdem sollte der Kunde bei den Digitalisierungsbemühungen in den Mittelpunkt gestellt werden und kritisch geprüft werden, in welchen Bereichen eine Digitalisierung im Kundeninteresse liegt und in welchen Bereichen nicht. Der Digitalisierungsgrad sollte deshalb zwingend mit den Kundenerwartungen und der Kundenzufriedenheit für Teilbereiche der Kernprozesse und nicht anhand der technischen Machbarkeit abgeglichen werden.

Beeinflussungsmöglichkeiten

Der Digitalisierungsgrad hängt maßgeblich von der Möglichkeit ab, die Kernprozesse ins ERP-System oder vor- bzw. nachgelagerte Systeme zu integrieren.

Datenherkunft

Eine automatische Ermittlung des Digitalisierungsgrads ist sehr schwer möglich. Vielmehr werden die Kernprozesse häufig händisch geprüft und ermittelt, welche davon vollumfänglich digitalisiert und automatisiert sind und welche manuell abgewickelt werden.

Angrenzende Kennzahlen

vgl. Kundenzufriedenheit

Disparitätsmaß

→ *vgl. hierzu*: Konzentrationsindex

Downtime

→ *vgl. hierzu*: IT-Ausfallquote

Drehtürgeschwindigkeit (in %)

Die Drehtürgeschwindigkeit stellt die Anzahl der verlorenen Kunden ins Verhältnis zur Anzahl an neuen Kunden im jeweiligen Betrachtungszeitraum.

Drehtürgeschwindigkeit
$= \frac{\text{Anzahl verlorener Kunden}}{\text{Anzahl neuer Kunden}} \cdot 100\%$

Aussagekraft

Anhand der Drehtürgeschwindigkeit wird versucht, ein Gefühl für die Kundenbilanz einer Leasinggesellschaft zu erhalten. Je erfolgreicher die Kundenbindung bzw. die Neukundenakquisition funktioniert, umso niedriger ist auch die Drehtürgeschwindigkeit.

Häufig wird als Ergänzung zur Drehtürgeschwindigkeit auch noch die Kundenhalbwertszeit errechnet. Diese gibt den Zeitrahmen an, in dem die Hälfte aller neu akquirierten Kunden die Leasinggesellschaft wieder verlassen haben.

Kundenhalbwertszeit
= Dauer, bis die Hälfte aller neu akquirierten Kunden das Unternehmen wie-der verlassen hat [in Tagen]

Interpretation

Um nachhaltig erfolgreich zu sein, ist es besonders wichtig, dass eine Leasinggesellschaft abgewanderte Kunden adäquat ersetzt. Gerade gute Kunden, die abwandern, sind sehr schmerzhaft und es muss versucht werden, den verlorenen Ertrag durch neu akquirierte Kunden auszugleichen.

Eine niedrig Drehtürgeschwindigkeit wird häufig als Ausweis einer guten Kundenbetreuung und/oder einer gut funktionierenden Neukundenakquisition interpretiert. Ein Wert von 0% ist allerdings im Normalfall ebenfalls nicht erreichbar, da neben der natürlichen Fluktuation von Kunden im Leasingbereich auch immer wieder eine gewisse, gewünschte Fluktuation einsetzt, wenn aufgrund von Risikoüberlegungen bestimmten Kunden kein neues Engagement mehr zugestanden werden kann.

Außerdem sollte versucht werden, bei der Beurteilung der Drehtürgeschwindigkeit auch Kostenüberlegungen heranzuziehen. Denn gerade die Neukundenakquisition ist häufig bedeutend teurer als die Maßnahmen, um einen Kunden zu halten. Um nun eine valide Aussage über den Erfolg oder Misserfolg des Kundenmanagements treffen zu können, ist eine kombinierte Betrachtung dieser beiden Kennzahlen ratsam.

Beispiel

Die Leasinggesellschaft hatte im letzten Jahr eine Kundenfluktuationsquote von 20%. Den 200 verlorenen Kunden standen 300 Neukunden gegenüber.

Die Drehtürgeschwindigkeit beträgt damit 66,7% und die Kundenhalbwertszeit beläuft sich auf 2,5 Jahre.

Grenzen der Aussagekraft

Bei der Beurteilung der Drehtürgeschwindigkeit sollten sowohl die unterschiedlichen Branchenwerte als auch die unterschiedlichen Lebenszyklen der Leasinggesellschaften berücksichtigt werden. Während bei einer Leasinggesellschaft in der Start-Up-Phase eine Drehtürgeschwindigkeit von knapp unter 50% wohl eher als bedrohlich einzustufen ist, wäre dies bei einer etablierten Gesellschaft wohl bereits ein großer Erfolg. Auch dürften die Werte zwischen beispielsweise Anbietern im Konsumgüterbereich und Kunden des Immobilienleasings deutlich voneinander abweichen.

Viel wichtiger als die reine Kennzahl der Drehtürgeschwindigkeit ist die Ermittlung der Abwanderungsgründe und auch die Ermittlung der per Saldo gewonnen bzw. verlorenen Barwertmarge. Denn gerade abgewanderte Kunden weisen häufig einen hohen Kundenwert auf, der nur mühsam von mehreren Neukunden kompensiert werden kann.

Darüber hinaus muss zwischen gewollter und ungewollter Fluktuation der Kunden unterschieden werden, die sich wiederum in der Drehtürgeschwindigkeit niederschlägt. So kann es beispielsweise sehr wohl im Sinne einer Leasinggesellschaft sein, bonitätsschwache, betreuungsintensive Kunden mit negativem Kundenwert und geringen Ertragsaussichten, aber auch Kunden mit erhöhtem Betrugsrisiko, nicht halten zu wollen.

Beeinflussungsmöglichkeiten

Die Drehtürgeschwindigkeit wird zum einen durch die Kundenzufriedenheit und die Kundenbindung und zum anderen durch die Akquisitionstätigkeiten beeinflusst. Durch eine transparente und reibungslose Abwicklung des Vertrags sowie durch eine persönliche und individuelle Betreuung durch einen Vertriebsmitarbeiter kann auf der einen Seite die Anzahl der verlorenen Kunden niedrig gehalten werden und auf der anderen Seite kann durch gezielte Akquisitionsbemühungen die Anzahl der Neukunden erhöht werden. Auch können dem Vertrieb entsprechende Kundenbindungs- bzw. Neukundenprämien geboten werden, um eine niedrige Drehtürgeschwindigkeit sicherzustellen.

Datenherkunft

Die Drehtürgeschwindigkeit kann relativ einfach ermittelt werden, indem im Kundenbestand die abgewanderten Kunden den Neukunden der Vorperiode gegenübergestellt werden.

Anhand der Leasingverwaltungssoftware oder einer eigenen Customer-Relationship-Management-Software kann dies weitgehend automatisiert erfolgen.

Angrenzende Kennzahlen

vgl. Folgeabschlussquote; Kundenloyalitätsindex; Nullkundenquote

Drohverlustrückstellung (in EUR)

→ *vgl. hierzu*: Verlust, erwarteter

Durchdringungsquote (in %)

→ *vgl. hierzu*: Kundendurchdringungsrate

Durchlaufzeit (in Stunden)

→ *vgl. hierzu*: Servicegrad

Earnings at Risk (in EUR)

→ *vgl. hierzu*: Value-at-Risk

Economic Value Added (EVA) (in EUR)

→ *vgl. hierzu*: Barwertmarge; Leasing Value Added

Effektivitätsgrad von Prognosen (in %)

→ *vgl. hierzu*: Prognosegüte

Eigenbestandsanteil (in % oder in EUR)

Der Eigenbestandsanteil gibt das Restobligo der Leasing- oder Mietkaufverträge an, die nicht forfaitiert oder anderweitig regresslos verkauft wurden.

Eigenbestandsanteil
= Restobligo Leasing- bzw. Mietkaufverträge im Eigenbestand
Eigenbestandsanteil *(alternativ)*
$= \frac{\text{Restobligo Leasing- bzw.Mietkaufverträge im Eigenbestand}}{\text{Restobligo Gesamtvertragsbestand}} \cdot 100\%$

Aussagekraft

Für die Risikosteuerung einer Leasinggesellschaft spielt insbesondere der Anteil der Leasing- oder Mietkaufverträge im Eigenbestand bzw. im Eigenrisiko eine wesentliche Rolle. So stellen die meisten Stresstests und allgemein die Instrumente zur Untersuchung der Verlustanfälligkeit in besonderem Ausmaß auf den Eigenbestand ab.

Interpretation

Je geringer der Eigenbestandsanteil ist, umso niedriger sind in der Regel auch die Risiken. Es sollte allerdings immer individuell entschieden werden, wie hoch der optimale Eigenbestandsanteil unter Berücksichtigung eines Kosten-Ertrags-Verhältnisses, mit Bezugnahme auf die Risiken im Eigenbestand, ist.

Ein hoher Eigenbestandsanteil kann beispielsweise gewünscht werden, wenn sich die Leasinggesellschaft nicht unbedingt von der Geschäftspolitik eines Dritten, beispielsweise eines Forfaitierungspartners abhängig machen möchte. Darüber hinaus ist die Barwertmarge für Verträge im Eigenbestand häufig höher, wobei ein gewisser Anteil als Risikopuffer für potenziell schlagend werdende Risiken herangezogen werden sollte.

Der Eigenbestandsanteil wird häufig heruntergebrochen, beispielsweise auf strategisch wichtige Kunden oder einzelne Ratingklassen bzw. Objektgruppen sowie Vertriebsregionen. Durch eine Clusterung der unterschiedlichen Eigenbestandsanteile, nach beispielsweise Bonitätsgruppen, kann unter Berücksichtigung der Ausfallwahrscheinlichkeit auch relativ einfach ein möglicher Stressfall untersucht werden, in dem sich das Blankorisiko dramatisch erhöht. Auf der anderen Seite kann etwa die strategische Ausrichtung in Bezug auf Engagements bei wichtigen Kunden untersucht werden. So kann die Gefahr, dass aufgrund von geschäftspolitischen Entscheidungen Dritter, in der Regel von Forfaitierungspartnern, Einschränkungen oder Schwierigkeiten bei der Umsetzung der Ziele in Form von kontrahierten Neugeschäftsvolumina entstehen können, näher beleuchtet werden.

Beispiel

Die Leasinggesellschaft hat ein gesamtes Vertragsportfolio mit einem kumulierten Restobligo von 3,2 Mrd. EUR. Hiervon sind Leasing- und Mietkaufverträge mit einem Restobligo von 1,4 Mrd. EUR nicht forfaitiert oder anderweitig regresslos verkauft und damit im Eigenbestand der Leasinggesellschaft.

Die Eigenbestandsquote bzw. der Eigenbestandsanteil beträgt damit 43,8%.

Grenzen der Aussagekraft

Anhand des Eigenbestandsanteils wird vorrangig eine Aussage getroffen, wie hoch der Anteil von nicht forfaitierten bzw. nicht anderweitig regresslos verkauften Forderungen ist. Es kann allerdings nicht unbedingt vom Eigenbestandsanteil auf den Risikogehalt im Portfolio auf Eigenbestandsebene geschlossen werden.

Für eine umfassendere Betrachtung sollte deshalb unbedingt das Blankorisiko des jeweiligen Leasing- oder Mietkaufvertrags sowie eventuelle zusätzliche Sicherungsmaßnahmen wie der Abschluss von Kreditversicherungen, laufzeitkongruenten Darlehen, Zinsswaps, Bürgschaften, Rücknahmegarantien etc. hinzugezogen werden.

Beeinflussungsmöglichkeiten

Der Eigenbestandsanteil wird im Wesentlichen durch den Abschluss von Forfaitierungen bzw. regresslosen Forderungsverkäufen beeinflusst. So wird häufig bereits im Genehmigungszeitpunkt ein mögliches Engagement unter Berücksichtigung der Refinanzierungsalternative betrachtet. Dementsprechend sind bei identischer Barwertmarge idealtypischerweise im Eigenbestand refinanzierte Leasing- oder Mietkaufverträge aufgrund der erhöhten Risiken unattraktiver.

Datenherkunft

Der Eigenbestandsanteil kann relativ einfach mit einer Standard-Leasingverwaltungssoftware ermittelt werden. Unter Berücksichtigung des Refinanzierungspartners kann das jeweilige Restobligo nach regresslosem Forderungsverkauf und Eigenbestand unterteilt werden.

Angrenzende Kennzahlen

vgl. Forfaitierungsquote; Überwälzungsquote

Eigenkapital (in EUR)

→ *vgl. hierzu*: Substanzwert nach dem BDL-Schema

Eigenkapitalkostensatz (in %)

Für das eingesetzte Eigenkapital werden zumeist analog zum Fremdkapital bestimmte kalkulatorische Zinsen erhoben, die sich am eingegangenen Risiko orientieren. Das heißt, höhere Risiken führen auch zu einem höheren Kapitalkostensatz.

Der Eigenkapitalkostensatz wird häufig nach dem Capital Asset Pricing Model (CAPM) bestimmt und setzt sich aus der Rendite einer risikolosen Kapitalanlage zuzüglich einem Faktor für das systematische Risiko der Investition multipliziert mit einer Risikoprämie, der Differenz zwischen der erwarteten Marktrendite und der Rendite risikoloser Kapitalanlagen, zusammen.

Eigenkapitalkostensatz
$= \quad i + ß \cdot (r_M - i)$

mit

- i = Rendite risikoloser Kapitalanlagen
- $ß$ = Maß für das systematische Risiko der Investition
- r_M = erwartete Marktrendite

Aussagekraft

Der Eigenkapitalkostensatz entspricht den Renditeforderungen der Gesellschafter bzw. allgemein der Eigenkapitalgeber. Es handelt sich hierbei nicht um einen tatsächlichen Kostenfaktor, sondern vielmehr um den erwarteten Mindestgewinn oder Mindestausschüttungsbetrag, der sich an einer nicht getätigten vergleichbaren Investition orientiert. Die Eigenkapitalkosten werden also häufig anhand von Opportunitätskosten ermittelt.

Interpretation

Der Eigenkapitalkostensatz dient häufig als Bewertung, ob die erwirtschaftete Barwertmarge ausreicht, die Kosten bzw. die Mindestverzinsungsanforderungen der Gesellschafter zu decken. Durch die fehlende steuerliche Abzugsfähigkeit der Eigenkapitalkosten ist der Eigenkapitalkostensatz in der Regel höher als der Fremdkapitalkostensatz.

Bei der Höhe des Eigenkapitalkostensatzes sollte nichtsdestotrotz die langfristige Verzinsung im Auge behalten werden, sodass unter Umständen insbesondere in den Jahren direkt nach der Unternehmensgründung bzw. in starken Wachstumsphasen auch für einen begrenzten Zeitraum ein nur geringer Eigenkapitalkostensatz akzeptiert werden kann.

Beispiel

Eine Leasinggesellschaft ermittelt eine Rendite für risikolose Kapitalanlagen, die sich am Zinssatz für deutsche Staatsanleihen bzw. am Tagesgeldzinssatz bei namhaften Großbanken orientiert, in Höhe von 2% per anno. Die erwartete Marktrendite beläuft sich auf 4% und der ß-Faktor als Maß für das systematische Risiko beträgt 1,7.

Somit ergibt sich ein Eigenkapitalkostensatz von 5,4%.

Grenzen der Aussagekraft

Die Ermittlung der Eigenkapitalkosten anhand des Capital Asset Pricing Models unterstellt, dass ein vollkommener Kapitalmarkt vorliegt. Ein vollkommener Kapitalmarkt existiert allerdings in der Praxis nicht, sodass es beispielsweise allein schon aufgrund einer asymmetrischen Informationsverteilung oder unterschiedlichen subjektiv geprägten Risikoeinschätzungen zur Unvollkommenheit kommt. Der ermittelte Eigenkapitalkostensatz dient deshalb häufig als erster Näherungswert, der kritisch überprüft und häufig noch entsprechend nachjustiert werden muss.

Darüber hinaus ist insbesondere die Rendite für risikolose Kapitalanlagen heftig umstritten. So argumentieren einige Gegner des Capital Asset Pricing Models, dass es keine risikolose Kapitalanlage gibt bzw. dass bei einer völlig risikolosen Kapitalanlage die Grenzrendite Null sein müsste.

Neben dem Eigenkapitalkostensatz werden in der Regel auch allgemein die Kapitalkosten, also die Kosten für das Eigen- und das Fremdkapital ermittelt. Dies erfolgt zumeist mit den sogenannten Weighted Average Capital Costs, bei denen beim Fremdkapital zusätzlich unter anderem die steuerliche Abzugsfähigkeit der Zinsen, aber auch die Kosten für die Besicherung aufgrund von Bürgschaftsgebühren etc. berücksichtigt werden.

Beeinflussungsmöglichkeiten

Der Kapitalkostensatz lässt sich unter anderem durch eine Änderung des Risikogehalts oder der Marktrisikoprämie beeinflussen. So kann beispielsweise für Leasingverträge im Eigenbestand eine erhöhte Bonitätsanforderung gelten, wodurch der Risikogehalt gering bleibt und damit auch der Eigenkapitalkostensatz auf einem niedrigen Niveau gehalten werden kann.

Datenherkunft

Die Ermittlung der Datenbasis für den Eigenkapitalkostensatz stellt sich in der Praxis als sehr schwierig dar. So ist insbesondere die Ermittlung der Rendite von risikolosen Kapitalanlagen sowie der ß-Faktor in Verbindung mit der Risikoprämie eher schwierig valide festzulegen.

Häufig nähert man sich deshalb über erwartete Verluste an den Risikofaktor und die Risikoprämie an und sucht sich nahezu risikolose Kapitalanlagen, beispielsweise sehr stabile Staatsanleihen oder Guthabenverzinsungen auf Tages- oder Festgeld von namhaften und sehr bonitätsstarken Großbanken.

Angrenzende Kennzahlen

vgl. Eigenbestandsanteil

Eigenkündigungsquote (in %)

Die Eigenkündigungsquote stellt die Anzahl der Kündigungen, bei denen die Initiative vom Mitarbeiter ausging, ins Verhältnis zur Gesamtbeschäftigtenanzahl im Betrachtungszeitraum.

Eigenkündigungsquote

$$= \frac{\text{Anzahl an Kündigungen von Seiten der Mitarbeiter im Betrachtungszeitraum}}{\text{Gesamtanzahl der Mitarbeiter zu Beginn des Betrachtungszeitraums}} \cdot 100\%$$

Eigenkündigungsquote *(alternativ)*

$$= \frac{\text{Anzahl an Kündigungen von Seiten der Mitarbeiter im Betrachtungszeitraum}}{\text{Gesamtanzahl der Austritte im Betrachtungszeitraum}} \cdot 100\%$$

Aussagekraft

Häufig wird unterstellt, dass zwischen dem Grad der Mitarbeiterzufriedenheit und der Anzahl der Eigenkündigungen durch Mitarbeiterinnen und Mitarbeiter ein negativer Zusammenhang besteht. Deshalb wird die Eigenkündigungsquote mit als Indikator für das Betriebsklima und damit auch teilweise für den langfristigen Erfolg eines Instituts herangezogen.

Zur Beurteilung des Eigenkündigungsanteils im Vergleich zu geplanten oder vom Institut forcierten Austritten wird die Eigenkündigungsquote häufig auch als Anzahl der Eigenkündigungen im Verhältnis zu den gesamten Austritten ermittelt.

Interpretation

Die Gründe für eine Kündigung vonseiten des Mitarbeiters können sehr vielfältig sein. So kann ein Mitarbeiter oder eine Mitarbeiterin beispielsweise aufgrund der Höhe des Gehalts, fehlender Entwicklungsperspektiven sowohl der eigenen Karriere als auch des gesamten Unternehmens, Mobbing oder Schwierigkeiten mit Kollegen und/oder Vorgesetzen unzufrieden sein. Darüber hinaus können familiäre Gründe, ein möglicher Wohnortwechsel, gesundheitliche Gründe oder leistungsbezogene Gründe weitere Ursachen sein.

Das Ziel der meisten Leasinggesellschaften ist allgemein eine möglichst niedrige Kündigungsquote und im Besonderen eine niedrige Eigenkündigungsquote. Dies liegt unter anderem daran, dass Kündigungen, insbesondere Kündigungen, die vom Mitarbeiter ausgehen, häufig sehr teuer sind. So fallen für die Suche und anschließend die Einarbeitung der neuen Mitarbeiter nicht zu unterschätzende Kosten an. Es muss zudem berücksichtigt werden, dass in den meisten Fällen die Leistungsträger und damit die besonders wertvollen Mitarbeiter von sich aus kündigen, wenn sie unzufrieden sind.

Die Eigenkündigungsquote stellt damit also einen wichtigen Frühwarnindikator dar und wird häufig auch als wesentliche Kenngröße, die sowohl im Periodenvergleich als auch im institutsübergreifenden Vergleich als Benchmarkgröße dient, zur Ermittlung der Mitarbeiterzufriedenheit und des Betriebsklimas herangezogen.

Beispiel

Zu Beginn des Betrachtungszeitraums waren bei einer Leasinggesellschaft insgesamt 2.900 Mitarbeiterinnen und Mitarbeiter beschäftigt. Innerhalb des betrachteten Zeitraums haben 35 Mitarbeiterinnen und Mitarbeiter gekündigt und 10 weitere haben einen Aufhebungsvertrag unterzeichnet, der auf Initiative dieser Mitarbeiter geschlossen wurde.

Die Eigenkündigungsquote beträgt damit 1,55%.

Grenzen der Aussagekraft

Bei der Erhebung der Mitarbeiterzufriedenheit und allgemein des Betriebsklimas anhand der Eigenkündigungsquote sollte berücksichtigt werden, dass die Eigenkündigungsquote nicht allein von der Mitarbeiterzufriedenheit abhängig ist. So verbleiben die meisten unzufriedenen Mitarbeiter im Unternehmen, wenn die Arbeitsmarktbedingungen schlecht sind und entscheiden sich häufig erst in konjunkturell besseren Phasen für einen Arbeitsplatzwechsel.

Darüber hinaus gilt es zu beachten, dass anhand der Eigenkündigungsquote die Gründe für die Kündigung nicht erfasst werden können. Diese sollten aber unbedingt ergänzend ergründet werden, um potenzielle Schwachstellen frühzeitig zu entdecken und gegebenenfalls zu beheben.

Des Weiteren ist die Kennzahl der Eigenkündigungsquote im Regelfall nur für größere Leasinggesellschaften von erhöhtem Steuerungsnutzen. In kleineren Leasinggesellschaften ist die Kennzahl aufgrund der geringen Mitarbeiterbasis häufig sehr gering und gleichzeitig nicht selten sehr starken Schwankungen im Zeitvergleich ausgesetzt.

Beeinflussungsmöglichkeiten

Die Eigenkündigungsquote kann insbesondere durch bestimmte Prozesse im Personalwesen und der Personalentwicklung wesentlich beeinflusst werden.

So dient beispielsweise eine leistungsgerechte Bezahlung dazu, dass die Unzufriedenheit aufgrund eines ungerechten Gehalts reduziert wird. Außerdem können durch die Personalentwicklung entsprechende Weiterbildungsmaßnahmen, verbunden mit einer systematischen Karriereplanung für jeden Mitarbeiter oder einzelne Mitarbeitergruppen, ausgestaltet werden.

Um die Unzufriedenheit der Mitarbeiter bereits in einem möglichst frühen Stadium aufgreifen zu können und möglichst rasch Maßnahmen zur Wiederherstellung oder der Verbesserung der Mitarbeiterzufriedenheit zu treffen, haben einige Institute Feedback-Instanzen oder Mitarbeitervertretungen, beispielsweise in Form eines „Vertrauensrats" oder eines klassischen Betriebsrats, etabliert.

Datenherkunft

Die Anzahl der Kündigungen bzw. Austritte sowie die Gesamtanzahl der Beschäftigten können problemlos von der Personalabteilung ermittelt werden. Häufig stehen darüber hinaus auch die Gründe für die Austritte bei Bedarf auswertbar zur Verfügung.

Angrenzende Kennzahlen

vgl. Mitarbeiterfluktuation; Mitarbeiterloyalität; Mitarbeiterzufriedenheit

Eigenmittelquote

→ *vgl. hierzu*: Eigenbestandsanteil; Risikotragfähigkeitsindex; Substanzwert nach dem BDL-Schema

Entschuldungsdauer (in %)

→ *vgl. hierzu*: Verschuldungskapazität

Erschließungsgrad (in %)

→ *vgl. hierzu*: Kundendurchdringungsrate; Potenzialausschöpfung

Erstabschlussquote (in %)

→ *vgl. hierzu*: Neukundenquote

Erstlösungsquote (in %)

Die Erstlösungsquote stellt die Anzahl der gelösten Anfragen beim ersten Kundenkontakt ins Verhältnis zu allen Kunden- bzw. Serviceanfragen.

Erstlösungsquote

$$= \frac{\text{Anzahl der gelösten Anfragen beim ersten Kundenkontakt}}{\text{Anzahl aller Kundenanfragen}} \cdot 100\%$$

Aussagekraft

Die Erstlösungsquote eines Anliegens wird häufig dazu verwendet, eine Aussage über die Kundenzufriedenheit zu treffen. Speziell in Zeiten der Customer Experience und Customer Centricity kann anhand dieser Kennzahl eine möglichst objektive Aussage getroffen werden.

Die Erstlösungsquote wird typischerweise aus Kundensicht gemessen. Das heißt, dass geprüft wird, in welchen Fällen der Kunde zum gleichen Anliegen nicht nochmals Kontakt aufnimmt. Internes Nachfragen oder Weiterleiten eines Anliegens wirken sich gemäß dieser Definition neutral auf die Berechnung der Kennzahl aus. Die Beantwortung des Kundenanliegens kann demzufolge auch durch einen anderen Kanal oder Mitarbeiter erfolgen.

Eine hohe Erstlösungsquote hat häufig auch einen positiven Effekt auf die Mitarbeiterzufriedenheit, da die Mitarbeiter einerseits positivere Kundenerlebnisse haben und sich andererseits demotivierende „Ehrenrunden" und aufwendige Rückfragen ersparen können.

Interpretation

Je höher die Erstlösungsquote ist, umso höher ist typischerweise die Anzahl an zufriedenen Kunden. So zumindest die Annahme, denn es gibt aus Kundensicht keinen Grund für Verärgerung und zusätzliche Rückfragen, im Gegensatz zu Anliegen, die nicht sofort gelöst werden konnten.

Häufig wird die Erstlösungsquote im Vergleich zu Wettbewerbern, zum Marktführer oder auch anderen Branchen beurteilt. Außerdem ist es bei der Interpretation wichtig, die Kundenerwartungen einzubeziehen. Denn es kann auch sein, dass der Kunde nicht in allen Fällen zwingend eine Lösung beim ersten Kundenkontakt erwartet, sondern auch eine Lösung nach dem zweiten oder dritten Kontakt noch für vertretbar erachtet.

Beispiel

Im Betrachtungszeitraum gingen im Kundenmanagement 120 Anfragen ein, wovon 105 Anfragen beim ersten Kundenkontakt gelöst werden konnten, 10 weitere konnten im zweiten Kontakt gelöst werden und 5 weitere gar nicht.

Die Erstlösungsquote beläuft sich im Betrachtungszeitraum auf 87,5 %.

Grenzen der Aussagekraft

Die Kennzahl gibt zwar einen groben Überblick und kann unter Umständen ein Indikator für die Kundenzufriedenheit sein, allerdings sollte sie nicht isoliert herangezogen werden. Außerdem sind insbesondere die nicht im ersten Anlauf - unter Umständen sogar überhaupt nicht - gelösten Anliegen doch die besonders interessanten. Woran lag es, dass diese Anliegen nicht im ersten Anlauf gelöst werden konnten? Wie waren die Kundenerwartungen - hat der Kunde erwartet, dass das Anliegen im ersten Anlauf gelöst wird oder ist auch eine spätere Lösung in Ordnung? Wann wurde das Anliegen letzten Endes gelöst bzw. wurde es überhaupt gelöst? All diese Fragen werden in der Kennzahl der Erstlösungsquote nicht beantwortet, sind aber wichtig und sollten unbedingt gesondert analysiert werden.

Außerdem ganz wichtig: die Kennzahl der Erstlösungsquote kann nicht isoliert betrachtet werden, sondern sollte immer auch in Kombination mit der (Entwicklung der) Anzahl der Anfragen bzw. Beschwerden betrachtet werden. Wenn sich diese Kennzahl stark erhöht hat, gibt es hierfür auch zwei mögliche Erklärungen: entweder hat sich die Leistung verschlechtert oder aber, es wird dem Kunden nun viel leichter gemacht, Feedback und Kritik zu äußern. Im letztgenannten Fall erscheint die durch die Kennzahl suggerierte Situation nur auf den ersten Blick verschlechtert, auf den zweiten Blick zeigt sich vielmehr, dass sich eine große Chance ergibt, nachzubessern und die Kundenzufriedenheit und loyalität zu steigern.

Beeinflussungsmöglichkeiten

Die Erstlösungsquote kann insbesondere durch gut geschultes Personal sehr hoch gehalten werden, da das Anliegen des Kunden durch zielführende und präzise Hilfe umgehend gelöst werden kann. Neben Schulungen ist es außerdem nötig, dass der Kunde direkt bei den richtigen Mitarbeitern im Kundenmanagement oder einer sonstigen Abteilung „aufschlägt" und diese wiederum auch die Berechtigungen haben,

Probleme eigenständig und im Kundeninteresse zu lösen, ohne sich hierbei noch aufwendig intern abstimmen zu müssen.

Datenherkunft

In der Praxis wird die Kenngröße typischerweise anhand des CRMs bzw. sonstigen Kundenprogrammen und der Ermittlung der Kontaktaufnahme und dem Status „gelöst" bzw. „weitergeleitet/weitere Rückfrage nötig" ausgewertet. Aus Vereinfachungsgründen gibt es aber auch einige Unternehmen, die die Anzahl der eingehenden Anrufe abzüglich der Anzahl weitergeleiteter Anrufe dividiert durch die Anzahl eingehender Anrufe errechnen. Hierbei wird aus Vereinfachungsgründen unterstellt, dass die nicht weitergeleiteten Anrufe gelöst wurden.

Angrenzende Kennzahlen

vgl. Kundenaufwandsindex; Kundenzufriedenheit; Kundenloyalitätsindex; Mitarbeiterzufriedenheit

Erstvertragsquote (in %)

→ *vgl. hierzu*: Neukundenquote

Eskalationsstufenindex

→ *vgl. hierzu*: Mahnstufenindex

Expected Fall (in EUR)

→ *vgl. hierzu*: Verlust, erwarteter

Expected Loss (in EUR)

→ *vgl. hierzu*: Verlust, erwarteter

Expected Shortfall (in EUR)

→ *vgl. hierzu*: Value-at-Risk

F

C. Glaser, *Leasing A – Z*, https://doi.org/10.1007/978-3-658-31839-0_6

Fehlzeitenquote (in %)

→ *vgl. hierzu*: Krankheitsquote

Finance-Leasing-Quote (in %)

→ *vgl. hierzu*: Operate-Leasing-Quote

First Contact Resolution Rate (in %)

→ *vgl. hierzu*: Erstlösungsquote; Kundenzufriedenheit; Servicegrad

Fluktuationskosten (in EUR)

→ *vgl. hierzu*: Fluktuationsquote; Nullkundenquote

Fluktuationsquote (in %)

Die Fluktuationsquote stellt den Anteil der fluktuierten Mitarbeiter, also derjenigen Mitarbeiter, die das Unternehmen im Betrachtungszeitraum verlassen haben, ins Verhältnis zur Anzahl der durchschnittlich Beschäftigen oder der Gesamtanzahl der Mitarbeiter im Betrachtungszeitpunkt.

Fluktuationsquote

$$= \frac{\text{Anzahl fluktuierter Mitarbeiter bzw. Personalabgang}}{\text{Gesamtanzahl Mitarbeiter bzw. durchschnittlich beschäftigte Mitarbeiter}} \cdot 100\%$$

Aussagekraft

Die Fluktuationsquote stellt eine zentrale Kennzahl aus dem Bereich der Human Resources, also aus dem Personalwesen, dar.

Mit jeder Fluktuation sind Kosten verbunden. So findet häufig ein nicht zu unterschätzender Know-how-Abfluss statt, der im schlechtesten Fall beim Abgang von Leistungsträgern häufig noch darin gipfelt, dass die Konkurrenz gestärkt wird. Einige Konkurrenten versuchen durch eine gezielte Abwerbung von Key Playern nicht selten, neben dem Know-how-Hinzugewinn insbesondere im Vertriebsbereich langjährige Stammkunden des Vertriebsmitarbeiters ebenfalls für sich zu gewinnen. Werden sämtliche mit der Fluktuation von Mitarbeitern bis hin zur Neubesetzung der vakanten Stelle verbundenen Kosten ermittelt, erreicht man insbesondere bei Leistungsträgern schnell Beträge von mehreren 10 TEUR bis teilweise sogar über 100 TEUR, je nach Wichtigkeit der Stelle und des bisherigen Mitarbeiters sowie eventuellen Abfindungsansprüchen.

Eine hohe Fluktuationsquote ist häufig ein erhöhtes Gefahrenzeichen. Nicht selten schlittern Unternehmen durch den Abgang von Leistungsträgern in existenzielle Krisensituationen.

Neben dem finanziellen Schaden gilt insbesondere im Vertrieb als direktem Kundenkontaktpunkt die Regel, dass Kontinuität ein vom Kunden häufig wahrgenommenes Qualitätsmerkmal darstellt. So fördert eine oft jahrelange vertraute Zusammenarbeit das gegenseitige Vertrauen und führt nicht selten gleichzeitig zu einer geringeren Preissensibilität beim Leasingnehmer.

Durch eine erhöhte Fluktuation auf der anderen Seite entstehen deshalb nicht selten - zumindest anfänglich - ein höheres Misstrauen und auch Zweifel an der Professionalität der Leasinggesellschaft. Dieser Schaden an der Reputation wiegt im Leasinggeschäft, bei dem sehr viel Wert auf Professionalität und Qualität gelegt wird, besonders schwer und kann nur in äußerst begrenztem Maße ausgeglichen werden.

Interpretation

Anhand der Höhe bzw. der Veränderung der Fluktuationsquote können Rückschlüsse auf die Stimmung im Unternehmen geschlossen werden.

Die Fluktuationsquote eignet sich in besonderem Maße als anlassbezogene Fokuskennzahl, die erst bei Überschreitung einer vordefinierten Grenze besonders hervorgehoben wird und den Ausgangspunkt für tiefergehende Analysen darstellt.

Beispiel

Die Leasinggesellschaft beschäftigte im letzten Jahr konstant 444 Mitarbeiter (davon 290 im Bereich Markt). Im Vergleichszeitraum haben 25 Mitarbeiter (davon 19 aus dem Bereich Markt) das Unternehmen verlassen.

Dies entspricht einer Fluktuationsquote von 5,63% auf Gesamtinstitutsebene und einer Fluktuationsquote von 6,55% für den Bereich Markt sowie 3,90% für die Marktfolge.

Grenzen der Aussagekraft

Es muss bei der Anwendung der Fluktuationsquote für die Ableitung von Steuerungsimpulsen immer auch berücksichtigt werden, dass anhand der Fluktuationsquote keine Aussagen über die Gründe der Fluktuation getroffen werden können.

Für eine effektive und zielgerichtete Steuerung sind unbedingt zusätzlich noch die Gründe für die Fluktuation zu ermitteln. Erst dadurch können eventuelle Schwachstellen entdeckt und behoben werden.

Beeinflussungsmöglichkeiten

Eine Fluktuation von 0% kann häufig nicht erreicht werden und ist auch nicht das Ziel der Maßnahmen. Viel wichtiger ist es, überraschend eintretende Fluktuationen von Leistungsträgern zu verhindern bzw. bereits in einem frühen Stadium erste Anzeichen hierfür zu erkennen.

Durch den zielgerichteten Einsatz beispielsweise von Mitarbeitergesprächen kann das Befinden der Mitarbeiter ermittelt und Maßnahmen bei erhöhter Unzufriedenheit oder Über- bzw. auch Unterlastung der Mitarbeiter ergriffen werden.

Es sollte unbedingt beachtet werden, dass sich die meisten Fluktuationen bereits lange im Voraus ankündigen. Vor der eigentlichen Kündigung können anhand zahlreicher Indikatoren wie beispielsweise einer zunehmenden Unzufriedenheit, mangelnder Leistungs- und Einsatzbereitschaft, einem gestiegenen Krankenstand etc. eine erhöhte Fluktuationsgefahr oder Indikatoren für eine „innere Kündigung" abgelesen werden.

Datenherkunft

Die Daten für die Ermittlung der Fluktuationsquote können relativ einfach über das Personalwesen ermittelt werden.

Die Indikatoren für eine erhöhte Fluktuationsgefahr können häufig über den Betriebsrat (sofern vorhanden), über Mitarbeiterbefragungen oder Mitarbeitergespräche etc. ermittelt werden.

Angrenzende Kennzahlen

vgl. Eigenkündigungsquote; Kundenloyalitätsindex; Mitarbeiterloyalität; Mitarbeiterzufriedenheit

Folgeabschluss, Dauer bis

→ *vgl. hierzu*: Folgeabschlussquote

Folgeabschlussquote (in %)

Die Folgeabschlussquote stellt die Anzahl der Neukunden aus einer Vorperiode, die in der Folgeperiode erneut einen Leasing- oder Mietkaufvertrag bei der betrachteten Leasinggesellschaft abschließen ins Verhältnis zu allen Neukunden der Vorperiode.

Folgeabschlussquote

$$= \frac{\text{Anzahl der Neukunden aus der Vorperiode mit Folgeverträgen in aktueller Periode}}{\text{Anzahl aller Neukunden der Vorperiode}} \cdot 100\%$$

Aussagekraft

Anhand der Folgeabschlussquote kann eine wirksame Aussage über den Erfolg einer Akquisitionsstrategie getroffen werden. Ziel einer erfolgreichen Kundengewinnung ist es nicht nur, einen Leasingnehmer für ein Erstgeschäft zu gewinnen, sondern ihn entsprechend zu binden und Folgeabschlüsse zu erreichen.

Durch zahlreiche, sich anschließende Neuabschlüsse in den zukünftigen Perioden lassen sich in der Folge etwaige Stammkunden identifizieren. Diese sollten besonders umsorgt und langfristig an das Institut gebunden werden, da diese häufig ein hohes Maß an Kundenbindung und -zufriedenheit besitzen und damit für den langfristigen Erfolg der Leasinggesellschaft unabdingbar sind.

Interpretation

Die Folgeabschlussquote wird häufig als Indikator herangezogen, inwieweit die Erwartungen der Leasingnehmer an die Leasinggesellschaft erfüllt wurden. So rächt sich häufig ein zu vollmundiges Werbeversprechen aus der Akquisitionsphase und äußert sich in einem Verlust des Leasingnehmers in der Folgeperiode.

Eine niedrige Folgeabschlussquote wird häufig auch als Versäumnis interpretiert, bei den Kunden eine gewisse Loyalität und Zufriedenheit mit dem angebotenen Leistungsumfang hervorzurufen.

Erst durch eine hohe Folgeabschlussquote in Verbindung mit einer möglichst hohen Neukundenquote sowie einem möglichst hohen durchschnittlichen Vertragsvolumen kann der Marktanteil einer Leasinggesellschaft und damit der Einfluss auf dem gesamten Leasingmarkt gesteigert werden.

Neben der Folgeabschlussquote wird häufig auch das Folgeabschlussvolumen betrachtet, um neben der rein mengenmäßigen Betrachtung der Anzahl der Neukunden mit Folgeabschlüssen auch eine wertmäßige Betrachtung in Form der Abschlussvolumina der Folgeverträge zu erhalten.

Darüber hinaus wird häufig auch die Abschlussfrequenz ermittelt, bei der die Anzahl der Abschlüsse im Betrachtungszeitraum ermittelt wird. Diese ermöglicht eine Aussage darüber, wie viele Verträge genau im Betrachtungszeitraum abgeschlossen wurden und nicht nur, ob ein Vertrag kontrahiert wurde.

Abschlussfrequenz
= durchschnittliche Anzahl an Vertragsabschlüssen im Betrachtungszeitraum

Eine weitere Kenngröße als Ergänzung zur Folgeabschlussquote ist häufig auch noch die Dauer bis zum Folgeabschluss. Diese ermöglicht eine ähnliche Aussage wie die Folgeabschlussquote, wobei bereits kleinere Veränderungen von wenigen Tagen oder Wochen erkannt und als möglicher Frühwarnindikator herangezogen werden können.

Dauer bis Folgeabschluss

$$= \frac{\text{365 Tage}}{\text{Anzahl der Folge-Leasingvertragsabschlüsse pro Jahr}}$$

Beispiel

Die Leasinggesellschaft hat in der Vorperiode 1.200 neue Leasingnehmer gewinnen können. Hiervon haben 500 Kunden in der Folgeperiode erneut mindestens einen Leasing- oder Mietkaufvertrag abgeschlossen. Die restlichen 700 Kunden sind entweder zum Wettbewerb gewechselt oder haben keine neuen Verträge abschließen wollen oder die Anfragen wurden aufgrund einer verschlechterten Bonität abgelehnt.

Die Folgeabschlussquote beträgt damit 41,7%.

Grenzen der Aussagekraft

Die Periodenabgrenzung sollte jeweils am Geschäftsmodell und den durchschnittlichen Zeitintervallen zwischen den Vertragsabschlüssen der Stammkunden ausgerichtet sein.

So ist beispielsweise im Konsumgüterbereich häufig ein relativ kurzer Zeitraum zwischen dem Abschluss der Folgeverträge zu beobachten, während beispielsweise im Immobilien-Leasing auch ein Zeitraum von mehreren Jahren zwischen den Abschlüssen von Stammkunden keine Seltenheit ist.

Neben den Kunden mit Folgeabschlüssen sollten insbesondere die Kunden ohne Folgeabschlüsse untersucht werden und hierbei die Gründe ermittelt werden. Dies kann beispielsweise durch den persönlichen Kontakt des Außendiensts mit dem Kunden erfolgen oder durch eine eigens durchgeführte Kundenbefragung.

Bei der Interpretation der Folgeauftragsquote als Indikator für eine hohe Kundenzufriedenheit und -bindung muss allerdings auch berücksichtigt werden, dass einige - insbesondere eher bonitätsschwächere - Kunden auch unzufrieden mit dem Service der Leasinggesellschaft sein können und nur mangels Alternativen dem Institut treu bleiben oder geblieben sind.

Beeinflussungsmöglichkeiten

Die Folgeauftragsquote wird insbesondere durch die Kundenzufriedenheit und die Kundenbindung beeinflusst. Durch eine transparente und reibungslose Abwicklung des Vertrags sowie durch eine persönliche und individuelle Betreuung durch einen Vertriebsmitarbeiter kann die Anzahl der Folgeaufträge nachhaltig gesteigert werden.

Datenherkunft

Die Folgeauftragsquote kann relativ einfach ermittelt werden, indem im Kundenbestand die Neukunden der Vorperiode selektiert werden und entsprechend auf einen Neuabschluss in der aktuellen Periode hin untersucht werden.

Anhand der Leasingverwaltungssoftware oder einer eigenen Customer-Relationship-Management-Software kann dies weitgehend automatisiert erfolgen.

Angrenzende Kennzahlen

vgl. Kundenloyalität; Kundenzufriedenheit; Marktanteil; Neukundenquote

Folgeabschlussvolumen (in EUR)

→ *vgl. hierzu*: Folgeabschlussquote

Forderungsausfallquote (in %)

→ *vgl. hierzu*: Insolvenzvolumen, kumuliertes

Forfaitierungsquote (in %)

Die Forfaitierungsquote gibt den prozentualen Anteil der Forderungen im Verhältnis zum gesamten Forderungsbestand an, der regresslos (franz. „à forfait" = „auf Pauschalbasis" bzw. „ohne Regress") verkauft wurde.

Anders ausgedrückt: Die Forfaitierungsquote gibt den Anteil der Forderungen an, die nicht (mehr) im Eigenrisiko gehalten werden.

Forfaitierungsquote

$$= \frac{\text{regresslos verkaufte Forderungen}}{\text{gesamtes Forderungsportfolio}} \cdot 100\%$$

Aussagekraft

Die Forfaitierung stellt neben der klassischen Darlehensaufnahme die wichtigste Refinanzierungsart für Leasinggesellschaften dar.

Über die Forfaitierung wird, ähnlich wie bei einem Darlehen mit einer der Grundmietzeit bzw. der Vertragslaufzeit identischen Laufzeit, eine laufzeitkongruente Gegenfinanzierung abgeschlossen. Hierdurch werden mögliche Zinsänderungsrisiken, die durch geänderte Zinssätze in Verbindung mit unterschiedlichen Laufzeiten schlagend werden können, ausgeschaltet.

Darüber hinaus dient die Forfaitierung in besonderem Maße der Überwälzung des Adressenausfallrisikos, also dem Risiko, dass Verluste durch den Ausfall von Leasingnehmern, in Höhe der ausstehenden Forderungen schlagend werden. Deshalb wird das Instrument der Forfaitierung häufig auch gezielt eingesetzt, um Klumpenrisiken, also große, ggf. existenzbedrohende Konzentrationsrisiken auf z.B. Kunden-, Branchen-, Regionenebene etc. auszuschließen oder zumindest zu reduzieren.

Interpretation

Bankenabhängige Leasinggesellschaften haben traditionell einen sehr hohen Forfaitierungsanteil, nicht selten über 90%. Bankenunabhängige Leasinggesellschaften hingegen weisen in der Regel eine deutlich geringere Forfaitierungsquote auf und tragen folglich einen Großteil der Risiken im Eigenbestand und damit im Zweifelsfall selbst (sofern keine Versicherungen o.ä. abgeschlossen wurden).

Aus Überlegungen der Risikotragfähigkeit und allgemein der Risikosteuerung ist eine hohe Forfaitierungsquote sehr positiv zu werten. Hierdurch können zumeist die Erträge gesichert werden, ohne dass gleichzeitig zusätzliche Risiken selbst zu tragen wären.

Mit einer hohen Forfaitierungsquote steigt andererseits aber auch die Abhängigkeit von den geschäftspolitischen Entscheidungen Dritter, in diesem Fall vom Ankaufswillen des Forfaiteurs. Auf dem Höhepunkt der Finanzmarktkrise im Jahr 2008 sowie der Corona-Krise 2020 beispielsweise hat sich die Kreditklemme zumindest in Teilen auch auf den Markt für regresslose Refinanzierungen ausgebreitet und eine allzu starke Abhängigkeit vom Instrument der Forfaitierung hat in dieser Situation dazu geführt, dass sich bietende Marktchancen nicht ergriffen werden konnten.

Darüber hinaus muss auch beachtet werden, dass aufgrund der Risikoüberwälzung auf den Forfaitierungspartner zumeist auch ein gewisser Abschlag auf die zugrunde liegende, beim Leasingunternehmen verbleibende Marge hinzunehmen ist.

Beispiel

Momentan befinden sich im aktiven Vertragsbestand des Leasingunternehmens Leasing- und Mietkaufverträge mit einem barwertigen Forderungsvolumen *(→ vgl. Restobligo)* in Höhe von 360 Mio. EUR.

Von diesen Forderungen wurden gemäß der geltenden Kredit- und Risikopolitik sämtliche Forderungen, die 0,75 Mio. EUR je Kunde überschritten haben, forfaitiert. Hierdurch ergibt sich ein Volumen an forfaitierten Verträgen von 252 Mio. EUR.

Die Forfaitierungsquote beträgt damit im vorliegenden Beispiel 70,0%.

Grenzen der Aussagekraft

Grundsätzlich können die Vorteile einer Forfaitierung auch durch andere Wege und Instrumente erreicht werden. So können beispielsweise laufzeitkongruente, festverzinsliche Darlehen oder Derivate bzw. Zinsswaps zum Ausschluss eines Zinsänderungsrisikos oder Kreditversicherungen bzw. Bürgschaften von vertrauenswürdigen und bonitätsstarken Unternehmen oder Personen zur Überwälzung des Kreditrisikos abgeschlossen werden.

Die Forfaitierungsquote sollte zudem nie isoliert betrachtet werden. Es sollte immer auch die Wettbewerbssituation und die wirtschaftlichen Rahmenbedingungen sowie die Forfaitierungsbereitschaft der Banken berücksichtigt werden. Häufig spielen nämlich auch geschäftspolitische Überlegungen der Forfaitierungspartner eine maßgebliche Rolle.

Beeinflussungsmöglichkeiten

Die Forfaitierungsquote hängt (insbesondere bei bankenunabhängigen Leasinggesellschaften) häufig maßgeblich von der Forfaitierungsbereitschaft der Forfaiteure ab.

Zur Risikostreuung und zur Vermeidung von allzu großen Risikokonzentrationen wird das forfaitierte Volumen häufig auf mehrere Partner verteilt. Je nach Region oder Branche der Kunden, kann sich das Institut aber auch - insbesondere bei bankenabhängigen Leasinggesellschaften - gezielt auf einen Partner konzentrieren.

Eine langjährige, vertrauensvolle und faire Zusammenarbeit zwischen der Leasinggesellschaft und den entsprechenden Forfaiteuren ist nämlich zumeist ein wesentliches Erfolgskriterium.

Außerdem ist zu beobachten, dass die Forfaitierungsbereitschaft häufig ansteigt, wenn der Leasingnehmer bereits (Bank-)Kunde beim Forfaiteur ist.

Datenherkunft

Das Volumen der ausstehenden Forderungen und der forfaitierten Leasingverträge ist häufig durch das Finanz- und Rechnungswesen bzw. aus den Jahres- oder Monatsabschlüssen bzw. sonstigen Auswertungen ermittelbar.

Angrenzende Kennzahlen

vgl. Eigenbestandsanteil; Überwälzungsquote; Veritätsschadensquote

Fortbildungsintensität (in EUR)

→ *vgl. hierzu*: Personalentwicklungsaufwendungen je MA

Fraudquote (in %)

→ *vgl. hierzu*: Betrugsquote

Fraud-Red-Flags-Quote (in %)

Die Fraud-Red-Flags-Quote stellt die Anzahl an Warnsignalen bzw. die sogenannten „red flags" je Geschäftsvorfall ins Verhältnis zur maximal tolerierbaren Anzahl an Warnsignalen.

Fraud-Red-Flags-Quote

$$= \frac{\text{Anzahl an Fraud-Red-Flags je Geschäftsvorfall}}{\text{maximal tolerierbare Fraud-Red-Flags}} \cdot 100\%$$

Fraud-Red-Flags-Quote *(alternativ)*

$$= \frac{\text{gewichtete Anzahl an Fraud-Red-Flags je Geschäftsvorfal}}{\text{maximal tolerierbare gewichtete Fraud-Red-Flags}} \cdot 100\%$$

Aussagekraft

Die Steuerung von wirtschaftskriminellen Handlungen stellt für Leasinggesellschaften eine große Herausforderung dar. So kann es durch insbesondere Betrugs- oder Fraud-Fälle nicht selten zu erheblichen, teilweise sogar existenzbedrohenden Krisen kommen.

Anhand der Fraud-Red-Flags-Quote sollen nun wirtschaftskriminelle Handlungen bereits frühzeitig erkannt und entsprechende Verluste auf ein Minimum reduziert werden. Die „red flags" stellen statistische, organisatorische, verhaltensbedingte oder persönliche Anomalien dar und werden oft als Indikatoren für einen Betrugsbzw. Fraudfall, insbesondere wenn mehrere „red flags" gleichzeitig erfüllt sind, herangezogen.

Zu den klassischen Fraud-Red-Flags gehören unter anderem finanzielle Probleme der Kunden oder Mitarbeiter, hohe Stornierungs- bzw. sogenannte „Sonntags"-Buchungen, erst kurzzeitige Kundenbeziehungen, kein direkter Kundenkontakt, initial für die Geschäftsanbahnung war der Kunde, geringe Eigenmittelausstattung oder Finanzierung eines älteren Objekts im sale-and-lease-back mit im Verhältnis zum Neupreis sehr hohem Anschaffungswert.

Interpretation

Die Fraud-Red-Flags-Quote dient insbesondere der möglichst automatisierten Überprüfung der Geschäftsprozesse. Erst bei einer Überschreitung der vorgegebenen Schwellenwerte, also einer Fraud-Red-Flags-Quote von 100% oder mehr wird eine zusätzliche, in der Regel manuelle, Überprüfung notwendig.

Es gilt allerdings zu berücksichtigen, dass auch eine Fraud-Red-Flags-Quote von über 100% noch kein eindeutiger Beweis dafür ist, dass ein Fraud-Fall vorliegt. Es ist vielmehr ein Zeichen dafür, dass auf Grundlage der historischen Ausprägungsformen ein erhöhtes Fraud-Risiko besteht bzw. sich in der Vergangenheit überproportional viele Geschäftsvorfälle mit ähnlichen Indikatoren im Nachhinein als Fraud-Fall erwiesen haben.

Mit der gewichteten Fraud-Red-Flags-Quote soll ermöglicht werden, dass insbesondere sehr deutliche Warnsignale, bei deren Vorhandensein unbedingt eine manuelle Nachprüfung erfolgen soll oder sofern es sich um einen externen Antrag handelt, dieser sofort abgelehnt werden soll, entsprechend berücksichtigt werden können. Zu solchen K.O.-Kriterien zählen häufig beispielsweise deutlich überhöhte Anschaffungswerte eines Leasingobjekts in einer sale-and-lease-back-Abwicklung.

Beispiel

Ein finanziell stark angeschlagener Kunde kommt auf die Leasinggesellschaft zu und bittet um die Abgabe eines Angebots für einen 15 Jahre alten Lastkraftwagen im sale-and-lease-back-Verfahren. Ursprungsrechnungen zum Leasingobjekt liegen keine vor, der Leasingnehmer versichert aber, dass er den Lastkraftwagen für 210 TEUR gekauft hat. Einen persönlichen Besuchstermin hat der Kunde aufgrund Zeitmangels ebenso abgelehnt wie eine Begutachtung des Leasingobjekts.

Im vorliegenden Fall liegen mindestens 6 unterschiedlich starke Warnsignale (finanzielle Probleme, Initiative zur Aufnahme der Geschäftsbeziehung ging vom Kunden aus, altes und überteuertes Leasingobjekt im sale-and-lease-back-Verfahren, keine Ursprungsrechnungen - kein Eigentumsnachweis, kein persönlicher Kontakt - keine Überprüfung der Angaben, keine Begutachtung des Leasingobjekts - Gefahr der Luftfinanzierung) für einen Fraud-Fall vor.

Es wird deshalb unbedingt zu einer genaueren manuellen Prüfung geraten, um das Fraud-Risiko präziser abschätzen zu können und im Zweifelsfall, sofern die Verdachtsmomente nicht ausgeräumt werden können, die Anfrage abzulehnen.

Grenzen der Aussagekraft

Bei der Interpretation der Fraud-Red-Flags-Quote ist zu berücksichtigen, dass für eine valide Vorhersagegüte eine breite Informationsbasis nötig ist und selbst dann noch keine 100-prozentige Trennschärfe gegeben ist, da auch Engagements ohne Betrugshintergrund Kombinationen von Warnsignalen enthalten (können).

In der Praxis besteht insbesondere bei der Ausgestaltung und konsequenten Nutzung möglichst aller Aufdeckungskanäle ein erhebliches Verbesserungspotenzial. Dies zeigt sich auch in der Häufigkeit der Aufdeckungsursachen, bei der die zweithäufigste Ursache immer noch der Zufall ist.

Umgekehrt kann aber auch eine nur sehr niedrige Fraud-Red-Flags-Quote keine 100-prozentige Sicherheit liefern, dass es sich beim betrachteten Geschäftsprozess nicht um eine wirtschaftskriminelle Handlung handelt. Insbesondere neu auftretende Betrugs- bzw. Fraud-Muster werden deshalb bei der alleinigen Überprüfung anhand der Fraud-Red-Flags-Quote häufig übersehen.

Darüber hinaus darf nicht vergessen werden, dass die Fraud-Prävention immer auch eine Gradwanderung zwischen der Kundenbindung bzw. keiner falschen Verdächtigung und dem Schutz vor einem potenziellen Betrugsrisiko bzw. einer wirksamen Kriminalitätsbekämpfung ist. Insbesondere bei etablierten und langjährigen potenzialstarken Kunden wird deshalb nach eingehender Prüfung auch teilweise ein (leicht) erhöhtes Fraud-Risiko in Kauf genommen.

Beeinflussungsmöglichkeiten

Die Fraud-Red-Flags-Quote hängt wesentlich von den identifizierten Warnsignalen für Fraud-Fälle bzw. allgemein für wirtschaftskriminelle Handlungen ab. Durch eine präzise Analyse aller realisierten Fraud-Fälle, etwa mittels einer Schadensfalldatenbank für realisierte operationelle Risiken oder einer Betrugsdatenbank, in der sämtliche Betrugsmuster, auch von verhinderten Betrugsversuchen dokumentiert werden, können die Warnsignale ständig aktuell gehalten werden.

Darüber hinaus hängt der Erfolg der Entdeckung bzw. der Prävention von Fraud-Fällen wesentlich von den Mitarbeitern ab. Durch eine hohe Sensibilisierung, beispielsweise durch regelmäßig durchgeführte Schulungen, können bereits in einem sehr frühen Zustand dubiose Geschäftsprozesse identifiziert und mit entsprechender Sorgfalt behandelt werden.

Datenherkunft

Für die Ermittlung der „red flags" werden häufig die Ergebnisse aus der Analyse von realisierten Fraudfällen oder erfolgreich verhinderten Fraudversuchen herangezogen und mit den Erfahrungswerten der Mitarbeiter entsprechend gewichtet.

Darüber hinaus muss die maximal tolerierbare Anzahl an Fraud-Red-Flags festgelegt werden. Diese orientiert sich wesentlich an der institutsindividuellen Risikoneigung und der allgemeinen Gefährdungslage für Fraud, die sich auf Grundlage der institutsindividuell erstellten Gefährdungsanalyse ergibt.

Anhand der Vorgaben zu den „red flags" und der maximalen Obergrenze je Geschäftsprozess können nun mittels speziellen Programmen automatisch sämtliche IT-gestützten Geschäftsprozesse, insbesondere die Vertragsgenehmigung bzw. die Vertragsannahme im Back-Office oder aber auch die Vertragsaktivierung auf mögliche Gefahrensignale untersucht werden. In Fällen, in denen softwarebasiert eine erhöhte Fraud-Gefahr ermittelt wurde, findet regelmäßig eine manuelle Überprüfung insbesondere durch die zentrale Stelle, die für die Fraud- und Betrugsprävention sowie allgemein die Prävention von sonstigen strafbaren Handlungen und Geldwäsche, zuständig ist sowie gegebenenfalls durch weitere fachlich Verantwortliche statt.

Angrenzende Kennzahlen

vgl. Betrugsquote

vgl. Schadensfallanteil operationeller Risiken

Fremdfinanzierungsgrad (in %)

→ *vgl. hierzu*: Fremdkapitalquote

Fremdkapitalquote (in %)

Die Fremdkapitalquote gibt den Anteil des Fremdkapitals am Gesamtkapital an.

Fremdkapitalquote

$$= \frac{\text{Fremdkapital}}{\text{Gesamtkapital}} \cdot 100\%$$

Aussagekraft

Die Fremdkapitalquote eignet sich sehr gut zur Beurteilung der Kapitalstruktur des Instituts. Den höchsten Anteil am Fremdkapital einer Leasinggesellschaft hat häufig, neben den klassischen Kredit- und Refinanzierungslinien sowie den Darlehen für die Refinanzierung von Leasingverträgen, insbesondere die Forfaitierung. Die Forfaitierung stellt hierbei eine Sonderform der in der Regel kurz- bis mittelfristigen Fremdfinanzierung dar.

Interpretation

Die meisten Leasinggesellschaften haben traditionell eine sehr hohe Fremdkapitalquote. Dies ist aufgrund des Geschäftsmodells zumeist auch nicht so negativ anzusehen wie bei Unternehmen in anderen Branchen. Nichtsdestotrotz muss bei einem hohen Fremdkapitalanteil auch bei Leasinggesellschaften berücksichtigt werden, dass die Abhängigkeit von Entscheidungen Dritter mit der Höhe des Fremdfinanzierungsanteils kontinuierlich zunimmt. So ist beispielsweise bei einer hohen Forfaitierungsquote oder einem hohen Volumen an laufzeitkongruenten Darlehensrefinanzierungen immer auch in einem gewissen Umfang auf die Geschäftspolitik der Gläubiger Rücksicht zu nehmen.

Sofern die Fremdfinanzierung nicht laufzeitkongruent zur Leasingdauer stattfindet, besteht zudem ein nicht zu unterschätzendes Zinsänderungsrisiko, das entweder durch Sicherungsinstrumente ausgeschlossen werden kann oder selbst getragen werden muss.

Insbesondere in wirtschaftlich schwierigen Phasen mit einer restriktiveren Kreditvergabe schlägt eine hohe Fremdkapitalquote zumeist negativ zu Buche. So kann sich eine restriktivere Kreditgewährungs- oder Forfaitierungsbereitschaft der Banken unmittelbar auf das Neuabschlussvolumen und damit auf ein wesentliches Volumen an entgangener Barwertmarge sowie unter Umständen die Abwanderung von langjährigen Kunden auswirken.

Beispiel

Die Bilanzsumme einer Leasinggesellschaft beträgt 1,7 Mrd. EUR. Das Fremdkapital aus Rückstellungen, passivem Rechnungsabgrenzungsposten, sonstigen Verbindlichkeiten sowie Verbindlichkeiten gegenüber Kunden und Kreditinstituten beträgt 1,65 Mrd. EUR.

Die Fremdkapitalquote beläuft sich damit auf 97,06%.

Grenzen der Aussagekraft

Anhand der Fremdkapitalquote allein kann noch keine Aussage über die Risikoanfälligkeit getroffen werden. So sollten beispielsweise auch die Sicherungsmaßnahmen, etwa zum Schutz gegen ein Zinsänderungsrisiko, aber auch zum Schutz vor Kontrahentenrisiken, bei denen Verluste durch den Ausfall der Gegenpartei, beispielsweise der Bank oder des Forfaiteurs entstehen, mit berücksichtigt werden (wenngleich ein Ausfall eines Forfaitierungspartners nur Auswirkungen auf das zukünftig zu forfaitierende Volumen, nicht jedoch auf das bereits forfaitierte Volumen hat).

Darüber hinaus muss berücksichtigt werden, dass die Aussagekraft und die Vergleichbarkeit der Fremdkapitalquote häufig eher begrenzt sind. So kann die Fremdkapitalquote häufig stark ansteigen, wenn beispielsweise sehr hohe Abschreibungen vorgenommen und gleichzeitig erhebliche stille Reserven gebildet werden oder wenn es allgemein zu den leasingtypischen Verwerfungen aus unterschiedlichen Aufwands- und Ertragsverläufen kommt. In diesen Fällen kann es zu einem negativen Eigenkapital bzw. zu einem Ausweis eines „nicht durch Eigenkapital gedeckten Fehlbetrags" kommen.

Beeinflussungsmöglichkeiten

Die Fremdkapitalquote hängt neben der Höhe des Fremdkapitals auch wesentlich von der Bilanzsumme bzw. dem Gesamtkapital ab. So kann etwa durch erhöhte Abschreibungen und eine gleichzeitige Bildung von stillen Reserven ein Risikopuffer gebildet werden, wodurch sich gleichzeitig die Bilanzsumme verkürzt. Daneben kann die Fremdkapitalquote insbesondere durch erwirtschaftete und nicht ausgeschüttete Gewinne, aber auch durch erwirtschaftete Verluste sowie die Kapitaleinlagen der Gesellschafter beeinflusst werden.

Datenherkunft

Die für die Ermittlung der Fremdkapitalquote erforderlichen Daten können allesamt den einzelnen Bilanzpositionen bzw. -konten entnommen werden.

Angrenzende Kennzahlen

vgl. Forfaitierungsquote; Kongruenzfinanzierungsgrad

Fremdwährungsquote (in %)

→ *vgl. hierzu*: Cross-Border-Leasingquote

Frequenz

→ *vgl. hierzu*: Markenbekanntheitsindex

Frühwechselquote der (Neu-)Kunden (in %)

Die Frühwechselquote setzt die Anzahl der frühzeitig fluktuierten Neukunden ins Verhältnis zur Gesamtanzahl der gewonnenen Neukunden im Betrachtungszeitraum.

Frühwechselquote der (Neu-)Kunden

$$= \frac{\text{Anzahl frühzeitig verlorener Neukunden}}{\text{Gesamtanzahl gewonnener Neukunden}} \cdot 100\%$$

Aussagekraft

Die Frühwechselquote der Neukunden ermittelt die Neukunden, die nach dem Erstvertrag abgewandert sind. Der Zeitraum für einen Frühwechsel richtet sich hier institutsindividuell nach der durchschnittlichen Dauer bis zum Abschluss eines Folgevertrags durch einen Neukunden.

Die Frühwechselquote ist ein sehr deutliches Zeichen für die Unzufriedenheit der Kunden und zeugt zumeist von einer eher schlechten Kundenbindung.

Interpretation

Das Ziel eines jeden Instituts sollte eine möglichst niedrige Frühwechselquote seiner Neukunden sein. So gefährdet eine frühzeitige Fluktuation der Neukunden nicht nur den nachhaltigen Erfolg einer Leasinggesellschaft, sondern ist auch ein erheblicher Kostenfaktor.

Im Regelfall sind die Akquisitionskosten für Neukunden so hoch, dass diese erst durch mehrere Folgeaufträge wieder gedeckt werden können. Im Falle von frühzeitig abgewanderten Kunden hingegen stehen den Akquisitionsaufwendungen nur sehr geringe Erträge gegenüber. Je nach Kalkulation des Erstauftrags kann es sogar sein, dass für den Erstvertrag gar eine negative oder zumindest unterproportional hohe Marge angesetzt wurde.

Beispiel

Von den 250 in der Vorperiode gewonnen Neukunden sind 80 Kunden wieder direkt zum Wettbewerb abgewandert und hatten nach dem Erstvertrag kein Interesse mehr an einer weiteren Zusammenarbeit.

Die Frühwechselquote der Neukunden beläuft sich auf 32,0%.

Grenzen der Aussagekraft

Bei der Beurteilung der Frühwechselquote der Neukunden sollte berücksichtigt werden, dass diese Kennzahl nur als ein grober Indikator herangezogen werden kann. Erst durch die Ermittlung der Gründe und durch Erhebung der einzelnen Frühwechselquoten nach Ursachen können sinnvolle Steuerungsimpulse abgeleitet werden.

Darüber hinaus sollte auch bedacht werden, dass ein frühzeitiger Verlust nicht bei allen Kunden gleich schwer wiegt. So kann es durch eine Abwanderung von ohnehin unrentablen Kunden mit nur einem sehr geringen Potenzial zu einer als eher unbedenklich einzustufenden Situation kommen. Umgekehrt ist ein Verlust eines mühsam akquirierten strategisch wichtigen Key-Account-Leasingnehmers häufig eine mittlere bis schwere Katastrophe.

Für eine bessere Beurteilung der Verlustschwere sollte deshalb neben dem Vergleich des Potenzials und des Customer Lifetime Values des Kunden insbesondere auch nach einer bedenklichen bzw. unfreiwilligen und einer unbedenklichen bzw. freiwilligen Fluktuation unterschieden werden.

Beeinflussungsmöglichkeiten

Der wohl wesentlichste Faktor für eine frühzeitige Abwanderung von Kunden ist eine latente Unzufriedenheit sowie das Gefühl, dass die Erwartungen und Versprechungen, die im Zuge der Vertragsanbahnung gemacht wurden, nicht erfüllt wurden bzw. nicht erfüllt werden konnten.

Für eine langfristige Kundenbindung sollte deshalb ein erheblicher Wert auf eine gezielte und maßgeschneiderte Betreuung sowie eine individuelle Lösungsorientierung, gelegt werden. Dies bedeutet beispielsweise auch, dass bereits im Zuge der Akquisition eine Fokussierung auf rentable Kundenbeziehungen stattfindet und nicht nach dem „Gießkannenprinzip" eine breite Akquisition der unterschiedlichsten Kunden und Kundengruppen verfolgt wird. So sollten nur noch die Kunden akquiriert werden, die auch gehalten werden wollen und können.

Neben einer verbesserten Kundenbetreuung und -bindung sowie einer höheren Kundenzufriedenheit hat dies zudem niedrigere Akquisitionskosten zur Folge.

Datenherkunft

Für die Ermittlung der Datenbasis der frühzeitig abgewanderten Neukunden dienen neben einer Kundendatenbank der Vertriebssteuerung oder einem eigenen Customer-Relationship-Management-Programm insbesondere die Vertriebsmitarbeiter.

Diese haben die frühzeitig wieder verlorenen Neukunden häufig im Blick und kennen zumeist auch die Gründe für deren Abwanderung.

Angrenzende Kennzahlen

vgl. Akquisitionskosten je (Neu-)Kunde; Beschwerdequote; Folgeabschlussquote; Kundenloyalitätsindex; Kundenzufriedenheit; Nullkundenquote

Frühwechselquote der Mitarbeiter (in %)

Die Frühwechselquote setzt die Anzahl der sehr frühzeitig fluktuierten neu eingestellten Mitarbeiter ins Verhältnis zur Gesamtanzahl der neu eingestellten Mitarbeiter.

Frühwechselquote der Mitarbeiter

$$= \frac{\text{Anzahl frühzeitig kündigender bzw.gekündigter Mitarbeiter}}{\text{Gesamtanzahl neu eingestellter Mitarbeiter}} \cdot 100\%$$

Aussagekraft

Die Frühwechselquote auf Mitarbeiterebene misst die Fluktuation neu eingestellter Mitarbeiter innerhalb eines sehr kurzen Zeitraums, meist deutlich unter einem Jahr. Im Regelfall orientiert sich der Zeitraum für die Ermittlung der Frühwechselquote an der Länge der gängigen Probezeit bei Neueinstellungen des Instituts.

So werden häufig nur die Personalwechsel berücksichtigt, die noch während oder unmittelbar nach der Probezeit stattgefunden haben.

Darüber hinaus werden teilweise nicht nur die aus dem Unternehmen ausgetretenen oder die gekündigten Mitarbeiter als fluktuiert betrachtet, sondern auch Mitarbeiter, die sich unmittelbar nach ihrer Einstellung gezielt für eine andere Arbeitsstelle innerhalb des Unternehmens entschieden haben.

Interpretation

Das Ziel eines jeden Instituts sollte eine möglichst niedrige Frühwechselquote der eigenen, neu eingestellten Mitarbeiter sein. Die Frühwechselquote wird zumeist als Indikator für die Qualität der Personalauswahl herangezogen. So kann eine hohe Frühwechselquote beispielsweise durch falsche Versprechungen im Einstellungsgespräch oder durch eine fehlerhafte Auswahl, etwa aufgrund einer Überschätzung der Qualifikationen der Bewerber, bedingt sein.

Darüber hinaus wird die Frühwechselquote zudem als Indikator für die Offenheit der eigenen Belegschaft und der langjährigen Mitarbeiter herangezogen. Eine hohe Frühwechselquote kann außerdem ein Anzeichen dafür sein, dass die Integration der neuen Mitarbeiter nicht gelingt. Neben dem innerbetrieblichen Arbeitsklima und dem Konkurrenzstreben haben aber auch beispielsweise der Status in Form der Entlohnung sowie der Hierarchiestufe, mit der die Neueinstellungen im Vergleich zu den bestehenden Mitarbeitern einsteigen, einen erheblichen Einfluss auf die Integration der neuen Mitarbeiter und damit letztendlich auf die Frühwechselquote.

Durch einen regelmäßigen Periodenvergleich, aber auch durch einen gezielten Vergleich zwischen den Fachbereichen, den Vertriebsgebieten sowie den jeweiligen Vorgesetzten können frühzeitig gewisse Trendentwicklungen in einzelnen Clustern bzw. Bezugsgruppen erkannt werden, ohne dass diese in der Gesamtbetrachtung durch Kompensationseffekte untergehen.

Beispiel

Im Vertriebsgebiet Hamburg-Lübeck-Kiel wurden im Betrachtungszeitraum 21 neue Vertriebsmitarbeiter eingestellt. Hiervon haben 3 Mitarbeiter noch während ihrer Probezeit von sich aus gekündigt und 1 Mitarbeiter wurde noch in der Probezeit gekündigt.

Die Frühwechselquote im Vertriebsgebiet Hamburg-Lübeck-Kiel beträgt damit 19,0%.

Grenzen der Aussagekraft

Bei der Interpretation der Frühwechselquote muss berücksichtigt werden, dass anhand der Kennzahl per se keine wirksamen Steuerungsimpulse ergriffen werden können. Bei einer erhöhten Frühwechselquote ist zwar erkennbar, dass es einen Problembereich gibt, die Gründe sind allerdings nicht ersichtlich.

Durch eine Ermittlung der Gründe und eine differenzierte Analyse der Ursachen der einzelnen Fluktuationen, kann neben einer erhöhten Aussagekraft insbesondere auch die Ermittlung und Behebung der Schwachstellen forciert werden.

Bei der Interpretation der Frühwechselquote sollte außerdem beachtet werden, dass nicht alle frühzeitigen Fluktuationen der Mitarbeiter negativ bewertet werden müssen. So können häufig gerade in der Probezeit mögliche Missverständnisse in der Bewerberauswahl beidseitig und einvernehmlich gelöst werden. Zur präziseren Beurteilung sollte deshalb weiter nach freiwilligen und unfreiwilligen bzw. für das Institut erfreulichen und unerfreulichen Fluktuationen unterschieden werden.

Beeinflussungsmöglichkeiten

Die Frühwechselquote der neu eingestellten Mitarbeiter lässt sich insbesondere durch eine gezielte Bewerberauswahl beeinflussen. Neben einem konkreten Anforderungsprofil kann die Eignung des Bewerbers beispielsweise bei einer mehrtägigen Probearbeit zudem in der zukünftigen Arbeitsumgebung überprüft werden.

Ein weiteres wesentliches Kriterium für die erfolgreiche Bindung von neuen Mitarbeitern bildet die Integration. Diese kann beispielsweise durch ein Patensystem, bei dem erfahrene und langjährige Mitarbeiter die Verantwortung für eine Einführung der neuen Mitarbeiter in die Arbeitsabläufe, aber auch in die Unternehmenskultur und die innerbetrieblichen Rituale und Gepflogenheiten, übernehmen, positiv beeinflusst werden. Die Paten sind bei Fragen oder Problemen, etwa mit den Arbeits- oder Entlohnungsbedingungen, zudem der erste Ansprechpartner und Ratgeber.

Datenherkunft

Die für die Ermittlung der Frühwechselquote notwendige Anzahl der Neueinstellungen sowie der Kündigungen von nur kurzzeitig angestellten Mitarbeitern können in der Personalabteilung ermittelt werden.

Häufig hält die Personalabteilung auch die Gründe für den Austritt aus dem Institut für tiefergreifende Analysen, etwa zur Unterscheidung zwischen freiwilligen und unfreiwilligen Abgängen, bereit.

Angrenzende Kennzahlen

vgl. Mitarbeiterfluktuation; Mitarbeiterloyalität; Mitarbeiterzufriedenheit

G–J

C. Glaser, *Leasing A – Z*, https://doi.org/10.1007/978-3-658-31839-0_7

Gehaltsbestandteile, variable (in %)

Für die Ermittlung der variablen Gehaltsbestandteile werden die variablen, erfolgs- und/oder ergebnisabhängigen Gehaltskosten ins Verhältnis zu den gesamten Gehaltskosten einer Periode gesetzt.

Variable Gehaltsbestandteile
$= \frac{\text{variable Gehaltsbestandteile}}{\text{gesamte Gehaltskosten}} \cdot 100\%$

Aussagekraft

Anhand der variablen Gehaltsbestandteile kann eine Aussage über den Umfang der variablen Vergütung am gesamten Gehalt der Mitarbeiter getroffen werden. Häufig wird unterstellt, dass eine variable Vergütung positiv mit einer erhöhten Leistungsfähigkeit und Motivation korreliert.

Der Anteil der variablen Vergütung hängt wesentlich vom institutsindividuellen Vergütungssystem einer jeden Leasinggesellschaft ab und sollte im Sinne der Institutsvergütungsverordnung so ausgestaltet sein, dass keine schädlichen Anreize durch eine lediglich auf kurzfristigen Erfolg ausgerichtete Vergütungspolitik entstehen. Schädliche Anreize entstehen beispielsweise dann, wenn eine signifikante Abhängigkeit der Mitarbeiter von der variablen Vergütung besteht.

Anhand der variablen Gehaltsbestandteile soll eine Zielerreichung im Sinne der Geschäfts- und/oder Risikostrategie ermöglicht und gefördert werden.

Die Ausgestaltung der Vergütungssysteme ist also immer auch eine Gradwanderung zwischen der Förderung von bestimmten Leistungs- und Verhaltensanreizen einerseits und der Sicherstellung des langfristigen Erfolgs der Leasinggesellschaft und der Vermeidung kurzfristiger Fehlanreize andererseits.

Zur Ermittlung der Begünstigten von variablen Gehaltsbestandteilen und als Ergänzung zur Höhe der variablen Gehaltsbestandteile wird häufig der Anteil der Mitarbeiter mit variablen Gehaltsbestandteilen ermittelt. Für die Festlegung der Höhe der variablen Vergütung bilden häufig individuelle Zielvereinbarungen die Basis.

Mitarbeiter mit variabler Vergütung und/oder individuellen Zielvereinbarungen

$$= \frac{\text{Anzahl Mitarbeiter mit variablen Gehaltsbestandteilen bzw. Zielvereinbarungen}}{\text{Gesamtanzahl Mitarbeiter}} \cdot 100\%$$

Interpretation

Für eine verbesserte Aussagekraft werden häufig unterschiedliche Funktions- bzw. Geschäftsbereiche getrennt voneinander analysiert.

So richtet sich im Vertrieb klassischerweise ein Großteil des Gehalts an der individuellen Zielerreichung in Form von Vorgaben für das Abschlussvolumen und insbesondere für die Barwertmarge. Wichtig ist hierbei aber eine ausgewogene und realistisch erreichbare Zielvorgabe, sodass der Vertriebsmitarbeiter bereits eine Vorauswahl der Engagements treffen kann und damit zur Erreichung seiner Zielvorgaben nicht alle Anfragen ungefiltert, auch Anfragen mit sehr schlechter Bonität oder erhöhtem Betrugsrisiko etc., antragen muss. Im Vertrieb ist der Anteil an Mitarbeitern mit variabler Vergütung und mit individuellen Zielvereinbarungen häufig bei 100%.

Darüber hinaus gibt es aber auch je nach Hierarchieebene und unternehmerischer Verantwortung gestaffelt variable Gehaltsbestandteile, die sich insbesondere am unternehmerischen Erfolg, beispielsweise in Form von Jahresabschlussgrößen bzw. Substanzwerterhöhungen oder auch an den Abschlussvolumina bzw. Barwertmargen richten.

Die meisten Vergütungssysteme sehen zudem eine Begrenzung der variablen Gehaltsbestandteile vor, sodass selbst bei maximaler Zielerreichung nur die vorher definierte Obergrenze an variabler Vergütung erreicht werden kann.

Bei den meisten Leasinggesellschaften sind die Obergrenzen der variablen Gehaltsbestandteile beispielsweise im Vergleich zu Banken oder Aktiengesellschaften häufig eher konservativ und damit relativ niedrig ausgestaltet.

Für eine Erhöhung der Aussagekraft wird neben einer Unterteilung der variablen Gehaltsbestandteile nach betrieblichen Funktionsbereichen häufig noch der Anteil der Mitarbeiter mit einer variablen Vergütung ermittelt.

Darüber hinaus gibt es häufig Staffelungen für die Obergrenzen der variablen Vergütung, die mit unternehmerischer Verantwortung sowie mit Marktnähe zunehmen. So ist beispielsweise die variable Vergütung eines Vertriebsmitarbeiters fast immer deutlich höher als die eines Back Office-Mitarbeiters.

Beispiel

Im Vertrieb einer Leasinggesellschaft werden jährlich fixe Gehälter in Höhe von 10,7 Mio. EUR bezahlt. Im Betrachtungszeitraum kamen variable Gehaltsbestandteile von 13,2 Mio. EUR hinzu. Die gesamten Gehaltskosten beliefen sich damit im Betrachtungszeitraum auf 23,9 Mio. EUR.

Die Quote der variablen Gehaltsbestandteile des Vertriebs beläuft sich damit auf 55,2%.

Grenzen der Aussagekraft

Obwohl variable Gehaltsbestandteile häufig erfolgs- und motivationssteigernd wirken, gibt es auch Bereiche, in denen nur oder zumindest größtenteils fixe Gehaltsbestandteile bestehen. Hierzu gehören beispielsweise Kontrollbereiche, wie etwa die interne Revision etc., bei denen es bei variablen Gehaltsbestandteilen oder Vergütungsparametern, die mit den zu kontrollierenden Bereichen gleichlaufen, zu nicht zu unterschätzenden Interessenskonflikten kommen könnte.

Die Kreditabteilung bzw. Engagementprüfung erhält häufig auch nur in begrenztem Umfang eine variable Vergütung, die sich dann beispielsweise am Insolvenzvolumen, nicht aber am genehmigten Volumen oder der Bewilligungsquote orientiert.

Beeinflussungsmöglichkeiten

Die exakte Höhe der variablen Gehaltsbestandteile hängt häufig von mehreren Faktoren ab. So ist neben der leistungsbezogenen Komponente, die von den einzelnen Mitarbeitern direkt beeinflusst werden kann, häufig auch noch eine Ergebniskomponente beinhaltet, die sich am gesamten Unternehmenserfolg orientiert.

Die jeweilige Ausgestaltung richtet sich allerdings auch an den Marktgegebenheiten. So kann es beispielsweise auch ein Ziel der variablen Vergütung sein, im Kampf um hoch qualifizierte Mitarbeiter einen Wettbewerbsvorteil zu generieren und attraktiver als die Konkurrenten zu sein.

Bei sehr hohen variablen Vergütungen werden allerdings häufig auch sogenannte Malus-Systeme eingeführt, bei denen es bei entsprechend nachteiliger Entwicklung auch zu einer Rückzahlung der erhaltenen variablen Gehaltsbestandteile kommen kann. Diese Form der Vergütung findet bei einigen Leasingunternehmen im Vertriebsbereich verstärkt Anwendung, beispielsweise wenn es zu einem Ausfall des Leasingnehmers innerhalb eines bestimmten Zeitraums kommt und für den Abschluss des Geschäfts bereits eine Provision an den Vertriebsmitarbeiter ausgeschüttet wurde.

Datenherkunft

Die Daten für die Ermittlung der variablen Gehaltsbestandteile können in der Personalabteilung bzw. der Lohnbuchhaltung ermittelt werden.

Nähere Informationen zur Ausgestaltung des Vergütungssystems können häufig ebenfalls in der Personalabteilung ermittelt werden, wobei im Regelfall die Geschäftsleitung oder die jeweiligen Funktionsverantwortlichen für die Ausgestaltung und Überarbeitung dieses Systems verantwortlich sind.

Angrenzende Kennzahlen

vgl. Malusquote; Provisionsquote

Gehaltsdisparität (in %)

Die Gehaltsdisparität stellt das Gehalt des Mitarbeiters mit dem höchsten Monatseinkommen ins Verhältnis zum Gehalt des Mitarbeiters mit dem geringsten Einkommen.

Gehaltsdisparität

$$= \frac{\text{höchstes Monatseinkommen}}{\text{niedrigstes Monatseinkommen}} \cdot 100\%$$

Aussagekraft

Die Gehaltsdisparität gibt Auskunft darüber, wie stark die „Einkommensschere" im Institut auseinander klafft.

Da diese Kennzahl sehr stark von Ausreißern beeinflusst werden kann, gilt es sinnvolle Abgrenzungen vorzunehmen. Beispielsweise können die Einkommen von Teilzeitkräften auf einen Äquivalenzwert für Vollzeitkräfte hochgerechnet werden und die Einkommen von leitenden Angestellten nur bei Bedarf mit den Gehältern anderer Mitarbeiter verglichen werden.

Interpretation

Die Gehaltsdisparität ändert sich häufig durch Neueinstellungen oder individuelle Gehaltsvereinbarungen für bestehende Mitarbeiter. Hierbei sollte unbedingt die gesamte Gehaltsstruktur im Auge behalten werden.

Sobald das Gehaltsgefüge einmal ins Ungleichgewicht geraten ist, werden damit häufig sehr schwer beeinflussbare Prozesse in Gang gesetzt. Dies reicht beispielsweise von Neid und Missgunst der Mitarbeiter mit niedrigerem Gehalt über allgemein erhöhte

Gehaltsansprüche auf breiter Basis bis hin zu erhöhter Unzufriedenheit der Mitarbeiter, die sich in einer geringeren Loyalität und einer höheren Fluktuation äußern kann.

Von besonderer Bedeutung ist häufig die Gehaltsdisparität in den unterschiedlichen Fachabteilungen oder Regionen. Hierbei können durch sprunghafte Anstiege häufig erhebliche Probleme erwachsen.

Die Gehälter der Geschäftsleitung werden nur selten mit herangezogen, da diese aufgrund der stark unterschiedlichen Arbeitszeit und Leistungsanforderungen nur schwer mit anderen Mitarbeitern verglichen werden können.

Im Falle einer gestiegenen Gehaltsdisparität sind unbedingt die Gründe für diesen Anstieg zu ermitteln. So kann es beispielsweise aufgrund zusätzlicher Anforderungen und einer gleichzeitig erhöhten Leistung zu einer notwendigen Gehaltserhöhung kommen.

Beispiel

In einer betrachteten Vertriebsregion beträgt das höchste Monatseinkommen eines Außendienstmitarbeiters 9.700 EUR brutto und das niedrigste Monatseinkommen eines Außendienstmitarbeiters 2.400 EUR.

Die Gehaltsdisparität beträgt damit 404,17%.

Grenzen der Aussagekraft

Neben der Lohndisparität zwischen unterschiedlichen Mitarbeitern sollten unbedingt auch die unterschiedlichen Arbeitsplatzanforderungen sowie die unterschiedliche Leistung dieser Mitarbeiter berücksichtigt werden.

So kommt es beispielsweise insbesondere im Vertrieb zu einer sehr hohen Gehaltsspreizung zwischen Vertriebsmitarbeitern mit einer hohen Abschlussquote und einer hohen Barwertmarge und Mitarbeitern mit einem nur geringen kontrahierten Neuabschlussvolumen und einer geringen Barwertmarge.

Insbesondere bei Neueinstellungen sollte auch die strategische Stoßrichtung und eine gewisse Anlaufphase berücksichtigt werden. So erhalten neue Mitarbeiter mit einem hohen Potenzial, beispielsweise Studienabsolventen mit einem herausragenden Abschluss, häufig bereits ein hohes Einstiegsgehalt, obwohl diese zu Beginn erst einmal eine gewisse Einarbeitungsphase benötigen, um die gewünschte und im Gehalt zum Ausdruck gebrachte Leistung erbringen zu können.

Beeinflussungsmöglichkeiten

Die Gehaltsdisparität kann insbesondere bei Mitarbeitern mit ähnlichen Arbeitsplatzanforderungen und Einsatzbereichen als Richtgröße für Gehaltsverhandlungen sowie für den Gehaltsrahmen bei Neueinstellungen dienen. Darüber hinaus ist eine gewisse Gehaltsdisparität häufig auch gewünscht. Insbesondere im Vertrieb werden deshalb verstärkt variable Gehaltsbestandteile vereinbart, die unweigerlich zu einer hohen Gehaltsdisparität führen.

Das Ziel einer hohen Gehaltsdisparität ist hierbei insbesondere eine zusätzliche Leistungsmotivation und gleichzeitig ein gesundes Wettbewerbsstreben der Mitarbeiter untereinander, wodurch sich diese zu gegenseitigen Höchstleistungen anspornen sollen.

Datenherkunft

Die Datenbasis für die Ermittlung der Gehaltsdisparität bildet die Lohnbuchhaltung. Bei der Ermittlung sowie der Verwendung muss allerdings höchste Diskretion bewahrt werden, da es sich bei den Gehältern um streng vertrauliche und unbedingt anonym zu verwendende Daten handelt.

Angrenzende Kennzahlen

vgl. Mitarbeiterloyalität; Mitarbeiterzufriedenheit

Gehaltsdispersion (in %)

→ *vgl. hierzu*: Gehaltsdisparität

Gehaltsentwicklung innerhalb der letzten Jahre

→ *vgl. hierzu*: Arbeitgeberattraktivitätsindex

Gehaltsindex (in %)

Der Gehaltsindex gibt Auskunft darüber, wie stark das Gehalt einer betrachteten Stelle im Vergleich zum Wettbewerb abweicht. Die Kennzahl wird entweder im Vergleich zur gesamten Branche oder einem bestimmten Wettbewerber ermittelt.

Gehaltsindex

$$= \frac{\text{Gehalt pro betrachteter Stelle im eigenen Institut}}{\text{Branchendurchschnitt der betrachteten Stelle}} \cdot 100\%$$

Gehaltsindex *(alternativ)*

$$= \frac{\text{Gehalt pro betrachteter Stelle im eigenen Institut}}{\text{Gehalt der betrachteten Stelle beim Wettbewerber}} \cdot 100\%$$

Aussagekraft

Anhand des Gehaltsindex kann eine Aussage im Vergleich zu einem einzelnen Wettbewerber oder der gesamten Branche getroffen werden. Er ist einerseits ein Indikator für die (Gehalts)Kosteneffizienz und andererseits für die Notwendigkeit, Mitarbeiter mit besonders hohen Gehältern anzulocken oder zu akquirieren.

Interpretation

Je höher der Gehaltsindex im Wettbewerbs- oder Branchenvergleich ist, umso niedriger sind typischerweise die Arbeitgeberattraktivität sowie die nicht-monetären Motivationsfaktoren wie etwa Freizeitwert der Region, Aufstiegs- und Karrieremöglichkeiten, Atmosphäre in der Abteilung oder Firma etc.

Beispiel

Ein Vertriebsmitarbeiter verdient bei der betrachteten Leasinggesellschaft 75 TEUR p.a. zuzüglich 15 TEUR variabler Prämie.

Im Branchendurchschnitt beläuft sich das durchschnittliche Fixum auf 72 TEUR und die variable Prämie auf durchschnittlich 10 TEUR.

Der Gehaltsindex beträgt somit für das Fixum 75 TEUR / 72 TEUR = 104,2 % bzw. für das Gesamtgehalt 90 TEUR / 82 TEUR = 109,8 %.

Grenzen der Aussagekraft

Beim Gehaltsindex werden lediglich Stellen und Tätigkeiten miteinander verglichen. Unterschiedliche Betriebszugehörigkeiten, Berufserfahrung oder auch Leistungsfähigkeiten und Produktivitäten werden nicht berücksichtigt. Genau diese weiteren Informationen sind allerdings für einen abschließenden Vergleich nötig. Außerdem ist bei der Beurteilung die Effizienz und insbesondere Produktivität, die wiederum maßgeblich vom Automatisierungs- und Digitalisierungsgrad beeinflusst werden, von besonderer Bedeutung.

Beeinflussungsmöglichkeiten

Der Gehaltsindex kann nur in Form des eigenen, gezahlten Gehalts für die betrachtete Stelle aktiv beeinflusst werden. Die Höhe des Gehalts im betrachteten Institut hängt dabei von mehreren Faktoren ab. Einerseits kann die Devise „Aufstieg geht vor Einstieg", wonach Führungspositionen und andere freie Stellen primär aus den eigenen Reihen besetzt werden, eine wichtige Rolle spielen und andererseits auch die Attraktivität und das Betriebsklima. Je positiver das Image eines Unternehmens und attraktiver die Karriereentwicklungsmöglichkeiten sind, umso weniger wichtiger wird das Gehalt.

Datenherkunft

Während die eigenen Gehaltsdaten für die jeweiligen Tätigkeiten und Stellen sehr einfach von der Personalabteilung ausgewertet werden können, ist der Vergleich von Wettbewerbs- und Branchendaten deutlich schwieriger. Einerseits gibt es für Branchenvergleiche einschlägige Websites wie etwa Glassdoor oder auch Vergleichsstudien zu Gehältern in der Leasingbranche. Eine weitere wichtige Quelle können Bewerbungsgespräche oder auch Headhunter sein, die ihre Einschätzung und Erfahrungen teilen können, wie hoch die Gehälter für die betrachtete Stelle im Wettbewerbsvergleich sind.

Angrenzende Kennzahlen

vgl. Arbeitgeberattraktivitätsindex

Gehaltskonzentration (in %)

→ *vgl. hierzu*: Gehaltsdisparität

Gehaltsquote (in %)

→ *vgl. hierzu*: Personalkostenintensität

Gehaltsspreizung (in %)

→ *vgl. hierzu*: Gehaltsdisparität

Gesamtkapitalrentabilität (in %)

Die Gesamtkapitalrentabilität stellt den Gewinn bzw. Jahresüberschuss zuzüglich Fremdkapitalzinsen ins Verhältnis zum Gesamtkapital.

Gesamtkapitalrentabilität
$= \frac{\text{Jahresüberschuss} + \text{Fremdkapitalzinsen}}{\text{Gesamtkapital}} \cdot 100\%$

Aussagekraft

Anhand der Gesamtkapitalrentabilität kann eine Aussage über die Effizienz des Kapitaleinsatzes innerhalb des Betrachtungszeitraums getroffen werden.

Eine Abwandlung der Gesamtkapitalrentabilität stellt der *Return on Investment* dar, bei dem die Fremdkapitalzinsen unberücksichtigt bleiben und lediglich der Jahresüberschuss ins Verhältnis zum Gesamtkapital gesetzt wird.

Interpretation

Anhand der Gesamtkapitalrentabilität wird die insgesamt erwirtschaftete Verzinsung in Form der Rückflüsse durch die Leasingraten und Restwertansprüche auf das insgesamt eingesetzte Kapital ermittelt. Darüber hinaus kann ein Richtwert über den maximalen Refinanzierungszinssatz ermittelt werden, der eine Refinanzierung noch rentabel gestaltet.

Leasinggesellschaften nutzen häufig einen hohen Leverage-Effekt. Dies äußert sich darin, dass zusätzliche Erträge durch die Aufnahme von Fremdkapital, beispielsweise in Form von Forfaitierungen oder durch den Abschluss eines Darlehens zur Refinanzierung generiert werden können.

Beispiel

Ein Institut erzielt im Betrachtungszeitraum einen Jahresüberschuss von 2 Mio. EUR. Gleichzeitig müssen für Darlehen und Forfaitierungen Zinsen in Höhe von 72,7 Mio. EUR aufgewendet werden. Das Gesamtkapital beläuft sich auf 920 Mio. EUR.

Die Gesamtkapitalrentabilität beträgt damit 8,12%.

Grenzen der Aussagekraft

Die Gesamtkapitalrentabilität ist für Leasinggesellschaften nur sehr bedingt aussagekräftig. So kommt es insbesondere durch die Verzerrung von Aufwands- und Ertragsverläufen sowie durch entsprechend hohe Abschreibungen zu erheblichen stillen Reserven, die erst in einer späteren Periode wieder aufgelöst werden und die damit nicht entsprechend periodengerecht im Jahresüberschuss berücksichtigt werden.

Beeinflussungsmöglichkeiten

Die Gesamtkapitalrentabilität wird wesentlich vom Jahresüberschuss und den Zinsaufwendungen sowie dem zugrunde liegenden Gesamtkapital beeinflusst. Neben der Höhe der Neuabschlussvolumina und Barwertmargen hängt die Gesamtkapitalrentabilität also wesentlich vom handelsrechtlichen Periodenerfolg in Form des Jahresüberschusses sowie des Fremdfinanzierungsanteils und der Höhe der Schuldzinsen ab.

Datenherkunft

Die Daten für die Ermittlung der Gesamtkapitalrentabilität können aus der Bilanz sowie der Gewinn- und Verlustrechnung entnommen werden.

Gesamtrisikodeckungsbedarf (in %)

→ *vgl. hierzu*: Wertberichtigungsquote

Gesundheitsquote (in %)

→ *vgl. hierzu*: Krankheitsquote

Gewinn (in EUR)

→ *vgl. hierzu*: Jahresergebnis

Gewinnschwelle

→ *vgl. hierzu*: Break-Even-Point

Gini-Koeffizient

→ *vgl. hierzu*: Konzentrationsindex; Prognosegüte

Granularitätsindex

→ *vgl. hierzu*: Konzentrationsindex

Herfindahl-Index

→ *vgl. hierzu*: Konzentrationsindex

Hierarchie-Tiefe

→ *vgl. hierzu*: Leitungsspanne

Hirschmann-Herfindahl-Index

→ *vgl. hierzu*: Konzentrationsindex

Impressionen

→ *vgl. hierzu*: Markenbekanntheitsindex

Individualisierungsgrad (in %)

→ *vgl. hierzu*: Digitalisierungsgrad

Innovationsquote (in %)

→ *vgl. hierzu*: Verbesserungsvorschlagsquote

Insolvenzquote (in %)

→ *vgl. hierzu*: Insolvenzvolumen, kumuliertes

Insolvenzvolumen, kumuliertes (in % oder in EUR)

Das Insolvenzvolumen stellt den Anteil der ausgefallenen Leasingforderungen dar. Das Insolvenzvolumen kann entweder als absoluter Betrag oder anteilig im Verhältnis zum gesamten Forderungsbestand (sog. Insolvenzquote) dargestellt werden.

Kumuliertes Insolvenzvolumen
$= \frac{\text{Volumen der ausgefallenen Forderungen}}{\text{Gesamtbestand der Forderungen bzw.Restobligo}} \cdot 100\%$
Kumuliertes Insolvenzvolumen *(alternativ)*
= Höhe der ausgefallenen Forderungen *[in EUR]*

Aussagekraft

Das Insolvenzvolumen ist eine Messgröße für das realisierte Adressenausfall- bzw. Kreditrisiko, zumeist bezogen auf die Risiken im Eigenbestand (also ohne Berücksichtigung von forfaitierten Verträgen). Insbesondere in Krisensituationen mit einem branchenübergreifenden Wirtschaftsabschwung können durch hohe Insolvenzvolumina sehr schnell existenzgefährdende Situationen für Leasingunternehmen entstehen, sofern die Risiken nicht abgewälzt werden können.

Das Insolvenzvolumen ist häufig ein wesentlicher Bestandteil für Stresstests bzw. auch für die „normale" oder darüber hinaus die „gestresste" Ermittlung der Risikotragfähigkeit. Anhand von Periodenvergleichen oder auch Hochrechnungen bzw. Extrapolationen sowie Forecasts können wichtige Steuerungsimpulse, beispielsweise ein erhöhter Risikoaufschlag für neu kontrahierte Verträge oder die Beschaffung zusätzlicher Liquidität durch die Ausweitung bestehender Kreditlinien, ergriffen werden.

Eine Sonderform der Insolvenzquote ist die sogenannte Rückzahlungsquote. Diese gibt an, wie hoch der Anteil der ordnungsgemäß bedienten Forderungen ist:

Rückzahlungsquote

$$= 1 ./. \left(\frac{\text{Volumen an ausgefallenen Forderungen}}{\text{Gesamtbestand der Forderungen}}\right) \cdot 100\%$$

Interpretation

Ein niedriges Insolvenzvolumen kann zum einen ein Indiz für eine besonders gute Bonitätseinstufung im Zuge der Engagementprüfung vor Abschluss des Leasingvertrags und eine besonders gut funktionierende und an die Rahmenbedingungen angepasste Kreditpolitik sein. Zum anderen kann ein niedriges Insolvenzvolumen aber auch eine trügerische Sicherheit hervorrufen. Dies ist insbesondere in konjunkturellen Aufschwung- bzw. Boom-Phasen zu beobachten, in denen traditionell nur wenige Unternehmen in Existenznot geraten.

Den Erfolg eines Unternehmens anhand nur einer stichtagsbezogenen Insolvenzkennzahl, ohne Berücksichtigung einer gewissen Zeitreihe und weiterer Rahmenbedingungen wie der Insolvenzanfälligkeit der Hauptzielgruppe, der regionalen Ausrichtung etc., festzumachen, greift damit deutlich zu kurz.

Wie sich in den unterschiedlichsten geschäftspolitischen Ausrichtungen der zahlreichen Leasinggesellschaften zeigt, gibt es zudem unterschiedliche Auffassungen über den Umgang mit Insolvenzen. So gibt es beispielsweise Institute, die bereits im Vorfeld eine Insolvenzquote von 10-15% oder mehr in ihren Margen „einpreisen", während wiederum andere Institute nach einer Null-Insolvenzquote streben.

Die Höhe des Insolvenzvolumens sollte also unbedingt in Verbindung mit den Vorbeugungs- bzw. Präventions- und Minderungsmaßnahmen beurteilt werden. So kann beispielsweise über eine Rückkaufgarantie des Herstellers beim Ausfall des Leasingnehmers, über eine Bürgschaftsgarantie eines bonitätsmäßig besseren Unternehmens, über eine Kreditversicherung, die Schäden aus Forderungsausfällen übernimmt sowie durch ein risikoadjustiertes Pricing, bei dem bereits in der Marge ein Aufschlag für ein erhöhtes Insolvenzrisiko beinhaltet ist, das Adressenausfallrisiko entweder komplett auf Dritte übergewälzt oder zumindest gemindert bzw. bereits im Vorfeld miteinkalkuliert werden.

Beispiel

Der Forderungsbestand im gesamten Portfolio des Leasingunternehmens beläuft sich auf 550 Mio. EUR. Durch einen dramatischen wirtschaftlichen Einbruch fallen insbesondere zahlreiche Kunden aus der Hauptzielgruppe, der Automobilindustrie und des Maschinenbaus, aus. Insgesamt beläuft sich das kumulierte Volumen der ausgefallenen Forderungen auf 50,0 Mio. EUR für das gesamte Jahr.

Das Insolvenzvolumen beträgt damit 50,0 Mio. EUR bzw. 9,10% p.a. des Restobligos.

Grenzen der Aussagekraft

Der Fokus des Insolvenzvolumens ist grundsätzlich rein vergangenheitsorientiert. Für eine effektive Steuerung sollte diese Kenngröße deshalb unbedingt in Verbindung mit weiteren, zukunftsorientierten Kennzahlen kombiniert werden.

In Verbindung mit Frühwarnindikatoren bzw. sogenannten early signals, die auf eine erhöhte Insolvenzwahrscheinlichkeit hindeuten können, wie beispielsweise Rücklastschriften bei den (Sach-)Versicherungen der Leasingobjekte, Kündigungen bzw. keine Neuaufnahme von Engagements des Kunden durch Garantiegeber oder Kreditversicherungen etc. kann das Adressenausfallrisiko und damit letztendlich auch das Insolvenzvolumen proaktiv gesteuert werden. Zu berücksichtigen ist allerdings, dass die meisten Leasinggesellschaften selbst im Falle von Rücklastschriften bei den Sachversicherungen oder Kündigungen von Garantiegebern kein Sonderkündigungsrecht für den zugrunde liegenden Leasing- oder Mietkaufvertrag haben. Dieses Sonderkündigungsrecht greift im Regelfall erst bei nicht fristgerecht und vollumfänglich entrichteten Leasingraten.

Gleichsam ist allerdings anzumerken, dass selbst durch die ausgereiftesten Verfahren und Methoden das Insolvenzrisiko nicht gänzlich auszuschalten ist.

Das Insolvenzvolumen beschränkt sich zudem nicht nur auf die Leasingnehmer, sondern umfasst auch beispielsweise den Ausfall von Lieferanten, bei denen Anzahlungen geleistet wurden. Häufig wird zwar das Risiko der Lieferunfähigkeit bei geleisteten Anzahlungen auf den Leasingnehmer zu überwälzen versucht, was allerdings nicht immer gelingt. Zum einen kann es vorkommen, dass auch beim Leasingnehmer kein Regress zu holen ist und dieser im schlimmsten Fall auch Zahlungsunfähigkeit anmeldet oder aber die Verträge zur Überwälzung des Risikos keinen rechtlichen Bestand haben.

Beeinflussungsmöglichkeiten

In der Praxis haben sich mehrere Möglichkeiten zur Beeinflussung des Adressenausfallrisikos etabliert. Zuvorderst ist natürlich die zumeist ratingbasierte Kreditentscheidung zu nennen, auf Basis dessen im Anbahnungsprozess zum einen eine grundsätzliche Entscheidung über die Aufnahme einer Geschäftsbeziehung und damit über den Abschluss eines Leasingvertrags gefällt wird. Zum anderen werden häufig in diesem Schritt Vorgaben für einen mindestens zu erreichenden Erlös bzw. eine Mindestbarwertmarge festgelegt.

Ein weiterer wesentlicher Bestandteil bei der Beurteilung des Insolvenzvolumens ist zudem die Werthaltigkeit bzw. die Fungibilität des Leasingobjekts. So kann es bei einem äußerst werthaltigen Objekt durchaus vorkommen, dass durch den Ausfall eines Leasingnehmers für die Leasinggesellschaft nur ein geringer oder gar kein Verlust entsteht. Neben dem Insolvenzvolumen sollte deshalb auch der Verwertungsminder- bzw. -mehrerlös berücksichtigt werden.

Datenherkunft

Das Insolvenzvolumen kann zumeist relativ einfach vom Finanz- und Rechnungswesen bzw. der Inkasso- oder Debitorenabteilung ermittelt werden.

Angrenzende Kennzahlen

vgl. Ausfallwahrscheinlichkeit; Verlust, erwarteter

Intensivbetreuungsanteil (in %)

→ *vgl. hierzu*: Mahnstufenindex

IRB-Ansatz, fortschrittlicher

→ *vgl. hierzu*: Ausfallwahrscheinlichkeit; Verlust, erwarteter

IRB-Basisansatz

→ *vgl. hierzu*: Ausfallwahrscheinlichkeit

IT-Ausfallquote (in %)

Die IT-Ausfallquote stellt die kumulierte Ausfallzeit im Betrachtungszeitraum ins Verhältnis zur gesamten Arbeitszeit der Periode.

IT-Ausfallquote

$$= \frac{\text{IT-Ausfallzeit im Betrachtungszeitraum}}{\text{Gesamtarbeitszeit im Betrachtungszeitraum}} \cdot 100\%$$

Aussagekraft

Die IT-Ausfallquote misst die Zuverlässigkeit des innerbetrieblichen IT-Systems. Häufig wird die IT-Ausfallquote auch zur Systemverfügbarkeit im weiteren Sinne gezählt, unter der auch Versorgungsstörungen der Hard- und Software sowie der Telekommunikation subsumiert werden.

Neben Fehlern bei der Hard- und Software entstehen IT-Ausfälle insbesondere durch regelmäßige System-Updates sowie Systemwiederherstellungen und Neustarts der Informationstechnologie (IT). Darüber hinaus können Versorgungsengpässe der IT auch durch externe Einflüsse, wie gezielte Angriffe auf die Systemsicherheit durch Hacker oder Viren, mit dem Ziel des Diebstahls von Informationen oder des Hervorrufens von Versorgungsstörungen, entstehen.

Interpretation

Die IT-Ausfallquote ist ein wesentlicher Indikator für die Messung des Systemrisikos sowie des externen Risikos, die beide zu den operationellen Risiken gezählt werden. Die IT ist in den meisten Leasinggesellschaften häufig die Achillesferse, wenn es um die Systemverfügbarkeit und generell die Versorgung der Leasinggesellschaft geht.

Darüber hinaus können Versorgungsausfälle im Allgemeinen aber auch durch den Ausfall der Telekommunikation, des öffentlichen Nah- und Fernverkehrs sowie der Kraftfahrzeuge, die insbesondere für den Außendienst von zentraler Bedeutung sind, hervorgerufen werden.

Die Kosten für die IT-Ausfallzeit ermöglichen in Verbindung mit der IT-Ausfallquote eine valide Aussage über die durch Versorgungsausfälle entstandenen Schäden. Neben den reinen Kosten für die Behebung der Systemausfälle müssen hierbei insbesondere die Opportunitätskosten ermittelt werden. Hierunter fallen beispielsweise entgangene Erträge durch eine zu späte Angebotsabgabe, Schäden durch die Abwanderung verärgerter Kunden, Überstundenausgleich aufgrund nötiger Mehrarbeit durch den Systemausfall etc.

Beispiel

Die Gesamtarbeitszeit im Betrachtungszeitraum beläuft sich auf 960 Stunden. Hiervon kam es aufgrund von Systemausfällen sowie von unvermeidbaren Updates zu einem IT-Ausfall von insgesamt 19 Stunden.

Die IT-Ausfallquote beträgt damit 1,98%.

Grenzen der Aussagekraft

Die IT- bzw. allgemein die System-Ausfallquote kann nur begrenzt isoliert als Steuerungskennzahl herangezogen werden. So kann anhand der Ausfallquote keine Aussage über die Gründe sowie die Kosten, die mit dem Ausfall verbunden sind, getroffen werden. Die Ursachen bilden die Grundlage für die Ableitung konkreter Maßnahmen, durch die aufgetretene systemische Lücken geschlossen werden sollen und die Zuverlässigkeit nachhaltig gesteigert werden soll.

Daneben kann erst durch die Quantifizierung der Verluste in Form von Kosten eine valide Aussage über die Verlustintensität getroffen werden. So kann es beispielsweise aus Kostensicht günstiger sein, eine gewisse System-Ausfallzeit in Kauf zu nehmen, als die hohen Verfügbarkeitskosten für eine Hochverfügbarkeit zu tragen, die mit einer Ausfallquote nahe 0% verbunden sind.

Beeinflussungsmöglichkeiten

Die Ausfallquote wird häufig durch entsprechende Rahmenvereinbarungen mit IT- bzw. allgemein mit System-Dienstleistern minimiert. Diese garantieren eine regelmäßige Wartung außerhalb der Kernarbeitszeiten und ermöglichen im Falle eines Systemausfalls eine möglichst geringe Wiederanlaufzeit der operativen Prozesse. Durch eine Absicherung oder mögliche Ausweichkapazitäten in Verbindung mit Notfallplänen können die Wiederanlaufzeit bzw. die Ausfallquote allgemein und der damit verbundene Verlust weiter minimiert werden.

Je nach Sicherheitsstand und Einbindung mit Geschäftspartnern werden teilweise auch IT-Audits oder ISO-Zertifizierungen verlangt bzw. können auf freiwilliger Basis durchgeführt werden und führen dann zu einem Vorteil im Vergleich zu Wettbewerbern ohne eine solche Prüfung.

Datenherkunft

Die Daten über Systemausfälle werden häufig in einer Schadensfall-Datenbank für operationelle Risiken oder einer eigenen Datenbank für Systemausfälle festgehalten. Hierbei werden neben den Gründen insbesondere auch die Dauer sowie die eingeleiteten Maßnahmen und Verantwortlichkeiten dokumentiert.

Im Falle eines starken Anstiegs der Ausfallquote dient diese Datenbank dazu, Verbesserungspotenziale sowie insbesondere bestehende Schwachstellen zu identifizieren und entsprechende Gegenmaßnahmen zu ergreifen.

Angrenzende Kennzahlen

vgl. Total Blackout Index

IT-Zuverlässigkeit (in %)

→ *vgl. hierzu*: IT-Ausfallquote

Jahresergebnis (in EUR)

Das Jahresergebnis ergibt sich als das Ergebnis der Gewinn- und Verlustrechnung (GuV) bzw. als Differenz aus den Erträgen und Aufwendungen im Betrachtungszeitraum. Eine positive Differenz wird als Jahresüberschuss bezeichnet, während eine negative Differenz als Jahresfehlbetrag bezeichnet wird.

Jahresergebnis	
=	Ergebnis der Gewinn- und Verlustrechnung
Jahresergebnis *(alternativ)*	
=	Erträge ./. Aufwendungen eines Geschäftsjahres

Aussagekraft

Anhand des Jahresergebnisses können der Erfolg und allgemein die Ertragskraft eines Unternehmens in einer abgegrenzten Periode ermittelt werden. Das Jahresergebnis entsteht aus der Summe des Ergebnisses aus der gewöhnlichen Geschäftstätigkeit zuzüglich dem außerordentlichen Ergebnis abzüglich Einkommens- und/oder Ertragssteuern.

Die Aussagekraft des Jahresergebnisses wird häufig höher eingeschätzt als etwa die des Bilanzgewinns oder -verlusts, da in diesen erhebliche Gestaltungsspielräume, beispielsweise durch Gewinn und/oder Verlustvorträge sowie insbesondere durch Entnahmen oder Einstellungen von Rücklagen, für geschäftspolitische Beeinflussungen bestehen.

Der Übergang vom Jahresergebnis zum Bilanzgewinn/-verlust gestaltet sich wie folgt:

Jahresergebnis	
+/./.	Gewinn-/Verlustvortrag aus dem Vorjahr
+	Entnahmen aus der Kapitalrücklage
+	Entnahmen aus Gewinnrücklagen
./.	Einstellungen in die Gewinnrücklagen
=	**Bilanzgewinn/-verlust**

Interpretation

Das Ziel der meisten Institute ist ein möglichst hohes Jahresergebnis, um hierdurch zukünftige Investitionen aber auch mögliche Gewinnausschüttungen an die Gesellschafter vornehmen zu können.

Das Jahresergebnis hängt allerdings wesentlich von der strategischen Ausrichtung eines Leasingunternehmens ab. So kann auch ein niedriges oder gar negatives Jahresergebnis in Kauf genommen werden, etwa aufgrund eines breit angelegten Wachstums, zahlreicher Investitionen oder auch Fusionen oder Übernahmen, wenn hierdurch der langfristige Erfolg nicht gefährdet bzw. im Idealfall sogar nachhaltig gesichert wird.

Anhand insbesondere der Entwicklung des Jahresergebnisses kann häufig eine erste Einschätzung der Wirtschaftslage eines Instituts vorgenommen werden. Für eine tiefergehende Information müssen allerdings noch weitere Daten herangezogen werden, insbesondere auch die Entwicklung des Substanzwerts und damit auch die Höhe der vorhandenen und neu gebildeten stillen Reserven.

Beispiel

Eine Leasinggesellschaft verbuchte gemäß ihrer Gewinn- und Verlustrechnung für das Geschäftsjahr kumulierte Erträge in Höhe von 320 Mio. EUR und Aufwendungen in Höhe von 318 Mio. EUR.

Das Jahresergebnis bzw. der Jahresüberschuss beträgt damit 2 Mio. EUR.

Grenzen der Aussagekraft

Das Jahresergebnis ermöglicht nur einen begrenzten Einblick in die tatsächliche Profitabilität einer Leasinggesellschaft. Dies liegt insbesondere an den Verwerfungen zwischen den Erträgen und Aufwendungen eines Leasingvertrags über die gesamte Vertragslaufzeit. So kommt es insbesondere aufgrund der gewählten Abschreibungsart sowie der zugrunde liegenden Refinanzierungsart häufig zu erheblichen Beeinflussungen des Aufwands- und Ertragsverlaufs. Der Aufwandsverlauf in Form der Abschreibungen oder Zinsaufwendungen gestaltet sich nicht selten degressiv, während sich der

Ertragsverlauf in Form der Erlöse aus den Leasingraten zumeist linear gestaltet. Hierdurch kommt es zu Aufwandsüberhängen, die sich erst im Zeitablauf ausgleichen. Die tatsächlichen Auswirkungen von in der aktuellen Periode abgeschlossenen Verträgen sind damit also vollumfänglich erst in späteren Perioden und nicht selten nur allmählich sichtbar.

Als Ergänzung zum Jahresergebnis sollte deshalb unbedingt die Substanzwertrechnung herangezogen werden. Erst dann kann eine Aussage über die Ertragsstärke bzw. die Profitabilität einer Leasinggesellschaft getroffen werden.

Beeinflussungsmöglichkeiten

Das Jahresergebnis ist wesentlich von den realisierten Aufwendungen und Erträgen im Betrachtungszeitraum abhängig. So hat beispielsweise die Höhe der Abschreibungen einen ebenso hohen Einfluss auf die Aufwendungen und Erträge in der GuV und damit auf das Jahresergebnis wie der Zinsverlauf der Darlehenszinsen oder der Verlauf der Leasingraten.

Darüber hinaus wird das Jahresergebnis stark von getätigten bzw. auch ausgesetzten Investitionen geprägt sowie vom kontrahierten bzw. aktivierten Neugeschäftsvolumen.

Datenherkunft

Die Daten für die Ermittlung des Jahresergebnisses können vom Finanz- und Rechnungswesen bzw. genauer gesagt von der Bilanzierungsabteilung bereitgestellt werden. So bildet die Gewinn- und Verlustrechnung (GuV) die Grundlage für das Jahresergebnis. Anhand der Summe der Aufwendungen und Erträge bzw. anhand der Ermittlung des GuV-Ergebnisses kann relativ einfach das entsprechende Jahresergebnis ermittelt werden.

Angrenzende Kennzahlen

vgl. Substanzwert nach dem BDL-Schema

Jahresfehlbetrag (in EUR)

→ *vgl. hierzu*: Jahresergebnis

Jahresüberschuss (in EUR)

→ *vgl. hierzu*: Jahresergebnis

K

C. Glaser, *Leasing A – Z*, https://doi.org/10.1007/978-3-658-31839-0_8

Kapitaldienstfähigkeit (in EUR)

Die Kapitaldienstfähigkeit ermittelt die nach Abzug aller Belastungen zur Verfügung stehenden finanziellen Mittel, um sowohl Zinsen als auch Tilgungsraten für Kredite bzw. Leasingverträge bezahlen zu können. Die Kapitaldienstfähigkeit lässt sich typischerweise entweder über das EBITDA oder über den Cashflow ermitteln (vgl. Riebell 2015, S. 958 ff.).

Kapitaldienstfähigkeit (*mittels EBITDA*)

EBITDA

./. Gewinnausschüttung/Entnahmen

./. Ertragsteuern

= Kapitaldienstgrenze

./. Zinsaufwand

= Liquidität für Reinvestitionen

./. Tilgung vorhandener Verbindlichkeiten

= *Kapitaldienstfähigkeitsgrenze*

Kapitaldienstfähigkeit (*mittels Cashflow*)

Erfolgswirksamer Cashflow (vor Einkommens- und/oder Ertragsteuern)

+ Zinsaufwand (u. a. ohne Zinsen für Gesellschafter)

= Erweiterter erfolgswirksamer Cashflow

./. Leistungen an Gesellschafter/Mindestentnahmen

= Erweiterter erfolgswirksamer Cashflow nach Leistungen an Gesellschafter/Entnahmen

./. Angepasste Einkommens-/Ertragsteuern (35 %)

= Kapitaldienstgrenze vor Ersatzinvestitionen

./. Ersatzinvestitionen

= Kapitaldienstgrenze I

mit Kapitaldienstgrenze ./. Zinsaufwand ./. Tilgung > 0

Aussagekraft

Neben dem Rating ist die Kapitaldienstfähigkeit die zweite wesentliche Grundlage bei der Engagementprüfung der eingehenden Leasinganfragen für eine jede Leasinggesellschaft. Die Kapitaldienstfähigkeit versucht die Frage zu beantworten, ob der Kunde und zukünftige Leasingnehmer auf Dauer eine pünktliche und vollständige Rückzahlung der Leasingraten (Zins- und Tilgung) leisten kann.

Gemäß den Mindestanforderungen an das Risikomanagement (MaRisk) müssen Leasinggesellschaften im risikorelevanten Geschäft die Kapitaldienstfähigkeit für das angefragte Engagement zwingend ermitteln. Im nicht-risikorelevanten Geschäft kann auf die Ermittlung der Kapitaldienstfähigkeit risikoangemessen entweder ganz verzichtet werden oder sie kann zum Beispiel durch ein Scoring-Verfahren ersetzt werden.

Die Unterscheidung zwischen risikorelevantem und nicht-risikorelevantem Geschäft wird typischerweise mittels der Risikotragfähigkeitsrechnung getroffen und kalibriert.

Interpretation

Die Kapitaldienstfähigkeit wird typischerweise ins Verhältnis zum angefragten Leasingvolumen und der daraus erwarteten Zins- und Tilgungszahlungen gesetzt. Die Kapitaldienstgrenze muss dabei nach Abzug von Zins und Tilgung zwingend positiv sein, ansonsten kann der Kunde die angefragte Finanzierung nicht fristgerecht und vollumfänglich bedienen.

Häufig wird die Auslastung der Kapitaldienstfähigkeitsgrenze auch prozentual ermittelt, indem das angefragte Leasingvolumen durch die Kapitaldienstfähigkeitsgrenze dividiert wird. Ein Wert von über 100 % bedeutet dabei, dass der Kunde das angefragte Leasingvolumen nicht bedienen kann. Werte zwischen 0 und 50 % zeugen typischerweise von einer sehr guten Kapitaldienstfähigkeit im Verhältnis zum angefragten Leasingvolumen, ab 90 % wird es bereits kritischer und die meisten Leasinggesellschaften erteilen keine Genehmigung der Anfrage, sofern keine weiteren Sicherheiten, etwa Ausfallgarantien, Bürgschaften etc., gestellt werden.

Auslastung der Kapitaldienstfähigkeitsgrenze

$$= \frac{\text{Angefragtes Leasingvolumen}}{\text{Kapitaldienstfähigkeitsgrenze}} \cdot 100\%$$

0 - 50 %	sehr gut
50,1 - 60 %	gut
60,1 - 70 %	befriedigend
70,1 - 80 %	ausreichend
80,1 - 90 %	vertretbar
90,1 - 95 %	kritisch
≥ 95,1	sehr kritisch

Beispiel

Der Gewinn ohne Berücksichtigung von Zinsen, Steuern, Abschreibungen und sonstigen Finanzierungsaufwendungen (EBITDA) des Kunden entspricht dem nachhaltig operativen Cashflow vor Steuern und beläuft sich auf 500 TEUR. Die Gewinnausschüttungen und Ertragsteuern belaufen sich auf 105 TEUR. Der Zinsaufwand beträgt 25 TEUR und die Tilgung vorhandener Verbindlichkeiten 220 TEUR. Das angefragte Leasingvolumen beträgt 70 TEUR.

Die Kapitaldienstgrenze beträgt 500 TEUR ./. 105 TEUR = 395 TEUR.

Die Kapitaldienstfähigkeitsgrenze wiederum beträgt 395 TEUR ./. 25 TEUR ./. 220 TEUR = 150 TEUR.

Die Auslastung der Kapitaldienstfähigkeitsgrenze beläuft sich auf 75 TEUR / 150 TEUR = 50,0 %.

Grenzen der Aussagekraft

Die Kapitaldienstfähigkeit allein ermöglicht noch keine Aussage über die Sicherheit der Rückzahlung, denn selbst bei einer heute sehr guten Kapitaldienstfähigkeit kann es aufgrund strategischer Fehlentscheidungen schnell zur Situation kommen, dass die Rentabilität und damit auch die zukünftigen Erträge einbrechen. Aus diesem Grund ist es umso wichtiger, dass im Engagementprüfungsprozess sehr genau auf die Nachhaltigkeit des Geschäftsmodells und weiterer qualitativer Faktoren geachtet wird. Allein der rein rechnerisch anhand von Vergangenheitswerten des Jahresabschlusses ermittelte Cashflow ist nicht ausreichend für eine valide Zukunftsprognose.

Beeinflussungsmöglichkeiten

Die Kapitaldienstfähigkeit hängt von zwei zentralen Faktoren ab: einerseits von den Einflussparametern auf den Cashflow und andererseits von der Höhe des angefragten Leasingvolumens. Beide Kenngrößen liegen im Einflussbereich des Kunden. Einerseits kann der Cashflow durch die Geschäftslage, Rentabilität und auch die Investitionstätigkeit beeinflusst werden, andererseits hängt das angefragte Leasingvolumen maßgeblich davon ab, wie hoch eventuelle An- und Sonderzahlungen sind, die vom Kunden bereits im Vorfeld geleistet werden oder auch wie hoch eventuelle Zusatzsicherheiten sind und welche Art von Zusatzsicherheiten es sind (z. B. Kautionen, Bürgschaften, Kreditversicherungen, Rücknahmevereinbarungen etc.).

Datenherkunft

Die Kapitaldienstfähigkeit wird typischerweise auf Basis von Jahresabschlüssen, betriebswirtschaftlichen Auswertungen (BWA) und/oder Planzahlen erstellt. Klassisch ist die Ermittlung mittels Jahresabschlussdaten, wobei unterjährig häufig zusätzlich noch ein Vergleich mit einer aktuellen BWA herangezogen wird. Da für die Kapitaldienstfähigkeit insbesondere die zukünftige Entwicklung sehr wichtig ist, werden häufig auch noch Planzahlen herangezogen und die Kapitaldienstfähigkeit auf deren Basis ergänzend berechnet.

Der zentrale Bestandteil der Kapitaldienstfähigkeit ist sicherlich der Cashflow. Dieser kann der Kapitalflussrechnung des Kunden entnommen werden, sofern eine solche gesondert aufgestellt wird. Wenn keine gesonderte Kapitalflussrechnung existiert, muss diese von der Leasinggesellschaft erstellt werden oder zumindest sollte anhand der Informationen von Bilanz und Gewinn- und Verlustrechnung ein operativer Cashflow überschlägig berechnet werden.

Angrenzende Kennzahlen

vgl. Cashflow, barwertiger

Kapitalkosten (in %)

→ *vgl.* Eigenkapitalkostensatz

Kapitalrentabilität (in %)

→ *vgl.* hierzu: Gesamtkapitalrentabilität

Klickrate (in %)

→ *vgl. hierzu*: Öffnungsrate

Know-how-Träger-Quote (in %)

Die Know-how-Träger-Quote stellt die Anzahl der als Know-how-Träger identifizierten Mitarbeiter ins Verhältnis zur Gesamtanzahl der Mitarbeiter.

Know-how-Träger-Quote

$$= \frac{\text{Anzahl der Mitarbeiter mit Know-how-Träger-Status}}{\text{Gesamtanzahl der Mitarbeiter}} \cdot 100\%$$

Aussagekraft

Ein Großteil des für eine Leasinggesellschaft notwendigen Wissens ist erfahrungsabhängig und personengebunden. So weisen in besonderem Maße ältere Mitarbeiter mit einer langen Betriebszugehörigkeit ein tiefgreifendes Know-how auf. Durch den Verlust von Know-how-Trägern kann es sehr schnell zu erheblichen wirtschaftlichen Nachteilen und Problemen insbesondere bei wissensintensiven und in der Regel langfristig angelegten Projekten und Weiterentwicklungen mit einer erheblichen strategischen Reichweite kommen.

Der Abgang von Know-how-Trägern kann sich auch auf das Betriebsklima auswirken. Neben Irritationen und Verunsicherungen im harmlosesten Fall kommt es nicht selten auch zu weiteren Abgängen bei den zurückgebliebenen Kollegen. Insbesondere beim Wechsel von leitenden Angestellten bzw. Führungskräften wird nicht selten eine Kettenreaktion ausgelöst. Häufig nehmen Führungskräfte bei einem Wechsel gleich einige vertraute Mitarbeiter zu ihrem neuen Arbeitgeber mit.

Im Vertrieb wiederum wirken sich langjährige Beziehungen und ein hohes Vertriebs-Know-how in den meisten Fällen direkt auf das Abschlussvolumen und die erzielte Barwertmarge aus. Bei einem Abgang oder einem Ausfall eines Know-how-Trägers im Vertrieb ist dies regelmäßig zumindest anfänglich sehr stark im Vertriebserfolg ablesbar.

Interpretation

Das Ziel der Ermittlung der Know-how-Träger-Quote besteht nicht primär darin, eine mögliche Vergleichskennzahl für instituts- und abteilungsübergreifende Vergleiche zu liefern, sondern vielmehr die Abhängigkeit von einzelnen Leistungs- und Wissensträgern aufzuzeigen.

Durch eine entsprechende Sensibilisierung für besonders Know-how-Träger-lastige Bereiche und Prozesse sollen frühzeitig Maßnahmen zur breiteren Streuung und Multiplikation des Wissens ergriffen werden. Ansonsten besteht bei einer hohen Know-how-Träger-Quote insbesondere durch den Ausfall oder den Abgang von Know-how-Trägern die Gefahr von erheblichen Verlusten, nicht nur Wissensverlusten, sondern letztendlich auch finanziellen Schäden durch - zumindest häufig in der Anfangsphase - nicht adäquat durchführbare Prozesse.

Ein hoher Know-how-Träger-Anteil kann auf der anderen Seite aber auch ein Zeichen für die Wertschätzung der Mitarbeiter sein. So steigen bei einigen Mitarbeitern durch die Übernahme von unternehmerischer Verantwortung und gleichzeitig einem hohen Maß an individueller Entscheidungsfreiheit neben der Zufriedenheit auch die Loyalität und die Motivation, sich ständig weiterzuentwickeln und sich ein Expertenwissen aufzubauen.

Beispiel

Ein Institut hat insgesamt 90 Mitarbeiterinnen und Mitarbeiter, wovon 14 den Status eines Know-how-Trägers aufgrund ihres nicht adäquat zu ersetzenden Fach- und Spezialwissens, aber auch aufgrund ihrer Kontakte innerhalb und außerhalb des Unternehmens, innehaben.

Die Know-how-Träger-Quote beträgt damit 15,6%.

Grenzen der Aussagekraft

Die Aussagekraft der Know-how-Träger-Quote ist aufgrund der sehr unterschiedlichen Definitionen nur sehr begrenzt. Insbesondere ein institutsübergreifender, teilweise sogar ein abteilungs- bzw. funktionsübergreifender Vergleich ist durch das unterschiedliche Verständnis eines Know-how-Trägers deshalb nicht möglich.

Außerdem ist insbesondere bei kleinen und mittleren Leasinggesellschaften der Know-how-Träger-Anteil aufgrund der geringen Personaldecke und -dichte in der Regel automatisch höher als dies bei den meisten größeren und auf zahlreichen Positionen mehrfach besetzten Leasinggesellschaften der Fall ist.

Beeinflussungsmöglichkeiten

Im Falle eines hohen Know-how-Träger-Anteils sollten entsprechende Vorbeugemaßnahmen ergriffen werden, die die Abhängigkeit des Erfolgs von wenigen handelnden Personen verringern. Neben einer angemessenen und ständig aktualisierten Dokumentation der wesentlichen Prozessabläufe sollte auch eine regelmäßige Durchsprache mit den fachlichen Kollegen stattfinden, um das Know-how breiter zu streuen und eine zu starke Know-how-Häufung zu vermeiden.

Auf der anderen Seite kann es auch das Ziel sein, die Know-how-Träger-Quote durch die Einstellung bzw. die Ausbildung von hoch qualifizierten Mitarbeitern weiter auszubauen. Erst durch den Aufbau von Expertenwissen ist es in den meisten Bereichen möglich, sich einen Wettbewerbsvorteil zu erarbeiten. Bei einer breiten Streuung des

Wissens wiederum muss neben einem erhöhten Zeitaufwand insbesondere auch mit dem Verlust von Spezialwissen gerechnet werden.

Datenherkunft

Der Status des Know-how-Trägers wird häufig nur für interne und vertrauliche Auswertungen von der Geschäftsleitung vergeben. Dies soll verhindern, dass beispielsweise Head Hunter gezielt an die Know-how-Träger des Unternehmens herantreten und diese abwerben können.

Die Gesamtanzahl der Mitarbeiter hält die Personalabteilung bereit, während die Anzahl der Know-how-Träger von der Personalabteilung oder nur direkt von der Geschäftsleitung ermittelt werden kann.

Angrenzende Kennzahlen

vgl. Fluktuationsquote

Kongruenzfinanzierungsgrad (in %)

Der Kongruenzfinanzierungsgrad gibt den Anteil der laufzeitkongruent gegenfinanzierten Leasingverträge im Verhältnis zum Gesamtbestand aller Leasingverträge an.

Kongruenzfinanzierungsgrad

$$= \frac{\text{laufzeitkongruent gegenfinanzierte Leasingverträge}}{\text{Gesamtbestand aller Leasingverträge}} \cdot 100\%$$

Aussagekraft

Zur Ausschaltung beziehungsweise zumindest zur Minimierung von Liquiditäts- und Zinsänderungsrisiken finanzieren die meisten Leasinggesellschaften einen Großteil ihrer Leasing- und Mietkaufverträge durch die Aufnahme von Darlehen mit einer an die Grundmietzeit angepassten Laufzeit oder durch Forfaitierung.

Hierdurch werden die Auszahlungen der Leasinggesellschaft für die Refinanzierung und die Einzahlungen in Form der Leasingraten entsprechend harmonisiert, wie die folgende Abbildung 2.2 zeigt.

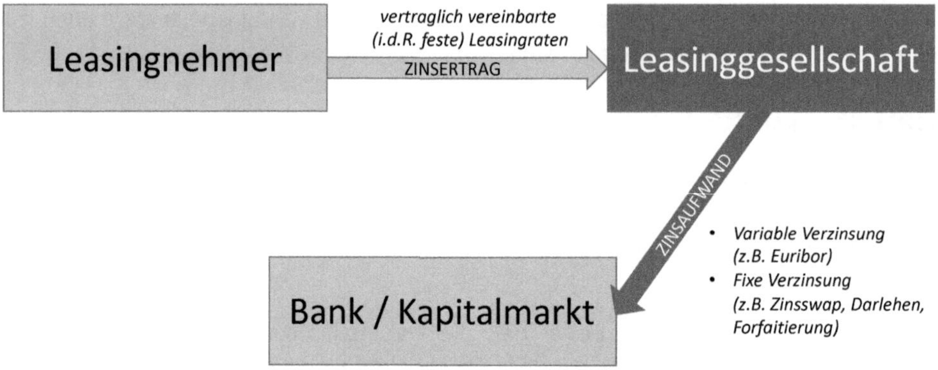

Abb.2.2 Zahlungsströme im Dreieck Leasingnehmer-Leasinggesellschaft-Kapitalmarkt/Bank

Quelle: Eigene Darstellung.

Interpretation

Solide und in der Regel auch risikoavers finanzierende Leasinggesellschaften stellen häufig einen hohen Kongruenzfinanzierungsgrad für ihr Leasingportfolio sicher. Durch eine laufzeitkongruente Refinanzierung wird gewährleistet, dass sich die Marge der Leasinggesellschaft auch bei steigenden Kapitalmarktzinsen nicht verändert. Bei nicht laufzeitkongruenter Refinanzierung stehen die Leasingraten als im Voraus vereinbarte und fest fixierte Zahlungen (fixer Zinsstrom) fest, während die Finanzierungskosten als variabler Teil (variabler Zinsstrom) abhängig von den Geld- bzw. Kapitalmarktzinsen sind.

Beispiel

Die Leasinggesellschaft besitzt ein Leasingportfolio mit einem Volumen von 550 Mio. EUR Restobligo. Hiervon sind 100 Mio. EUR über laufzeitkongruente Darlehen refinanziert und nochmals 250 Mio. EUR forfaitiert.

Der Kongruenzfinanzierungsgrad beträgt damit 63,6%.

Grenzen der Aussagekraft

Die Ziele, die häufig durch eine laufzeitkongruente Refinanzierung der Leasingverträge verfolgt werden, können im Regelfall auch durch andere Mittel erreicht werden. So kann beispielsweise das Zinsänderungsrisiko unter anderem durch entsprechende Zinssicherungsmaßnahmen wie Derivate bzw. Zinsswaps ausgeschlossen oder das Liquiditätsrisiko durch entsprechende Liquiditätsreserven oder Liquiditätslinien zumindest reduziert werden.

Beeinflussungsmöglichkeiten

Der Kongruenzfinanzierungsgrad kann insbesondere durch die Aufnahme von Darlehen mit derselben Laufzeit wie beim zugrunde liegenden Leasing- oder Mietkaufvertrag bzw. durch einen Abschluss von Forfaitierungen erreicht werden.

Es muss allerdings auch berücksichtigt werden, dass je nach Marktlage der Kongruenzfinanzierungsgrad unterschiedlich hoch eingestuft wird. In einer Phase beispielsweise mit sinkenden Kapitalmarktzinssätzen wird häufig versucht, noch zusätzliche Erträge durch den erhöhten → *Zinsspread* zwischen dem internen Zinssatz und dem Refinanzierungszinssatz zu erzielen und „auf der Zinsstrukturkurve zu reiten".

In einer Phase mit steigenden Marktzinssätzen kommt dem Kongruenzfinanzierungsgrad oder den Zinssicherungsmaßnahmen eine wachsende Bedeutung zu.

Datenherkunft

Der Kongruenzfinanzierungsgrad kann häufig über das Treasury oder anhand des Anteils an Darlehen, die laufzeitkongruent zu bestimmten Leasingverträgen abgeschlossen sind sowie dem Forfaitierungsanteil, ermittelt werden.

Angrenzende Kennzahlen

vgl. Forfaitierungsquote; Zinsspread

Konkurrenzstruktur (in %)

→ *vgl. hierzu*: Marktanteil; Markteintrittsbarrieren-Index; Wettbewerbsintensität

Kontakthäufigkeit

Die Kontakthäufigkeit ermittelt die Anzahl der Kontaktpunkte des Kunden mit insbesondere einem Vertriebsmitarbeiter des Instituts innerhalb eines Betrachtungszeitraums.

Kontakthäufigkeit	
=	Anzahl an Kontaktpunkten des Kunden mit der Leasinggesellschaft *[innerhalb eines Betrachtungszeitraums]*

Aussagekraft

Die Kontakthäufigkeit bezeichnet allgemein die Menge der Kontaktpunkte mit der Leasinggesellschaft. Häufig werden auch insbesondere für die Ermittlung der Effektivität von Werbemaßnahmen die Kontaktpunkte der Werbung mit Unternehmen oder

Personen der Zielgruppe ermittelt. Im Folgenden wird allerdings lediglich auf die Kontakthäufigkeit zwischen einem bestehenden Kunden und dem jeweiligen Vertriebsmitarbeiter abgestellt.

Interpretation

Die Kontakthäufigkeit gibt einen groben Überblick über die Betreuungsintensität der einzelnen Kunden durch den zuständigen Vertriebsmitarbeiter. Es wird häufig ein positiver Zusammenhang zwischen der Kontakthäufigkeit eines Vertriebsmitarbeiters mit einem seiner Kunden und dessen Zufriedenheit und Loyalität unterstellt. Gut betreute und zufriedene Kunden sind häufig zudem eher dazu geneigt, weniger preissensibel zu sein und ein höheres Abschlussvolumen zu generieren.

Insbesondere im Periodenvergleich sowie im Vergleich der Kontakthäufigkeiten bei Kunden mit einem hohen Neuvertragsvolumen sowie Kunden mit einem nur niedrigen oder gar rückläufigen Volumen (→ *vgl. Nullkundenquote* oder → *vgl. Minuskundenquote*) können Schwachstellen oder Optimierungspotenziale für eine noch bessere Kundenbetreuung ermittelt werden.

So wird die Kontakthäufigkeit zumeist in Verbindung mit der Nullkundenquote beurteilt. Nicht selten zeigt sich bei einer genaueren Betrachtung, dass sich die Vertriebsmitarbeiter manchmal viel zu sehr auf die Akquisition von Neukunden konzentrieren und dabei die Betreuung der Bestandskunden vernachlässigen. Dementsprechend folgt auf die anfängliche Euphorie und hohe Kontakthäufigkeit mit dem Kunden nicht selten eine gewisse Lethargie bei der Betreuung, die auch der Kunde spürt.

Beispiel

Ein Vertriebsmitarbeiter hat mit dem Ansprechpartner seines größten und potenzialstärksten Kunden in 14-tägigem Rhythmus telefonischen Kontakt und alle 2 Monate zusätzlich persönlich in Form eines Besuchstermins.

Die Kontakthäufigkeit in einem Zeitraum von 6 Monaten umfasst damit also 15 Kontaktpunkte (12 telefonische und 3 persönliche Kontakte).

Grenzen der Aussagekraft

Die Kontakthäufigkeit per se ermöglicht keine Aussage darüber, wie erfolgreich die einzelnen Kontaktpunkte waren bzw. wie gut die Beziehung zum Kunden ist. Darüber hinaus wird im Regelfall nicht zwischen unterschiedlich wichtigen bzw. wertvollen Kunden differenziert.

Das Ziel sollte insbesondere eine Konzentration auf wirklich ertrags- und potenzialstarke Kundenkontaktpunkte sein und nicht auf sehr kleine und wenig profitable

Kunden, bei denen die Betreuungskosten durch zahlreiche Kontaktpunkte zusätzlich erhöht werden, sodass diese Kundenbeziehungen im Extremfall unprofitabel werden können.

Darüber hinaus gilt es aber auch die Eigenheiten der einzelnen Kunden zu berücksichtigen. So kann es durchaus vorkommen, dass manche Kunden keinen allzu häufigen Kontakt wünschen, weil sie viel Stress haben oder allgemein lieber selbst auf den Vertriebsmitarbeiter zugehen. Im Sinne der Wahrung einer hohen Kundenzufriedenheit gilt es dies zu respektieren und entsprechend bei der Beurteilung der Kontakthäufigkeit solcher Kunden zu berücksichtigen.

Beeinflussungsmöglichkeiten

Die Kontakthäufigkeit eines Außendienstmitarbeiters mit seinen Kunden hängt wesentlich von der Anzahl der aktiven Kunden sowie den zeitlichen Möglichkeiten für eine regelmäßige Kontaktaufnahme und damit für eine möglichst umfassende Betreuung der einzelnen Kunden ab.

Darüber hinaus ist es aber auch in einem gewissen Maße eine Frage der Charaktereigenschaften bzw. der Betreuungs- und Verkaufstaktik eines jeden einzelnen Vertriebsmitarbeiters, ob und insbesondere wie häufig eine Kontaktaufnahme zum Kunden stattfindet.

Datenherkunft

Die Ermittlung der Kontakthäufigkeit mit den jeweiligen Kunden ist relativ aufwendig. Lediglich im Falle von vollständigen und akkurat gepflegten Stammnotizen zu den einzelnen Begegnungen bzw. Gesprächen kann eine automatische Ermittlung der Kontaktpunkte innerhalb eines bestimmten Zeitraums für die einzelnen Kunden, etwa anhand eines Customer-Relationship-Management-Tools, ermöglicht werden.

Angrenzende Kennzahlen

vgl. Folgeabschlussquote; Kundenloyalitätsindex; Kundenzufriedenheit

Kontaktzeit beim Kunden (in %)

→ *vgl. hierzu*: Aktive Vertriebszeit je Vertriebsmitarbeiter

Kontaktquote (in %)

→ *vgl. hierzu*: Öffnungsrate

Konversionsrate (in %)

Die Konversionsrate stellt die Anzahl an Besuchern, insbesondere der Website oder sonstigen Onlineaktivitäten und -kanäle, etwa einem Vendorportal, die final einen Leasingvertrag abschließen, ins Verhältnis zur Anzahl aller Besucher im Betrachtungszeitraum.

Konversionsrate

$$= \frac{\text{Besucher von Onlineaktivitäten/-kanälen, die einen Leasingvertrag abschließen}}{\text{Anzahl aller Besucher der Onlineaktivitäten/-kanäle im Betrachtungszeitraum}} \cdot 100\%$$

Aussagekraft

Anhand der Konversionsrate lassen sich Aussagen über die Effektivität und insbesondere die Effizienz der Onlineaktivitäten treffen. So kann beispielsweise im Onlinemarketing anhand einer Landingpage ermittelt werden, wie erfolgreich die vor- und nachgelagerten Marketingaktivitäten waren und wie zielführend letztlich für den Vertragsabschluss.

Eine Unterart der Konversionsrate kann beispielsweise die Werbe-Konversionsrate sein. Im Onlinebereich findet sich häufig die Kennzahl der Basket-to-Buy-Rate, welche ermittelt, wie viele Besucher eines Webshops Ware(n) in den Einkaufswagen legen und den Kaufvorgang abschließen. Analog ist dies bei einer Leasinggesellschaft die online gestellte Leasinganfrage oder auch ein online eingereichter Vertragsabschluss, sofern automatisch prüfbare Kriterien erfüllt sind.

Interpretation

Eine hohe Konversionsrate ist ein Zeichen dafür, dass die Marketingmaßnahmen zielführend sind und die Erwartungen der Interessenten erfüllt sind, sodass aus ihnen Kunden werden. Eine Konversionsrate von 100 % wäre der Idealfall, der allerdings praktisch nicht erreichbar ist, schließlich gibt es immer Besucher, die keinen Vertragsabschluss tätigen oder sich lediglich informieren möchten, ohne dass ein konkreter Leasingbedarf besteht.

Je besser die User Experience, also je höher die positive Erfahrung der Onlinenutzer ist, umso höher ist typischerweise auch die Konversionsrate. Denn wenn der Besucher einer Website oder eines sonstigen Onlinekanals nicht nur zufriedengestellt, sondern sogar begeistert ist, ist die Wahrscheinlichkeit sehr hoch, dass aus einem Interessent ein aktiver Kunde wird.

Beispiel

Auf der Website der Leasinggesellschaft waren im letzten Monat insgesamt 11.250 Besucher aktiv. Davon wiederum haben 220 Interessenten eine Anfrage gestellt, die in 130 Fällen in einen Leasingvertrag gemündet ist.

Die Konversionsrate beträgt damit 130 / 11.250 = 1,2 %.

Grenzen der Aussagekraft

Die Konversionsrate zeigt lediglich an, wie viele Besucher eines Onlinekanals final einen Vertrag abgeschlossen haben. Sie enthält allerdings eine erhebliche Unschärfe, wenn sich Kunden zuerst online informiert und danach telefonisch mit dem Vertriebsmitarbeiter Kontakt aufgenommen haben, um den Vertrag zu finalisieren. Außerdem enthält die Konversionsrate keine Aussage darüber, warum einzelne Kunden keinen Vertrag abgeschlossen haben: War die Menüführung der Website zu unverständlich?, Waren die Konditionen zu schlecht?, War der Kunde doch nicht von der Leasinggesellschaft überzeugt? etc. Kurzum: eine abschließende Aussage ist allein anhand der Konversionsrate nicht möglich. Vielmehr bedarf es weiterer Kennzahlen wie etwa der Verweildauer, der Besuchstiefe und -frequenz etc.

Beeinflussungsmöglichkeiten

Die Konversionsrate wird hauptsächlich dadurch beeinflusst, dass es dem Interessenten einfach gemacht wird, einen Kontakt zum Vertrieb der Leasinggesellschaft zu erhalten, um einen Vertrag abzuschließen oder indem über ein Portal eine vollautomatische Vertragsprüfung in Sekunden möglich ist. Außerdem ist es wichtig, dass eine klare Struktur des Onlineauftritts gegeben ist, damit sich der Kunde nicht „verliert".

Datenherkunft

Die Konversionsrate wird häufig anhand von Digital Analytics Tools ermittelt, indem geprüft wird, wie viele Besucher auf den Button „Vertrag anfordern" oder ähnliche Bereiche geklickt haben. Eine Unschärfe bei der automatischen Ermittlung besteht immer dann, wenn sich der Besucher nur online informiert und unabhängig davon einen Vertriebsmitarbeiter telefonisch oder persönlich kontaktiert. Hier ist es wiederum wichtig, dass der Vertriebsmitarbeiter erfragt, wie der Kunde auf ihn aufmerksam wurde und dies konsequent im CRM-Tool erfasst, damit die Konversionsrate mithilfe der CRM-Daten präzise ermittelt werden kann.

Angrenzende Kennzahlen

vgl. Verweildauer; Besuchstiefe; Besuchsfrequenz; Vertriebswegequote; Kundenzufriedenheit; Neukundenquote

Konzentrationsgrad (in %)

→ *vgl. hierzu*: Konzentrationsindex; Marktanteil

Konzentrationsindex (in %)

Der Konzentrationsindex stellt eine wichtige Messgröße zur Ermittlung der Ungleichverteilungen dar. Die Ermittlung orientiert sich eng am Gini-Koeffizienten und dem Hirschmann-Herfindahl-Index. Der Gini-Koeffizient auf der einen Seite ist ein in der Makroökonomie etabliertes statistisches Maß zur Untersuchung von Ungleichverteilungen beim Einkommen oder Vermögen. Der Hirschmann-Herfindahl-Index auf der anderen Seite hat sich in den letzten Jahren als die am häufigsten benutzte Kennzahl zur Messung von Konzentrationen, beispielsweise in der Marktforschung, der Marktanteilsermittlung bei Kartellbehörden und eben auch in der Risikosteuerung zur Ermittlung von Konzentrationsrisiken, etabliert.

Konzentrationsindex KI (1)

$$= \sum_{i=1}^{n} h_i \frac{2i-n-1}{n} \text{ mit } 0 \leq KI \leq 1$$

Analog zum Gini-Koeffizienten ergibt sich der Konzentrationsindex (1) als zweimal die Fläche zwischen der Lorenzkurve und der Diagonalen im Ein-heitsquadrat. Der Konzentrationsindex kann in diesem Modell als gewichtetes Mittel der aufsteigend geordneten Merkmalswerte h1≤ h2≤ ... ≤ hn beschrieben werden.

Eine zusätzliche, weiter verbreitete Ermittlung des Konzentrationsindex ergibt sich durch:

Konzentrationsindex KI (2)

$$= \sum_{i=1}^{n} h_j^2$$

Analog zum Hirschmann-HerfindahlIndex ergibt sich der Konzentrationsindex (2) als die Summe aller quadrierten Restobligoanteile der jeweiligen Bezugsgrößen (beispielsweise bezogen auf die einzelnen Kunden, Branchen, Regionen etc.).

Anmerkung:

Der Konzentrationsindex wird häufig nicht manuell mit einer der o.g. Formeln errechnet, sondern automatisiert über eine entsprechende IT-Unterstützung, beispielsweise in der Leasingverwaltungssoftware.

Mithilfe von Microsoft Excel (MS Excel) kann der Konzentrationsindex ebenfalls relativ einfach errechnet werden:

	A	B	C	D	E
1	i	x_i: Restobligo in TEUR	h_i	$\frac{2i-n-1}{n}$	$h_i \frac{2i-n-1}{n}$
2	1	25	0,0023529	-0,875	-0,0020588
3	2		0	-0,625	0
4	3		0	-0,375	0
5	4	200	0,0188235	-0,125	-0,0023529
6	5	500	0,0470588	0,125	0,0058824
7	6	800	0,0752941	0,375	0,0282353
8	7	1000	0,0941176	0,625	0,0588235
9	8	1100	0,1035294	0,875	0,0905882
10	9	2000	0,1882353	1,125	0,2117647
11	10	5000	0,4705882	1,375	0,6470588
12		10625,00	1	2,5	1,0379412

Abb.2.3: Zahlenbeispiel für die Ermittlung des Konzentrationsindex (1) mit MS Excel

Quelle: Eigene Darstellung.

Formeln in der Tabelle in Abbildung 2.3:

B12: = summe (B2:B11)

C2: =B2/$B$12

D2: =(2*A2-ANZAHL($B$2:$B$11)-1)/ANZAHL($B$2:$B$11)

E2: =D2*C2

E12: = summe(E2:E11)= Konzentrationsindex KI (1)

Bei aufsteigender Sortierung der Daten (wie im obigen Beispiel), kann die verkürzte Formel für den Konzentrationsindex KI (1) wie folgt dargestellt werden:

=SUMMENPRODUKT(((2*(A2:A11)-ANZAHL(A2:A11)-1)/ANZAHL(A2:A11)); (B2:B11/ SUMME(B2:B11)))

Bei aufsteigender Sortierung der Daten (wie im obigen Beispiel), allerdings ohne Zeilenindex (Spalte A) kann die verkürzte Formel für den Konzentrationsindex KI (1) wie folgt dargestellt werden:

=SUMMENPRODUKT(((2*(ZEILE(1:10))-ANZAHL(B2:B11)-1)/ANZAHL(B2:B11));

	A	B	C	D
1	i	X_i : Restobligo in TEUR	h_i	h_i^2
2	1	150	0,0138568	0,000192
3	2	50	0,0046189	2,133E-05
4	3	5000	0,4618938	0,2133458
5	4	800	0,073903	0,0054617
6	5	1000	0,0923788	0,0085338
7	6	500	0,0461894	0,0021335
8	7	1100	0,1016166	0,0103259
9	8	25	0,0023095	5,334E-06
10	9	2000	0,1847575	0,0341353
11	10	200	0,0184758	0,0003414
12		10825,00	1	0,2744961

Abb.2.4: Zahlenbeispiel für die Ermittlung des Konzentrationsindex (2) mit MS Excel
Quelle: Eigene Darstellung.

Formeln in der Tabelle in Abbildung 2.4:

B12: = summe (B2:B11)

C2: =B2/$B$12

D2: =C2^2

D12: = summe(D2:D11)= Konzentrationsindex KI (2)

Zur verkürzten Ermittlung des Konzentrationsindex KI (2) kann in MS Excel folgende Formel angewendet werden:

=QUADRATESUMME(B2:B11)/SUMME(B2:B11)^2

Unterschied zwischen dem Hirschmann-Herfindahl-Index und dem Gini-Koeffizienten:

Mithilfe des Gini-Koeffizienten *[KI (1)]* wird die sogenannte relative Konzentration gemessen, während mit dem Hirschmann-Herfindahl-Index *[KI (2)]* sowohl die absolute als auch die relative Konzentration gemessen wird.

Anhand der absoluten Konzentration kann eine Aussage über die Anzahl der Einheiten, beispielsweise der Leasingnehmer, getroffen werden, während anhand der relativen Konzentration eine Aussage über den prozentualen Anteil der Einheiten am Gesamtportfolio getroffen werden kann.

Beispielhafte Interpretation

Je niedriger der KI (2) bzw. Hirschmann-Herfindahl-Index ist, umso mehr Leasingnehmer teilen sich das gesamte Restobligo (absolute Konzentration). Ein niedriger Wert sagt zudem aus, dass das Restobligo relativ gleich auf die Leasingnehmer verteilt ist (relative Konzentration).

Aussagekraft

Der Konzentrationsindex KI (1) kann Werte zwischen 0% und 100% annehmen. Je näher der Wert des Konzentrationsindex bei 100% liegt, umso höher ist die Konzentration. In diesem Fall besteht eine maximale Konzentration. KI (2) nimmt Werte analog zu KI (1) an, wobei das Minimum immer durch die Anzahl der Bezugselemente n bestimmt wird und mit 1/n angegeben werden kann.

Interpretation

Die Identifikation und die bewusste Steuerung von Risikokonzentrationen nehmen eine der wesentlichsten Aufgaben im Risikomanagement einer Leasinggesellschaft ein. So kommt dem Management von Risikokonzentrationen nicht nur im Aufsichtsrecht eine herausragende Stellung zu.

Häufig zeigt sich, dass durch unentdeckte oder mangelhaft gesteuerte Risikokonzentrationen erhebliche bzw. gar existenzielle Notsituationen in den jeweiligen Instituten eingetreten sind bzw. allgemein eintreten können.

Es gilt deshalb die Risikokonzentrationen im Institut systematisch zu erfassen und darzulegen. Anhand der Konzentrationsindizes können unterschiedliche Konzentrationen erhoben werden. Zuvorderst werden in der Regel die Konzentrationen je Leasingnehmer bzw. nach dem umfassenderen Konzept der Kreditnehmereinheit (i.S.d. § 19 Abs.2 Satz 1 KWG), bei der neben den verbundenen Unternehmen auch die Unternehmen beinhaltet sind, auf die ein wesentlicher Einfluss genommen werden kann bzw. diejenigen Unternehmen, die wesentlich wirtschaftlich abhängig sind, erfasst. Darüber hinaus werden häufig auch die Konzentrationen in den unterschiedlichen Leasingnehmerbranchen, unterschiedlichen Objektgruppen der Leasingobjekte, den unterschiedlichen Regionen, den Forfaitierungspartnern oder die Konzentrationen des Abschlussvolumens oder der Barwertmarge unterteilt nach den Außendienstmitarbeitern und Vertriebsregionen, untersucht.

Zur Beurteilung des eigenen Konzentrationsgrads wird häufig neben der Lorenzkurve insbesondere die Pareto-Verteilung herangezogen. Pareto ging davon aus, dass 80% der Ziele mit einem Mitteleinsatz von 20% erreicht werden können bzw. darauf aufbauend 80% des Umsatzes bzw. des Ertrags mit 20% der Kunden erwirtschaftet werden.

Beispiel

Die Leasinggesellschaft hat insgesamt fünf Kunden A-E, die das gesamte Restobligo in Höhe von 500 TEUR wie folgt unter sich aufteilen:

a.) A = 50 TEUR, B = 70TEUR, C = 80TEUR, D = 100TEUR, E = 200TEUR

b.) A-E = 100 TEUR

c.) A-D = 0 TEUR, E = 500 TEUR

a.) KI (1) = 0,264 bzw. KI (2) = 0,2552

b.) Die Restobligen sind auf alle Leasingnehmer gleichverteilt, d.h. KI (1) = 0 bzw. KI (2) = 0,2.

c.) Durch die maximale Konzentration in Form des gesamten Restobligos bei nur einem Kunden, dem Leasingnehmer E, ergibt sich ein KI von 1 bzw. 100%.

Grenzen der Aussagekraft

Anhand der Messung der jeweiligen Konzentrationen kann zwar der sehr wichtige Bereich der Konzentrationsrisiken näher betrachtet und gesteuert werden, gleichzeitig gilt es aber zu berücksichtigen, dass neben den Konzentrationen insbesondere die Wechselwirkungen zwischen den einzelnen Risikobereichen häufig die zentralen Risikotreiber sind.

Eine pauschale Aussage über die Vorteilhaftigkeit bzw. allgemein die aktuelle Konzentration kann nicht vorgenommen werden. Es hängt maßgeblich vom Geschäftsmodell der jeweiligen Leasinggesellschaft sowie deren Risiko- und Geschäftsstrategie ab, inwieweit Risikokonzentrationen eingegangen oder ausgeschlossen werden sollen.

Für regional aktive oder herstellerabhängige Spezial-Leasinggesellschaften mit einem geringen Produktportfolio ergeben sich klassischerweise sehr hohe regional- und objektspezifische Konzentrationen.

Anhand der Konzentrationsindizes kann zudem keine Aussage über die Risikosituation im Institut getroffen werden. So müssen die Konzentrationsindizes im Zusammenhang mit beispielsweise dem Blankorisiko beurteilt werden, um auch einer validen Risikofrüherkennung gerecht zu werden.

Beeinflussungsmöglichkeiten

Auf Basis der Risikotragfähigkeitsanalyse und entsprechenden Simulationen, häufig auch unter Hinzuziehung von Stresstestergebnissen, werden in einigen Leasinggesellschaften Obergrenzen bzw. sogenannte Trigger, die nicht überschritten werden dürfen, festgelegt. Hierdurch wird verhindert, dass zu große Konzentrationen entstehen, bzw. zumindest unbemerkt entstehen können. Häufig werden im Falle der Überschreitung sofort vordefinierte Ad-hoc-Maßnahmenbündel ergriffen.

Datenherkunft

Die Datenbasis für die Ermittlung der Konzentrationsindizes kann problemlos über die entsprechende Standard-Leasingverwaltungssoftware geschaffen werden. Durch einen Import der Daten etwa in MS Excel können - soweit dies nicht bereits über andere IT-Unterstützung, beispielsweise in der Leasingverwaltungssoftware möglich ist - die Kennzahlen wie beschrieben ermittelt werden.

Für weiterführende Konzentrationsauswertungen können auch anhand der aufsichtsrechtlichen und quartalsweise fälligen Millionenkreditmeldungen (gem. §14 KWG), bei der nicht forfaitierte Leasing- und Mietkaufverträge mit einem Restobligo von über 1,5 Mio. EUR je Kreditnehmereinheit gemeldet werden müssen, Informationen gewonnen werden. In Verbindung mit den jeweiligen Rückmeldungen der anderen Institute und Leasinggesellschaften kann ein umfassenderes Bild über die Verschuldung des Leasingnehmers auch bei anderen Instituten gewonnen und dementsprechend ggf. die Auswahl der Steuerungsmaßnahmen beeinflusst werden.

Angrenzende Kennzahlen

vgl. A-/B-/C-Kundenquote

Kosten-Ertrags-Quote (in %)

→ *vgl. hierzu*: Cost-Income-Ratio

Krankenquote (in %)

→ *vgl. hierzu*: Krankheitsquote

Krankheitsquote (in %)

Für die Ermittlung der Krankheitsquote wird die Anzahl der Krankheitstage ins Verhältnis zur Gesamtzahl der Arbeitstage im Betrachtungszeitraum gesetzt.

Krankheitsquote
$= \frac{\text{Anzahl Krankheitstage}}{\text{Gesamtanzahl Arbeitstage}} \cdot 100\%$
Alternativ: **Krankenquote**
$= \frac{\text{Anzahl kranker Mitarbeiter}}{\text{Gesamtanzahl Mitarbeiter}} \cdot 100\%$

Aussagekraft

Die Krankheitsquote dient als Indikator für den Gesundheitszustand der Mitarbeiter eines Unternehmens sowie mit Abstrichen als Messgröße für das Betriebsklima. Der Gesundheitszustand eines Unternehmens ist auch ein zentraler Kostenfaktor. So muss das Institut im Krankheitsfall bis zu 6 Wochen lang weiterhin die Gehälter der kranken Mitarbeiter bezahlen, erhält aber im Gegenzug keine Arbeitsleistung.

Darüber hinaus sind krankheitsbedingte Fehlzeiten häufig mit erheblichen organisatorischen Problemen behaftet. So treten krankheitsbedingte Fehlzeiten häufig überraschend ein und können deshalb nicht oder nur begrenzt im Vorfeld gesteuert werden. Stattdessen müssen die verbliebenen Mitarbeiter einen zusätzlichen Arbeitsaufwand bewältigen, wodurch es häufig zu Überstunden *(→vgl. Überstundenquote)* und damit weiteren zusätzlichen Kosten kommt.

Kurze krankheitsbedingte Fehlzeiten können häufig durch einen flexiblen Arbeitseinsatz der anderen Mitarbeiter ausgeglichen werden, bei längeren Fehlzeiten kommt es allerdings häufig zu erheblichen organisatorischen Problemen.

Es gibt zwar einige Institute, die auch eine allgemeine Fehlzeitenquote ermitteln, bei der beispielsweise auch Absenzen der Mitarbeiter wegen Mutterschaftsurlaub oder Elternzeit, Kurzarbeit, Arbeitskonflikten etc. subsumiert werden. Der wesentlichste Faktor für einen Ausfall eines Mitarbeiters ist regelmäßig aber die krankheitsbedingte Fehlzeit, weshalb sich die meisten Unternehmen auf die Ermittlung der Krankheitsquote beschränken. Anhand dieser können zumeist sehr effizient Steuerungsimpulse abgeleitet und ein wesentlicher Einfluss auf die Ursachen genommen werden.

Interpretation

Das Ziel eines Unternehmens ist im Regelfall eine möglichst niedrige Krankheitsquote. Hierdurch werden eventuelle Mehrkosten oder prozessbedingte Engpässe vermieden, die durch den Ausfall einzelner Mitarbeiter entstehen können.

Im Falle einer hohen oder stark ansteigenden Krankheitsquote sollten unbedingt die Gründe hierfür ermittelt werden. Nicht selten spielen neben dem tatsächlichen

Gesundheitszustand der Mitarbeiter auch noch andere Faktoren eine wichtige Rolle für die Anzahl der Krankheitstage. So können hohe oder stark ansteigende Kranken- und/oder Krankheitsquoten beispielsweise auch ein Hinweis für unzufriedene Mitarbeiter sein. Die Krankheitsquote dient deshalb auch häufig als Frühwarnindikator für das Wohlbefinden der Mitarbeiter und wird insbesondere bei ungewöhnlich hohen Krankenständen näher untersucht. Je detaillierter die Unterscheidung nach Abteilungen, Regionen, einzelnen Mitarbeitern etc. erfolgt, umso schneller können auch einzelne kritische Bereiche ermittelt und gezielt bearbeitet werden.

Zur Identifikation kritischer Perioden sollte die Erhebung zudem auch monatsweise durchgeführt werden, um frühzeitig in Form von Gegenmaßnahmen auf einen starken Anstieg reagieren zu können.

In einigen Instituten wurde die „Krankheitsquote" in den letzten Jahren durch eine „Gesundheitsquote" ersetzt.

Gesundheitsquote

$$= \frac{\text{Arbeitstage im Betrachtungszeitraum ./.Krankheitstage}}{\text{Gesamtanzahl Arbeitstage im Betrachtungszeitraum}} \cdot 100\%$$

Die Gesundheitsquote soll hierbei einen positiveren Eindruck erwecken und ist für manche Entscheidungsträger eingängiger, da eine Steigerung der Kennzahl als positiv zu bewerten ist.

Beispiel

Ein Institut hat 70 Mitarbeiter, deren Arbeitsaufwand unter Normalbedingungen im Betrachtungszeitraum 6.160 Tage beträgt.

Im Betrachtungszeitraum fallen hiervon 12 Mitarbeiter an insgesamt 130 Tagen aus.

Die Krankheitsquote beläuft sich damit auf 2,11%, die Krankenquote auf 17,1%, die durchschnittlichen Krankentage auf 10,8 Tage und die Gesundheitsquote auf 97,9%.

Grenzen der Aussagekraft

Die Krankheitsquote hat häufig einen zyklischen Einfluss, beispielsweise im Falle einer Grippewelle. Dies sollte beim Periodenvergleich berücksichtigt werden. Um deshalb Fehlsteuerungsimpulse zu vermeiden, sollten unbedingt die Gründe für den Krankenstand ermittelt werden, ehe Steuerungsmaßnahmen ergriffen werden.

Außerdem muss berücksichtigt werden, dass die Krankheitsquote keine Aussage über die Länge einzelner Krankmeldungen liefert. So kann eine hohe Krankheitsquote beispielsweise auch dadurch zustande kommen, dass nur wenige Mitarbeiter sehr lange krank gemeldet sind. Für eine präzise und valide Interpretation der Krankheitsquote sollten deshalb noch die durchschnittlichen Krankheitstage sowie die Krankenquote hinzugezogen werden.

Beeinflussungsmöglichkeiten

Für die Ermittlung möglicher Einflusspotenziale ist es notwendig, dass die Gründe für die krankheitsbedingten Fehlzeiten der Mitarbeiter ermittelt werden.

Die Gründe sind im Wesentlichen in Ursachen, die im Handlungsbereich des Arbeitgebers und damit der Leasinggesellschaft liegen und in Ursachen, die auf externe Umweltbedingungen zurückzuführen sind, zu unterscheiden.

Die externen Umweltbedingungen umfassen beispielsweise saisonale Grippewellen, Epidemien oder Pandemien, die im Regelfall vom Institut nicht beeinflusst werden können. Die Ableitung von Maßnahmen konzentriert sich deshalb auf diejenigen Gründe, die im Einflussbereich der Leasinggesellschaft liegen und von dieser aktiv gestaltet werden können.

So kann beispielsweise die Belastung der einzelnen Mitarbeiter analysiert werden und Überlastungen durch eine zu hohe Erwartungshaltung oder durch zu große Belastungsspitzen, aber auch körperliche Belastungen durch eine mangelhafte Ergonomie am Arbeitsplatz, weitestgehend vermieden werden. Neben einer ausgeglichenen Arbeitsverteilung kann allerdings auch die Personalauswahl einen erheblichen Einfluss auf die Krankheitsquote haben. So ist beispielsweise im Vertrieb häufig eine sehr hohe Belastbarkeit und Stressresistenz notwendig, die es im Idealfall bereits bei der Auswahl von Bewerbern explizit zu berücksichtigen gilt.

Datenherkunft

Die Informationen für die Ermittlung der Krankheitsquote können von der Personalabteilung aufbereitet und erhoben werden.

Für eine Kostenabschätzung und eine bessere Vergleichbarkeit werden die Krankheitstage von Teilzeitkräften häufig nur mit einem gewissen Anteil miteinberechnet. Außerdem werden Fehlzeiten, die über einen Zeitraum von 6 Wochen hinausgehen, in Kostenanalysen nicht berücksichtigt, da nach 6 Wochen krankheitsbedingter Fehlzeit die Pflicht zur Lohnfortzahlung im Krankheitsfall durch den Arbeitgeber erlischt.

Nichtsdestotrotz werden auch solche Fehlzeiten bei anderen Analysen voll berücksichtigt, beispielsweise bei der organisatorischen Personalplanung.

Angrenzende Kennzahlen

vgl. Mitarbeiterloyalität; Mitarbeiterzufriedenheit

Krankheitstage, durchschnittliche

→ *vgl. hierzu*: Krankheitsquote

Kreditversicherungsquote (in %)

→ *vgl. hierzu*: Überwälzungsquote

Kundenabwanderungsquote (in %)

→ *vgl. hierzu*: Nullkundenquote

Kundenaufwandsindex (in Schulnoten)

Der Kundenaufwandsindex ermittelt, wie einfach es die untersuchte Leasinggesellschaft ihren Kunden macht/gemacht hat, eine Lösung für ein bestimmtes Problem zu finden. Dieser Wert basiert auf der subjektiven Empfindung des Kunden und wird typischerweise entweder in Schulnoten oder in Prozent angegeben.

Kundenaufwandsindex

= Vom Kunden wahrgenommener Aufwand, um eine Lösung zu einem Problem zu finden

[in Schulnoten von 1 (sehr niedrig) bis 6 (sehr hoch)]

Beispielfragen zur Ermittlung des Kundenaufwandsindex:

- Wie sehr stimmen Sie folgender Aussage zu: ‚Der Service der Leasinggesellschaft machte es mir leicht, den Vertragsabschluss zu tätigen'?
- Wie sehr stimmen Sie folgender Aussage zu: ‚Die Website der Leasinggesellschaft macht den Vertragsabschluss für mich leicht.'?
- Wie sehr stimmen Sie der folgenden Aussage zu: ‚Das Kundenmanagement der Leasinggesellschaft hat mir geholfen, mein Anliegen schnell zu lösen.'?

Aussagekraft

Der Kundenaufwandsindex ist einer der jüngsten und bedeutendsten Indikatoren für die Kundenzufriedenheit und -loyalität. Das Beratungsunternehmen CEB führte 2010 unter dem Titel „Warum Sie aufhören sollten, Ihre Kunden zu begeistern " ein neues Konzept im Kundenservice ein (vgl. Dixon, Freeman, Toman 2010). Die Untersuchungen zeigten, dass man kaum davon profitiert, wenn man ein spektakuläres Kundenerlebnis liefert und die Erwartungen der Kunden übertrifft. Enttäuscht man diese allerdings, kann der Verlust groß sein. Alles dafür zu tun, die Erwartungen zu übertreffen, hat hohe Kosten bei geringen Erträgen zur Folge. CEB führte stattdessen den Kundenaufwandsindex ein, eine Kennzahl, um den vom Kunden wahrgenommenen Aufwand zu messen. Sie fanden heraus, dass sich Kunden dann als treu erwiesen, wenn ihre Erfahrung mühelos bzw. unkompliziert war - nicht ausgefallen.

Interpretation

Der Kundenaufwandsindex kann zudem je nach Produkt, Region oder auch Geschäftsbereich ermittelt werden und einerseits gewichtet in den aggregierten Kundenaufwandsindex einfließen, ohne andererseits konkreten Handlungsbedarf auf operativer Basis zu erkennen.

Häufig wird eine Likert-Skala verwendet. Bei der CEB-Befragung aus dem Jahr 2010 wurde eine 5-stufige Skala verwendet, häufig findet sich auch eine Skala von 1 (stimme gar nicht zu) bis 7 (stimme voll zu). Aufgrund der Tendenz zur Mitte bei einer ungeraden Anzahl an Stufen, hat die Schulnotenmetrik einen großen Charme und ist weit verbreitet.

Auf Basis der Ergebnisse des Kundenaufwandsindex sollte die Leasinggesellschaft einen konkreten Action Plan erstellen, mithilfe dessen der Wert verbessert werden kann. Laut CEB steigert sich die Kundentreue um 22 %, wenn man den Kunden von einer Schulnote 6 auf eine Schulnote 2 verbessert. Die Kundentreue lässt sich nur um unbedeutende 2 % steigern, wenn die Schulnote von einer 2 auf eine 1 verbessert wird (Hinweis: im Gegensatz zur CEB-Befragung fand eine Umrechnung einer 7-stufigen Likert-Skala in Schulnoten statt).

Beispiel

Per Automatismus sendet die Leasinggesellschaft ihren Kunden - sofern diese ihre Zustimmung gegeben haben - eine Befragung, wie sie den Kundenservice gefunden haben. Die genaue Frage lautete: Stimmen Sie der folgenden Aussage vollständig (Note 1) oder überhaupt nicht (Note 6) zu?

„Das Kundenmanagement der Leasinggesellschaft hat mir geholfen, mein Anliegen schnell zu lösen."

Von 10 befragten Kunden gaben 4 die Note 1, 2 Kunden die Note 2, 3 Kunden die Note 3 und 1 Kunde die Note 5.

Der durchschnittliche Kundenaufwandsindex, gemessen in Schulnoten beträgt damit 2,2.

Grenzen der Aussagekraft

Da die Befragung zum einen rein subjektiv stattfindet sowie nur sehr schwer objektiv messbare Aspekte berücksichtigt und zum anderen typischerweise nur einen Teilaspekt oder nur eine bestimmte Transaktion berücksichtigt, ist die Kennzahl stark anfällig für Verzerrungen. Diese Verzerrungen reichen von der jeweiligen Tagesform oder Laune des Befragten, der Tageszeit bis hin zum subjektiven Empfinden, das je nach Befragtem völlig unterschiedlich sein kann.

Eine Befragung sollte typischerweise direkt im Anschluss an eine abgeschlossene, für den Kunden interessante, Erfahrung stattfinden. Zu diesem Zeitpunkt ist seine Erinnerung noch frisch und nicht von irrelevanten verzerrenden Ereignissen beeinflusst. Wenn der Kunde zu einem späteren Zeitpunkt befragt wird, sind die Ergebnisse anfälliger für Verklärungen und Verzerrungen.

Im Kundenservice gibt es zwei unterschiedliche Paradigmen: einerseits die Auffassung, die Erwartungen der Kunden übertreffen zu müssen und andererseits die Auffassung, den Aufwand des Kunden zu reduzieren, um final den Kunden zufrieden zu stellen. Der letztgenannte Ansatz ist der jüngere Ansatz und propagiert, dass begeisterte Kunden „nur geringfügig loyaler" seien wie wenn ihre Bedürfnisse einfach erfüllt werden, während die Kosten viel höher seien. Welcher Ansatz nun der richtige oder bessere ist, kann (bisher) nicht abschließend beantwortet werden.

Beeinflussungsmöglichkeiten

Ein wichtiger Faktor zur Beeinflussung des Kundenaufwands ist die Schnelligkeit. Online erwarten Kunden, dass ihre gesamte Nutzererfahrung immer zügiger und effizienter abläuft. Vor allem aber möchten sie, dass Probleme so schnell wie möglich gelöst werden. Im Kundenservice ist Zeit gleich Aufwand. Aus diesem Grund wird häufig die Zeit bis zur ersten Antwort (First Response Time) sowie die Zeit bis zur Lösung (Resolution Time) ermittelt und einem vorab definierten Maximalwert gegenübergestellt.

First Response Time

= Zeit, bis eine (Kunden-)Anfrage beantwortet wird

Resolution Time

= Zeit, bis ein Problem des Kunden gelöst und an diesen kommuniziert wird

Datenherkunft

Die meisten Daten zur Ermittlung des Kundenaufwandsindex werden in Kundenzufriedenheitsbefragungen ermittelt und mittels spezialisierter Tools wie etwa SurveyGizmo, SurveyMonkey, Zoho Survey, Checkboy Survey, getfeedback etc. erfasst und ausgewertet.

Angrenzende Kennzahlen

vgl. Kundenzufriedenheit; Kundenloyalitätsindex

Kundenbilanz

Die Kundenbilanz ist eine wichtige Kennzahl des Kundenmanagements und ermöglicht „Bilanz zu ziehen", indem die Anzahl der verlorenen Kunden von der Anzahl der gewonnenen Kunden abgezogen wird. Entweder wird hierbei die Anzahl der verlorenen Kunden von der Anzahl der gewonnenen Neukunden abgezogen, oder es wird zusätzlich die Anzahl der Nullkunden, also der inaktiven Kunden, abgezogen.

Kundenbilanz

= Anzahl gewonnener Neukunden ./. Anzahl verlorener Kunden

Kundenbilanz (alternativ)

= Anzahl gewonnener Neukunden ./. Anzahl verlorener Kunden ./. Anzahl Nullkunden

Aussagekraft

Ähnlich wie in der Finanzbuchhaltung ist es auch im Vertriebsbereich wichtig, regelmäßig Bilanz zu ziehen und zu prüfen, was sich im Betrachtungszeitraum verändert hat. Also konkret: welche Kunden wurden neu dazugewonnen und welche Kunden wurden verloren bzw. sind zumindest inaktiv? Die Kundenbilanz dient häufig als Basis für weitergehende, strukturelle Analysen zur Risikostruktur, zur Barwertmarge, zum Potenzial etc.

Die Kennzahl umfasst die unter dem Strich im Betrachtungszeitraum dazugewonnen aktiven Kunden unter Berücksichtigung des „Aderlasses" in Form von verlorenen und inaktiven Kunden. Man kann sich dadurch auch ein sehr gutes Bild davon machen, inwiefern die Marketingmaßnahmen gerechtfertigt sind und ob unterm Strich überhaupt mehr Kunden dazugewonnen wurden oder ob lediglich Bestandskunden zu Lasten der Neukunden verloren wurden.

Die Kundenbilanz ermöglicht im Vergleich zu isolierten Betrachtungen ein ganzheitlicheres Bild, werden doch häufig nur die Neukunden oder nur die verlorenen Kunden separat betrachtet. Nur durch ein nachhaltiges Wachstum der Kundenbilanz ist es möglich, ein nachhaltiges Kunden- und damit Neugeschäftswachstum zu erreichen.

Interpretation

Eine positive Kundenbilanz ist ein wichtiger Frühindikator für zukünftiges Neugeschäftswachstum. Denn die heute per Saldo gewonnenen Neukunden tragen zukünftig zum Neugeschäft bei. Außerdem bringt die Kundenbilanz das Kundenmanagement in eine exponierte Stellung im Vertriebsmanagement und rückt auch nochmals in den Fokus, dass die Kosten für die Rückgewinnung unzufriedener oder auch inaktiver Kunden häufig deutlich niedriger sind als für die komplette Neuakquise von Kunden. Um der Kundenbilanz die notwendige Bedeutung beizumessen, wird sie häufig als Bestandteil der Beurteilung der Vertriebsleistung herangezogen. Denn die Aufgabe eines jeden Vertriebsmitarbeiters ist es, Strukturen zu schaffen, um langfristig und nachhaltig die Kundenbasis zu entwickeln.

Eine negative Kundenbilanz auf der anderen Seite sollte als wichtiges Alarmsignal gesehen werden - selbst wenn sich dies noch nicht in den harten Finanzkennzahlen wie Neuabschlussvolumen, Barwertmarge etc. niedergeschlagen hat. Es ist dabei besonders wichtig, sofort die Gründe für die schlechte Neukundengewinnung und die hohe Anzahl an verlorenen Kunden zu ermitteln. In diesen Fällen schneidet die betrachtete Leasinggesellschaft schlechter als der Wettbewerb ab und kann die Kundenerwartungen nicht erfüllen. Um langfristig erfolgreich tätig zu sein, ist es aber zwingend nötig, dass die Kundenbilanz wieder positiv wird.

Beispiel

Die Leasinggesellschaft hat im Betrachtungszeitraum 20 neue Kunden dazugewinnen können. Gleichzeitig haben 10 Kunden seit 12 Monaten keinen neuen Vertrag mehr abgeschlossen und gelten deshalb seit dem Betrachtungszeitraum als inaktiv und 4 Kunden sind komplett zum Wettbewerb abgewandert.

Die Kundenbilanz beträgt in der engen Definition +16 Kunden bzw. in der weiten Definition unter Berücksichtigung der Nullkunden nur noch +4 Kunden. Das heißt trotz aller Anstrengungen und 20 neu dazugewonnener Kunden sind im Betrachtungszeitraum per Saldo und unter Berücksichtigung der Nullkunden gerade einmal vier neue Kunden dazugekommen.

Grenzen der Aussagekraft

Die Kundenbilanz ermöglicht isoliert betrachtet keine Aussage darüber, wie lukrativ und wertvoll die gewonnenen und verlorenen Kunden sind. Aus diesem Grund sollte der Customer Lifetime Value ebenfalls in die Betrachtung einbezogen werden. Dieser kann beispielsweise in Anlehnung an die Systematik der Kundenbilanz saldiert zwischen Neukunden und verlorenen Kunden ermittelt werden, sodass es teilweise zu der Situation kommen kann, dass die Kundenbilanz zwar positiv, der damit einhergehende saldierte Customer Lifetime Value allerdings negativ oder umgekehrt ist.

Darüber hinaus kann anhand der Kennzahl der Kundenbilanz keine Aussage darüber getroffen werden, was die Gründe für den Kundengewinn oder die Kundenfluktuation sind. Im Leasingbereich gibt es außerdem immer wieder die Situation, dass sich die Bonität einzelner Kunden verschlechtert hat, Vertrieb und Kunde zwar weiterhin eine Beziehung aufrechterhalten möchten, das Risikomanagement allerdings weitere Engagements mit Verweis auf die Bonitätsverschlechterung ablehnt.

Beeinflussungsmöglichkeiten

Die Kundenbilanz wird maßgeblich vom Vertrieb beeinflusst, denn es sind die Verkäufer, die einerseits primär für die Neuakquise zuständig sind und auf der anderen Seite mit den engsten Kundenkontakt haben, sodass sie mögliche Unzufriedenheiten aufnehmen und damit Tendenzen für Abwanderungen oder Inaktivitäten frühzeitig erkennen können.

In vielen Instituten gibt es für den Vertrieb Vorgaben für die Gewinnung von Neukunden bzw. sogar Einmalprämien, loyale Stammkunden oder ein hoher Aktivitätsgrad der Kunden werden aber typischerweise nicht incentiviert. Dies hat unter Umständen zur Folge, dass die Marketingaufwendungen exorbitant hoch sind, viele Neukunden gewonnen werden, diese aber nicht langfristig gehalten werden können.

Datenherkunft

Die Rohdaten zur Ermittlung dieser Kennzahl stammen typischerweise auf dem CRM-Modul und sind über individuell gesetzte Flags im Kundenstamm automatisiert auswertbar.

Angrenzende Kennzahlen

vgl. Customer Lifetime Value; Kundenloyalitätsindex; Drehtürgeschwindigkeit

Kundenbindungskosten (in EUR)

Die Kundenbindungskosten enthalten sämtliche Aufwendungen, die dabei anfallen, den Kunden als Aktivkunde zu halten. Je nach Dauer und Intensität der Kundenbeziehung sowie der Kundenbeziehungslebenszyklusphase kann dies von kleineren Aufmerksamkeiten bis hin zu engen Verzahnungen sowohl auf persönlicher als auch auf technischer und serviceseitiger Ebene passieren.

Kundenbindungskosten

= Summe aller Aufwendungen für die Kundenbindung

Beispielhafte Kundenbindungskosten:

_ Kosten für Kundenclubs

_ Kosten für den Kundenservice

_ Kundengeschenke

_ Kundenschulungen

_ Kooperationen mit Kunden und sonstigen Unternehmen

_ Kosten für Kundenbefragungen und Beschwerdemanagement

_ Kosten für Besuchstermine durch den Außendienst

Aussagekraft

Die Kundenbindungskosten sind eine sehr wichtige Kennzahl, gerade auch im Vergleich zu den Akquisitionskosten. Teilweise gibt es hierbei auch Überschneidungen, die sowohl für Neukunden und Interessenten als auch für Bestandskunden gelten, wie beispielsweise die Kosten für Kundeninformationen oder das Kundenmanagement, aber auch Kosten für Schulungen oder allgemein die vertriebliche Betreuung.

Anhand der Kundenbindungskosten im Vergleich zu den Akquisitionskosten je Neukunde erhalten die Verantwortlichen ein Gespür darüber, wieviel günstiger es ist, einen Bestandskunden zu halten, als einen Neukunden akquirieren zu müssen.

Die Kundenbindungskosten steigen hierbei typischerweise dann besonders stark an, wenn ein starker Wettbewerb um die Kunden vorherrscht. In einer (Quasi-)Monopolstellung mit einem starken Alleinstellungsmerkmal und/oder einem weit überlegenen Service, sind die Kundenbindungskosten sehr niedrig, da die Kunden auch ohne große Anstrengungen der Leasinggesellschaft treu bleiben.

Interpretation

Nach einer Faustformel, die von Steria Mummert in Kooperation mit dem Institut für Management- und Wirtschaftsforschung im Jahr 2009 im Rahmen einer Studie bestätigt wurde, ist es etwa fünfmal so teuer, einen Neukunden zu akquirieren, wie einen Bestandskunden zu halten (vgl. LifePR, 2009). Noch höher ist typischerweise der Aufwand, einen verlorenen Kunden zurückzugewinnen.

Es hängt sehr stark vom Geschäftsmodell der Leasinggesellschaft ab, wie hoch die optimalen Kundenbindungskosten sind und ob beispielsweise die Kundenbindungskosten höher als die Akquisitionskosten sind. Außerdem gibt es auch Kundenbindungsmaßnahmen, die gar nichts kosten, beispielsweise zufriedene Kunden, deren Erwartungen übertroffen wurden und die zuvorkommend behandelt wurden.

Beispiel

Die Leasinggesellschaft hat 690 aktive Kunden. Die Kosten für eine Kundenbefragung beliefen sich im letzten Jahr auf 10 TEUR. Weitere Kosten für den Kundenservice und das Beschwerdemanagement auf 90 TEUR und Kundenveranstaltungen sowie -schulungen summierten sich auf 75 TEUR. Weitere Kostenbestandteile belaufen sich auf 55 TEUR. Insgesamt betrugen die Kundenbindungskosten also 230 TEUR p.a.

Pro Bestandskunde belaufen sich die jährlichen Kundenbindungskosten damit auf 333,33 EUR.

Grenzen der Aussagekraft

Eine optimale Höhe der Kundenbindungskosten gibt es nicht. Auch kann keine valide Aussage bzw. Basis für Steuerungsmaßnahmen durch eine isolierte Betrachtung der Akquisitionskosten getroffen werden. Vielmehr hängt die optimale Höhe von der strategischen Ausrichtung, aber auch dem jeweiligen Customer Lifetime Value, ab. Die Kundenbindungskosten über die gesamte durchschnittliche Beziehungsdauer sind dann gerechtfertigt, wenn der Customer Lifetime Value nach Abzug eben dieser Kosten weiterhin positiv bleibt.

Es sollte außerdem bedacht werden, dass zur Bindung profitabler Kunden nicht immer exorbitant hohe Kundenbindungskosten nötig sind. Vielmehr ist es eine konsequente kundenorientierte Ausrichtung und ein enger Austausch von Kunde und Vertrieb, der ein wichtiger Schlüssel für eine lange Kundenbindung ist.

Beeinflussungsmöglichkeiten

Um die Kundenbindungskosten angemessen auszugestalten, sollten die Kundenbindungskosten konsequent am Kundenwert und an den Vertriebskanälen und Kundenprofilen ausgerichtet werden. Gerade bei den besonders wertvollen Kunden sollten alle Register gezogen werden, um diese bestmöglich zu betreuen und deren Bedürfnisse zu erfüllen. Umgekehrt kann es bei weniger potenzialstarken Kunden unter Berücksichtigung des Kundenwerts auch notwendig sein, dass diese lediglich mittels Standardbindungsmaßnahmen versucht werden zu halten.

Datenherkunft

Die mit der Kundenbindung verbundenen Kosten können relativ einfach der Gewinn- und Verlustrechnung (GuV) entnommen und je nach Detaillierungsgrad auf einzelne Kunden oder Branchen etc. heruntergebrochen werden.

Angrenzende Kennzahlen

vgl. Customer Lifetime Value; Kundenloyalitätsindex; Drehtürgeschwindigkeit; Akquisitionskosten je (Neu-)Kunde

Kundenbindungsrate (in %)

→ *vgl. hierzu*: Aktivkundenquote; Customer Lifetime Value; Folgeabschlussquote; Kundenloyalitätsindex

Kundendichte (in %)

Die Kundendichte gibt die Konzentration der Kunden in einzelnen Regionen an. Hierzu wird die Anzahl der Leasingnehmer pro Postleitzahl im Regelfall ins Verhältnis zu allen Gewerbebetrieben oder Haushalten bzw. der entsprechenden Zielgruppengröße des Postleitzahlengebiets gesetzt.

Kundendichte

$$= \frac{\text{Anzahl Leasingnehmer pro Postleitzahlengebiet}}{\text{Gesamtzahl aller Gewerbebetriebe oder Haushalte im Postleitzahlengebiet}} \cdot 100\%$$

Aussagekraft

Die Kundendichte gibt die Konzentration der Leasingnehmer in einem abgegrenzten regionalen Gebiet, zumeist einem Postleitzahlengebiet, an.

Für Leasinggesellschaften mit einer Fokussierung auf Konsumgüter bzw. allgemein einem hohen Anteil an Privatkunden eignet sich zur Ermittlung der Kundendichte die Anzahl der Haushalte als Bezugsgröße, während Leasinggesellschaften mit gewerblichen Kunden häufig auf eingetragene Betriebe, beispielsweise im Handelsregister, abzielen. Je genauer die Zielgruppen hierbei ermittelt werden können, umso höher ist in einem zweiten Schritt die Aussagekraft.

Neben regionalen Konzentrationsuntersuchungen werden mit der Kundendichte häufig auch Konzentrationen bezogen auf Branchen, Ratingklassen etc. untersucht.

Anhand der Kennzahl der Kundendichte kann relativ einfach ein erster grober Eindruck über die Potenziale und insbesondere die Potenzialausschöpfung auf regionaler Ebene gewonnen werden.

Interpretation

Das Ziel der meisten Leasinggesellschaften ist eine homogene und granulare Verteilung der Abschlussvolumina, verbunden mit einer möglichst hohen Kundendichte. Je höher die Kundendichte in einer Region ist, umso höher ist auch die Anzahl der Leasingnehmer in einem bestimmten geografischen Umfeld und umso effizienter kann im Regelfall auch die Tourenplanung gestaltet werden.

Die Kundendichte wird deshalb häufig auch für die Gebietsoptimierung der Vertriebsmitarbeiter herangezogen, indem entweder auf Gebiete mit einem ähnlichen Leasingpotenzial abgestellt wird oder eine möglichst optimale Gebietsverteilung im Sinne der Kundennähe gewährleistet werden soll. Hierbei kann es beispielsweise das Ziel sein, dass der jeweilige Außendienstmitarbeiter eine maximale Fahrtstrecke von einer Stunde oder 80 km zu allen seinen Kunden hat. Damit soll unter anderem erreicht werden, dass die → *aktive Vertriebszeit* erhöht und Besuchstermine flexibler gestaltet werden können.

Die Kundendichte wird häufig auch bezüglich der Hauptzielgruppe untersucht und entsprechend selektiert. Hierbei wird beispielsweise anhand von Wirtschaftsauskunfteien nur die Kundendichte für Unternehmen mit einer bestimmten Betriebsgröße, einem bestimmten Mindestumsatz und einer bestimmten Branchenzugehörigkeit ermittelt.

Neben einer mengenmäßigen Kundendichte, die lediglich die Kunden oder Interessenten innerhalb eines Postleitzahlengebiets untersucht, wird häufig auch eine wertmäßige Darstellung, in der das Volumen in Form des Restobligos, der Barwertmarge oder des Neuabschlussvolumens auf entsprechende Regionen verteilt wird, ermittelt.

Beispiel

Eine Leasinggesellschaft ermittelt für die folgenden Postleitzahlenbereiche die Anzahl möglicher zielgruppenrelevanter und im Handelsregister eingetragener Gewerbebetriebe:

73033: 900 relevante Unternehmen

10115: 3.100 relevante Unternehmen

81701: 4.300 relevante Unternehmen

Aktuell sind im Postleitzahlenbereich 73033 insgesamt 54 Kunden und Interessenten gelistet, im Bereich 10115 40 Kunden und im Bereich 81701 90 Kunden.

Die Kundendichte für die Postleitzahlenbereiche beläuft sich auf 6,0% in 73033, 1,29% in 10115 und 2,09% in 81701.

Grenzen der Aussagekraft

Anhand der Kundendichte können nur begrenzt Aussagen über die Potenziale getroffen werden. Insbesondere bei einer grafischen Darstellung der Abschlussvolumina unterteilt nach einzelnen Postleitzahlengebieten wird häufig zur Aussage verleitet, dass eine geringe Kundendichte automatisch einem hohen Potenzial entspricht.

Für eine tiefergehende Potenzialanalyse ist die Kundendichte, wenn überhaupt, häufig nur der Ausgangspunkt. Erst durch detailliertere Analysen können die Gründe für die entsprechenden Kundendichten ermittelt und darauf aufbauend Aussagen über die Potenziale in einzelnen Regionen getroffen werden.

Darüber hinaus werden im Regelfall in der Kundendichte nur aktuelle und keine zukünftigen und erwarteten Daten verarbeitet. Auch hierdurch kann deshalb keine valide Aussage über die Potenzialorientierung getroffen werden.

Beeinflussungsmöglichkeiten

Die Kundendichte ist wesentlich abhängig von der ermittelten Gesamtkundenanzahl. Je präziser nach Unternehmen oder Personen der Zielgruppe unterschieden werden kann, umso höher ist auch entsprechend die Aussagekraft der Kundendichte, insbesondere im Vergleich unterschiedlicher Vertriebsgebiete.

Die Kundendichte kann durch entsprechend gestaltete Vertriebsgebiete aktiv gesteuert werden. In verhältnismäßig kleinen Vertriebsgebieten ist die Kundendichte im Regelfall entsprechend hoch, während sie in großen Vertriebsgebieten, insbesondere in Randbereichen häufig eher gering ist.

Datenherkunft

Die Daten zur Kundendichte können etwa mit einer Geomarketing-Software relativ einfach erhoben und grafisch aufbereitet werden. Häufig werden für eine räumliche Clusterung sogenannte Heatmaps dargestellt, bei denen einzelne Hot Spots, also Schwerpunktregionen mit hohem Potenzial oder Absatz, entsprechend hervorgehoben werden können.

Darüber hinaus wird die Kundendichte häufig mit dem entsprechenden Potenzial kombiniert und anhand einer Clusterung die aktuelle Kundendichte mit dem Kundenpotenzial verglichen. Hierdurch wird eine Aussage über die Potenzialausschöpfung sowie das noch vorhandene freie Potenzial ermöglicht.

Angrenzende Kennzahlen

vgl. Konzentrationsindex

Kundendurchdringungsrate (in %)

Die Kundendurchdringungsrate gibt das Verhältnis von Abschlussvolumen des Kunden bei der betrachteten Leasinggesellschaft im Vergleich zu seinem gesamten Leasing- bzw. Finanzierungsvolumen-Bedarf im Betrachtungszeitraum an.

Kundendurchdringungsrate (1)

$$= \frac{\text{Abschlussvolumen des Kunden bei der betrachteten Leasinggesellschaft}}{\text{Leasing-/Finanzierungsvolumen des Kunden im Betrachtungszeitraum}} \cdot 100\%$$

Aussagekraft

Die Kundendurchdringungsrate ist ein Begriff aus dem Vertriebs- und Kundenmanagement und wird häufig als ein erster Indikator für die Potenzialausschöpfung des Leasingnehmers herangezogen. Denn anhand der Kundendurchdringungsrate lassen sich erste Aussagen über die Zuwendung des Kunden zum eigenen Unternehmen im Vergleich zu Wettbewerbsunternehmen treffen.

Teilweise wird die Kundendurchdringungsrate noch alternativ berechnet, indem nur der größte Leasing-/Finanzierungspartner herangezogen wird. In diesem Falle findet quasi ein Benchmark mit dem Top-Performer statt.

Kundendurchdringungsrate (2)

$$= \frac{\text{Abschlussvolumen des Kunden bei der betrachteten Leasinggesellschaft}}{\text{Leasing-/Finanzierungsvolumen des Kunden beim größten Wettbewerber}} \cdot 100\%$$

Eine weitere Kennzahl aus dem Kundenmanagement, die der Kundendurchdringungsrate sehr ähnlich ist und auch für die Potenzialausschöpfung zentral ist, ist der Erschließungsgrad. Hier wird die Anzahl der aktuellen Kunden ins Verhältnis zur Anzahl der potenziell möglichen Kunden gesetzt. Anhand dieser Kennzahl lassen sich auch Rückschlüsse auf die aktuelle Lebenszyklusphase der Leasinggesellschaft ziehen.

Erschließungsgrad [in %]

$$= \frac{\text{Anzahl aktueller Kunden}}{\text{Anzahl potenzieller Kunden}} \cdot 100\%$$

Interpretation

Die Kundendurchdringungsrate gibt an, wie groß „das Stück vom Kunden" in Form des bei der betrachteten Leasinggesellschaft finanzierten Volumens im Verhältnis zum gesamten Finanzierungsvolumen des Kunden ist. Eine Quote von 100% entspräche der Situation, dass die betrachtete Leasinggesellschaft der exklusive Finanzierungspartner des Kunden ist.

Aus Vertriebssicht ist eine höchstmögliche Kundendurchdringungsrate wünschenswert. Dies kann vielfach als positiver Indikator für die Kundenzufriedenheit gewertet werden. Speziell die Entwicklung der Kennzahl wird häufig herangezogen, wenn die Wettbewerbsfähigkeit des eigenen Unternehmens beurteilt werden soll.

Auf der anderen Seite muss allerdings berücksichtigt werden, dass eine hohe Kundendurchdringungsrate auch ein spezielles Konzentrationsrisiko darstellt. Fällt nämlich ein langjähriger Leasingnehmer mit einer hohen Kundendurchdringungsrate weg, fehlt der Leasinggesellschaft schnell ein zentraler Ertragsbaustein für die Zukunft.

Beispiel

Der Leasingnehmer A wies in den letzten 12 Monaten ein Leasing- bzw. Finanzierungsvolumen von 3,5 Mio. EUR aus. Hiervon entfielen 350 TEUR auf die betrachtete Leasinggesellschaft und 750 TEUR auf das Finanzierungsunternehmen mit dem größten Finanzierungsvolumen.

Die Kundendurchdringungsrate (1) beträgt in diesem Fall 10% bzw. die Kundendurchdringungsrate (2) beläuft sich auf 46,7%.

Grenzen der Aussagekraft

Anhand der Kundendurchdringungsrate allein kann keine Aussage über die Qualität des Vertriebs oder die Kundenzufriedenheit getroffen werden. Denn es kann auch lediglich sein, dass die Kundendurchdringungsrate aufgrund mangelnder Alternativen hoch ist. Außerdem kann eine hohe Kundendurchdringungsrate auch nur dadurch zustande gekommen sein, dass Geschäfte mit einer niedrigen Barwertmarge „erkauft" wurden.

Zudem sollte berücksichtigt werden, dass viele Leasinggesellschaften aufgrund ihrer Ratingsystematik und der darauf basierenden Limits je Kunde bzw. Kreditnehmereinheit sehr begrenzt sind. Auch von Kundenseite ist immer wieder zu beobachten, dass nicht nur ein Finanzierungspartner gewünscht ist und somit eine Kundendurchdringungsrate von 100% im Normalfall unmöglich ist.

Ein weiterer Kritikpunkt ist häufig die fehlende Prognosefähigkeit der Kennzahl. Denn alle Einflussgrößen der Kennzahl sind vergangenheitsbezogen und lassen im Normalfall keine Rückschlüsse auf die zukünftige Entwicklung zu.

Beeinflussungsmöglichkeiten

Die Kundendurchdringungsrate kann insbesondere durch das eigene Neuabschlussvolumen beim Kunden erhöht werden, sofern sich das gesamte Neuabschlussvolumen des Kunden nicht überproportional erhöht.

Datenherkunft

Während das eigene Neuabschlussvolumen beim entsprechenden Kunden im Normalfall auf Knopfdruck ermittelt werden kann, stellt sich die Ermittlung des Leasing- bzw. Finanzierungsvolumens des Kunden für den kompletten Wettbewerb bzw. für den größten Wettbewerber schon als deutlich schwieriger heraus.

Da der Vertrieb häufig den engsten Kundenkontakt hat und Finanzierungsvolumina nicht zwingend vom Kunden publiziert werden müssen, kann der Vertrieb eine qualitativ hochwertige Schätzung vornehmen. Auch haben die zuständigen Mitarbeiter im Regelfall ein gutes Gefühl für diese Volumina, da in solchen Fällen vielfach auch eine Anfrage an die eigene Leasinggesellschaft gestellt wurde, die dann aufgrund strategischer oder kostenseitiger Überlegungen beim Wettbewerb realisiert wurde.

Angrenzende Kennzahlen

vgl. Kundenzufriedenheit; Potenzialausschöpfung

Kundenentwicklung (in %)

→ *vgl. hierzu*: Aktivkundenquote

Kundenfluktuation (in %)

→ *vgl. hierzu:* Drehtürgeschwindigkeit; Kundenloyalitätsindex; Nullkundenquote

Kundenkonzentration (in %)

→ *vgl. hierzu*: A-/B-/C-Kundenquote; Konzentrationsindex

Kundenloyalitätsindex (in %)

Der Kundenloyalitätsindex bringt in besonderem Maße die Kundenzufriedenheit zum Ausdruck und drückt neben der Treue zur Leasinggesellschaft insbesondere auch die Weiterempfehlungsbereitschaft des Leasingnehmers aus.

Die Kundenloyalität wird häufig über die Quote an Stammkunden mit einer bestimmten Beziehungsdauer abzüglich der entsprechenden Fluktuationsquote bzw. der verlorenen Kunden für diesen Zeitraum ermittelt.

Alternativ kann auch die Intensität der Loyalität mitberücksichtigt werden, indem der Anteil der Leasingnehmer ermittelt wird, die in einem bestimmten Zeitraum, beispielsweise in den letzten fünf Jahren, mindestens jedes Jahr einen oder mehrere Leasingverträge abgeschlossen haben.

Großer Beliebtheit aufgrund der Einfachheit bei der Ermittlung und der einfachen Vergleichbarkeit insbesondere auch im Vergleich zu den jeweiligen Vorperioden erfreut sich außerdem das durchschnittliche Alter der Kundenbeziehungen der Aktivkunden.

Eine weitere Möglichkeit zur Ermittlung der Kundenloyalität erfolgt in der Regel anhand eines Hilfskonstrukts über die Marktforschung. Hierbei wird unterstellt, dass besonders loyale Kunden eine überdurchschnittlich hohe Weiterempfehlungsbereitschaft aufweisen.

Kundenloyalitätsindex	
=	Anteil an Stammkunden im Gesamtportfolio [im Betrachtungszeitraum]
Kundenloyalitätsindex *(alternativ)*	
=	Kunden mit jeweils jährlichem Neuabschlussvolumen innerhalb der letzten X Jahre
Kundenloyalitätsindex *(alternativ)*	
=	$\frac{\text{Durchschnittsalter der Kundenbeziehungen mit den Aktivkunden [in Jahren]}}{\text{Zielvorgabe max.Durchschnittsalter Kundenbeziehung mit Aktivkunden [in Jahren]}} \cdot 100\%$
Kundenloyalitätsindex *anhand der* **Kundenbindungsrate**	
=	100% *[= Aktivkunden Vorperiode]* ./. Kundenfluktuation [in %]
	bzw. Annäherung an den Kundenloyalitätsindex über beispielsweise:
Kundenloyalitätsindex	
=	Weiterempfehlungsquote [in %]

„Wie wahrscheinlich ist es, dass Sie die Leasinggesellschaft einem Freund oder Geschäftspartner weiterempfehlen werden?"

Aussagekraft

Die Loyalität als Bereitschaft, die Geschäftsbeziehung mit dem Institut fortführen zu wollen, ist ein zentraler Treiber für ein nachhaltiges Wachstum einer jeden Leasinggesellschaft.

Eine langfristige Bindung der Leasingnehmer bildet nicht nur aus Gründen des nachhaltigen Wachstums, sondern auch aus Profitaspekten einen wesentlichen Faktor. So sind die Kosten, die mit einer Stammkundenbindung verbunden sind, häufig um ein Vielfaches niedriger als die Akquisitionskosten, die für die Gewinnung neuer Leasingnehmer entstehen.

Die Kundenbindungsrate ist eine besondere Form der Ermittlung der Kundenloyalität und sie ermittelt den Anteil der Aktivkunden, die im Vergleich zur Vorperiode weiterhin aktiv bleiben. Die Aktivitätsrate wird wesentlich von der Fluktuation und damit von der Kundenbetreuung und der Kundenzufriedenheit beeinflusst.

Interpretation

Die Kundenloyalität ist eine der zentralen Kennzahlen für die Steuerung des Vertriebs und des Marketings und gibt Auskunft darüber, ob wesentliche Ziele der Kundenbindung erreicht wurden und wie die zukünftigen Ertragschancen der Leasinggesellschaft eingeschätzt werden können.

Neben der reinen Weiterführung bestehender Geschäftsbeziehungen äußert sich eine hohe Loyalität insbesondere in einer deutlich erhöhten Weiterempfehlungsbereitschaft bzw. Mund-Propaganda, einer Intensivierung der Geschäftsbeziehung und schlussendlich einer höheren Rendite sowie einem höheren Neuabschlussvolumen der Leasingnehmer. Insbesondere eine positive Mund-Propaganda auf Kundenebene und ein dementsprechend positives Image wirken häufig deutlich glaubwürdiger als teure Werbeversprechen.

Für die meisten Leasinggesellschaften sind aufgrund der Austauschbarkeit des Produkts, häufig das Personal und im Speziellen der Vertrieb das Aushängeschild und entsprechend der wesentliche Einflussfaktor auf die Kundenloyalität. Mit Hilfe der internen Prozesse, auch und insbesondere in der Marktfolge sowie einer flexiblen Bearbeitung von Spezialfällen oder von Beschwerden wird häufig versucht, den Kunden nicht nur zufrieden zu stellen, sondern zu begeistern und dadurch nachhaltig an die Leasinggesellschaft zu binden.

Ein weiterer wesentlicher strategischer Bestandteil eines erfolgreichen Stammkundenmanagements sollte die Tatsache sein, dass der Fokus nicht nur auf Neukunden gelegt wird, sondern in besonderem Maße auch auf bestehende und treue Leasingnehmer. Es gilt zumeist die Regel, dass treue Leasingnehmer häufiger Leasingverträge abschließen, hierbei durchschnittlich ein höheres Abschlussvolumen und gleichzeitig aufgrund der geringeren Preissensibilität auch eine höhere Barwertmarge erzielt und außerdem nicht zu unterschätzende Werbekostenvolumina eingespart werden können.

Beispiel

a.) Die Leasinggesellschaft hat 2.200 aktive Kunden, wovon im letzten Jahr 330 Kunden verloren gingen und zu anderen Leasinggesellschaften fluktuiert sind.

Der Loyalitätsindex beträgt in diesem Fall 85,0%.

b.) Von den 2.200 aktiven Kunden haben 1.500 Kunden innerhalb der letzten 3 Jahre mindestens einmal jährlich einen neuen Leasingvertrag abgeschlossen.

Der Loyalitätsindex beträgt in diesem Fall 68,2%.

c.) Von den 2.200 aktiven Kunden würden 1.700 Kunden die Leasinggesellschaft ihren Freunden oder Geschäftspartnern weiterempfehlen.

Der Loyalitätsindex gemäß der Weiterempfehlungsquote beträgt damit 77,3%.

Grenzen der Aussagekraft

Für die Ableitung einer validen Aussage insbesondere für effiziente Steuerungsimpulse sollte die Kundenloyalität ins Verhältnis zum jeweiligen Ertrag gestellt werden. So kann es beispielsweise vorkommen, dass die Loyalität von kleinen, unter Umständen sogar unprofitablen Leasingnehmern, bei denen auch die Zukunftsaussichten wenig erfolgversprechend sind, als eher unwichtig oder zumindest als eher untergeordnet eingeschätzt wird. Im Vergleich dazu ist es häufig das Ziel, bei hoch profitablen Kunden, beispielsweise aus dem Key Account oder anderen Bereichen, die Loyalität hoch zu halten und bereits frühzeitig mögliche Anzeichen einer erhöhten Abwanderungsgefahr anhand eines Frühwarnsystems zu erkennen und damit eine Abwanderung zu verhindern.

Eine Betrachtung auf Gesamtkundenbasis kann zudem zu Fehlinterpretationen führen. So können beispielsweise die erwähnten weniger oder gar unprofitablen Kundengruppen möglicherweise eine fehlende Loyalität von hoch profitablen Kunden kompensieren und die Leasinggesellschaft dementsprechend in einer trügerischen Sicherheit wiegen.

Für eine grundlegende Ermittlung der Kundenzufriedenheit kann also die Loyalität den Ausgangspunkt bilden. Zur Gewinnung eines umfassenderen Verständnisses sollten allerdings genau die Gründe für die bestehende Loyalität, aber auch für eine möglicherweise fehlende Loyalität eruiert werden und in Kombination mit der Einschätzung der potenziellen Abwanderungsgefahr der einzelnen Kundengruppen, unterteilt beispielsweise nach Branche, Region oder Außendienstmitarbeiter, mögliche Gegenmaßnahmen abgeleitet werden.

Beeinflussungsmöglichkeiten

Die Erkenntnisse aus Kundenfluktuationen, aber auch aus Beschwerden bestehender Kunden sowie aus Marktforschungsstudien sollten konsequent genutzt werden, um den Anteil an loyalen Stammkunden weiter auszubauen. Hierdurch sollen fortwährend und nachhaltig das Neugeschäftsvolumen gesteigert und gleichzeitig die Kosten für die Neukundengewinnung oder die Rückgewinnung von abgewanderten Kunden gesenkt werden.

Darüber hinaus gilt es für die Leasingbranche mit der traditionell sehr starken Bedeutung des Vertriebsaußendienstes zu beachten, dass dem Vertriebsmitarbeiter eine wesentliche Rolle bei der Gestaltung der Kundenloyalität und damit auch bei der Kundenentwicklung zukommt. Häufig ist es nicht die Leasinggesellschaft, die kaufentscheidend ist, sondern vielmehr der Außendienstmitarbeiter.

So kommt es beispielsweise auch bei der Fluktuation von Vertriebsmitarbeitern häufig außerdem dazu, dass nicht nur die Mitarbeiter, sondern auch die Kunden verloren gehen.

Datenherkunft

Die Kundendaten können, sofern dies existiert, der Customer Relationship Management-Software bzw. den Vertriebsstatistiken oder dem Vertriebsinformationssystem entnommen werden.

Die Weiterempfehlungsquote wird häufig entweder zu Beginn der Kundenbeziehung vom entsprechenden Vertriebsmitarbeiter ermittelt, indem beispielsweise ein Fragebogen ausgefüllt wird, in dem auch der Weg der Kontaktanbahnung ermittelt wird. Eine weitere Alternative zur Ermittlung der Weiterempfehlungsquote, aber auch der Kundenzufriedenheit im Allgemeinen bietet sich anhand der externen Marktforschung über ein in der Regel professionelles Marktforschungsinstitut oder durch eine regelmäßige Kundenbefragung durch institutsinterne Mitarbeiter.

Angrenzende Kennzahlen

vgl. Aktivkundenquote; Beschwerdequote; KundenzufriedenheitMinuskundenquote

vgl. Nullkundenquote

Kundenpenetrationsquote (in %)

→ *vgl. hierzu*: Kundendurchdringungsrate

Kundenstruktur

→ *vgl. hierzu*: Aktivkundenquote; Minuskundenquote; Neukundenquote; Nullkundenquote; Potenzialkundenquote

Kundentreueindex (in %)

→ *vgl. hierzu*: Kundenloyalitätsindex

Kundenwert (in EUR)

→ *vgl. hierzu*: Customer Lifetime Value

Kundenzufriedenheit (in Schulnoten)

Kundenzufriedenheit entsteht, wenn die Erwartungen des Leasingnehmers an die Geschäftsbeziehung zur Leasinggesellschaft erfüllt oder gar übertroffen werden.

Kundenzufriedenheit	
=	Erfüllung der Kundenerwartungen *[in Schulnoten von 1 (sehr hoch) bis 6 (unzureichend)]*
	Je nach Informationsbasis können zudem bestimmte Bereiche bzw. Bestandteile der Zufriedenheit unterschieden werden (z.B. Zufriedenheit mit dem Personal, der Abwicklung, der Transparenz, der Flexibilität etc.) und entsprechend gewichtet in die aggregierte Kundenzufriedenheit einfließen.

Aussagekraft

Die Kundenzufriedenheit ist eines der wesentlichsten Ziele im Marketing und Vertrieb einer jeden Leasinggesellschaft. Es wird häufig davon ausgegangen, dass zufriedene Kunden gleichzeitig auch loyaler sind als unzufriedene Kunden (→ *vgl. Kundenloyalitätsindex*) und es damit zu einer nachhaltigen Geschäftsbeziehung kommen kann. So ist die Kundenzufriedenheit beispielsweise in der Balanced Scorecard oder dem EFQM-Modell der European Foundation for Quality Management (EFQM) eine zentrale Zielgröße für den Unternehmenserfolg.

Durch loyale und langjährige Geschäftsbeziehungen mit zufriedenen Kunden steigt in der Regel neben dem Neugeschäftsvolumen insbesondere auch die Barwertmarge, da die Preissensibilität der Leasingnehmer mit steigender Zufriedenheit häufig sinkt. Betrachtet man nun auch noch, dass durch die geringere Gefahr eines Anbieterwechsels die Kosten für Neuakquisetätigkeiten niedrig gehalten werden können, erhält man einen knappen Überblick über die betriebswirtschaftlichen Vorteile einer hohen Kundenzufriedenheit.

Interpretation

Das Ziel moderner Marketingansätze ist häufig nicht nur, den Kunden zufrieden zu stellen, sondern ihn sogar zu begeistern (vgl. Kotler 2003, S.59). Durch die Begeisterung des Kunden werden die positiven Aspekte der Kundenzufriedenheit noch weiter verstärkt. Ein hohes Maß an Zufriedenheit oder gar an Begeisterung des Kunden führt häufig zudem dazu, dass die Leasinggesellschaft weiterempfohlen wird.

Gerade durch Weiterempfehlungen werden häufig sehr renditestarke Geschäftsbeziehungen begründet, die auf anderem Wege unter Umständen gar nicht erst entstanden wären.

Es muss allerdings berücksichtigt werden, dass der Erfahrungsaustausch von positiven Erfahrungen häufig deutlich niedriger ausfällt als bei negativen Erfahrungen. Getreu dem schwäbischen Sprichwort „nicht geschimpft ist genug gelobt" ist eine positive Weiterempfehlung damit ein wertvolles Gut, das allerdings durch eine kleine negative Erfahrung bereits wieder zunichte gemacht werden kann.

Beispiel

Die Leasinggesellschaft möchte die Zufriedenheit ihrer drei Leasingnehmer A, B und C messen und ermittelt für die Bereiche Personal, Schnelligkeit, Transparenz, Flexibilität und Preis jeweils Schulnoten von 1 bis 6.

Da die Bereiche Schnelligkeit und Transparenz besonders wichtig für die Geschäftsstrategie der Leasinggesellschaft sind und entsprechend im Fokus stehen, werden diese jeweils mit 27,5% gewichtet, während die Bereiche Personal, Flexibilität und Preis mit 15% gewichtet werden.

Die drei Leasingnehmer bewerten die jeweiligen Kategorien durchschnittlich wie folgt:

Personal: 2,2

Schnelligkeit: 1,7

Transparenz: 1,5

Flexibilität: 2,9

Preis: 3,5

Die Gesamtnote für die Kundenzufriedenheit bei der Leasinggesellschaft beläuft sich damit auf einen Wert von 2,17.

Grenzen der Aussagekraft

Die Kundenzufriedenheit dient häufig als Indikator für einen nachhaltigen betriebswirtschaftlichen Erfolg. Es muss aber auch berücksichtigt werden, dass es eine Korrelation zwischen Kundenloyalität und entsprechender Ertragsstärke bzw. entsprechend hoher Barwertmarge nicht zwingend geben muss.

Eine häufig verwendete vereinfachte Errechnung der Kundenzufriedenheit anhand des Neugeschäftsvolumens bzw. Ertrags greift deshalb deutlich zu kurz. Ein Anstieg im Neugeschäftsvolumen kann beispielsweise allein aufgrund von erhöhten Kaufpreisen der Leasingobjekte resultieren.

Je nach Leasingnehmer kann es auch dazu kommen, dass trotz einer sehr hohen Zufriedenheit von Zeit zu Zeit die Leasinggesellschaft gewechselt wird. Zum einen wollen einige Leasingnehmer eine zu starke Konzentration auf eine oder wenige Leasinggesellschaften vermeiden. Zum anderen kann beispielsweise durch einen Wechsel des kaufmännischen Leiters oder allgemein des Ansprechpartners für die Themen Finanzierung und Leasing eine entsprechende Zufriedenheit und Loyalität nicht sehr stark ins Gewicht fallen, wenn zwischen zwei Wettbewerbsangeboten unterschieden wird.

Die Kundenzufriedenheit allein ermöglicht keine Aussage darüber, welche Leistungen oder Produkte besonders positiv von den Kunden bewertet werden und welche Bereiche die Erwartungen eher verfehlen. Erst durch eine detaillierte Unterteilung in unterschiedliche Prozesse und durch die Ermittlung einzelner Bewertungen, beispielsweise in Form von Schulnoten, kann eine präzise Zuordnung der Kundenzufriedenheit und damit auch eine gezielte Prozessoptimierung erreicht werden.

Beeinflussungsmöglichkeiten

Die Kundenzufriedenheit wird im Wesentlichen von den Erwartungen der Leasingnehmer und der Leistung der Leasinggesellschaft beeinflusst. Zur Erreichung einer hohen Kundenzufriedenheit ist es also zum einen wichtig, dass die Leistung der Leasinggesellschaft auf einem konstant hohen Niveau gehalten wird und zum anderen, dass die Erwartungen der Kunden auch erreicht werden.

Zur Steigerung der Qualität bzw. zur Stabilisierung der Kundenzufriedenheit auf einem hohen Niveau können neben einer hohen Mitarbeiterfreundlichkeit und einer verbesserten Mitarbeiterqualifikation insbesondere eine Optimierung bei den Vertriebswegen sowie eine Neuerung bei den Kundenstrukturen bzw. -segmentierungen beitragen.

Die Erwartungen der Kunden sind häufig auch von Aussagen der Vertriebsmitarbeiter oder von Marketingaktivitäten der Leasinggesellschaft beeinflusst. So sollte beispielsweise unbedingt vermieden werden, dass dem Kunden Leistungen versprochen werden, die im Nachhinein nicht erfüllt werden können. Hierdurch entsteht in erhöhtem Maße eine Unzufriedenheit bei den Kunden. Dies gilt insbesondere auch für Leistungsanforderungen, die dem Kunden ohne das Versprechen unter Umständen gar nicht sonderlich wichtig gewesen wären, die er aber aufgrund der Kommunikation der Leasinggesellschaft als gegeben annimmt.

Darüber hinaus sollten die Erkenntnisse aus Beschwerden der Leasingnehmer unbedingt als Ansatzpunkt zur Verbesserung der eigenen Prozesse und Standards genommen werden, um die Zufriedenheit durch die Vermeidung von Unzufriedenheit weiter zu steigern oder zumindest stabil zu halten.

Datenherkunft

Die Ermittlung der Kundenzufriedenheit erfolgt häufig anhand eines Fragebogens, der den Kunden entweder über ein externes Marktforschungsinstitut zugeschickt wird, oder aber während eines Besuchstermins des Außendienstmitarbeiters bearbeitet oder im persönlichen Gespräch nebenbei beantwortet wird.

Je detaillierter die Unterscheidung in die entsprechenden trennscharfen Kategorien ist, umso valider sind häufig die Ergebnisse und umso genauer können auch die Steuerungsimpulse ausgewählt und kalibriert werden.

Die Gewichtung der einzelnen Kategorien untereinander zur Bestimmung der aggregierten Kundenzufriedenheit sollte eng an das Selbstverständnis und die Geschäftsstrategie der Leasinggesellschaft angelehnt sein.

Angrenzende Kennzahlen

vgl. Beschwerdequote; Kundenloyalitätsindex; Weiterempfehlungsquote

C. Glaser, *Leasing A – Z*, https://doi.org/10.1007/978-3-658-31839-0_9

Lastschriftenquote (in %)

Die Lastschriftenquote stellt den Anteil der Kunden dar, bei denen die monatlichen Leasingraten automatisch über einen Lastschrift- oder Abbuchungsauftrag eingezogen werden.

Lastschriftenquote
$= \frac{\text{Kunden mit Lastschrift- bzw. Abbuchungsauftrag}}{\text{Gesamtanzahl der Kunden}} \cdot 100\%$

Aussagekraft

Eine hohe Lastschritenquote reduziert häufig die Gefahr von zeitlichen Zahlungsverzügen aufgrund der längeren Bearbeitungsdauer von manuellen Überweisungen. Ebenso werden manuelle Überweisungen nicht selten vergessen oder bewusst erst zu einem späteren Zeitpunkt vorgenommen.

Interpretation

Eine hohe Lastschriftenquote führt in der Regel zu einer Effizienzsteigerung sowie zu einer gesteigerten Zahlungspünktlichkeit. Nicht selten kommt es insbesondere bei „Selbstzahlern", also bei Kunden, die entweder bar oder mittels einer manuellen Überweisung bezahlen, zu Verschiebungen beim Zahlungsdatum, wenn der Leasingnehmer aus bestimmten Gründen eine Zahlung erst später anweisen möchte, Zahlungen gebündelt werden und erst im Anschluss, beispielsweise immer nur einmal pro Woche, freigegeben werden oder der Kunde schlicht vergisst, dass die Leasingrate fällig ist oder war, zu einem erhöhten Zahlungsverzug.

Darüber hinaus ist die Abwicklung von „Selbstzahlern" mit einem erhöhten administrativen Aufwand verbunden, da der Eingang der Zahlung häufig noch manuell überwacht werden muss.

Beispiel

Von den 10.000 aktiven Kunden im Portfolio der Leasinggesellschaft erteilten 8.900 Kunden der Leasinggesellschaft einen Lastschrift- oder Abbuchungsauftrag (im Folgenden soll nicht zwischen Lastschrift- und Abbuchungsauftrag unterschieden werden).

Die Lastschriftquote beträgt damit 89,0%.

Grenzen der Aussagekraft

Anhand der Lastschriftquote allein kann die Zahlungspünktlichkeit und die Effizienz der zugrunde liegenden Prozesse nicht gesteigert werden.

Nicht selten kommt es sogar vor, dass gerade durch Lastschriftverfahren keine ausreichende Deckung des Kontos vorhanden ist und die Zahlungen deshalb wegen mangelnder Deckung zurückgegeben werden.

Im Vergleich zum Abbuchungsauftrag gilt es beim Lastschriftauftrag zudem zu berücksichtigen, dass der Leasingnehmer innerhalb der gültigen Widerspruchsfrist der Lastschrift widersprechen kann und diese dann im Regelfall unverzüglich wieder storniert wird. Hierdurch entstehen der Leasinggesellschaft wiederum neben den Rücklastschriftgebühren insbesondere weitere Mehraufwendungen für die zusätzlichen Prozessschritte bei der Abwicklung der Rücklastschriften und dem Neueinzug der Raten.

Beeinflussungsmöglichkeiten

Die Lastschriftenquote wird durch eine Vielzahl an Lastschriftaufträgen gesteigert. Ein Lastschriftauftrag kann relativ einfach durch entsprechende Formulare, die häufig zusammen mit dem Vertragsentwurf des Leasing- oder Mietkaufvertrags an den Leasingnehmer ausgeben werden, erteilt werden.

Datenherkunft

Die Lastschriftquote kann häufig ohne großen Aufwand über die Leasingverwaltungssoftware unter Berücksichtigung des aktiven Kundenbestands in Verbindung mit deren Zahlungsbedingungen ermittelt werden.

Angrenzende Kennzahlen

vgl. Offene Posten; Rücklastschriftvolumen

Leasing Value Added (in EUR)

In Anlehnung an das Konzept des Economic Value Added wird auch im Leasing immer wieder vom sogenannten Leasing Value Added gesprochen (vgl. Chrubasik, Hellen 2010, S.359 f.). Dieser beschreibt den Substanzwertzuwachs zzgl. dem Ergebnis der gewöhnlichen Geschäftstätigkeit, was wiederum der Differenz zwischen betriebswirtschaftlichem Ergebnis und den Kapital- bzw. Risikokosten entspricht.

Leasing Value Added
= Substanzwertzuwachs + Ergebnis der gewöhnlichen Geschäftstätigkeit

Leasing Value Added
= Betriebswirtschaftliches Ergebnis ./. Kapital- bzw. Risikokosten

Aussagekraft

Mit dem Leasing Value Added wird versucht, Leasinggesellschaften wertorientiert zu steuern. Sowohl in der Risikosteuerung als auch in der Gesamtleasingsteuerung. Das Ziel einer nachhaltig erfolgreichen Leasinggesellschaft muss es nämlich sein, langfristig einen positiven und möglichst hohen Leasing Value Added zu erzielen.

Erst durch einen konstant positiven Leasing Value Added ist ein kraftvolles Wachstum auf einer gesunden Kapitalbasis möglich.

Interpretation

Teilweise werden in Ergänzung zur Kennzahl des Leasing Value Added auch noch Werttreiberbäume in Anlehnung an das Du-Pont-Schema zur Gesamtleasingsteuerung herangezogen. Diese Werttreiberbäume wiederum haben den Vorteil, dass die Wirkungszusammenhänge transparent dargestellt werden und außerdem konkret messbare Kennzahlen für die übergeordneten Ziele des Unternehmens vorliegen.

Als Vergleichsgröße zum Leasing Value Added wird häufig der Eigenkapitalkostensatz in Form eines Mindestverzinsungsanspruchs ermittelt und der im Leasing Value Added beinhalteten Verzinsung gegenübergestellt. In diesem Zusammenhang wird immer wieder das sogenannte Capital Asset Pricing Model (CAPM) verwendet. Dieses Modell zur adäquaten Bepreisung von Risiken basiert auf der Portfoliotheorie. Demnach setzt sich die Renditeerwartung eines Investors am Kapitalmarkt aus der Summe der erzielbaren risikolosen Rendite und einer Risikoprämie für das individuelle Engagement zusammen (vgl. Schäfer 2009, S.195 ff.).

Je höher der Leasing Value Added, umso erfolgreicher hat eine Leasinggesellschaft im Betrachtungszeitraum gewirtschaftet. Im Sinne einer wertorientierten Unternehmensführung sollte der Leasing Value Added mittel- bis langfristig positiv sein.

Beispiel

Im Betrachtungszeitraum konnte eine Leasinggesellschaft ihren Substanzwert um 2,5 Mio. EUR steigern. Das Ergebnis der gewöhnlichen Geschäftstätigkeit belief sich auf 1,0 Mio. EUR. Das betriebswirtschaftliche Ergebnis belief sich auf 5,0 Mio. EUR und die Risiko- bzw. Kapitalkosten auf 1,5 Mio. EUR.

Der Leasing Value Added beläuft sich damit auf 3,5 Mio. EUR.

Grenzen der Aussagekraft

Der Leasing Value Added wird maßgeblich vom Substanzwertzuwachs gespeist. Diesem wiederum liegen zentrale Schätzungen über zukünftige Ausfallquoten und mögliche Verwertungserlöse zu Grunde. Schlechte Aussichten des Unternehmensumfelds können schnell dazu führen, dass der prognostizierte Wertbeitrag nicht wie gewünscht eintritt.

Darüber hinaus muss gerade bei der Ermittlung des Mindestverzinsungsanspruchs auf Basis des Capital Asset Pricing Models und der darin enthaltenen Annahmen einer risikolosen Anlage berücksichtigt werden, dass es eine risikolose Anlage de facto nicht gibt.

Beeinflussungsmöglichkeiten

Maßgebliche Treiber des Leasing Value Added sind der Substanzwertzuwachs und das Ergebnis der gewöhnlichen Geschäftstätigkeit. Diese beiden Positionen wiederum werden vom Neugeschäftsvolumen und der darin enthaltenen Barwertmarge auf der einen und der Ausfallquote sowie anderen Aufwendungen auf der anderen Seite beeinflusst.

Datenherkunft

Die Datenbasis stammt aus dem Finanz- und Rechnungswesen und wird häufig auf Grundlage der nach HGB oder IFRS aufgestellten Periodenabschlüsse ermittelt. Je nach Aufwand der Ermittlung bieten sich auch Zusatzmodule der verschiedenen Leasingverwaltungssoftwares an, anhand derer die Substanzwertrechnung weitgehend automatisiert durchgeführt werden kann.

Angrenzende Kennzahlen

vgl. Barwertmarge; Substanzwert nach dem BDL-Schema

Leasingvermögen (in EUR)

→ *vgl. hierzu*: Vermietvermögen

Leitungsspanne (in Anzahl der Mitarbeiter)

Die Leitungsspanne gibt die Anzahl der Mitarbeiter an, die durchschnittlich einer Führungskraft bzw. allgemein einer Leitungsstelle unterstellt sind.

Leitungsspanne

$$= \frac{\text{Gesamtanzahl Mitarbeiter } \textit{(ohne Führungskräfte)}}{\text{Anzahl Führungskräfte}} \cdot 100\%$$

Aussagekraft

Die Leitungsspanne ist eine wesentliche Kennzahl für die Ermittlung der Führungsstruktur innerhalb eines Leasingunternehmens. Sie ermittelt die durchschnittlich einer Führungskraft unterstellten Mitarbeiter.

Zwischen der Leitungsspanne und der Hierarchietiefe bzw. der Anzahl der Hierarchiestufen besteht ein umgekehrt proportionaler Zusammenhang. Eine kleine Leitungsspanne bedingt eine steile Hierarchie, während eine große Leitungsspanne eine flache Hierarchie bedingt.

Interpretation

Die optimale Leitungsspanne muss institutsindividuell ermittelt werden und hängt neben den Tätigkeiten und dem Geschäftsfeld insbesondere von der Unternehmenskultur und den Mitarbeitern der Leasinggesellschaft ab.

Bei einer sehr hohen Leitungsspanne besteht häufig die Gefahr, dass die unterstellten Mitarbeiter nicht mehr effektiv geführt werden können, während bei einer sehr niedrigen Leitungsspanne häufig zwar eine effektive, aber aufgrund der im Regelfall hohen Kosten keine effiziente Führung mehr möglich ist.

Eine große Leitungsspanne ist verbunden mit einer flachen Hierarchie. Diese wiederum fördert häufig das selbstständige Arbeiten der Mitarbeiter und führt bei vergleichsweise niedrigen Kosten für die Führungskräfte zu schnellen und kurzen Entscheidungswegen. Hierdurch entsteht eine nicht zu unterschätzende Flexibilität in der Ablauforganisation.

Die meisten Leasinggesellschaften streben deshalb eine möglichst hohe Leitungsspanne an, wobei stets darauf geachtet wird, dass es zu keiner Überlastung der jeweiligen Führungskräfte kommt.

Beispiel

Eine Leasinggesellschaft hat insgesamt 1.200 Mitarbeiter (ohne Berücksichtigung der Führungskräfte) und daneben insgesamt 90 Mitarbeiter mit einer Leitungsfunktion.

Die Leitungsspanne je Führungskraft beträgt damit durchschnittlich 13,3 Mitarbeiter.

Grenzen der Aussagekraft

Die Führungsstruktur eines Instituts allein anhand der einer Führungskraft unterstellten Mitarbeiter festzumachen, greift in der Regel deutlich zu kurz. Es kommt vielmehr auf die Führungsqualitäten, die Auswahl und die Fähigkeiten sowie die Motivation der Mitarbeiter an, ob ein Funktionsbereich erfolgreich ist oder nicht.

Darüber hinaus gilt es, funktionale Unterschiede bei der Leitungsfähigkeit zu berücksichtigen. So können beispielsweise in Projektteams oder Stabsstellen (etwa in der Expansionsplanung, im Change Management/bei der Einführung eines neuen IT-Systems, im Risikomanagement etc.), die ständig unterschiedliche Aufgabenbereiche zu bearbeiten haben, häufig nur kleine bis mittlere Gruppen effektiv geleitet werden, während in Funktionsbereichen mit einer hohen Anzahl an Routinetätigkeiten (etwa im Back-Office) auch deutlich größere Gruppen noch effektiv geleitet werden.

Beeinflussungsmöglichkeiten

Die Leitungsspanne hängt wesentlich von der Unternehmenskultur sowie der strategischen Ausrichtung des Instituts ab. Wenn es beispielsweise einen hohen Anteil an niedrig Qualifizierten oder an neuen Mitarbeitern gibt, klassischerweise bei kleinen und stark wachsenden Instituten bzw. in neuen Teilmärkten, ist die Leitungsspanne häufig eher niedrig.

Wenn die Unternehmenskultur hingegen eher von selbstständigem Arbeiten mit einem hohen Delegationsgrad geprägt ist, ist eine hohe Leitungsspanne gang und gäbe. Durch eigenverantwortliche und selbstständige Arbeit steigen die Motivation und das unternehmerische Denken und Handeln der Mitarbeiter und erst durch diese Faktoren sind größere Leitungsspannen überhaupt möglich.

In inhabergeführten bzw. allgemein eher patriarchalisch geprägten Unternehmen ist die Leitungsspanne klassischerweise ebenfalls sehr hoch, da es im Regelfall nur einen starken Mann bzw. nur eine starke Frau gibt.

Datenherkunft

Die Daten für die Ermittlung der Leitungsspanne können entweder direkt aus einem Organigramm entnommen oder von der Personalabteilung ermittelt werden.

Leverage-Faktor (in %)

→ *vgl. hierzu*: Gesamtkapitalrentabilität

Lieferunfähigkeit Lieferant (in %)

→ *vgl. hierzu*: Insolvenzvolumen, kumuliertes

Limitauslastung (in %)

Limitsysteme definieren eine maximale Obergrenze für mögliche, vordefinierte Risikokategorien, wodurch eine Richtlinie für die tägliche Steuerung, aber auch eine Überwachung der operativen Prozesse vorgegeben werden soll.

Limitauslastung

$$= \frac{\text{quantitativ bewertete Risiken im Portfolio}}{\text{Risikolimit je Risikokategorie}} \cdot 100\%$$

Aussagekraft

Durch freiwillige, institutsindividuell ausgestaltete, Limitsysteme soll sichergestellt werden, dass sämtliche Geschäfte im Rahmen der Risikotragfähigkeit und im Sinne der Risikostrategie der Leasinggesellschaft eingegangen werden.

Durch Limitvorgaben auf Ebene der Kreditnehmereinheiten, Kundenbranchen, Objektkategorien, Vertragslaufzeiten etc. soll sichergestellt werden, dass keine allzu großen Konzentrationsrisiken entstehen.

Anhand der Limitauslastung kann zudem häufig analysiert werden, wie hoch das Aufnahmepotenzial für weitere Risiken ist. So kann beispielsweise ermittelt werden, wie hoch die zusätzlichen Blankorisiken in den einzelnen Ratingklassen, Leasingobjektgruppen oder Regionen sein dürfen. Dies wiederum kann bei der Akquisition von Neukunden gezielt berücksichtigt werden.

Interpretation

Die Steuerung der Risikosituation einer Leasinggesellschaft mit Limitsystemen kann in der Regel am effizientesten erfolgen, sofern entsprechende Trigger bzw. Meldegrenzen festgelegt werden, die je nach Limitauslastung eine Abarbeitung vordefinierter Maßnahmenbündel zwingend erfordern. So können beispielsweise bei einer Überschreitung der Limite, also einer Limitauslastung von über 100% Maßnahmen zur Verringerung der Risiken, beispielsweise zusätzliche Versicherungen oder andere Sicherheiten zur Überwälzung der Risiken, zwingend erforderlich werden. Gleichzeitig erfolgt häufig eine Ad-hoc-Information an die Geschäftsleitung und die jeweiligen Bereichsverantwortlichen.

Die am weitesten verbreiteten Limitsysteme bei Leasinggesellschaften finden sich in der Steuerung des Adressenausfallrisikos. Hierbei wird auf Basis der jeweiligen Ratingnote den Leasingnehmern bzw. Kreditnehmereinheiten ein maximales Neugeschäftsvolumen in Form von Obergrenzen für den Anschaffungswert oder das Restobligo bzw. das kumulierte Blankorisiko gewährt.

Im Falle der Limitüberschreitung oder Anfragen, die über das Limit hinausgehen, sind häufig Eskalationsstufen definiert, die ergriffen werden müssen. Nicht selten können in begründbaren Ausnahmefällen die Limitvorgaben für einzelne Kreditnehmereinheiten durch ein sogenanntes Management Override auch zu mehr als 100% ausgelastet werden, ohne dass sofort risikosenkende Maßnahmen ergriffen werden müssen. Wichtig ist hierbei allerdings, dass die Führungskräfte, die eine solche Umgehung der internen Vorschriften vorgeben, die Gründe für das Management Override für außenstehende Dritte, beispielsweise die interne oder externe Revision, entsprechend nachvollziehbar dokumentieren.

Beispiel

Eine Leasinggesellschaft gesteht ihren Leasingnehmern mit der Ratingnote A je Kreditnehmereinheit ein maximales Limit für den Blankoanteil von 5 Mio. EUR zu. Der Leasingnehmer Käpsele GmbH erhielt die Ratingnote A und hat aufgrund dessen 72 Leasingverträge mit einem kumulierten Blankorisiko von 3,2 Mio. EUR bei der Leasinggesellschaft abgeschlossen.

Die Limitauslastung des Kunden Käpsele GmbH beträgt also 64,0%.

Grenzen der Aussagekraft

Insbesondere die Transformation der Risikostrategie in operative Tagesgeschäftsprozesse erweist sich in der Praxis häufig als große und zentrale Herausforderung. Zum einen müssen bei der Höhe der Limite der Risikoappetit bzw. die Risikoneigung des Instituts explizit berücksichtigt werden und die Limite müssen ständig auf Aktualisierungsbedarf überprüft werden. So treten in Krisensituationen zumeist komplett neue Risikokategorien oder Wechselwirkungen der Risiken untereinander auf.

Beeinflussungsmöglichkeiten

Bei der Verteilung der gesamten Risikodeckungsmasse werden nicht selten entsprechende Puffer eingeplant, sodass bei einer Auslastung aller Limite immer noch ein Puffer für die Deckung weiterer Risiken zur Verfügung steht.

Von zentraler Bedeutung für die Steuerung der täglichen Prozesse im Sinne der Risikotragfähigkeit ist deshalb eine genaue Verteilung der Risikolimite auf die einzelnen Risikokategorien und auf die einzelnen Prozesse.

Datenherkunft

Die Zuweisung von Risikokapital erfolgt in einem ersten Schritt durch das Risikomanagement in enger Rücksprache mit der Geschäftsleitung, wo der Risikoappetit definiert wird. In einem zweiten Schritt wird das Risikokapital auf die einzelnen

Risikokategorien und einzelnen Geschäftsprozesse heruntergebrochen. Zur Ermittlung der Limitauslastung müssen dem Risikolimit nun die quantifizierten Risiken eines einzelnen Geschäftsprozesses gegenübergestellt werden.

Die Quantifizierung der einzelnen Risiken wird häufig wiederum vom Risikomanagement vorgenommen.

Angrenzende Kennzahlen

vgl. Risikotragfähigkeit

Liquiditätsgrad (in %)

→ *vgl. hierzu*: Working Capital

Liquiditätskoeffizient (in %)

→ *vgl. hierzu*: Working Capital

Liquiditätspuffer (in EUR)

Der Liquiditätspuffer gibt das Liquiditätsvolumen an, das frei zur Verfügung steht und dadurch bei Bedarf zur Deckung potenzieller Risiken herangezogen werden kann.

Liquiditätspuffer	
=	freies Liquiditätsvolumen (Geldvermögen, hochwertige Wertpapiere etc.)

Aussagekraft

Zur Deckung von potenziellen Verlusten durch schlagend werdende Risiken werden häufig Liquiditätspuffer vorgehalten. Hierdurch sollen kurzfristige Refinanzierungslücken und damit auch mögliche Liquiditätsengpässe vermieden werden.

Interpretation

Gemäß den aufsichtsrechtlichen Mindestanforderungen an das Risikomanagement (MaRisk) sind nur für kapitalmarktorientierte Institute verbindliche Liquiditätspuffer vorgeschrieben. Für alle anderen, nicht kapitalmarktorientierten, Institute gibt es keine aufsichtsrechtlichen Vorgaben über die Höhe bzw. die Bildung von Liquiditätspuffern.

Nichtsdestotrotz sollten aber auch die nicht kapitalmarktorientierten Institute auf Grundlage ihrer Risikosituation entsprechende Liquiditätspuffer ableiten. Sofern die Risiken eher überschaubar sind und entsprechende Gegenmaßnahmen zur Reduzierung der Eintrittswahrscheinlichkeit und der Schadenshöhe bereits ergriffen sind, kann von allzu großen Liquiditätspuffern abgesehen werden. Gibt es allerdings entsprechend wesentliche Risiken, die nur schwer quantifizier- und steuerbar sind, sollte unbedingt ein Liquiditätspuffer angelegt werden, mit dem potenzielle Verluste aus schlagend werdenden Liquiditätsrisiken, die häufig unerwartet eintreten, ausgeglichen werden können.

Beispiel

Ein Institut weist zum Stichtag in der Bilanz ein Geldvermögen in Höhe von 7,2 Mio. EUR aus. Hinzu kommen kurzfristig liquidierbare und hochwertige Aktiva mit einem Volumen von 24,8 Mio. EUR.

Der Liquiditätspuffer beläuft sich damit auf 32,0 Mio. EUR.

Grenzen der Aussagekraft

Die Höhe des optimalen Liquiditätspuffers kann nur sehr schwer bestimmt werden. Es können beispielsweise mittels der Ergebnisse des Stresstestings bestimmte Feinjustierungen vorgenommen werden. Trotzdem sollte aber immer auch vor dem Hintergrund der institutseigenen Geschäfts- und Risikostrategie entschieden werden, wie das Verhältnis zwischen Risiko und Ertrag bzw. Wachstum zu gewichten ist. Darüber hinaus gilt es zu berücksichtigen, dass sich die Quantifizierung und die Steuerung von Liquiditätsrisiken momentan zumeist noch in den Kinderschuhen befinden. Außerdem kann insbesondere das Liquiditätsrisiko zudem nicht immer durch einen zusätzlichen Kapitalpuffer ausgeglichen werden.

Bei der Anlage von Liquiditätspuffern sollte die entsprechende Fristentransformation berücksichtigt werden. Anhand von Stresstests kann bzw. sollte etwa die Verlustanfälligkeit für beispielsweise marktbedingte Liquiditätsschocks bzw. zumindest Liquiditätsengpässe sowie die jeweilige Eintrittswahrscheinlichkeit dieser Ereignisse, ermittelt werden. Hierauf basierend kann die Risikotragfähigkeit sowohl unter Normalbedingungen als auch unter Stressbedingungen überprüft werden.

Beeinflussungsmöglichkeiten

Der Liquiditätspuffer kann allgemein durch einen Liquiditätsüberschuss, also konkret durch eine Anhäufung von Geldvermögen oder durch entsprechend liquide Wertpapiere gesteigert werden. Auf der anderen Seite senken Investitionen den Liquiditätspuffer, was aber beispielsweise aus Renditeaspekten durchaus sinnvoll sein kann.

Zur nachhaltigen Reduktion des Liquiditätsrisikos sollten bestimmte Laufzeit- und Währungsinkongruenzen soweit wie möglich reduziert werden und auch entsprechend die Refinanzierungsbasis verbreitert werden.

Das Refinanzierungsrisiko als Sonderform des Liquiditätsrisikos haben die meisten Leasinggesellschaften noch aus der Finanz- und Wirtschaftskrise, die 2007 in den USA ihren Anfang nahm, im Hinterkopf. Dem Liquiditätsrisiko kommt deshalb auch bezüglich der Refinanzierung eine wesentliche Rolle zu.

Datenherkunft

Das freie Liquiditätsvolumen bzw. der Liquiditätspuffer kann relativ einfach anhand von Bilanzpositionen ermittelt werden. Je nach Steuerungsimpulsen, die anhand der Kennzahl des Liquiditätspuffers abgeleitet werden, können neben den statischen Bilanzpositionen noch dynamische, zukunftsgerichtete ex-ante-Entwicklungen berücksichtigt werden.

Angrenzende Kennzahlen

vgl. Risikotragfähigkeitsindex; Working Capital

Liquiditätsreichweite (in Monaten)

Die Liquiditätsreichweite ergibt sich als Quotient aus den liquiden Mitteln und den entsprechenden Refinanzierungs- und Kreditlinien im Verhältnis zu den monatlichen Fixkosten.

Liquiditätsreichweite

$$= \frac{\text{liquide Mittel} + (\text{Refinanzierungs- bzw. }) \text{ Kreditlinien}}{\text{Fixkosten [pro Monat]}} \cdot 100\%$$

Aussagekraft

Die Liquiditätsreichweite gibt den Zeitraum an, in dem die monatlichen Fixkosten durch die liquiden Mittel und den vorhandenen Kreditspielraum in Form von Refinanzierungs- und/oder Kreditlinien zum Betrachtungsstichtag gedeckt werden können.

Interpretation

Je höher die Liquiditätsreichweite ist, umso geringer ist in der Regel auch die Gefahr für Liquiditätsengpässe, die sich durch ein schlagend werdendes Liquiditätsrisiko ergeben können.

So können durch eine entsprechend hohe Liquiditätsreichweite beispielsweise Refinanzierungsengpässe oder Verluste aus der Liquidierung von Anlagegütern ausgeglichen werden.

Mithilfe der Liquiditätsreichweite wird häufig auch der maximal kompensierbare Zeitraum für einen Totalausfall, beispielsweise aufgrund eines kompletten IT-Ausfalls, einem Brand in der Firmenzentrale, einer Pandemie unter den Mitarbeitern etc., ermittelt. In einem solchen Fall können je nach Betrachtungsweise auch noch Versicherungsleistungen berücksichtigt werden, sodass der maximal kompensierbare Zeitraum im Regelfall über die Liquiditätsreichweite hinausgeht.

Auf der anderen Seite kann eine allzu hohe Liquiditätsreichweite aber auch ein Indikator für hohe Opportunitätskosten sein, da die vorhandene Liquidität in Form von liquiden Mitteln bzw. Kredit- und/oder Refinanzierungslinien alternativ für die Refinanzierung von Leasing- und/oder Mietkaufverträgen mit einer entsprechenden Verzinsung des eingesetzten Kapitals hätte verwendet werden können.

Beispiel

Die aktuell verfügbaren liquiden Mittel belaufen sich auf 30 Mio. EUR und die verfügbaren, noch nicht in Anspruch genommenen Kreditlinien belaufen sich auf 180 Mio. EUR. Die fixen Kosten für Gehälter, Miete, Leasingraten für den Fuhrpark etc. betragen pro Monat 65 Mio. EUR.

Die Liquiditätsreichweite beträgt damit 3,23 Monate.

Grenzen der Aussagekraft

Die Liquiditätsreichweite liefert zwar einen gewissen Anhaltspunkt bzw. einen Indikator für die aktuelle Situation und untersucht, wie hoch die aktuelle Liquiditätsreserve im Verhältnis zu den fixen Kosten ist.

In einer wirtschaftlich und konjunkturell schwierigen Phase hingegen kann häufig eine gegenläufige Bewegung beobachtet werden, bei der einerseits die liquiden Mittel und die Kreditlinien sinken und gleichzeitig die Fixkosten steigen.

Eine solche Bewegung führt dazu, dass sich der Zeitraum der Liquiditätsreichweite häufig sehr stark, teilweise sogar dramatisch stark, reduziert.

Beeinflussungsmöglichkeiten

Die Liquiditätsreichweite wird hauptsächlich von den liquiden Mitteln und insbesondere von der Kreditlinie beeinflusst. Die Fixkosten hingegen können nur begrenzt beeinflusst werden.

Zur Steigerung und Sicherung einer gewissen Liquiditätsreichweite können bestimmte langfristige, beispielsweise revolvierende, Kreditlinien mit einer entsprechenden Kündigungsfrist für den Kreditgeber vereinbart werden.

Datenherkunft

Die Datenbasis für die Ermittlung der Liquiditätsreichweite bildet die Bilanz und Gewinn- und Verlustrechnung. Aus der Bilanz können stichtagsgenau die liquiden Mittel ersehen werden und aus der Gewinn- und Verlustrechnung die entsprechenden Fixkosten.

Zur Komplettierung werden häufig durch die Refinanzierungsabteilung bzw. das Treasury die zum Stichtag verfügbaren Kredit- und Refinanzierungslinien ermittelt.

Angrenzende Kennzahlen

vgl. Auslastungsgrad Kredit-/Refinanzierungslinie; Total Blackout Index

Liquidity at Risk (in EUR)

→ *vgl. hierzu*: Value-at-Risk

Liquidity Value-at-Risk (in EUR)

→ *vgl. hierzu*: Value-at-Risk

Lohnkostenquote (in %)

→ *vgl. hierzu*: Personalkostenintensität

Loss Given Default (in %)

→ *vgl. hierzu*: Blankorisiko; Verlust, erwarteter

Lost Customers-Quote

→ *vgl. hierzu*: Nullkundenquote

Lost Offer Index (in %)

→ *vgl. hierzu*: Wettbewerbsintensität

Loyalitätsindex (in %)

→ *vgl. hierzu*: Kundenloyalitätsindex; Mitarbeiterloyalität

M

C. Glaser, *Leasing A – Z*, https://doi.org/10.1007/978-3-658-31839-0_10

Mahnstufenindex (in % oder in EUR)

Der Mahnstufenindex ergibt sich als Quotient aus dem Volumen oder der Anzahl an Kunden in Mahnstufe gemessen am Gesamtbestand.

Mahnstufenindex *(wertmäßig)*

$$= \frac{\text{Restobligo Verträge in Mahnstufe}}{\text{Restobligo Gesamtbestand}} \cdot 100\%$$

Mahnstufenindex *(mengenmäßig)*

$$= \frac{\text{Anzahl Kunden in Mahnstufe}}{\text{Gesamtkundenbestand}} \cdot 100\%$$

Mahnstufenindex *(alternativ)*

= Restobligo bzw. Blankorisiko der Verträge in Mahnstufe

Aussagekraft

Der Mahnstufenindex gibt das Volumen oder den Anteil der Verträge in einer Mahn- oder Eskalationsstufe bzw. den Anteil der Leasingnehmer in Intensivbetreuung an. Je nach Mahn- oder Eskalationsstufe werden häufig individuelle Zahlungsziele vereinbart, um einen weiteren Zahlungsverzug zu vermeiden und gleichzeitig die aktuell offenen Posten auszugleichen.

Häufig wird bei unterschiedlichen Mahn- oder Eskalationsstufen auch zwischen den einzelnen Stufen unterschieden und für jede Klasse der Anteil ermittelt.

Interpretation

Je höher der Anteil und das Volumen der Leasingnehmer in Mahnstufe oder Intensivbetreuung (häufig aufgrund von gewissen Frühwarnindikatoren für einen drohenden Zahlungsausfall, mit dem Ziel, die Leasingnehmer entsprechend zu stabilisieren und anschließend wieder in eine normale, kostengünstigere Standardbetreuung zu überführen) ist, umso höher ist in der Regel auch das latente Adressenausfallrisiko.

Neben den Kosten für ein Adressenausfallrisiko muss aber auch berücksichtigt werden, dass die Kosten für das Forderungs- bzw. Debitorenmanagement je nach Alter der Forderungen und je nach manuellem Aufwand zunehmen. So entstehen für die entsprechenden Mahnungen, die manuelle Überwachung des Zahlungseingangs, eine hohe Anzahl an unterschiedlichen Leasingnehmern und für komplexe Beziehungen, beispielsweise im Falle einer Forfaitierung des entsprechenden Leasingvertrags, häufig exponentiell ansteigende Kosten.

Neben dem Adressenausfallrisiko kann durch einen hohen Anteil an entsprechend alten Forderungen, die sich in einer hohen Mahnstufe befinden, auch ein nicht zu unterschätzendes Liquiditätsrisiko entstehen. So müssen beispielsweise bei entsprechend großen Volumina der Verträge in Mahnstufe nicht selten Zwischenfinanzierungen in Anspruch genommen werden, die ansonsten für die Kontrahierung weiteren Neugeschäfts zur Verfügung gestanden hätten.

Anhand des Periodenvergleichs können - insbesondere auch auf Regionen, Branchen oder einzelne Kreditnehmer heruntergebrochen - relativ einfach und schnell bestimmte Trends erkannt werden. So besteht etwa die Möglichkeit, Bonitätsverschlechterungen frühzeitig zu erkennen und diese gegebenenfalls bei der Engagementprüfung neuer Anfragen entsprechend zu berücksichtigen.

Beispiel

Die Leasinggesellschaft hat ein gesamtes Bestandsportfolio an Leasing- und Mietkaufverträgen mit einem Restobligo von 1,2 Mrd. EUR. Das Restobligo von Verträgen in Mahn- oder Eskalationsstufen beträgt aktuell 25 Mio. EUR.

Es ergibt sich also ein Mahnstufenindex von 2,08%.

Grenzen der Aussagekraft

Insbesondere bei Leasingverträgen mit einer Mahn- oder Eskalationsstufe bzw. bei Verträgen mit einer Intensivbetreuung kommt es häufig auf eine individuelle Betrachtung an.

Es sollte zudem berücksichtigt werden, dass nicht bereits für nur geringe Beträge sehr hohe Mahnstufen mit entsprechend hohem Aufwand erzeugt werden.

Bei der Zahlungsmoral bzw. dem Umgang mit Mahn- oder Eskalationsstufen zeigen sich häufig sehr unterschiedliche regionale, branchenspezifische oder kulturelle Unterschiede. So ist es beispielsweise in südlichen Ländern oder in Branchen mit starker saisonaler Orientierung häufig gang und gäbe, dass der Anteil an Verträgen mit Mahnstufen höher ist als in anderen Gebieten. Dies gilt es beispielsweise bei instituts-, branchen- oder regionenübergreifenden Vergleichen zu berücksichtigen.

Beeinflussungsmöglichkeiten

Der Mahnstufenindex wird wesentlich von der Definition der Intervallgrenzen beeinflusst. So ist neben der Mindesthöhe für Mahnstufen insbesondere die Höhe der Verzugstage sowie der Intervallabstand zwischen den einzelnen Mahnstufen von hoher Bedeutung.

Datenherkunft

Häufig können in der Leasingverwaltungssoftware vom Debitoren- bzw. Forderungsmanagement entsprechende Status gesetzt werden, in denen die Mahn- bzw. Eskalationsstufen hinterlegt sind oder aber ein Verweis auf eine Individualbetreuung des Kunden ersichtlich ist.

Anhand der entsprechenden Status kann in Verbindung mit dem gesamten Restobligo des aktiven Vertragsbestands relativ einfach ein Mahnstufenindex ermittelt werden.

Angrenzende Kennzahlen

vgl. Offene Posten

Mahnungsquote (in %)

→ *vgl. hierzu*: Mahnstufenindex

Malusquote (in %)

Die Malusquote gibt die anteilig zurückbezahlten Provisionen des entsprechenden Provisionsempfängers im Verhältnis zu den im Betrachtungszeitraum bezahlten Provisionen an.

Malusquote

$$= \frac{\text{zurückgeforderte Provisionszahlungen}}{\text{gesamte Provisionszahlungen}} \cdot 100\%$$

Aussagekraft

Zahlreiche Leasinggesellschaften haben in ihren Vergütungssystemen neben den Bonuszahlungen auch einen entsprechenden Malus berücksichtigt. Dieser beinhaltet häufig eine Rückzahlung der erhaltenen Provisionen, wenn der Leasingnehmer eines bereits verprovisionierten Neuabschlusses innerhalb eines bestimmten Zeitraums ausfällt und die Leasinggesellschaft hierdurch einen finanziellen Schaden erleidet, der nicht durch die Verwertung des Leasingobjekts gedeckt werden kann. Darüber hinaus erhalten einige Vertriebsmitarbeiter auf Basis ihrer Planvorgaben häufig Provisionsvorschüsse. Sofern die vorgegebenen Ziele nicht erreicht werden, müssen die zu viel erhaltenen Provisionszahlungen zumindest anteilig zurückgezahlt werden.

Ein Malus soll in Ergänzung zu den breit angelegten Bonus- und Incentive-Programmen dazu dienen, den Vertrieb im Sinne der Geschäfts- und Risikostrategie zu disziplinieren und damit den nachhaltigen Erfolg in den Fokus des Handelns rücken. Sofern keine Malusquote existiert, wird häufig eine niedrigere Provisionsquote angesetzt, die bereits durch einen pauschalen Abschlag reduziert wurde. Hierdurch wird allerdings in den meisten Fällen nachhaltig die Motivation zum Abschluss eines zusätzlichen, potenziell ertragsstarken Geschäfts torpediert.

Interpretation

Je höher die Malusquote ist, umso höher sind tendenziell auch die Planabweichungen durch eine entsprechend schlechte oder vom Plan abweichende Performance. Die Malusquote wird häufig auf kleinere Steuerungseinheiten heruntergebrochen, etwa auf einzelne Vertriebsmitarbeiter oder unterschiedliche Vertriebskanäle, also beispielsweise unterschieden nach externen Vermittlern oder fest angestellten Außendienstmitarbeitern.

Die Malusquote wird in den meisten Fällen für ein Ad-hoc-Reporting genutzt. Sobald die Quote einen bestimmten Trigger überschreitet, erfolgt häufig eine detaillierte Ursachenforschung und gegebenenfalls folgen weitere Maßnahmen.

Zeigt sich beispielsweise bei einem externen Vermittler, dass ein Großteil der Provisionen aufgrund von Insolvenzen oder Betrugsfällen der Leasingnehmer zurückbezahlt werden muss, wird dieser häufig für ein weiteres Neugeschäft nicht mehr berücksichtigt oder es erfolgt eine noch genauere Überprüfung der Anfragen.

Bei Vertriebsmitarbeitern mit einer erhöhten Rückzahlungsquote aufgrund von Planabweichungen erfolgt häufig eine Ursachenanalyse für die Abweichungen und in der Regel werden auch die Planvorgaben neu überprüft und bei Bedarf angepasst.

Beispiel

Im Betrachtungszeitraum wurden Provisionszahlungen in Höhe von 1,1 Mio. EUR geleistet. Hiervon mussten 75 TEUR wieder zurückbezahlt werden.

Die Malusquote beträgt hierbei also 6,82 %.

Grenzen der Aussagekraft

Die Malusquote basiert in der Regel auf einer Vergangenheitsbetrachtung. So können häufig keine Aussagen über die zukünftigen Rückzahlungsvolumina aufgrund von Planabweichungen getroffen werden.

Eine bewusste Steuerung der Malusquote ist häufig zudem überhaupt nicht möglich. Die Ursachen liegen häufig einige Monate oder gar Jahre in der Vergangenheit. So treten entsprechende Ausfälle der Leasingnehmer oder Abweichungen vom Plan in der Regel erst mit einem zeitlichen Versatz auf. Es kann dadurch häufig auch überhaupt nicht oder zumindest nur sehr schwer abgeschätzt werden, wie sich dies in Zukunft darstellt.

Anhand der Malusquote können zudem auch überhaupt keine Aussagen über die Ursachen getroffen werden. Dies ist allerdings ein sehr wichtiger Faktor, den es bei einer erhöhten Malusquote unbedingt zu ermitteln und zu berücksichtigen gilt.

So kann beispielsweise eine total überzogene und allzu optimistische Planung dazu führen, dass die vorgegebenen Ziele überhaupt nicht erreichbar sind. Darüber hinaus können auch in der Engagementprüfung entsprechende Versäumnisse vorliegen bzw. vorgelegen haben, sodass unter akkurater Berücksichtigung aller Gegebenheiten bereits im Vorfeld ein erhöhtes Ausfallrisiko ersichtlich gewesen wäre.

Beeinflussungsmöglichkeiten

Die Malusquote hängt wesentlich vom Vergütungssystem ab. Es gibt einige Leasinggesellschaften, die einen Malus strikt ablehnen und wiederum andere, die einen Malus wärmstens befürworten.

Einen starken Einfluss auf die Rückzahlungsvolumina der Provisionen haben insbesondere die Kreditabteilung mit ihrer Engagementprüfung und die Vertriebssteuerung mit ihren Planungsvorgaben.

Je präziser die Planungprozesse und die Engagementprüfung durchgeführt werden, umso geringer ist tendenziell auch die Malusquote der Provisionsempfänger.

Datenherkunft

Die Daten über Provisionszahlungen und Provisionsrückzahlungen können relativ einfach der Gewinn- und Verlustrechnung entnommen werden.

Angrenzende Kennzahlen

vgl. Provisionsquote

Markenbekanntheitsindex (in %)

Die Markenbekanntheit ist eines der zentralen Ziele im Onlinemarketing. Neben Befragungen wird die Markenbekanntheit immer häufiger auch anhand der (Ad) Impression, Reichweite oder Frequenz gemessen.

Markenbekanntheitsindex

$$= \frac{\text{Befragte, die sich an die Marke erinnern können}}{\text{Anzahl aller Befragten}} \cdot 100\%$$

Impression(en)

$$= \frac{\text{Anzahl an Zeitpunkten, zu denen der Besucher eine Werbung etc. sieht}}{\text{ausgewählter Zeitraum}} \cdot 100\%$$

Reichweite (Reach)

Tatsächliche Reichweite

= Personen, die mit einer Maßnahme bzw. innerhalb einer definierten Zielgruppe (praktisch) erreicht wurden

Potenzielle Reichweite

= Personen, die mit einer Maßnahme bzw. innerhalb einer definierten Zielgruppe (theoretisch) erreicht werden können

Frequenz

$$= \frac{\text{Impressionen (Anzahl an Werbesichtkontakten)}}{\text{Tatsächliche Reichweite (Anzahl erreichter Personen)}} \cdot 100\%$$

Aussagekraft

Die Markenbekanntheit ist häufig das oberste Ziel von Marketingaktivitäten. Schließlich sorgt ein gutes Image einer Leasinggesellschaft dafür, dass sie mehr Leasingverträge abschließt und dies häufig auch noch zu höheren Margen, da der Kunde vom Institut überzeugt ist und aufgrund der bekannten Marke im Normalfall nicht nach weiteren Instituten sucht und den Preis mit diesen vergleicht.

Weitere Möglichkeiten zur Messung der Markenbekanntheit sind der Website Traffic und der Traffic ausgewählter Schlagwörter oder auch das sogenannte Social Listening. Während die erstgenannten beiden Kenngrößen anhand der Anzahl an Zugriffen auf die Website oder bestimmten Suchbegriffen ermittelt werden können, werden beim Social Listening die Beiträge auf den Social Media systematisch ausgewertet und analysiert.

Interpretation

Eine hohe Markenbekanntheit ist häufig ein Zeichen dafür, dass die Marke - also die Leasinggesellschaft - für den/die Befragten von Relevanz ist. Dies kann allerdings auch in beide Richtungen gehen: entweder besonders negativ oder besonders positiv.

Eine positiv besetzte, hohe Markenbekanntheit ist häufig das Ergebnis eines gut funktionierenden Marketings und/oder guten Services. Umgekehrt kann eine negativ besetzte, hohe Markenbekanntheit beispielsweise aufgrund negativer Presse oder eines „Shitstorms" auftreten.

Darüber hinaus sollte die Markenbekanntheit direkt im Vergleich zu den Wettbewerbern oder der gesamten Leasingbranche beurteilt werden. Die Kennzahl „Share of Voice" stellt hierbei die Anzahl der Erwähnungen der untersuchten Marke ins Verhältnis zu den gesamten Erwähnungen der Branche. Im Onlinezeitalter entspricht dies insbesondere den Suchanfragen bei den großen Suchmaschinen.

Share of Voice

$$= \frac{\text{Anzahl der Erwähnungen der untersuchten Marke}}{\text{Anzahl der Erwähnungen der gesamten Branche}} \cdot 100\%$$

Die Kennzahl der „Share of Voice" gibt - insbesondere auch unter Berücksichtigung des Zeitverlaufs - dem Markenbekanntheitsindex einen Kontext. Die Entwicklung und auch die Höhe der Markenbekanntheit kann dadurch besser eingeordnet werden.

Beispiel

Von 1.000 Befragten konnten sich 720 Personen an die betrachtete Leasinggesellschaft erinnern.

Damit beträgt der Markenbekanntheitsindex 72,0 %.

Grenzen der Aussagekraft

Da die Markenbekanntheit bei einer Befragung immer eine gewisse Unschärfe enthält und nicht objektiv, sondern subjektiv ist, ist es notwendig, dass weitere Kennzahlen herangezogen werden, um die Markenbekanntheit insgesamt ganzheitlich und möglichst objektiv beurteilen zu können.

Außerdem ist anzumerken, dass die Markenbekanntheit - egal wie diese nun gemessen wird - nichts oder nur sehr begrenzt (z. B. anhand der Suchbegriffe) etwas über die Kundenassoziationen und die positive oder negative Bekanntheit aussagt. Nur dass eine Leasinggesellschaft bekannt ist, heißt noch lange nicht, dass der Kunde diese auch gut findet und bei dieser einen Leasingvertrag abschließen möchte. Vielmehr sollte immer die Kombination von Markenbekanntheit einerseits und positiver Meinung oder Assoziation von/mit der Leasinggesellschaft andererseits zusammen betrachtet werden.

Darüber hinaus muss die Markenbekanntheit insbesondere bei der relevanten Zielgruppe hoch sein. Eine Bestimmung eben dieser relevanten Zielgruppe bzw. der Entscheider ist allerdings in der Praxis nicht immer trennscharf möglich.

Beeinflussungsmöglichkeiten

Das Ziel sämtlicher Marketingmaßnahmen (egal ob im Online- oder Offline-Bereich) ist es, die Markenbekanntheit zu steigern und das Image der Leasinggesellschaft positiv zu belegen. Rein für die Markenbekanntheit ist es deshalb wichtig, dass die Zielgruppe über den richtigen Kontaktkanal sowie mit der richtigen Marketingaktion angesprochen wird. Die jüngere Generation kann beispielsweise über Instagram und Snapchat, die ältere Generation gerne per Post und die mittlere Generation über Twitter, Facebook, E-Mail oder Telefon angesprochen werden.

Datenherkunft

Während der Markenbekanntheitsindex hauptsächlich mittels Befragungen ermittelt wird, stammen die Daten für weitere Kennzahlen wie Impressionen, Reichweite und Frequenz typischerweise aus Analytics Tools des Onlinemarketings, wie beispielsweise Google Analytics.

Angrenzende Kennzahlen

vgl. Kundenzufriedenheit; Kundenloyalitätsindex

Marktanteil (in %)

Der absolute Marktanteil gibt den prozentualen Anteil der einzelnen, betrachteten Leasinggesellschaft am gesamten relevanten Leasingmarkt an. Es wird im Regelfall das Neuabschlussvolumen ins Verhältnis zum gesamten über Leasing finanzierten Investitionsvolumen im Betrachtungszeitraum gesetzt.

Beim relativen Marktanteil wird das Neugeschäftsvolumen der betrachteten Leasinggesellschaft ins Verhältnis zum stärksten Wettbewerber gesetzt.

Absoluter Marktanteil

$$= \frac{\text{Neuabschlussvolumen einzelne Leasinggesellschaft}}{\text{Neuabschlussvolumen gesamter Leasingmark}} \cdot 100\%$$

Relativer Marktanteil

$$= \frac{\text{Neuabschlussvolumen einzelne Leasinggesellschaft}}{\text{Neuabschlussvolumen des stärksten Konkurrenten}} \cdot 100\%$$

Marktanteilsentwicklung

$$= \left(\frac{\text{Marktanteil aktuelle Periode}}{\text{Marktanteil Vorperiode}} \text{ ./. } 1 \right) \cdot 100\%$$

Aussagekraft

Anhand des Marktanteils sowie der Entwicklung des Marktanteils kann eine Aussage über die Wettbewerbssituation auf dem Leasingmarkt und damit allgemein über die Konkurrenzsituation bzw. die Konkurrenzstärke und die Marktmacht der betrachteten Leasinggesellschaft getroffen werden.

Der Marktanteil wird häufig als wesentlicher Einflussfaktor für den langfristigen Erfolg eines Unternehmens gesehen. Anhand des relativen Marktanteils kann darüber hinaus beispielsweise ermittelt werden, ob die betrachtete Leasinggesellschaft unter Umständen einen marktbeherrschenden Einfluss ausüben kann. Bei einem relativen Marktanteil von über 100% ist die Leasinggesellschaft Marktführer und hat in der Regel einen marktbeherrschenden Einfluss. Nicht selten wird der relative Marktanteil als alleiniges Maß für die Wettbewerbssituation eines Unternehmens herangezogen (beispielsweise in der Boston-Consulting-Group(BCG)-Matrix zur strategischen Portfolioanalyse).

In der praktischen Steuerung von Leasinggesellschaften werden allerdings neben den rein quantitativen Faktoren häufig auch noch qualitative Faktoren mit einbezogen. So wird beispielsweise der Stammkundenanteil bzw. der Marktanteil durch das Neugeschäftsvolumen bei Stammkunden ermittelt. Hierdurch soll eine nachhaltige Konkurrenzstärke ermittelt werden, da der Großteil des Neuabschlussvolumens in den meisten Fällen von Stammkunden genährt wird. Die Stammkunden bilden damit die Basis für einen nachhaltigen, zukünftigen Erfolg.

Der anhand des Neuabschlussvolumens gemessene Marktanteil wird häufig auch in Kartellverfahren zur Ermittlung einer möglichen marktbeherrschenden Stellung herangezogen.

Interpretation

Der Marktanteil wird häufig als Indikator für einen zukünftigen Erfolg herangezogen. Je höher der Marktanteil ist, umso höher sind auch die Erfolgsaussichten für die betrachtete Leasinggesellschaft. Für eine genaue Interpretation und zur Ableitung geeigneter Steuerungsmaßnahmen ist es von zentraler Wichtigkeit, dass der Marktanteil auf die entsprechenden Teilmärkte und/oder Regionen heruntergebrochen wird. So ist beispielsweise der Mobilien-Leasingmarkt mit Gewerbekunden im süddeutschen Raum, die hauptsächlich in der Automobilbranche angesiedelt sind, ein sehr präziser und eng eingegrenzter Teilmarkt.

Für die Einschätzung der strategischen Wettbewerbssituation wird der relative Marktanteil herangezogen. So ist für strategische Entscheidungen im Regelfall nicht der absolute Marktanteil wichtig, sondern der Abstand zur Konkurrenz, wie er im relativen Marktanteil ermittelt wird. Mithilfe eines hohen Marktanteils kann sich eine Leasinggesellschaft durch beispielsweise Erfahrungskurveneffekte entsprechende

Wettbewerbsvorteile verschaffen. Je größer der relative Marktanteil bzw. allgemein der Marktanteil ist, umso marktbeherrschender ist gleichzeitig auch die Wettbewerbssituation der Leasinggesellschaft.

Der Marktanteil wird häufig in Ergänzung zum Neuabschlussvolumen herangezogen, um eine wirksame Aussage über den tatsächlichen Erfolg im Betrachtungszeitraum zu ermöglichen. Dementsprechend kann beispielsweise ein Wachstum im Neugeschäftsvolumen als Misserfolg angesehen werden, wenn der Gesamtmarkt sowie die relevante Zielgruppe im Betrachtungszeitraum deutlich stärker gewachsen sind.

Umgekehrt kann in einer konjunkturell durchwachsenen Lage aber auch ein sinkendes Neuabschlussvolumen als Teilerfolg gewertet werden, sofern der Gesamtmarkt stärker geschrumpft ist und damit der eigene Marktanteil gesteigert werden konnte. Dies ist in diesem Fall ein Indikator, dass die Leasinggesellschaft im Betrachtungszeitraum erfolgreicher als der Wettbewerb war.

Beispiel

Eine Leasinggesellschaft schließt im Betrachtungszeitraum ein Neugeschäftsvolumen in Höhe von 230 Mio. EUR ab. Der entsprechende Absatzmarkt in der betrachteten Region und bezogen auf die betrachtete Zielgruppe verzeichnete im selben Zeitraum ein gesamtes Neuabschlussvolumen von 8,2 Mrd. EUR.

Der Marktanteil der Leasinggesellschaft beträgt damit 2,80%.

Grenzen der Aussagekraft

Von essenzieller Wichtigkeit für sämtliche Aussagen des Marktanteils ist eine trennscharfe und insbesondere auch richtige Marktabgrenzung. Dies betrifft sowohl die regionale und zielgruppenspezifische, als auch die zeitliche Abgrenzung der betrachteten Abschlussvolumina.

Darüber hinaus muss berücksichtigt werden, dass die Bedeutung des Marktanteils als ein strategischer Erfolgsfaktor häufig überbewertet wird. So ist der jeweilige Kundennutzen zumeist wichtiger für den Erfolg als der Marktanteil. Dies zeigt sich auch an den zahlreichen spezialisierten Unternehmen, auch im Leasing, die trotz eines nur sehr geringen Marktanteils relativ hohe Renditen erwirtschaften.

Der Marktanteil ist als alleinige Kennzahl für die Ableitung von Steuerungsimpulsen ungeeignet. So trifft er beispielsweise keine Aussage über die Gründe der momentanen Wettbewerbssituation, beispielsweise bei einem sinkenden oder steigenden Marktanteil. Es muss also für eine präzise Ableitung von Steuerungsmaßnahmen unbedingt noch untersucht werden, welche Gründe für die momentane Wettbewerbssituation verantwortlich sind. Dies kann beispielsweise anhand einer Stärken-Schwächen- sowie

Chancen- und Risikenanalyse, einer sogenannten SWOT-Analyse, vorgenommen werden.

Beeinflussungsmöglichkeiten

Der Marktanteil stellt die Leistungen in Form des Neuabschlussvolumens der einzelnen Marktteilnehmer zueinander ins Verhältnis. Sinkende Marktanteile des betrachteten Instituts sind also ein Indikator dafür, dass die Leistungen der Konkurrenz im betrachteten Zeitraum besser waren.

Zur Steigerung insbesondere des relativen Marktanteils müssen deshalb erhöhte leistungsfördernde Maßnahmen ergriffen werden. Beispielsweise können verstärkte Marketingmaßnahmen ergriffen oder es kann mittels einer Marktforschungsstudie der Kundenbedarf präzise ermittelt und im Anschluss möglichst vollumfänglich befriedigt werden.

Neben der Verbesserung der eigenen Leistung im Vergleich zum Wettbewerb kann der Marktanteil aber auch aufgrund des Ausscheidens von wichtigen Konkurrenten oder durch eine Fusion mit oder eine Akquisition von Wettbewerbern gesteigert werden.

Datenherkunft

Das eigene Neuabschlussvolumen auf der einen Seite kann relativ einfach, beispielsweise über das Vertriebsinformationssystem ermittelt werden.

Das Marktvolumen auf der anderen Seite hingegen ist etwas schwieriger zu ermitteln. Häufig dienen Branchenkennzahlen, die vom Bundesverband Deutscher Leasing-Unternehmen e.V. (BDL), den statistischen Bundes- oder Landesämtern, dem ifo-Institut oder von anderen Marktforschungsinstituten ermittelt werden, als Grundlage. Hierbei muss allerdings sehr genau auf eine trennscharfe zeitliche und räumliche Abgrenzung des Marktes geachtet werden.

Angrenzende Kennzahlen

vgl. Marktpotenzial; Marktsättigungsgrad; Marktwachstum

Marktanteilsentwicklung (in %)

→ *vgl. hierzu*: Marktanteil

Marktausschöpfung (in %)

→ *vgl. hierzu*: Marktsättigungsgrad

Marktdurchdringungsgrad (in %)

Der Marktdurchdringungsgrad setzt die Anzahl der Kunden eines Leasinginstituts ins Verhältnis zur Gesamtanzahl aller potenziellen Leasingnehmer eines Marktes.

Marktdurchdringungsgrad

$$= \frac{\text{Anzahl aller Kunden eines Instituts}}{\text{Gesamtanzahl aller potenziellen Leasingnehmer}} \cdot 100\%$$

Aussagekraft

Der Marktdurchdringungsgrad trifft eine Aussage über die Ausschöpfung der vorhandenen Kundenpotenziale. Eine hohe Marktdurchdringung wird durch zahlreiche marketing- und vertriebspolitische Maßnahmen zu erreichen versucht.

Eine hohe Potenzialausschöpfung in der relevanten Zielgruppe wird häufig als Ziel und Zweck der meisten Marketingaktivitäten vorgegeben. Anhand der Marktdurchdringungsquote können diese Aktivitäten nun auf ihre Vorteilhaftigkeit hin überprüft werden.

Interpretation

Für einen nachhaltigen Erfolg einer Leasinggesellschaft ist eine kontinuierliche Neukundengewinnung essenziell. Für eine Abschätzung des vorhandenen und noch nicht ausgeschöpften Potenzials wird häufig die Marktdurchdringungsquote einer Leasinggesellschaft herangezogen.

Neben einer Fokussierung auf die Kunden wird häufig auch auf das potenzielle Leasingvolumen abgestellt. So kann es beispielsweise das Ziel sein, sämtliche Investitionen bei bereits bestehenden Kunden über das eigene Institut zu finanzieren und damit aktiv andere Wettbewerber oder Substitutionsgüter (klassischerweise Finanzierungen über Bankkredite, Cashflow etc.) zu verdrängen.

Insbesondere auf neuen Märkten und in neuen Vertriebsgebieten besteht das Ziel in einer wachsenden Marktdurchdringungsquote. Hierdurch soll sich neben dem Marktanteil insbesondere auch das Marktvolumen erhöhen.

Beispiel

Im Vertriebsgebiet Berlin-Brandenburg hat eine Leasinggesellschaft 1.300 aktive Kunden. Die gesamte Zielgruppe für das Institut in diesem Vertriebsgebiet inklusive den bereits aktiven Kunden beläuft sich auf 12.000 Gewerbetreibende.

Die Marktdurchdringungsquote beträgt damit 10,8%.

Grenzen der Aussagekraft

Anhand der Marktdurchdringungsquote allein kann noch keine Aussage über die Leistung eines Instituts getroffen werden. So kann es beispielsweise sein, dass bei den kleinen und wenig profitablen Kunden eine sehr hohe Marktpenetration vorliegt, während bei den potenzialstarken Großkunden hingegen eine unterdurchschnittliche Penetration besteht.

Darüber hinaus muss berücksichtigt werden, dass die Marktdurchdringungsquote unbedingt zusammen mit dem Marktanteil und damit in Verbindung mit dem Abschlussvolumen, der Kundenloyalität sowie der jeweiligen Barwertmarge bzw. der Kundenwerte und -potenziale analysiert werden muss. Erst durch eine kombinierte Betrachtung mit diesen weiteren Kenngrößen kann eine Aussage über die Kundenbindung und die Vorteilhaftigkeit einzelner Transaktionen sowie über den Erfolg insbesondere auch im Instituts- und Markt- bzw. Gebietsvergleich getroffen werden.

Beeinflussungsmöglichkeiten

Die Marktdurchdringung kann unter anderem durch eine gezielte Neukundengewinnung gesteigert werden. Dies reicht von Maßnahmen zur Steigerung des Bekanntheitsgrades des Instituts bis zur Erschließung neuer Märkte bzw. Vertriebsregionen sowie Vertriebswege.

Durch eine Kooperation beispielsweise mit einem Vendor-Partner, also einem Händler oder Hersteller des Leasingobjekts, der als Absatzpartner fungiert, kann die Marktdurchdringung ebenso gesteigert werden, wie durch einen Ausbau der Außendienstkapazitäten.

Datenherkunft

Die Ermittlung der Gesamtanzahl aller potenziellen Leasingnehmer eines Instituts kann im Regelfall nur geschätzt werden, etwa auf Grundlage von Branchenberichten des Bundesverbands Deutscher Leasing-Unternehmen e.V. (BDL) oder von Marktstatistiken.

Die wertvollste und gleichzeitig auch kostenintensivste Quelle sind zumeist Marktforschungsinstitute. Diese können individuell zugeschnittene Analysen durchführen.

Angrenzende Kennzahlen

vgl. Bekanntheitsgrad

vgl. Marktanteil; Potenzialausschöpfung

Markteintrittsbarrieren-Index

Der Markteintrittsbarrieren-Index beurteilt die Eintrittsbarrieren auf dem relevanten Absatzmarkt der Leasinggesellschaft mit Schulnoten auf einer Skala von 1 (sehr hohe Eintrittsbarrieren) bis 6 (überhaupt keine Eintrittsbarrieren).

Markteintrittsbarrieren-Index	
=	Eintrittsbarrieren/-schranken, die potenzielle Wettbewerber vom Markteintritt abhalten *[in Schulnoten von 1 (sehr hohe Eintrittsbarrieren) bis 6 (überhaupt keine Eintrittsbarrieren)]*
	Je nach Informationsbasis werden zudem einzelne Eintrittsbarrieren ermittelt und beurteilt und fließen anschließend entsprechend gewichtet in den aggregierten Markteintrittsbarrieren-Index ein.

Aussagekraft

Markteintrittsbarrieren sind ein wesentlicher Faktor, der bereits auf dem Markt aktive Unternehmen vor dem Eintritt neuer Wettbewerber schützt. Häufig ist es sogar das explizite Ziel von Instituten, die Eintrittsbarrieren zu erhöhen, um sich vor potenziellen neuen Wettbewerbern zu schützen und einen Wettbewerbsvorteil zu erzielen.

Interpretation

Ein Markt, auf dem ein Institut tätig ist, bei dem der Markteintrittsbarrieren-Index bei 6 oder nahe 6 liegt, erweist sich häufig als sehr leicht angreifbar und ist deshalb je nach Attraktivität von einer hohen Anzahl an neuen Wettbewerbern geprägt. Ein Markteintrittsbarrieren-Index nahe 1 deutet hingegen auf sehr hohe Eintrittsbarrieren und damit eine nur geringe Gefahr des Eintritts von neuen Wettbewerbern hin.

Auf den meisten (Teil-)Märkten der Leasinginstitute haben sich in den letzten Jahren die Markteintrittsbarrieren, nicht zuletzt durch die Unterstellung unter die (eingeschränkte) Bankenaufsicht und die damit verbundenen deutlich gesteigerten Anforderungen etwa im Risikomanagement und Meldewesen, erhöht.

Darüber hinaus bestehen insbesondere aufgrund der häufig jahrelangen Beziehungen zwischen Leasinggesellschaften und Leasingnehmern sowie den erhöhten Anforderungen der meisten Leasingnehmer an Transparenz, Erfahrung und Professionalität, ohnehin nicht zu unterschätzende Eintrittsbarrieren für neue Wettbewerber. Durch weitreichende Kooperationen, etwa im Vendor-Leasing mit Herstellern und Händlern, versuchen einige Institute, diese Eintrittsbarrieren noch weiter auszubauen.

Außerdem zählen gewachsene Strukturen der Vertriebskanäle und der Organisationsstrukturen, insbesondere auch der erhebliche Kapitalbedarf und die notwendigen Netzwerke für die Refinanzierung des Neugeschäfts sowie größenbedingte Fixkostendegressionen, etwa für die administrativen Prozesse im Back-Office, bei den etablierten Leasingunternehmen zu den weiteren Eintrittsschranken für mögliche neue Wettbewerber.

Beispiel

Eine Leasinggesellschaft identifiziert 5 verschiedene wesentliche Eintrittsbarrieren und bewertet diese mit Schulnoten: Kapitalbedarf (1,5), Kundenkontakt (2), Know-how der Mitarbeiter (3), staatliche Beschränkungen (4,5), Vertriebswege (2).

Der aggregierte Markteintrittsbarrieren-Index beläuft sich damit auf 2,6 und ist als überdurchschnittlich hoch, wenn auch nicht sehr hoch, zu bezeichnen.

Grenzen der Aussagekraft

Anhand der Markteintrittsbarrieren allein kann noch keine Aussage über die Wettbewerbsvorteile einer Leasinggesellschaft getroffen werden. Erst durch einen Vergleich mit entsprechenden relativen Wettbewerbsvor- oder -nachteilen gegenüber den anderen auf dem Markt tätigen Instituten, beispielsweise in Form einer SWOT-Analyse, kann eine Aussage über das nachhaltige Erfolgspotenzial getroffen werden.

Darüber hinaus gilt es zu berücksichtigen, dass sich Markteintrittsbarrieren nur auf Wettbewerber, die von außen kommen, beschränken. Nicht berücksichtigt sind Situationen, in denen es beispielsweise zu einer Fusion oder Übernahme bestehender Wettbewerber kommt oder ebenfalls bereits aktive Unternehmen durch einen Investor o.ä. gezielt in ihrer Wettbewerbskraft gestärkt werden. Darüber hinaus kommt es häufig vor, dass etablierte Leasinggesellschaften ihr Tätigkeitsgebiet entweder regional oder in andere Teilmärkte ausweiten und hierbei gezielt bestehende und in den anderen Teilmärkten etablierte Erfolgspotenziale einsetzen.

Beeinflussungsmöglichkeiten

Ein Großteil der Markteintrittsbarrieren muss als gegeben angesehen werden, beispielsweise die rechtlichen und wirtschaftlichen Rahmenbedingungen. Die einzelnen Leasinggesellschaften können allerdings auch durch gezielte Steuerungsmaßnahmen versuchen, eigene Eintrittsbarrieren aufzubauen.

Zu den wesentlichsten und aktiv steuerbaren Eintrittsbarrieren zählen etwa langjährige Geschäftsbeziehungen und Netzwerke mit Herstellern, Händlern, Vermittlern, Refinanzierungspartnern, Kunden und Kundengruppen sowie Branchenverbänden etc. Darüber hinaus gilt es den Know-how-Vorsprung gegenüber potenziellen neuen Wettbewerbern zu bewahren, beispielsweise indem die Mitarbeiterfluktuation durch angemessene Entlohnung und Karrieremöglichkeiten sowie außerdem durch bestimmte Klauseln im Arbeitsvertrag etwa zum Wettbewerbsverbot, möglichst niedrig gehalten wird.

Durch eine hohe Kundendichte und einen großen aktiven Kundenstamm können etablierte Leasinggesellschaften außerdem erhebliche Kostenvorteile und auch eine nicht zu unterschätzende Marktmacht generieren.

Datenherkunft

Die Ermittlung der Markteintrittsbarrieren und letztendlich deren Bewertung und die Abschätzung des Markteintrittsbarrieren-Index erfolgen sehr stark subjektiv. Häufig werden Branchenexperten um eine qualifizierte Stellungnahme in einzelnen Bereichen gebeten, wodurch in einem anschließenden Schritt anhand einer entsprechenden Gewichtung eine Gesamteinschätzung ermöglicht wird.

Angrenzende Kennzahlen

vgl. Wettbewerbsintensität

Marktmacht

→ *vgl. hierzu*: Marktanteil

Marktpenetrationsindex

→ *vgl. hierzu*: Marktdurchdringungsgrad

Marktpotenzial (in EUR)

Das Marktpotenzial gibt die maximale Aufnahmefähigkeit des Zielmarktes einer Leasinggesellschaft für die Finanzierungsalternative Leasing an. Das Marktpotenzial bildet damit die Obergrenze für das Marktvolumen.

Markpotenzial	
=	maximale Aufnahmefähigkeit des Zielmarktes

Aussagekraft

Anhand des Marktpotenzials kann eine Aussage über die Marktsituation auf dem Leasingmarkt als Ganzes getroffen werden. Das Marktpotenzial stellt das maximale Leasingvolumen dar, das langfristig erzielt werden kann, bis der Leasingmarkt gesättigt ist.

Es unterstellt, dass alle potenziellen Leasingnehmer über eine entsprechende Investitionsnachfrage verfügen und diese über Leasing finanziert werden soll.

Das Marktpotenzial ist eine eher theoretische bzw. fiktive Größe, die insbesondere von den Marketingaktivitäten der Leasinggesellschaften und dem Image, der steuerrechtlichen Gesetzgebung, der wirtschaftlichen Vorteilhaftigkeit des Leasings, der Anzahl der potenziellen Leasingnehmer etc. abhängt.

Interpretation

Wie Abbildung 2.5 verdeutlicht, stellt das Absatzvolumen und darauf basierend der Marktanteil das aktuelle Neuabschlussvolumen einer einzelnen Leasinggesellschaft dar. Darüber hinaus wird häufig zudem das Absatzpotenzial ermittelt. Dieses zeigt das zukünftige und nachhaltig mögliche Neuabschlussvolumen des betrachteten Instituts an.

Das Marktvolumen entspricht den kumulierten Absatzvolumina aller Leasinggesellschaften, während das Marktpotenzial den kumulierten Absatzpotenzialen aller aktuell tätigen und zukünftig aktiven Leasinggesellschaften entspricht.

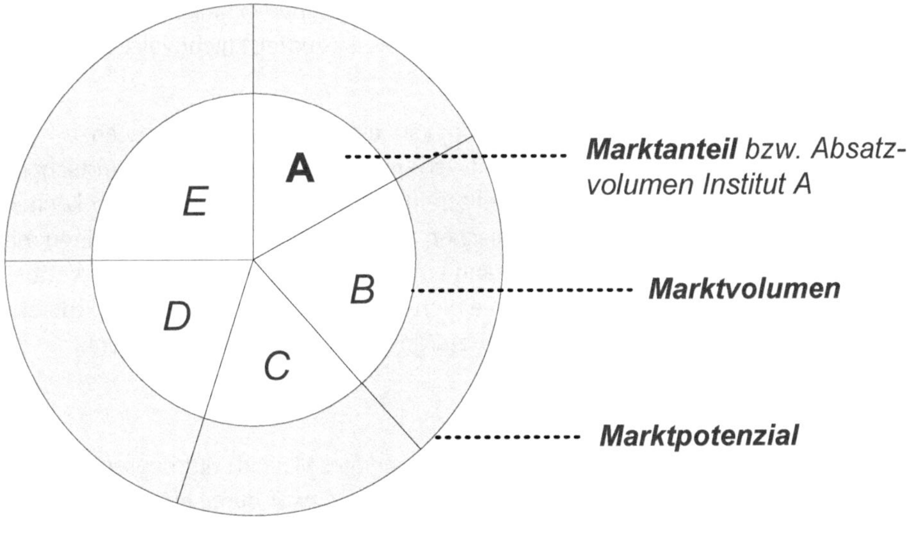

Abb.2.5: Zusammenhang zwischen Marktanteil, Marktvolumen und Marktpotenzial

Quelle: Eigene Darstellung, leicht modifiziert in Anlehnung an: Schneider/Hennig 2008, S.228.

Je höher das Marktpotenzial, insbesondere im Verhältnis zum aktuellen Marktvolumen, ist, umso höher sind tendenziell die Erfolgsaussichten einer Leasinggesellschaft. In einem wachsenden Leasingmarkt ist es in der Regel einfacher, entsprechende Neuabschlüsse und Barwertmargen zu generieren.

Anhand der Änderung des Marktpotenzials kann häufig auch eine Aussage über die Lebenszyklusphase der Finanzierungsalternative Leasing getroffen werden.

Beispiel

In der relevanten Zielgruppe der Leasinggesellschaft wird jede fünfte Investition über Leasing finanziert. Das gesamte prognostizierte Investitionsvolumen der Zielgruppe soll sich im nächsten Jahr auf insgesamt 4,2 Mrd. EUR erhöhen.

Das Marktpotenzial auf Basis der Prognosedaten beträgt damit 840 Mio. EUR.

Grenzen der Aussagekraft

Das Marktpotenzial allein kann nicht isoliert als Indikator für ein zukünftiges Marktwachstum herangezogen werden. So kann sich beispielsweise durch eine ungünstige steuerrechtliche Behandlung des Leasings die Vorteilhaftigkeit schlagartig reduzieren und damit das Marktvolumen des Leasingmarkts unter Umständen trotz gleichzeitig steigendem Marktpotenzial zurückgehen.

Im Marktpotenzial sind zudem sehr viele theoretische und vage Aussagen über die Zukunft enthalten. Es wird jeweils von den optimalsten Entwicklungen ausgegangen, sodass das komplette Marktpotenzial realistischerweise zumeist nicht vollständig ausgeschöpft werden kann.

Darüber hinaus ist die häufige Assoziation von einem hohen Marktpotenzial des gesamten Leasingmarkts und einem damit verbundenen entsprechenden wirtschaftlichen Erfolg einer einzelnen Leasinggesellschaft nicht immer zutreffend. So können auch schrumpfende Märkte oder Marktnischen attraktiv sein. Auf Leasingmärkten mit einem hohen Marktpotenzial hingegen kann ein Markteintritt auch für neue Wettbewerber attraktiv sein, sodass es gerade in einem Markt mit einem hohen Marktpotenzial zu besonders harten Konkurrenz- und Verdrängungskämpfen kommen kann.

Beeinflussungsmöglichkeiten

Das Marktpotenzial kann von einer einzelnen Leasinggesellschaft nur begrenzt beeinflusst werden. So kann eine einzelne Leasinggesellschaft zwar durch ein entsprechend positives Image oder verstärkte Marketingmaßnahmen dafür sorgen, dass sich ihr eigenes Absatzvolumen erhöht, das Absatz- und das noch größere Marktpotenzial hingegen sind von anderen Faktoren abhängig.

Für das Marktpotenzial des Leasingmarkts ist in besonderem Maße neben einem entsprechenden Image der Finanzierungsalternative Leasing insbesondere die steuerrechtliche Gesetzgebung der wesentlichste Faktor für die Potenzialerschließung. Sofern sich beispielsweise die steuerliche Vorteilhaftigkeit des Leasings im Vergleich zum

Kauf aus Eigenmitteln oder der klassischen Kreditfinanzierung verschlechtert, sinkt im Regelfall auch das Marktpotenzial.

Datenherkunft

Das Marktpotenzial ist eine theoretische Größe, die häufig nur durch eine entsprechende Marktforschung ermittelt werden kann. Häufig ermittelt auch der Bundesverband Deutscher Leasing-Unternehmen e.V. (BDL) zusammen mit entsprechenden Marktforschungsinstituten entsprechende Zukunftsprognosen, anhand derer das Marktpotenzial ebenfalls abgeschätzt werden kann.

Darüber hinaus dienen häufig Presseberichte sowie Jahresabschlüsse und andere Veröffentlichungen von Wettbewerbern als wichtige Datenbasis.

Angrenzende Kennzahlen

vgl. Marktanteil; Marktsättigungsgrad; Marktwachstum

Marktsättigungsgrad (in %)

Der Marktsättigungsgrad stellt das Marktvolumen ins Verhältnis zum Marktpotenzial. Hierdurch wird die Abweichung zwischen dem aktuell ausgeschöpften Marktpotenzial in Form des Marktvolumens und dem gesamten Marktpotenzial ermittelt.

Marktsättigungsgrad

$$= \frac{\text{Marktvolumen}}{\text{Marktpotenzial}} \cdot 100\%$$

Aussagekraft

Anhand des Marktsättigungsgrads kann relativ einfach eine Aussage über die Wachstumschancen im gesamten Leasingmarkt oder in Teilbereichen getroffen werden. Darüber hinaus kann häufig auch der Reifegrad des gesamten Markts oder von Teilmärkten näher bestimmt werden.

Interpretation

Eine Marktsättigung tritt ein, wenn das Neuabschlussvolumen auf dem relevanten Leasingmarkt gleich dem Potenzial, also dem maximal möglichen Neuabschlussvolumen aller potenziellen Leasingnehmer ist. In diesem Fall beträgt der Marktsättigungsgrad 100%.

Je niedriger der Marktsättigungsgrad ist, umso höher ist im Regelfall gleichzeitig das Wachstumspotenzial für zukünftige Perioden.

Bei einem dauerhaft niedrigen oder gar rückläufigen Marktsättigungsgrad hingegen sollten unbedingt die Gründe für diesen Rückgang ermittelt werden.

Ein dauerhaft niedriger Marktsättigungsgrad ist häufig ein Indiz dafür, dass konkurrierende Produkte erfolgreicher sind. So kann es beispielsweise sein, dass ein klassischer Bankkredit oder die Eigenfinanzierung von Investitionen erhebliche Vorteile gegenüber der Leasingfinanzierung aufweisen und deshalb der Marktsättigungsgrad stagniert oder rückläufig ist.

Darüber hinaus kann es auch zu dem Paradoxon kommen, dass das Neuabschlussvolumen auf dem Leasingmarkt zwar stetig steigt, das Marktpotenzial in Form der gesamtwirtschaftlichen Investitionen hingegen deutlich stärker steigt. Auch in diesem Fall kommt es zu einem sinkenden Marktsättigungsgrad des Leasings. Eine isolierte Betrachtung des Marktvolumens würde hierbei höchstwahrscheinlich zu Fehlsteuerungsimpulsen und einer Fehleinschätzung über den Erfolg des eigenen Instituts und der gesamten Branche führen. Erst durch einen Vergleich des eigenen Marktanteils bzw. Neuabschlussvolumens mit dem Marktsättigungsgrad kann eine fundierte Aussage getroffen werden.

Am Marktsättigungsgrad orientieren sich häufig auch die Vertriebssteuerungsimpulse. Während bei einer nur sehr geringen Marktsättigung insbesondere die Neukundenakquisition zur Generierung von zusätzlichem Neuabschlussvolumen im Vordergrund steht, wird bei einer hohen Marktsättigung insbesondere auf die Bindung von langjährigen Leasingnehmern fokussiert.

Beispiel

Eine Leasinggesellschaft schätzt das auf ihrem Zielmarkt relevante Marktvolumen auf 700 Mio. EUR und das mögliche Marktpotenzial auf 1,7 Mrd. EUR.

Der Marktsättigungsgrad beläuft sich damit auf 41,2%.

Grenzen der Aussagekraft

Ein hoher Marktsättigungsgrad ist nicht in allen Fällen erstrebenswert. So selektieren zahlreiche Leasinggesellschaften bereits im Vorfeld einer Vertragsgenehmigung sehr stark. Hierdurch werden die Anfragen zahlreicher bonitätsschwächerer Kunden und auch Anfragen mit gewissen Verdachtsmomenten bezüglich Betrug oder sonstigen strafbaren Handlungen abgelehnt.

Zur Vermeidung von Konzentrationsrisiken werden häufig darüber hinaus auch bei besseren Bonitäten bestimmte Obergrenzen für das maximale Bestandsvolumen vorgegeben, sodass bei nahezu allen Kundengruppen zahlreiche Faktoren einer vollständigen Marktausschöpfung bzw. einem hohen Marktsättigungsgrad entgegenstehen.

Insbesondere bei Leasinggesellschaften mit einem hohen Stammkundenanteil gestaltet sich unter Umständen auch ein hoher Marktsättigungsgrad als attraktiv. Da für diese Institute die Neukundenakquisition nicht selten ohnehin nicht mit höchster Priorität im Fokus steht, führt ein hoher Marktsättigungsgrad häufig auch dazu, dass die Attraktivität für potenzielle neue Leasinggesellschaften eher niedrig und die Eintrittsbarrieren eher hoch sind.

Beeinflussungsmöglichkeiten

Der Marktsättigungsgrad hängt insbesondere von der Vorteilhaftigkeit der Finanzierungsalternative Leasing ab. Hierzu ist insbesondere die steuerrechtliche Gesetzgebung maßgeblich. Diese kann nur begrenzt, beispielsweise durch entsprechende Lobbyarbeit, gesteuert werden und wird sonst als umweltgegeben angenommen.

Darüber hinaus kann das Marktvolumen bzw. das Marktpotenzial insbesondere durch die Gesamtheit an Marketing- und Vertriebsaktivitäten beeinflusst werden. Ziel der Marketing- und Vertriebsaktivitäten ist insbesondere auch eine Steigerung des Images des Leasings im Allgemeinen und der eigenen Leasinggesellschaft im Speziellen.

Datenherkunft

Der Marktsättigungsgrad ist sehr schwer zu ermitteln. Neben Veröffentlichungen des Bundesverbands Deutscher Leasing-Unternehmen e.V. (BDL), der statistischen Bundes- und Landesämter und Expertenanalysen werden häufig Untersuchungen von Marktforschungsinstituten und teilweise auch eigene Schätzungen herangezogen.

Angrenzende Kennzahlen

vgl. Marktpotenzial; Marktvolumen

Marktschrankenindex

→ *vgl. hierzu*: Markteintrittsbarrieren-Index

Marktvolumen (in EUR)

Das Marktvolumen entspricht den im Betrachtungszeitraum über Leasing finanzierten Investitionen, bewertet zu den jeweiligen Anschaffungskosten.

Marktvolumen
= über Leasing finanzierte Investitionen im gesamten Absatzmarkt

Aussagekraft

Das Marktvolumen entspricht dem kumulierten Neuabschlussvolumen aller Leasinggesellschaften eines Marktes im Betrachtungszeitraum. Es wird in der Regel als für die einzelne Leasinggesellschaft nicht steuerbare, umweltbedingte Größe angesehen.

Interpretation

Das Marktvolumen beschreibt den Ist-Zustand auf dem Leasingmarkt. Den zumeist wesentlichsten Indikator für die Attraktivität eines Markts bildet das potenziell erschließbare Neuabschlussvolumen der gesamten Branche. Insbesondere anhand von Änderungen und in Verbindung mit dem jeweiligen Marktpotenzial können entsprechende Trends ermittelt und Zukunftsprojektionen vorgenommen werden.

Beispiel

Das Mobilien-Leasingvolumen betrug laut ifo Investitionstest, der zusammen mit dem Bundesverband Deutscher Leasing-Unternehmen e.V. (BDL) durchgeführt wurde, im Jahr 2019 knapp 64 Mrd. EUR (vgl. Bundesverband Deutscher Leasing-Unternehmen e.V. 2019).

Grenzen der Aussagekraft

Je nach Unterteilung des Gesamtmarkts in einzelne Teilmarktbereiche, ist es schwierig, genaue Werte für das Marktvolumen zu ermitteln.

Sofern keine Erhebungen des ifo-Instituts oder des Bundesverbands Deutscher Leasing-Unternehmen e.V. (BDL) bestehen, muss das Marktvolumen häufig anhand der Geschäftsberichte der wichtigsten Wettbewerber hochgerechnet werden. Hierbei muss allerdings genau berücksichtigt werden, dass es sich um einheitliche zeitliche und räumliche Vergleichsgrößen und um ähnliche Portfolien mit identischen oder ähnlich ausgestatteten rechtlichen und wirtschaftlichen Rahmenbedingungen handelt.

Je mehr Wettbewerber es auf einem Markt gibt und je heterogener und intransparenter sich dieser Markt gestaltet, umso schwieriger wird es auch, das Marktvolumen valide zu bestimmen.

Beeinflussungsmöglichkeiten

Das Marktvolumen ist für die einzelne Leasinggesellschaft im Regelfall nicht beeinflussbar. Es ist zumeist lediglich von den Marketingaktivitäten des Leasingmarkts im Gesamten bzw. den größten und damit bedeutsamsten Instituten beeinflussbar.

Je größer der Markt ist und je mehr Leasinggesellschaften auf dem Markt tätig sind, umso geringer ist die Einflussmöglichkeit der einzelnen Leasinggesellschaft auf die Gesamtentwicklung des Leasingmarkts.

Datenherkunft

Die Daten für die Bestimmung des Marktvolumens werden häufig vom ifo-Institut in Zusammenarbeit bzw. im Auftrag vom Bundesverband Deutscher Leasing-Unternehmen e.V. (BDL) ermittelt.

Für eine präzise Unterteilung eines Marktes, beispielsweise zur Ermittlung des Marktvolumens in einer relevanten Marktnische, müssen allerdings zumeist weitere Datenquellen herangezogen werden. Neben einer eigenen Recherche anhand von Jahresabschlüssen bzw. anderen Veröffentlichungen der Wettbewerber, führt häufig auch eine bei einem externen Marktforschungsinstitut in Auftrag gegebene Marktforschung zu einem zufriedenstellenden Ergebnis. Hierbei muss allerdings berücksichtigt werden, dass die Kosten für eine eigene Marktforschung teilweise nicht ganz unerheblich sein können.

Angrenzende Kennzahlen

vgl. Marktanteil; Marktpotenzial; Marktsättigungsgrad; Marktwachstum

Marktwachstum (in %)

Das Marktwachstum gibt die prozentuale Veränderung des Marktvolumens auf einem eingegrenzten Teilmarkt im Betrachtungszeitraum im Vergleich zum Marktvolumen in der Vorperiode an.

Marktwachstum

$$= \left(\frac{\text{Marktvolumen aktuelle Periode}}{\text{Marktanteil Vorperiode}} \ ./.\ 1 \right) \cdot 100\%$$

Aussagekraft

Das Marktwachstum wird häufig als wichtiger Indikator für die Attraktivität eines Absatzmarktes herangezogen. So gilt das Marktwachstum vielfach als einer der wesentlichsten Treiber für einen nachhaltigen Erfolg einer Leasinggesellschaft auf einem Teilmarkt.

In den Portfoliokonzepten der strategischen Planung, die von der Boston Consulting Group (BCG) entworfen wurden, wird das Marktwachstum sogar als einzige Marktkomponente herangezogen.

Interpretation

Das Marktwachstum bildet häufig die Entscheidungsgrundlage oder ist zumindest ein wesentlicher Faktor für den Einstieg in neue Geschäftsfelder oder neue Vertriebskanäle. Ein hohes Marktwachstum zieht in der Regel aber auch zahlreiche Wettbewerber an, wodurch es in der Folge nicht selten zu einem aggressiven Wettbewerbsgebahren kommen kann.

Für eine valide Ermittlung des Marktwachstums ist es wichtig, dass die jeweiligen Preissteigerungen heraus gerechnet werden, sodass die reale und nicht die nominale Steigerung des Marktes ermittelt werden kann.

Das Marktwachstum wird in Verbindung mit dem Marktanteil einer Leasinggesellschaft häufig in das von der Boston Consulting Group entwickelte Marktanteils-Marktwachstums-Portfolio integriert. Für dieses Portfolio existieren idealtypisch erarbeitete Normstrategien, anhand derer die jeweilige Wettbewerbssituation gesichert oder verbessert werden soll.

Beispiel

Das Marktvolumen des relevanten Leasingmarkts betrug im Betrachtungszeitraum 21 Mrd. EUR. Im Vorperiodenzeitraum betrug das Marktvolumen noch lediglich 18,5 Mrd. EUR.

Das Marktwachstum beträgt also 13,5%.

Grenzen der Aussagekraft

Von hoher Wichtigkeit für die Steuerung und die zukünftige Ausrichtung einer Leasinggesellschaft ist insbesondere das zukünftige Marktwachstum. Hierfür sind eine valide Marktanalyse und eine möglichst präzise Marktprognose nötig. Aufgrund nur schwer vorherzusagender Rahmenparameter ist eine solche Prognose allerdings im Regelfall nur sehr unscharf zu ermitteln.

Das Marktwachstum allein ermöglicht noch keine Aussage über die tatsächliche Marktattraktivität. So bestehen für den Leasingmarkt insbesondere durch das im Jahr 2009 erhaltene Bankenprivileg, das mit einer Unterstellung unter eine eingeschränkte Bankenaufsicht sowie damit allgemein verstärkten aufsichtsrechtlichen Anforderungen, verbunden war, erhebliche Eintrittsbarrieren. Darüber hinaus wird auf dem Leasingmarkt ein besonders hohes Maß an Kontinuität, Professionalität und fachlichem Know-how von einer Vielzahl der Kunden vorausgesetzt, was ebenfalls einer Eintrittsbarriere gleichkommt.

Wie sich immer wieder zeigt, muss ein hohes Marktwachstum nicht unbedingt mit einer hohen Rentabilität verbunden sein. Umgekehrt kann es beispielsweise auch auf rückläufigen Märkten zu rentablen Neuabschlüssen kommen, wenn beispielsweise zahlreiche Wettbewerber aus dem Markt austreten. In Wachstumsmärkten hingegen sind häufig hohe Investitionen verbunden mit Preiskämpfen der zahlreichen Wettbewerber untereinander ein wesentlicher Faktor, der zu - wenn überhaupt - nur geringen Renditen führt. Für eine valide Aussage über die Wettbewerbssituation sollte also das Marktwachstum in Verbindung mit dem Marktanteil bzw. der Marktanteilsentwicklung betrachtet werden.

Beeinflussungsmöglichkeiten

Das Marktwachstum wird häufig als gegeben angesehen, da insbesondere in einem sehr großen Markt, wie dem Leasingmarkt, von der einzelnen Gesellschaft wenn überhaupt nur ein sehr geringer Einfluss auf die Gesamtentwicklung des Marktes genommen werden kann.

Nichtsdestotrotz ist insbesondere in Teil- oder Nischenmärkten immer wieder zu beobachten, wie einzelne Leasinggesellschaften das dortige Marktwachstum durch Marketingmaßnahmen oder allgemein durch einen entsprechenden Ressourceneinsatz aktiv beeinflussen bzw. gestalten können.

Datenherkunft

Die Datenbasis für das Marktwachstum bilden externe Datenquellen, insbesondere der Bundesverband Deutscher Leasing-Unternehmen e.V. (BDL), Marktforschungsinstitute, beispielsweise das ifo-Institut oder die statistischen Bundes- und Landesämter.

Für entsprechend kleine Teilmärkte muss das Marktvolumen und das Marktwachstum im Regelfall anhand verfügbarer Geschäftsberichte rekonstruiert und demzufolge für den Teilmarkt geschätzt werden. Die Schätzungen basieren zumeist auf den Mitarbeiterzahlen der Wettbewerber, der Anzahl oder der Kaufkraft bzw. dem Bruttosozialprodukt sowie dem Investitionsvolumen der potenziellen Leasingnehmer.

Angrenzende Kennzahlen

vgl. Markteintrittsbarrieren-Index; Marktpotenzial

Mehrarbeitsquote (in %)

→ *vgl. hierzu*: Überstundenquote

Meldevolumen Millionenkredite (in EUR)

→ *vgl. hierzu*: Konzentrationsindex

Mindestbarwertmarge (in % oder in EUR)

Die Mindestbarwertmarge gibt vor, wie hoch die Barwertmarge je abgeschlossenem Leasing- oder Mietkaufvertrag mindestens sein muss.

Im Regelfall entspricht sie den mit dem Abschluss eines Leasingvertrags entstehenden variablen Kosten sowie einem Anteil für die Deckung der fixen Kosten und des Gewinns.

Mindestbarwertmarge
$= \frac{\text{variable Kosten pro Vertragsabschluss + Deckungsanteil Fixkosten,Gewinn}}{\text{durchschnittlicher Anschaffungswert je Leasing-/Mietkaufvertrag}} \cdot 100\%$
Mindestbarwertmarge
= variable Kosten eines Vertragsabschluss + Deckungsanteil Fixkosten, Gewinn *[in EUR]*

Aussagekraft

Die Vorgabe einer Mindestbarwertmarge soll dazu dienen, beim Abschluss eines Leasingvertrags alle in der Regel leistungsabhängigen Kosten zu decken. Diese Kosten sind insbesondere die variablen Vertriebs- und Akquisitionskosten, eine Pauschale für die administrativen Tätigkeiten sowie in der Regel eine Mindestverzinsung auf das eingesetzte Kapital in Form eines Mindestgewinns.

Die Mindestbarwertmarge soll als Anhaltspunkt und Preisuntergrenze dienen, die nur in absoluten Ausnahmefällen unterschritten werden darf.

Um sämtliche Fixkostenbestandteile zu decken und um auch einen möglichst hohen Gewinn zu generieren, sollte die Mindestbarwertmarge regelmäßig überschritten werden.

Interpretation

Bei der Ausgestaltung der Mindestbarwertmarge muss berücksichtigt werden, dass bei einer hohen Mindestvorgabe im Regelfall zwar einerseits höhere Deckungsbeiträge zur Deckung der fixen Kosten und zur Erzielung eines möglichst hohen Gewinns erwirtschaftet werden. Andererseits entstehen hierdurch häufig Wettbewerbsnachteile, indem verstärkt Leasingangebote aufgrund eines zu hohen Preises an den Wettbewerb verloren gehen.

Bei einer allzu niedrigen Mindestvorgabe hingegen ist zwar einerseits die Wettbewerbssituation deutlich besser, was sich auch in einem zunehmenden Neuabschlussvolumen zeigt. Andererseits werden - wenn überhaupt - nur sehr geringe Deckungsbeiträge für die Fixkosten und den entsprechenden Gewinn erwirtschaftet. Bei sehr niedrig ausgestalteten Mindestmargenvorgaben ist darüber hinaus zu berücksichtigen, dass erhöhte Kosten aufgrund von beispielsweise erhöhten Vertriebskosten häufig nur sehr schwer an die Leasingnehmer weitergegeben werden können. Häufig ist gerade diese Zielgruppe sehr preissensibel und weniger loyal.

Bei einem etablierten und besonders ausgereiften Vorgabesystem für die Barwertmargen werden neben den variablen Kostenbestandteilen und den administrativen Kosten sowie dem Mindestgewinn zudem noch entsprechende Risikoaufschläge einkalkuliert.

Anhand der Ratingsysteme werden je Ratingklasse und unterteilt beispielsweise nach Vertragslaufzeit differenzierte Ausfallwahrscheinlichkeiten ermittelt und darauf basierend erwartete Verluste gebildet. Diese werden ebenfalls als Kostenfaktor auf die Einzelverträge verteilt und in der Mindestbarwertmarge berücksichtigt.

Beispiel

Die Kostenbestandteile für die Akquisition und den Vertrieb sowie die administrativen Tätigkeiten belaufen sich auf 300 EUR. Für die Ratingklasse BB- kommt ein erwarteter Verlust je Vertrag in Höhe von 30 EUR hinzu. Zur Erreichung des Mindestgewinns wurde je Leasingvertrag ein Mindestertrag von 20 EUR veranschlagt.

Die Mindestbarwertmarge für einen beispielhaften Leasingvertrag eines Leasingnehmers der Ratingklasse BB- beträgt damit 350 EUR.

Grenzen der Aussagekraft

Die Mindestbarwertmarge muss ständig überprüft und angepasst werden. Insbesondere bezüglich der erwarteten Ausfälle und der erwarteten Verluste sollten auch Prognosewerte mit einbezogen werden.

Die Mindestbarwertmarge sollte nur kurz- bis mittelfristig angesetzt werden. Für einen höchstmöglichen Erfolg gilt es langfristig vielmehr zu versuchen, eine höhere Barwertmarge zu realisieren. Erst durch eine höhere Barwertmarge werden beispielsweise die Bildung von Liquiditäts- und Ertragsreserven, größere Investitionen oder eine Expansion in angrenzende Absatzmärkte, bzw. allgemein ein erhöhter finanzieller Spielraum ermöglicht.

Sofern langfristig und dauerhaft kein höherer Betrag als die Mindestbarwertmarge durchsetzbar ist, sollten unbedingt die Gründe hierfür ermittelt werden.

Beeinflussungsmöglichkeiten

Durch eine gestaffelte Mindestbarwertmarge in Verbindung mit einem entsprechend ausgestalteten risikoadjustierten Pricing kann eine Leasinggesellschaft einen nachhaltigen Wettbewerbsvorteil durch eine sogenannte adverse Selektion erreichen.

Bei einer klassischen Mischkalkulation hingegen besteht verstärkt die Gefahr, dass gute Kunden mit entsprechend niedrigen erwarteten Verlusten abwandern, während schlechte Kunden aufgrund der durch die Mischkalkulation für sie attraktiven Konditionen hinzukommen.

Durch faire und risikoabhängige Konditionen kann und sollte sich eine Leasinggesellschaft einen nachhaltigen Wettbewerbsvorteil sichern.

Werden nun auch noch die variablen Kosten, beispielsweise die Vertriebskosten durch selektive Betreuung der Kunden nach Potenzial (Kleinkunden beispielsweise durch telefonischen Kontakt betreut) sowie durch eine präzise Ermittlung der Ausfallwahrscheinlichkeiten, gesenkt, können auch die Mindestvorgaben für die Barwertmarge angepasst werden.

Datenherkunft

Die Mindestbarwertmarge basiert hauptsächlich auf den variablen Kostenbestanteilen der Gewinn- und Verlustrechnung sowie auf den erwarteten Ausfällen und Verlusten, die zumeist durch das Risikomanagement oder die Kreditabteilung anhand historischer Daten hochgerechnet und an die aktuelle Situation angepasst werden.

Angrenzende Kennzahlen

vgl. Break-Even-Point; Verlust, erwarteter

Mindestumsatz Werbemaßnahme (in EUR)

→ *vgl. hierzu*: Break-Even-Point

Minuskundenquote (in %)

Die Minuskundenquote gibt den Anteil derjenigen Leasingnehmer an, die im Betrachtungszeitraum ein geringeres Neuabschlussvolumen vorzuweisen haben als noch im Vorperiodenzeitraum.

Minuskundenquote

$$= \frac{\text{Kunden mit geringerem Neuabschlussvolumen als in der Vorperiode}}{\text{Gesamtzahl aller Kunden}} \cdot 100\%$$

Aussagekraft

Anhand der Minuskundenquote kann eine Aussage über das Abschlussverhalten der Kunden getroffen und untersucht werden, wie hoch der Anteil der Leasingnehmer ist, die im Betrachtungszeitraum ein geringeres Investitionsvolumen über Leasing finanziert haben als dies noch in der Vorperiode der Fall war.

Insbesondere eine schlagartig ansteigende Quote sollte als Anlass genommen werden, um die Gründe hierfür zu untersuchen. Nicht selten kann durch eine genaue und insbesondere frühzeitige Ermittlung der Gründe noch rechtzeitig entgegengesteuert werden, sodass der finanzielle Schaden durch den Einbruch im Neugeschäft zumindest noch begrenzt werden kann.

Interpretation

Je niedriger die Minuskundenquote ist, umso höher sind im Regelfall die Abschlussvolumina und umso erfolgreicher verläuft die Potenzialausschöpfung bestehender Leasingnehmer.

Im Falle eines konjunkturellen Einbruchs sowie verschlechterter Wettbewerbsbedingungen und einer erhöhten Unzufriedenheit der Kunden steigt die Minuskundenquote zumeist relativ schnell an.

Es sollten unbedingt so schnell wie möglich die Gründe für den Rückgang des Abschlussvolumens ermittelt werden, um - sofern dies möglich ist - ein Übergreifen auf andere Kunden zu vermeiden. Dies betrifft insbesondere Ursachen, die von der Leasinggesellschaft aktiv beeinflusst werden können, wie beispielsweise die Bearbeitungsdauer einer Anfrage oder die Freundlichkeit und Zuverlässigkeit der Mitarbeiter.

Neben der Ermittlung der Gründe für den Rückgang und den Status des Minuskunden werden häufig verstärkte Maßnahmen zur Rückgewinnung oder zumindest zur Steigerung des Abschlussvolumens der Minuskunden ergriffen. Die Maßnahmen orientieren sich im Regelfall an der Höhe des Rückgangs sowie am Kundenwert. Für Leasingnehmer mit einem relativ niedrigen Customer Lifetime Value und nur einem geringen Rückgang des Abschlussvolumens werden deshalb (wenn überhaupt) andere Maßnahmen ergriffen als beispielsweise bei einem dramatischen Einbruch eines Key Account Kunden.

Beispiel

Eine Leasinggesellschaft hat einen aktiven Kundenstamm von 4.750 Kunden. Hiervon war bei 620 Kunden das Abschlussvolumen im Betrachtungszeitraum niedriger als noch in der Vorperiode.

Der Minuskundenanteil beträgt damit 13,05%.

Grenzen der Aussagekraft

Die Klassifikation eines Kunden als Minuskunde muss nicht unbedingt bedeuten, dass dieser mit dem Service unzufrieden ist oder einen Großteil seiner Investitionen bei anderen Leasinggesellschaften oder über alternative Instrumente finanziert. So kann es beispielsweise insbesondere im Folgejahr einer überdurchschnittlich hohen Investition häufig zu einer Normalisierung kommen, wodurch der Leasingnehmer im Folgejahr als Minuskunde klassifiziert wird.

Deshalb kann erst unter Berücksichtigung der Gründe für die Einstufung des Leasingnehmers als Minuskunde eine valide Aussage für mögliche und erforderliche Steuerungsmaßnahmen getroffen werden.

Beeinflussungsmöglichkeiten

Die Minuskundenquote hängt insbesondere vom Kunden ab. Sofern dieser unzufrieden ist oder zu einer anderen Leasinggesellschaft gewechselt ist, schlägt sich dies im niedrigeren Abschlussvolumen nieder. Ebenso spielen überdurchschnittlich hohe Investitionen in den Vorperioden, aber auch mögliche Bonitätsverschlechterungen, die zu einem niedrigeren genehmigungsfähigen Abschlussvolumen führen, eine wesentliche Rolle.

Datenherkunft

Die Minuskundenquote kann relativ einfach über einen Periodenvergleich der Abschlussvolumina der einzelnen Kunden ermittelt werden. Dies kann insbesondere über die Vertriebssteuerung bzw. das Vertriebscontrolling anhand des kontrahierten Abschlussvolumens oder mittels der Vertragsverwaltungssoftware über das aktivierte Abschlussvolumen erfolgen.

Angrenzende Kennzahlen

vgl. Kundenzufriedenheit; Nullkundenquote

Mitarbeiterfluktuation (in %)

→ *vgl. hierzu*: Fluktuationsquote

Mitarbeiterloyalität (in %)

Die Mitarbeiterloyalität ist einer der zentralen Faktoren im Personalmanagement und bringt die Verbundenheit der Mitarbeiter mit dem eigenen Unternehmen zum Ausdruck.

Da die Mitarbeiterloyalität nicht direkt gemessen werden kann, wird sie häufig anhand der Mitarbeiterfluktuation, der durchschnittlichen Betriebszugehörigkeit oder der aktiven und positiven Mund-Propaganda sowie dem Engagement und der Freude der Mitarbeiter an der Arbeit gemessen.

Mitarbeiterloyalität

$$= \frac{\text{Anteil Mitarbeiter mit positiver Mund-Propaganda}}{\text{Gesamtanzahl Mitarbeiter}} \cdot 100\%$$

Mitarbeiterloyalität *(alternativ)*

$$= \frac{\text{Anzahl fluktuierter Mitarbeiter im Betrachtungszeitraum}}{\text{Gesamtanzahl Mitarbeiter}} \cdot 100\%$$

Mitarbeiterloyalität *(alternativ)*

$$= \frac{\text{durchschnittliche Betriebszugehörigkeit [in Jahren]}}{\text{durchschnittliche Betriebszugehörigkeit bei maximaler Loyalität [in Jahren]}} \cdot 100\%$$

Aussagekraft

Bei erfolgreichen Unternehmen zeigt sich häufig, dass der Erfolg erst durch eine entsprechend hohe Mitarbeiterloyalität ermöglicht wurde.

Eine hohe Mitarbeiterloyalität äußert sich beispielsweise in der emotionalen Verbundenheit der einzelnen Mitarbeiter zum Unternehmen. So sorgen sich besonders loyale Mitarbeiter nicht selten um das Wohl und Wehe „ihres" Unternehmens. Durch eine sehr hohe Identifikation werden darüber hinaus vielfach die unternehmerischen Interessen zu den eigenen Interessen gemacht und sowohl innerhalb des Unternehmens als auch außerhalb des Unternehmens wird sehr gut, leidenschaftlich und begeistert über die eigene Firma und/oder Abteilung gesprochen.

Interpretation

Das Ziel einer Leasinggesellschaft sollte eine möglichst hohe Mitarbeiterloyalität sein. Eine hohe Mitarbeiterloyalität ist in den meisten Fällen die Grundvoraussetzung für einen nachhaltigen Erfolg.

So verursacht eine hohe Fluktuation der eigenen Mitarbeiter neben einem erheblichen Wissensverlust insbesondere auch einen Kundenabfluss sowie hohe Kosten für die Suche und die anschließende Einarbeitung neuer Mitarbeiter. Insbesondere im Leasinggeschäft, das stark von persönlichen Kontakten, Vertrauen und häufig jahrelanger Zusammenarbeit geprägt ist, wirkt sich eine hohe Loyalität der Mitarbeiter besonders positiv aus.

Dies zeigt also wiederum, dass loyale Mitarbeiter zweifellos die wertvollsten Mitarbeiter eines Unternehmens sind. So kann die Loyalität der Mitarbeiter beispielsweise anhand der Aktivität in Workshops und Diskussionsrunden, dem Wunsch nach Aufstiegsmöglichkeiten, dem Einreichen von Verbesserungsvorschlägen, der Bereitschaft zu Überstunden sowie der Anzahl der Kranktage gemessen werden.

Umgekehrt gilt der Grundsatz, dass illoyale und zumeist unengagierte Mitarbeiter nicht selten die größten Umsatzvernichter eines Instituts sind. Diese hemmen nämlich neben der Innovationsfähigkeit insbesondere das organische Wachstum und damit die betrieblichen Zukunftschancen. Neben einer erhöhten Fehlzeit äußert sich die Destruktivität insbesondere in einem ständigen Gejammer über die Arbeitsbedingungen, das einen Negativ-Strudel im gesamten Umfeld erzeugen kann und damit auch die Produktivität der Kollegen senkt. Noch schädlicher wird die fehlende Loyalität, wenn sich eine negative Mund-Propaganda entwickelt, an deren Ende nicht selten ein erheblicher Vertrauens- und Kundenschwund stehen.

Der Aufbau der Mitarbeiterloyalität ist ein sehr komplexer Prozess, der erst schrittweise erarbeitet werden muss. So sollte insbesondere darauf geachtet werden, dass Loyalität auch und insbesondere dadurch entsteht, dass die Mitglieder einer Gruppe ihre sozialen Beziehungen zueinander pflegen. Im Falle von erhöhten Gehaltsungleichgewichten *(→ vgl. Gehaltsdisparität)*, Personalabbau und einer eher diskontinuierlichen Personalpolitik sowie verstärkten Machtspielchen mit dem Bedacht auf den rein persönlichen Vorteil, verringert sich im Regelfall wiederum die Loyalität der Mitarbeiter.

Beispiel

Für die Ermittlung der Mitarbeiterloyalität wurden sowohl institutsinterne Daten als auch Ergebnisse einer anonymen Mitarbeiterbefragung berücksichtigt.

So wurden die Mitarbeiter in drei Gruppen eingeteilt, die sich am Engagement der Mitarbeiter orientieren und von „sehr engagiert" über „weniger engagiert" bis „aktiv unengagiert" reichen.

Neben den Krankheitstagen in der Vorperiode wurde insbesondere ermittelt, wie hoch der Anteil der Mitarbeiter ist, die Spaß an ihrer Arbeit haben und das Institut aktiv positiv weiterempfehlen und auch noch in einem Zeitraum von 5 Jahren bei derselben Leasinggesellschaft beschäftigt sein wollen.

Unter Berechnung der Einzelkomponenten anhand bestimmter Skalen, wurden bei der Gruppe der sehr engagierten Mitarbeiter ein Wert von 79% (83% Weiterempfehlungsquote und 77% Spaß und Weiterbeschäftigungswunsch) und eine durchschnittliche Fehlzeit von 3 Tagen, in der Gruppe der weniger engagierten Mitarbeiter 10 Fehltage bei einem Loyalitätswert von 34% sowie in der Gruppe der aktiv unengagierten Mitarbeiter eine Quote von 20% und eine Fehlzeit von 14 Tagen ermittelt.

Grenzen der Aussagekraft

Anhand der Indikatoren für die Mitarbeiterloyalität allein kann noch keine Aussage über die Gründe für die jeweiligen Ausprägungen der Loyalität getroffen werden. So entstehen bei der Ermittlung der Mitarbeiterloyalität häufig gewisse Unschärfen, die es bewusst zu berücksichtigen gilt.

Von erhöhter Wichtigkeit ist zudem die Festlegung, dass für eine valide Aussagekraft und für einen validen Zusatznutzen etwaige Ausreißer nicht allzu sehr berücksichtigt werden sollten. Hierzu gehören beispielsweise diejenigen Mitarbeiter, die seit mehreren Jahrzehnten im Institut tätig sind und im jetzigen Zeitpunkt eher abwartend handeln und sich deshalb im Extremfall unter Umständen lustlos gegenüber jedem (insbesondere technischen) Wandel verschließen bzw. Mitarbeiter, die generell wenig euphorisch sind und deshalb selbst in guten Zeiten keine positive Mundpropaganda betreiben.

Beeinflussungsmöglichkeiten

Die Mitarbeiterloyalität ist in besonderem Maße von den Tätigkeiten der Führungskräfte abhängig. So nimmt die Geschäftsleitung häufig einen wesentlichen Einfluss auf die Loyalität ihrer Mitarbeiter, indem sie etwa die geforderten Werte aktiv vorlebt.

Die Förderung und Steigerung gemeinsamer Erfolgserlebnisse und eines Wir-Gefühls durch unternehmensweite Aktionen und Events sowie insbesondere durch zwischenmenschliche Kommunikation, kann wesentlich von der Unternehmensleitung beeinflusst werden.

Datenherkunft

Die Daten für die Mitarbeiterloyalität können neben den harten quantitativen Daten bzgl. beispielsweise der Betriebszugehörigkeit insbesondere durch eine regelmäßig durchzuführende Mitarbeiterbefragung erhoben werden.

Angrenzende Kennzahlen

vgl. Eigenkündigungsquote; Mitarbeiterfluktuation; Mitarbeiterzufriedenheit

Mitarbeiterzufriedenheit (in % oder in Schulnoten)

Die Mitarbeiterzufriedenheit ist ein psychologisches Konstrukt und basiert auf einem Soll-Ist-Vergleich zwischen den Erwartungen des Mitarbeiters an die Arbeitsbedingungen sowie das Arbeitsumfeld und den tatsächlichen Wahrnehmungen dieser Faktoren bei der Leasinggesellschaft.

Für eine schnelle und unkomplizierte Abschätzung der Mitarbeiterzufriedenheit wird teilweise auch die Beschwerdequote ermittelt. Hierbei wird die Anzahl der Mitarbeiter mit Beschwerden ins Verhältnis zur Gesamtanzahl aller Mitarbeiter gesetzt.

Mitarbeiterzufriedenheit

= Erfüllung der Mitarbeitererwartungen *[in Schulnoten von 1 (sehr gut) bis 6 (ungenügend)]*

Je nach Informationsbasis können zudem bestimmte Bereiche bzw. Bestandteile der Zufriedenheit unterschieden werden (z.B. Zufriedenheit mit den Arbeitsbedingungen, den Kollegen und/oder Vorgesetzten, den Verdienstmög-lichkeiten, den Karriere- und Entwicklungsmöglichkeiten, die Weiterempfehlungsquote des Arbeitgebers etc.) und entsprechend gewichtet in die aggregierte Mitarbeiterzufriedenheit einfließen.

Ärgerquotient

$$= \frac{\text{Anzahl der Mitarbeiter mit Beschwerden}}{\text{Gesamtanzahl Belegschaft}} \cdot 100\%$$

Mobbingquote

$$= \frac{\text{Anzahl der Mobbingfälle}}{\text{Gesamtanzahl Belegschaft}} \cdot 100\%$$

Aussagekraft

Die Mitarbeiterzufriedenheit wird häufig als wesentliche Stellschraube der operativen Unternehmensführung gesehen. So ist die Mitarbeiterzufriedenheit beispielsweise in der Balanced Scorecard oder dem EFQM-Modell der European Foundation for Quality Management (EFQM) eine zentrale Zielgröße für den nachhaltigen Unternehmenserfolg.

Es wird außerdem häufig davon ausgegangen, dass ein positiver Zusammenhang zwischen der Mitarbeiter- und der Kundenzufriedenheit besteht. So wird vielfach angeführt, dass die Motivation und Arbeitsqualität von zufriedenen Mitarbeitern höher ist, was wiederum insbesondere im Vertrieb einen erheblichen Einfluss auf die Kundenbeziehung in Form intensiverer Kundenkontakte hat oder haben kann. Derart intensive Kundenkontakte stellen nicht selten einen wesentlichen Wettbewerbsvorteil und einen zentralen Faktor für die Kundenzufriedenheit der Leasingnehmer dar. Die Kundenzufriedenheit äußert sich insbesondere in einer höheren Kundenloyalität und einer niedrigeren Kundenfluktuation sowie einer insgesamt verbesserten Wettbewerbssituation des Instituts. Es wird aufgrund dieser Zusammenhänge außerdem in einigen Fällen sogar davon ausgegangen, dass es unmöglich ist, eine loyale Kundenbasis zu schaffen, wenn die eigenen Mitarbeiter nicht auch entsprechend loyal sind.

Als grobe Abschätzung der aktuellen Mitarbeiterzufriedenheit, insbesondere in Fällen, in denen eine breite Mitarbeiterbefragung schon etwas länger zurückliegt, werden nicht selten der Ärgerquotient oder die Mobbingquote herangezogen. Je niedriger diese beiden Kennzahlen sind, umso höher ist tendenziell auch die Mitarbeiterzufriedenheit.

Interpretation

Das Ziel einer jeden Leasinggesellschaft sollte eine möglichst hohe Mitarbeiterzufriedenheit sein. So wird häufig angeführt, dass zufriedene Mitarbeiter zumeist motivierter sind und mit der Zufriedenheit gleichzeitig auch die Qualität und Produktivität steigt. Neben den höheren Erträgen können auf der anderen Seite zudem aufgrund einer niedrigen Personalfluktuation, die wiederum mit erhöhten Personalbeschaffungs- und Einarbeitungskosten verbunden wäre, die Kosten gesenkt werden.

Wenn nun zudem noch die Zusammenhänge zwischen Mitarbeiter- und Kundenzufriedenheit in einer solchen betragsmäßigen Analyse berücksichtigt werden, wird die Wichtigkeit der Mitarbeiterzufriedenheit als einer der zentralen Erfolgsfaktoren und die Bedeutung der mitarbeiterorientierten Gestaltung der Ablaufprozesse nochmals verdeutlicht.

Häufig werden bei der Ermittlung der Mitarbeiterzufriedenheit einzelne Funktions- und Hierarchiebereiche unterschieden. Hierdurch soll verhindert werden, dass einzelne Schwachstellen durch Kompensationseffekte verdeckt werden.

Beispiel

Bei einer Mitarbeiterbefragung unter allen 700 Mitarbeitern einer Leasinggesellschaft wurde die Zufriedenheit mit den einzelnen Bereichen mit Schulnoten ermittelt: Arbeitsbedingungen (2,5), Kollegen (2), Vorgesetzte (3,5), Verdienstmöglichkeiten (2,5), Karrieremöglichkeiten (1,5).

Die durchschnittliche Mitarbeiterzufriedenheit beträgt damit 2,4 und ist überdurchschnittlich hoch. Nichtsdestotrotz gibt es beispielsweise bei der Zufriedenheit mit den Vorgesetzten noch Verbesserungspotenzial.

Grenzen der Aussagekraft

Die Mitarbeiterzufriedenheit stellt nur das Ergebnis in Form einer durchschnittlichen Schulnote für die Zufriedenheit der Mitarbeiter dar. Insbesondere im Falle einer niedrigen Zufriedenheit sollten hingegen unbedingt die Gründe hierfür ermittelt und abschließend darauf basierend eventuelle Gegenmaßnahmen ergriffen werden. Für eine Beurteilung der Wirksamkeit der getroffen Maßnahmen sollte anschließend die Auswirkung in Form einer veränderten Zufriedenheit untersucht werden.

Bei der Interpretation der Zufriedenheit und insbesondere auch bei einem Vergleich zwischen einzelnen Bereichen, aber auch institutsübergreifend, beispielsweise in einem Benchmark, muss die starke Schwankungsbreite der gemessenen Mitarbeiterzufriedenheit berücksichtigt werden. So hängt die ermittelte Zufriedenheit stark von der Befragungsart und dem jeweiligen situativen Einfluss, aber auch von den Charakteren bzw. den individuellen Wertemaßstäben der befragten Mitarbeiter ab. Es sollte deshalb eine möglichst objektive Befragung durchgeführt werden, die nur wenig Interpretationsspielraum bei den Antworten bietet.

Die dargestellte Ermittlung der Mitarbeiterzufriedenheit wird anhand einer Mitarbeiterbefragung oder dem Feedback aus dem Mitarbeitergespräch ermittelt. Neben den verhältnismäßig hohen Kosten hierfür ist zudem der relativ lange Zeitraum zwischen zwei Erhebungen als kritisch zu bewerten.

Bei der Abschätzung der Mitarbeiterzufriedenheit anhand des Ärgerquotienten gibt es zahlreiche Unzulänglichkeiten, weshalb sich eine Ermittlung der Mitarbeiterzufriedenheit allein anhand dieser Kennzahl nicht etabliert hat. So muss berücksichtigt werden, dass die Dunkelziffer der unzufriedenen Mitarbeiter deutlich höher sein dürfte als die Quote der Mitarbeiter mit Beschwerden. Ob und wie Beschwerden geäußert werden (können), hängt wesentlich vom Betriebsklima und der Kritikfähigkeit der jeweiligen Vorgesetzten bzw. allgemein der Beschwerdeadressaten ab. Darüber hinaus bestehen häufig Probleme bei der zentralen Ermittlung von Beschwerden bzw. bei der Unterscheidung zwischen Beschwerden als Ausdruck der allgemeinen Unzufriedenheit und zwischen situativen Problemen, die rasch behoben werden können und die letztlich kein Ausdruck für eine erhöhte allgemeine Unzufriedenheit sind.

Beeinflussungsmöglichkeiten

Die Mitarbeiterzufriedenheit kann insbesondere durch eine gezielte Ermittlung von Schwachstellen gesteigert werden. Sofern die Gründe der Mitarbeiterzufriedenheit im Einflussbereich der Leasinggesellschaft liegen, können diese auch aktiv gestaltet werden. In Fällen hingegen, die als umweltgegeben angesehen werden müssen, beispielsweise die allgemeine konjunkturelle Lage, kann - wenn überhaupt - nur reaktiv Einfluss genommen werden.

Die Einflussfaktoren auf die Mitarbeiterzufriedenheit sind äußerst vielfältig. So können beispielsweise Stärken oder Schwächen einzelner Führungskräfte bereits Auswirkungen auf die Mitarbeiterzufriedenheit haben, oder aber die Unternehmenskultur bzw. die Leistungsorientierung des Unternehmens. Diese Auswirkungen sind allerdings im Regelfall nur sehr schwer exakt zu beziffern.

Datenherkunft

Die Ermittlung der Mitarbeiterzufriedenheit erfolgt häufig anhand mehrerer Instrumente. So können durch eine anonym durchgeführte Mitarbeiterbefragung ehrliche Antworten zu ausgewählten Themenbereichen erwartet werden.

In einem Mitarbeitergespräch können in einem kleinen Kreis zwischen dem einzelnen Mitarbeiter und dem jeweiligen Vorgesetzten sowie ggf. weiteren Personen, beispielsweise aus der Personalabteilung, bestimmte Themenbereiche offen angesprochen werden. Es besteht hierbei die Möglichkeit, Verständnis für die Situation des Mitarbeiters zu zeigen, aber auch bestimmte Themenbereiche offen zu diskutieren.

Für die Instrumente des Mitarbeitergesprächs und der Mitarbeiterbefragung zeichnet sich häufig die Personalabteilung sowie mit Abstrichen der jeweilige Vorgesetzte verantwortlich. Darüber hinaus können die Personalabteilung oder auch der Betriebsrat sowie ähnliche Einrichtungen eine Vertrauensinstanz bilden, bei der offen Kritik und Feedback geäußert und ein mögliches Unzufriedenheits- bzw. Konfliktpotenzial frühzeitig erkannt und entsprechend behoben werden kann.

Angrenzende Kennzahlen

vgl. Eigenkündigungsquote; Mitarbeiterfluktuation; Mitarbeiterloyalität

Mobbingquote (in %)

→ *vgl. hierzu*: Mitarbeiterzufriedenheit

Mobilitätsindex des Vertriebs

→ *vgl. hierzu*: Verfügbarkeitsindex im Vertrieb

Modifikationsquote getroffener Entscheidungen (in %)

→ *vgl. hierzu*: Revisionsquote getroffener Entscheidungen

Mund-Propagandaquote, positive (in %)

→ *vgl. hierzu*: Kundenloyalitätsindex; Kundenzufriedenheit

N–O

C. Glaser, *Leasing A – Z*, https://doi.org/10.1007/978-3-658-31839-0_11

Nachmieterlöse (in EUR)

Die Nachmieterlöse sind bei Vollamortisations-Leasingverträgen ein wesentlicher Erfolgsfaktor und geben die Erträge aus der Verwertung des Leasingobjekts am Laufzeitende an.

Anmerkung: Beim Mietkauf gibt es qua definitionem kein Nachgeschäft, da der Mietkäufer mit vollständiger Bezahlung seiner Mietkaufraten am Ende das unbelastete Eigentum am Mietkaufobjekt erwirbt. Mietkaufverträge werden deshalb häufig mit höheren Margen kalkuliert als vergleichbare Vollamortisations-Leasingverträge (vgl. Kratzer/Kreuzmair 2002, S.158).

Nachmieterlöse	
=	Erträge aus der Verwertung des Leasingobjekts am Laufzeitende

Aussagekraft

Nach Ablauf der Grundmietzeit des Leasingvertrags erfolgt in der Regel eine Verwertung des Leasingobjekts.

Bei Vollamortisations-Leasingverträgen werden die Anschaffungskosten bereits während der Grundmietzeit gedeckt bzw. spätestens mit dem entsprechenden Nachmieterlös aus der Verwertung oder der erneuten Vermietung des Leasingobjekts die Vollamortisation des Kaufpreises erreicht.

Bei Teilamortisationsverträgen oder kündbaren Verträgen gibt es kein Nachmietgeschäft. Je nach Vertragsgestaltung kann es aber auch bei Teilamortisationsverträgen bereits im Vorfeld durch ein Andienungsrecht gesichert sein, dass der vonseiten der Leasinggesellschaft kalkulierte Restwert erzielt wird oder ein möglicher Mindererlös durch den Leasingnehmer getragen werden muss.

Beim kündbaren Vertrag als weiterer Ausprägungsform der gängigsten Vertragsarten im Leasing besteht für den Leasingnehmer eine Kündigungsmöglichkeit nach der unkündbaren Grundmietzeit, mit entsprechend gestaffelten Abschlusszahlungen (vgl. Börner/Everling/Soethe 2008, S.74). Sofern nicht von der Kündigungsmöglichkeit Gebrauch gemacht wird, läuft der Vertrag allerdings unbegrenzt weiter.

Interpretation

Die meisten Universal-Leasinggesellschaften rechnen für das Nachmietgeschäft mit einem zusätzlichen Ertrag in Höhe von 3% bis 5% von den ursprünglichen Nettoanschaffungskosten (vgl. Kratzer/Kreuzmair 2002, S.158). Hierdurch wird deutlich, dass das Nachmietgeschäft häufig einen sehr zentralen Faktor bei der Rentabilität eines

Leasinggeschäfts einnimmt. Nicht selten werden die Anschaffungskosten erst durch die Nachmieterlöse vollständig amortisiert.

Je höher die Nachmieterlöse kalkuliert sind, umso höher ist häufig aber auch die Gefahr, dass die kalkulierten Erträge bei Marktpreisschwankungen nicht realisiert werden können, beispielsweise wenn es zu einer vorzeitigen Verwertung durch den Ausfall des Leasingnehmers kommt. Die Nachmieterlöse sollten deshalb eng an den Marktwerten kalkuliert sein, um ein Verwertungsrisiko möglichst zu minimieren.

Beispiel

Leasingnehmer A least bei der Leasinggesellschaft ein Kraftfahrzeug mit einem Netto-Anschaffungswert von 55 TEUR. Es wurde ein Vollamortisationsvertrag vereinbart. Nach Ablauf der Grundmietzeit kann der Leasingnehmer das Eigentum am Objekt zum Restbuchwert von 10%, wobei eine Anrechnung von 75% der Verwertungssumme auf zukünftige Leasinggeschäfte vorgenommen wird, erwerben.

Der Nachmieterlös der Leasinggesellschaft beträgt 5.500 EUR. Da 75% hiervon wieder auf zukünftige Neugeschäfte angerechnet werden, beträgt der effektive Nachmieterlös damit lediglich 1.375 EUR.

Grenzen der Aussagekraft

Bei den Nachmieterlösen muss häufig berücksichtigt werden, dass durch Bonusvereinbarungen mit den Leasingnehmern, die zahlreiche Leasinggesellschaften bei Vollamortisationsverträgen anbieten, ein möglicher Zusatzertrag geschmälert wird. So bieten einige Leasinggesellschaften entweder direkte (zumindest teilweise) Erlösvergütungen oder aber (teilweise) Anrechnungen auf zukünftige Leasingverträge an.

Beeinflussungsmöglichkeiten

Die Höhe und insbesondere auch die Attraktivität der Nachmieterlöse hängen stark von der zugrunde liegenden Vertragsart, dem Marktwert bzw. der Fungibilität (Drittverwendungsfähigkeit) des Leasingobjekts und der Erfahrungen der Leasinggesellschaft bei der Verwertung des Leasingobjekts ab. Durch entsprechende Nachmieterlöse bei Vollamortisations-Leasingverträgen lassen sich häufig nicht zu verachtende Erträge zusätzlich zur Amortisation generieren.

Datenherkunft

Die Nachmieterlöse können durch das Finanz- und Rechnungswesen ermittelt werden. Häufig sind die kalkulierten Nachmieterlöse zwar bereits zu Vertragsbeginn bekannt, ändern sich aber im Zeitablauf häufig noch, wenn z.B. höher oder niedriger als erwartet verwertet wird oder wenn zusätzliche Bonusvereinbarungen mit den Leasingnehmern getroffen werden.

Das Asset Management bzw. die Objektbe- und -verwertung einer Leasinggesellschaft fertigt häufig auch unterjährig bestimmte Auswertungen an, anhand derer die Auswirkungen von Marktwertschwankungen untersucht werden oder die entsprechenden Nachmieterlöse und Rentabilitäten der Leasingverträge (beispielsweise unterteilt nach Ratingklasse, Objektgruppe, Leasingnehmerbranche, Region etc.) analysiert werden können.

Angrenzende Kennzahlen

vgl. Restwert, kalkulierter

Nachwuchsförderungsquote (in %)

→ *vgl. hierzu*: Aufstiegsquote, interne

Net Promoter Score (in %)

Der Net Promoter Score wurde von Fred Reichheld von der Strategieberatung Bain & Company sowie Satmetrix Systems entwickelt und beschreibt eine Methodik zur Messung der Kundenzufriedenheit, ausgehend von der Frage „Wie wahrscheinlich ist es, dass Sie das Leasingunternehmen/die Marke/das Produkt X einem Freund oder Kollegen weiterempfehlen werden?"

Net Promotor Score
= Promotoren (in % aller Befragten) ./. Detraktoren (in % aller Befragten)

Aussagekraft

Die Teilnehmeranzahl ist bei einem einfachen und schnell durchführbaren Verfahren wie dem Net Promotor Score relativ hoch. Da die Befragungen häufig nicht anonym verlaufen, kann die Leasinggesellschaft ohne großen Aufwand sowohl positiv als auch negativ eingestellte Kunden identifizieren.

Aufgrund der Standardisierung der Ermittlungsmethodik können unterschiedliche Unternehmen miteinander verglichen werden. Speziell im Onlinemarketing und in angrenzenden Bereichen sowie im Vertriebsumfeld wird diese Kennzahl häufig verwendet.

Das Ziel ist es häufig, einerseits die Promotoren positiv gestimmt beizubehalten und andererseits die Detraktoren umzustimmen und zu Promotoren zu entwickeln.

Interpretation

Gemessen werden dabei im Net Promotor Score die Antworten auf einer Skala von 0 (unwahrscheinlich) bis 10 (äußerst wahrscheinlich). Als Promotoren werden dabei diejenigen Kunden bezeichnet, die mit 9 oder 10 antworten. Als Detraktoren diejenigen, die mit 0 bis 6 antworten. Kunden, die mit 7 oder 8 antworten, sind „Indifferente".

Der Wertebereich des Net Promotor Scores liegt zwischen plus 100 und minus 100.

Beispiel

Eine Umfrage ergibt, dass 70 % der befragten Unternehmen als Promotoren eingestuft werden, also 9 oder 10 Punkte vergeben. 18 % vergeben 7 oder 8 Punkte und werden somit als Indifferente nicht in der Berechnung berücksichtigt. 12 % der Befragten werden mit 0 bis 6 Punkten als Detraktoren eingestuft.

Der Net Promotor Score des betrachteten Unternehmens beträgt demnach:

70 ./. 12 = 58.

Grenzen der Aussagekraft

Der Vorteil des Net Promotor Scores ist gleichzeitig auch sein größter Nachteil: die Einfachheit. Der Net Promotor Score kann lediglich eine Indikation abbilden und liefert beispielsweise keine Begründung, warum Kunden besonders zufrieden oder unzufrieden sind. Eine detaillierte Befragung der Gründe für die (Un-)Zufriedenheit bzw. positive oder negative Weiterempfehlungsbereitschaft macht es wiederum schwierig, Daten standardisiert zu vergleichen.

Außerdem führt die Tendenz zur Mitte häufig dazu, dass - zumindest in bestimmten Kulturkreisen wie Westeuropa etc. - seltener 10 Punkte vergeben werden. Gleiches gilt für die jeweiligen Branchen, in denen auch die Tendenzen für eine Weiterempfehlung schwanken können.

Beeinflussungsmöglichkeiten

Ähnlich wie die Kundenzufriedenheit, wird auch der Net Promotor Score maßgeblich von den Erwartungen des Kunden und der Leistung der Leasinggesellschaft beeinflusst. Die Erwartungen der Kunden werden häufig auch und insbesondere von Werbeversprechen bzw. Zusagen des Vertriebsmitarbeiters beeinflusst. So kann es vorkommen, dass Erwartungen, die erst durch Werbung beim Kunden hervorgerufen werden, erst dadurch entstehen und deshalb auch eingefordert werden, dass diese aktiv beworben werden.

Eine weitere wichtige Beeinflussungsmöglichkeit des Net Promotor Scores kommt der Steigerung der Qualität und Qualifikationen der Mitarbeiter sowie der Prozesssicherheit zu. Auch die Mitarbeiterfreundlichkeit und die kleinen, aber effektiven, Tugenden (Kunden werden immer freundlich bedient, das Telefon klingelt maximal zwei Mal, alle Mitarbeiter fühlen sich verantwortlich für die Bedürfnisse der Kunden, auch wenn normalerweise ein anderer Mitarbeiter dem jeweiligen Kunden zugeteilt ist) sind hierbei von besonderer Bedeutung.

Datenherkunft

Um den Net Promotor Score zu ermitteln, bedarf es typischerweise einer gesonderten (Online)Befragung, die anschließend automatisiert ausgewertet werden kann. Aufgrund ihrer geringen Kosten hat die Ermittlung dieser Kennzahl in den letzten Jahren die klassische Kundenzufriedenheitsbefragung abgelöst.

Angrenzende Kennzahlen

vgl. Kundenzufriedenheit; Kundenloyalitätsindex; Weiterempfehlungsquote; Kundenbindungsrate; Customer Lifetime Value; Kundenwert

Netto-Umlaufvermögen (in EUR)

→ *vgl. hierzu*: Working Capital

Neuabschlussvolumen (in EUR)

→ *vgl. hierzu*: Neuvertragsvolumen, kontrahiertes

Neugeschäft, aktiviertes (in EUR)

→ *vgl. hierzu*: Neuvertragsvolumen, kontrahiertes

Neugeschäft, kontrahiertes (in EUR)

→ *vgl. hierzu*: Neuvertragsvolumen, kontrahiertes

Neukundenakquisitionsquote

→ *vgl. hierzu*: Neukundenquote

Neukundenquote (in %)

Die Brutto-Neukundenquote stellt die Anzahl der Neukunden im Betrachtungszeitraum ins Verhältnis zur Gesamtkundenanzahl. Bei der Netto-Neukundenquote hingegen wird die Anzahl an Kundenabwanderungen in der Periode von den Neukunden abgezogen und ins Verhältnis zur Gesamtkundenanzahl gestellt.

Brutto-Neukundenquote

$$= \frac{\text{Anzahl Neukunden im Betrachtungszeitraum}}{\text{Gesamtkundenanzahl}} \cdot 100\%$$

Besuchstermineffizienz *(alternativ)*

$$= \frac{\text{Anzahl Neukunden ./.Anzahl Kundenabwanderungen im Betrachtungszeitraum}}{\text{Gesamtkundenanzahl}} \cdot 100\%$$

Aussagekraft

Anhand der Neukundenquote und insbesondere anhand der Entwicklung der Neukundenanzahl kann eine Aussage über die Effektivität der Neukundenakquisition getroffen werden.

Als Neukunde werden diejenigen Leasingnehmer definiert, mit denen im Betrachtungszeitraum erstmalig ein Leasing- oder Mietkaufvertrag abgeschlossen wurde.

Insbesondere in wachstumsstarken Märkten und beim Eintritt in einen neuen Markt oder einen neuen Teilmarkt steht die Akquisition von Neukunden im Vordergrund. In gesättigten und stagnierenden oder gar schrumpfenden Märkten steht vielfach nicht die Akquisition von Kunden ohne jeglichen Leasinghintergrund, sondern vielmehr die Abwerbung von Kunden, die momentan bei Wettbewerbsinstituten Leasing- oder Mietkaufverträge abschließen, im Vordergrund.

Für eine präzisere Einschätzung des Einflusses der Neukunden auf den Anteil der Aktivkunden, also die Kunden, die innerhalb eines bestimmten Zeitraums mindestens ein Neugeschäft abgeschlossen haben, wird die Anzahl der Neukunden häufig auch ins Verhältnis zu den Aktivkunden gesetzt.

Interpretation

Für die Beurteilung ausgewählter Strategien wird im Regelfall die Nettoneukundenquote in Verbindung mit dem jeweiligen Neugeschäftsvolumen bzw. der jeweiligen Barwertmarge und dem → *Customer Lifetime Value* ermittelt.

Erst anhand der Bewertung der Neukundenverbindungen unter Berücksichtigung des Verlusts an bestehenden Kunden kann eine Aussage über den Erfolg oder die Effizienz einer Marketing- bzw. Akquisitionsstrategie getroffen werden.

Eine hohe Netto-Neukundenquote, bei der der Kundenwert der Neukunden den Kundenwert der verlorenen Kunden übertrifft, wird häufig als wichtig für den nachhaltigen Erfolg einer Leasinggesellschaft erachtet.

Anhand der jeweils geschätzten Kundenwerte kann zudem die maximale Obergrenze für Akquisitionstätigkeiten bestimmt werden.

Beispiel

Ein Institut hat einen Kundenbestand von 4.900 Kunden, wobei hiervon 540 Kunden im Betrachtungszeitraum neu hinzugewonnen wurden. Gleichzeitig wurden im selben Zeitraum 190 Kunden an den Wettbewerb verloren.

Die Brutto-Neukundenquote beträgt damit 11,02% und die Netto-Neukundenquote 7,14%.

Grenzen der Aussagekraft

Zur Erhöhung der Aussagekraft und für eine präzisere Basis für die Ableitung von Steuerungsimpulsen sollte neben der Neukundenquote insbesondere auch die Barwertmarge dieses Kundensegments mitberücksichtigt werden. Zumeist sind die Neuabschlussvolumina und die Barwertmargen von Neukunden eher gering, die Gewinne unter Berücksichtigung sämtlicher Vertriebs- und Akquisitionskosten nicht selten sogar negativ.

Beeinflussungsmöglichkeiten

Das Ziel der meisten Leasinggesellschaften besteht in einer möglichst hohen Marktdurchdringung, das heißt, dass auf dem klassischen Leasingmarkt der Marktanteil und das Neuvertragsvolumen sowie die Barwertmarge durch eine hohe Neukundenquote nachhaltig gesteigert werden müssen. Die Neukundengewinnung erfolgt hierbei hauptsächlich durch Abwerbung von Kunden bei Wettbewerbsunternehmen.

Im Falle des Einstiegs in einen sich neu entwickelnden Gesamt- oder Teilmarkt ist das primäre Ziel häufig die sogenannte Marktentwicklung. Auch hierbei ist das Ziel eine hohe Neukundenquote, wenngleich es in der Regel weniger Wettbewerber gibt.

Die wesentlichsten Einflussfaktoren für die Neukundenakquisition und damit für die Neukundenquote sind insbesondere die Vertriebs- und Marketingaktivitäten einer Leasinggesellschaft.

Datenherkunft

Die Ermittlung von Neukundenquoten kann relativ einfach anhand der Leasingverwaltungs- oder Customer-Relationship-Management-Software erfolgen.

Fokussierung auf die Zielkunden sollten beispielsweise auch gezielt die Namen der Ansprechpartner, zumeist kaufmännische Leiter und Finanzleiter, oder auch die Geschäftsführer persönlich recherchiert werden.

Durch eine gezielte Adressierung an die namentlich bekannten Ansprechpartner ist die Wahrscheinlichkeit höher, zu diesen auch telefonisch durchgestellt und nicht bereits im Vorfeld beim Empfang oder bei der Sekretärin abgewimmelt zu werden.

Einige Vertriebsprofis schwören zudem auf kleine Kniffs, die für die Erhöhung der Neukundenterminquote ebenfalls hilfreich sein können. So können auch Anrufe außerhalb der klassischen Geschäftszeiten von Erfolg geprägt sein. Bei mittelständischen Unternehmen etwa kann es klassischerweise bei Anrufen nach 17 Uhr oder allgemein außerhalb der Hauptgeschäftszeiten dazu kommen, dass der Geschäftsführer direkt das Telefonat empfängt, während es ansonsten von der Sekretärin entgegen genommen wird und hier bereits eine Vorauswahl stattfindet.

Datenherkunft

Die Neukundenterminquote kann anhand der Terminplanung der Außendienstmitarbeiter ermittelt werden. Sofern ein eigenes Terminplanungstool zur Verfügung steht, bei dem die Termine mit den jeweiligen Kunden oder Interessenten verknüpft werden können, kann dies größtenteils vollautomatisch ausgewertet werden. Ansonsten muss die Neukundenterminquote manuell ermittelt werden.

Insbesondere die Vertriebsplanung und -steuerung führt des Öfteren Analysen zur Akquisitionsqualität und dem Akquisitionsaufwand durch, bei denen auch die Neukundentermine sowie der damit verbundene Erfolg nach unterschiedlichen Bezugsgrößen, beispielsweise dem Kundenpotenzial, der Kundengröße, den Vertriebsgebieten, der Kundenbranche etc. analysiert werden.

Angrenzende Kennzahlen

vgl. Neukundenquote

Neuvertragsvolumen, kontrahiertes (in EUR)

Das Neuvertragsvolumen gibt das Volumen von im Betrachtungszeitraum neu abgeschlossenen bzw. kontrahierten Leasing- und Mietkaufverträgen wieder.

Kontrahiertes Neuvertragsvolumen	
=	Summe der Anschaffungswerte aus den neu abgeschlossenen Verträgen

Aussagekraft

Das Neuvertragsvolumen ist ein wichtiger Indikator für die Stimmung im Markt. Insbesondere durch den Vergleich der Entwicklung im Zeitverlauf bzw. der Veränderung zur Vorperiode oder zum Vorjahr sowie der Entwicklung des durchschnittlichen Neuvertragsvolumens je Vertrag oder je Kunde können wichtige Erkenntnisse über die Marktentwicklung getroffen und die Aussagekraft der Kennzahl weiter erhöht werden.

Das Neuvertragsvolumen bildet häufig auch eine wichtige Steuerungsgröße für die Ermittlung der Leistung im Vertrieb und im Marketing.

Durch einen Vergleich mit unterschiedlichen Bezugsgrößen, beispielsweise Vertriebsregionen, Kundenbranchen, Außendienstmitarbeitern, Ratingklassen etc. wird ein weiterer Informationsmehrwert generiert. Hierdurch können beispielsweise Vergleiche zwischen Mitarbeitern, aber auch zwischen der Leasingfreundlichkeit unterschiedlicher Absatzregionen oder Kundenbranchen gezogen werden.

Darüber hinaus wird das Neuvertragsvolumen auch als Effizienzgröße für Vertriebs- und Akquisitionstätigkeiten herangezogen, etwa bei der Ermittlung des durchschnittlichen Neuabschlussvolumens je Kunde oder je Besuchstermin beim Kunden oder bei Interessenten.

Interpretation

Das Neuvertragsvolumen kann sehr einfach ermittelt und auch sehr leicht als unternehmensübergreifende Benchmarkgröße herangezogen werden. Es sollte aber unbedingt im Zusammenhang mit anderen Größen, beispielweise dem verbundenen Ertrag bzw. der Barwertmarge oder der Bonität der Leasingnehmer betrachtet und beurteilt werden.

Das Neuvertragsvolumen per se besitzt nur eine äußerst geringe Aussagekraft für die Institutssteuerung. So kann beispielsweise ein exorbitant hohes Neuvertragsvolumen bei einer sehr schlechten Bonität oder mit einer verschwindend geringen Barwertmarge, die nicht einmal zur Deckung der fixen Kosten beiträgt, als eher negativ eingeschätzt werden.

Darüber hinaus ist die eigentliche Leistung des Vertriebs in der Durchsetzung einer hohen Marge zu sehen, wenngleich ein hohes Neuvertragsvolumen als Zeichen für eine solide Basis und eine gewisse Kontinuität gewertet werden kann. So wird dem Risiko einer zu großen Abhängigkeit von wenigen Kunden entgegnet.

Beispiel

Im Berichtsmonat konnten unternehmens- und regionenübergreifend insgesamt 415 neue Leasing- und Mietkaufverträge mit 310 Kunden abgeschlossen werden. Der durchschnittliche Kaufpreis je Vertrag liegt bei 50.000 EUR.

Das kontrahierte Neuvertragsvolumen beträgt damit 20,75 Mio. EUR.

Grenzen der Aussagekraft

Für die Steuerung mittels des Neuvertragsvolumens sollten zudem die unternehmerische Ausrichtung und die konjunkturelle Stimmung berücksichtigt werden. In einer wirtschaftlichen Aufschwungphase, in der der Leasingmarkt beispielsweise um +10,0% p.a. wächst, wäre ein Wachstum im Neugeschäft um +1,5% im Vergleich zum Vorjahr wohl als eher negativ zu bewerten.

Ein Paradoxon zeigt sich häufig beim Zusammenhang zwischen Neugeschäftsvolumen und der zugrunde liegenden Marge. Hierbei sind die Erlöse in Großprojekten mit einem sehr hohen Volumen durch die regelmäßige Einbindung einer Großkunden- bzw. Key-Account-Betreuung auch aufgrund des scharfen Wettbewerbs mit anderen Leasinggesellschaften häufig verschwindend gering. Der isolierte Blick auf das Neuvertragsvolumen würde in einer solchen Situation ggf. zu Fehlsteuerungsimpulsen führen.

Auch der Vergleich zwischen zwei Leasinggesellschaften mit unterschiedlichen Zielgruppen allein anhand des Neuvertragsvolumens ist häufig eher irreführend als wirklich aussagekräftig.

Ein gestiegenes Neugeschäftsvolumen kann sich überdies auch durch lediglich gestiegene Preise für die Leasingobjekte im Zuge beispielsweise einer erhöhten Inflation auf dem Absatzmarkt ergeben. Dies gilt es zudem bei der Steuerung zu berücksichtigen. So kann beispielsweise das um die Inflationseinflüsse bereinigte Neuvertragsvolumen bestimmt werden, um eine akkurate Analysebasis für die Ableitung von Steuerungsimpulsen zu schaffen.

Beeinflussungsmöglichkeiten

Das Ziel sämtlicher Tätigkeiten aus Marketing und Vertrieb ist - neben weiteren Zielen - insbesondere die nachhaltige Steigerung des Neuvertragsvolumens. Dies reicht von der gezielten und bedarfsgenauen Ansprache bestehender Kunden über die Akquisition neuer Kunden in beispielsweise neuen Branchen oder Regionen, bis hin zur Kooperation mit anderen Unternehmen, beispielsweise im Vendor-Leasing-Bereich.

Zur Sicherung der Überlebensfähigkeit sind ein stetes Wachstum und damit eine nachhaltige Steigerung des Neuvertragsvolumens nahezu unerlässlich. Neben der gezielten Expansion in lukrativen Bereiche und Marktnischen gilt es hierbei auch insbesondere

Markteintrittsbarrieren für potenzielle Wettbewerber aufzubauen. Hierzu gehören insbesondere Kooperationen mit Refinanzierungs- oder Absatzpartnern, aber auch die gezielte Bindung von ertrags- und potenzialstarken Leasingnehmern an das eigene Institut.

Datenherkunft

Das Neuabschlussvolumen kann dem Sales Reporting bzw. dem Vertriebs-Informations-System entnommen werden.

Die Finanzbuchhaltung hingegen führt die Leasingverträge zumeist erst ab dem Zeitpunkt, in dem die Verträge aktiviert, also in Miete gesetzt werden. Nicht selten kommt es zwischen dem Abschluss des Leasingvertrags und der Inmietsetzung zu einer zeitlichen Differenz von mehreren Tagen bis zu mehreren Monaten (beispielsweise wenn das Leasingobjekt erst einige Monate später geliefert wird, der Vertrag allerdings bereits mit der Bestellung des Leasingobjekts unterzeichnet wurde).

Angrenzende Kennzahlen

vgl. Kundenloyalität

Nullkundenquote (in %)

Die Nullkundenquote stellt die Anzahl der Nullkunden im Betrachtungszeitraum ins Verhältnis zur Gesamtanzahl der Kunden im Betrachtungszeitraum.

Nullkundenquote

$$= \frac{\text{Anzahl Nullkunden}}{\text{Gesamtkundenanzahl}} \cdot 100\%$$

Aussagekraft

Als Nullkunden werden diejenigen Leasingnehmer bezeichnet, die innerhalb eines bestimmten Zeitraums, beispielsweise innerhalb eines Jahres keinen neuen Vertrag abgeschlossen haben.

Für eine möglichst hohe Aussagekraft sollte dieser Zeitraum eng an die institutsindividuellen Gegebenheiten und den durchschnittlichen Zeitraum zwischen den Folgeverträgen eines Leasingnehmers angelehnt sein.

Interpretation

Im Regelfall kann die Entwicklung der Nullkundenquote als Frühwarnindikator für eine mögliche Unzufriedenheit und für zukünftige Probleme der Leasinggesellschaft herangezogen werden. Ein steigender Nullkundenanteil ist häufig ein erstes Warnsignal für zukünftig verpasste Ertragspotenziale, aber auch für eine sinkende Kundenzufriedenheit und eine steigende Wettbewerbsintensität.

Das Churn Management, das sich aus den Begriffen „change" (Wechsel, Veränderung) und „turn" (Abkehr) zusammensetzt, verfolgt das Ziel, die Nullkundenquote durch eine gezielte Früherkennung von Abwanderungstendenzen zu senken und nachhaltig niedrig zu halten.

Je höher die Nullkundenquote ist, umso weniger erfolgreich sind im Regelfall die Kundenbetreuung und insbesondere auch die Kundenbindung.

Die Nullkundenquote stellt nur den Anteil der Nullkunden am gesamten Kundenportfolio dar. Viel wichtiger sind für die Ableitung geeigneter Steuerungsmaßnahmen allerdings die Gründe für die Entwicklung eines Aktivkunden zu einem Nullkunden.

Teilweise wird die Nullkundenquote auch noch unterteilt in Kunden, die an den Wettbewerb verloren wurden, in Kunden, die im Betrachtungszeitraum keine Leasinganfrage gestellt hatten und Kunden, deren Anfragen von der Leasinggesellschaft im Zuge der Engagementprüfung abgelehnt wurden.

Insbesondere durch weitere Bezugsgrößen, zu denen die Nullkundenquote ins Verhältnis gesetzt wird, können wichtige Informationen hinzugewonnen werden. So kann beispielsweise die Nullkundenquote nach der Kundenbranche, der Vertriebsregion oder dem zuständigen Außendienstmitarbeiter unterteilt werden.

Häufig zeigt sich ein hoher Unterschied der Nullkundenquoten nach Branche und Region, beispielsweise auch aufgrund härterer Wettbewerbsbedingungen. Des Weiteren kann durch einen Vergleich zwischen den Nullkundenquoten der einzelnen Vertriebsmitarbeiter ein erster Indikator für die Qualität der Kundenbetreuung ermittelt werden.

Beispiel

Eine Leasinggesellschaft hat einen Gesamtkundenbestand von 7.200 Kunden. Als Nullkunden werden in diesem Fall alle Leasingnehmer angesehen, die innerhalb von 18 Monaten kein Neugeschäft getätigt haben.

Von den insgesamt 7.200 Kunden werden 2.600 als Nullkunden klassifiziert, da deren letzter Vertragsabschluss länger als 18 Monate zurückliegt.

Die Nullkundenquote beträgt damit 36,11%.

Grenzen der Aussagekraft

Bei allen Anstrengungen zur Begrenzung der Anzahl der Nullkunden muss aber auch berücksichtigt werden, dass eine Nullkundenquote von Null nahezu unerreichbar ist. Die Ursachen für Aktivkunden, die zu Nullkunden werden sind äußerst vielfältig. So kann es beispielsweise aufgrund mangelnder Investitionen zu keinem neuen Leasingbedarf kommen, durch einen Wechsel des kaufmännischen Leiters die Präferenz für Leasing sinken oder aber aufgrund einer verschlechterten Bonität des Leasingnehmers eine Anfrage vonseiten der Leasinggesellschaft abgelehnt werden.

Neben den Gründen für die ausbleibenden Abschlüsse sollte zudem insbesondere der Kundenwert bzw. der Customer Lifetime Value der Nullkunden ermittelt werden. Hierdurch kann beispielsweise eine Obergrenze für die Nullkundenrückgewinnung festgelegt werden und die Abwanderung von unrentablen Nullkunden kann dadurch gleichzeitig relativiert werden. Die Kosten der Abwanderung durch eine Fluktuation insbesondere der Kunden, die ungewollt zum Wettbewerb abwandern, beläuft sich auf die Höhe des Customer Lifetime Values. Teilweise werden zu den Fluktuationskosten zusätzlich die aus den vorherigen Vertragsabschlüssen noch nicht vollständig gedeckten Akquisitions- und Vertriebs- sowie die anteiligen Werbe- und Marketingkosten hinzugerechnet.

Beeinflussungsmöglichkeiten

Für die aktive Beeinflussung der Nullkundenquote müssen in einem ersten Schritt die möglichen Gründe für einen fehlenden Neuabschluss untersucht werden. Sofern sich die Beteiligungs- oder Gesellschafterstruktur bzw. die Entscheidungsträger beim Kunden und damit die Präferenz für Leasing geändert haben, kann nur über gezielte Informationen und Überzeugungsarbeit versucht werden, wie bei einem klassischen Neugeschäft den Kunden nochmals neu zu akquirieren.

Einige Kunden haben allerdings auch die Vorgabe, in regelmäßigen Abständen unterschiedliche Leasinggesellschaften heranzuziehen, um keine allzu große Abhängigkeit von einem einzelnen Institut entstehen zu lassen. In solchen Fällen stehen nur sehr begrenzte, teilweise gar keine Einflussmöglichkeiten zur Verringerung der Nullkundenquote zur Verfügung. Gleiches gilt für abgelehnte Engagements des Kunden aufgrund mangelnder Bonität. Auch hier kann nur in begrenztem Umfang, beispielsweise durch die Forderung, weitere Sicherheiten wie Patronatserklärungen, Schuldmitübernahmen, Garantien oder Bürgschaften zu stellen, um die schlechte Bonität auszugleichen, Einfluss genommen werden.

Der wesentlichste Ansatzpunkt für die Beeinflussung der Nullkundenquote ist die Kundenzufriedenheit. Ein Großteil der Aktivkunden wird zu einem Nullkunden, sofern die Erwartungen an den Service und die Betreuung der Leasinggesellschaft nicht erfüllt werden. Hierzu gehört beispielsweise auch, dass in der Akquisitionsphase keine Versprechen abgegeben werden, die ohnehin nicht eingehalten werden können.

Durch eine intensive und persönliche Kundenbetreuung können bereits frühzeitig mögliche Anzeichen für eine drohende Unzufriedenheit entdeckt und behoben werden. Die Kundenbetreuung umfasst neben der gezielten Bestands- bzw. Stammkundenpflege die Kundenbindung und den Kundenservice.

Datenherkunft

Die Nullkundenquote wird über die Leasingverwaltungs- bzw. Customer-Relationship-Management-Software bestimmt, indem die Bestandskunden ohne Neuabschlüsse im Betrachtungszeitraum ermittelt werden. Für die Ermittlung der Gründe können hierfür zudem die insolventen Kunden, Kunden mit abgelehnten Anfragen und an den Wettbewerb verlorene Kunden (sofern bekannt) unterschieden werden.

Angrenzende Kennzahlen

vgl. Kundenloyalität; Reaktivierungsquote

Nutzungsrate der Kontaktmedien (in %)

Die Nutzungsrate der Kontaktmedien untersucht einzelne Prozesse, zumeist die Akquisitions- bzw. Antragsprozesse und ermittelt den jeweiligen Anteil der unterschiedlichen Kontaktmedien.

Nutzungsrate der Kontaktmedien

$$= \frac{\text{Anzahl an Anfragen o.ä.über ein bestimmtes Kontaktmedium}}{\text{Gesamtanzahl an Anfragen o.ä.über alle Kontaktmedien}} \cdot 100\%$$

Zu den gängigsten Kontaktmedien einer Leasinggesellschaft zählen idealtypisch:

- Telefon
- Fax
- E-Mail
- Post
- persönlicher Besuch

Aussagekraft

Die Nutzungsrate der Kontaktmedien untersucht den Anteil der gängigsten Kontaktmedien in unterschiedlichen, zumeist vertriebsnahen Prozessen. Von erhöhtem Interesse ist für die meisten Institute die Nutzungsrate der Kontaktmedien bei der Kontaktaufnahme sowie bei der Auftragserteilung.

Interpretation

Insbesondere anhand der Entwicklungen bei den Nutzungsraten der Kontaktmedien in ausgewählten Kernprozessen können relativ frühzeitig Steuerungsanforderungen erkannt werden. So kann eine steigende Nutzungsrate der Online-Kommunikation beispielsweise in der Abwicklung von bestehenden Verträgen auf einen allgemein erhöhten Wunsch der Kunden nach verstärkter Online-Kommunikation auch in anderen Prozessen, wie etwa der Vertragsanbahnung hindeuten.

Darüber hinaus wird häufig auch die Zufriedenheit der Kunden mit den einzelnen Kontaktmedien, aber auch die allgemein bevorzugten Kontaktmedien ermittelt. Hierdurch können in Verbindung mit den aktuellen Nutzungsraten der Medien eventuelle Diskrepanzen zwischen den Kundenanforderungen und den vorhandenen Kapazitäten ermittelt und gegebenenfalls behoben werden.

Beispiel

Im Betrachtungszeitraum konnte die Leasinggesellschaft 130 Neukunden begrüßen. 70 Kunden wurden durch einen persönlichen Besuch, 55 Kunden durch eine rein telefonische Kontaktaufnahme und 5 Kunden durch einen E-Mail-Kontakt gewonnen.

Damit beträgt die Nutzungsrate des persönlichen Besuchs 53,8%, der telefonischen Kontaktaufnahme 42,3% und des E-Mail-Kontakts 3,8%.

Grenzen der Aussagekraft

Die Nutzungsraten der einzelnen Kontaktmedien hängen wesentlich von deren Angebot und Verfügbarkeit ab. Wenn der Kunde ohnehin regelmäßigen telefonischen oder persönlichen Kontakt mit den Mitarbeitern der Leasinggesellschaft hat, wird dieser vermutlich andere Kontaktmedien weniger nutzen.

In Fällen hingegen, in denen der Kunde sehr selten persönlichen Kontakt mit den Mitarbeitern, insbesondere den Vertriebsmitarbeitern hat, wird wiederum klassischerweise das Medium Telefon oder E-Mail eine entsprechend hohe Nutzungsrate aufweisen.

Beeinflussungsmöglichkeiten

Aufgrund der sehr unterschiedlichen Kosten der einzelnen Kontaktmedien werden den einzelnen Kundengruppen häufig unterschiedliche Hauptkontaktmedien zugewiesen. So ist es beispielsweise bei Kleinkunden mit geringem Potenzial und gleichzeitig eher geringem Customer Lifetime Value häufig effizienter, anstatt eines sehr teuren persönlichen Besuchs des Außendienstmitarbeiters telefonisch oder per E-Mail mit dem Kunden in Kontakt zu treten.

Bei strategisch wichtigen Potenzialkunden hingegen wird häufig die gesamte Bandbreite der Kontaktmedien genutzt und insbesondere der persönliche Kontakt besonders forciert.

Datenherkunft

Für die Ermittlung der Nutzungsraten der Kontaktmedien ist es in einem ersten Schritt wesentlich, den betrachteten Prozess so eng wie möglich abzugrenzen, um dann in einem zweiten Schritt die jeweiligen Verteilungen auf die Kontaktmedien zu bestimmen.

Im Akquisitions- oder Antragsprozess etwa wird häufig der Vertriebsweg bzw. das wesentliche Kontaktmedium ermittelt und beispielsweise im Adress- oder Vertragsstamm des Kunden hinterlegt. Hierdurch kann eine Auswertung der Nutzungsraten der Kontaktmedien entsprechend erfolgen.

Kritisch ist eine Auswertung immer dann, wenn es mehrere Kontaktmedien in den unterschiedlichen Prozessphasen gibt. Dies bedeutet häufig einen erhöhten manuellen Aufwand, da die Prozesse häufig institutsindividuell abgegrenzt werden und deshalb in der Regel nicht automatisch auswertbar vorliegen.

Öffnungsrate (in %)

Die Öffnungsrate wird insbesondere im Zusammenhang mit Newslettern verwendet und gibt Aufschluss darüber, wie viele der versendeten Newsletter tatsächlich angeklickt und geöffnet wurden. Sie ermittelt sich, indem die Anzahl der Empfänger, die einen Newsletter geöffnet hat („Unique Öffnungen") ins Verhältnis zur Anzahl der Empfänger des Newsletters abzüglich der Empfänger fehlgeschlagener Zustellungen („Bounces") gestellt wird.

(Eindeutige) Öffnungsrate

$$= \frac{\text{Anzahl Empfänger,die einen Newsletter geöffnet hat}}{\text{Anzahl der Empfänger ./. Empfänger von fehlgeschlagenen Zustellungen}} \cdot 100\%$$

Aussagekraft

Die Öffnungsrate ist zusammen mit der Klickrate eine der wichtigsten Kennzahlen im Newsletter-Marketing-Controlling. Sie gibt Auskunft darüber, wie erfolgreich eine E-Mail-Kampagne ist.

Eine leichte Abwandlung von der Öffnungsrate ist häufig die Kontaktquote, die die erreichten Adressaten, zugestellten Mailings, E-Mail-Öffnungen, geführten Gespräche etc. ins Verhältnis zur gesamten Anzahl der kontaktierten Personen stellt - unabhängig von der Art des Mediums (also nicht nur Newsletter, sondern auch Telefonate, persönliche Termine sowie E-Mails).

Kontaktquote

$$= \frac{\text{Anzahl erreichter Adressaten etc.}}{\text{Anzahl aller kontaktierten Personen}} \cdot 100\%$$

Hinweis: zählt man alle Öffnungen eines einzelnen Empfängers, spricht man von der gesamten Öffnungsrate. Diese ist im Normalfall größer, da ein Newsletter pro Empfänger durchschnittlich 1,6 Mal geöffnet wird (vgl. Newsletter2go 2018, S.20). Die oben aufgeführte eindeutige Öffnungsrate zählt nur die Personen, die den Newsletter geöffnet haben, nicht aber die Anzahl der Öffnungen.

Auch bei dieser Kennzahl gibt es eine Abwandlung, nämlich die Responserate. Diese ermittelt den Anteil derjenigen erreichten Adressaten, die die beabsichtigte Reaktion auf zugestellte Mailings, geführte Gespräche etc. gezeigt haben. Dies kann von einem einfachen Klick bis hin zur Vertragsunterzeichnung reichen.

Responserate

$$= \frac{\text{Anzahl erreichter Adressaten mit beabsichtigter Reaktion}}{\text{Anzahl aller erreichten Personen}} \cdot 100\%$$

Interpretation

Je höher die Öffnungsrate eines Newsletters ist, umso besser. Denn dadurch besteht die Möglichkeit, dass möglichst viele Kunden oder potenzielle Kunden von den Neuigkeiten, den Hintergrundinformationen und auch über bestimmte Angebote informiert und damit die Wahrscheinlichkeit für einen erfolgreichen Vertragsabschluss erhöht wird.

Eine Auswertung von Sendinblue über einen Zeitraum von 12 Monaten und über 390 Millionen Newsletter hat gezeigt, dass die durchschnittliche Öffnungsrate branchenübergreifend knapp 25 % beträgt (vgl. Sendinblue 2020).

Die Klickrate, welche denjenigen Anteil der Empfänger angibt, die die E-Mail nicht nur geöffnet, sondern auch noch einen Link im Newsletter angeklickt haben, belief sich auf 4,25 %.

Weitere wichtige Kennzahlen neben der Öffnungs- und Klickrate sind insbesondere die „Bouncerate" (Newsletter) mit 2,34 % (die den Anteil der fehlgeschlagenen Zustellungen im Verhältnis zur Gesamtanzahl der verschickten Newsletter angibt), die „Click-Through-Rate" mit 17,02 % (die den Anteil der Empfänger, die nach dem Öffnen einen Link angeklickt haben, im Verhältnis zu den öffnenden Empfängern, angibt) und die „Abmelderate" mit 0,34 % (die den Anteil der abgemeldeten Empfänger im Verhältnis zu allen Newsletter-Empfängern von Newslettern angibt).

Beispiel

Der Newsletter der Leasinggesellschaft LeaseProfi wurde an 25.000 Empfänger verschickt. Davon waren 1.200 Newsletter nicht zustellbar, entweder aufgrund einer (nicht mehr) existierenden EMailAdresse, als Spam deklarierter Absendermailadresse oder einer vollen Postbox beim Empfänger.

Der Newsletter wurde insgesamt 8.000 Mal von 4.900 Empfängern geöffnet.

Die eindeutige Öffnungsrate beträgt folglich: 4.900 / (25.000 ./. 1.200) = 20,59 %.

Grenzen der Aussagekraft

Hinsichtlich der Öffnungsrate des Newsletters gibt es keine genaue, quantitativ vorgegebene Zielgröße. Vielmehr schwanken die Öffnungsraten je nach Branche sehr stark. Im Bereich Foto und Video liegt diese Kenngröße beispielsweise bei 33,6 %, während sie bei Onlineshops nur bei etwa 16,3 % liegt (vgl. Newsletter2Go 2018, S.11). Für Newsletter im Leasingumfeld gibt es keine Vergleichszahlen zu den durchschnittlichen Öffnungsraten.

Bei der Beurteilung des Newsletter-Marketings sollte allerdings berücksichtigt werden, dass die Öffnungsrate keine Aussage über die Effektivität und insbesondere die Effizienz der jeweiligen Marketingaktionen ermöglicht. Denn viel interessanter als die reine Öffnungsrate ist letzten Endes, wie viele zusätzliche Leasingverträge kontrahiert werden konnten.

Beeinflussungsmöglichkeiten

Die Öffnungsrate wird von mehreren Faktoren beeinflusst. Maßgeblich sind insbesondere die Versandfrequenz, die Betreffzeile in der E-Mail, die Aktualität des E-Mail-Verteilers, die Bekanntheit der Leasinggesellschaft, die Absenderadresse bzw. der Absendername sowie das Wettbewerbsumfeld.

Während die Bekanntheit und das Wettbewerbsumfeld nur begrenzt direkt beeinflusst werden können, können die Versandfrequenz, die Betreffzeile, der E-Mail-Verteiler sowie Absendername und -adresse relativ einfach beeinflusst werden.

Für die Betreffzeile sollte gelten:

- Den wichtigsten Inhalt zu Beginn schreiben
- 30 bis 50 Zeichen sind ideal (auch für mobile Endgeräte)
- Spam-Regeln beachten
- Betreffzeilen personalisieren
- Aktivierend und handlungsorientiert schreiben.

Für das Adressbuch sollte gelten:

- Inaktive Kontakte konsequent einer gesonderten Gruppe zuordnen und mit Reaktivierungskampagnen versuchen zurückzugewinnen (nicht mit regulärem Newsletter „zuspammen")
- Empfänger, die auch nicht auf Reaktivierungskampagnen reagieren, löschen.

Datenherkunft

Web Analytics Tools und spezielle Tools für Newsletter Marketing werten diese und ähnliche Kennzahlen standardmäßig aus und ermöglichen einen guten Überblick über die Newsletter-Aktivitäten.

Angrenzende Kennzahlen

vgl. Besuchstiefe; Verweildauer

Offene Posten (in EUR)

Die offenen Posten sind ein Begriff aus der Buchführung und bezeichnen allgemein eine Buchung auf ein Konto, zu dem es kein Ausgleichskonto gibt.

Im Folgenden werden unter den offenen Posten nur die überfälligen, offenen Forderungen gegenüber den Leasingnehmern subsumiert, während die eigenen Verbindlichkeiten der Leasinggesellschaft gegenüber einem Kreditor, beispielsweise einem Lieferanten, nicht näher untersucht werden sollen.

Offene Posten	
=	Volumen offener bzw. noch nicht beglichener Forderungen gegenüber Kunden

Für die Beurteilung der Risiken, die sich durch eine erhöhte Operate-Leasing-Quote ergeben, werden häufig die Blankorisiken unterteilt nach Objekt- und Kundengruppen herangezogen. Insbesondere bei hoch fungiblen und universell einsetzbaren Leasingobjekten ist eine hohe Operate-Leasing-Quote häufig unproblematisch, während sie bei Objekten mit einem hohen Blankorisiko und einer geringen Fungibilität zumeist ein ernstes Warnsignal darstellt.

Beispiel

Eine Leasinggesellschaft hat in ihrem Vertragsportfolio insgesamt 3.900 Leasingverträge mit einem Restobligo von 117 Mio. EUR. Hiervon sind 2.200 Verträge mit einem Restobligo von 82 Mio. EUR dem Operate-Leasing zuzuordnen.

Die Operate-Leasing-Quote beträgt damit mengenmäßig 56,4% und wertmäßig 70,1%.

Grenzen der Aussagekraft

Anhand der Operate-Leasing-Quote allein kann noch keine Aussage über den Risikogehalt des Vertragsportfolios einer Leasinggesellschaft getroffen werden. Erst durch eine Berücksichtigung der jeweiligen Fungibilität und des Blankorisikos kann das tatsächliche Risiko präzise eingeschätzt werden.

Außerdem sollten mögliche Sicherungsmaßnahmen, etwa Rückkaufgarantien von Händlern oder Herstellern, bei der Risikobeurteilung berücksichtigt werden.

Darüber hinaus gilt es zu bedenken, dass es insbesondere bei universell einsetzbaren und hoch fungiblen bzw. schnell weiterveräußerbaren Leasingobjekten häufig gang und gäbe ist, dass Operate-Leasingverträge angeboten bzw. abgeschlossen werden. Wenn nun aus Risikogesichtspunkten nur Finance-Leasingverträge angeboten werden dürfen, ergibt sich schnell ein erheblicher Wettbewerbsnachteil.

Für eine umfassende Beurteilung sowie zur Ableitung angemessener Steuerungsimpulse, sollten die nach gegebenenfalls ergriffenen risikoreduzierenden Maßnahmen noch verbleibenden Restrisiken ins Verhältnis zur generierten Barwertmarge gestellt werden. Erst durch eine Ermittlung des Risiko-Ertrags-Quotienten kann eine valide Aussage über die Vorteilhaftigkeit getroffen werden.

Beeinflussungsmöglichkeiten

Der angestrebte Anteil von Operate- und Finance-Leasing-Verträgen am Gesamtbestand hängt stark von der Geschäfts- und Risikostrategie sowie der Zielgruppe einer Leasinggesellschaft ab.

Wenn im Vertrieb zwar beide Leasingarten angeboten werden, können die Abschlussquoten trotzdem entsprechend beeinflusst werden. So können beispielsweise durch unterschiedlich hohe Provisionszahlungen, je nach Leasingkategorie, die Abschlussquote der vom Institut bevorzugten Vertragsarten positiv beeinflusst werden.

Darüber hinaus wird häufig auch insbesondere im Genehmigungsprozess ein erheblicher Einfluss auf die Vertragskategorien genommen. Neben in der Kreditpolitik fest vorgegebenen Obergrenzen für die Operate-Leasing- und Finance-Leasing-Quoten können auch unterschiedlich hohe Anforderungen an die beiden Leasingarten gestellt und damit ebenfalls aktiv Einfluss genommen werden.

Datenherkunft

Operate-Leasing-Verträge sind in der Leasingverwaltungssoftware im Regelfall gekennzeichnet. Damit kann die Operate-Leasing-Quote vollautomatisch anhand des Vertragsbestands in der Leasingverwaltungssoftware ausgewertet werden.

Angrenzende Kennzahlen

vgl. Blankorisiko

Operating-Leasing-Quote (in %)

→ *vgl. hierzu*: Operate-Leasing-Quote

Operational Value-at-Risk (in EUR)

→ *vgl. hierzu*: Value-at-Risk

Outsourcingquote (in %)

→ *vgl. hierzu*: Auslagerungsquote

P–Q

C. Glaser, *Leasing A – Z*, https://doi.org/10.1007/978-3-658-31839-0_12

Personalaufwandsquote (in %)

→ *vgl. hierzu*: Personalkostenintensität

Personalbeschaffungskosten je Eintritt (in EUR)

Für die Ermittlung der Personalbeschaffungskosten je Eintritt werden die gesamten Kosten für die Personalbeschaffung ins Verhältnis zu den Eintritten innerhalb einer Periode gesetzt.

Personalbeschaffungskosten je Eintritt

$$= \frac{\text{Gesamtkosten der Personalbeschaffung}}{\text{Anzahl der Eintritte}} \cdot 100\%$$

Aussagekraft

Anhand der Personalbeschaffungskosten je Eintritt wird der Aufwand für die Personalbeschaffung bzw. für die Besetzung einer freien Arbeitsstelle ermittelt.

Zu den Personalbeschaffungskosten zählen hierbei insbesondere Kosten für Stellenanzeigen im Internet oder in Printmedien, Personalberatungskosten, Reisekosten, Kosten für Personalvermittler oder Head-Hunter, anteilige Verwaltungskosten, Personal- und Sachkosten insbesondere in der Personalabteilung für Auswahl- und Einstellungsgespräche sowie für eine eventuelle Probearbeit, aber auch Umzugskostenzuschüsse und Einarbeitungskosten.

Interpretation

Die Personalbeschaffungskosten je Eintritt werden insbesondere im Zeitvergleich, aber auch im institutsübergreifenden Vergleich dazu genutzt, um die Effizienz des Rekrutierungs- bzw. Personalbeschaffungsprozesses zu überprüfen.

Die Personalbeschaffungskosten steigen in der Regel mit der Wiederbesetzungsdauer proportional an. Deshalb wird häufig als Ergänzung zudem die sogenannte Vakanzdauer ermittelt, bei der die durchschnittliche Anzahl an Tagen angegeben wird, an denen die Stelle unbesetzt war, obwohl Bedarf bestanden hätte. So steigen mit jedem Vakanztag auch die Kosten für die Personalbeschaffung an.

Eine wesentliche Rolle nehmen die Personalbeschaffungskosten insbesondere bei der Interpretation und Beurteilung der Kosten für die Fluktuation und insbesondere für die frühzeitige Fluktuation, die sich in der Frühwechselquote niederschlägt, ein.

Beispiel

Eine Leasinggesellschaft hat auf der Hilfskostenstelle „Personalbeschaffung" im Betrachtungszeitraum insgesamt 92 TEUR verbucht. Hinzu kommen anteilige Verwaltungskosten in Höhe von 18 TEUR. Den Kosten standen im gleichen Zeitraum 22 Eintritte von neuen Mitarbeitern gegenüber.

Die Personalbeschaffungskosten je Mitarbeiter betrugen damit 5 TEUR.

Grenzen der Aussagekraft

Die Personalbeschaffungskosten je Eintritt können sehr stark zwischen unterschiedlichen Arbeitsplätzen schwanken. Häufig gilt: je höher die Qualifikationsanforderungen des Arbeitsplatzes sind und je intensiver der Auswahlprozess ist, umso höher sind auch die Personalbeschaffungskosten.

Außerdem sind die Situation auf dem Arbeitsmarkt und auch die Arbeitgeberattraktivität wesentliche Einflussfaktoren für die endgültige Höhe der Personalbeschaffungskosten je Eintritt.

Bei der Ermittlung der Personalbeschaffungskosten muss allerdings auch berücksichtigt werden, dass nicht immer eine genaue und verursachungsgerechte Zuweisung insbesondere der allgemeinen Verwaltungs- und Personalkosten für die Personalbeschaffung möglich ist.

Beeinflussungsmöglichkeiten

Zur Senkung der Personalbeschaffungskosten eignet sich neben einem institutsinternen Förderungs- und Ausbildungsprogramm für die externe Personalrekrutierung vielfach ein gutes Image und eine hohe Weiterempfehlungsrate durch die Belegschaft, bzw. allgemein eine hohe Arbeitgeberattraktivität.

Datenherkunft

Für die Ermittlung sämtlicher Personalbeschaffungskosten in einer Periode werden neben den direkt zurechenbaren Kosten zumeist über Zuschlagssätze die allgemeinen Verwaltungskosten verteilt. Bei den Zuschlagssätzen ist eine Prozesskostenrechnung im Regelfall der wesentliche Anhaltspunkt.

Einige Institute führen zudem eigene Hilfskostenstellen, auf die sämtliche mit der Personalbeschaffung anfallenden Kosten gebucht werden. Hierdurch können über die Buchhaltung die exakten Werte ermittelt werden.

In Verbindung mit der Anzahl der Neueinstellungen, die wiederum bei der Personalabteilung auswertbar vorliegt, können nun die Personalbeschaffungskosten je Eintritt ermittelt werden.

Angrenzende Kennzahlen

vgl. Arbeitgeberattraktivitätsindex; Fluktuationsquote; Frühwechselquote

Personalentwicklungsaufwendungen je Mitarbeiter (in EUR)

→ *vgl. hierzu*: Qualifikationsindex

Personalkosten je Mitarbeiter (in EUR)

→ *vgl. hierzu*: Personalkostenintensität

Personalkostenintensität (in %)

Die Personalkostenintensität gibt das Verhältnis von Personalkosten und der Gesamtleistung, zumeist gemessen am Neugeschäftsvolumen oder der kumulierten Barwertmarge der Neuabschlüsse, an.

Personalkostenintensität

$$= \frac{\text{Personalkosten inkl. aller Sozialabgaben}}{\text{Neuabschlussvolumen bzw. Barwertmarge der Neuabschlüsse}} \cdot 100\%$$

Aussagekraft

Die Personalkostenintensität ist ein Maß für die Effizienz der betrieblichen Abläufe. Hierbei werden die Personalkosten ins Verhältnis zum Unternehmenserfolg, zumeist gemessen an der kumulierten Barwertmarge oder pauschal am Neugeschäftsvolumen, gesetzt.

Häufig wird neben der Personalkostenintensität zudem die Gehaltsquote bzw. die Personalkostenquote ermittelt, indem die Personalkosten inkl. aller Sozialabgaben ins Verhältnis zu den Gesamtkosten der Unternehmung gesetzt werden. Anhand der Personalkostenquote können beispielsweise im Zeitablauf häufig entsprechende kostenseitige Trendentwicklungen entdeckt werden.

Personalkostenquote

$$= \frac{\text{Personalkosten inkl. aller Sozialabgaben}}{\text{Gesamtkosten}} \cdot 100\%$$

Interpretation

Die Personalkostenintensität gibt an, wie viel EUR bzw. Cent an Personalaufwand einem Neugeschäftsvolumen bzw. einer Barwertmarge von 1 EUR gegenüberstehen. Je geringer dieser Anteil ausfällt, umso besser sind tendenziell die vorhandenen Personalkapazitäten ausgelastet.

Im Falle eines starken Anstiegs der Personalkosten auch und insbesondere im Verhältnis zum Unternehmenserfolg sollten unbedingt die genauen Gründe hierfür ermittelt werden. Um dauerhaft erfolgreich zu sein, sollte die Personalkostenintensität, beispielsweise durch zunehmende Automatisierung und IT-Unterstützung insbesondere in den administrativen Tätigkeiten, stabil gehalten oder im besten Fall sogar kontinuierlich gesenkt werden.

Deshalb sollten anhand der Personalkostenintensität und insbesondere auch anhand der Trendentwicklung dieser Kennzahl mögliche Automatisierungspotenziale ermittelt und beispielsweise durch IT-Unterstützung im administrativen Bereich erschlossen werden.

Die Personalkostenintensität kann mit Hilfe der jeweiligen Produktivität auch auf Einzelmitarbeiterebene ermittelt werden. Insbesondere im Vertrieb kann eine sehr präzise Ermittlung auf Einzelmitarbeiterebene vorgenommen werden, während in der Administration häufig eine Annäherung stattfinden muss bzw. lediglich die Personalkosten je Mitarbeiter ermittelt werden (können).

Beispiel

Im Betrachtungszeitraum hat die Leasinggesellschaft eine kumulierte Barwertmarge von 12,5 Mio. EUR erzielt. Demgegenüber standen Personalaufwendungen inkl. Sozialabgaben in Höhe von 6,7 Mio. EUR.

Die Personalkostenintensität beträgt damit 53,6%.

Grenzen der Aussagekraft

Anhand der Personalkostenintensität können zwischen entsprechenden Leasinggesellschaften bestimmte Vergleiche gezogen werden, wobei es hierbei allerdings auch sehr auf das zugrunde liegende Geschäftsmodell und die jeweilige Zielgruppe ankommt. So ist beispielsweise bei Großkunden mit einer flexiblen Betreuung das Automatisierungspotenzial häufig eher gering einzustufen, während im Massenkundengeschäft in der Regel standardisierte Abläufe mit hoher Automatisierung zum Tragen kommen.

Während also bereits bei zahlreichen institutsübergreifenden Vergleichen Probleme entstehen können, ist ein branchenübergreifender Vergleich nahezu unmöglich.

Aufgrund der für Personalaufwendungen typischerweise eher starren Fixkosten ist insbesondere auch in schwierigen konjunkturellen Phasen, in denen das Neugeschäft einbricht, zudem die Aussagekraft eher begrenzt.

Des Weiteren gilt es zu berücksichtigen, dass aufgrund der relativen Betrachtungsweise der Kennzahl der Personalkostenintensität unter Umständen auch fehlerhafte Rückschlüsse gezogen werden können. Beispielsweise kann für ein lukratives Zusatzgeschäft mit einem Key Account-Kunden in Kauf genommen werden, dass die Personalkosten doppelt so hoch wie normalerweise sind. In diesem Fall kann unter Umständen trotzdem noch ein entsprechender Gewinn realisiert werden oder es handelt sich um ein strategisch wichtiges Geschäft, das über Zusatzgeschäfte entsprechend kompensiert wird. Bei isolierter Betrachtung der Personalkostenintensität können hierbei Fehlsteuerungsimpulse abgeleitet werden, sofern nicht eine absolute Betrachtung unter Berücksichtigung des jeweiligen Gewinns bzw. der strategischen Wichtigkeit vorgenommen wird.

Beeinflussungsmöglichkeiten

Die Personalkostenintensität hängt wesentlich von der Auslastung der vorhandenen Personalkapazitäten ab. Nichtsdestotrotz muss aber auch berücksichtigt werden, dass eine steigende Personalkostenintensität nicht unbedingt bedeuten muss, dass die Auslastung der Personalkapazitäten abgenommen hat. Es kann beispielsweise durch Gehaltserhöhungen zu einer entsprechenden Verschiebung der Quote kommen.

Darüber hinaus muss berücksichtigt werden, dass beispielsweise bei sinkendem Neugeschäftsvolumen oder sinkender Barwertmarge nur begrenzt Einfluss auf die Personalkostenintensität genommen werden kann, um diese Quote stabil zu halten.

Datenherkunft

Die Personalaufwendungen können vom Finanz- und Rechnungswesen aus der Gewinn- und Verlustrechnung entnommen werden. Das kontrahierte Neugeschäftsvolumen bzw. die kumulierte Barwertmarge werden in der Regel über die Vertriebssteuerung bzw. das Vertriebscontrolling ermittelt.

Potenzialausschöpfung (in %)

Die Potenzialausschöpfung stellt das aktuelle Restobligo ins Verhältnis zum entsprechenden Restobligo-Potenzial bzw. zum barwertigen Potenzial-Volumen.

Potenzialausschöpfung

$$= \frac{\text{aktuelles Restobligo}}{\text{Restobligo-Potenzial}} \cdot 100\%$$

Potenzialausschöpfung *(alternativ)*

$$= \frac{\text{Neuabschlussvolumen}}{\text{Abschlusspotenzial}} \cdot 100\% \; \textit{[pro Zeiteinheit]}$$

Aussagekraft

Anhand der Potenzialausschöpfung können valide Aussagen über die Ausschöpfung bzw. Erschließung bestehender Marktchancen sowie darüber hinaus über die Nachhaltigkeit und Ergiebigkeit vorhandener Geschäftsfelder getroffen werden.

Die Potenzialausschöpfung wird häufig auf unterschiedliche Bezugsgrößen aufgesplittet. So kann die Potenzialausschöpfung beispielsweise je Kunde bzw. Kreditnehmereinheit, je Vertriebskanal (beispielsweise unterschieden nach Key Account und klassischem (Direkt-)Vertrieb sowie Vertriebs- bzw. Vendor-Leasing), je Vertriebsmitarbeiter, je Branche, je Objektgruppe etc. unterschieden werden.

Für die Ableitung von Steuerungsmaßnahmen ist eine sehr präzise und trennscharfe Unterteilung nach unterschiedlichen, möglichst steuerungsrelevanten Bezugsgrößen ein wesentlicher Erfolgsfaktor. Hierdurch werden einzelne Entwicklungen in den unterschiedlichen Segmenten in der Regel zeitnah erkannt und es können auch frühzeitig Erfolgspotenziale erschlossen werden.

Interpretation

Insbesondere bei Kunden oder Segmenten, bei denen eine sehr hohe Potenzialausschöpfung vorliegt, sind die Wachstumschancen sehr gering. In diesem Fall sollten die Steuerungsimpulse unbedingt auf die Stabilisierung der Kundenbeziehungen abzielen. Dies umfasst beispielsweise den Abschluss langfristiger Leasingverträge, entsprechende Boni für die Kunden und als Eintrittsbarriere für potenzielle Wettbewerber insbesondere den Aufbau persönlicher Beziehungen.

Eine nur geringe Potenzialausschöpfung auf der anderen Seite kann entweder ein Indiz für immense Wachstumschancen oder aber für eine eher schlechte Positionierung der Leasinggesellschaft auf ihrem Kernmarkt sein. Es sollten in einem ersten Schritt also zuerst die Gründe für die nur geringe Potenzialausschöpfung ermittelt werden. Sollte sich eine schlechte Positionierung als Hauptgrund für die vergleichsweise niedrige Potenzialausschöpfung herausstellen, wird häufig ein strategischer Turnaround nötig. Hierbei werden neben dem Image insbesondere auch die strategische Ausrichtung mit den entsprechenden Kundensegmenten sowie das Produktportfolio und das Netzwerk zu beispielsweise Herstellern und Händlern sowie die wesentlichen Vertriebskanäle hinterfragt.

Sofern erhebliche Wachstumschancen für die geringe Potenzialausschöpfung identifiziert werden, sollte der Fokus der Steuerungsmaßnahmen besonders auf der Akquise von Neukunden und der entsprechenden Erschließung neuer Geschäftsfelder sowie auf dem Ausbau bestehender Kundenverhältnisse liegen.

Beispiel

Das aktuelle Restobligo des größten Kunden beläuft sich auf 10,5 Mio. EUR. Nach Einschätzungen der Vertriebssteuerung und unter Einschaltung der Kreditabteilung sowie einem externen Marktforschungsinstitut, wurde ein Potenzial von 15,0 Mio. EUR ermittelt.

Die Potenzialausschöpfung beim größten Leasingnehmer liegt damit bei 70,0%.

Grenzen der Aussagekraft

Die Potenzialausschöpfung trifft keine Aussage über die Ertragsstärke einzelner Segmente. Zur effizienten Steuerung sollten deshalb unbedingt ertragsorientierte Kennzahlen hinzugezogen werden.

Beispielsweise ist es nicht immer wirtschaftlich, bei einem großen Teil der Kunden oder Segmente bzw. Branchen eine Potenzialausschöpfung von nahezu 100% zu erzielen, da durch eine erhöhte Potenzialerschließung die Akquisekosten häufig exponentiell ansteigen.

Darüber hinaus sollten auch, soweit möglich, Opportunitätskostenbestandteile in die Entscheidungsgrundlage mit einfließen. So kann durch eine Konzentration auf die Erschließung zusätzlichen Potenzials bei einem ohnehin schon nahezu vollständig erschlossenen Bereich die Chance verpasst werden, erfolgversprechende Neu-Akquisitionen bei einzelnen Kunden oder Segmenten zu tätigen. Hierdurch werden nicht selten Wachstumsmöglichkeiten vergeben, denn zumeist sind insbesondere bei einer frühzeitigen Akquisition die Akquisekosten und die Leasingnehmerloyalität insbesondere im Vergleich zu einzelnen (Wettbewerbs-) Leasinggesellschaften noch deutlich niedriger als in einem späteren Zeitpunkt.

Beeinflussungsmöglichkeiten

Die Potenzialausschöpfung hängt wesentlich von der Kundenloyalität und der Akquiseneigung des Vertriebs ab. Je höher die Potenzialausschöpfung in einzelnen Bereichen sein soll, umso wichtiger wird die allumfassende Betreuung, bei der unter Umständen sogar kleinere nicht lukrative Verträge angenommen werden, um diese über die weiteren Abschlüsse zu kompensieren. Je höher die Leasingnehmertreue ist, umso höher ist in den meisten Fällen auch die Potenzialausschöpfung.

Datenherkunft

Das aktuelle Restobligo bzw. das entsprechende Neuabschlussvolumen kann relativ einfach über die Leasingverwaltungssoftware bzw. das Vertriebsinformationssystem oder das Finanz- und Rechnungswesen ermittelt werden.

Die Ermittlung des entsprechenden Potenzials gestaltet sich schon schwieriger. Hierfür werden neben Branchen- oder Verbandsmitteilungen, Veröffentlichungen der statistischen Bundes- und Landesämter sowie der Deutschen Bundesbank, Untersuchungen von externen Marktforschungsinstituten sowie Expertenanalysen und eigene Schätzungen vorgenommen. Häufig hat der Vertrieb durch Besuchstermine und entsprechende Erfahrungen mit anderen Kunden, die Kreditabteilung mit dem Blick auf die finanziellen Verhältnisse sowie durch ggf. darüber hinaus vom Leasingnehmer erhaltene Prognosewerte in Form der prognostizierten GuV-Werte oder auf den Betriebswirtschaftlichen Auswertungen basierenden Prognosen einen guten Marktüberblick.

Angrenzende Kennzahlen

vgl. Kundenloyalität; Kundenzufriedenheit; Marktpotenzial

Potenzialkundenquote (in %)

Die Potenzialkundenquote stellt den Anteil der Potenzialkunden ins Verhältnis zum Gesamtkundenbestand.

Potenzialkundenquote

$$= \frac{\text{Anzahl Potenzialkunden}}{\text{Gesamtkundenbestand}} \cdot 100\%$$

Aussagekraft

Die Potenzialkunden werden häufig anhand einer Mindestgrenze für das Neuabschlussvolumen oder für die Barwertmarge ermittelt. Nicht selten werden auch die Ratingnoten als Spiegelbild der wirtschaftlichen Verhältnisse des Leasingnehmers zur Potenzialabschätzung herangezogen.

Als Potenzialkunden können beispielsweise alle Kunden definiert werden, deren durchschnittliches Neuabschlussvolumen oder deren kumulierte Barwertmarge doppelt so hoch wie der Durchschnittswert über alle Kunden hinweg ist.

Interpretation

Durch Unterteilung der Kunden in unterschiedliche Klassen können entsprechend an der Potenzialklassifizierung ausgerichtete Maßnahmenbündel abgeleitet werden.

Je nach Leasinggesellschaft gibt es unterschiedliche Kundenklassifizierungen, mit denen entsprechend unterschiedliche Steuerungsimpulse verbunden sind. Die meisten Institute gliedern ihre Kunden in Neukunden, Ertragskunden, Top-Kunden, Potenzialkunden und Kleinkunden.

Bei den Neukunden stehen im Regelfall die Bindung an das Institut und damit verbunden entsprechende Folgeabschlüsse im Vordergrund. Bei den Größenklassifizierungen nach Klein-, Ertrags- und Top-Kunden wird anhand des aktuellen Neuabschlussvolumens oder der Barwertmarge die Wichtigkeit des Leasingnehmers für die Leasinggesellschaft ermittelt.

Für eine optimale Steuerung anhand der zukünftig möglichen Neuabschlussvolumina und Barwertmargen je Leasingnehmer wird häufig nach Potenzial unterteilt. Das Ziel der meisten Marketing- und Vertriebsaktivitäten ist es also, das in der Zukunft liegende Potenzial im Sinne eines möglichst systematischen Vorgehens in ein profitables Wachstum beim Neugeschäftsvolumen und der Barwertmarge zu verwandeln. So kann es beispielsweise vorkommen, dass einem Kleinkunden eine besondere Betreuung zukommt, wenn dieser ein sehr hohes Leasingpotenzial vorzuweisen hat, das momentan noch nicht oder vom Wettbewerb erschlossen wurde.

Beispiel

Eine Leasinggesellschaft definiert als Potenzialkunden alle Leasingnehmer mit einer Ratingnote von A oder besser sowie mit einem jährlichen potenziellen Leasing-Neuabschlussvolumen von 500 TEUR oder mehr.

Der Gesamtkundenbestand des Instituts beläuft sich auf 1.200 Kunden, wovon 510 Kunden als Potenzialkunden eingestuft werden.

Die Potenzialkundenquote beträgt damit 12,1%.

Grenzen der Aussagekraft

Für eine erhöhte Aussagekraft der Potenzialsteuerung sollte zusätzlich zur Potenzialkundenquote insbesondere auch die jeweilige Potenzialausschöpfung berücksichtigt werden. Hierdurch können relativ einfach das zukünftig noch erschließbare Ertragspotenzial abgeschätzt werden und Aussagen über Wachstumsmöglichkeiten mit bestehenden Kunden getroffen werden.

Nichtsdestotrotz muss bei sämtlichen Kenngrößen mit Potenzialorientierung berücksichtigt werden, dass es sich beim Potenzial um zukünftige Entwicklungen handelt, die nur sehr schwer quantifiziert werden können. So kann sich das Potenzial durch Änderungen im Umfeld oder auf dem Absatzmarkt des Leasingnehmers sowie durch den Markteintritt einer wettbewerbsstarken Leasinggesellschaft sehr schnell ändern.

Beeinflussungsmöglichkeiten

Für eine optimale Steuerung der Potenzialkunden werden diese häufig nach der aktuellen Potenzialausschöpfung und dem absoluten Potenzial segmentiert. Durch eine gezielte Betreuung der einzelnen Potenzial-Zielgruppen kann eine Steuerung der Kunden im Sinne der Vertriebsstrategie ermöglicht werden.

Neben einer möglichst hohen Potenzialausschöpfung stehen bei den Potenzialkunden insbesondere eine hohe Kundenbindung und -loyalität sowie eine hohe Kundenzufriedenheit und damit eine möglichst geringe Abwanderungsquote im Mittelpunkt des Handelns.

Datenherkunft

Für die Potenzialermittlung werden insbesondere die Erkenntnisse aus den wirtschaftlichen Unterlagen, die sich in der Ratingnote widerspiegeln, herangezogen. Neben dem aktuellen Neuabschlussvolumen des Kunden bei der eigenen Leasinggesellschaft kann häufig auch das gesamte Leasingvolumen des Leasingnehmers ermittelt und hiervon ausgehend ein Potenzial unterstellt werden. Das gesamte Leasingvolumen kann häufig unter der Position „Leasingverbindlichkeiten" dem Anhang der Bilanz des Leasingnehmers entnommen werden.

Sofern der Leasingnehmer in der Zukunft weitere Investitionen plant und diese potenziell über Leasing finanziert werden sollen, kann dies ebenfalls berücksichtigt werden. Häufig kann eine solche Information über den Außendienst ermittelt werden.

Angrenzende Kennzahlen

vgl. Potenzialausschöpfung

Präsenzzeit beim Kunden (in %)

→ *vgl. hierzu*: Aktive Vertriebszeit je Vertriebsmitarbeiter

Probability of Default (in %)

→ *vgl. hierzu*: Ausfallwahrscheinlichkeit

Produktivität (in EUR oder in %)

Die Produktivität gibt allgemein Aufschluss über die Effizienz einzelner Prozesse und Abläufe in der Leasinggesellschaft, indem der Output beispielsweise in Form vom Neuabschlussvolumen oder der Barwertmarge ins Verhältnis zum Input beispielsweise des Personalaufwands gestellt wird.

Produktivität

$$= \frac{\text{Output}}{\text{Input}} \cdot 100$$

mit:

- Output häufig: Neuabschlussvolumen, Barwertmarge [in EUR]
- Input häufig: Anzahl Mitarbeiter (ggf. unterteilt nach Markt und Marktfolge), Anzahl Besuchstermine/Telefonate mit Kunden, eingesetzte Arbeitszeit etc.

Aussagekraft

Der Begriff der Produktivität stammt ursprünglich aus der Volkswirtschaftslehre und ist eine wesentliche Kenngröße für den Effizienzvergleich. Dieser kann sowohl innerhalb der Leasinggesellschaft, beispielsweise im Periodenvergleich oder aber auch im funktions- bzw. bereichsübergreifenden Vergleich durchgeführt werden. Darüber hinaus können auch Vergleiche zwischen Leasinggesellschaften gezogen werden, unabhängig von der entsprechenden strategischen Ausrichtung oder dem hauptsächlichen Tätigkeitsfeld oder Absatzgebiet.

Interpretation

Anhand der Produktivität kann jeder betragsmäßig erfasste Output ermittelt und durch die Bezugsgröße des verbundenen Inputs bewertet werden. Je größer die Produktivität ist, umso effizienter werden die vorhandenen Ressourcen in Form des Inputs genutzt und ein möglichst hoher Output erzielt.

Sofern für die Ermittlung der Produktivität zwei betragsmäßig skalierte Werte für den Input und den Output herangezogen werden, sollte die Produktivität mindestens 1 bzw. 100% betragen. Erst in diesem Fall ist eine effiziente Ressourcennutzung sichergestellt, da hierbei der Output größer als oder zumindest gleich groß wie der Input ist.

Obwohl Produktivitätsschwankungen in der Regel unvermeidlich sind (beispielsweise durch die Einarbeitung neuer oder die Fluktuation bestehender Mitarbeiter), sollte ein kontinuierlicher Produktivitätsanstieg erreicht werden, um nachhaltig wettbewerbsfähig wirtschaften zu können. Dies wird insbesondere durch eine zunehmende Automatisierung und Standardisierung von Abläufen beispielsweise durch vermehrte EDV-Unterstützung erreicht.

Beispiel

Im Berichtsmonat wurden 450 neue Leasingverträge mit einem Volumen von 33,75 Mio. EUR neu abgeschlossen.

Hierzu haben die 50 Außendienstmitarbeiter mit einer effektiven Arbeitszeit unter Berücksichtigung von Krankheits- und Urlaubstagen von insgesamt 6.000 Arbeitsstunden beigetragen.

Die Produktivität je Außendienstmitarbeiter beträgt damit 675 TEUR pro Monat sowie 5.625 EUR je effektiv geleisteter Arbeitsstunde.

Grenzen der Aussagekraft

Insbesondere für das Leasinggeschäft mit der zeitlichen Verschiebung von Aufwand und Ertrag kann eine in der Gegenwart ermittelte Produktivität in der Zukunft erheblichen Schwankungen unterliegen.

So kann sich beispielsweise der Output in Form des ermittelten Barwerts durch eine vorzeitige Insolvenz des Leasingnehmers bzw. im Fall eines offenen Restwerts, bei dem sich aufgrund einer schlechten Marktentwicklung ein niedrigerer Output realisieren lässt, als dies in der Gegenwart ursprünglich angenommen wurde, noch nachträglich ändern.

Darüber hinaus muss auch berücksichtigt werden, dass die Produktivität zwar eine Aussage über die Effizienz der eingesetzten Mittel gibt, aber noch keine Aussage über den sich letztendlich realisierenden Erfolg oder Misserfolg, gemessen am Gewinn oder zumindest am Deckungsbeitrag bzw. an der Barwertmarge oder dem internen Zinssatz.

Beeinflussungsmöglichkeiten

Die Produktivität kann durch zwei Arten beeinflusst werden. Unter der Prämisse, dass die Produktivität gesteigert werden soll, kann bei gleichbleibendem Output der Input entsprechend reduziert werden. So kann beispielsweise versucht werden, mit weniger Außendienstmitarbeitern oder einer niedrigeren Anzahl an Besuchsterminen dasselbe Abschlussvolumen zu erzielen. Dies kann durch eine noch bessere Vorbereitung oder durch eine bewusste Konzentration auf die wesentlichen, weil rentabelsten Kunden, erreicht werden. Darüber hinaus können eine effizientere Ressourcennutzung und eine erhöhte Automatisierung zu einem reduzierten Input führen.

Sofern der Input vorgegeben bzw. nicht veränderbar ist, muss zur Erhöhung der Produktivität auch entsprechend der Output erhöht werden. Dies kann beispielsweise durch eine höhere Potenzialausschöpfung, das heißt durch höhere Abschlussvolumina beim Kunden, beispielsweise aufgrund einer längerfristigen Partnerschaft mit dem Leasingnehmer, erzielt werden.

Auf eine Outputerhöhung bei bestehenden (Input-)Kapazitäten stellen zudem insbesondere Faktoren wie finanzielle und nicht finanzielle Anreizsysteme, insbesondere im Vertrieb sowie allgemein zahlreiche Motivationsinstrumente, ab.

Datenherkunft

Ein Großteil der für die Produktivität benötigten Zahlen kann direkt aus der Gewinn-und-Verlust-Rechnung (GuV) entnommen werden. Insbesondere die für den Input häufig herangezogenen Aufwands- bzw. Kostenbestandteile können hierdurch für die Betrachtungsperiode bestimmt werden.

Die Daten für den Output können darüber hinaus beispielsweise dem Vertriebsinformationssystem entnommen werden, in dem unter anderem das kontrahierte Neugeschäftsvolumen mit der zugrunde liegenden Barwertmarge ersichtlich ist. Sofern als Output nicht das kontrahierte sondern das aktivierte Neugeschäftsvolumen herangezogen wird, kann dies aus dem Zugang zum Anlagevermögen ermittelt werden.

Angrenzende Kennzahlen

vgl. Gesamtkapitalrentabilität (der Return on Investment entspricht der „Kapitalproduktivität")

Prognosegüte (in %)

Die Prognosegüte stellt den im Vorfeld für eine Ausprägungsform prognostizierten Wert ins Verhältnis zum tatsächlich realisierten Wert der Ausprägungsform. Insbesondere bei statistischen Verfahren wird für die Ermittlung der Prognosegüte bzw. der Trennschärfe von Prognosen auch der Begriff des Gini-Koeffizienten verwendet *(Hinweis: Im Weiteren wird allerdings lediglich der Begriff der Prognosegüte verwendet, da der Begriff des Gini-Koeffizienten zur Vermeidung von Missverständnissen aufgrund der beiden unterschiedlichen Definitionen und Anwendungsgebiete im Folgenden nur noch mit der Ungleichverteilung bzw. der Konzentrationsermittlung gleichgestellt werden soll).*

Prognosegüte

$$= \frac{\text{prognostizierter Wert}}{\text{realisierter Wert}} \cdot 100\%$$

Aussagekraft

Die Prognosegüte misst anhand einer ex-post-Analyse die Wirksamkeit bzw. die Effektivität der Vorhersagen.

Für Leasinggesellschaften spielt die Prognosegüte insbesondere im Risikomanagement sowie bei der Planung eine wesentliche Rolle, da hierbei verstärkt zukünftige Entwicklungen abgeschätzt bzw. antizipiert werden müssen. Die Effektivität einer Prognose spielt beispielsweise bei der Validierung des Value-at-Risks, den erwarteten und unerwarteten Verlusten und/oder Ausfällen, der Entwicklung der Sicherheitenwerte für die

Ermittlung des Blankorisikos, der Bildung von Pauschalwertberichtigungen sowie bei der Schätzung des Marktwachstums und der eigenen Absatzentwicklungen in einer zukünftigen Periode eine wesentliche Rolle.

Interpretation

Das Ziel einer jeden Leasinggesellschaft sollte eine relativ hohe Prognosegüte sein. Dies bedeutet, dass der Wert nicht allzu stark von 100% abweichen sollte.

Ein Wert von über 100% bedeutet, dass der prognostizierte Wert über dem realisierten Wert liegt. Bei einer Prognosegüte von unter 100% würde der realisierte Wert der Ausprägungsform in der Prognose unterschätzt und niedriger geschätzt, als er sich tatsächlich darstellt.

Durch eine Unterscheidung der Abweichungen in eine Unter- aber auch in eine Überschätzung des Risikos kann insbesondere auch der Risikoneigung eines Instituts gerecht werden. So kann beispielsweise aus Gründen der kaufmännischen Vorsicht ein potenzieller Verlust oder ein Risiko lieber überschätzt und ein potenzieller Gewinn oder ein Abschlussvolumen lieber unterschätzt werden.

Wesentlicher Anknüpfungspunkt für die Steuerungsimpulse sind verbindliche Vorgaben, in denen sich die Prognosegüte bewegen soll. Diese sind wiederum institutsindividuell vorzugeben und richten sich im Wesentlichen an der Risikoneigung, aber auch an den Einsatzgebieten der Prognose sowie des Kosten-Nutzen-Verhältnisses einer erhöhten Effektivität der Vorhersage.

Bei starken Abweichungen der Prognosewerte sind zumeist die zugrunde liegenden Modelle und Parameter zu überarbeiten und die Ursachen für die Abweichungen zu ermitteln. Beim sogenannten Backtesting werden gezielt Vorhersagewerte mit tatsächlich eingetretenen Verlusten verglichen und die Modellgüte überprüft. Die Ermittlung der Prognosegüte ist hierbei der zentrale Faktor.

Beispiel

Eine Leasinggesellschaft prognostiziert für ein Leasingobjekt im Jahr t=5 einen Marktwert von 10.200 EUR. Dieser Marktwert bildete die Grundlage für die Ermittlung der Objektsicherheit und darauf aufbauend des Blankorisikos.

Im Jahr t=5 kommt es überraschend zu einer vorzeitigen Verwertung des Leasingobjekts aufgrund der Zahlungsunfähigkeit des bisherigen Leasingnehmers. Das Leasingobjekt wird für 9.300 EUR verwertet.

Die Prognosegüte betrug also 109,7%. Dies bedeutet, dass der prognostizierte Marktwert des Leasingobjekts um 9,7% zu hoch geschätzt wurde.

Grenzen der Aussagekraft

Bei der Prognosegüte ist zu berücksichtigen, dass eine 100%ige Effektivität in der Regel nicht möglich und zumeist auch überhaupt nicht effizient darstellbar ist. Dies liegt zum einen an den starken Schwankungen zukünftiger Entwicklungen, die sich häufig völlig losgelöst von historischen Ausprägungsformen entwickeln und zum anderen an der häufig sehr hohen Abstraktion der Modelle und dem nur begrenzten Informationsumfang als Basis für die Prognose.

Darüber hinaus sollte bei der Beurteilung der Prognosegüte insbesondere berücksichtigt werden, dass nicht alle Prognosen gleich wichtig sind und damit auch nicht gleich präzise sein müssen. Im Stresstesting mit beispielsweise hypothetischen Szenarien ist ein Backtesting bzw. eine Überprüfung der Prognosegüte im Regelfall überhaupt nicht möglich. Dies ist allerdings auch nicht allzu wichtig. Im Stresstesting kommt es im Regelfall vielmehr auf die Maßnahmenprozesse an, die aufgrund ermittelter Schwachstellen oder überschrittener Schwellenwerte in Gang gesetzt werden. So kommt es auch bei Ad-hoc-Prognosen typischerweise nicht auf eine centgenaue Ermittlung an, sondern vielmehr auf eine schnelle Abschätzung und darauf basierend auf die umgehende Einleitung der notwendigen Maßnahmen. Insbesondere Ad-hoc-Prognosen werden in den meisten Fällen „quick and dirty" erstellt. Hierbei tritt die hundertprozentige Prognosegüte hinter die Schnelligkeit bei der Ermittlung der Prognosewerte zurück.

Beeinflussungsmöglichkeiten

Die Prognosegüte steigt häufig proportional mit den einbezogenen Informationen sowie den Erfahrungswerten im Institut an. Außerdem haben unter anderem die Datenhistorie der Ausprägungsformen, die Bearbeitungszeit und -intensität sowie der Einbezug von Frühwarnindikatoren, aber auch von breit gefächerten Informationen und Mitarbeitergruppen einen wesentlichen positiven Einfluss auf die Prognosegüte.

Datenherkunft

Die Herkunft von Prognosedaten ist äußerst vielfältig. So können neben Experten- oder Mitarbeitermeinungen insbesondere auch Trendentwicklungen sowie externe Prognosen, beispielsweise der statistischen Bundes- und Landesämter sowie von Wirtschaftsforschungsinstituten in die Vorhersagen miteinfließen.

Im Risikomanagement spielen zumeist die identifizierten Korrelationen der einzelnen Risikofaktoren aber auch Frühwarnindikatoren sowie historische Entwicklungen eine wesentliche Rolle bei der Ermittlung von Prognosewerten.

Angrenzende Kennzahlen

vgl. Blankorisiko; Value-at-Risk; Verlust, erwarteter; Verlust, unerwarteter

Provisionsquote (in %)

Die Provisionsquote gibt den Anteil der Provisionsaufwendungen für die Vertriebsmitarbeiter bzw. die selbstständigen Handelsvertreter oder Vermittler im Verhältnis zur kumulierten Barwertmarge oder dem Abschlussvolumen der neu kontrahierten Leasing- oder Mietkaufverträge an.

Provisionsquote

$$= \frac{\text{Provisionsaufwendungen}}{\text{kumulierte Barwertmarge bzw. Neuabschlussvolumen}} \cdot 100\%$$

Aussagekraft

Die Provisionen sind häufig ein wesentlicher Kostentreiber der Vertriebskosten. Zur Beurteilung und zur Ableitung geeigneter Steuerungsmaßnahmen sollte allerdings unbedingt im Vorfeld das Provisionierungssystem im Detail betrachtet werden. Idealerweise orientiert sich das Provisionierungssystem größtenteils oder gar in Gänze an der mit dem Neugeschäft verbundenen Barwertmarge. Nichtsdestotrotz ist auch häufig ein bestimmter Anteil der Provision vom Neugeschäftsvolumen abhängig, um auch entsprechende Degressionseffekte insbesondere bei den einzelnen Fixkosten des Instituts zu generieren.

Interpretation

Die Provisionskostenquote sollte insbesondere im Zeitablauf und im Verhältnis zur erzielten absoluten Barwertmarge oder zum absoluten Neuabschlussvolumen beurteilt werden. Eine steigende Provisionsquote bei gleichzeitig sinkender absoluter Barwertmarge sollte beispielsweise als Alarmsignal verstanden werden. Gleichzeitig sollten aber auch die Anreize für die Vertriebsmitarbeiter entsprechend hoch sein, beim Abschluss von lukrativen Neugeschäften mit entsprechend hoher Barwertmarge auch eine angemessen hohe Provision zu erhalten. Auf der anderen Seite sollte auch eine sinkende Provisionsquote bei gleichzeitig stark steigendem absolutem Neuabschlussvolumen bzw. bei gleichzeitig stark steigender absoluter Barwertmarge genauer untersucht werden.

Häufig sind Provisionszahlungen entsprechend gestaffelt und auch auf eine bestimmte Maximalhöhe begrenzt. In Verbindung mit einem entsprechend ausgestalteten Fixgehalt soll verhindert werden, dass durch eine signifikante Abhängigkeit der Vertriebsmitarbeiter von Provisionszahlungen Fehlverhaltensanreize geschaffen werden.

Durch ein progressiv ausgestaltetes Provisionssystem beispielsweise entsteht ein besonders starker Anreiz für den Abschluss eines Neugeschäfts. Gleichzeitig bleibt hierbei häufig unberücksichtigt, dass sich durch ein solches Vergütungssystem die Vertriebskosten kontinuierlich erhöhen und dadurch Neuabschlüsse ab einem bestimmten Niveau unrentabel werden. Für den Außendienst entsteht hierbei ein sehr hoher Leistungsdruck, der in den meisten Fällen langfristig nicht durchzuhalten ist. Insbesondere in wirtschaftlich schwierigen Phasen entsteht bei der Ausgestaltung eines derartigen Systems sehr schnell eine Demotivation, die bis zu Existenzängsten reichen kann. Deshalb ist ein solches Provisionssystem für die meisten Leasinggesellschaften eher ungeeignet.

Die Institutsvergütungsverordnung (InstitutsVergV) beispielsweise, die verbindlich für sämtliche Leasinggesellschaften gilt, fordert etwa ein entsprechend angepasstes Vergütungssystem, das schädliche Anreize zum Eingehen von unverhältnismäßig hohen Risiken unterbinden soll.

Beispiel

Eine Leasinggesellschaft erzielt im Betrachtungszeitraum eine kumulierte Barwertmarge von 20,7 Mio. EUR. Für die selbstständigen Handelsvertreter, externe Vermittler und die eigenen Vertriebsmitarbeiter wurden im gleichen Zeitraum Provisions-, Boni- und Tantiemenzahlungen in Höhe von 2,3 Mio. EUR entrichtet.

Dies entspricht einer Provisionsquote von 11,1% bezogen auf die Barwertmarge.

Grenzen der Aussagekraft

Die Provisionsquote hängt in der Regel wesentlich von den Provisionsempfängern ab. So erhält beispielsweise ein Vermittler oder ein selbstständiger Handelsvertreter häufig eine höhere Provision als ein fest angestellter Vertriebsmitarbeiter, da die Vergütung dieser Personen regelmäßig komplett variabel ausgestaltet ist, während die angestellten Vertriebsmitarbeiter zusätzlich noch ein Fixgehalt erhalten.

Die Provisionsquote hängt darüber hinaus wesentlich vom Geschäftsmodell und von der Zielgruppe ab. So ist bei einer engen Zusammenarbeit mit Vermittlern oder anderen externen Dritten häufig eine höhere Provisionsquote zu verzeichnen, während bei kompletter Fokussierung auf eigene Vertriebsmitarbeiter häufig eine niedrigere Provisionsquote beobachtet werden kann.

Für eine höhere Aussagekraft sollte die Provisionsquote deshalb zudem für unterschiedliche Bezugsgrößen, beispielsweise unterteilt nach Empfängergruppen oder Geschäftsfeldern untersucht werden. Beim institutsübergreifenden Vergleich sollte zudem das jeweilige Geschäftsmodell berücksichtigt werden.

Beeinflussungsmöglichkeiten

Die Provisionsquote hängt im Wesentlichen von den Provisionsaufwendungen sowie vom Neuabschlussvolumen und insbesondere von der erzielten Barwertmarge der Neuabschlüsse ab.

Die Provisionsaufwendungen sind die zentrale Stellgröße zur Beeinflussung der Provisionsquote. So können etwa durch eine Staffelung die Provisionsaufwendungen entsprechend angepasst, beispielsweise erhöht werden, um die Motivation für den Neuabschluss zu steigern, oder aber gesenkt werden, um durch eine gleichzeitige Senkung der gesamten Vertriebskosten den Gewinn zu erhöhen.

Das Ziel ist häufig eine Senkung der Provisionsquote. Neben einer Reduzierung der Provisionszahlungen kann eine Provisionsquote insbesondere bei gleichbleibenden absoluten Provisionsaufwendungen insbesondere durch eine gesteigerte Barwertmarge oder ein gesteigertes Neuabschlussvolumen erreicht werden.

Datenherkunft

Die Provisionsaufwendungen können der Gewinn- und Verlustrechnung entnommen werden, während das Neuabschlussvolumen bzw. die kumulierte Barwertmarge häufig von der Vertriebssteuerung ausgewertet werden können.

Angrenzende Kennzahlen

vgl. Gehaltsbestandteile, variable; Malusquote; Vertriebskosten

Prozesskosteneffizienz, digitale (in % oder in EUR)

→ *vgl. hierzu*: Digitalisierungsgrad

Prozessverbesserungsquote (in %)

→ *vgl. hierzu*: Verbesserungsvorschlagsquote

Qualifikationsindex (in %)

Der Qualifikationsindex stellt die Anzahl der Mitarbeiter, die im Betrachtungszeitraum an Weiterbildungsmaßnahmen oder fachbezogenen Schulungen teilgenommen haben, ins Verhältnis zur Gesamtanzahl der Mitarbeiter.

Qualifikationsindex

$$= \frac{\text{Mitarbeiter mit Schulungen oder Weiterbildungsmaßnahmen}}{\text{Gesamtanzahl Mitarbeiter}} \cdot 100\%$$

Aussagekraft

Anhand des Qualifikationsindex kann die Entwicklung der Qualifikation der Mitarbeiter insbesondere im Periodenvergleich analysiert werden.

Für Leasinggesellschaften zählen zu den regelmäßigen Schulungen und Weiterbildungsmaßnahmen insbesondere fachbezogene Seminare, beispielsweise aus den Bereichen Geldwäsche- und Betrugsprävention oder Angebotskalkulation im Vertrieb, aber auch allgemein gehaltene Schulungen zu den Themen Zeit- und Projektmanagement, EDV-Schulungen, Business Knigge, selbstsicheres Auftreten in Kundengesprächen etc.

Für ein genaueres Bild der Schulungsintensität wird häufig auch die durchschnittliche Anzahl der Schulungs- bzw. allgemein der Qualifizierungstage je Mitarbeiter ermittelt.

Darüber hinaus wird auch der durchschnittliche Aufwand für die Personalentwicklungsmaßnahmen je Mitarbeiter ermittelt, um insbesondere im Periodenvergleich qualitative Unterschiede zu identifizieren. Es wird dabei eine positive Korrelation zwischen dem Personalentwicklungsaufwand und der Qualität der Maßnahmen unterstellt.

Interpretation

Das Ziel der Personalentwicklung in einer Leasinggesellschaft sollte eine kontinuierliche Erhöhung der Qualifikationen und damit auch des Marktwerts der Mitarbeiter für die Leasinggesellschaft sein. Durch eine hohe Qualifikation der Mitarbeiter kann sich das Institut einen Wissensvorsprung und damit letztendlich einen Wettbewerbsvorteil erarbeiten.

Insbesondere in Bereichen mit hohen Qualifikationsanforderungen ist ein hoher Qualifikationsindex wichtig. In einigen Fällen ist dieser sogar eine Grundvoraussetzung, um in diesen Bereichen überhaupt bestehen zu können. Genannt sei hier beispielsweise das Risikomanagement einer Leasinggesellschaft, das spätestens aufgrund der ständigen Neuerungen und hohen Anforderungen aus dem Aufsichtsrecht ein hohes Qualifikationsanforderungsprofil an die fachlich zuständigen Mitarbeiter stellt. Für eine grundlegende Beurteilung des Qualifikationsindex sollte deshalb noch die Qualifikationsanforderung entsprechend hinzugezogen werden.

Ein hoher Qualifikationsstand der Mitarbeiter zahlt sich zumeist doppelt aus. Zum einen sind die Mitarbeiter leistungsfähiger und häufig motivierter. Dies zeigt sich auch in der vielfach ansteigenden Verbesserungsvorschlagsquote, bei der Vorschläge für verbesserte Abläufe von den Mitarbeitern eingereicht werden, die regelmäßig im Falle entsprechender Einsparungen oder Outputerhöhungen in Form einer Prämie honoriert werden. Darüber hinaus verbessert das Institut sein Image als innovatives und an der Qualifikation und Weiterentwicklung seiner Mitarbeiter interessiertes Unternehmen.

Dies wiederum wirkt sich häufig nicht zuletzt positiv auf die Rekrutierung neuer Mitarbeiter aus.

Beispiel

Von den 350 fest angestellten Vertriebsmitarbeitern haben in den letzten 6 Monaten insgesamt 260 Mitarbeiter an innerbetrieblichen Schulungen oder sonstigen Weiterbildungen teilgenommen.

Der Qualifikationsindex beträgt damit 74,3%.

Grenzen der Aussagekraft

Bei der Interpretation des Qualifikationsindex gilt es zu berücksichtigen, dass alle Formen von Schulungen und/oder Weiterbildungen gleich gewichtet werden. So gibt es keine Unterscheidung zwischen fachspezifischen Themenbereichen, die hochaktuell und häufig auch sehr wichtig für die tägliche Arbeit der jeweiligen Mitarbeiter sind und mit denen ein erheblicher Wissensvorsprung generiert werden kann und allgemeinen Schulungen, beispielsweise zum Zeitmanagement.

Darüber hinaus werden keine Aussagen über den Erfolg der Qualifikationsmaßnahmen sowie die Vorkenntnisse und vorhandenen Qualifikationen der Mitarbeiter getroffen. Für erfahrene Mitarbeiter ist es häufig charakteristisch, dass diese durch ihre umfangreichen Vorkenntnisse häufig weniger Schulungen besuchen, gleichzeitig aber einen hohen Mehrwert beispielsweise aufgrund von fachlichen Anknüpfungspunkten und Diskussionsbeiträgen aus den wenigen besuchten Weiterbildungen ziehen können.

Eine valide Aussagekraft besteht zudem erst durch eine Gegenüberstellung von dem bestehenden Qualifikations- und Weiterbildungsbedarf einerseits und den realisierten Weiterbildungsaktivitäten, die sich im Qualifikationsindex widerspiegeln, andererseits.

Beeinflussungsmöglichkeiten

Die Weiterbildungsaktivitäten der Mitarbeiter sollten anhand individueller Personalentwicklungs- und Karrierepläne penibel für jeden einzelnen Mitarbeiter geplant werden. Dies kann beispielsweise ein Bestandteil des Mitarbeitergesprächs sein, bei dem auch entsprechend auf die Wünsche und Anregungen des einzelnen Mitarbeiters eingegangen werden kann.

Datenherkunft

Die Weiterbildung und Weiterqualifizierung der Mitarbeiter obliegt in der Regel der Personalentwicklung sowie den fachlich verantwortlichen Vorgesetzten, die häufig einen entsprechenden Schulungs- und Weiterbildungsbedarf zu identifizieren haben.

Angrenzende Kennzahlen

vgl. Arbeitgeberattraktivitätsindex; Mitarbeiterzufriedenheit; Verbesserungsvorschlagsquote

Qualifikationsniveau der Mitarbeiter

→ *vgl. hierzu*: Qualifikationsindex

Qualitätsindex (in %)

→ *vgl. hierzu*: Servicegrad

R

C. Glaser, *Leasing A – Z*, https://doi.org/10.1007/978-3-658-31839-0_13

Ratingmigrationsindex (in Ratingklassen)

Der Ratingmigrationsindex gibt einen Überblick über die durchschnittliche Änderung der Ratingklassen. Hierdurch werden Bonitätsschwankungen frühzeitig aufgezeigt.

Häufig wird der Ratingmigrationsindex darüber hinaus auch als gewichteter Durchschnittswert angegeben, bei dem das Restobligo den Gewichtungsfaktor angibt.

Ratingmigrationsindex
= Ratingklasse im Zeitpunkt t ./. Ratingklasse im Zeitpunkt t_0

Aussagekraft

Der Ratingmigrationsindex gibt einen guten Überblick über die Bonitätsschwankungen bzw. die Ratingwanderungen in den einzelnen Bereichen, beispielsweise unterteilt nach Kundenbranchen, Vertriebsregionen etc.

Insbesondere anhand der Trendentwicklung können bestimmte Tendenzen und Frühwarnindikatoren abgelesen und Gegenmaßnahmen ergriffen werden, um das potenzielle Adressenausfallrisiko zu vermindern oder zumindest die Auswirkungen zu reduzieren.

Interpretation

Eine Ratingmigration ist ein ständiger Prozess, den es entsprechend zu steuern gilt. Insbesondere in konjunkturellen Auf- oder Abschwungphasen kommt es zu stärkeren Migrationen in den Ratingklassen. Im Aufschwung verbessern sich tendenziell die Ratingklassen, während sie sich im Abschwung häufig verschlechtern.

Durch eine Gewichtung mit dem entsprechenden Restobligo bzw. mit dem entsprechenden Blankoanteil bei Bonitätsverschlechterungen kann zudem das latente Adressenausfallrisiko genauer ermittelt werden.

Beispiel

Die Leasinggesellschaft hat fünf Leasingnehmer. Bei den Leasingnehmern A und B ist die Ratingklasse gleichgeblieben, bei C hat sie sich um 1 Note verschlechtert, bei D um 2 Noten verbessert und bei E hat sie sich wiederum um 3 Notenstufen verschlechtert.

Der Ratingmigrationsindex beträgt für das gesamte Portfolio -0,4 Ratingklassen, d.h. die Ratingnoten haben sich im Durschnitt um 0,4 Ratingklassen verschlechtert.

Grenzen der Aussagekraft

Anhand des Ratingmigrationsindex werden zwar Aussagen über die durchschnittliche Verbesserung oder Verschlechterung der Bonität anhand von Änderungen der Ratingklassen ermöglicht. Es sind allerdings keine Aussagen über die Gründe für diese Änderungen möglich.

Essentiell für die Arbeit mit der Kennzahl des Ratingmigrationsindex ist zudem die Tatsache, dass die Abstände zwischen den einzelnen Ratingklassen gleich groß sein müssen. Ansonsten ist eine Ermittlung des durchschnittlich gewichteten Migrationsindex nicht valide möglich.

Beim Periodenvergleich zwischen den jeweiligen Migrationsindizes ist darüber hinaus unbedingt zu berücksichtigen, in welchem Zeitpunkt jeweils neue Jahresabschlüsse eingegeben werden bzw. in welchem Zeitpunkt besonders viele neue Informationen eingeholt und in einem aktualisierten Rating erfasst werden.

Insbesondere durch Daten aus neuen Jahresabschlüssen kommt es häufig zu Schwankungen der Ratingklassen.

Beeinflussungsmöglichkeiten

Eine direkte Beeinflussung der Ratingmigration durch die Leasinggesellschaft ist nicht möglich. Es kann zwar durch eine Anpassung im Rating zu bestimmten Verschiebungen und damit auch zu einer Beeinflussung des Ratingmigrationsindex kommen. Es ist allerdings in der Regel nicht die Absicht, das Ratingmodell in seinem Aufbau und seiner Wirkungsweise grundlegend zu modifizieren.

Während die Ratingmigration also nicht beeinflussbar ist, können lediglich die gewichteten Ratingmigrationsindizes durch das entsprechend an die Ratingmigration angepasste neu genehmigte Volumen gezielt beeinflusst werden.

Datenherkunft

Durch eine fortschreibende Ermittlung und entsprechende Angabe auch historischer Ratingklassen im Leasingverwaltungssystem, können relativ einfach unterschiedliche Ratingmigrationsindizes ermittelt werden.

Die Kreditabteilung bzw. die Vertragsprüfung führt in Zusammenarbeit mit dem Risikomanagement häufig entsprechende Auswertungen durch, bei denen das latente Adressenausfallrisiko auf Branchen, Regionen, Kunden, Vertriebsmitarbeiter etc. heruntergebrochen wird und anhand des Restobligos bzw. des Blankorisikos die potenziellen Verluste abgeschätzt werden.

Reaktivierungsquote (in %)

Die Reaktivierungsquote stellt die Anzahl der zurückgewonnenen oder reaktivierten Kunden ins Verhältnis zur Anzahl der abgewanderten oder inaktiven Kunden bzw. allgemein der Nullkunden.

Reaktivierungsquote

$$= \frac{\text{Anzahl zurückgewonnener und reaktivierter Nullkunden}}{\text{Gesamtanzahl Nullkunden}} \cdot 100\%$$

Aussagekraft

Anhand der Reaktivierungsquote kann der Anteil der (vorübergehend) zum Wettbewerb abgewanderten oder aus anderen Gründen inaktiven Kunden ermittelt werden, die wieder zurückgewonnen oder allgemein in Form eines Neuabschlusses eines Leasing- oder Mietkaufvertrags reaktiviert werden konnten.

Interpretation

Eine hohe Reaktivierungsquote von Nullkunden zeigt den Erfolg der Kundenrückgewinnung.

Für eine höhere Aussagekraft werden häufig zusätzlich der Kundenwert oder auch die Ratingklassifizierung und damit ein Indikator für das Potenzial und die strategische Bedeutung des reaktivierten Kunden herangezogen. So werden nicht selten besonders die Reaktivierungsquoten im Segment der großen, bonitätsstarken und besonders wertvollen Leasingnehmer untersucht und versucht, mit erheblichem Aufwand in eben diesem (Kunden-)Segment eine hohe Reaktivierungsquote zu erzielen.

Hierdurch wird auch die pauschale Forderung nach einer hohen Reaktivierungsquote präzisiert und insbesondere auf eine hohe Reaktivierungsquote bei wertvollen und potenzialstarken sowie strategisch wichtigen Kunden umgemünzt.

Am Kundenwert richten sich häufig auch die Methoden der Reaktivierungsmaßnahmen. So werden wertvolle Kunden häufig mit besonders aufwendigen Mitteln zu reaktivieren versucht, während beispielsweise kleinere Kunden über einen telefonischen Kontakt wieder reaktiviert werden sollen.

Beispiel

Ein Institut hat zu Beginn des Betrachtungszeitraums 750 Nullkunden. Durch gezielte Vertriebs- und Marketingaktionen konnten hiervon 320 Kunden wieder reaktiviert und teilweise vom Wettbewerb zurückgewonnen werden, sodass diese mindestens einen Folgeabschluss in Form eines Leasing- oder Mietkaufvertrags getätigt haben.

Die Reaktivierungsquote beläuft sich damit auf 42,7%.

Grenzen der Aussagekraft

Bei der Beurteilung der Reaktivierungsquote der Nullkunden sollte berücksichtigt werden, dass eine Quote von 100% in den meisten Fällen überhaupt nicht erreicht werden kann oder soll.

So kann es bei ehemaligen Leasingnehmern aufgrund einer Insolvenz, Auflösung der Geschäftstätigkeit aufgrund eines fehlenden Nachfolgers etc. dazu kommen, dass eine Reaktivierung überhaupt nicht mehr möglich ist.

Bei anderen Nullkunden kann es aufgrund des nur geringen Kundenwerts dazu kommen, dass die Reaktivierungskosten im Verhältnis zum Kundenwert zu hoch wären. Darüber hinaus gibt es auch einige insbesondere bonitätsschwache Leasingnehmer, die zwar gerne weiterhin Verträge bei der Leasinggesellschaft abschließen würden, die Kreditprüfung diese aber aufgrund der zu schlechten Bonität und fehlender Sicherheiten oder aber aus anderen Gründen, beispielsweise eines erhöhten Betrugs- oder Fraud-Risikos, ablehnt.

Beeinflussungsmöglichkeiten

Den wesentlichsten Einfluss auf die Reaktivierung von inaktiven und/oder an den Wettbewerb verlorenen Kunden hat der Vertriebsaußendienst. So können durch Anrufe oder Besuchstermine bei ausgewählten Nullkunden neben der Ermittlung der Gründe insbesondere auch die Vorzüge des eigenen Instituts herausgestellt werden und durch gezielte Angebote versucht werden, den Nullkunden wieder zu reaktivieren, also aus einem Null- einen Aktivkunden zu machen.

Aus der Ursachenermittlung für die Inaktivität oder die Abwanderung der Leasingnehmer sollten entsprechende Lehren gezogen werden und mögliche Schwachstellen - soweit dies mit den anderen Prozessabläufen vereinbar ist - schnellstmöglich behoben werden.

Datenherkunft

Die Datenbasis für die Ermittlung der reaktivierten Nullkunden wird häufig den normalen Leasingverwaltungs- sowie speziellen Customer-Relationship-Management-Programmen entnommen. Anhand dieser Daten kann relativ einfach der Nullkundenanteil ermittelt und überprüft werden, ob diese Kunden zu einem späteren Zeitpunkt reaktiviert wurden.

Die Unterscheidung zwischen inaktiven und an den Wettbewerb verlorenen Kunden kann häufig durch den Außendienst erfolgen. So bieten sich beispielsweise entsprechende Status-Kennzeichen an, die im Kundenstamm bei den einzelnen Nullkunden vom Vertriebsmitarbeiter gepflegt werden können.

Angrenzende Kennzahlen

vgl. Nullkundenquote

Rechnungsabgrenzungsposten, passiver (in EUR)

→ *vgl. hierzu*: Forfaitierungsquote; Vermietvermögen

Regioindex

→ *vgl. hierzu*: Kundendichte

Reichweite

→ *vgl. hierzu*: Markenbekanntheitsindex

Reisestrecke je Besuchstermin, durchschnittliche (in km)

→ *vgl. hierzu*: Verfügbarkeitsindex im Vertrieb

Rendite (in %)

→ *vgl. hierzu*: Barwertmarge

Rentabilität (in %)

→ *vgl. hierzu*: Barwertmarge

Responserate (in %)

→ *vgl. hierzu*: Öffnungsrate

Restlaufzeit der Leasingverträge, durchschnittlich gewichtete (in Monaten)

Die durchschnittlich gewichtete Restlaufzeit der Leasingverträge ergibt sich als Mittelwert aus den mit dem ausstehenden barwertigen Forderungsvolumen, dem Restobligo, gewichteten Restlaufzeiten der einzelnen Leasingverträge.

Durchschnittsalter offener Posten

$$= \frac{R_1 \cdot d_1 + \ldots + R_n \cdot d_n}{\text{Restobligo gesamt}} \quad \textit{[in Tagen]}$$

mit:

- R_n = Restobligo des n-ten Vertrags
- d_n = Restlaufzeit des n-ten Vertrags
- n = Anzahl aller Verträge im Portfolio

Aussagekraft

Anhand der durchschnittlich gewichteten Restlaufzeit lassen sich Aussagen über zukünftige Erträge treffen. Je höher hierbei die ermittelte Kennzahl in Monaten ist, umso höher ist auch die Planungssicherheit und Prognosegüte zukünftiger Zahlungsströme.

Insbesondere anhand der Entwicklung der durchschnittlich gewichteten Restlaufzeit der Leasingverträge kann relativ zuverlässig die Stimmung im Markt abgelesen werden. Sofern großvolumige langjährige Verträge abgeschlossen werden, steigt zumeist auch analog die durchschnittlich gewichtete Restlaufzeit. Auf der anderen Seite sinkt insbesondere in Krisensituationen die Kennzahl, da typischerweise entweder nur kleinvolumige oder nur relativ kurzlaufende Leasingverträge abgeschlossen werden.

Außerdem gilt es insbesondere bei einer sehr hohen durchschnittlich gewichteten Restlaufzeit zu berücksichtigen, dass die zugrunde liegende Bonitätseinstufung für die gesamte Laufzeit im Vergleich zu niedrigen Laufzeiten relativ schwierig ermittelbar ist. Je länger sich der Zeithorizont für eine Bonitätseinschätzung gestaltet, umso höher ist auch die mit der Bewertung verbundene Unschärfe, da die Bonität innerhalb eines hinreichend langen Zeitraums sowohl durch externe Umwelteinflüsse, beispielsweise auf dem Beschaffungs- oder Absatzmarkt, als auch durch interne Einflüsse, beispielsweise durch Personalfluktuation innerhalb des Unternehmens, häufig stark schwanken kann. Nicht selten wird deshalb eine Art Sicherheitspuffer auch bei Bonitätseinschätzungen für besonders langfristige Verträge berücksichtigt.

Interpretation

Für eine Erhöhung der Aussagekraft wird die durchschnittliche Restlaufzeit häufig als Verhältniskennzahl mit unterschiedlichen Bezugsgrößen ermittelt. So kann beispielsweise die durchschnittlich gewichtete Restvertragslaufzeit auf die Branche der Kunden, die Region, die Ratingklasse oder auch einzelne Kreditnehmereinheiten bzw. Konzerne heruntergebrochen werden.

In der Risikopolitik kann nun beispielsweise festgelegt sein, dass für besonders volatile Branchen oder bonitätsschwächere Kunden bestimmte Obergrenzen hinsichtlich der Vertragslaufzeit gelten bzw. über ein Ad-hoc-Reporting bei Überschreiten vordefinierter Grenzen unverzüglich eine Meldung an die entsprechenden Bereichsverantwortlichen geht. Hierdurch kann zum Beispiel gewährleistet sein, dass eventuelle Anpassungen der Kreditvergabepolitik vorgenommen werden, um die Risikotragfähigkeit bzw. die Risikosteuerung im Sinne der Risikopolitik jederzeit zu gewährleisten.

Beispiel

Im Beispielportfolio der Leasinggesellschaft befinden sich vier Leasingverträge:

Leasingvertrag A umfasst eine Restlaufzeit von 34 Monaten mit einem Restobligo von 45.500 EUR, Leasingvertrag B läuft noch 27 Monate mit einem Restobligo von 20.000 EUR, Leasingvertrag C endet in 17 Monaten und hat aktuell noch ein Restobligo von 25.000 EUR und Leasingvertrag D vereint auf sich eine Restlaufzeit von 5 Monaten mit einem aktuellen Restobligo von 50.000 EUR.

Im vorliegenden Beispiel ergibt sich eine durchschnittlich gewichtete Restlaufzeit aller vier Verträge von 19,66 Monaten.

Grenzen der Aussagekraft

Eine hohe Restlaufzeit in Monaten ist per se noch kein Indiz für eine erschwerte Bonitätseinstufung. Es sollte deshalb anhand beispielsweise einer Ratingmigrationsmatrix *(→ vgl. Ratingmigrationsindex)* oder anhand realisierter Ausfälle *(→ vgl. Insolvenzvolumen, → vgl. Ausfallquote)* die Prognosegüte der internen Bonitätsprüfungstools ermittelt werden.

In Verbindung mit einer Betrachtung der Ausfälle bzw. Ratingmigrationen und der entsprechenden Laufzeit kann relativ zuverlässig eine Aussage über die inhärente Gefahr einer Fehleinschätzung der Bonitätsklassifizierung in Verbindung mit einer längerfristigen Laufzeit getroffen werden.

Beeinflussungsmöglichkeiten

Die durchschnittlich gewichtete Restvertragslaufzeit wird durch zwei Faktoren beeinflusst. Neben der Grundvertragslaufzeit der neu abgeschlossenen Verträge ist insbesondere das Restobligo bzw. zum Abschlusszeitpunkt der Anschaffungswert des Leasingobjekts von entscheidender Bedeutung.

Datenherkunft

Die Kenngrößen der Restvertragslaufzeit und des Restobligos können relativ einfach ermittelt werden. Den Ausgangspunkt für die Ermittlung des Restobligos bildet häufig das Finanz- und Rechnungswesen. Die Restvertragslaufzeit ist häufig über die Vertragsverwaltungssoftware auswertbar.

Restobligo (in EUR)

Der Begriff Restobligo ist ein immer wiederkehrender Begriff im Leasinggeschäft und fasst die Summe der betragsmäßigen Forderungen der Leasinggesellschaft gegenüber ihren Leasingnehmern zusammen. Hierbei werden die noch ausstehenden Leasingraten sowie mögliche Restwertansprüche, für die beispielsweise ein Andienungsrecht besteht, barwertig abgezinst und aufsummiert.

Restobligo	
=	Summe aller noch ausstehenden barwertigen Leasingraten und aller barwertigen Restwertansprüche

Aussagekraft

Die Summe und auch die Entwicklung des Restobligos geben Auskunft darüber, inwiefern die Liquiditätsversorgung nachhaltig gestaltet ist bzw. gesichert sein wird. Das Restobligo dient aber auch dazu, das Volumen an Forderungen mit einer erhöhten Ausfallwahrscheinlichkeit, beispielsweise im Falle eines konjunkturellen Abschwungs, näher zu bestimmen.

Interpretation

Wie Abbildung 2.7 anhand einer beispielhaften Restobligoverteilung eines Vollamortisationsleasingvertrags mit linearem Ratenverlauf verdeutlicht, ist der zeitliche Verlauf der Entwicklung des Restobligos je nach Vertragsart zudem äußerst unterschiedlich.

Neben den beiden Grundausprägungsformen des klassischen Teil- und Vollamortisationsvertrags, haben insbesondere die Vertragslaufzeit und die Gestaltung des Ratenverlaufs, beispielsweise lineare, degressive oder progressive Verläufe bei den Leasingraten einen erheblichen Einfluss auf die Entwicklung des Restobligos im Zeitablauf.

Bei degressiver Ratengestaltung wird häufig dem Umstand Rechnung getragen, dass zum einen der Wertverlust des Leasingobjekts in der Regel eher degressiven als linearen Mustern folgt und zum anderen mit vielen Objekten zu Beginn höhere Erträge erwirtschaftet werden als in einem späteren Zeitpunkt und damit die Ratengestaltung an die Ertragsgestaltung („Pay-as-You-Earn"-Prinzip) angepasst wird.

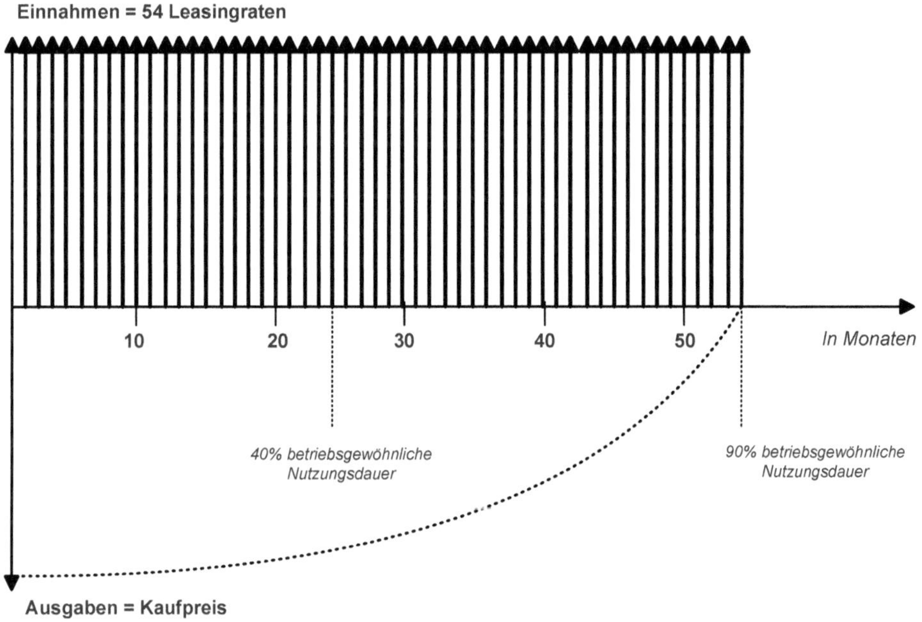

Abb.2.7 Beispielhafter Restobligoverlauf eines Vollamortisations-Leasingvertrags

Quelle: Eigene Darstellung, in Anlehnung an: Kratzer/Kreuzmair 2002, S.61.

Beispiel

Die Leasinggesellschaft hat gegenüber ihren Leasingnehmern Forderungen aus den zukünftigen Leasingraten und Restwertansprüchen mit einem Nennwert von 420 Mio. EUR. Abgezinst ergibt sich ein Barwert zum Betrachtungszeitpunkt in Höhe von 365 Mio. EUR.

Das Restobligo des Instituts beläuft sich damit auf 365 Mio. EUR.

Grenzen der Aussagekraft

Das Restobligo an sich ist als isolierte Kennzahl häufig nur zur Ermittlung zukünftiger Erträge aus ausstehenden Forderungen bzw. für einen ersten Vergleich zwischen unterschiedlichen Instituten geeignet. Für zielgerichtetere Aussagen muss das Restobligo unbedingt ins Verhältnis zu anderen Bezugsgrößen gesetzt werden.

Beispielsweise können durch die Aufteilung des Restobligos nach Regionen, Branchen sowie Kundengruppen oder Kreditnehmereinheiten bestimmte Konzentrationstendenzen ermittelt werden.

Nichtsdestotrotz können anhand des Restobligos weder vernünftige Aussagen über die Vorteilhaftigkeit bzw. die Profitabilität noch über das inhärente Risiko, insbesondere das Blankorisiko, getroffen werden.

Beeinflussungsmöglichkeiten

Das Restobligo basiert maßgeblich auf dem Abschlussvolumen *(→ vgl. Neuvertragsvolumen, kontrahiertes)*, wodurch die Summe des Restobligos maßgeblich beeinflusst werden kann.

Des Weiteren kann das Restobligo unter anderem durch die Wahl des Vertragstyps bzw. die Ausgestaltungsform der zugrunde liegenden Leasingraten sowie durch die Höhe des Restwerts, betragsmäßig gesteuert werden.

Datenherkunft

Anhand von Summen- und Saldenlisten bzw. Zins- und Tilgungsplänen aus dem Finanz- und Rechnungswesen können die Werte - auch die kumulierten Werte - für das Restobligo relativ einfach und größtenteils vollautomatisiert ermittelt werden.

Restwert, kalkulierter (in %)

Der kalkulierte Restwert ist bei sämtlichen Teilamortisations-Leasingverträgen ein wesentlicher Faktor. Hierauf zahlt der Leasingnehmer während der Grundmietzeit keine Leasingraten.

Kalkulierter Restwert	
=	Betrag bei Teilamortisations-Verträgen, auf den während der Grundmietzeit keine Leasingzahlungen geleistet werden

Aussagekraft

Der kalkulierte Restwert bildet zumeist eine wesentliche Stellschraube zur Gestaltung der Leasingraten. Während ein sehr hoher Restwert häufig dazu dienen soll, die Leasingraten niedrig zu halten, kann umgekehrt auch aus risikopolitischen Überlegungen der Restwert sehr niedrig angesetzt werden, um das Blankorisiko bereits in einem frühen Zeitpunkt möglichst niedrig zu halten oder gar auszuschalten.

Interpretation

Obwohl der Leasingnehmer bei Teilamortisations-Leasingverträgen auf den kalkulierten Restwert während der Grundmietzeit keine Leasingraten bezahlt, wird das Restwertrisiko zumeist auf den Leasingnehmer in Form eines Andienungsrechts abgewälzt. So kann der Leasingnehmer beispielsweise zur Übernahme des Leasingobjekts im Anschluss an die Grundmietzeit zum kalkulierten Restwert, zur Verlängerung des Leasingvertrags auf Basis des kalkulierten Restwerts oder zur Verlustbeteiligung bei Verwertung des Leasingobjekts am Vertragsende an Dritte verpflichtet werden.

Je nach Vertrags- bzw. Wettbewerbssituation wird der Restwert häufig als strategische Stellschraube verwendet. Nichtsdestotrotz sollte allein schon aus Risikoüberlegungen der kalkulierte Restwert möglichst nahe am entsprechenden Marktwert des Leasingobjekts angesiedelt sein. Hierdurch werden allzu große Blankorisiken verhindert.

Besonders risikobehaftet sind sogenannte verdeckte Restwerte, also Nacherlöse, die über die Vollamortisation hinausgehen und bei der Kalkulation der Leasingraten bereits mietmindernd berücksichtigt werden. Ebenso erhöht sich das Objektrisiko in Fällen, in denen der Restwert deutlich über dem realisierbaren Marktwert (*hoher Restwert-Marktwert-Quotient*) angesetzt wird. Deshalb wird häufig als Ergänzung zum kalkulierten Restwert auch der Restwert-Marktwert-Quotient ermittelt.

Restwert-Marktwert-Quotient

$$= \frac{\text{kalkulierter Restwert für } t_{\text{Vertragsende}}}{\text{prognostizierter Matktwert für } t_{\text{Vertragsende}}} \cdot 100\%$$

Beispiel

Es wird ein Teilamortisations-Leasingvertrag für ein Kfz mit den folgenden Parametern abgeschlossen:

Anschaffungswert des Objekts:	60.000 EUR
Anzahl der Leasingraten:	36
Höhe der Leasingraten:	1.150 EUR
Kalkulierter Restwert:	21.000 EUR

Der prozentuale kalkulierte Restwert beträgt damit am Laufzeitende nach 36 Monaten 35% vom Anschaffungswert.

Grenzen der Aussagekraft

Die isolierte Aussagekraft des kalkulierten Restwerts ist sehr begrenzt. Durch Bildung von Verhältniskennzahlen mit Bezugsgrößen wie Objektgruppen, Bonitätsklassen oder auch Regionen kann dieser Makel allerdings behoben werden.

Beispielsweise kann - insbesondere anhand der Entwicklung im Vorperiodenvergleich - in Kombination mit den tatsächlichen Marktwerten das Volumen bzw. der prozentuale Anteil ermittelt werden, der beispielsweise je Objektgruppe durch den Restwert erzielt werden muss. Der kalkulierte Restwert stellt ein besonderes Risiko, das sogenannte Restwertrisiko, dar.

Durch diverse Einflussfaktoren kann es hierbei dazu kommen, dass der tatsächlich erzielte bzw. tatsächlich erzielbare Restwert unter dem kalkulierten Restwert liegt. Beispielsweise kann es auf Objektebene zu einem nicht erwarteten Einbruch der Preise, beispielsweise durch staatliche Interventionen wie bei der Abwrack-Prämie Ende des Jahres 2008 und die Dieselfahrverbote gut 10 Jahre später, oder schlicht durch die Einführung von Nachfolgemodellen des Leasingobjekts, kommen. Darüber hinaus ist zum Zeitpunkt der Verwertung des Leasingobjekts ein latent erhöhtes Adressenausfallrisiko vorhanden. Dies liegt daran, dass sich die Bonitäten im Zeitablauf zu entsprechend späten Zeitpunkten mit einer erhöhten Wahrscheinlichkeit auch verschlechtern können, verglichen mit einem relativ kurzen Betrachtungszeitraum.

Sofern es zu einem entsprechenden Einbruch bei den Marktwerten kommt bzw. sofern der kalkulierte Restwert von vornherein deutlich über dem erzielbaren Marktwert liegt, kommt es bei einem Ausfall des Leasingnehmers zu einem finanziellen Verlust mindestens in Höhe der Differenz zwischen dem kalkulierten und dem bei der Verwertung tatsächlich erzielten Restwert.

Beeinflussungsmöglichkeiten

Der kalkulierte Restwert kann zu Vertragsbeginn entsprechend auf die Bonität des Kunden, aber auch auf die Fungibilität des Leasingobjekts abgestimmt sein. Es sollte hierbei allerdings eine möglichst enge Verknüpfung zwischen Marktwert und kalkuliertem Restwert des Leasingobjekts vorgenommen werden, um das latente Restwertrisiko möglichst gering zu halten.

Datenherkunft

Der kalkulierte Restwert kann dem Teilamortisations-Leasingvertrag entnommen werden und anhand der Leasingverwaltungssoftware auf die unterschiedlichen

Bezugsgrößen wie beispielsweise Objektgruppen, Kundenbonitäten oder branchen etc. heruntergebrochen werden.

Angrenzende Kennzahlen

vgl. Blankorisiko

Restwert-Marktwert-Quotient (in %)

→ *vgl. hierzu*: Restwert, kalkulierter

Restwertquote, verdeckte (in %)

→ *vgl. hierzu*: Restwert, kalkulierter

Restwertrisiko

→ *vgl. hierzu*: Werthaltigkeitsindex

Retention Rate (in %)

→ *vgl. hierzu:* Aktivkundenquote; Customer Lifetime Value; Folgeabschlussquote; Kundenloyalitätsindex

Return on Capital Employed (ROCE) (in %)

Der Return on Capital Employed (ROCE) setzt das EBIT (Earnings Before Interest and Taxes) bzw. das NOPAT (Net Operating Profit After Taxes) ins Verhältnis zum eingesetzten Kapital.

Return on Capital Employed (ROCE)
$= \frac{\text{Net Operating Profit After Taxes (NOPAT)}}{\text{Gesamtkapital ./.kurzfristiges Fremdkapital ./.liquide Mittel}} \cdot 100\%$
Return on Capital Employed (ROCE)
$= \frac{\text{Earnings Before Interest and Taxes (EBIT)}}{\text{Capital Employed}} \cdot 100\%$

mit:

- EBIT = Gewinn vor Zinsen und Steuern
- Capital Employed = Gesamtkapital abzgl. kurzfristiger Verbindlichkeiten und liquider Mittel

Aussagekraft

Der Return on Capital Employed (ROCE) misst die Effizienz und Profitabilität des eingesetzten Kapitals und stellt damit sozusagen eine Weiterentwicklung der Gesamtkapitalrentabilität dar. Es wird also nicht nur der absolute Periodenerfolg in Form des EBITs herangezogen, sondern auch geprüft, wieviel Kapital hierfür eingesetzt werden musste.

Interpretation

Je höher die Kennzahl des ROCE ist, umso effizienter war auch der Kapitaleinsatz. Gerade für Unternehmen mit einer signifikanten Verschuldung ist dies eine wichtige Kennzahl.

Im Gegensatz zur Gesamtkapitalrentabilität wird zum einen nicht das gesamte Kapital herangezogen (Gesamtkapital abzgl. unverzinslichem Fremdkapital, also i.d.R. kurzfristigem Fremdkapital und liquiden Mitteln) und zum anderen das EBIT, also das Ergebnis vor Steuern und Zinsen.

Unternehmen mit einem stabil steigenden ROCE-Verlauf sind häufig von Investoren und Kapitalgebern mehr geschätzt als Unternehmen mit starken ROCE-Schwankungen. Außerdem zeigt sich häufig in einer Krisensituation ein doppelter Effekt auf die ROCE-Entwicklung: einerseits sinkt das EBIT und andererseits steigt das eingesetzte Kapital. Die ROCE-Kennzahl kann damit auch eine Art Frühwarnindikator darstellen, speziell wenn belastbare Prognosedaten für die Einflussfaktoren verfügbar sind.

Beispiel

Das EBIT beläuft sich auf 450 TEUR

Ein Unternehmen weist zum Stichtag folgende Bilanzpositionen aus:

Eigenkapital (1,5 Mio. EUR)

Pensionsrückstellungen (0,6 Mio. EUR)

Bankdarlehen (0,6 Mio. EUR)

Bank, Kasse (0,2 Mio. EUR)

Bzw.:

Anlagevermögen (2,45 Mio. EUR)

Vorräte (0,2 Mio. EUR)

Forderungen aus L+L (0,15 Mio. EUR)

Verbindlichkeiten aus L+L (0,3 Mio. EUR)

Das Capital Employed lässt sich nun entweder über die

a.) passivische Weise = 1,5 Mio. EUR + 0,6 Mio. EUR + 0,6 Mio. EUR ./. 0,2 Mio. EUR = 2,5 Mio. EUR

b.) aktivische Weise = 2,45 Mio. EUR + 0,2 Mio. EUR + 0,15 Mio. EUR ./. 0,3 Mio. EUR = 2,5 Mio. EUR

errechnen.

Der ROCE beträgt damit 18%.

Grenzen der Aussagekraft

Beim ROCE handelt es sich um eine „Vorsteuerrendite", da eventuelle Zins- und Steuerzahlungen unberücksichtigt bleiben. Für eine umfassende Beurteilung sollten zusätzlich die Zins- und Steuerbelastungen herangezogen werden.

Beeinflussungsmöglichkeiten

Der ROCE wird wesentlich vom Jahresüberschuss sowie dem zugrunde liegenden verzinslichen Fremdkapital beeinflusst. Neben der Höhe der Neuabschlussvolumina und Barwertmargen hängt der ROCE also wesentlich vom handelsrechtlichen Periodenerfolg in Form des Jahresüberschusses sowie des Fremdfinanzierungsanteils ab.

Datenherkunft

Die Daten für die Ermittlung des ROCE können aus der Bilanz sowie der Gewinn- und Verlustrechnung entnommen werden.

Angrenzende Kennzahlen

vgl. Gesamtkapitalrentabilität; Risikoadjustierte Performancemaße

Return on Equity (RoE) (in %)

→ *vgl. hierzu*: Substanzwert nach dem BDL-Schema

Return on Investment (RoI) (in %)

→ *vgl. hierzu*: Gesamtkapitalrentabilität

Revisionsquote getroffener Entscheidungen (in %)

Die Revisionsquote der getroffenen Entscheidungen ermittelt den Anteil der revidierten bzw. modifizierten oder komplett zurückgenommenen Entscheidungen innerhalb eines Betrachtungszeitraums.

Revisionsquote getroffener Entscheidungen

$$= \frac{\text{Anzahl revidierter, zurückgenommener oder modifizierter Entscheidungen}}{\text{Gesamtanzahl der getroffenen Entscheidungen}} \cdot 100\%$$

Aussagekraft

Die Revisionsquote der getroffenen Entscheidungen ist insbesondere in ihrer Entwicklung sehr interessant. Anhand dieser Kennzahl ist es mit gewissen Einschränkungen möglich, Anhaltspunkte für mögliche Fehlentscheidungen zu identifizieren und darauf aufbauend die genaueren Ursachen hierfür zu ermitteln.

Der Begriff „Revision" geht auf das lateinische Wort „revidere" zurück und bedeutet „noch einmal ansehen". Häufig ist der Begriff der Revision eng verbunden mit der Änderung oder gar der Rücknahme einer Entscheidung.

Interpretation

Die Interpretation der Revisionsquote getroffener Entscheidungen kann im Regelfall nur valide im Zeitablauf bzw. im Periodenvergleich vorgenommen werden. Für die Ermittlung insbesondere der Gründe hierfür sowie die Hierarchieebene, auf der die Entscheidungen verabschiedet und/oder zurückgenommen wurden, kann anhand lediglich der Revisionsquote getroffener Entscheidungen keine Aussage getroffen werden.

Eine hohe Revisionsquote getroffener Entscheidungen ist im Regelfall mit einem erheblichen Arbeitsmehraufwand und damit zusätzlichen Mehrkosten sowie einer erhöhten Unzufriedenheit sowohl auf Seiten der Mitarbeiter als auch auf Seiten der Kunden verbunden.

Daneben kann eine erhöhte Revisionsquote aber auch ein Zeichen dafür sein, dass das Institut verstärkt Veränderungsprozesse durchführt oder durchführen möchte. Dies kann beispielsweise durch neue Mitarbeiter und/oder durch neue Prozessabläufe sowie geänderte Hierarchieebenen, auf denen Entscheidungen getroffen werden, beeinflusst werden.

Eine sinkende Revisionsquote auf der anderen Seite wird häufig zwar aus Effizienzüberlegungen als eher positiv interpretiert, beispielsweise indem aus früheren Fehlern gelernt wurde. Auf der anderen Seite muss allerdings die Art und die Tragweite der getroffenen Entscheidungen berücksichtigt werden. So kann beispielsweise eine Absicherungskultur, bei der nur kurzfristige und ungefährliche Entscheidungen, allerdings keine Entscheidungen mit einer strategischen Reichweite, getroffen werden, unter isolierter Betrachtung der Revisionsquote vordergründig als positiv interpretiert werden. Gerade aber strategische Entscheidungen sind für die nachhaltige Entwicklung eines Instituts unerlässlich, wenngleich sie in der Regel auch mit bestimmten Risiken verbunden sind.

Beispiel

Im Back-Office einer Leasinggesellschaft wurden im Betrachtungszeitraum 30 Prozessneuerungen und sonstige operative und strategische Entscheidungen getroffen. Hiervon wurden 5 Entscheidungen in der Zwischenzeit wieder revidiert.

Die Revisionsquote der getroffenen Entscheidungen beträgt im Back-Office im Betrachtungszeitraum 16,7%.

Grenzen der Aussagekraft

Die Revisionsquote getroffener Entscheidungen bildet lediglich den Ausgangspunkt für die Auswertung detaillierterer und tiefgreifenderer Auswertungen. Erst hierdurch können gezielte und valide Steuerungsimpulse getroffen werden.

Die Aussagekraft der Revisionsquote getroffener Entscheidungen allein ist wenn überhaupt nur sehr beschränkt, eine isolierte Betrachtung kann sogar zu Fehlsteuerungsimpulsen führen.

So kann eine hohe Revisionsquote beispielsweise dann als positiv gewertet werden, wenn ein positives Betriebsklima herrscht und die Mitarbeiter entsprechende Freiheiten haben, auch Fehler zu machen und dadurch wichtige Erfahrungen sammeln und verstärkt neue Impulse in die Entscheidungen einfließen können. Das Ziel der meisten Institute sind mündige und entscheidungsfreudige Mitarbeiter. Damit zusammenhängend ergeben sich allerdings auch gewisse Reibungspunkte, die sich in der Revisionsquote der getroffenen Entscheidungen äußern können.

Auf der anderen Seite kann eine niedrige Revisionsquote aber auch auf ein abwartendes und stark passives Fehlervermeidungsklima innerhalb des Instituts hindeuten.

Neben neuen Mitarbeitern in entsprechender Abwartehaltung kann dies insbesondere durch ein negatives Arbeitsklima, im schlimmsten Fall sogar Angst, beeinflusst werden.

Die Revisionsquote der getroffenen Entscheidungen sollte deshalb unbedingt in Kombination mit weiteren Kennzahlen und Informationen beurteilt werden. Neben der strategischen Ausrichtung, insbesondere auch im Vergleich zur Vorperiode, aber auch des Unternehmenserfolgs, beispielsweise gemessen am Marktanteil oder dem Neuabschlussvolumen sowie der unternehmensinternen Lebenszyklusphase, beispielsweise Gründungs- oder Restrukturierungsphase, spielt insbesondere die Mitarbeiter- und Kundenzufriedenheit eine wichtige Rolle.

Beeinflussungsmöglichkeiten

Die Revisionsquote ist insbesondere dadurch aktiv beeinflussbar, dass ausreichende Vorinformationen für die zu treffenden Entscheidungen eingeholt werden und darüber hinaus eine entsprechend breite Information aller Beteiligten, auch über die unterschiedlichen Hierarchieebenen hinweg, stattfindet. Hierdurch sollen zum einen möglichst viele Interessen integriert und gleichzeitig breite Gruppen informiert werden.

Darüber hinaus hat insbesondere die Hierarchieebene, auf der Entscheidungen getroffen werden, einen erheblichen Einfluss auf die spätere Revisionsquote. Je niedriger die Hierarchieebene der Entscheidungsfindung ist, umso höher ist tendenziell auch die Revisionsquote. Auf der anderen Seite steigen mit einer erhöhten Entscheidungskompetenz auch untergeordneter Hierarchieebenen deren Wertigkeit und auch die Zufriedenheit der betroffenen Mitarbeiter. Verbunden mit einer erhöhten Entscheidungskompetenz kann außerdem die Prozesseffizienz, durch eine Konzentration der Führungskräfte verstärkt auf strategische Entscheidungen und eine Entlastung von in der Regel operativen Routineentscheidungen, gesteigert werden.

Datenherkunft

Die Ermittlung der notwendigen Daten für die Erhebung der Kennzahl gestaltet sich eher aufwendig. So findet die Erhebung insbesondere auf Grundlage eigener Erfahrungen sowie auf Basis von Berichten oder Befragungen der Mitarbeiter statt. Besonders schwierig ist hierbei allerdings eine objektive und automatische sowie möglichst umfassende Ermittlung der Daten.

Angrenzende Kennzahlen

vgl. Kundenzufriedenheit; Mitarbeiterzufriedenheit

Risikoadjustierte Performancemaße (in %)

Risikoadjustierte Perfomancemaße beziehungsweise die sogenannten Risk Adjusted Performance Measures stellen eine Ertrags- bzw. Performance-Kennzahl ins Verhältnis zu einer Risikogröße.

Risikoadjustierte Performancemaße

Beispiele für risikoadjustierte Kennzahlen sind unter anderem:

Risk Adjusted Return on Capital (RAROC) und Return On Risk Adjusted Capital (RORAC) sowie Abwandlungen hiervon wie beispielsweise der Risk Adjusted Return On Risk Adjusted Capital (RARORAC) oder der Return on Value at Risk (ROVAR).

RORAC

$$= \frac{\text{Return}}{\text{Risk-Adjusted Capital}} \cdot 100\%$$

RORAC

$$= \frac{\text{Risk-Adjusted Return}}{\text{Capital}} \cdot 100\%$$

RARORAC

$$= \frac{\text{Risk-Adjusted Return}}{\text{Risk-Adjusted Capital}} \cdot 100\%$$

mit:

- *Return* = Nettoergebnis = Gewinn ./. risikoloser Zinssatz · investiertes Kapital
- *Risk-Adjusted Return* = Gewinn ./. Kostensatz Risikokapital · Value-at-Risk
- *Risk-Adjusted Capital* = Value-at-Risk
- *Capital* = ökonomisches Kapital

Aussagekraft

Risikoadjustierte Performancemaße stellen im Vergleich zu klassischen wertorientierten Kennzahlen einen Zusammenhang zum verbundenen Risiko her und ermöglichen eine Integration von Chancen und Risiken in einer Kennzahl.

Das Konzept sämtlicher Ansätze zur risikoadjustierten Performancemessung basiert auf der Sharpe-Ratio, bei der stets eine Ergebnisgröße ins Verhältnis zu einer Kapitalgröße gesetzt wird. Die Sharpe-Ratio stellt die durchschnittliche Überrendite, also die Rendite der Geldanlage abzüglich der Rendite einer risikolosen Anlage, ins Verhältnis zum Risiko in Form der Volatilität der Renditen. Hierbei muss allerdings mindestens eine Größe risikoadjustiert werden.

Die im Finanzbereich beliebtesten risikoadjustierten Performancemaße sind der Return On Risk Adjusted Capital (RORAC) und der Risk Adjusted Return On Capital (RAROC) sowie Abwandlungen dieser Werte. Während der Ertrag zumeist aus bilanziellen Größen ermittelt wird, bestimmt sich das Risikokapital i.d.R. gemäß dem Value-at-Risk-Ansatz. Häufig wird der Value-at-Risk auch auf Geschäftsbereichs- oder Gesamtunternehmensebene verdichtet und mit Ertragskennzahlen verknüpft.

Interpretation

Die risikoadjustierten Performancemaße dienen insbesondere dem Vergleich von Geschäften mit einem unterschiedlichen Risikogehalt. Es wird immer eine Ergebnisgröße ins Verhältnis zu einer Kapitalgröße gesetzt, wobei mindestens eine dieser Größen risikoadjustiert ist.

Je größer die Kennzahl, umso höher ist das Chancen-Risiko-Verhältnis. Das heißt, bei einer gegebenen Kapitalgröße ist die Ergebnisgröße entsprechend hoch oder umgekehrt bei gegebener Ergebnisgröße ist die Kapitalgröße entsprechend niedrig.

Eng mit den risikoadjustierten Performancemaßen verbunden ist auch das Konzept des risikoadjustierten Pricings bzw. der risikoadjustierten Preisbildung. Hierbei wird auf Grundlage des jeweiligen Risikos, häufig bereits im Zuge der Vertragsgenehmigung anhand der Bonitätseinstufung eine entsprechende Mindestbarwertmarge vorgegeben. Diese wird unter Beachtung eines entsprechenden Risiko-Chancen-Kalküls, das unter Anwendung der risikoadjustierten Performancemaße und unter Berücksichtigung der Risikostrategie ermittelt wird, bestimmt. So wird jedem Leasingnehmer eine individuelle, an das Risiko des Leasinggeschäfts angepasste, Kondition angeboten. Dies hat zur Folge dass Margenvorgaben für Leasingnehmer mit einer guten Bonität in der Regel geringer sind als Margenvorgaben für bonitätsschwächere Leasingnehmer.

Anhand der risikoadjustierten Performancemaße kann zudem entschieden werden, ob ein zusätzliches Risiko eingegangen werden soll bzw. ob es unter Risiko-Ertrags-Gesichtspunkten lohnend erscheint.

Beispiel

Der risikoadjustierte Ertrag setzt sich aus einem Gewinn in Höhe von 15 Mio. EUR und einem ökonomischen Kostensatz in Höhe von 8,3 Mio. EUR zusammen. Das gesamte ökonomische Kapital beläuft sich auf 95 Mio. EUR.

Der Risk Adjusted Return on Capital (RAROC) beläuft sich damit auf 7,05%.

Grenzen der Aussagekraft

Die risikoadjustierten Performancemaße sind trotz ihrer leichten Interpretationsfähigkeit häufig auch starker Kritik ausgesetzt. So wird insbesondere kritisiert, dass sich noch keine einheitlichen Definitionen herausgebildet haben und dadurch auch insbesondere der institutsübergreifende Vergleich und die Interpretation der Kennzahlen erschwert werden (vgl. Scherpereel 2006, S.76; Anders 2000, S.314).

Die Uneinheitlichkeit zeigt sich auch an den unterschiedlichen Ansatzpunkten für die Bestimmung des ökonomischen Kapitals beispielsweise beim RAROC.

Des Weiteren wird häufig eingewendet, dass die für die Überrendite notwendige Ermittlung der Rendite risikoloser Anlagen nicht möglich sei, da es keine risikolose Anlage gibt und die Verwendung des Value-at-Risks die Verlustrisiken in absoluter Höhe nur bedingt erfasst, da der Value-at-Risk als Wahrscheinlichkeitsobergrenze konzipiert wurde. Zukünftige Entwicklungen werden darüber hinaus in diesen Kennzahlen in der Regel nur unzureichend oder überhaupt nicht erfasst.

Beeinflussungsmöglichkeiten

Die risikoadjustierten Performancemaße werden insbesondere durch das Risikokapital bzw. die quantifizierten Risiken sowie den Ertrag bzw. die Einzahlungen beeinflusst.

Zur Steigerung einer risikoadjustierten Kennzahl kann bei gleichbleibendem Risiko entweder die Ertragskennzahl gesteigert werden oder bei gleichbleibendem Ertrag die Risikokennzahl reduziert werden.

Datenherkunft

Die Daten für die Ertrags- und Risikokennzahlen werden häufig vom Risikomanagement erhoben bzw. ermittelt. Der Value-at-Risk oder auch andere risikoadjustierte Werte müssen häufig relativ aufwendig ermittelt und im Sinne der institutsindividuellen Risikostrategie beurteilt werden.

Angrenzende Kennzahlen

vgl. Value-at-Risk

Risikoadjustierte Preisbildung

→ *vgl. hierzu*: Risikoadjustierte Performancemaße

Risikodeckungsmasse

→ *vgl. hierzu*: Risikotragfähigkeitsindex

Risikodeckungspotenzial

→ *vgl. hierzu*: Risikotragfähigkeitsindex

Risikotragfähigkeitsindex (in %)

Bei der Ermittlung der Risikotragfähigkeit werden die als wesentlich eingestuften Risiken quantifiziert und der Risikodeckungsmasse gegenübergestellt. Die Risikodeckungsmasse bezeichnet den Anteil des Vermögens, der unter Berücksichtigung der Risikoneigung bzw. des Risikoappetits des Instituts zur Deckung der Risiken zur Verfügung steht. Häufig basiert die Risikodeckungsmasse von Leasinggesellschaften auf Teilen des Substanzwerts, wobei bestimmte ungewisse zukünftige Erträge und/oder Aufwendungen eliminiert werden müssen.

Risikotragfähigkeitsindex

$$= \frac{\text{Verlustpotenzial durch wesentliche Risiken [in EUR]}}{\text{Risikodeckungsmasse [in EUR]}} \cdot 100\%$$

Aussagekraft

Die Risikotragfähigkeit bildet eine wesentliche aufsichtsrechtliche Anforderung, die in den Mindestanforderungen an das Risikomanagement (MaRisk) festgeschrieben ist. Diese ist je nach Komplexität und Umfang der betriebenen Geschäfte entsprechend institutsindividuell auszuarbeiten.

Anhand des Risikotragfähigkeitsindex kann relativ schnell ein grober Überblick über die Risikosituation in der Leasinggesellschaft gewonnen werden. Neben der allgemeinen Überprüfung der Risikolage können darüber hinaus aber auch Verstöße gegen die Risikostrategie identifiziert und bestimmte Anpassungen vorgenommen werden.

Zu den wesentlichen Risikoarten der meisten Leasinggesellschaften zählen unter anderem:

- Adressenausfallrisiken: Verluste durch den Ausfall oder die Bonitätsverschlechterung von Geschäftspartnern
- Marktpreisrisiken: Verluste durch veränderte Zinssätze, Aktienkurse, Marktwerte der Leasingobjekte etc.

_ Operationelle Risiken: Verluste aufgrund des Versagens von internen Verfahren, Menschen und Systemen sowie externen Einflüssen (im Leasing insbesondere Betrug bzw. sonstige strafbare Handlungen i.S.d. §25h KWG) inkl. Rechtsrisiken

_ Liquiditätsrisiken: Gefahr, den Zahlungsverpflichtungen nicht fristgerecht nachkommen zu können bzw. Marktpositionen nicht kurzfristig zum eigentlichen Marktwert veräußern bzw. kaufen zu können

_ Reputationsrisiken: Verluste aufgrund eines geschädigten Images bzw. einer schlechten Reputation

Bei der Quantifizierung der Risiken gilt es im Verlustpotenzial neben der potenziellen Verlusthöhe insbesondere auch die Eintrittswahrscheinlichkeit der einzelnen Risiken entsprechend zu berücksichtigen.

Die Risikodeckungsmasse als Pendant zum aggregierten Verlustpotenzial dient dazu, unerwartete Verluste der Leasinggesellschaft aufzufangen. Sie gliedert sich häufig in unterschiedliche Eskalationsstufen, die nach unterschiedlicher Fristigkeit der enthaltenen Mittel aufgeteilt sind. So sind für die Risikodeckungsmasse in einem ersten Schritt kalkulatorische Wertberichtigungen für noch nicht realisierte Verluste und Gewinne bzw. Gewinnrücklagen hinzuzuziehen und als eine der letzten Maßnahmen beispielsweise mögliches Haftkapital der Gesellschafter. Es sollte also auch bei der Risikotragfähigkeit ein Gesamtgebilde konstruiert werden, ähnlich einem Szenario, bei dem die unterschiedlichen Eskalationsstufen simuliert werden können. Zu beachten ist aber, dass betriebsnotwendiges, zur Fortführung der Geschäftstätigkeit essenzielles, Vermögen grundsätzlich nicht zur Risikodeckungsmasse gezählt werden sollte.

Interpretation

Ziel des Risikotragfähigkeitsindex ist die Sicherstellung einer jederzeitigen Risikotragfähigkeit bzw. darüber hinaus eine unmittelbare Ableitung von Gegensteuerungsmaßnahmen, sobald Abweichungen von der Risikostrategie eintreten. Die Grundlage hierfür bilden häufig bestimmte Ad-hoc-Maßnahmen, die bei Erreichen vordefinierter Schwellenwerte bzw. sogenannter Trigger, unmittelbare Steuerungsimpulse auslösen.

Neben der Steuerung von Ad-hoc-Maßnahmen eignet sich der Risikotragfähigkeitsindex insbesondere als Ausgangspunkt für ein institutsindividuell gestaltetes Limitsystem. Hierdurch sollen potenziell existenzgefährdende Situationen vermieden und gleichzeitig optional eine Risiko-Rendite-Steuerung ermöglicht werden.

Die Risikotragfähigkeit wird häufig mit unterschiedlichen Datenbasen ermittelt. Zum einen als Base Case-Szenario, bei dem die unter normalen Marktbedingungen erwarteten Entwicklungen berücksichtigt werden und zum anderen als Stress-Szenario, bei dem extreme Entwicklungen unterstellt werden und auch neu auftretende Risiken schlagend werden.

Beispiel

Eine Leasinggesellschaft hat ihre wesentlichen Risiken im Portfolio auf 5,2 Mio. EUR taxiert. Demgegenüber steht eine Risikodeckungsmasse von 15,0 Mio. EUR in Form sofort liquidierbarer Vermögensgegenstände bzw. unter Hinzuziehung von stillen Reserven bestehender Anlagegüter und zukünftiger Gewinne sogar eine Risikodeckungsmasse von 27,2 Mio. EUR.

Der Risikotragfähigkeitsindex beträgt für einen kurzen Zeithorizont 34,67% bzw. 19,12% als Ultima Ratio. Unter normalen Umständen bleiben also noch 65,33% der Risikodeckungsmasse für unerwartete Verluste übrig. Im Extremfall, bei dem die höchste Eskalationsstufe zugrunde liegt, bleiben sogar noch 80,88% für unerwartete Risiken und Verluste übrig.

Grenzen der Aussagekraft

In der Risikotragfähigkeit finden zukünftige Entwicklungen häufig nur sehr begrenzt und damit vielfach nur unzureichend Berücksichtigung. Zukünftige Entwicklungen können bzw. sollten mittels Stresstests oder anderen Szenariobetrachtungen wie beispielsweise Sensitivitätsanalysen in die Risikotragfähigkeitsbetrachtung integriert werden.

Erst hierdurch ist es möglich, die Schwächen der klassischen Risikotragfähigkeitsermittlung auszumerzen. So werden insbesondere neu auftretende Risiken oder neue Wechselwirkungen auch von bestehenden Risiken systematisch unterschätzt. Zudem kann die Risikotragfähigkeit insbesondere durch Risikokonzentrationen sehr stark beeinflusst werden. Im Falle von unentdeckten Risikokonzentrationen können sich sehr schnell existenzgefährdende Situationen ergeben.

Trotz aller Nutzenpotenziale durch eine Kennzahl zur Risikotragfähigkeit ist zu beachten, dass anhand des Risikotragfähigkeitsindex lediglich eine Aussage getroffen werden kann, ob sich die Leasinggesellschaft die eingegangenen oder die zukünftig geplanten Risiken auch leisten kann. Es wird allerdings nicht geklärt, ob die erzielten Chancen in Form der generierten Barwertmarge auch attraktiv im Verhältnis zum eingegangenen Risiko sind. Hierzu dienen insbesondere die sogenannten → *Risikoadjustierten Performancemaße*.

Beeinflussungsmöglichkeiten

Der Risikotragfähigkeitsindex wird insbesondere dadurch beeinflusst, dass die Risiken hinsichtlich ihrer Eintrittswahrscheinlichkeit und ihrer Verlusthöhe reduziert werden und das Risikodeckungspotenzial effizient verteilt wird. Es gilt hierbei eine optimale Streuung des Risikodeckungspotenzials in den unterschiedlichen Eskalationsstufen zu erreichen.

So verzinsen sich längerfristige Investitionen häufig höher als kurzfristige, wobei andererseits im Verlustfall schnell verfügbare liquide Mittel sehr wichtig sind.

Anhand von idealerweise vordefinierten Standard- oder Ad-hoc-Maßnahmen-bündeln und durch die Definition von bestimmten Auslösungstatbeständen, sog. Triggern, soll nicht nur eine effektive, sondern auch eine effiziente Steuerung von Leasinggesellschaften ermöglicht werden.

Datenherkunft

Das Risikomanagement eines Leasinginstituts befasst sich häufig mit der Quantifizierung der einzelnen Risiken. Unter Berücksichtigung bestehender Datenhistorien zu realisierten Verlusten (z.B. anhand von Wertberichtigungen in der Buchhaltung, Rechtsstreitigkeiten mit Geschäftspartnern etc.) sowie hinsichtlich der prognostizierten Markt- und Umweltbedingungen werden die jeweiligen Marktpreisschwankungen der Leasingobjekte ermittelt und im Sinne der Risikostrategie gesteuert.

Die Risikodeckungsmasse wird analog zu den wesentlichen Risiken anhand des barwertigen Vermögenswerts ermittelt, wobei in der Risikodeckungsmasse von Leasinggesellschaften klassischerweise ein Einfluss von zukünftigen Erträgen und Aufwendungen nur sehr schwer einschätzbar ist. Deshalb wird der Substanzwert mit den zukünftigen Erträgen und Aufwendungen im Regelfall auch nicht vollumfänglich zum Risikodeckungspotenzial hinzugerechnet.

Einen wesentlichen Einfluss auf das Risikodeckungspotenzial und damit die Risikodeckungsmasse hat neben dem Substanzwert insbesondere auch die Eigenmittelquote. Neben dem haftenden Eigenkapital sind insbesondere thesaurierte Gewinne und Gewinnrücklagen ein wesentlicher Treiber der Risikodeckungsmasse.

Abbildung 2.8 verdeutlicht den Zusammenhang zwischen Risikodeckungspotenzial, Risikodeckungsmasse und dem institutsindividuellen Risikoappetit.

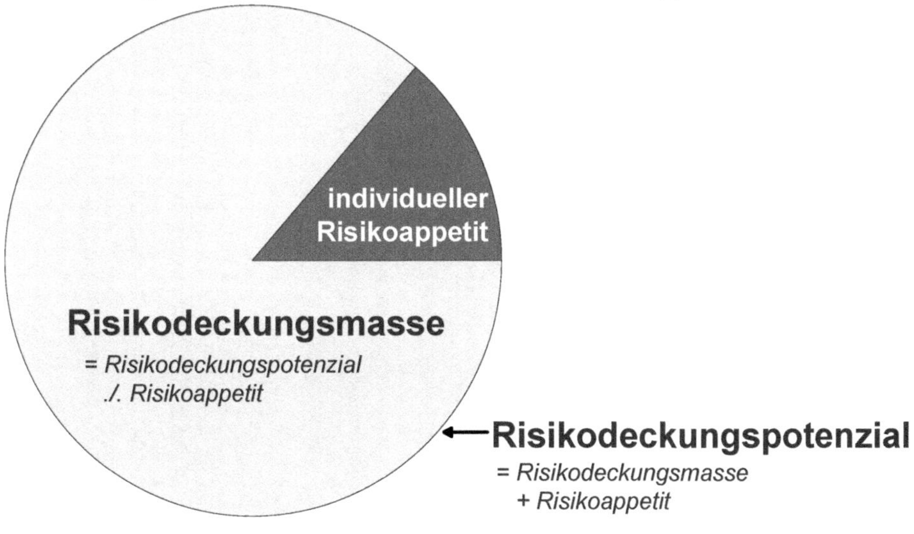

Abb.2.8 Zusammenhang Risikodeckungspotenzial und Risikodeckungsmasse

Quelle: Eigene Darstellung.

Angrenzende Kennzahlen

vgl. Limitauslastung; Risikoadjustierte Performancemaße; Substanzwert nach dem BDL-Schema; Value-at-Risk

Risk Adjusted Performance Measures (in %)

→ *vgl. hierzu*: Risikoadjustierte Performancemaße

Risk Adjusted Pricing

→ *vgl. hierzu*: Risikoadjustierte Performancemaße

Risk Return Ratio

→ *vgl. hierzu*: Risikoadjustierte Performancemaße

Rückgewinnungsquote (in %)

→ *vgl. hierzu*: Reaktivierungsquote

Rückkaufquote

→ *vgl. hierzu*: Überwälzungsquote

Rücklastschriftquote

→ *vgl. hierzu*: Rücklastschriftvolumen

Rücklastschriftvolumen (in EUR)

Das Rücklastschriftvolumen gibt das Volumen an Rateneinzügen an, bei denen der Rateneinzug über Lastschrift aufgrund von Unterdeckungen oder sonstigen Gründen für eine Lastschriftrückgabe (z.B. Widerspruch des Kontoinhabers gegen die Lastschrift, Auflösung des Kontos etc.) nicht vorgenommen werden konnte.

Rücklastschriftvolumen

= Volumen der Rateneinzüge mit Lastschriftrückgaben

Aussagekraft

Das Rücklastschriftvolumen ist ein wesentlicher Frühwarnindikator für ein latentes bzw. ein erhöht latentes Adressenausfallrisiko. So deutet sich eine Insolvenz häufig bereits im Vorfeld durch erhebliche Schwankungen der Bonität und insbesondere der Liquidität an.

Darüber hinaus entsteht mit jeder Rücklastschrift aber auch ein erhöhter, größtenteils manueller Arbeitsaufwand. Neben den Rücklastschriftgebühren, die dem Kunden im Regelfall in Rechnung gestellt werden, gilt es diesen zusätzlichen Aufwand ebenfalls zu berücksichtigen. Für eine mengenmäßige Einschätzung der Rücklastschriften wird deshalb häufig als Ergänzung zum Rücklastschriftvolumen auch die Rücklastschriftquote ermittelt.

Rücklastschriftquote *(mengenmäßig)*

$$= \frac{\text{Verträge bzw.Kunden mit Rücklastschriften}}{\text{Gesamtanzahl an Verträgen bzw.Kunden}} \cdot 100\%$$

Rücklastschriftquote *(wertmäßig)*

$$= \frac{\text{Volumen der Rateneinzüge mit Rücklastschriften}}{\text{Gesamte Rateneinzüge im Betrachtungszeitraum}} \cdot 100\%$$

Interpretation

Ein niedriges Rücklastschriftvolumen kann zwei Gründe haben. Entweder sind nur wenige Lastschriften zurückgegeben worden oder das Volumen der einzelnen zurückgegebenen Lastschriften war nur sehr gering.

Ein geringer Anteil an Rücklastschriften bezogen auf das gesamte Vertragsportfolio ist in der Regel auch ein Gütesiegel für die Kreditpolitik und für die Bonitätseinstufung der bestehenden Leasingnehmer.

Für die frühzeitige Identifikation von bestimmten, beispielsweise konjunkturellen, branchenbezogenen oder regionalen Trends sollten insbesondere auch die entsprechenden periodischen Entwicklungen in den unterschiedlichen Bereichen (beispielsweise unterteilt nach Bezugsgrößen wie Kundenbranche, Vertriebsregion, Ratingklasse etc.) genau betrachtet werden.

Dadurch, dass die entsprechenden Rücklastschriften häufig verbunden sind mit einem erhöhten Ausfallrisiko, bilden einige Leasinggesellschaften auf Basis von Rücklastschriften darüber hinaus entsprechende Einzelwertberichtigungen. Im ersten Schritt wird hierbei ein gewisser, wenn auch häufig noch sehr niedriger Teil des potenziellen Verlusts, als Basis für die Wertberichtigung angesetzt.

Beispiel

Im Berichtsmonat wurde bei Leasingvertrag A die Leasingrate in Höhe von 333,33 EUR, bei Leasingvertrag B die Rate von 888,88 EUR und bei Leasingvertrag C die Rate von 7.979,79 EUR aufgrund mangelnder Deckung mit dem Vermerk „vorgelegt und nicht bezahlt" zurückgegeben.

Das Rücklastschriftvolumen beträgt hiermit 9.202,00 EUR.

Grenzen der Aussagekraft

Das Rücklastschriftvolumen sollte für ein umfassenderes Bild und für die Ableitung valider Steuerungsalternativen unbedingt zusammen mit dem jeweiligen Restobligo bzw. Blankorisiko der Leasing- oder Mietkaufverträge mit Rücklastschriften betrachtet werden. Erst im Kontext des korrespondierenden Restobligos bzw. Blankorisikos zu den jeweiligen Rücklastschriften kann das potenzielle Adressenausfallrisiko präzise ab- und eingeschätzt werden. So kann es beispielsweise bei Verträgen mit einer sehr hohen Objektsicherheit sogar dazu kommen, dass de facto gar kein Blankorisiko besteht bzw. im Falle eines Ausfalls des Leasingnehmers mit einer anschließenden Verwertung sogar noch ein Übererlös erzielt werden könnte.

Beeinflussungsmöglichkeiten

Das Rücklastschriftvolumen allein kann nur sehr begrenzt gesteuert werden. Nicht selten kommt es auch bei bonitätsstarken Kunden zu Rücklastschriften, wenn außergewöhnlich hohe Raten eingezogen werden, mit denen der Kunde nicht gerechnet hat. Dies ist beispielsweise bei einer erhöhten ersten Leasingrate aufgrund von Sonderzahlungen etc., die gleichzeitig eingezogen werden, häufig der Fall. Hierbei sollte der Kunde frühzeitig über die Höhe und den Zeitpunkt des Einzugs informiert werden, um sicherzustellen, dass das Konto entsprechend ausreichend disponiert und gedeckt ist.

Bei einem dauerhaft oder zumindest langfristig erhöhten Rücklastschriftvolumen ist allerdings im Regelfall eine Reaktion der Kreditabteilung nötig. So sollte diese ihre Kredit- bzw. Genehmigungspolitik überprüfen und ggf. im Sinne der Risikostrategie neu ausrichten.

Datenherkunft

Das Rücklastschriftvolumen wird vom Finanz- und Rechnungswesen bzw. der Buchhaltung ermittelt und beim Kunden entsprechend als offener Posten verbucht. Es können mit einem zeitlichen Versatz von einigen Tagen immer direkt nach dem Rateneinzug die jeweiligen Rücklastschriften anhand von Summen- und Saldenlisten bzw. anhand von Kontoauszügen erhoben werden.

Angrenzende Kennzahlen

vgl. Insolvenzvolumen, kumuliertes; Lastschriftenquote; Stundungsvolumen

Rückstellungsquote (in %)

Die Rückstellungsquote gibt die Summe der Rückstellungen im Betrachtungszeitpunkt im Verhältnis zur Bilanzsumme der Leasinggesellschaft an.

Rückstellungsquote

$$= \frac{\text{Gesamtsumme Rückstellungen}}{\text{Bilanzsumme}} \cdot 100\%$$

Beispielhafte Rückstellungen:

- Pensionsrückstellungen
- Steuerrückstellungen
- Drohverlustrückstellungen (für drohende Verluste aus schwebenden Geschäften)
- Prozessrückstellungen
- Rückstellungen für Rechts- und Beratungskosten
- Provisionsrückstellungen
- Aufwandsrückstellungen (für unterlassene Instandhaltungen inner-halb der ersten 3 Monate des neuen Geschäftsjahres)
- Jahresabschluss-/Prüfungsrückstellungen
- Rückstellungen für Urlaubsansprüche

etc.

Aussagekraft

Die Rückstellungsquote gibt zum einen an, wie hoch der Finanzierungsgrad des Instituts aus Rückstellungsgegenwerten ist. Die Rückstellungen sind hierbei dem Fremdkapital zuzuordnen, wenngleich sie insbesondere unter Finanzierungsgesichtspunkten eng an das Eigenkapital angrenzen.

Ein typisches Beispiel für Rückstellungen mit Finanzierungscharakter sind Pensionsrückstellungen. Diese stehen dem Institut im Regelfall langfristig zur Verfügung und können bis zur Inanspruchnahme entsprechend gewinnbringend angelegt und damit verzinst werden.

Zum anderen werden insbesondere auch kurzfristige Rückstellungen für drohende Verluste bzw. schlagend werdende Risiken gebildet, beispielsweise Prozessrückstellungen für schwebende Gerichtsverfahren.

Charakteristisch für Rückstellungen ist, dass die exakte Höhe und der exakte Fälligkeitstermin ungewiss sind. Hierdurch entsteht in erheblichem Maße die Gefahr von stillen Lasten, indem die Rückstellungen zu niedrig gebildet werden, oder aber von stillen Reserven, indem die Rückstellungen höher gebildet werden, als sich das Verlustpotenzial der einzelnen Risiken tatsächlich realisiert.

Durch die Bilanzierungsgrundsätze der kaufmännischen Vorsicht (§252 HGB) werden zwar einerseits stille Reserven begünstigt. Andererseits werden die stillen Reserven aber aufgrund des Gestaltungsprinzips der Grundsätze ordnungsmäßiger Buchführung, der Bilanzwahrheit, begrenzt. Diese schreibt eine materielle Richtigkeit, eine Vollständigkeit und eine Willkürfreiheit des Jahresabschlusses vor.

Interpretation

Eine hohe Rückstellungsquote wird häufig insbesondere aus risikopolitischen Gesichtspunkten als eher positiv gesehen. Durch vergleichsweise hohe Rückstellungen bieten sich dem Institut verbesserte Möglichkeiten, zukünftig auftretende Risiken und nicht vorhergesehene Ereignisse abzusichern.

Auf der anderen Seite muss aber auch berücksichtigt werden, dass mit hohen Rückstellungen häufig auch hohe zukünftige Zahlungsverpflichtungen und damit auch erhebliche Liquiditätsabflüsse verbunden sind.

Eine steigende Rückstellungsquote beispielsweise kann durch eine erhöhte Bildung von Rückstellungen aufgrund drohender Schadensfälle oder durch eine erhöhte Anzahl oder ein erhöhtes Volumen der über Rückstellungen finanzierten Pensionsvereinbarungen entstehen.

Eine sinkende Rückstellungsquote auf der anderen Seite kann sich (bei gleichzeitigem Liquiditätsabfluss) aufgrund der Auflösung von Rückstellungen im Falle des Schadenseintritts oder aufgrund nicht eingetretener Schäden und einer damit verbundenen Auflösung der Rückstellungen ergeben.

Beispiel

Ein Institut verbucht Pensionsrückstellungen in Höhe von 7,5 Mio. EUR sowie Drohverlust- und Prozesskostenrückstellungen in Höhe von 22,5 Mio. EUR. Das Gesamtkapital bzw. die Bilanzsumme beläuft sich auf 300 Mio. EUR.

Die Rückstellungsquote beträgt damit 10,0%.

Grenzen der Aussagekraft

Anhand der Kennzahl der Rückstellungsquote allein können im Regelfall keine validen und belastbaren Aussagen getroffen werden. Zum einen gilt es unbedingt zwischen (eher) kurzfristig und (eher) langfristig verfügbaren Rückstellungen zu unterschieden. Hierunter fallen beispielsweise Drohverlustrückstellungen (in der Regel kurzfristig) und Pensionsrückstellungen (in der Regel langfristig).

Erst durch eine derartige Unterscheidung kann eine Aussage über die Höhe der zur Finanzierung zur Verfügung stehenden Mittel aus den Rückstellungen getroffen werden.

Zum anderen gilt es, die tatsächliche Risikolage des Instituts heranzuziehen, insbesondere auch im Periodenvergleich, indem die Höhe der Rückstellungsquote beispielsweise ins Verhältnis zum erwarteten Verlust gesetzt wird. Durch eine Kombination zwischen der anteiligen Höhe der Rückstellungen im Verhältnis zur risikopolitischen Bedrohungslage des Instituts ist eine Einschätzung der bilanzpolitischen Strategie möglich.

Beeinflussungsmöglichkeiten

Rückstellungen werden bei Leasinggesellschaften häufig bewusst als bilanzpolitisches Instrument zum Auf- oder Abbau von stillen Reserven und damit zur direkten Beeinflussung des Jahresergebnisses verwendet. Die bilanzpolitischen Maßnahmen lassen sich anhand der Rückstellungsquote häufig ersehen oder zumindest erahnen.

Datenherkunft

Die Summe der Rückstellungen sowie das Gesamtkapital bzw. die Bilanzsumme können der Bilanz des Instituts stichtagsgenau zum jeweiligen Bilanzstichtag entnommen werden. Die Rückstellungen sind hierbei dem Fremdkapital zugeordnet.

Angrenzende Kennzahlen

vgl. Verlust, erwarteter; Wertberichtigungsquote

Rückstellungsstruktur (in %)

→ *vgl. hierzu*: Rückstellungsquote

Rückzahlungsquote (in %)

→ *vgl. hierzu*: Insolvenzvolumen, kumuliertes

S–U

C. Glaser, *Leasing A – Z*, https://doi.org/10.1007/978-3-658-31839-0_14

Sale-and-Lease-Back-Quote (in %)

Die Sale-and-Lease-Back-Quote gibt den Anteil der Leasingverträge an, bei denen der Leasingnehmer das Leasingobjekt an die Leasinggesellschaft in einem ersten Schritt verkauft hat und es danach in einem zweiten Schritt wieder zurück least.

Sale-and-Lease-Back-Quote *(mengenmäßig)*

$$= \frac{\text{Anzahl Sale-and-Lease-Back-Verträge}}{\text{Gesamtanzahl Leasingverträge im Bestand}} \cdot 100\%$$

Sale-and-Lease-Back-Quote *(wertmäßig)*

$$= \frac{\text{Restobligo Sale-and-Lease-Back-Verträge}}{\text{Restobligo gesamtes Leasingportfolio}} \cdot 100\%$$

Aussagekraft

Die Sale-and-Lease-Back-Quote ist eine wichtige Kennzahl zur Ermittlung der Struktur der Leasingverträge.

Das klassische Sale-and-Lease-Back-Geschäft stellt eine Sonderform des Leasings dar, die sich insbesondere bei mittelständischen Unternehmen großer Beliebtheit erfreut. Der wesentlichste Anreizpunkt aus Leasingnehmersicht ist zumeist die Aufdeckung von stillen Reserven des Anlagevermögens durch den Verkauf des Objekts an die Leasinggesellschaft und damit verbunden die kurzfristige Beschaffung von Liquidität, ohne hierbei auf die weitere Nutzung des Leasingobjekts verzichten zu müssen.

Hierdurch erweist sich das Sale-and-Lease-Back-Geschäft häufig als in besonderem Maße krisenfest bzw. ist nicht selten besonders in wirtschaftlich angespannten Situationen, in denen sich die Kreditvergabe insbesondere für den Mittelstand als sehr schwierig darstellt, ein wesentlicher Wachstumstreiber bzw. Erfolgsgarant für Leasinggesellschaften.

Der Bearbeitungsaufwand insbesondere in der Marktfolge ist für Sale-and-Lease-Back-Verträge hingegen häufig deutlich höher als für „klassische" Leasingverträge. Hintergrund ist hierbei vor allen Dingen die erhöhte Betrugs- bzw. Fraud-Gefahr.

Zum einen muss bei Sale-and-Lease-Back-Verträgen in besonderem Maße der Marktwert trennscharf ermittelt werden. Nicht selten kommt es hierbei zu einem Wertbetrug, bei dem ein deutlich überhöhter Kaufpreis für das Leasingobjekt angesetzt wird. Neben einem vergrößerten Spielraum durch zusätzliche Liquidität (unter regulärer Bedienung des Leasingvertrags) als harmloserer Fallvariante reicht der Wertbetrug auch bis hin zur gezielten Schädigung der Leasinggesellschaft mit anschließender Insolvenzanmeldung des Leasingnehmers, sobald der Kaufpreis in voller Höhe beim Leasingnehmer eingegangen ist.

Eine weitere sehr hohe Gefahr bei Sale-and-Lease-Back-Verträgen ist die Gefahr der Mehrfachsicherungsübereignung, wie auch der spektakuläre Betrugsfall „FlowTex" in den 1990er-Jahren eindrucksvoll zeigte. Neben der Übereignung desselben Leasingobjekts an mehrere Leasinggesellschaften kann es darüber hinaus auch zur Übereignung von physisch nicht existenten und nur auf dem Papier vorhandenen Leasingobjekten kommen.

Insbesondere bei Sale-and-Lease-Back-Verträgen werden deshalb zahlreiche aufwendige Sicherheitsmaßnahmen im Zuge der Vertragsannahme durchgeführt. Dies reicht von der physischen Besichtigung des Objekts mit beispielsweise einem Abgleich der Seriennummer (um sicherzustellen, dass das gekaufte und anschließend verleaste Objekt überhaupt existiert und auch um den Objektzustand und damit den Wert grob abzuschätzen) über eine Markierung des Eigentums am Leasingobjekt, sofern möglich einem Abgleich in Leasingregistern oder anderen eigentumsanzeigenden Plattformen (z.B. zur Eintragung der Fahrgestellnummer eines Kfz mit der Leasinggesellschaft als Eigentümer) bis hin zur Überprüfung der Ursprungsrechnungen der Ursprungslieferanten.

Darüber hinaus ist der administrative Aufwand bei Sale-and-Lease-Back-Leasingverträgen ebenfalls höher. So ist es bei zahlreichen Leasinggesellschaften eine Vertragsauflage, dass eine Vermieter- oder Gläubigerpfandfreigabe für einige Leasingobjekte eingeholt wird, um das Leasingobjekt im Falle einer Insolvenz des Leasingnehmers vor dem Zugriff des Vermieters oder eines Gläubigers zu schützen.

Interpretation

Eine erhöhte Sale-and-Lease-Back-Quote ist zwar kein hartes Indiz für ein gleichzeitig auch erhöhtes Fraud- bzw. Betrugsrisiko. Sie wird aber häufig als Frühwarnindikator bzw. frühes Signal herangezogen *(→ vgl. Fraud-Red-Flags)*.

Andererseits kann neben dem erhöhten Bearbeitungsaufwand für Sale-and-Lease-Back-Verträge aber auch insbesondere die häufige Stabilität des Auftragsvolumens auch und insbesondere in wirtschaftlichen Krisensituationen hervorgehoben werden.

Für die Interpretation der Sale-and-Lease-Back-Quote sollten deshalb unbedingt die geschäftspolitische Ausrichtung der Leasinggesellschaft, die wirtschaftlichen Rahmenbedingungen und die vorhandenen Automatisierungs- sowie Betrugspräventionsmaßnahmen mit berücksichtigt werden.

Beispiel

Das Restobligo sämtlicher 12.500 aktiven Leasingverträge der Leasinggesellschaft beträgt 680 Mio. EUR. Insgesamt werden 1.500 Leasingverträge mit einem Restobligo von 102 Mio. EUR im Sale-and-Lease-Back-Verfahren abgewickelt.

Die wertmäßige Sale-and-Lease-Back-Quote beträgt damit 15%, während die mengenmäßige Sale-and-Lease-Back-Quote 12% beträgt.

Grenzen der Aussagekraft

In der Sale-and-Lease-Back-Quote können institutsgreifend keine unterschiedlichen Präventionsstandards berücksichtigt werden. So werden mit einer hohen Sale-and-Lease-Back-Quote unter Umständen gleichzeitig auch erhöhte Betrugsrisiken assoziiert, selbst dann, wenn nachweislich sehr hohe und gut funktionierende Präventionsmaßnahmen etabliert sind.

Zum anderen ist keine Aussagekraft über die Vorteilhaftigkeit der entsprechenden Transaktionen möglich. So sollte die Quote beispielsweise ins Verhältnis zur erzielten Barwertmarge gesetzt werden und dann mit den anderen Vertragstypen verglichen werden. Erst dann lässt sich - insbesondere auch unter Berücksichtigung der zusätzlichen Aufwendungen - auf Vollkostenbasis eine verlässliche Aussage zur Steuerung treffen.

Beeinflussungsmöglichkeiten

Je nach Ausrichtung und Beurteilung von Sale-and-Lease-Back-Verträgen können diese durch das risikoadjustierte Pricing und/oder die erfolgsabhängigen Tantiemen für die Außendienstmitarbeiter in die gewünschte Richtung gelenkt werden.

Darüber hinaus besteht auch die Möglichkeit bereits bei der Vertragsgenehmigung die Sale-and-Lease-Back-Quote im Sinne der Kreditpolitik zu steuern.

Datenherkunft

Die Sale-and-Lease-Back-Quote lässt sich relativ einfach über die Vertragsverwaltung in der Marktfolge ermitteln.

Angrenzende Kennzahlen

vgl. Betrugsquote; Fraud-Red-Flags-Quote; Schadensfallanteil operationeller Risiken

Schadensfallanteil operationeller Risiken (in EUR oder in %)

Der Schadensfallanteil der operationellen Risiken stellt das kumulierte Volumen der Schäden, die auf operationelle Risiken zurückzuführen sind, entweder als absoluten Wert oder im Verhältnis beispielsweise zur kumulierten Barwertmarge der Neugeschäfte im Betrachtungszeitraum dar.

Schadensfallanteil operationeller Risiken

= kumuliertes Volumen an Schadensfällen aus operationellen Risiken

Schadensfallanteil operationeller Risiken *(alternativ)*

$$= \frac{\text{kumuliertes Schadensvolumen aus operationellen Risiken}}{\text{kumulierte Barwertmarge der Neugeschäfte im Betrachtungszeitraum}} \cdot 100\%$$

Aussagekraft

Die Steuerung der operationellen Risiken stellt für die meisten Institute eine zentrale Herausforderung dar, da diese Risikoart nur sehr schwer aktiv beeinflusst werden kann und häufig nur begrenzte Erfahrungswerte mit ihrem Umgang bestehen.

Die Basis für die Ermittlung des Schadensfallanteils aus operationellen Risiken bildet häufig eine sogenannte Schadensfalldatenbank, in der allerdings in den meisten Fällen nur Schäden ab einer bestimmten Mindestgrenze, beispielsweise 1 TEUR, analysiert werden.

Interpretation

Das Ziel eines jeden Instituts sollte ein möglichst niedriger Schadensfallanteil aus operationellen Risiken sein. So sollten durch einen effektiven Schutz vor beispielsweise Betrugsfällen und sonstigen strafbaren Handlungen - wie etwa Diebstahl von Informationen oder Angriffen auf die Systemsicherheit - aber auch durch eine hohe Prozessqualität und organisatorische Vorsichtsmaßnahmen - wie beispielsweise das Vier-Augen-Prinzip - die Verluste möglichst gering gehalten werden.

Bei Risiken, die unvermittelt eintreten und nicht proaktiv gesteuert werden können, beispielsweise Naturkatastrophen oder Terrorismusanschläge, sollten möglichst detaillierte Notfallpläne erarbeitet werden, die im Extremfall die Reaktionszeit verkürzen und damit wiederum den Verlust weitgehend minimieren.

Der Schadensfallanteil an operationellen Risiken sollte sehr genau beobachtet werden auch insbesondere anhand der unterschiedlichsten Bezugsgrößen wie beispielsweise der Vertriebsregion, der Kundenbranche, der Kundenbonität bzw. ratingklasse, der Vertragskonstellation sowie allgemein der zugrunde liegenden Prozesse.

Beispiel

Im Betrachtungszeitraum haben sich operationelle Risiken in Form von 4 Betrugsfällen sowie einem Hackerangriff und zwei fehlerhaften Überweisungen in der Sachbearbeitung in Höhe von insgesamt 210 TEUR realisiert. Die Barwertmarge der kontrahierten Verträge betrug im selben Zeitraum 18,2 Mio. EUR.

Der Schadensfallanteil operationeller Risiken betrug damit also 210 TEUR bzw. 1,15% der generierten Barwertmarge.

Grenzen der Aussagekraft

Die Kennzahl des Schadensfallanteils aus operationellen Risiken kann wenn überhaupt nur sehr begrenzt für die Steuerung der operationellen Risiken herangezogen werden. Viel wesentlicher und wichtiger sind hierbei die Ergebnisse der Stresstests, auf deren Grundlage die getroffenen Vorsorgemaßnahmen weiter verfeinert und angepasst werden müssen.

Es sollte zudem berücksichtigt werden, dass es charakteristisch für operationelle Risiken ist, dass Schadensfälle plötzlich auftreten und sich bereits ein einzelner Großschaden als existenzgefährdend für das Institut erweisen kann.

Darüber hinaus ist der vollumfängliche Schadensfallanteil erst Monate, teilweise sogar erst Jahre nach Eintritt des Schadensereignisses bekannt. Dies hängt beispielsweise an langwierigen Gerichtsprozessen und den damit latenten gerichtlichen Kosten bzw. insbesondere Rechtskosten. Deshalb sollten für einen ersten Einblick auch geschätzte Kosten berücksichtigt werden.

Beeinflussungsmöglichkeiten

Der Anteil der Schadensfälle operationeller Risiken hängt zum einen wesentlich davon ab, ob erkannte Schwachstellen umgehend behoben wurden bzw. sich andeutende Trends frühzeitig unterbrochen wurden. Zum anderen hängt die Höhe der Schadensfälle aber auch davon ab, wie die Risikopolitik des Instituts ausgestaltet ist. Dementsprechend können beispielsweise bestimmte Bagatellschäden, die sich aufgrund der hohen Eintrittswahrscheinlichkeit in einem entsprechend hohen kumulierten Schadensvolumen niederschlagen, bereits in der Barwertmarge eingepreist werden. Diese werden somit durch eine höhere Barwertmarge kompensiert.

Datenherkunft

Die Datengrundlage für den Schadensfallanteil operationeller Risiken bildet eine Schadensfalldatenbank. Hierbei werden zumeist nur Schäden oberhalb einer definierten Mindestverlusthöhe berücksichtigt.

Das Herzstück einer Schadensfalldatenbank bildet neben der quantitativen Erfassung insbesondere die qualitative Erfassung, bei der die Ursachen für den Schadenseintritt ermittelt werden und vorhandene Schwachstellen bei den Gegenmaßnahmen ebenso aufgezeigt werden wie Wechselwirkungen zwischen einzelnen risikobegünstigenden Faktoren sowie der exakte Zeitpunkt des Schadenseintritts bzw. die Dauer der Beeinträchtigung.

Angrenzende Kennzahlen

vgl. Betrugsquote; Fraud-Red-Flags-Quote

Self-Service-Ratio (in %)

Die Self-Service-Ratio ist eine Kennzahl aus dem Bereich Kundenmanagement bzw. -service und stellt die Anzahl der vom Kunden selbst (ohne Involvierung des Kundenmanagements) abgewickelten Anfragen ins Verhältnis zur Gesamtanzahl der Kundenanfragen im Betrachtungszeitraum.

Self-Service-Ratio

$$= \frac{\text{Anzahl automatisierter bzw.selbst vom Kunden abgewickelter Anfragen}}{\text{Gesamte Anzahl an Kundenanfragen}} \cdot 100\%$$

Aussagekraft

Die Digitalisierung trifft immer stärker auch die Finanzdienstleistungsbranche im Allgemeinen und die Leasingbranche im Besonderen. Deshalb ist es wichtig, dass gerade die repetitiven und einfachen Anfragen vom Kunden schnell und unkompliziert selbst erledigt werden können und das Ganze 24/7, also 24 Stunden lang und 7 Tage die Woche.

Die Self-Service-Ratio ermöglicht eine Aussage über die Effizienz und Schnelligkeit in der Abwicklung von Kundenanfragen. Denn speziell im Vergleich zu den klassischen Touchpoints „E-Mail" oder „Telefon" ist die Selbst-Abwicklung häufig deutlich schneller und kostengünstiger darstellbar.

Die gestiegenen Anforderungen an Effizienz und Schnelligkeit in der Kundeninteraktion zeigen sich auch im rasanten Wachstum von Chats und Chatbots. Dabei geht es im ersten Schritt um einfachste Bedienungsanfragen (beispielsweise Restlaufzeit von einzelnen Leasingverträgen, Ablösesummen bei vorzeitiger Vertragsablöse, Saldenbestätigungen etc.), die allerdings im zweiten Schritt durch künstliche Intelligenz und Machine Learning kontinuierlich im Komplexitätsgrad gesteigert werden können.

Interpretation

Die Self-Service-Ratio kann aus unterschiedlichen Blickwinkeln beurteilt werden. Einerseits ist es aus Automatisierungs- und Rationalisierungsüberlegungen anzustreben, eine möglichst hohe Ratio zu erzielen. Die besondere Herausforderung besteht allerdings bei jeder Einführung eines digitalen Tools darin, sich zu überlegen, wie neue Tools an die Kunden kommuniziert werden und ihnen die Installation oder der Download „schmackhaft" und die Bedienung vertraut gemacht werden. Gerade letzteres ist im Sinne der Kundenzufriedenheit bzw. der „Customer Experience" wichtig, da es bei

Verständnisproblemen häufig zu Rückfragen im Kundenmanagement der Leasinggesellschaft kommt.

Andererseits zeigt sich immer wieder, dass eine Self-Service-Ratio nicht isoliert aus reinen Effizienz- und Kostenüberlegungen betrachtet werden darf, sondern auch unter dem Blickwinkel der Kundenerwartungen und der beschriebenen „Customer Experience“. Wichtig ist, dass hauptsächlich diejenigen Kundendialoge und -anfragen vom Kunden selbst abgewickelt werden, die für den Kunden *und* das Unternehmen wertvoll sind. Im Leasingbereich ist das beispielsweise das Beratungsgespräch.

Um den Kundendialog zu strukturieren, bietet sich die „Value-Irritant-Matrix“ an, die von Bill Price für den Internethandelsgiganten Amazon entwickelt wurde, und zwischen „Automatisierung“, „Vereinfachung“ und „wertvoller Kundendialog“ unterscheidet (vgl. Price, Jaffe 2011, S.59). Denn einerseits wird die Unternehmenssicht mit einem Fokus auf Effizienz betrachtet, andererseits werden aber auch systematisch die Kundenbrille aufgesetzt und die Erwartungen an den Servicekontakt berücksichtigt.

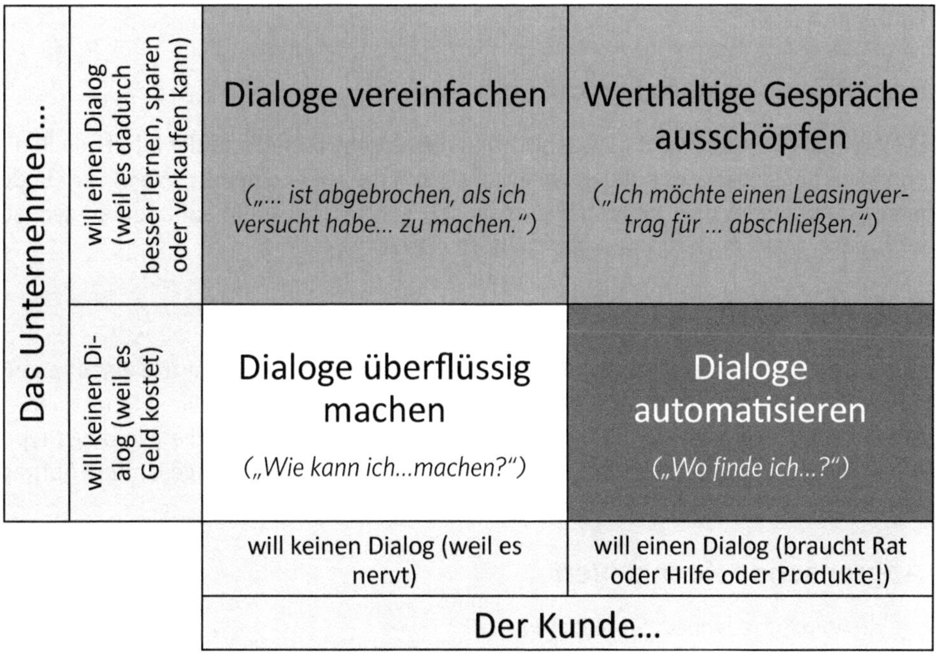

Beispiel

Die Leasinggesellschaft erhält täglich 2.500 Kundenanfragen mit den unterschiedlichsten Anforderungen und den unterschiedlichsten Touchpoints. 550 Anfragen gehen hierbei per Mail ein und werden vom Kundenservice abgearbeitet, 1.500 Anfragen werden telefonisch oder über Chats zwischen Kunde und Kundenservice-Mitarbeiter bearbeitet und 450 Anfragen werden über automatisierte Chatbots oder über automatisierte IT-Schnittstellen ohne eine direkte Involvierung mit einem Mitarbeiter des Kundenservices abgearbeitet.

Die Self-Service-Ratio beträgt also 18,0 %.

Grenzen der Aussagekraft

Die Self-Service-Ratio sagt nichts über die Qualität der Bearbeitung und/oder die Kundenzufriedenheit hinsichtlich der Kundenanfrage aus. Wenn ein Kunde beispielsweise mit einer digitalen Lösung überfordert ist, ist es notwendig, dass er sich telefonisch an den Kundenservice wenden kann und nicht einen zeitaufwendigen E-Mail-Austausch (mit entsprechendem Zeitversatz) starten muss.

Außerdem zeigt sich immer noch sehr häufig, dass der persönliche Kontakt einer der zentralen Bestandteile in der Differenzierung vom Wettbewerb ist. Die Self-Service-Ratio sollte deshalb unterteilt nach den Bereichen der dargestellten Value-Irritant-Matrix beurteilt werden.

Beeinflussungsmöglichkeiten

Die Self-Service-Ratio wird maßgeblich vom Bekanntheitsgrad und der intuitiven Bedienbarkeit der selbst vom Kunden abgewickelten Anfragen beeinflusst. Wenn der Kunde nichts davon weiß oder wenn der persönliche Kontakt weiterhin am bequemsten ist, wird dieser Wert auch nicht sonderlich hoch sein können.

Datenherkunft

Die Anzahl der Kundenanfragen unterteilt nach Touchpoints kann mittels eines gesonderten CRM-Analysetools ausgewertet werden. In Bezug auf die direkt vom Kunden bearbeiteten Anfragen ist häufig eine weitere Auswertung nötig, die allerdings typischerweise unterteilt nach einzelnen Prozessschritten oder einem gesamten Auftrag auswertbar ist.

Angrenzende Kennzahlen

vgl. Kundenzufriedenheit; Servicegrad

Servicegrad (in %)

Der Begriff des Servicegrads stammt ursprünglich aus der Beurteilung von distributionslogistischen Prozessen und bringt die Erfüllung der Kundenerwartungen - in der Distributionslogistik ist dies die rechtzeitige und vollumfängliche Lieferung der gewünschten Ware - zum Ausdruck.

Allgemein lässt sich anhand des Servicegrads also die Qualität bzw. die Erfüllung der internen oder externen Vorgaben im Prozessablauf bestimmen und messen. Der Servicegrad ist also ein wesentlicher Indikator für die Bearbeitungseffizienz der internen Prozesse einer Leasinggesellschaft.

Servicegrad

$$= \frac{\text{Ist-Zeitraum für Prozess}}{\text{Soll-Zeitraum für Prozess}} \cdot 100\%$$

Aussagekraft

Bezogen auf Leasingunternehmen werden anhand des Servicegrads häufig bestimmte Zeiträume oder Prozesse gegenübergestellt und verglichen.

Nicht selten findet man die Anforderung an eine taggenaue Abwicklung, welche sich wiederum im Soll-Zeitraum und damit im Servicegrad widerspiegelt.

So werden häufig der Zeitraum zwischen dem Angebot durch den entsprechenden Außendienstmitarbeiter und der Vertragsannahme, der Zeitraum zwischen Eingang der Lieferantenrechnung und Bezahlung nach Eingang der Abnahmeerklärung des Kunden oder gar der Vertragsaktivierung bzw. Inmietsetzung, aber auch die Integration neuer Prozesse, z.B. die Dauer für die Aufnahme eines neuen Vendor-Partners als Zeitraum zwischen der Kontaktaufnahme und dem ersten kontrahierten Vendor-Leasingvertrag etc. gemessen.

Für die Ermittlung des Servicegrads werden diesen Prozessen gewisse Soll-Zeiträume gegenübergestellt, die im Vorfeld anhand von maximalen Obergrenzen definiert wurden.

Neben Zeiträumen werden insbesondere maximale Fehlertoleranzen für einzelne Prozesse vorgegeben. Hierzu gehört beispielsweise eine maximale Beanstandungsquote aufgrund von fehlerhaften Verträgen oder Angeboten, falscher Beratung etc.

Interpretation

Anhand des Servicegrads kann die Kundenorientierung in besonderem Maße ermittelt werden. Insbesondere die Entwicklung und der längerfristige Trend sollten genau im Auge behalten werden, da hierdurch bei akkurater Wahl der Datenbasis ein guter Rückschluss auf die Erfüllung der Erwartungen und dadurch auch auf die Zufriedenheit sowie eng damit verbunden - bei konstanter Erfüllung der Erwartungen - unter Umständen sogar die Loyalität der Leasingnehmer gezogen werden kann.

Beispiel

Die Leasinggesellschaft hat sich als interne Vorgabe für den Zeitraum zwischen Versendung eines Angebots an den Kunden und entsprechender Vertragsannahme eine Obergrenze von 3 Wochen gesetzt. Für den Zeitraum zwischen Erhalt einer Lieferanten-Schlussrechnung und der Inmietsetzung des Leasingvertrags gilt die interne Obergrenze von 5 Arbeitstagen.

Im Betrachtungszeitraum gab es 520 relevante Geschäftsvorfälle. Hierbei konnte bei 20 Leasingverträgen die Obergrenze von 3 Wochen zwischen Angebot und Vertragsannahme nicht eingehalten werden und bei 36 Leasingverträgen konnte die Obergrenze von 5 Arbeitstagen zwischen Eingang der Lieferanten-Schlussrechnung und Inmietsetzung aufgrund von verspäteter Abnahmeerklärungen entweder durch Mängel am Leasingobjekt (verbunden mit Nachbesserung vonseiten des Lieferanten) oder durch eine verzögerte Bearbeitung beim Leasingnehmer nicht eingehalten werden.

Der Servicegrad für die Abwicklung zwischen Angebotsversand und Vertragsannahme beträgt 96,2%. Das heißt, dass in 96,2% aller Fälle die internen Vorgaben eingehalten werden konnten, während in 3,8% aller Fälle die Abwicklung mehr als 3 Wochen in Anspruch genommen hat.

Der Servicegrad für den Zeitraum zwischen Bezahlung der Lieferantenrechnung und Inmietsetzung beträgt 93,1%.

Grenzen der Aussagekraft

Ein möglichst hoher Servicegrad ist zwar in der Regel ein gutes Zeichen. Es sollte aber unbedingt immer auch die Soll-Vorgabe mit der Kundenerwartung und/oder den allgemeinen Marktgegebenheiten abgeglichen werden.

So kann es zwar sein, dass eine Soll-Erfüllung von nahezu 100% erreicht wurde, die Soll-Vorgaben gleichzeitig aber nicht mit den Kundenwünschen übereinstimmen und die Kunden sich einen besseren Service, beispielsweise in Form noch schnellerer Prozesse, wünschen.

Außerdem kann es zu geänderten Anforderungen der Kunden kommen. So kann beispielsweise durch den Eintritt eines neuen Wettbewerbers, der erhöhte Flexibilität und schlanke Prozesse verspricht, die Kundenerwartung auch an die eigene Gesellschaft nachhaltig gesteigert werden.

Der Servicegrad gibt darüber hinaus keine Auskunft über die Ursachen oder die Höhe der Abweichungen und damit verbunden über den möglicherweise aufgrund der Verfehlung der Vorgaben entstandenen finanziellen Schaden oder den Reputationsschaden.

Je nach Höhe des Servicegrads sollten deshalb unbedingt weitere Analysen erfolgen, durch die mögliche Gründe für die Abweichung von den Zielvorgaben ermittelt und entsprechende Steuerungsimplikationen ergriffen werden können.

Beeinflussungsmöglichkeiten

Der Servicegrad sollte sich mit den zugrunde liegenden Zielvorgaben möglichst eng an den Kundenbedürfnissen orientieren. Diese können durch Elemente der Marktforschung, Kundenbefragungen oder auch durch Äußerungen, Wünsche oder Kritik gegenüber dem Außendienst identifiziert und entsprechend kanalisiert werden.

Der Servicegrad in besonders sensiblen Bereichen sollte unbedingt regelmäßig im Auge behalten und durch entsprechend priorisierte Maßnahmen auf einem konstant hohen Niveau gehalten werden.

Häufig werden die marktnahen Prozesse und Abläufe höher priorisiert als Tätigkeiten der Marktfolge, bei denen sich ein hoher Servicegrad zumeist nicht unmittelbar finanziell oder in Form eines positiven Images niederschlägt.

Datenherkunft

Die Zeiträume zwischen bestimmten Prozessschritten können häufig relativ einfach anhand der Leasingverwaltungssoftware ausgewertet werden.

So werden häufig bestimmte Status gesetzt, beispielsweise „Angebot verschickt" oder „Vertragsannahme dem Kunden zugesendet", bei denen anhand der Datumsangabe relativ einfach ein Ist-Zeitraum ermittelt werden kann. Durch eine Gegenüberstellung mit dem Soll-Zeitraum kann nun vollautomatisch der Servicegrad errechnet werden.

Angrenzende Kennzahlen

vgl. Kundenloyalität; Kundenzufriedenheit

Share of Wallet (in %)

→ *vgl. hierzu*: Kundendurchdringungsrate

Small-Ticket-Leasing-Quote (in %)

→ *vgl. hierzu*: Ticketindex

Stammkundenquote (in %)

→ *vgl. hierzu*: Aktivkundenquote; Kundenloyalitätsindex

Standardausfallkosten (in EUR)

→ *vgl. hierzu*: Verlust, erwarteter

Stundungsvolumen (in EUR)

Das Stundungsvolumen gibt das Volumen der gestundeten Forderungen an. Es wird also mit dem Leasingnehmer vereinbart, dass dieser seine Verbindlichkeiten gegenüber der Leasinggesellschaft zu einem späteren als dem ursprünglich vereinbarten Zeitpunkt begleicht.

Stundungsvolumen	
=	gesamtes, aktuell gestundetes Volumen

Aussagekraft

Das Stundungsvolumen ermöglicht eine Aussage über das stark erhöhte Ausfallrisiko bei den betroffenen Leasing- oder Mietkaufverträgen.

Neben der Abschätzung des Ausfallrisikos wird das Stundungsvolumen insbesondere auch zur Beurteilung bzw. als Indikator für ein Liquiditätsrisiko herangezogen.

Interpretation

Ein niedriges Stundungsvolumen kann auf zwei Gründe zurückgeführt werden. Entweder ist die Anzahl der Leasingnehmer, deren Verbindlichkeiten gestundet wurden bzw. werden niedrig, oder das jeweils pro Leasingnehmer gestundete Volumen ist eher gering.

Das Ziel einer jeden Leasinggesellschaft ist ein dauerhaft niedriges Stundungsvolumen. Hierdurch entstehen zudem keine möglichen Liquiditätsgaps, die je nach Höhe auch häufig durch Zwischenfinanzierungen gedeckt werden müssen. Darüber hinaus werden auf Basis der Erfolgsaussichten bzw. je nach Stundungsdauer häufig auch bereits anteilig Einzelwertberichtigungen vorgenommen, da sich das Ausfallrisiko häufig proportional oder gar überproportional zur Stundungsdauer erhöht.

Das Stundungsvolumen ist auch ein Gütekriterium für die Bonitätseinschätzung der Kreditprüfung. Diese hat das Ziel, bereits vor Vertragsbeginn einzuschätzen, wie wahrscheinlich ein Ausfall des Kunden ist bzw. ganz allgemein, ob die Bonität des jeweiligen potenziellen Leasingnehmers ausreichend für die auf die Leasingdauer verteilten Verbindlichkeiten ist.

Nichtsdestotrotz muss aber auch festgehalten werden, dass sich in konjunkturellen Abschwungphasen das Stundungsvolumen häufig automatisch erhöht. So steigt das Stundungsvolumen häufig vor dem Insolvenzvolumen an und kann deshalb als ein Frühwarnindikator für das Adressenausfallrisiko angesehen werden.

Zur präziseren Beurteilung sollte das Verhältnis zwischen Insolvenzvolumen und Stundungsvolumen untersucht werden. Es kann hierbei durchaus im Sinne der Leasinggesellschaft sein, wenn das Stundungsvolumen einerseits zwar hoch ist, andererseits das Insolvenzvolumen aber niedrig gehalten wird.

Beispiel

Der Leasingnehmer A ist der einzige Kunde im Portfolio der Leasinggesellschaft, der ein Stundungsbegehren gestellt hat.

Er hat momentan drei aktive Leasingverträge. Die monatlichen Leasingraten belaufen sich auf insgesamt 2.750 EUR. Aufgrund zahlreicher Aufwendungen im Zusammenhang mit einem Projektauftrag, ist der Leasingnehmer momentan allerdings in Liquiditätsnot und kann die ausstehenden Raten nicht vollumfänglich begleichen. Der Leasingnehmer bittet deshalb um Aussetzung der Raten für die Monate Januar-März. Diese sollen stattdessen zusammen mit der Rate April beglichen werden.

Das Stundungsvolumen der Leasinggesellschaft beträgt damit 8.250 EUR.

Grenzen der Aussagekraft

Anhand der isolierten Betrachtung des Stundungsvolumens können zwar bestimmte Entwicklungen und potenzielle zusätzliche Liquiditätsrisiken gut überblickt werden. Es sollte aber im Sinne eines umfassenderen Einblicks in die gesamte Risikosituation das Stundungsvolumen im Verhältnis zum Restobligo bzw. zum Blankorisiko gesetzt werden.

Erst hierdurch ist es möglich, das erhöhte Verlustpotenzial genauer einzuschätzen. So kann es beispielsweise bei besonders werthaltigen Objekten zum Laufzeitende zu einem Stundungsbegehren des Leasingnehmers kommen. Sofern die Leasingraten zudem noch sehr hoch sind, könnte der Eindruck entstehen, dass ein erhebliches Verlustpotenzial droht. Unter Berücksichtigung des Blankorisikos, bei dem der Marktwert vom ausstehenden Restobligo abgezogen wird, zeigt sich bei besonders werthaltigen Objekten häufig aber eine Überdeckung. Das heißt, dass im Falle einer Insolvenz mit anschließender Verwertung des Objekts unter Umständen sogar ein Übererlös erzielt werden kann und sich de facto gar kein Verlust realisiert.

Beeinflussungsmöglichkeiten

Das Stundungsvolumen wird im Wesentlichen vom Forderungsmanagement bzw. der Debitorenbuchhaltung sowie der Geschäftsleitung im Bedarfsfall, beeinflusst. Im Falle von Zahlungsschwierigkeiten wird hier in Rücksprache mit dem Kunden und unter

Berücksichtigung der Erfolgswahrscheinlichkeit der Stundung über einen solchen Stundungsantrag entschieden.

Sofern keine Erfolgsaussichten für eine Zahlungsfähigkeit auch nach der Stundungsvereinbarung ersichtlich sind, wird in der Regel einem Stundungsvertrag nicht zugestimmt und das Objekt stattdessen sofort, ohne eine zusätzliche Abnutzung durch den Leasingnehmer während einer möglichen Stundungsdauer, verwertet.

Datenherkunft

Die Daten über das Stundungsvolumen können zumeist anhand der Leasingverwaltungssoftware ausgewertet werden. Hierbei kann regelmäßig ein Status, beispielsweise „Stundung", „Insolvenz", „Rücklastschrift" etc. gesetzt werden.

Darüber hinaus werden im Forderungsmanagement häufig Auswertungen über das Insolvenzvolumen und das potenzielle Insolvenzvolumen, wozu auch das Stundungsvolumen gezählt wird, erstellt.

Angrenzende Kennzahlen

vgl. Insolvenzvolumen, kumuliertes; Rücklastschriftvolumen

Substanzwert nach dem BDL-Schema (in EUR)

Im Vergleich zum Eigenkapital werden in der Substanzwertrechnung insbesondere zukünftige Ertragspotenziale aus dem Vertragsbestand berücksichtigt. Hierdurch werden beispielsweise auch die vorhandenen stillen Reserven ermittelt und zum bilanziellen Eigenkapital hinzugerechnet, sodass die vollständige Wertschöpfung einer Leasinggesellschaft deutlich präziser ermittelt werden kann.

Die nach den Vorschriften des HGB bzw. nach IFRS erstellten Bilanzen von Leasinggesellschaften weisen aufgrund der leasingtypischen Verschiebungen zwischen den Aufwands- und Ertragsverläufen häufig ein im Verhältnis zur Bilanzsumme sehr niedriges Eigenkapital aus. Zur besseren Abbildung der leasingtypischen Besonderheiten und der Ermittlung eines Eigenkapitaläquivalents hat der Bundesverband Deutscher Leasing-Unternehmen e.V. (BDL) bereits 1992 und im Jahr 2002 ein nochmals überarbeitetes Schema zur Substanzwertrechnung veröffentlicht.

1. Bilanzielles Eigenkapital
2. Barwert zukünftiger Erträge (soweit vertraglich vereinbart) - nicht forderungsverkaufte Forderungen
   - Restwertansprüche
   - Rechnungsabgrenzungsposten

3.	Zukünftige Aufwendungen (ohne künftige Verwaltungskosten) - Restbuchwerte - Refinanzierungskosten - Risikoabschläge 1) - Nettoerträge aus Mietkaufforderungen
4.	Künftige Verwaltungskosten für die Abwicklung des Vertragsbestandes
5.	Barwert der erwarteten, nicht garantierten Nachgeschäftserlöse
6.	**= Substanzwert des bilanzierten Vertrags- und Objektbestands [2)]**
7.	Zukünftiges Ergebnis aus dem Einsatz zinsfreier Mittel
8.	Substanzwert aus kontrahiertem, aber noch nicht bilanzwirksam gewordenem Vertragsbestand
9.	**= Substanzwert/erweitertes betriebswirtschaftliches Eigenkapital [3)]**

Anmerkungen:

1) *Die Risikoabschläge basieren auf den ermittelten, wesentlichen Risiken*

2) *Berechnet sich als Saldo der Positionen 2 bis 5*

3) *Saldo aus den Positionen 1, 6, 7 und 8. Dieser Substanzwert dient als Grundlage für die weitere Einbindung in die Risikosteuerung, insbesondere für die Risikotragfähigkeit bzw. das Risikodeckungspotenzial*

Abb.2.9 Schema zur Substanzwertermittlung

Quelle: Eigene Darstellung, in Anlehnung an: Nemet/Ulrich (2010), S.124.

Aussagekraft

Durch den Substanzwert soll eine transparente Abbildung der wirtschaftlichen Lage von Leasinggesellschaften ermöglicht werden, indem neben dem bilanziellen Eigenkapital insbesondere auch die zukünftigen vertraglich fixierten Ertrags- und Aufwandspotenziale aus dem Leasinggeschäft berücksichtigt werden.

Aufgrund der vorhandenen Bilanzierungs- und Bewertungsregeln sowie dem Periodisierungszwang entstehen bei einer handelsrechtlichen Bewertung mit der gegebenen kaufmännischen Vorsicht häufig zu Beginn des Leasingvertrages Buchverluste, obwohl der entsprechende Vertrag auf die gesamte Laufzeit gesehen mit einer positiven Rendite kalkuliert ist. So werden nicht selten durch die Höhe der Abschreibung sowie durch erhebliche Aufwendungen mit Neuabschlüssen, beispielsweise für die Akquisitionskosten, Kosten für die Risikoprüfung und ggf. auch durch degressive Finanzierungszinsaufwendungen, erhebliche stille Reserven gebildet.

Ziel des Substanzwerts ist also - losgelöst von bilanzpolitischen und sonstigen Aufwands- und Ertragsverschiebungen - eine verbesserte Vergleichbarkeit der Ertragskraft zwischen Leasinggesellschaften untereinander sowie auch zwischen

Leasinggesellschaften und sonstigen Unternehmen, deren Ertragskraft typischerweise anhand des Eigenkapitals bewertet wird, zu ermöglichen.

Das Substanzwertschema wurde in Zusammenarbeit mit Ratingagenturen, Wirtschaftsprüfern, Analysten und Finanziers unter der Federführung des BDL entwickelt, mit dem Ziel eine allgemein anerkannte Vergleichsgröße für die Ermittlung der Wirtschaftlichkeit von Leasinggesellschaften zu etablieren.

Interpretation

Der Substanzwert spielt eine wesentliche Rolle sowohl bei der Ermittlung der Wirtschaftlichkeit bzw. des Erfolgs einer Leasinggesellschaft anhand der Berücksichtigung zukünftiger Ertragspotenziale aus bereits kontrahierten Leasingverträgen. Darüber hinaus ist er eine wesentliche Kenngröße für die Ermittlung bzw. Bewertung der Risikotragfähigkeit und auch für die adäquate Darstellung der Ergebnissituation. Häufig wird auf Grundlage des Substanzwerts auch der Return on Equity als Rentabilitätsgröße ermittelt. Hier wird das GuV-Ergebnis zzgl. der Substanzwertveränderung ins Verhältnis zum Substanzwert zzgl. Eigenkapital gesetzt.

Der Substanzwert hat das Ziel, die typischen Verwerfungen in der GuV durch die asynchronen Aufwands- und Ertragsverteilungen auf die gesamte Vertragslaufzeit sowie auch unterschiedlichen Auswirkungen durch die in früheren Jahren mögliche Wahl der Abschreibungsmethode oder den zugrunde liegenden Refinanzierungsbedarf, auszugleichen. Nicht selten entsteht aufgrund der reinen Betrachtung der GuV oder des Eigenkapitals ein verfälschtes Bild von der wirtschaftlichen Lage einer Leasinggesellschaft. So kann beispielsweise ein negatives Eigenkapital bei gleichzeitig positivem Substanzwert von einer starken Expansion herrühren und muss kein Anzeichen einer Überschuldung sein, wie dies klassischerweise bei den meisten (leasingfremden) Unternehmen angenommen wird.

Durch ein Testat der Validität der Substanzwertrechnung von Seiten der Wirtschaftsprüfer wird zudem die Gewichtung des Substanzwerts als wesentliche Ergänzung zum Jahresabschluss nachhaltig gestärkt.

Beispiel

Das bilanzielle Eigenkapital einer Leasinggesellschaft beträgt 15 Mio. EUR. Der Barwert der zukünftigen (vertraglich vereinbarten) Erträge beläuft sich auf 222 Mio. EUR, während sich die zukünftigen Aufwendungen auf 198 Mio. EUR belaufen. Die zukünftigen Verwaltungskosten für die Abwicklung des Vertragsbestandes belaufen sich auf 2,2 Mio. EUR und der Barwert der erwarteten, aber nicht garantierten Nachgeschäftserlöse beläuft sich auf 8 Mio. EUR.

Aussagekraft

Die Termintreue kann in den unterschiedlichsten Bereichen und Prozessen gemessen werden. Typischerweise wird dabei in interne und in externe Vorgänge unterschieden oder aber in kundenbezogene und nicht-kundenbezogene Prozesse.

Die kundenbezogenen Prozesse haben bei einer schlechten Termintreue häufig einen sofortigen, negativen Einfluss auf die Kundenzufriedenheit. Teilweise werden dem Kunden gegenüber auch gewisse Werbeversprechungen gemacht, die nachher nicht eingehalten werden können. Etwa eine Abwicklung eines Vorgangs innerhalb von 8 Stunden, eine Kreditprüfung innerhalb von 5 Minuten etc.

Bei den internen Vorgängen besteht außerdem häufig eher die Möglichkeit, die Termintreue aktiv zu beeinflussen, bei den externen Vorgängen ist die Leasinggesellschaft auf einen externen Dritten angewiesen und insbesondere dessen Leistungsfähigkeit und Pünktlichkeit.

Interpretation

Je nach Einsatzbereich ist eine Terminunterschreitung (Werte < 100 %) positiv zu werten, schließlich ist das Ergebnis früher als geplant fertiggestellt. Umgekehrt ist eine Terminüberschreitung (Werte > 100 %) eher negativ zu werten, da die Leistung nicht zum geplanten Zeitpunkt erbracht bzw. fertiggestellt wurde.

Beispiel

Der Vertragsannahmeprozess in der betrachteten Leasinggesellschaft wurde den Kunden gegenüber mit maximal 24 Stunden angegeben. Ein Vertrag, der montags um 11:30 Uhr eingegangen ist, konnte am Dienstag um 13:30 Uhr angenommen und das Annahmeschreiben an den Kunden per Mail verschickt werden.

Die Liefertreue in diesem Fall beträgt: 26 Stunden / 24 Stunden = 108,3 %.

Grenzen der Aussagekraft

Die Termintreue trifft keinerlei Aussage darüber, ob er Kunde zum einen bereit ist, eine solche 100 % Termingenauigkeit auch zu bezahlen. Zum anderen muss die Termintreue auch noch dahingehend unterschieden werden, ob der zugrundeliegende Prozess als Motivations- oder Hygienefaktor in Bezug auf die Kundenzufriedenheit zu interpretieren ist.

Beeinflussungsmöglichkeiten

Das größte Beeinflussungspotenzial besteht sicherlich hinsichtlich des Ist-Zeitraums, da die Einhaltung von Terminen häufig durch die zugrundeliegenden Prozesse, die eingesetzten Systeme und die handelnden Personen beeinflusst wird.

Der Soll-Zeitraum auf der anderen Seite wird häufig als mehr oder weniger gegeben angenommen. Sei es, da es sich um einen Marktstandard oder maßgeblich vom Wettbewerb festgelegten Zeitraum handelt oder aber eine bestimmte Zielgröße aktiv bereits im Marketing bzw. in Werbeversprechen geäußert wurde.

Datenherkunft

Die Termintreue wird typischerweise manuell anhand des einerseits automatisiert aus dem ERP-System gewonnen Werts für den Ist-Zeitraum und dem einmal festgelegten Wert für den Soll-Zeitraum ermittelt. In manchen Systemen können die Soll-Werte auch eingepflegt werden, sodass bei einer eingetretenen oder drohenden Überschreitung automatisiert eine Eskalationsnachricht an den Vorgesetzten verschickt wird.

Angrenzende Kennzahlen

vgl. Kundenzufriedenheit; Servicegrad

Ticketindex (in %)

Das Vertragsportfolio einer Leasinggesellschaft wird häufig nach den jeweiligen Anschaffungswerten unterteilt. So werden vergleichsweise kleinvolumige Objekte, beispielsweise Computer, Kopierer, Telefonanlagen etc., die eine Summe von ca. 25 TEUR nicht überschreiten, häufig als Small-Ticket-Leasing klassifiziert.

Bei besonders hohen Anschaffungsvolumina, etwa bei Immobilien aber auch bei Schiffen oder Flugzeugen, spricht man häufig vom sogenannten Big-Ticket-Leasing.

Der Ticketindex setzt nun den Anteil der Small- bzw. Big-Ticket-Leasingverträge ins Verhältnis zum Gesamtvertragsbestand.

Servicegrad

$$= \frac{\text{Restobligo Small- bzw. Big-Ticket-Leasingverträge}}{\text{Restobligo Gesamtvertragsbestand}} \cdot 100\%$$

Aussagekraft

Insbesondere im Vertriebs- bzw. Vendor-Leasing werden häufig kleinvolumige, Small-Ticket-Leasing-Verträge kontrahiert.

Die Leasingverträge der meisten Universal-Leasinggesellschaften bewegen sich vom Objektwert häufig zwischen Small- und Big-Ticket-Leasing. Nichtsdestotrotz gibt es aber auch zahlreiche auf Small- oder Big-Ticket-Leasing spezialisierte Institute, deren Small- bzw. Big-Ticket-Leasinganteil deshalb auch entsprechend hoch ist.

Interpretation

Anhand der Small-Ticket- bzw. Big-Ticket-Leasing-Quote kann ein Überblick über die Bedeutung dieser Bereiche für die Leasinggesellschaft gewonnen werden.

Insbesondere im Small-Ticket-Leasing ist es häufig sehr wichtig, die Prozesse weitgehend zu automatisieren und damit eine effiziente Abwicklung trotz der vergleichsweise niedrigen Anschaffungswerte zu gewährleisten. Neben einer schnellen und häufig abgespeckten Bonitätsprüfung muss hierbei der Großteil der Prozesse massentauglich und weitestgehend standardisiert ablaufen.

Im Big-Ticket-Leasing als anderem Extrem hingegen ist häufig eine individuelle und flexible Anpassung der Prozesse sowie zuvorderst auch eine entsprechend großvolumige Refinanzierung des Vertragsvolumens, notwendig. Darüber hinaus gilt es hier häufig in besonderem Maße, die Risiken präzise abzuschätzen sowie insbesondere das Wiederverkaufspotenzial und den Werteverlust bzw. die Fungibilität des Leasingobjekts genau zu untersuchen. Die Bonitätsüberprüfung und die Ermittlung eines erwarteten Werteverlaufs während der Leasinglaufzeit für die Erhebung des Blankorisikos nehmen hierbei einen wesentlichen Anteil des administrativen Aufwands ein.

Beispiel

Eine Leasinggesellschaft definiert sämtliche Verträge mit einem Anschaffungsvolumen kleiner 30 TEUR als Small-Ticket-Leasing. Big-Ticket-Aufträge sind Leasingobjekte mit einem Anschaffungsvolumen von 5 Mio. EUR oder mehr.

Im Betrachtungszeitraum sind im Small-Ticket-Bereich Leasingverträge mit einem Restobligo von 23 Mio., während keine Big-Ticket-Verträge bestehen. Das Gesamtportfolio erstreckt sich auf 520 Mio. EUR.

Der Small-Ticket-Index beträgt damit 4,42%.

Grenzen der Aussagekraft

Der Ticket-Index stellt vorrangig auf den Anschaffungswert eines Leasingobjekts ab. Er trifft allerdings keinerlei Aussage über die jeweiligen Risiken und Ertragspotenziale und auch nicht über den administrativen Aufwand bei der Abwicklung.

Es sollte deshalb unbedingt neben der Barwertmarge und dem Blankorisiko auch der administrative Aufwand im Vorfeld, aber auch während und nach dem Ende der Grundmietzeit ermittelt werden. Erst anhand einer vollständigen Betrachtung mit einer Berücksichtigung sämtlicher Aufwendungen, aber auch der erzielten Erträge kann eine Aussage über die Vorteilhaftigkeit der Leasinggeschäfte getroffen werden.

Beeinflussungsmöglichkeiten

Der Anteil im Small- und Big-Ticket-Leasing kann beispielsweise gezielt durch entsprechend hohe Provisionen für den Vertrieb, aber auch durch eine verstärkte Werbetätigkeit bei den Hauptzielgruppen dieser Bereiche gesteigert werden.

Auf der anderen Seite kann aber auch das klassische Geschäft, das sich zwischen Small- und Big-Ticket-Leasing bewegt, entsprechend gefördert werden.

Es kommt immer auf die Unternehmensstrategie sowie auf die zugrunde liegende Marge an, ob sich der Small- bzw. Big-Ticket-Leasingbereich für eine Leasinggesellschaft als nachhaltig profitable Zielgruppe erweist oder nicht.

Datenherkunft

Neben einer Ermittlung der Small- bzw. Big-Ticket-Leasingverträge anhand des Anschaffungswerts des Leasingobjekts kann zudem für eine noch präzisere Analyse bzw. auch zur Erfassung von Verträgen, deren Anschaffungswert zwar über bzw. unter der Klassifizierungsgrenze liegt, die allerdings alle Charakteristika inklusive der administrativen Prozesse einer dieser beiden Abwicklungsformen aufweisen, der Status Small-Ticket-Leasing bzw. Big-Ticket-Leasing einem Vertrag zugeordnet werden.

Time to Market

→ *vgl. hierzu*: Servicegrad

Total Blackout Index (in Stunden)

Der Total Blackout Index gibt die maximale systembedingte Ausfallzeit an, bis der Geschäftsbetrieb wieder unter Normalbedingungen abgewickelt werden kann.

Total Blackout Index
= maximale systembedingte Ausfallzeit *[in Stunden]*

Aussagekraft

Der Total Blackout Index gibt die maximale systembedingte Ausfallzeit in Stunden an, die beispielsweise aufgrund eines Komplettausfalls der IT, durch einen Brand bzw. eine Überschwemmung der Bürogebäude mit dem Serverzentrum oder einer Pandemie unter den Mitarbeitern, entstehen kann.

Die maximale systembedingte Ausfallzeit ist eine theoretische Größe, die auf Basis bestehender Abläufe und eventueller Notfallpläne ermittelt wird. Neben eigenen

Schätzungen der Ausfallzeiten werden hierzu häufig Stichproben durchgeführt, aber auch Erkenntnisse aus realisierten Ausfällen sowie Expertenschätzungen, herangezogen.

Interpretation

Die systembedingte Ausfallzeit ist ein wesentlicher Treiber des operationellen Risikos einer Leasinggesellschaft. Neben der maximalen Ausfalldauer ist insbesondere die Eintrittswahrscheinlichkeit von Systemausfällen der zentrale Einflussfaktor für Schäden aus Versorgungsstörungen.

Neben der Implementierung von Notfallplänen gilt es deshalb für die meisten Institute, Maßnahmen zur Senkung der maximalen Ausfallzeit zu ergreifen, um den häufig besonders hohen Ansprüchen an die Systemverfügbarkeit der IT- und Telekommunikationssysteme gerecht zu werden.

Zur Reduktion der maximalen Ausfalldauer der IT-Systeme gibt es auch Institute, die sogenannte Failover-Systeme, also Ausfallsicherungssysteme, durch Server-Cluster verwenden, bei denen im Falle eines Ausfalls des einen Servers die laufenden Dienste sofort bzw. mit nur sehr geringer Verzögerung auf einen anderen parallel laufenden Server migriert werden. Neben der Verfügbarkeit steigt in solchen IT-Systemen insbesondere auch die Rechenkapazität.

Beispiel

Das Institut ermittelt für die maximale systembedingte Ausfallzeit folgende Werte: Ermittlung der Gründe des Ausfalls 2,5 Std., Behebung der Ursachen 24 Std., Neustart des Systems und Maßnahmen zur Vermeidung ähnlicher Probleme 7,5 Std.

Der Total Blackout Index beträgt damit 34 Stunden.

Grenzen der Aussagekraft

Durch die standardmäßige Ermittlung des Total Blackout Index wird keine Unterscheidung bei der maximalen Ausfallzeit zwischen Prozessen mit unterschiedlicher Priorität vorgenommen. So wird ein weniger wichtiger Prozess, beispielsweise die Verfügbarkeit des Intranets oder des institutsinternen Telefonbuchs, genauso stark gewichtet wie ein zentraler Kernprozess, beispielsweise der Lastschrifteneinzug der Leasingraten beim Leasingnehmer oder die Überweisung der Rechnungen der Leasingobjekte mittels Online-Banking an die Lieferanten.

Neben der fehlenden Priorisierung der Prozesse sollten zudem mögliche alternative Prozessabläufe bei der Bewertung des Total Blackout Index berücksichtigt werden. Nicht selten kann die maximale Ausfallzeit durch kleine Änderungen im Prozessablauf – zumindest vorübergehend – erheblich gesenkt werden.

Beeinflussungsmöglichkeiten

Der Total Blackout Index hängt wesentlich von der Komplexität der Prozesse sowie bestehenden Notfallplänen und Eskalationsstufen beim Ausfall einer der wesentlichen Komponenten oder beim Eintritt eines Frühwarnindikators, ab. Je früher ein potenzieller Ausfall erkannt wird, umso höher ist die Wahrscheinlichkeit, dass dieser noch in einem frühzeitigen Stadium behoben werden kann, ohne dass allzu große Schäden entstehen.

Zur Sicherstellung einer hohen Systemverfügbarkeit sollten regelmäßige und anlassbezogene Wartungen und sonstige Prüfungen durchgeführt werden. Hierdurch wird gewährleistet, dass Schwachstellen in den Systemen bereits im Ansatz behoben werden.

Durch die Pflege einer Schadensfalldatenbank für operationelle Risiken sowie speziell für IT-Ausfälle können einzelne verlustbehaftete Prozesse dokumentiert werden, mit dem Ziel, aus realisierten IT-Ausfällen zu lernen und Fehler oder zu geringe Präventionsmaßnahmen zu beseitigen.

Datenherkunft

Die Daten für die Ermittlung der maximalen Ausfallzeit sind im Regelfall theoretischer Natur und werden von den IT-Experten sowie eventuell von sachverständigen Dritten hochgerechnet. Als Anhaltspunkt dienen neben unternehmensübergreifenden Erkenntnissen insbesondere kleinere, realisierte Systemausfälle, die nach Teilprozessen und Ursachen für den Ausfall unterteilt werden. Danach werden diese Erkenntnisse auf die detailliert dargestellten Kernprozesse der Leasinggesellschaft angewendet.

Angrenzende Kennzahlen

vgl. IT-Ausfallquote

Trafficquellenquote (in %)

Die Trafficquellenquote ermittelt den Anteil einer Trafficquelle der Homepage einer Leasinggesellschaft. Dabei werden insbesondere Direktzugriffe, verweisende Websites, Suchmaschinenverweise sowie Zugriffe auf Onlinekampagnen unterschieden.

Trafficquellenquote

$$= \frac{\text{Traffic einer Website einer Quelle}}{\text{Gesamter Traffic einer Website}} \cdot 100\%$$

mit Quellen (unter anderem):

- Direktzugriffe (Zugriffe über die Eingabe der Domain in die Browserleiste oder über Bookmarks)
- verweisende Websites (Verweise über Hyperlinks auf externen Websites)
- Suchmaschinenverweise (Verweise aus organischen Suchresultaten)
- Zugriffe über Onlinekampagnen (z. B. Display Ads, Google AdWords, Facebook/ Twitter Ads)

Aussagekraft

Die Trafficquellenquote spielt insbesondere bei der Beurteilung und der strategischen Planung des Onlinemarketings und der „bespielten" Vertriebskanäle einer Leasinggesellschaft eine wichtige Rolle. Der Hauptfokus des Onlinemarketings der meisten Leasinggesellschaften liegt wohl auf der Suchmaschinenoptimierung (SEO - Search Engine Optimization), während die Direktzugriffe nicht besonders aktiv gesteuert werden können. Letztere sind häufig ein Indiz für ein gut funktionierendes Marketing mit Angaben zur Website. Gleichzeitig reicht hierbei aber auch schon ein kleiner Fehler und der Kunde landet plötzlich woanders oder die Website ist nicht verfügbar. In Kombination mit einem scannbaren QR-Code findet sich der Direktzugriff häufig auch in Werbeanzeigen.

Interpretation

Je nach Marketingstrategie kann es das Ziel sein, die unterschiedlichsten Ziel-Trafficquellenquoten zu erreichen. Suchmaschinenoptimierungen sind häufig im Fokus. Es wird dabei aber häufig der Wettbewerbsvergleich vernachlässigt und nicht darauf geachtet, dass/wie die Leasinggesellschaft einen konkreten Wettbewerbsvorteil bei der Nutzung bzw. dem Einsatz von Trafficquellen erreichen kann.

Häufig können auch Verweise auf die eigene Website von externen Homepages oder auch Fachbeiträgen - etwa in Form von Erfolgsgeschichten bzw. Show Cases - einen Mehrwert bieten, schließlich kann man sich dadurch besonders vom Wettbewerb abheben.

Beispiel

Die Website der betrachteten Leasinggesellschaften wurde im letzten Monat insgesamt 25.700 Mal aufgerufen. 8.200 Besucher kamen über Direktzugriffe auf die Website, 3.500 Besucher über verweisende Websites, 3.000 Besucher über Suchmaschinenverweise und 11.000 Besucher über Onlinekampagnen.

Die Trafficquellenquote betrug deshalb für Direktzugriffe 31,9 %, für verweisende Websites 13,6 %, für Suchmaschinenverweise 11,7 % und für Onlinekampagnen 42,8 %.

Grenzen der Aussagekraft

Die Trafficquellenquote sollte nicht isoliert betrachtet werden. Vielmehr ist es für ein umfassendes Bild wichtig, dass einerseits die Wettbewerber und darauf aufbauend die Kundenerwartungen und wünsche berücksichtigt werden. Andererseits gilt es auch die Marketingaufwendungen und den erwarteten Ertrag nicht zu vernachlässigen. Denn Google AdWords für Onlinekampagnen können sehr schnell teuer werden und Direktzugriffe oder Links von verweisenden Websites oder Plattformen dagegen eine interessante, (teilweise zumindest) wirtschaftlichere Variante darstellen.

Beeinflussungsmöglichkeiten

Maßgeblicher Treiber der Trafficquelle ist schlichtweg das Wissen des Kunden über diese Trafficquelle. Marketingmaßnahmen zielen häufig darauf ab, bestimmte Trafficquellen aktiv zu beeinflussen und den Durchsatz („Traffic") hieraus deutlich zu erhöhen. Gleichzeitig sagt der Traffic und dessen Quelle noch nichts darüber aus, ob bzw. welcher Kunde bzw. welcher „Eingangskanal" am erfolgreichsten im Sinne eines Vertragsabschlusses ist/war. Auch bleiben die Kosten für die Erzeugung des Traffics in dieser Betrachtung unberücksichtigt, wenngleich diese Kenngröße eine der wichtigsten „Komplementärkennzahlen" zur Trafficquelle ist. Denn nur unter Berücksichtigung der Zielquote sowie auch der Kosten-Nutzen-Relation kann die Trafficquellenquote sinnvoll beurteilt werden.

Datenherkunft

Die Quelle des Traffics wird typischerweise von Web Analytics Tools, wie etwa Google Analytics, gemessen. Neben Zeitreihenvergleichen können hierbei auch teilweise Quervergleiche mit der Branche oder ähnlichen Websites gezogen werden.

Angrenzende Kennzahlen

vgl. Markenbekanntheitsindex

Überfällige Posten (in EUR)

→ *vgl. hierzu*: offene Posten

Überfällige Zahlungen (in % oder in EUR)

→ *vgl. hierzu*: offene Posten

Überstundenquote (in %)

Die Überstundenquote gibt die Anzahl der Überstunden im Verhältnis zur Normalarbeitszeit an.

Überstundenquote

$$= \frac{\text{Anzahl Überstunden}}{\text{Anzahl Normalarbeitsstunden gesamt}} \cdot 100\%$$

Aussagekraft

Die Überstundenquote gibt Auskunft über die Arbeitsauslastung der Mitarbeiter. Unter die Überstunden fallen alle bezahlten und nicht bezahlten Arbeitsstunden, die zusätzlich zur normalen, arbeitsvertraglich vereinbarten Arbeitszeit geleistet werden und nicht durch einen Freizeitausgleich o.ä. kompensiert werden.

Interpretation

Für die Interpretation und die Ableitung von Steuerungsimpulsen werden im Regelfall nur die Überstunden ermittelt, die auch mit zusätzlichen Kosten für das Institut verbunden sind. So sind für Überstunden häufig hohe Zuschläge zusätzlich zum normalen Stundensatz der Mitarbeiter zu entrichten.

Beim Management oder allgemein bei leitenden Angestellten auf der anderen Seite sind häufig keine Begrenzungen bei den regulären Arbeitszeiten vertraglich vereinbart. In diesen Fällen erfolgt deshalb vielfach auch kein Ausgleich für Arbeitsstunden, die über die normale Arbeitsauslastung hinausgehen.

Das Ziel der meisten Leasinggesellschaften ist eine auf niedrigem Niveau stabile Überstundenquote. Eine erhöhte Überstundenquote dient häufig als Frühwarnindikator für mögliche zukünftige Probleme und Personalengpässe. Bei einer dauerhaft hohen Überstundenquote besteht die latente Gefahr, dass einzelne innerbetriebliche Prozesse und Abläufe nicht rechtzeitig abgewickelt werden können. Darüber hinaus kann es zu einer Überlastung der Mitarbeiter kommen, die sich beispielsweise in einer geringeren Arbeitsqualität und einer gleichzeitig sinkenden Motivation äußert.

Für eine präzisere Interpretation und eine gleichzeitig verbesserte Früherkennung von Problembereichen wird die Überstundenquote häufig abteilungs- und mitarbeiterbezogen insbesondere im Zeitvergleich ermittelt und analysiert.

Für die Interpretation der Überstundenquote sollte allerdings unbedingt die unternehmensindividuelle Situation mitberücksichtigt werden. Eine pauschale Interpretation mit vorgefertigten Steuerungsmaßnahmen ist wenig zielführend, häufig sogar eher kontraproduktiv.

So kann beispielsweise eine erhöhte Überstundenquote bewusst in Kauf genommen werden, sofern es sich bei der Arbeitsmehrbelastung um saisonale Schwankungen handelt, die vorübergehend am effizientesten durch Mehrarbeit der bestehenden Mitarbeiter kompensiert werden können. Bei einigen Leasinggesellschaften kommt es etwa häufig im Zuge der Jahresabschlusserstellung für das Finanz- und Rechnungswesen zu einer erhöhten Überstundenquote. Diese kann allerdings auch durch eine entsprechend flexibel ausgestaltete Arbeitszeit oder einen Freizeitausgleich verrechnet werden, sodass sich dies nicht in der Überstundenquote niederschlägt.

Beispiel

Die Gesamtanzahl der Normalarbeitsstunden bei einer Leasinggesellschaft beläuft sich im Betrachtungszeitraum auf 7.200 Stunden. Insgesamt wurden im Betrachtungszeitraum aber 7.800 Stunden, also 600 Überstunden geleistet.

Die Überstundenquote beträgt damit also 8,33%.

Grenzen der Aussagekraft

Die Überstundenquote sollte unbedingt zusammen mit den Kosten der aufgelaufenen Überstunden betrachtet und interpretiert werden. Erst dann kann beispielsweise entschieden werden, ob sich die Einstellung eines zusätzlichen Mitarbeiters betriebswirtschaftlich lohnt. Hierbei sollten aber auch die Auswirkungen auf das Arbeitsklima, die Motivation etc. berücksichtigt werden.

Darüber hinaus sind die Gründe und die Notwendigkeit der Überstunden genau zu prüfen. So kann sich beispielsweise herausstellen, dass durch ein besseres Zeitmanagement oder optimierte Ablaufprozesse die Arbeitskapazitäten besser ausgelastet werden können, eventuell einzelne Prozessschritte eingespart und damit mögliche Überstunden verhindert werden können. Hierdurch können zudem erhebliche Kosten eingespart werden.

Beeinflussungsmöglichkeiten

Um eine möglichst niedrige Überstundenquote zu erreichen, gilt es neben der Ermittlung der Gründe für die Überstunden, insbesondere durch eine möglichst gleichmäßige Verteilung des Arbeitsaufwands, unregelmäßige Arbeitsbelastungen zu verhindern. Außerdem sollten die Prozessabläufe so gestaltet sein, dass bei einer erhöhten Arbeitsbelastung bestimmte Tätigkeiten von angrenzenden Fachbereichen oder Abteilungen vorübergehend übernommen werden können.

Durch eine solche flexible Aufteilung der freien Kapazitäten kann auch als Nebeneffekt der Zusammenhalt innerhalb des Instituts gestärkt und ein Abteilungsdenken, das von einer starken Konkurrenz der einzelnen Funktionsbereiche untereinander geprägt ist, verhindert werden.

So kann es beispielsweise aufgrund einer Krankheit von zwei wichtigen Mitarbeitern im Back Office dazu kommen, dass die Arbeitsbelastung für die verbliebenen Mitarbeiter stark ansteigt. Zur Entlastung kann der Außendienst unter Umständen vorübergehend vertriebsnahe Tätigkeiten, wie die telefonische Betreuung von Kleinkunden übernehmen, die ansonsten vom Back Office durchgeführt werden.

Je allgemeiner die Ausbildung der Mitarbeiter in den unterschiedlichen Funktionsbereichen ist, umso einfacher können diese angrenzende Tätigkeiten übernehmen.

Es muss allerdings berücksichtigt werden, dass eine Senkung der Überstundenquote nur bis zu einem gewissen Grad durch eine flexible Arbeitsprozessgestaltung und eine effizientere Kapazitätsausnutzung erreicht werden kann. So wird ab einem gewissen Grad die Einstellung von neuen Mitarbeitern notwendig. Diese bildet zumeist die Ultima Ratio, die häufig erst angewendet wird, wenn die beschriebenen anderen Beeinflussungsmöglichkeiten zur Senkung der Überstunden nicht mehr greifen.

Datenherkunft

Die notwendigen Daten für die Ermittlung der Überstundenquote können relativ einfach von der Personalabteilung bzw. der Lohnbuchhaltung ermittelt werden. Diese Bereiche verfügen sowohl über die Daten zur Normalarbeitszeit, als auch die Informationen über die zu vergütenden oder bereits vergüteten Überstunden.

Angrenzende Kennzahlen

vgl. Mitarbeiterzufriedenheit; Personalkostenintensität

Überwälzungsquote (in %)

Die Überwälzungsquote stellt das Restobligo oder das Blankorisiko derjenigen Leasing- oder Mietkaufverträge, bei denen wesentliche Risiken auf Dritte übergewälzt wurden, ins Verhältnis zum gesamten Restobligo oder Blankorisiko des Leasingportfolios.

Überwälzungsquote

$$= \frac{\text{Restobligo von Leasingverträgen mit Überwälzung wesentlicher Risiken}}{\text{Restobligo gesamter Vertragsbestand}} \cdot 100\%$$

Überwälzungsquote *(alternativ)*

$$= \frac{\text{Blankorisiko von Leasingverträgen mit Überwälzung wesentlicher Risiken}}{\text{Blankorisiko gesamter Vertragsbestand}} \cdot 100\%$$

Aussagekraft

Die Überwälzungsquote ist insbesondere aus Risikogesichtspunkten sehr interessant für eine Leasinggesellschaft.

Es muss allerdings berücksichtigt werden, dass eine vollumfängliche Überwälzung der Risiken unter Risiko-Rendite-Überlegungen im Regelfall nicht sinnvoll ist. Deshalb bieten sich in der operativen Steuerung von Leasinggesellschaften häufig spezifische Überwälzungsquoten an. Hierunter fallen beispielsweise eine Bürgschaftsquote, in der sämtliche Verträge mit einer selbstschuldnerischen Bürgschaft eines Dritten berücksichtigt werden, eine Rückkaufquote, bei der Rückkaufvereinbarungen mit Händlern oder Herstellern des Leasingobjekts berücksichtigt werden etc.

Interpretation

Eine hohe Überwälzungsquote ist häufig ein Indiz für eine eher risikoaverse Strategie des Instituts. Für eine präzisere Einschätzung sollte aber die Überwälzungsquote nach beispielsweise der Branchenzugehörigkeit der Kunden, den Ratingklassen, der Laufzeit der Verträge, den Leasingobjekten und deren Fungibilität, nach Regionen sowie insbesondere nach der Art der Sicherheit und des übertragenen Risikos unterschieden werden. Darüber hinaus sollten die Kosten sowie die Wirksamkeit der Überwälzungsmaßnahmen ins Verhältnis zur verbleibenden Barwertmarge und dem verbleibenden Restrisiko gesetzt werden.

Eine hohe Überwälzungsquote birgt auf der anderen Seite aber auch ein erhöhtes latentes Rechtsrisiko. Insbesondere unter Berücksichtigung der Überwälzung gehen Leasinggesellschaften häufig Risiken ein, die ohne einen solchen Risikotransfer nicht im Sinne der Risikotragfähigkeit möglich wären. Deshalb ist eine fehlerhafte Überwälzung der Risiken für eine Leasinggesellschaft äußerst prekär.

Bei der Forfaitierung beispielsweise kann sich ein Rechtsrisiko in einem fehlerhaften Forfaitierungs-Vertrag, einem Veritätsschaden, durch einen nicht rechtswirksamen Leasingvertrag etc. äußern.

Beispiel

Das Portfolio einer Leasinggesellschaft umfasst 3.200 Leasingverträge mit einem Blankorisiko von 7,4 Mio. EUR. Hiervon wurden bei 900 Leasingverträgen entweder eine Forfaitierung oder eine Rückkaufgarantie des Herstellers des Leasingobjekts bzw. eine selbstschuldnerische Bürgschaft eines Dritten im Zuge der Vertragsgenehmigung beauflagt und abgeschlossen. Diese 900 Verträge umfassen ein Blankorisiko von 2,9 Mio. EUR

Die Überwälzungsquote beträgt damit 39,2%.

Grenzen der Aussagekraft

Anhand der Überwälzungsquote allein kann noch keine Aussage über das Risiko-Rendite-Verhältnis und auch die Güte der zugrundeliegenden Sicherheiten getroffen werden.

So kann es beispielsweise unter Renditegesichtspunkten rentabler sein, einen gewissen Anteil an Risiken selbst zu tragen, wenn hierbei eine entsprechend hohe zusätzliche Rendite generiert werden kann.

Auf der anderen Seite können nicht alle Sicherheiten als qualitativ gleichwertig angesehen werden. So ist beispielsweise bei einer selbstschuldnerischen Bürgschaft unbedingt eine Bonitätseinschätzung in Form eines Ratings des Bürgen zu berücksichtigen. Außerdem sind Bürgschaften oder Überwälzungen innerhalb einer Kreditnehmereinheit, also wirtschaftlich und/oder rechtlich voneinander abhängigen Unternehmen, als eher kritisch zu betrachten.

Beeinflussungsmöglichkeiten

Die Höhe der Überwälzungsquote wird häufig im Zuge der Vertragsgenehmigung unter Berücksichtigung der Risikostrategie sowie einer Abschätzung des Risiko-Rendite-Verhältnisses bewusst beeinflusst.

Die gängigste und gleichzeitig umfangreichste und effektivste Form der Überwälzung stellt die Forfaitierung von Leasingverträgen dar. Darüber hinaus werden beispielsweise Rückkaufvereinbarungen zur Sicherung des kalkulierten Restwerts, Bürgschaften, Kautionen oder Sonderzahlungen zur Schadensminderung im Falle der Zahlungsunfähigkeit eines Leasingnehmers sowie zusätzliche Versicherungen, beispielsweise Kreditversicherungen zur Absicherung eines Ausfalls des Leasingnehmers, Derivate zur Absicherung von Zinsschwankungen etc. abgeschlossen.

Datenherkunft

Die Datenbasis für einzelne Risikoüberwälzungen bildet im Regelfall die Leasingverwaltungssoftware. In dieser werden die einzelnen Sicherheiten oder Risikotransfers in ihrem Wirkungsbereich und ihrer Höhe auswertbar hinterlegt.

Umsetzungsquote der Verbesserungsvorschläge

(in %)

→ *vgl. hierzu*: Verbesserungsvorschlagsquote

Unexpected Loss (in EUR)

→ *vgl. hierzu*: Verlust, unerwarteter

User Experience

→ *vgl. hierzu*: Konversionsrate

V

C. Glaser, *Leasing A – Z*, https://doi.org/10.1007/978-3-658-31839-0_15

Value-at-Risk (in EUR)

Der Value-at-Risk ist ein insbesondere im Bankenumfeld weit verbreitetes Risikomaß zur Messung von Marktpreisrisiken. Er gibt den mit einer bestimmten Wahrscheinlichkeit maximal zu erwartenden Verlust für eine festgelegte Zeitspanne an. Im Leasinggeschäft wird mit dem Value-at-Risk insbesondere der mögliche Verlust durch Schwankungen beim Marktwert oder dem zugrunde liegenden Refinanzierungszinssatz ermittelt.

Value-at-Risk
= $VaR_{\alpha}(X) = F_X^{-1}(\alpha)$ mit dem Konfidenzniveau 1 ./. α

Bzw. in stark vereinfachter, normalverteilter Funktion ergibt sich:

Value-at-Risk
= Risikoposition • Volatilität • Liquidationsperiode • Sicherheitswahrscheinlichkeit

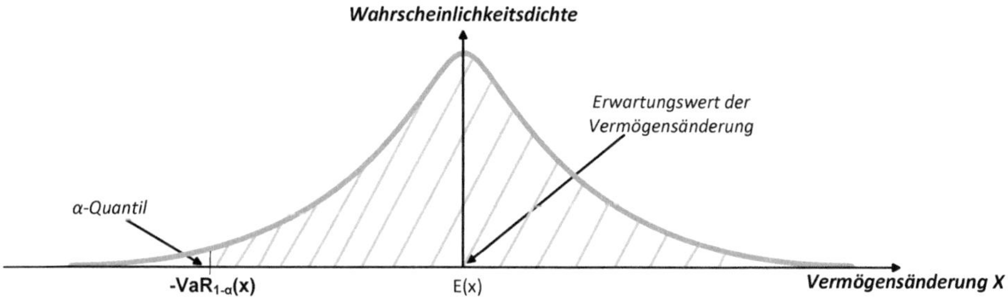

Abb.2.10 Grafische Darstellung und Ermittlung des Value-at-Risks

Quelle: Eigene Darstellung, in Anlehnung an: Wolke (2008), S.30.

Aussagekraft

Der große Vorteil an der Kennzahl des Value-at-Risks ist ihre leichte Interpretierbarkeit. Darüber hinaus können hierbei die institutsindividuelle Risikoeinstellung, der zugrunde liegende Zeitraum und die Geldeinheiten bei der Messung des Risikos explizit berücksichtigt werden.

Im Bankenbereich hat sich der Value-at-Risk bereits auf aufsichtsrechtlicher Ebene durchgesetzt. So wird er hierbei häufig als Methode für die Ermittlung der regulatorischen Eigenkapitalunterlegung von risikobehafteten Geschäften herangezogen (vgl. Steiner/Wenninger/Willinsky 2002, S.70).

Nach § 313 SolvV dürfen Kreditinstitute eigene stochastische Modelle zur Ermittlung der Marktrisiken, insbesondere zur Ermittlung des zinsinduzierten Kursrisikos verwenden, sofern nach § 316 SolvV alle nicht nur unerheblichen Marktrisikofaktoren einfließen. Auch aus den MaRisk ergibt sich zumindest implizit die Anwendungsforderung des Value-at-Risk-Modells sowohl aus der Pflicht zur regelmäßigen Bewertung der Risikopositionen nach BTR 2.2, Tz.2 und BTR 2.3, Tz.1 sowie durch eine Ausrichtung der Limitsysteme an der Risikotragfähigkeit nach BTR 2.1, Tz.1 (vgl. Dietzel/Hortmann 2009, S.64-66; Klement 2007, S.234).

Insbesondere für größere und bankenzugehörige Leasinggesellschaften stellt die Value-at-Risk-Berechnung häufig bereits eine ernsthafte Alternative dar. Aufgrund der hohen Komplexität und der hohen Anforderungen an die IT-Infrastruktur ist sie für kleine und mittlere Leasinggesellschaften häufig allerdings (noch) nicht effizient ermittelbar. Der Value-at-Risk wird überdies auch für Leasinggesellschaften aufsichtsrechtlich nicht explizit gefordert. Für kleine und mittlere Leasinggesellschaften kann es deshalb häufig sogar ausreichend sein, wenn bestimmte Risiken qualitativ (beispielsweise anhand von Expertenschätzungen) ermittelt und bewertet werden.

Interpretation

Der Value-at-Risk ist eindeutig interpretierbar. Deshalb erfreut er sich auch so großer Beliebtheit. Er gibt den mit einer bestimmten Wahrscheinlichkeit (für z.B. $\alpha = 0{,}05$ also mit $p = 1 ./. \alpha = 0{,}95 = 95\%$) maximal eintretenden Verlust in EUR bzw. allgemein in Geldeinheiten an.

Beispiel

Im folgenden Beispiel wird zur Vereinfachung eine normalverteilte Darstellung für das gesamte, dem Zinsänderungsrisiko unterliegende, Volumen mit insgesamt 100 Mio. EUR angenommen.

Bei der Zinsentwicklung des für die Refinanzierung der Leasingverträge zugrunde liegenden Refinanzierungszinssatzes kann eine historische Volatilität von 2,045% gemessen werden.

Als Konfidenzintervall wird mit α=0,025 eine Sicherheitswahrscheinlichkeit p mit 97,5% angenommen. Unter der Annahme der Normalverteilung ergibt sich für die Standardabweichung der Sicherheitswahrscheinlichkeit von 0,975 ein Wert von 1,96.

Der Value-at-Risk beträgt damit für das aufgeführte Beispiel:

100 Mio. EUR 0,02045 1 (-1,96) = - 4,0082 Mio. EUR.

Grenzen der Aussagekraft

Insbesondere unerwartete Verluste, die sich am äußeren Rand der Wahrscheinlichkeitsdichtefunktion (vgl. linker Rand der Abbildung 2.10) bewegen sowie neu auftretende Ausprägungsformen und Verlustgrößen können in den meisten gängigen Value-at-Risk-Modellierungen nicht adäquat ermittelt und berücksichtigt werden. Deshalb besteht häufig die Gefahr einer trügerischen Sicherheit und einer Fehlsteuerung, indem die Ausreißer aus dem zugrunde gelegten Quantil nicht angemessen in der Steuerung berücksichtigt werden.

Als Ergänzung zur Value-at-Risk-Betrachtung sollten deshalb beispielsweise mittels Szenario- oder Stresstestberechnungen unbedingt auch die Auswirkungen extremer Ausprägungen der Risikofaktoren auf das Portfolio untersucht werden.

Außerdem wird immer wieder der erheblich verminderte Informationsgehalt des Value-at-Risks durch die Verdichtung der potenziellen Verlustverteilung in nur einer Kennzahl bemäkelt.

Beeinflussungsmöglichkeiten

Bei einem sehr hohen Value-at-Risk können beispielsweise unter Berücksichtigung der Risikotragfähigkeit risikomindernde Maßnahmen ergriffen werden. Dazu können neben der Überwälzung der Gefahren, etwa durch den Abschluss von Derivaten in Form von Zinsswaps oder durch fest vereinbarte Rückkaufvereinbarungen mit Herstellern oder Lieferanten zur Überwälzung des Marktwert- bzw. Werthaltigkeitsrisikos beim Leasingobjekt, im Extremfall auch Verlustlimite festgelegt werden. Sobald die entsprechenden Verlustlimite überschritten sind, dürfen keine weiteren potenziell verlustreichen Geschäfte mehr getätigt werden, es sei denn bereits bestehende Risiken werden entweder gemindert oder gänzlich auf Dritte transferiert.

Datenherkunft

Die Datenherkunft bildet eine große Herausforderung für die Ermittlung des Value-at-Risks bzw. sämtlicher At-Risk-Maße.

Das Treasury und das Asset Management mit der Objektbe- und -verwertung haben beispielsweise häufig einen guten Überblick über die entsprechenden Volatilitäten im Bereich der Refinanzierungszinssätze und der Verwertungserlöse.

In Kombination mit komplizierten, meist deutlich über die einfachste, dafür aber auch ungenaueste Errechnungsmethode des Value-at-Risks mittels der Normalverteilungsannahme hinausgehenden, Methoden kann nun anhand dieser Datenbasis der Value-at-Risk ermittelt werden.

Je nach At-Risk-Maß und je nach zugrunde liegender Verteilungsannahme kann sich die Datenbeschaffung - sofern diese überhaupt manuell möglich ist - als sehr unterschiedlich sowohl hinsichtlich des Erhebungsaufwands und des betrachteten Zeithorizonts als auch hinsichtlich der statistischen Feinjustierung an die institutsindividuellen Gegebenheiten gestalten.

Angrenzende Kennzahlen

Weitere At-Risk-Maße, die analog zum Value-at-Risk ermittelt werden:

a. Credit-Value-at-Risk: bezieht sich auf das Kredit- und Adressenausfallrisiko

b. Cashflow-at-Risk: bezieht sich auf leistungswirtschaftliche Risiken, insbesondere auf den Cashflow in seinen unterschiedlichen Ausprägungsformen

c. Earnings-at-Risk: analoge Ermittlung zum Cashflow-at-Risk, die jedoch hauptsächlich auf den handelsrechtlichen Erträgen und Aufwendungen (Earnings) basiert

d. Operational-Value-at-Risk: erfasst die operationellen Risiken, also die Risiken, die sich durch die Unangemessenheit oder das Versagen von internen Verfahren, Menschen oder Systemen sowie durch externe Ereignisse ergeben können.

e. Liquidity-at-Risk und Liquidity Value-at-Risk: ermöglichen eine Schätzung des dispositiven, also kurzfristigen Liquiditätsrisikos, indem der innerhalb einer festgelegten Periode maximal zu erwartende Nettofinanzierungsbedarf zur Schließung einer Liquiditätslücke ermittelt wird

Darüber hinaus ermitteln der Expected Shortfall bzw. der synonym verwendete Conditional Value-at-Risk den Erwartungswert für diejenigen Realisationen des Risikos, die sich unterhalb des Quantils 1 ./. α ergeben. Es wird also angegeben, welche Abweichung bei Überschreitung des Value-at-Risks zu erwarten ist.

variabler Vergütung, Mitarbeiter mit (in %)

→ *vgl. hierzu*: Gehaltsbestandteile, variable

Verbesserungsvorschlagsquote (in %)

Die Verbesserungsvorschlagsquote setzt die Anzahl der innerbetrieblich eingereichten Verbesserungsvorschläge ins Verhältnis zur Gesamtanzahl der Mitarbeiter in einer Betrachtungsperiode.

Verbesserungsvorschlagsquote

$$= \frac{\text{Anzahl eingereichte innerbetriebliche Verbesserungsvorschläge}}{\text{Gesamtanzahl der Mitarbeiter}} \cdot 100\%$$

Aussagekraft

Einer ständigen Überarbeitung und Verbesserung der Geschäftsprozesse kommt auch in der Ablauforganisation eines Leasingunternehmens eine zentrale Rolle zu. Dies zeigt sich beispielsweise auch in der Balanced Scorecard, bei der die Prozess- und Innovationsperspektive eines der zentralen Ziele darstellt.

Die Verbesserungsvorschlagsquote misst den Anteil der Verbesserungsvorschläge der eigenen Mitarbeiter. Diese wiederum sind in mehrerlei Hinsicht wichtige Innovationsquellen. Zum einen beschäftigen sich die Mitarbeiter tagtäglich mit den vorhandenen Prozessen und Organisationsstrukturen und haben dadurch ein sehr tiefgreifendes Verständnis für die Abläufe. Sie können deshalb bereits sehr gut Verbesserungspotenziale erkennen und entsprechend vorab beurteilen. Darüber hinaus sind die Vorschläge der eigenen Mitarbeiter häufig sehr kostengünstig. Externe Berater beispielsweise verlangen sehr hohe Stundensätze, wohingegen die eigenen Mitarbeiter zumeist erfolgsabhängig, beispielsweise mit 10% an den Einsparungen bzw. Mehrerlösen beteiligt werden.

Zur Beurteilung der Qualität der Verbesserungsvorschläge wird zumeist als Ergänzung noch die Umsetzungsquote der Verbesserungsvorschläge ermittelt:

Umsetzungsquote der Verbesserungsvorschläge

$$= \frac{\text{Anzahl umgesetzter innerbetrieblicher Verbesserungsvorschläge}}{\text{Anzahl eingereichter innerbetrieblicher Verbesserungsvorschläge}} \cdot 100\%$$

Für Leasinggesellschaften fallen unter die Prozessverbesserungen insbesondere die Eliminierung von Doppelarbeit oder die Reduktion der Bearbeitungszeit beispielsweise zwischen der Anfrage des Kunden bis zur Angebotserstellung. Darüber hinaus können aber auch erhebliche Prozessumstellungen wie z.B. die Umstellung des Mahnwesens von schriftlichem Kontakt zu telefonischer Rückfrage mit entsprechend kurzen Mahnzeitpunkten unter die Verbesserungsvorschläge fallen. Der Erfolg lässt sich dann anhand der Kosteneinsparungen bzw. im obigen Beispiel etwa in der Reduktion der Debitorentage oder der Höhe der Offenen Posten ablesen.

Interpretation

Eine hohe Verbesserungsvorschlagsquote bringt zum Ausdruck, dass im Betrachtungszeitraum zahlreiche Verbesserungsvorschläge eingereicht wurden. Zu einer besseren

Beurteilung der Entwicklung werden häufig die Trendverläufe zwischen unterschiedlichen Perioden, aber auch zwischen unterschiedlichen Fachbereichen untersucht.

Eine hohe Anzahl an Verbesserungsvorschlägen zeugt zudem davon, dass die meisten Mitarbeiter bestrebt sind, unternehmerisch und bereichsübergreifend zu denken und ihre Vorschläge entsprechend kundtun. Häufig wird auch eine positive Korrelation zwischen der Anzahl der Verbesserungsvorschläge und der Motivation und Zufriedenheit der Mitarbeiter unterstellt. So wird davon ausgegangen, dass motivierte und zufriedene Mitarbeiter das Wohl des gesamten Unternehmens im Blick haben und sich mit einem hohen Engagement, beispielsweise in Form von Verbesserungsvorschlägen, für eine stetige Weiterentwicklung bzw. für die Eliminierung von Schwachstellen einsetzen.

Durch eine entsprechende Aufnahme und Umsetzung der Verbesserungsvorschläge wird den Mitarbeitern zudem gezeigt, dass ihre Anliegen ernst genommen werden, was wiederum zu einer erhöhten Mitarbeiterzufriedenheit und -loyalität führen kann.

Beispiel

Im Beobachtungszeitraum wurden von den durchschnittlich 550 beschäftigten Mitarbeitern insgesamt 52 Verbesserungsvorschläge eingereicht.

Die Verbesserungsvorschlagsquote beträgt damit 9,45%.

Grenzen der Aussagekraft

Die Aussagekraft der Vorschlagsquote per se ist sehr begrenzt. Sie berücksichtigt zuvorderst die Menge der Vorschläge, nicht aber die Qualität. Viel wichtiger ist deshalb die Qualität der Vorschläge, gemessen anhand der Umsetzungsquote der Vorschläge sowie des erzielten Nutzens etwa in Form eines Mehrerlöses, einer signifikanten Qualitätssteigerung oder einer Kosteneinsparung.

Beeinflussungsmöglichkeiten

Die Verbesserungsvorschlagsquote bzw. allgemein das innerbetriebliche Vorschlagswesen lebt in besonderem Maße von der Akzeptanz und Einbeziehung der Führungskräfte bzw. des Managements sowie der Interessensvertreter im Unternehmen. Durch eine transparente und offene Kommunikation der erzielten Verbesserungen und eine öffentliche Prämierung der Mitarbeiter, die erfolgreiche Verbesserungsvorschläge eingereicht haben, kann ein positives Klima für das Ideenmanagement geschaffen werden. Ein derartig positives Klima ist für die Einreichung der Verbesserungsvorschläge sehr wichtig.

Datenherkunft

Die Anzahl der Verbesserungsvorschläge kann von der Abteilung, die das innerbetriebliche Vorschlagswesen verantwortet, ermittelt werden. Häufig ist diese Abteilung ein Unterbereich der Human Resources bzw. der Personalentwicklung, oder auch einer Fachabteilung, beispielsweise der Vertriebssteuerung, angegliedert.

Die Anzahl der Mitarbeiter im Betrachtungszeitraum kann von der Personalabteilung ermittelt werden. Häufig können auch problemlos die durchschnittlich beschäftigten Mitarbeiter ermittelt werden.

Angrenzende Kennzahlen

vgl. Mitarbeiterzufriedenheit; Qualifikationsindex

Vereinfachte Bonitätsprüfung

→ *vgl. hierzu*: Bonitätsprüfungsquote, vereinfachte

Verfügbarkeitsindex im Vertrieb (in %)

Der Verfügbarkeitsindex stellt die Ist-Verfügbarkeit ins Verhältnis zu den Soll- bzw. Plan-Verfügbarkeitsvorgaben in vertriebsbezogenen Prozessen.

Verfügbarkeitsindex im Vertrieb

$$= \frac{\text{Ist-Verfügbarkeit Vertriebsprozess}}{\text{Soll- bzw.Plan-Verfügbarkeit Vertriebsprozess}} \cdot 100\%$$

Aussagekraft

Die Verfügbarkeit ist einer der zentralen Erfolgsfaktoren einer Leasinggesellschaft, insbesondere im Vertrieb. Deshalb kann anhand eines Verfügbarkeitsindex ermittelt werden, ob bzw. inwieweit die Plan-Vorgaben an die Verfügbarkeit auch tatsächlich erreicht wurden.

Zu den vertriebs- bzw. kundenbezogenen Prozessen und Faktoren, die für den Verfügbarkeitsindex herangezogen werden, zählen beispielsweise die durchschnittliche Entfernung des Vertriebsmitarbeiters zu seinen Kunden, die durchschnittliche Fahrtzeit je Kundentermin, die Anzahl der Kundenbesuche pro Monat, allgemein die Größe des Vertriebsgebiets und die Kundendichte, aber auch beispielsweise die telefonische oder die postalische Verfügbarkeit.

Insbesondere die telefonische und die elektronische Verfügbarkeit sowie die durchschnittliche Dauer für die Bearbeitung einer Kundenanfrage sind nicht nur auf den Vertrieb beschränkt, sondern werden häufig auch für das Back-Office ermittelt.

Interpretation

Eine hohe Verfügbarkeit zahlt sich nicht selten insbesondere im Vertrieb sehr schnell aus. So gibt es Kunden, die mehrere Leasinggesellschaften parallel anfragen und letztendlich derjenigen mit der höchsten Verfügbarkeit den Auftrag erteilen. Neben der telefonischen Verfügbarkeit gilt es hierbei häufig auch in besonderem Maße, entweder für einen persönlichen Besuch flexibel verfügbar zu sein oder schlicht die Angebotsdokumente oder andere Vertragsunterlagen innerhalb kürzester Zeit zum Kunden zu versenden.

Die Höhe des Verfügbarkeitsindex hängt wesentlich von der Zielgruppe sowie der Bereitschaft der Kunden, eine hohe Verfügbarkeit auch entsprechend zu honorieren, ab. Dies gilt es beispielsweise beim Vergleich unterschiedlicher Zielgruppen sowie unterschiedlicher Institute zu berücksichtigen.

Beispiel

Im Institut gilt die Vorgabe, dass zwischen einer Kundenanfrage und der Angebotserstellung nicht mehr als 24 Stunden liegen dürfen. Im Betrachtungszeitraum wurden 790 Anfragen zur Abgabe eines Angebots gestellt. Hiervon konnten 720 innerhalb von 24 Stunden bearbeitet werden, bei 50 Anfragen dauerte die Bearbeitung zwischen 2 und 5 Tagen und bei 20 Anfragen nahm die Bearbeitung mehr als 1 Woche in Anspruch.

Der Verfügbarkeitsindex für die Bearbeitung der Kundenanfragen beträgt damit 91,1%.

Grenzen der Aussagekraft

Bei der Beurteilung des Verfügbarkeitsgrads sollte insbesondere auch die Effizienz der getroffenen Maßnahmen berücksichtigt werden. So kann es durchaus zwischen einzelnen Kunden, etwa zwischen Key Account-Kunden mit hohem Potenzial und einem hohen Abschlussvolumen und zwischen Kleinkunden, die teilweise sogar unprofitabel oder zumindest wenig profitabel sind, unterschiedliche Zielvorgaben für die Verfügbarkeit geben.

Darüber hinaus ist es wichtig, dass die Kunden eine hohe Verfügbarkeit auch wertschätzen und mit einer entsprechend höheren Abschlussquote oder einer höheren Barwertmarge honorieren.

Beeinflussungsmöglichkeiten

Die Verfügbarkeit im Vertrieb kann insbesondere durch eine gezielte Vertriebsgebietsplanung, eine optimierte Tourenplanung sowie eine gezielte Vertretungsregelung bei Abwesenheit beeinflusst werden.

Darüber hinaus kann beispielsweise eine verbindliche Vorgabe zur Bearbeitung der elektronischen Anfragen (beispielsweise mindestens alle 2 Stunden sind die E-Mails zu checken) sowie der telefonischen Anfragen (bei Abwesenheit ist das Telefon auf die Vertretung umzustellen, bei mehr als 3-maligem Klingeln wird es ebenfalls auf die Vertretung umgestellt, feste und verpflichtende Verfügbarkeitszeiten entweder per Festnetztelefon oder per Handy zwischen 8 und 17 Uhr etc.) getroffen werden.

Datenherkunft

Die meisten Daten, etwa die durchschnittliche Entfernung des Vertriebsmitarbeiters zum Kunden, die Anzahl der Kundenbesuche pro Monat oder die Größe des Vertriebsgebiets können mit einer Vertriebssteuerungs- und -planungssoftware häufig automatisiert ausgewertet werden.

Die telefonische Verfügbarkeit kann etwa durch Testanrufe zu unterschiedlichen Uhrzeiten ermittelt werden.

Für die Ermittlung der Soll-Vorgaben ist neben der Vertriebsleitung teilweise auch die Geschäftsleitung zuständig. Diese entscheidet auf Grundlage der Geschäftsstrategie und einer Abwägung zwischen der Erfüllung der Kundenwünsche einerseits und dem Zusatznutzen für den Kunden im Verhältnis zum damit verbundenen Aufwand, über die Soll-Verfügbarkeiten.

Angrenzende Kennzahlen

vgl. Aktive Vertriebszeit je Vertriebsmitarbeiter; Kundendichte; Kundenzufriedenheit; Servicegrad

Vergütung, variable (in %)

→ *vgl. hierzu*: Gehaltsbestandteile, variable

Veritätsschadensquote (in %)

Die Veritätsschadensquote gibt den Verlust aus Veritätsschäden, also Forderungen ohne rechtlichen Bestand, im Verhältnis zum gesamten Vertragsportfolio an.

Veritätsschadensquote

$$= \frac{\text{Verluste aus Veritätsschäden}}{\text{Restobligo Gesamtportfolio}} \cdot 100\%$$

Aussagekraft

Die Grundlage sämtlicher Geschäftsprozesse und damit auch sämtlicher Zahlungsströme bildet der Abschluss eines Leasingvertrags. Erst durch den Abschluss eines rechtsverbindlichen (Leasing-)Vertrags entstehen die rechtlichen Ansprüche der Leasinggesellschaft auf fristgerechte Zahlung der Leasingraten in voller Höhe.

In Fällen, in denen Leasingverträge abgeschlossen wurden, in denen sich erst später herausstellt, dass die entsprechenden Verträge ungültig sind, entstehen der Leasinggesellschaft erhebliche Verluste. In solchen Fällen entbehren die entsprechenden Ansprüche der Leasinggesellschaft gegenüber ihren Kunden auf Zahlung der Leasingraten und der Restwertansprüche einer wirksamen Rechtsgrundlage. Dadurch haben diese Forderungen im Regelfall keinen rechtlichen Bestand.

Interpretation

Die Veritätsschadensquote ist im Vergleich zu den anderen Risikoarten wie dem Adressenausfallrisiko oder dem Marktpreisrisiko ein Sonderfall. So können auch Verluste aus bereits forfaitierten Forderungen schlagend werden, da die Leasinggesellschaft beim Verkauf der Forderungen (Forfaitierung) an den Forfaitierungspartner (Bank) dafür garantiert, dass die Forderungen einen rechtlichen Bestand haben und frei von Rechten Dritter sind.

Wenn nun auch noch berücksichtigt wird, dass das Instrument der Forfaitierung bei den meisten Leasinggesellschaften häufig zur Reduzierung von Klumpenrisiken eingesetzt wird und häufig dementsprechend hohe Einzelvolumina verkauft werden, kann bereits abgeschätzt werden, wie schnell sich ein immenser Verlust durch solche Forderungen ohne rechtlichen Bestand ergeben können.

Beispiel

Eine Leasinggesellschaft hat ein aktives vertragliches Restobligo über alle Refinanzierungspartner hinweg (Eigenbestand und Forfaitierung zusammen) von knapp 1,3 Mrd. EUR.

Im Betrachtungszeitraum entstehen bei drei Leasingverträgen Veritätsschäden. Zweimal hat eine nicht vertretungsberechtigte Person unterzeichnet und im dritten Fall waren die Forderungen nicht frei von Rechten Dritter. Der Schaden dieser drei Fälle beträgt in Summe 390 TEUR.

Die Veritätsschadensquote beträgt damit 0,03% vom gesamten Restobligo im Vertragsportfolio.

Grenzen der Aussagekraft

Anhand der Veritätsschadensquote allein werden nur die Verluste durch Veritätsschäden ins Verhältnis zum Restobligo gesetzt und damit quasi die Wahrscheinlichkeit von Veritätsschäden ermittelt. Es werden allerdings keine Gründe für diese Verluste ausgewertet.

Neben den Ausprägungsformen der Veritätsschäden sollte zum einen untersucht werden, auf welchem Weg die Forderungen ohne rechtlichen Bestand entstanden sind bzw. welche weiteren Faktoren und Beteiligten hierbei involviert sind bzw. waren. Darüber sollten zum anderen anhand der Veritätsschadensquote Aussagen über die Effektivität bisheriger Maßnahmen gegen Veritätsschäden getroffen werden.

Beeinflussungsmöglichkeiten

Durch eine gute Kenntnis des Leasingnehmers und durch eine konsequente Anwendung des aus der Geldwäschebekämpfung bereits etablierten Systems des Know-Your-Customer-Prinzips (KYC), kann das Verlustpotenzial durch Veritätsschäden nachhaltig reduziert werden.

Hauptquelle der Informationen aus dem breit gefächerten KYC-Bereich sind insbesondere die institutsinterne oder externe Einholung von Wirtschaftsauskünften. Je nach Abwägung der einzelnen Umstände und der strategischen Planung wird im Zweifelsfall zudem auch auf zusätzliche Informationen zugegriffen, um das Risiko von Veritätsschäden weiter zu reduzieren.

Datenherkunft

Die Datenbasis für die Veritätsschadensquote bilden die realisierten Veritätsschäden und das Restobligo für den Gesamtbestand. Zur Ermittlung dieser beiden Größen kann häufig die Buchhaltung bzw. allgemein das Finanz- und Rechnungswesen herangezogen werden. Häufig erfolgt dies idealerweise unter Zusammenarbeit mit der Kredit- bzw. Schadensabwicklung sowie der Refinanzierungsabteilung.

Angrenzende Kennzahlen

vgl. Forfaitierungsquote

Verkaufsförderungsintensität (in %)

Die Verkaufsförderungsintensität stellt die Kosten für sämtliche Verkaufsförderungsmaßnahmen einer Periode ins Verhältnis zum jeweils kontrahierten Neuabschlussvolumen bzw. der jeweiligen Barwertmarge.

Verkaufsförderungsintensität

$$= \frac{\text{Aufwendungen für Verkaufsförderungsmaßnahmen}}{\text{Neuabschlussvolumen bzw.Barwertmarge}} \cdot 100$$

Beispielhafte Verkaufsförderungsmaßnahmen:

- zeitlich befristete Mailings, Bonus-/Rabattangebote, Gewinnspiele, Gutscheine etc.
- Aktionen mit Vendor-Partnern (Sonderangebote, erhöhte Provisionen etc.)
- zeitlich befristete Sonderprämien im Vertrieb, Wettbewerb um Incentives
- Schulungen und regelmäßig stattfindende Kick-Off-Konferenzen

etc.

Aussagekraft

Unter Verkaufsförderung werden innerhalb der Kommunikationspolitik einer Leasinggesellschaft sämtliche zeitlich befristeten Maßnahmen subsumiert, die auf die Steigerung des Abschlussvolumens sowie der Barwertmarge abzielen. Die Abgrenzung der Verkaufsförderung zur klassischen Werbung liegt damit in der kurzfristigen Orientierung der Verkaufsförderung, wenngleich die Grenzen in der Praxis häufig verschwimmen.

Interpretation

Generell wird eine niedrige bzw. insbesondere im Zeitablauf sinkende Verkaufsförderungsintensität angestrebt. Eine gesunkene Verkaufsförderungsintensität kann bei einem erhöhten Aufwand für die Verkaufsförderung ein Anzeichen für ein überproportional angestiegenes Neuabschlussvolumen bzw. eine überproportional hohe Barwertmarge oder bei konstantem Neuabschlussvolumen und/oder gleichbleibender Barwertmarge ein Indikator für rückläufige Verkaufsförderungsaufwendungen sein.

Eine gestiegene Verkaufsförderungsintensität auf der anderen Seite kann ein Anhaltspunkt dafür sein, dass durch die Verkaufsförderung nicht die erwünschte Steigerung des Abschlussvolumens erreicht werden konnte. So kann es außerdem zu einer steigenden Verkaufsförderungsintensität kommen, wenn bei konstantem Aufwand für die

Verkaufsförderung das Neuabschlussvolumen bzw. die Barwertmarge rückläufig sind oder wenn die Abschlussvolumina bei einer Reduktion der Marketing- und Vertriebsaufwendungen überproportional zurückgehen.

Die Verkaufsförderungsintensität wird insbesondere in Verbindung mit einem Vorperiodenvergleich als Frühwarnindikator eingesetzt, um bei einer starken Abweichung zunächst die Gründe ermitteln und anschließend noch möglichst rechtzeitig entsprechende Gegenmaßnahmen ergreifen zu können.

Beispiel

Ein Leasingunternehmen gibt 1,2 Mio. EUR für Verkaufsförderungsmaßnahmen, ohne Berücksichtigung der Kosten für zeitlich unbegrenzte Werbung und Sponsoring, aus. Im Betrachtungszeitraum wird ein Neuabschlussvolumen von 230 Mio. EUR mit einer Barwertmarge von 9,2 Mio. EUR erwirtschaftet.

Die Verkaufsförderungsintensität bezogen auf das Neugeschäftsvolumen beträgt damit 0,52% und bezogen auf die Barwertmarge 13,04%.

Grenzen der Aussagekraft

Anhand der Verkaufsförderungsintensität allein kann noch keine Aussage über den Erfolg einer Verkaufsförderungsmaßnahme getroffen werden. Hierzu ist ein eigenes und tiefgreifendes Marketingcontrolling notwendig, das die Gründe für die einzelnen Neuabschlüsse ermittelt.

Es kann beispielsweise in einer wirtschaftlichen Aufschwungphase oder allgemein einer guten Wettbewerbsposition des Instituts durchaus vorkommen, dass das Neuabschlussvolumen verbunden mit der jeweiligen Barwertmarge nicht (allein) auf Marketingmaßnahmen zurückzuführen ist und auch ohne diese in derselben oder zumindest in ähnlicher Höhe stattgefunden hätte.

Die Ermittlung dieser Gründe kann durch eine direkte Befragung der Kunden beim Vertragsabschluss, aber auch durch eine Befragung des Außendiensts vorgenommen werden.

Darüber hinaus muss insbesondere ein Profitabilitätsvergleich zwischen dem Aufwand für die Verkaufsförderungsmaßnahmen und den dadurch erzielten Zusatzerlösen in Form der zusätzlich generierten Barwertmarge vorgenommen werden. Erst dann kann eine valide Aussage über die Wirtschaftlichkeit sowie auch eine Obergrenze für die maximal zu tätigenden Verkaufsförderungsmaßnahmen getroffen werden.

Beeinflussungsmöglichkeiten

Die Verkaufsförderungsintensität wird zum einen durch das Neuabschlussvolumen bzw. die erzielte Barwertmarge und zum anderen durch die Aufwendungen für die Verkaufsförderungsmaßnahmen beeinflusst.

Erst durch eine möglichst hohe Effektivität der Verkaufsförderungsmaßnahmen ist es möglich, dass diese Maßnahmen im Verhältnis zum Neuabschlussvolumen wirtschaftlich entsprechend profitabel und effizient ausgestaltet werden können. Für die Effektivität ist insbesondere eine gute Marktkenntnis, beispielsweise unterstützt durch eine vorherige und gezielte Marktforschung, notwendig.

Datenherkunft

Das Neuabschlussvolumen sowie die damit verbundene Barwertmarge können von der Vertriebssteuerung bzw. anhand der Vertriebsverwaltungssoftware ausgewertet werden. Die Kosten für die Verkaufsförderungsmaßnahmen auf der anderen Seite können im Finanz- und Rechnungswesen anhand der Aufwandskonten in der GuV ermittelt werden.

Für eine tiefergreifende Ermittlung des Erfolgs der Verkaufsförderungsmaßnahmen werden häufig durch ein Marketingcontrolling mit Hilfe von Kundenbefragungen sowie durch Marktforschungsinstitute die Gründe für die Neuabschlüsse ermittelt.

Angrenzende Kennzahlen

vgl. Werberendite

Verlorene Kunden

→ *vgl. hierzu*: Nullkundenquote

Verlust, erwarteter (in EUR)

Der erwartete Verlust ist der geschätzte Betrag, der im Betrachtungszeitraum (in der Regel innerhalb eines Jahres) aufgrund einer negativen Bonitätsveränderung bzw. Insolvenz des Leasingnehmers oder einer Kündigung des Leasingvertrags entsteht.

Erwarteter Verlust	
=	geschätzte Ausfallwahrscheinlichkeit (Probability of Default; PD) • geschätzte Verlusthöhe beim Ausfall (Loss Given Default; LGD)

Erwarteter Verlust *(alternativ)*	
=	geschätzte Ausfallwahrscheinlichkeit (Probability of Default; PD) • Blankorisiko

Aussagekraft

Die Ausfallwahrscheinlichkeit (Probability of Default, PD) ist zwar eine Kenngröße, mit der das Risiko eines Adressenausfalls beschrieben werden kann, allerdings kann das Risiko bzw. der Verlust erst mit dem erwarteten Verlust in Geldeinheiten dargestellt werden.

Zur Ermittlung des erwarteten Verlusts wird die geschätzte Ausfallwahrscheinlichkeit (Expected Fall) mit dem Restobligo und der geschätzten Verlusthöhe im Zeitpunkt des Ausfalls bzw. allgemein die Ausfallwahrscheinlichkeit mit dem Blankorisiko multipliziert. Im Blankorisiko werden neben dem Marktwert des Leasingobjekts insbesondere auch eventuelle weitere Sicherheiten berücksichtigt.

Interpretation

Der erwartete Verlust ergibt sich insbesondere aus Erfahrungswerten und statistischen Wahrscheinlichkeiten für den Adressenausfall und wird im Regelfall bereits von vornherein in der jeweiligen Kalkulation eines Leasingvertrags als Risikokostenposition mit einberechnet. Darüber hinaus wird auch der erwartete Verlust durch operationelle Risiken, beispielsweise durch Betrug, im aggregiert ermittelten erwarteten Verlust berücksichtigt.

Die Gesamtkosten eines Leasing- oder Mietkaufvertrags teilen sich im Regelfall in Refinanzierungskosten, Betriebskosten und Standardrisikokosten sowie einen Mindestgewinn auf.

Während die Refinanzierungskosten (beispielsweise zur Aufnahme eines Darlehens durch die Leasinggesellschaft) kundenunabhängig sind und von der Bonität der Leasinggesellschaft abhängen, fallen unter die Betriebskosten insbesondere Kosten für Vertriebsaktivitäten und administrative Tätigkeiten, die ebenfalls für alle Leasingnehmer zumindest ähnlich sind.

In den Standardrisikokosten hingegen werden die erwarteten Verluste je Einzelvertrag und je Leasingnehmer berücksichtigt. Diese sind aufgrund der ungleichen Bonitäten der Kunden für jeden Leasingnehmer unterschiedlich.

Im Mindestgewinn kommen die Ansprüche der Gesellschafter zur Geltung. Bei börsennotierten Aktiengesellschaften kann hierunter auch beispielsweise eine Dividendenzusage fallen.

Im Jahresabschluss werden erwartete, hinreichend konkrete Verluste häufig in Form einer Drohverlustrückstellung berücksichtigt. Hierunter fallen neben Verlusten durch den Ausfall des Leasingnehmers insbesondere finanzielle Schäden durch steuerliche oder gesetzliche Änderungen sowie laufende Gerichtsprozesse.

Beispiel

Die Ausfallwahrscheinlichkeit für einen Leasingnehmer in der Ratingklasse BB- beträgt nach Recherchen und eigenen Erfahrungen der Leasinggesellschaft 2,0% p.a. Der Leasingnehmer hat ein Blankorisiko von 120 TEUR in seinem Portfolio.

Der erwartete Verlust beträgt für den o.g. Leasingnehmer 2,4 TEUR.

Grenzen der Aussagekraft

Die erwarteten Verluste basieren insbesondere auf Schätzungen und statistischen Modellen. Problematisch wird es bei der Verlustabschätzung allerdings immer dann, wenn sogenannte unerwartete Verluste schlagend werden.

Unerwartete Verluste entstehen, sobald die Unsicherheiten bei den Schätzungen größer als ursprünglich erwartet ausfallen. Darüber hinaus können sich auch die den Schätzungen zugrunde liegenden Korrelationen verschieben.

Abhilfe zur Ermittlung der unerwarteten Ausfälle oder Verluste bieten insbesondere ausgereifte und an die institutsindividuellen Gegebenheiten angepasste Stresstests und/oder Kreditrisikomodelle.

Beeinflussungsmöglichkeiten

Die erwarteten Verluste finden als Berechnungsgrundlage für die Standardrisikokosten insbesondere im risikoadjustierten Pricing Anwendung. Neben dieser Einpreisung als Risikoaufschlag werden die erwarteten Verluste häufig aber auch als Grundlage für die Bildung von Wertberichtigungen herangezogen.

Datenherkunft

Die geschätzte Ausfallwahrscheinlichkeit wird häufig durch eine historische institutseigene oder institutsfremde Datenbasis auf Grundlage der Ratingklassifizierungen ermittelt.

In Verbindung mit dem Blankorisiko, das wesentlich vom Marktwertverlauf des Leasingobjekts abhängt, werden häufig vonseiten der Objektbe- und/oder -verwertung entsprechende Anfragen zur Ermittlung des Blankorisikos gestellt.

Darüber hinaus werden im Jahresabschluss für drohende Verluste durch den Ausfall des Leasingnehmers nach §249 Abs.1 HGB sogenannte Drohverlustrückstellungen gebildet.

Angrenzende Kennzahlen

vgl. Ausfallwahrscheinlichkeit; Blankorisiko; Verlust, unerwarteter

Verlust, unerwarteter (in EUR)

Der unerwartete Verlust bezeichnet den Teil eines möglichen Verlusts, der den *erwarteten Verlust* überschreitet.

Unerwarteter Verlust
= über den erwarteten Verlust hinausgehendes Verlustvolumen
Unerwarteter Verlust *(alternativ)*
= eingetretener Verlust ./. erwarteter Verlust

Aussagekraft

Der unerwartete Verlust gibt an, wie weit der tatsächliche Verlust vom erwarteten Verlust abweicht bzw. bezeichnet den Teil eines möglichen Verlusts, der über den erwarteten Verlust hinausgeht. Er wird deshalb häufig auch als Varianz des erwarteten Verlusts bezeichnet.

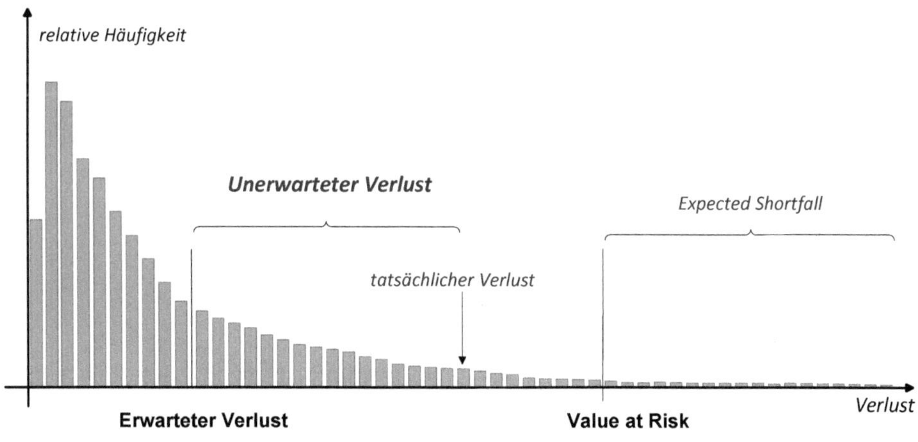

Abb.2.11 Unerwarteter und erwarteter Verlust

Quelle: Eigene Darstellung, in Anlehnung an: Henkening/Bluhm/Fahrmeir 2006, S.26.

Unerwartete Verluste werden insbesondere durch Stresstest-Szenarien und statistische Modelle simuliert. So ergibt sich die Höhe des unerwarteten Verlusts als Differenz zwischen der ermittelten Verlusthöhe und dem erwarteten Verlust.

Während sich Teile des Adressenausfallrisikos und des operationellen Risikos in besonderem Maße für die Ermittlung eines erwarteten Verlusts eignen, werden häufig insbesondere Marktpreisrisiken (beispielsweise Objekt-/Werthaltigkeits-risiken, Zinsänderungsrisiken etc.) als unerwartet definiert.

Interpretation

Der unerwartete Verlust bildet die Grundlage für zahlreiche Prozesse und Instrumente im Risikomanagement. Neben dem Stresstesting ist der unerwartete Verlust insbesondere in der Risikotragfähigkeit ein wesentlicher Anknüpfungspunkt. Hierbei wird ermittelt, inwieweit die unerwarteten Verluste, die im Gegensatz zu den erwarteten Verlusten nicht als Standardrisikokosten bereits in die Barwertmarge der Leasingverträge einkalkuliert sind, zu einer negativen Auswirkung auf die Geschäftstätigkeit führen können.

Die Höhe des unerwarteten Verlusts wird häufig unter Berücksichtigung von Korrelationen zwischen einzelnen Kreditnehmereinheiten, Branchen, Objektgruppen und Sicherheiten ermittelt. Für den unerwarteten Verlust wird im Regelfall das Modell des Value-at-Risks herangezogen, bei dem für ein bestimmtes Konfidenzniveau das entsprechende Verlustpotenzial ermittelt wird.

Je kleiner der unerwartete Verlust ausfällt, umso besser kann der erwartete Verlust als Schätzung für den gesamten Verlust herangezogen werden.

Beispiel

Der Value-at-Risk für einen beispielhaften Leasingnehmer beträgt für ein Konfidenzintervall von p = 99% etwa 13,2 TEUR. Der erwartete Verlust für den Leasingnehmer beträgt 11,5 TEUR.

Der unerwartete Verlust beläuft sich damit auf 1,7 TEUR.

Grenzen der Aussagekraft

Die Ermittlung und Aussagekraft der unerwarteten Verluste steht häufig einer breit angelegten Kritik gegenüber. Zum einen ist es sehr schwierig, mit möglichst einfachen und kosteneffizient genutzten Ressourcen, eine valide Zukunftsprognose zu ermitteln.

Darüber hinaus muss bei Anwendung des Value-at-Risks als Grundlage für das gesamte Verlustpotenzial eine erhöhte Unschärfe in Kauf genommen werden. Je nach Wahl des Konfidenzintervalls kann es deshalb dazu kommen, dass die Seitenränder, die sogenannten Fat Tails der Wahrscheinlichkeitsverteilung, in der Bestimmung des Value-at-Risks vernachlässigt werden und das tatsächliche Risiko damit systematisch unterschätzt wird.

Beeinflussungsmöglichkeiten

Die Höhe des unerwarteten Verlusts hängt wesentlich von der Wahl des Berechnungsmodells ab. Allein durch die Höhe des Konfidenzintervalls, also der ermittelten Wahrscheinlichkeit des unerwarteten Verlusts, wird die Höhe des Verlustparameters stark beeinflusst. Darüber hinaus spielt auch die eventuelle Integration von Ausreißern in der Verlustverteilung eine wesentliche Rolle für die ermittelte Verlusthöhe.

Datenherkunft

Die Verlustdaten sowie mögliche stichtagsbezogene Betrachtungen werden häufig mit Hilfe statistischer Verlustverteilungsmodelle vom Risikomanagement ermittelt. In Verbindung mit der ermittelten Ausfallwahrscheinlichkeit und dem jeweiligen Blankorisiko kann relativ einfach das erwartete Verlustpotenzial erhoben werden.

Durch Anwendung von Stresstests oder Expected Shortfalls können darüber hinaus Extremereignisse und -verluste in besonderem Maße berücksichtigt werden.

Angrenzende Kennzahlen

vgl. Value-at-Risk; Verlust, erwarteter

Vermietvermögen (in EUR)

Im Vermietvermögen sind alle Leasingobjekte, die sich im wirtschaftlichen Eigentum einer Leasinggesellschaft befinden, enthalten und werden gemäß den AfA-Zeiten abgeschrieben.

Vermietvermögen
= kumulierter Buchwert der Leasingobjekte abzgl. Abschreibungen *[in EUR]*

Aussagekraft

Die Leasingobjekte einer Leasinggesellschaft sind in der Bilanz als Anlagevermögen aktiviert. Sie werden anfänglich mit den Anschaffungskosten bewertet und entsprechend den AfA-Tabellen über die Laufzeit abgeschrieben.

Im Falle einer Forfaitierung sind die Leasingobjekte ebenfalls als Vermietvermögen im Anlagevermögen zu aktivieren. Zusätzlich ist allerdings ähnlich wie bei Sonderzahlungen oder erhöhten Erstmieten auf der Passivseite ein Rechnungsabgrenzungsposten zu bilden. Der Umfang dieses passiven Rechnungsabgrenzungspostens erstreckt sich auf die barwertigen Erlöse aus der Forfaitierung, die den mit dem Refinanzierungszinssatz abgezinsten Leasingraten entsprechen und über die Grundmietzeit regelmäßig linear und gewinnerhöhend aufgelöst werden.

Interpretation

Das Vermiet- bzw. Leasingvermögen einer Leasinggesellschaft ist zwar eine wesentliche Bilanzposition, für die operative Steuerung allerdings weniger dienlich. Das Vermietvermögen dient zuvorderst einem relativ einfachen und unkomplizierten Größenvergleich sowie dazu, Aussagen über die Struktur oder das aktivierte Neugeschäftsvolumen im Vergleich zwischen einzelnen Leasinggesellschaften zu treffen. Aufgrund der bilanziellen Wahlfreiheit und hierbei insbesondere durch unterschiedliche Abschreibungsverfahren hingegen, ist eine Vergleichbarkeit allerdings häufig nur sehr eingeschränkt möglich.

Beispiel

Eine Leasinggesellschaft hatte zu Beginn der Betrachtungsperiode ein Vermietvermögen in Höhe von 1,4 Mrd. EUR aktiviert. Im Betrachtungszeitraum kam ein neu aktiviertes Volumen in Höhe von 320 Mio. EUR hinzu. Die Abschreibungsaufwendungen beliefen sich im selbigen Zeitraum auf 270 Mio. EUR.

Das Vermietvermögen beträgt damit zum Betrachtungsstichtag 1,45 Mrd. EUR.

Grenzen der Aussagekraft

Im Vermietvermögen sind nur Leasingverträge beinhaltet, bei denen das Institut neben dem juristischen auch das wirtschaftliche Eigentum innehat. Dies bedeutet also, dass Spezialleasingverträge, bei denen keine Drittverwendungsmöglichkeit des Leasingobjekts besteht sowie Leasingverträge mit einer Grundmietzeit von weniger als 40% oder mehr als 90% der betriebsgewöhnlichen Nutzungsdauer nicht im Vermietvermögen beinhaltet sind. Ebenso sind Mietkaufverträge beim Mietkäufer zu bilanzieren und werden deshalb auch nicht im Vermietvermögen der Leasinggesellschaft aktiviert.

Für Größenvergleiche, beispielsweise zur Ermittlung der Marktstellung bzw. der Marktmacht zwischen einzelnen Instituten losgelöst vom Restobligo und allein anhand des Vermiet- bzw. Leasingvermögens, gilt es deshalb die Volumina der Mietkaufverträge sowie der beim Leasingnehmer bilanzierten Verträge abzuschätzen und miteinzuberechnen.

Beeinflussungsmöglichkeiten

Die Höhe des Leasing- bzw. Vermietvermögens hängt zum einen vom aktivierten Neugeschäft und den durchschnittlichen Anschaffungswerten der Leasingobjekte ab. Zum anderen hat aber auch die Abschreibungsmethode einen wesentlichen Einfluss auf das bilanzierte Vermietvermögen.

Häufig wird eine degressive Abschreibung gewählt, sodass der Buchwert, also das aktivierte Vermietvermögen, relativ schnell abnimmt. Da es in den meisten Fällen beim Marktwert des Leasingobjekts nicht zu einem solch drastischen Werteverlust kommt, entstehen hierbei erhebliche stille Reserven, die nicht aus der Bilanzposition des Vermietvermögens ersichtlich sind.

Datenherkunft

Das Vermietvermögen kann relativ einfach der Bilanz entnommen werden. Die Position Vermietvermögen ist hierbei dem Anlagevermögen einer Leasinggesellschaft zugeordnet.

Vermittlerquote (in %)

Die Vermittlerquote stellt das Restobligo der über Vermittler, beispielsweise professionelle Leasingagenturen, aber auch Händler oder Hersteller, initiierten Leasing- oder Mietkaufverträge ins Verhältnis zum Gesamtbestand.

Anders ausgedrückt: Die Vermittlerquote gibt den Anteil des Restobligos aller Verträge an, die nicht klassischerweise von den Außendienstmitarbeitern selbst akquiriert wurden bzw. bei denen der Erstkontakt nicht initial vom Außendienst- oder allgemein vom Vertriebsmitarbeiter ausging, sondern von einem Dritten.

Vermittlerquote

$$= \frac{\text{Restobligo der über Vermittler generierten Verträge}}{\text{Gesamt-Restobligo}} \cdot 100\%$$

Aussagekraft

Die Vermittlerquote gibt Auskunft über den Akquisitionsweg neuer Kunden bzw. neuer Leasingverträge. So kann relativ einfach zwischen einem vom eigenen Außendienst bzw. Vertrieb selbst generierten Neugeschäft und einem über einen Dritten bzw. einem über einen Vermittler (Agentur, Makler etc.) angetragenen Geschäft unterschieden werden.

Die Akquisition durch eigene Vertriebsmitarbeiter wird als „Direkt-Leasing" bezeichnet und ist vom Hersteller- bzw. Vertriebs-, Referenz- oder Vermittler-Leasing abzugrenzen.

Interpretation

Die meisten Leasinggesellschaften versuchen die Vermittlerquote relativ niedrig zu halten. So soll der Großteil der Neugeschäfte (weiterhin) über die eigenen Vertriebsmitarbeiter generiert werden.

Dies hängt zum einen damit zusammen, dass den Vertriebsmitarbeitern anders als den Vermittlern ein bestimmtes Fixgehalt gezahlt wird und diese ein entsprechendes Volumen und einen entsprechenden Barwert generieren müssen, um effizient zu arbeiten.

Zum anderen ist bei den eigenen Vertriebsmitarbeitern zumeist die Loyalität gegenüber der Leasinggesellschaft nachweislich erheblich höher. Während ein Vermittler in der Regel Neugeschäfte mehreren Instituten anbietet und am Ende an diejenige Leasinggesellschaft vermittelt, bei der er die höchste Provision erhält, ist ein klassischer Außendienstmitarbeiter an die Leasinggesellschaft fest gebunden (sofern keine arbeitsvertraglichen Ausnahmebestimmungen bestehen).

Darüber hinaus können die eigenen Außendienstmitarbeiter häufig deutlich besser gesteuert werden und es ist vielfach auch deutlich einfacher, den eigenen Mitarbeitern bestimmte Verhaltensgrundsätze und auch die zugrunde liegende Strategie näher zu bringen. Bei externen Vermittlern besteht im Regelfall nahezu keinerlei Einfluss- und Kontrollmöglichkeit hinsichtlich der Struktur, aber auch und insbesondere hinsichtlich der Bonität des angetragenen Geschäfts sowie möglicher Folgegeschäfte.

Die vermittelten Neugeschäfte werden aufgrund der beschriebenen Negativauslese aufgrund der häufig mehrfachen Angebote an unterschiedliche Leasinggesellschaften sowie der erhöhten Risiken häufig sehr kritisch geprüft und eine erhöhte Vermittlerquote ist deshalb häufig ein eher kritisches Signal.

Nichtsdestotrotz können über Vermittler angetragene Geschäfte aber auch einen erheblichen Zusatznutzen generieren. So kann beispielsweise direkt vom guten Image oder der Reputation des Vermittlers, beispielsweises eines Herstellers oder Händlers partizipiert werden, in vertriebsseitig unterrepräsentierten Gebieten können auf breiterer Basis erste Kunden akquiriert werden oder allgemein bei strategisch interessanten oder lukrativen Kunden kann durch den Vermittler ein Erstkontakt hergestellt werden.

Beispiel

Die Leasinggesellschaft hat aktuell 4.900 aktive Leasing- und Mietkaufverträge mit einem Restobligo von 441 Mio. EUR in ihrem Portfolio. Hiervon wurden 350 Leasing- und Mietkaufverträge mit einem Restobligo von 28 Mio. EUR über insgesamt 55 Vermittler angetragen.

Die Vermittlerquote beträgt im vorliegenden Fall 6,35%.

Grenzen der Aussagekraft

Die Vermittlerquote allein ermöglicht noch keine Aussage über die Vorteilhaftigkeit der vermittelten Geschäfte.

Beispielsweise kann es je nach strategischer Ausrichtung der Leasinggesellschaft sehr nützlich sein, gezielt die Vorteile von Vermittlern zu nutzen und über diesen Absatzkanal einen nicht unerheblichen Anteil des Neugeschäfts zu generieren.

Darüber hinaus sollte in einer Vollkostenbetrachtung der Nutzen von vermittelten Engagements überprüft werden. Hierbei sind zum einen die jeweilige Provision für den Vermittler, mögliche Insolvenzfälle sowie sämtliche weiteren Aufwendungen, beispielsweise auch zusätzliche administrative Aufwendungen, zu berücksichtigen und ins Verhältnis zum Ertrag, der mit selbst generierten Neuverträgen verbunden ist, zu setzen.

Beeinflussungsmöglichkeiten

Die Vermittlerquote kann dadurch gesteuert werden, dass im Falle einer gewünschten Steigerung der Vermittlerquote gezielt Händler, Hersteller, Leasingagenturen etc. angesprochen werden.

Daneben können, für den Fall, dass das Vermittlervolumen wieder eingedämmt werden soll, aber auch eine restriktivere Kreditpolitik erlassen bzw. zusätzliche und strengere Auflagen für Vermittlergeschäfte beschlossen werden.

Datenherkunft

Über das Vertriebsinformationssystem bzw. über das Bilanzkonto „geleistete Provisionen" kann die Vermittlerquote relativ einfach und stichtagsgenau ermittelt werden. Darüber hinaus kann analysiert werden, bei welchen Verträgen externe Vermittler entsprechende Provisionen erhalten haben.

Verschuldungsgrad, dynamischer (in Jahren)

→ *vgl. hierzu*: Cashflow

Verschuldungskapazität (in EUR)

Die Verschuldungskapazität für Fremdkapitalfinanzierungen, als die Leasingfinanzierungen im Normalfall angesehen werden, ermittelt sich als Produkt des betrieblichen Free Cashflows und dem Faktor 5,9 (entspricht mathematisch 7 Jahren Tilgung inkl. rechnerischer Abzinsung).

Verschuldungskapazität (für Fremdkapital)
= Betrieblicher Free Cashflow · Faktor 5,9 (entspricht mathematisch 7 Jahren Tilgung inkl. rechnerischer Abzinsung)
mit:
operatives Ergebnis vor Abschreibung, Zinsen und Steuern (EBITDA)
./. durchschnittliche Ertragssteuern
./. Ersatzinvestitionen (rein kalkulatorisch)
./. entnommene Gewinne (z.B. Dividenden)
= Betrieblicher Free Cashflow

Aussagekraft

Im Banken- und Leasingbereich wird die Verschuldungskapazität häufig für die Risikoanalyse im Rahmen der Engagementprüfung herangezogen. Bei Leasingfinanzierungen wird häufig eine Obergrenze von 7 Jahren angesetzt.

Die Verschuldungskapazität gibt damit die maximale Engagementhöhe aus Leasinggebersicht an, bis zu der der Leasingnehmer auf Basis seines nachhaltigen, betrieblichen Free Cashflows in der Lage ist, Zins und Tilgung zu bezahlen. Sie dient dazu, eine Aussage über die maximal tragbare Fremdverschuldung treffen zu können.

Analog zur Verschuldungskapazität wird häufig auch die Entschuldungsdauer eines Leasingnehmers berechnet. Hier wird das bereinigte Gläubigerkapital, also das Fremdkapital an externe Gläubiger, ins Verhältnis zum durchschnittlichen, betrieblichen Free Cashflow p.a. gesetzt. Als Richtgröße wird auch hier eine maximale Dauer von 7 Jahren angenommen.

Speziell im Zeitvergleich ist die Entwicklung der Entschuldungsdauer sehr interessant, da in einer verschlechterten finanziellen Lage häufig einerseits der Zähler (bereinigtes Gläubigerkapital) steigt und der Nenner (betrieblicher Free Cashflow) sinkt. Der Effekt auf die Entschuldungsdauer wird damit deutlich verstärkt.

Entschuldungsdauer [in Jahren]

$$= \frac{\text{bereinigtes Gläubigerkapital [in EUR]}}{\text{betrieblicher Free Cashflow p.a.[in EUR]}} \cdot 100\%$$

Interpretation

Die Verschuldungskapazität wird häufig in der Kreditrisikoanalyse ermittelt und orientiert sich sehr eng an der Bonitätseinschätzung im Rahmen des Ratingverfahrens bei der Engagementprüfung. Je höher die Innenfinanzierungskraft eines Unternehmens, umso höher ist auch seine Verschuldungskapazität.

Eine hohe Verschuldungskapazität ist häufig auch ein guter Indikator für eine hohe und nachhaltige Kapitaldienstfähigkeit des Leasingnehmers und ein damit niedrigeres Ausfallrisiko.

Für die meisten Leasinggesellschaften ist die Verschuldungskapazität eine Obergrenze für den einzelnen Leasingnehmer. Dieses Limit wird dann je nach Risikoappetit des Instituts und je nach Objekt- oder Zusatzsicherheiten weiter reduziert.

Beispiel

Ein Unternehmen erzielt ein EBITDA von 500 TEUR. Gleichzeitig fallen Ertragssteuern i.H.v. 40 TEUR und Ersatzinvestitionen i.H.v. 60 TEUR an. Außerdem werden Dividenden über insgesamt 50 TEUR ausbezahlt.

Der betriebliche Free Cashflow beläuft sich damit auf 350 TEUR. Für das Unternehmen ergibt sich damit eine Verschuldungskapazität von 2,065 Mio. EUR.

Grenzen der Aussagekraft

Die Ermittlung des nachhaltigen operativen Free Cashflow bildet die Basis der Ermittlung der Verschuldungskapazität. Deshalb ist es elementar, dass sowohl die Vergangenheit präzise analysiert als auch die zukünftige Entwicklung, etwa anhand von Budgets und der Planung, abgeschätzt werden können.

Da diese Einflussfaktoren allerdings häufig Schwankungen unterliegen, ist eine exakte Ermittlung nicht immer zufriedenstellend möglich. Dies gilt es entsprechend transparent zu machen und klar zu kommunizieren, um mögliche Fehleinschätzungen zu vermeiden.

Auf der anderen Seite muss berücksichtigt werden, dass im Leasingbereich nicht die Kapitaldienstfähigkeit allein entscheidend ist, sondern auch die Werthaltigkeit des Leasingobjekts. Bei einem besonders werthaltigen Objekt und einem günstigen Blankorisikoverlauf kann es sogar zum Paradoxon kommen, dass im Falle eines Ausfalls des Leasingnehmers ein Verwertungsmehrerlös generiert wird.

Beeinflussungsmöglichkeiten

Die Verschuldungskapazität ist maßgeblich abhängig von der Bonität, dem aktuellen Verschuldungsgrad sowie der wirtschaftlichen Situation des Leasingnehmers. Darüber hinaus spielt die aktuelle Verschuldung sowie die Höhe von möglichen Kontokorrentkreditlinien eine maßgebliche Rolle.

Datenherkunft

Die Datenbasis zur Ermittlung des betrieblichen Free Cashflows bilden im Normalfall die Monats-und Jahresabschlüsse sowie Betriebswirtschaftlichen Auswertungen (BWAs) des Finanz- und Rechnungswesens. Für eine Abschätzung der zukünftigen Entwicklung sind allerdings häufig noch detailliertere Prognose- und Plandaten notwendig, da diese im Anhang bzw. Lagebericht zumeist nicht detailliert genug sind.

Angrenzende Kennzahlen

vgl. Cashflow

Versorgungssicherheit

→ *vgl. hierzu*: IT-Ausfallquote

Vertriebskanalquote (in %)

→ *vgl. hierzu*: Vertriebswegequote

Vertriebskosten (in EUR oder in %)

Unter die Vertriebskosten fallen sämtliche im Vertriebsbereich anfallenden Kosten, wie beispielsweise Personalkosten, Provisionen, Werbeausgaben, Reisekosten etc.

Vertriebskosten
= alle im Vertriebsbereich anfallenden Kosten
Vertriebskosten
$= \frac{\text{alle im Vertriebsbereich anfallenden Kosten}}{\text{Barwertmarge}} \cdot 100\%$

Mobbingquote

Beispielhafte Kostenpositionen für Vertriebskosten:

- Personal- und Sachkosten der Vertriebs- und Marketingabteilung
- Kosten für Werbung und Maßnahmen zur Verkaufsförderung
- Kosten für Marktforschungstätigkeiten
- Reisekosten, Spesen, Provisionen, Boni etc. für den Außendienst
- Trainings und Schulungen für vertriebsnahes Personal und/oder Kun-den
- auf den Vertriebsbereich entfallende Verwaltungsgemeinkosten

Aussagekraft

Die Vertriebskosten stellen einen Kostenblock dar, der auf einzelne Kunden, Branchen, Regionen, Verkaufsgebiete etc. heruntergebrochen werden kann. Durch eine Gegenüberstellung mit den Ertragserwartungen stellen die Vertriebskosten die langfristig nicht zu unterschreitende Mindestgrenze des Ertrags dar, um eine positive Ertragsperspektive zu gewährleisten und den Unternehmenswert nachhaltig zu steigern.

Es gibt zwar Situationen, in denen die Vertriebskosten nicht gedeckt werden können, diese sollten aber die Ausnahme bilden oder bewusst strategisch ergriffen werden. So entstehen häufig zu Beginn der Aufnahme von Geschäftsbeziehungen mit Kunden in der sogenannten Akquisitionsphase erhebliche Vertriebskosten, die erst im Zeitablauf durch weitere Folgegeschäfte gedeckt werden können. Des Weiteren können in Großkonzernen oder bei anderen strategisch wichtigen Kunden auch Geschäfte beispielsweise im Small-Ticket-Bereich abgewickelt werden, bei denen die Vertriebskosten die Erträge übersteigen, sofern dies durch Zusatzgeschäfte kompensiert wird. Eine weitere Situation, in der die Vertriebskosten nicht sofort vollständig gedeckt sind, kann bei der Einstellung neuer Vertriebsmitarbeiter entstehen. Hier entstehen häufig zu Beginn sehr hohe Vertriebskosten, die es allmählich durch den Abschluss von Leasingverträgen und hierdurch in Form von Ertragsrückflüssen zu decken gilt.

Interpretation

Für die Interpretation der Vertriebskosten wird häufig neben der absoluten Höhe insbesondere auch eine Ertragskomponente herangezogen, anhand derer die Angemessenheit der Vertriebskosten besser beurteilt werden kann.

Darüber hinaus wird vielfach auch die Kostenstruktur näher untersucht und die Kostenbestandteile darauf basierend in variable und fixe Vertriebskosten unterschieden.

Hierdurch kann eine Aussage darüber getroffen werden, wie flexibel die Leasinggesellschaft auf eine geänderte Nachfrage reagieren kann.

Durch einen hohen Fixkostenanteil beispielsweise wird die Gewinnerwartung bei geänderter oder ungünstig verlaufender Absatzentwicklung zudem negativ beeinflusst.

Beispiel

Die Leasinggesellschaft hat im Berichtsmonat Personalkosten im Vertriebsbereich in Höhe von 350 TEUR, Kosten für Werbung und Marketing in Höhe von 300 TEUR sowie weitere Ausgaben für Spesen, Schulungen, Provisionen und sonstige Verwaltungskosten in Höhe von 400 TEUR zu verzeichnen.

Die Vertriebskosten im Berichtsmonat belaufen sich damit auf 1,05 Mio. EUR.

Grenzen der Aussagekraft

Anhand der Vertriebskosten allein kann keine valide Aussage getroffen werden. Es sollte deshalb neben einer ertragsseitigen Bewertung insbesondere auch die strategische Ausrichtung der Leasinggesellschaft als Vergleichsmaßstab herangezogen werden.

So kann es beispielsweise sein, dass mögliche Ertragseinbußen bewusst in Kauf genommen werden, um in bestimmten Bereichen sogenannte Einstiegsgeschäfte zu platzieren. Hierdurch sollen zum einen die Wettbewerbssituation und der Marktanteil nachhaltig gesichert werden und im Laufe der Kundenbeziehung auch ein positiver Kundenwert bzw. Customer Lifetime Value erreicht werden.

Beeinflussungsmöglichkeiten

Häufig wird das Ziel ausgegeben, die Vertriebskosten im Zeitablauf nachhaltig zu senken. Dies soll beispielsweise durch eine Steigerung der Effizienz bei den zugrunde liegenden Prozessen sowie durch eine effektivere Auswahl wirklich ertragreicher Kundenbeziehungen durch eine individuelle Ansprache gelingen. Hierbei sollen breit angelegte Kampagnen, bei denen auch zahlreiche bonitätsschwache Kunden angesprochen werden, die aber ohnehin an der Bonitätsprüfung im Vorfeld der Vertragsgenehmigung scheitern würden, verhindert werden.

Datenherkunft

Die Vertriebskosten können relativ einfach über Kostenstellenrechnungen ermittelt bzw. den einzelnen Gruppen aus der Gewinn- und Verlustrechnung entnommen werden.

Darüber hinaus führt das Finanz- und Rechnungswesen häufig in Zusammenarbeit mit dem Vertriebscontrolling entsprechende Kosten- und Profitabilitätsauswertungen durch.

Angrenzende Kennzahlen

vgl. Akquisitionskosten je (Neu-)Kunde

Auftragseffizienz

$$= \frac{\text{Barwertmarge des Auftrags}}{\text{Vertriebs-und Marketingkosten des Auftrags}} \cdot 100$$

Je höher die Auftragseffizienz ist, umso besser bzw. profitabler ist das Verhältnis zwischen dem Neugeschäftsvolumen bzw. der erzielten Barwertmarge und den mit dem Auftrag verbundenen Kosten, insbesondere den Vertriebs- und Marketingkosten.

Vertriebskostenstruktur

$$= \frac{\text{variable Vertriebskosten}}{\text{gesamte Vertriebskosten des Instituts}} \cdot 100\%$$

Vertriebskostenquote

$$= \frac{\text{Vertriebskosten}}{\text{gesamte Aufwendungen des Instituts}} \cdot 100\%$$

Vertriebskostenquote (in %)

→ *vgl. hierzu*: Vertriebskosten

Vertriebskostenstruktur (in %)

→ *vgl. hierzu*: Vertriebskosten

Vertriebsqualität (in % oder in Schulnoten)

Die Vertriebsqualität gibt die Güte der Vertriebsleistung aus Sicht des Leasingnehmers an.

Vertriebsqualität
$= \frac{\text{Anzahl an Kunden mit Beschwerden oder Stornierungen}}{\text{Gesamtanzahl aller Kunden}} \cdot 100\%$
Vertriebsqualität *(alternativ)*
$= \frac{\text{mit dem Service bzw.der Qualität zufriedene Kunden}}{\text{Gesamtanzahl aller Kunden}} \cdot 100\%$
Vertriebsqualität *(alternativ)*
= Zufriedenheit der Kunden mit den Vertriebsmitarbeitern und -prozessen in Schulnoten *[1 = hoch zufrieden, 6 = gänzlich unzufrieden]*

Aussagekraft

Die Vertriebsqualität kann nicht direkt gemessen werden und wird stattdessen anhand ausgewählter Indikatoren bzw. Hilfsgrößen ermittelt.

Zu den am einfachsten zu ermittelnden und deshalb am weitesten verbreiteten Indikatoren zählen die Beschwerden und Stornierungen von Aufträgen, die als eindeutiges Zeichen für die Unzufriedenheit mit der Qualität des Vertriebs bzw. des Instituts im Allgemeinen angesehen werden können.

Zu weiteren häufig herangezogenen Indikatoren zählen unter anderem die Kundenzufriedenheit, Kundenbindung, Abschlussquote, Angebotseffizienz, Weiterempfehlungen, Neukundenquote, Kundenloyalität etc.

Interpretation

Die vom Kunden wahrgenommene Vertriebs- bzw. Beratungsqualität hat häufig einen erheblichen Einfluss auf die Kundenbindung und die Kundenzufriedenheit. Bei einer hohen wahrgenommenen Vertriebsqualität wiederum sind die meisten Kunden auch bereit, höhere Leasingraten zu bezahlen.

Zur gezielten Aufdeckung von Schwachstellen und Optimierungspotenzialen in den Vertriebsabläufen wird der Vertriebsprozess für eine genauere Analyse in seine einzelnen Phasen unterteilt, beispielsweise in den Erstkontakt mit allgemeinen Informationen, gefolgt vom eigentlichen Verkaufsgespräch mit detaillierten Informationen und einer umfassenden Beratung und der darauf folgenden Vertragsunterzeichnung sowie der abschließenden After-Sales-Phase, von der mögliche Folgeabschlüsse wesentlich abhängen.

Das Ziel einer hohen Vertriebsqualität kann und sollte damit also tiefgreifender überprüft werden. Neben der Ermittlung der jeweiligen Vertriebsqualität bezogen auf einzelne Vertriebsmitarbeiter, Vertriebsgebiete und/oder Kundengruppen gilt es damit auch die Vertriebsqualität in den einzelnen Kaufphasen zu überprüfen. Durch eine detaillierte Aufgliederung können gezielt Anknüpfungspunkte für Verbesserungsmaßnahmen, etwa eine gezielte Schulung einzelner Mitarbeiter, identifiziert werden.

Beispiel

Ein Institut hat insgesamt 780 aktive Kunden. Von diesen 780 Kunden haben sich im Betrachtungszeitraum 10 Kunden beschwert und 3 Kunden haben aufgrund einer falschen Beratung durch den Außendienstmitarbeiter ihre Aufträge noch vor der geplanten Aktivierung der Leasingobjekte storniert.

Die Vertriebsqualität beträgt damit 98,3%.

Grenzen der Aussagekraft

Die Vertriebsqualität kann nur sehr schwer gemessen werden, da es sich um eine subjektive Empfindung jedes einzelnen Kunden handelt. Die Messung anhand der ausgewählten Indikatoren stellt also nur eine Annäherung an die tatsächlich empfundene bzw. vom Leasingnehmer wahrgenommene Vertriebsqualität dar.

Darüber hinaus muss immer auch unter Berücksichtigung des Kosten-Ertrags-Verhältnisses entschieden werden, wie hoch die angestrebte Qualität bei gleichzeitig möglichst hoher Effizienz der eingesetzten Maßnahmen zur Beeinflussung der Qualität sein soll.

Beeinflussungsmöglichkeiten

Die Vertriebsqualität hängt wesentlich von den Kompetenzen und der Motivation der Vertriebsmitarbeiter ab. Durch eine regelmäßige Aus- und Weiterbildung sowie durch ein leistungs- und qualitätsorientiert ausgestaltetes Karriere- und Entlohnungssystem kann die Vertriebsqualität positiv beeinflusst werden.

Darüber hinaus sind verbindliche Vorgaben auch im Sinne der Corporate Identity hilfreich. Insbesondere bei neuen Mitarbeitern sollte deshalb auch nach der Einarbeitungsphase anhand etwa eines Patensystems eine routinemäßige Überprüfung der Vertriebsqualität, beispielsweise durch eine Mitreise des Paten oder eines Vorgesetzten bei bestimmten Besuchsterminen, stattfinden.

Datenherkunft

Die Vertriebsqualität kann neben der Anzahl an Beschwerden auch über alle Kunden hinweg anhand einer Kundenzufriedenheitsanalyse in Bezug auf die Vertriebs- und Beratungsqualität ermittelt werden.

Die Form der Ermittlung der Vertriebsqualität ist häufig sehr aufwendig und kostenintensiv. Zumeist wird für eine tiefgreifende Ermittlung der Vertriebsqualität etwa ein externes Marktforschungsinstitut beauftragt.

Angrenzende Kennzahlen

vgl. Kundenloyalität; Kundenzufriedenheit

vgl. Neukundenquote

vgl. Qualifikationsindex; Weiterempfehlungsquote

Vertriebswegequote (in %)

Die Vertriebswegequote gibt die Anzahl an Aufträgen bzw. deren Anschaffungsvolumina oder Barwertmarge über einen ausgewählten Vertriebsweg im Verhältnis zur Gesamtanzahl aller Vertriebswege an.

Vertriebswegequote

$$= \frac{\text{Anzahl der Aufträge über einen Vertriebsweg}}{\text{Gesamtanzahl aller Aufträge über alle Vertriebswege}} \cdot 100\%$$

Vertriebswegequote *(alternativ)*

$$= \frac{\text{Neuabschlussvolumen oder Barwertmarge aller Aufträge über einen Vertriebsweg}}{\text{Neuabschlussvolumen oder Barwertmarge aller Aufträge über alle Vertriebswege}} \cdot 100\%$$

Aussagekraft

Die meisten Leasinggesellschaften haben mehrere Absatz- bzw. Vertriebswege, über die die Leasingfinanzierungen der Zielgruppe angeboten werden.

Der am weitesten verbreitete und für die meisten Institute mit Abstand wichtigste Vertriebskanal ist das Direkt-Leasing. Anhand eines im Regelfall gut und professionell organisierten Außendiensts wird der Kunde direkt von einem (in der Regel fest angestellten) Vertriebsmitarbeiter der Leasinggesellschaft angesprochen.

Daneben gibt es auch noch den sogenannten Dritt-Vertrieb. Dieser findet sich insbesondere im Vertriebs- bzw. Vendor-Leasing und im Banken-Leasing. Beim Vertriebs- bzw. Vendor-Leasing arbeitet die Leasinggesellschaft eng mit einem Händler oder dem Hersteller des Leasingobjekts zusammen. Dieser stellt den Kontakt zum Leasingnehmer her und vertritt in einigen Geschäftsprozessen häufig sogar die Leasinggesellschaft. Der Vendor-Partner kennt zumeist die aktuellen Konditionen des Instituts und bietet deshalb dem Kunden direkt ein aktuelles Angebot an. Ähnliche Kompetenzen wie im Vendor-Leasing gibt es zumeist auch im Banken-Leasing. Insbesondere bei bankenabhängigen Leasinggesellschaften wird der Leasingnehmer von seiner (Haus-)Bank direkt auf das Leasingangebot der (in der Regel konzerninternen) Leasinggesellschaft aufmerksam gemacht und an diese vermittelt.

Neben dem Direkt-Leasing und dem Dritt-Vertrieb gibt es auch noch das Vermittler- bzw. Makler-Leasing als weiteren Vertriebsweg. Bei dieser Vertriebsform wird der Leasingnehmer über eine selbstständige Person oder einen Handelsvertreter (häufig mit eigener Makler-Agentur) angesprochen und betreut. Dieser Makler wiederum vermittelt dann das Leasinggeschäft auf Provisionsbasis an die Leasinggesellschaft.

Abbildung 2.12 zeigt nochmals die am weitesten verbreiteten Vertriebswege im Leasing.

Klassische Absatz- bzw. Vertriebswege im Leasing

Abb.2.12 Klassische Absatz- und Vertriebswege im Leasing

Quelle: Eigene Darstellung.

Interpretation

Die Vertriebswegequote zeigt die Herkunft der Geschäfte und die Bedeutung der einzelnen Vertriebswege für den unternehmerischen Erfolg eines Instituts.

Für ein breites und insbesondere nachhaltiges Wachstum ist es zumeist notwendig, alle vorhandenen und potenziellen Vertriebswege auszuschöpfen.

Um die eigene Marktstellung innerhalb der einzelnen Vertriebswege und -kanäle valide zu interpretieren, wird deshalb häufig der Marktanteil, aber auch das noch nicht erschlossene Absatzpotenzial in den einzelnen Vertriebskanälen ermittelt.

Insbesondere bei der Erschließung neuer Absatzwege wird häufig eine gezielte Multiplikation forciert, bei der ein bereits aufgebautes Know-how und Netzwerk zu Refinanzierungspartnern, Händlern und Herstellern, aber auch allgemein eine positive Reputation aus der Tätigkeit in einem Vertriebskanal eingesetzt werden soll, um auch in anderen Vertriebskanälen erfolgreich zu sein.

Bei der Auswahl und Bewertung der einzelnen Vertriebswege gilt es unbedingt zu untersuchen, ob und falls ja, wie stark die Kannibalisierungseffekte zwischen den einzelnen Vertriebskanälen sind. Die meisten Institute sehen das Direkt-Leasing als Mittelpunkt und Herzstück ihrer Vertriebstätigkeit, das durch weitere Vertriebswege maximal ergänzt, aber im Regelfall nicht ersetzt werden soll.

Beispiel

Eine Leasinggesellschaft besitzt 3 Absatzwege: Direkt-Leasing, Vendor-Leasing und Vermittler-Leasing. Im Betrachtungszeitraum wurden insgesamt 3.200 neue Leasingverträge mit einem Abschlussvolumen von 224 Mio. EUR abgeschlossen. Im Direkt-Leasing wurden hiervon 1.200 Verträge (150 Mio. EUR), im Vendor-Leasing 1.850 Verträge (60 Mio. EUR) und im Vermittler-Leasing 150 (14 Mio. EUR) abgeschlossen.

Die Vertriebswegequote beträgt damit mengenmäßig (bzw. wertmäßig) für das Direkt-Leasing 37,5% (bzw. 67,0%), für das Vendor-Leasing 57,8% (bzw. 26,8%) und für das Vermittler-Leasing 4,7% (bzw. 6,3%).

Grenzen der Aussagekraft

Bei der Beurteilung der Vertriebswegequote sollten unbedingt zusätzlich die Wünsche und Anforderungen der Leasingnehmer berücksichtigt werden. Es muss beispielsweise genau überprüft werden, ob eine hochqualitative persönliche Betreuung auch in vom Direkt-Leasing abweichenden Vertriebswegen möglich ist und ob eine verstärkte Nutzung von weiteren Vertriebswegen negative Auswirkungen auf das bestehende Image des Instituts hat.

Durch die verstärkte Nutzung weiterer Vertriebskanäle kommt es nicht selten zu einer Verschiebung der Zielgruppen. Hierdurch müssen unter Umständen unterschiedliche Prozessabläufe insbesondere im Back-Office verändert werden, um eine entsprechende Profitabilität zu wahren.

Neben einer aktuellen Bestandsaufnahme in Form der Anschaffungsvolumina sollten unbedingt auch die Absatzpotenziale der einzelnen Vertriebswege ermittelt werden. Erst dann kann beispielsweise überprüft werden, ob die Aktivitäten in gewissen Vertriebskanälen ausgebaut werden sollen oder nicht.

Beeinflussungsmöglichkeiten

Die Anteile der einzelnen Vertriebswege am jeweiligen Neuabschlussvolumen und der kumulierten Barwertmarge hängen neben den Kundenanforderungen wesentlich von den vorhandenen Kapazitäten und Strukturen des Instituts in den unterschiedlichen Vertriebskanälen ab.

Insbesondere vor Eintritt in einen neuen Vertriebskanal bedarf es in der Regel einer Grundsatzentscheidung der Geschäftsleitung. In diesem Schritt werden zumeist auch gleich Vorgaben in Form von geplanten Neuabschlussvolumina und Barwertmargen, aber auch in Form von Neukunden und der zur Verfügung stehenden finanziellen und personellen Kapazitäten gemacht.

Datenherkunft

Die Ermittlung der einzelnen Vertriebswegequoten kann häufig im Vertragsbestand automatisiert durchgeführt werden. Im Vertragsbestand wird im Regelfall über einen Status bzw. ein Kennzeichen im Vertragsstamm der Vertriebsweg vermerkt.

Die Potenziale eines Vertriebswegs können hingegen nur geschätzt werden. Hierzu dienen Expertenschätzungen oder auch Ermittlungen der Branchenverbände oder von Marktforschungsinstituten.

Angrenzende Kennzahlen

vgl. Vermittlerquote

Vertriebszeit, aktive

→ *vgl. hierzu*: Aktive Vertriebszeit je Vertriebsmitarbeiter

Verweildauer, durchschnittliche

Die durchschnittliche Verweildauer beschreibt die Zeit, die ein Besucher durchschnittlich auf einer Website verbringt. Hierbei wird der Zeitraum vom Aufrufen der Seite bis zum Beenden dieser gemessen.

Verweildauer, durchschnittliche
= durchschnittliche Zeitdauer zwischen Aufrufen und Beenden der Website der betrachteten Leasinggesellschaft

Nullkundenquote

$$= \frac{\text{Anzahl Besucher,die ohne einen Link anzuklicken die Website verlassen}}{\text{Anzahl aller Besucher der Website im Betrachtungszeitraum}} \cdot 100\%$$

Nullkundenquote

$$= \frac{\text{Besucher mit nur einem Seitenaufruf der Website}}{\text{Anzahl aller Besucher der Website im Betrachtungszeitaum}} \cdot 100\%$$

Aussagekraft

Zusammen mit weiteren Kennzahlen wie etwa der Abbruch- und Absprungrate, können anhand der durchschnittlichen Verweildauer Schlussfolgerungen hinsichtlich der Seitenqualität gezogen werden. Häufig wird außerdem die Entwicklung der Verweildauer beurteilt. Nimmt die Verweildauer zu, wird dies dahingehend interpretiert, dass ausreichend interessante Informationen für den Nutzer geliefert werden. Nimmt die Verweildauer hingegen ab, ist dies unter Umständen ein Indiz für die Verschlechterung der Websitegestaltung und des Inhalts, da dieser dem User nicht das gewünschte Resultat aufzeigt.

Interpretation

Bleibt ein Besucher lange auf einer Seite, bedeutet dies, dass er sich für deren Inhalte interessiert. Anscheinend sind sie informativ genug, um ihn für eine längere Zeit auf der Seite bzw. auf mehreren Seiten festzuhalten. Ist die durchschnittliche Verweildauer sehr gering, kann dies zwei Ursachen haben:

Die Inhalte sprechen nicht die Zielgruppe an. Das kann z. B. an falsch gewählten Keywords liegen.

Der Nutzer findet sich auf der Seite nicht zurecht und verlässt die Seite daher schon nach wenigen Sekunden.

Je höher die Verweildauer ist, desto höher ist die Wahrscheinlichkeit, dass die Seite genau den Wünschen des Suchenden entspricht. Daher wird die Dauer auch als Rankingkriterium von Google gewertet.

Es gibt zwar keine genaue Zahl für eine optimale Verweildauer, bei den Social Media zeigen sich jedoch sehr hohe Verweildauern, die wohl von keiner Website im Leasingumfeld erreicht werden. Gemäß einer Auswertung von Statista verbringen die Nutzer von Social Media folgende Verweildauern auf den Plattformen (vgl. Nier 2016):

- Facebook: 42 Minuten
- Instagram: 21 Minuten
- Twitter: 17 Minuten
- LinkedIn: 10 Minuten

Beispiel

Im Betrachtungszeitraum haben 8.675 Nutzer die Website aufgerufen und insgesamt 216,8 Stunden auf der Website verbracht.

Die durchschnittliche Verweildauer pro Besucher betrug damit 1 Minute und 30 Sekunden.

Grenzen der Aussagekraft

Die Verweildauer ermöglicht keine qualitative Aussage hinsichtlich des Besuchs. Es ist also nicht möglich, zu bestimmen, ob der Besucher wirklich aus der Zielgruppe stammt, ob es sich um einen Bestandskunden oder einen Neukunden oder eventuell sogar einen Mitarbeiter der Leasinggesellschaft handelt. Außerdem ist die durchschnittliche Verweildauer relativ anfällig für Ausreißer, sodass teilweise auch der Median der Verweildauern herangezogen wird.

Ein weiterer wichtiger Faktor, den es zu berücksichtigen gilt, ist die Tatsache, dass es keine pauschale Richtgröße für eine „gute Verweildauer" gibt, da die Art der Inhalte einen großen Einfluss auf die jeweilige Verweildauer hat. Bei rein informativen Inhalten wie etwa Glossaren, Nachschlagebereichen etc. wird sie in der Regel höher sein als bei einer Seite mit lediglich den Kontaktdaten und dem Impressum einer Gesellschaft.

Beeinflussungsmöglichkeiten

Um die Verweildauer positiv zu beeinflussen, ist es wichtig, die Erwartungshaltung des Websitebesuchers zu ergründen. Denn der Besucher möchte typischerweise etwas verifizieren, etwas finanzieren/leasen, sucht eine Lösung für ein Problem etc.

Um die Verweildauer zu verbessern, ist es wichtig, dass die Websitestruktur einfach, transparent und intuitiv ist. Außerdem sollten die Websiteinhalte leicht verständlich und übersichtlich mit ansprechenden Bildern, lesefreundlicher Schriftart etc. gestaltet sein.

Datenherkunft

Web Analytics Tools wie Google Analytics werten diese Kennzahl standardmäßig aus und ermöglichen im Zusammenspiel mit weiteren Kennzahlen einen Überblick über die Onlinemarketingaktivitäten.

Angrenzende Kennzahlen

vgl. Kundenzufriedenheit; Kundenloyalitätsindex

Verwertungserlöse (in % oder in EUR)

Die Verwertungserlöse geben den Anteil der Einnahmen aus dem Verkauf des Leasingobjekts im Verhältnis zum ursprünglichen Kaufpreis bzw. Anschaffungswert des Leasingobjekts zu Vertragsbeginn an.

Verwertungserlöse

$$= \frac{\text{Erträge durch die Verwertung des Leasingobjekts}}{\text{ursprünglicher Anschaffungswert inkl.Nebenkosten des Leasingobjekts}} \cdot 100\%$$

Bruttoverwertungserlöse

= sämtliche Erträge durch die Verwertung des Leasingobjekts *[in EUR]*

Nettoverwertungserlöse

= Erträge durch die Verwertung des Leasingobjekts ./. Kosten der Verwertung *[in EUR]*

Aussagekraft

Der Verwertungserlös stellt einen zentralen Erfolgsfaktor für die Erreichung der zum Zeitpunkt der Vertragsannahme oder -genehmigung kalkulierten Marge dar. Die Verwertung kann grundsätzlich in eine Verwertung nach ordentlicher oder außerordentlicher Vertragsbeendigung unterschieden werden.

Bei einer ordentlichen Vertragsbeendigung, also bei der vollumfänglichen und pünktlichen Bedienung sämtlicher Leasingraten, steht - sofern kein Andienungsrecht mit dem Kunden besteht bzw. allgemein das Leasingobjekt zu keinem fest vereinbarten Restwert oder mittels einer Kaufoption zum Restbuchwert auf den Leasingnehmer übergeht - eine Verwertung des Leasingobjekts durch die Leasinggesellschaft an. Insbesondere auch bei Leasingverträgen mit offenem Restwert, sogenannten IFRS-konformen Leasingverträgen, kommt der Verwertung des Leasingobjekts am Vertragsende eine zentrale Rolle zu.

Bei einer außerordentlichen Vertragsbeendigung, also beispielsweise der Insolvenz des Leasingnehmers oder aber der Kündigung des Leasingvertrages (beispielsweise aufgrund rückständiger Raten oder einer sonstigen vertraglichen (Haupt-) Pflichtverletzung), muss das Leasingobjekt noch während der ursprünglich angesetzten Laufzeit des Leasingvertrags verwertet werden.

Interpretation

Prinzipiell gilt: je höher die Verwertungserlöse sind, umso besser stellt sich die Verwertungssituation für die Leasinggesellschaft dar. Zur präziseren Interpretation werden allerdings häufig die Soll-Verwertungserlöse in Form des offenen Restobligos bzw. des kalkulierten Restwerts im Fall einer ordentlichen Vertragsbeendigung herangezogen und mit den tatsächlichen Verwertungserlösen verglichen.

Für ein umfassenderes Bild auch insbesondere unter Ertragsgesichtspunkten werden zudem häufig - insbesondere bei außerordentlicher Vertragsbeendigung - die Verwertungsminder- oder bei wirtschaftlich guten Rahmenbedingungen bzw. bei einem besonders wertstabilen Leasingobjekt gar -mehrerlöse ermittelt.

Hierdurch kann sehr gut eine Aussage über den Erfolg und Misserfolg eines Leasinggeschäfts getroffen werden. Darüber hinaus bildet der ermittelte Verwertungsmindererlös häufig die Basis für buchhalterische Einzelwertberichtigungen oder für Prognoseanpassungen in der Ertragsplanung oder Budgetierung.

Beispiel

Ein Leasingobjekt (Anschaffungswert 45 TEUR) wird

a.) bei ordentlicher Vertragsbeendigung zum kalkulierten Restwert von 13.500 EUR am Laufzeitende vom Leasingnehmer übernommen.

b.) bei ordentlicher Vertragsbeendigung eines IFRS-konformen Leasingvertrags zu einem Preis von 10.000 EUR übernommen, während zu Vertragsbeginn für interne Auswertungen der Leasinggesellschaft ein Restwert von 15.000 EUR als Planungsgrundlage angenommen wurden.

c.) bei außerordentlicher Vertragsbeendigung zu einem Preis von 25.000 EUR verwertet, während das Restobligo inkl. aller mit der Verwertung verbundenen Kosten 27.500 EUR betrugen.

Alle Preise verstehen sich als Nettopreise zzgl. Umsatzsteuer.

Der Verwertungserlös beträgt unter a.) 30,0%, unter b.) 22,2% und unter c.) 55,6%. Zur Beurteilung der ertragsmäßigen Auswirkungen wird zudem noch auf den Verwertungsminder- oder -mehrerlös abgestellt: unter a.) wurde weder ein Minder- noch ein Mehrerlös erwirtschaftet, da das Objekt exakt zum kalkulierten Restwert abgelöst wurde. Unter b.) wurde ein Verwertungsmindererlös von 5 TEUR erzielt und unter c.) ebenfalls ein Verwertungsmindererlös i.H.v. 2,5 TEUR.

Grenzen der Aussagekraft

Mit den Verwertungserlösen per se kann keine Aussage über die Verlustträchtigkeit der Verwertung bzw. über die Erfüllung der gesteckten Margenziele getroffen werden.

Für einen besseren Überblick werden deshalb häufig Verwertungsminder- oder aber auch -mehrerlöse ermittelt, indem die Verwertungserlöse beispielsweise dem zum Verwertungszeitpunkt ermittelten Restobligo, einschließlich aller mit der Verwertung des Objekts entstehenden zusätzlichen Kosten, gegenübergestellt werden.

Diese Verwertungsmindererlöse können beispielsweise in neuen Verträgen explizit berücksichtigt werden, indem der Restwert und damit auch die Leasingraten an die Verwertungserlöse bzw. die Marktpreise angeglichen werden.

Bei den Verwertungsunter- oder -übererlösen zeigt sich häufig eine starke Streuung über die Objektgruppen und die einzelnen Leasingobjekte hinweg mit jeweils unterschiedlichen Werthaltigkeiten bzw. Fungibilitäten der Leasingobjekte.

So ist der Verwertungserlös von IT- oder Kommunikationsobjekten aufgrund der sehr kurzen Produktlebenszyklen mit ständigen Innovationen und damit auch ständigem Modellwechsel häufig im Verhältnis zum Anschaffungswert sehr niedrig, während er bei gängigen Fahrzeugen oder Standardmaschinen und -anlagen häufig deutlich höher ist.

Anhand beispielsweise der durchschnittlichen Verwertungserlöse je Objektgruppe im Verhältnis zum kalkulierten Restwert bzw. Marktpreis bei Verwertung über einen gewissen Zeitraum können bestimmte Trends oder gar Marktverwerfungen frühzeitig identifiziert werden.

Je frühzeitiger solche Marktverschiebungen entdeckt werden, umso effektiver können Gegenmaßnahmen, die von der Anpassung der Restwerte bis hin zu erhöhten Mindestmargen in besonders wertinstabilen Objektgruppen zur Deckung der erhöhten Blankorisiken reichen können, getroffen werden.

Beeinflussungsmöglichkeiten

Die Verwertungserlöse können zum einen dadurch gesichert werden, dass zum Leasingbeginn eine grundlegende Objektbewertung durchgeführt wird, in der die Marktwertverläufe möglichst präzise und unter Berücksichtigung allgemeiner und zu erwartender Trends je Objektgruppe oder Einzelobjekt dargestellt werden.

Zum anderen kommt der Objektverwertung eine zentrale Rolle bei der Sicherung der kalkulierten Restwerte zu. Durch ein gutes Netzwerk zu Händlern und Herstellern, aber auch Endkunden und gegebenenfalls auch professionellen Verwertern kann eine breite Verwertungsbasis geschaffen werden, um zudem die Kosten für die Verwertung niedrig zu halten. Häufig werden in einer Vollkostenbetrachtung die Kosten für die Verwertung vom Verwertungserlös abgezogen, um eine einheitliche Basis bei der Bewertung der Vorteilhaftigkeit von Verwertungen zu schaffen.

Hierbei werden neben dem Personal- und Sachkostenaufwand insbesondere auch die Verwertungsdauer und damit auch der Zeitraum, der zwischen der Vertragsbeendigung und der schlussendlichen Verwertung des Leasingobjekts liegt und einen wesentlichen Einfluss auf das gebundene Kapital und damit auch auf die Liquiditätssituation der Leasinggesellschaft hat, berücksichtigt.

Datenherkunft

Die Verwertungserlöse können relativ einfach aus den Summen- und Saldenlisten im Finanz- und Rechnungswesen bzw. der Buchhaltung ermittelt werden.

Für eine Ermittlung der Kosten für die Verwertung sollte eine Prozesskostenrechnung durchgeführt werden, anhand derer bestimmte Zuschlagssätze für die allgemeinen Verwaltungskosten erhoben werden können. Die anteiligen Verwaltungskosten werden anschließend zu den jeweiligen Kosten aus der Hilfskostenstelle Asset Management bzw. Objektverwertung hinzugerechnet.

Angrenzende Kennzahlen

vgl. Blankorisiko

Verwertungsmindererlöse (in % oder in EUR)

→ *vgl. hierzu*: Verwertungserlöse

Vollamortisationsquote (in %)

Die Vollamortisationsquote stellt das Restobligo von Vollamortisations-Leasingverträgen ins Verhältnis zum gesamten Restobligo.

Vollamortisationsquote

$$= \frac{\text{Restobligo Vollamortisations-Leasingverträge}}{\text{gesamtes Restobligo}} \cdot 100\%$$

Aussagekraft

Der Anteil an Vollamortisations-Leasingverträgen, der mit der Vollamortisationsquote ermittelt wird, ist ein wesentlicher Indikator für das im Portfolio inhärente Risiko. Insbesondere das Investitions- und Werthaltigkeits- oder Marktpreisrisiko wird bei einem Vollamortisationsvertrag auf den Leasingnehmer abgewälzt.

Darüber hinaus gibt die Vollamortisationsquote aber auch Aufschluss über die Nachmieterlöse, die durch einen Verkauf des Leasingobjekts in der Regel an den Leasingnehmer typischerweise bei Vollamortisationsverträgen zum Ende der Grundmietzeit eine wichtige Ertragsquelle bilden.

Interpretation

Häufig streben Leasinggesellschaften aus Risikogesichtspunkten eine hohe Vollamortisationsquote an. Insbesondere im Vergleich zu beispielsweise Verträgen des

Operating-Leasings, bei denen der Leasinggeber durch die Nachverwertung des Leasingobjekts für Vollamortisation sorgen muss.

Bei besonders werthaltigen Leasingobjekten oder bei im direkten Vergleich zu Vollamortisationsverträgen besonders hohen Ertragspotenzialen kann allerdings auch bewusst eine niedrige Vollamortisationsquote beabsichtigt sein.

Es hängt darüber hinaus insbesondere auch von der Verwertungserfahrung der Leasinggesellschaft und den entsprechenden Netzwerken zu Händlern oder Endkunden ab, inwiefern sich Objektrisiken im Verhältnis zum jeweiligen Mehrerlös als attraktiv erweisen.

Beispiel

Das Restobligo der Vollamortisations-Leasingverträge im Portfolio beläuft sich zum Betrachtungsstichtag auf 420 Mio. EUR. Das Restobligo des gesamten aktiven Vertragsbestands beläuft sich auf 710 Mio. EUR.

Die Vollamortisationsquote beträgt damit 59,15%.

Grenzen der Aussagekraft

Bei der Beurteilung der Vollamortisationsquote ist zu berücksichtigen, dass eine Reduzierung bzw. ein Ausschluss des Objektrisikos auch bei Teilamortisations-Leasingverträgen möglich ist. Durch die Vereinbarung eines Andienungsrechts des Leasinggebers gegenüber dem Leasingnehmer ist der Leasingnehmer verpflichtet, das Leasingobjekt zum vereinbarten Restwert am Vertragsende zu kaufen, sofern der Leasinggeber von seinem Andienungsrecht Gebrauch macht.

Hierdurch können einerseits im Vertragsablauf verhältnismäßig niedrige Leasingraten realisiert, gleichzeitig aber durch Inanspruchnahme des Andienungsrechts ein Investitionsrisiko ausgeschlossen werden.

Beeinflussungsmöglichkeiten

Die Vollamortisationsquote ist insbesondere vom Abschluss von Vollamortisations-Leasingverträgen abhängig.

Der Abschluss von Vollamortisations-Leasingverträgen wird teilweise aufgrund des geringeren (Blanko-)Risikos im Verhältnis zur jeweiligen Barwertmarge mit einer höheren Provision für den Vertriebsmitarbeiter gewürdigt. Hierdurch steigt automatisch der Anreiz, verstärkt Vollamortisations-Leasingverträge beim potenziellen Leasingnehmer anzubieten und damit die Vollamortisationsquote zu erhöhen.

Datenherkunft

Die Vollamortisationsquote kann relativ einfach über die Leasingverwaltungssoftware ausgewertet werden, indem alle aktiven Verträge nach Vertragsart unterschieden und mit dem aggregierten Restobligo kombiniert werden.

Angrenzende Kennzahlen

vgl. Andienungsrechtsquote; Nachmieterlöse

Vorhersagegüte (in %)

→ *vgl. hierzu*: Prognosegüte

Vorschlagsquote (in %)

→ *vgl. hierzu*: Verbesserungsvorschlagsquote

W–Z

C. Glaser, *Leasing A – Z*, https://doi.org/10.1007/978-3-658-31839-0_16

Weighted Average Cost of Capital (in EUR)

→ *vgl. hierzu*: Eigenkapitalkostensatz

Weiterbildungskosten (in EUR)

→ *vgl. hierzu*: Personalentwicklungsaufwendungen je MA

Weiterbildungsquote (in %)

→ *vgl. hierzu*: Personalentwicklungsaufwendungen je MA

Weiterempfehlungsquote (in %)

→ *vgl. hierzu*: Kundenzufriedenheit; Kundenloyalitätsindex

Werbe-Konversionsrate (in %)

→ *vgl. hierzu*: Konversionsrate

Werbekosten je Kunde/Vertrag

→ *vgl. hierzu*: Werberendite

Werberendite (in % oder in EUR)

Die Werberendite stellt die Kosten für sämtliche Werbemaßnahmen einer Periode ins Verhältnis zum Zuwachs bei der Barwertmarge, die auf die betrachteten Werbemaßnahmen zurückgeführt werden (können).

Darüber hinaus kann die Werberendite auch als Differenz zwischen dem Zuwachs der Barwertmarge und den Werbeaufwendungen ermittelt werden.

Werberendite

$$= \frac{\text{Zuwachs der Barwertmarge beim Neuabschlussvolumen durch Werbemaßnahme}}{\text{Aufwendungen für Werbemaßnahmen}} \cdot 100\%$$

Werberendite

= Zuwachs Barwertmarge durch Werbemaßnahme ./. Werbeaufwendungen

Beispielhafte Werbemaßnahmen:

- Sponsoring, Öffentlichkeitsarbeit, Printwerbung
- Werbegeschenke
- Telefonanruf, Fax, Mailing

etc.

Aussagekraft

Anhand der Werberendite wird eine Überprüfung des Werbeerfolgs ermöglicht. So werden die Aufwendungen für die Werbemaßnahmen den Zusatzerlösen in Form der zusätzlich generierten Barwertmarge gegenüber gestellt.

Die Werbemaßnahmen sind hierbei von den nur kurzfristig orientierten Maßnahmen zur Verkaufsförderung abzugrenzen, wenngleich die Grenzen in der Praxis häufig fließend sind.

Interpretation

Generell werden eine möglichst hohe Werberendite und damit eine möglichst hohe Effizienz der Werbemaßnahmen angestrebt. Für eine Erhöhung der Aussagekraft und für eine bessere und zielgerichtetere Ableitung von Steuerungsimpulsen werden die Werberendite oder allgemein die Werbekosten je Kunde und je Vertrag ermittelt. Hierdurch können insbesondere mögliche Kompensationseffekte vermieden und Optimierungspotenziale ermittelt werden.

Bei einer Werberendite von 100% entspricht der zusätzlich generierte Ertrag exakt den Aufwendungen für die Werbemaßnahmen, während beispielsweise eine Werberendite von 150% aussagt, dass die Zusatzerlöse die Werbeaufwendungen um 50% übersteigen.

Durch effektiv ausgestaltete Werbemaßnahmen werden im Regelfall das Neuabschlussvolumen und damit die Barwertmarge gesteigert. Außerdem können häufig höhere Preise in Form höherer Leasingraten bei gleichbleibenden Anschaffungsvolumina erzielt werden.

Anhand der Werberendite wird darüber hinaus häufig überprüft, bis zu welcher Höhe durch einen zusätzlichen Werbeaufwand mindestens die Zusatzerträge in Höhe der weiteren Aufwendungen für die Werbung generiert werden können. Die Werberendite wird deshalb häufig auch zur Ermittlung der optimalen Höhe der Werbeaufwendungen herangezogen.

Beispiel

Ein Leasingunternehmen gibt 3,2 Mio. EUR für Werbemaßnahmen aus. Im Betrachtungszeitraum wird das Neuabschlussvolumen im Vorjahresvergleich dadurch um 90 Mio. EUR und die Barwertmarge um 5,2 Mio. EUR gesteigert.

Die Werberendite beträgt damit 162,5% bzw. 2 Mio. EUR. Dies bedeutet, dass die zusätzliche Barwertmarge die Werbeaufwendungen um 62,5% bzw. 2 Mio. EUR übersteigt.

Grenzen der Aussagekraft

Anhand der Werberendite alleine kann noch keine Aussage über den Erfolg einer Werbemaßnahme getroffen werden. Hierzu ist ein eigenes und tiefgreifendes Marketingcontrolling notwendig, das die Gründe für die einzelnen Neuabschlüsse ermittelt. Die Gründe für den Zuwachs im Neuabschlussvolumen und der Barwertmarge hingegen sind sehr vielfältig und lassen sich nur im Einzelfall exakt bestimmen.

Es kann beispielsweise in einer wirtschaftlichen Aufschwungphase oder allgemein einer guten Wettbewerbsposition des Instituts durchaus vorkommen, dass das Neuabschlussvolumen verbunden mit der jeweiligen Barwertmarge nicht auf Marketingmaßnahmen zurückzuführen ist und auch ohne diese in derselben Höhe stattgefunden hätte.

Die Ermittlung dieser Gründe kann durch direkte Befragungen der Kunden beim Vertragsabschluss, aber auch durch eine Befragung des Außendiensts vorgenommen werden.

Bei der Beurteilung von Werbemaßnahmen ist außerdem insbesondere auch eine zeitliche Verschiebung zwischen den getätigten Werbemaßnahmen und dem Neuabschlussvolumen eines Kunden zu berücksichtigen. So kann es durchaus vorkommen, dass manche Kunden erst einige Perioden nach der Werbemaßnahme des Instituts aufgrund dieser Werbung einen Vertrag abschließen.

Beeinflussungsmöglichkeiten

Die Werberendite wird zum einen durch die Höhe der zusätzlich erzielten und auf die Werbemaßnahme zurückzuführenden Barwertmarge und zum anderen durch die Höhe der Aufwendungen für die Werbemaßnahmen beeinflusst.

Erst durch eine hohe Effektivität der Werbeaktivitäten ist eine hohe Werberendite möglich. So sind neben einer guten Marktkenntnis bezüglich der Kundenwünsche, beispielsweise unterstützt durch eine vorherige gezielte Marktforschung, insbesondere auch die richtige Ansprache und das richtige Werbemedium wichtig.

Datenherkunft

Das Neuabschlussvolumen sowie die damit verbundene Barwertmarge kann von der Vertriebssteuerung bzw. anhand der Vertriebsverwaltungssoftware ausgewertet werden. Die Kosten für die Werbemaßnahmen auf der anderen Seite können im Finanz- und Rechnungswesen anhand der Aufwandskonten in der Gewinn- und Verlustrechnung (GuV) ermittelt werden.

Für eine tiefergreifende Ermittlung des Erfolgs der Werbemaßnahmen werden vielfach durch ein Marketingcontrolling, beispielsweise anhand von Kundenbefragungen sowie durch Marktforschungsinstitute die exakten Gründe für die Neuabschlüsse ermittelt.

Angrenzende Kennzahlen

vgl. Verkaufsförderungsintensität

Wertberichtigungsquote (in %)

Die Wertberichtigungsquote stellt die Summe aller Wertberichtigungen im Betrachtungszeitraum ins Verhältnis zum gesamten Restobligo bzw. den barwertigen Forderungen und Restwertansprüchen.

Wertberichtigungsquote

$$= \frac{\text{Einzelwertberichtigungen + Pauschalwertberichtigungen im Betrachtungszeitraum}}{\text{Restobligo gesamt}} \cdot 100\%$$

Aussagekraft

Die Wertberichtigungsquote gibt den Anteil der kumulierten Einzel- und Pauschalwertberichtigungen im Betrachtungszeitraum im Verhältnis zum gesamten Restobligo an.

Anhand der Wertberichtigungsquote werden im Regelfall die Verluste bei einem realisierten Adressenausfallrisiko von Leasingnehmern oder sonstigen Dritten im Verhältnis zum gesamten Forderungsbestand gemessen. Darüber hinaus kann eine Aussage über die Qualität und insbesondere den Risikogehalt des Forderungsportfolios der Leasinggesellschaft getroffen werden.

Interpretation

Anhand der Wertberichtigungsquoten werden häufig die statistischen Wahrscheinlichkeiten und Höhen für Wertberichtigungen bzw. die erwarteten Verluste sowie die risikoadjustierten Pricing-Konditionen festgelegt. Die erwarteten Verluste werden im

Regelfall durch Rücklagen in Höhe der allgemeinen Pauschalwertberichtigungsquote abgedeckt.

Die Wertberichtigungsquote stellt häufig eine wesentliche Vergleichsgröße für insbesondere institutsübergreifende Benchmarks von Leasinggesellschaften dar. So kann die Wertberichtigungsquote unabhängig vom Geschäftsmodell und den Zielkunden sowie unabhängig von der Unternehmensgröße der betrachteten Unternehmen ermittelt werden.

Eine niedrige Wertberichtigungsquote wird häufig als Gütesiegel bzw. Qualitätsmerkmal für die Tätigkeit der Engagementprüfung und des Risikomanagements herangezogen. Eine hohe Wertberichtigungsquote auf der anderen Seite wird häufig als Indikator für eine großzügige Kredit- bzw. Engagementvergabe herangezogen. Je höher die Wertberichtigungsquote eines Instituts ist, umso größer ist häufig auch die Gefahr bzw. das Risiko für die Wirtschaftlichkeit und Zielerfüllung.

In einer konjunkturellen Abschwungphase steigt die Wertberichtigungsquote häufig schlagartig an. Dies liegt zum einen daran, dass das gesamte Restobligo aufgrund eines niedrigeren Abschlussvolumens entweder stagniert oder rückläufig ist. Zum anderen erhöhen sich vielfach die Wertberichtigungen für Forderungsausfälle und Betrugsfälle.

Ein hohes Wertberichtigungsvolumen ist insbesondere dann als sehr kritisch einzuschätzen, wenn die Summe des (ursprünglich) erwarteten Verlusts deutlich unter dem tatsächlich realisierten Wertberichtigungsvolumen liegt.

Beispiel

Das gesamte Restobligo des Instituts beläuft sich im Betrachtungszeitraum auf 470 Mio. EUR. Die Summe der pauschalen Wertberichtigungen belief sich im gleichen Zeitraum auf 240 TEUR und die kumulierten Einzelwertberichtigungen betrugen 418 TEUR.

Die Wertberichtigungsquote betrug damit im Betrachtungszeitraum 0,14%.

Grenzen der Aussagekraft

Anhand der Wertberichtigungsquote kann nur begrenzt eine Aussage über die Qualität der Engagementprüfung sowie des Risikomanagements im Allgemeinen getroffen werden. So hängt die Höhe der Wertberichtigungsquote unter anderem auch wesentlich von der konjunkturellen Lage des wirtschaftlichen Umfelds, aber auch insbesondere von der Fungibilität des Leasingobjekts und der Wertstabilität der Sicherheiten des Leasingvertrags ab.

Beeinflussungsmöglichkeiten

Die Höhe der Wertberichtigungsquote beruht im Falle eines Adressenausfalls wesentlich auf dem zugrunde liegenden Blankorisiko. Bei einem Betrugsfall beispielsweise steigen die Einzelwertberichtigungen häufig überproportional an und der Wertberichtigungsbedarf übersteigt etwa beim Tatbestand der Unterschlagung des Leasingobjekts das ermittelte Blankorisiko zumeist deutlich.

Datenherkunft

Die Wertberichtigungen sind ein buchhalterischer Korrekturposten auf der Passivseite der Bilanz, der den Buchwert der Vermögenspositionen, also insbesondere die bilanzierten Forderungen, an einen niedrigeren Wert anpasst.

Das Volumen der Pauschal- und Einzelwertberichtigungen kann damit vom Finanz- und Rechnungswesen bzw. der Buchhaltung oder Bilanzierungsabteilung problemlos ermittelt und ins Verhältnis zum gesamten Restobligo des Betrachtungszeitraums gestellt werden.

Angrenzende Kennzahlen

vgl. Blankoanteil; Insolvenzvolumen; Rückzahlungsquote; Verlust, erwarteter

Werthaltigkeitsindex (in %)

Der Werthaltigkeitsindex stellt den Marktwert zum Betrachtungszeitpunkt t ins Verhältnis zum Kaufpreis des Leasingobjekts zum Leasingbeginn im Zeitpunkt .

Werthaltigkeitsindex

$$= \frac{\text{Marktwert des Leasingobjekts im Zeitpunkt } t}{\text{Kaufpreis des Leasingobjekts zu Leasingbeginn im Zeitpunkt } t_0} \cdot 100\%$$

Aussagekraft

Der Werthaltigkeitsindex gibt einen Anhaltspunkt über die Wertbeständigkeit bei den einzelnen Leasingobjekten. Je höher die Werthaltigkeit eines Leasingobjekts ist, umso geringer sind das Blankorisiko und entsprechend auch das Verlustpotenzial, sowohl bei regulärer Vertragsbeendigung mit offenem Restwert, als auch beim Ausfall des Leasingnehmers mit entsprechend vorzeitiger Verwertung des Leasingobjekts.

Durch eine Gegenüberstellung des prognostizierten und des tatsächlichen Werthaltigkeitsindex kann darüber hinaus eine Aussage über die Prognosegüte zu Leasingbeginn, also über die Qualität der Objektbewertung, getroffen werden. Durch eine entsprechende Vorhersagegenauigkeit der Marktwertentwicklung der Leasingobjekte kann ein

Restwertrisiko, das sich aufgrund von Fehleinschätzungen über den zukünftigen Marktwertverlauf des Objekts ergibt, minimiert werden.

Generell gilt: je fungibler, also je höher im Regelfall die Dritt- bzw. allgemein die Wiederverwertbarkeit eines Leasingobjekts ist, umso höher ist auch der Werthaltigkeitsindex.

Interpretation

Eine hohe Werthaltigkeit des Leasingobjekts bedeutet eine hohe Objektsicherheit. Durch eine hohe Werthaltigkeit des Leasingobjekts kann beispielsweise auch eine relativ schlechte Bonität des potenziellen Leasingnehmers ausgeglichen und ein Leasingvertrag aufgrund der hohen Objektsicherheit genehmigt werden.

Während die meisten Banken ihr Genehmigungsverfahren hauptsächlich auf die Bonität des Kunden bzw. Kreditnehmers abstellen, sind zahlreiche Leasinggesellschaften dazu übergangen, die Objektsicherheit bzw. die Werthaltigkeit des Leasingobjekts zumindest zu einem gewissen Teil bei der Genehmigungsanfrage zu berücksichtigen.

Für einen besseren Überblick wird die Werthaltigkeit häufig nach Leasingobjektgruppen, aber auch nach Einsatzbranchen, Regionen etc. unterteilt. Hierdurch können relativ schnell gewisse Trends und Entwicklungen entdeckt und darauf basierend entsprechende Maßnahmenbündel ergriffen werden.

Beispiel

Das Leasingobjekt, eine CNC-Fräsmaschine, hatte einen Anschaffungswert von 285.000 EUR. Zum Betrachtungszeitpunkt, dem Vertragsende, hat sie noch einen Marktwert von 57.000 EUR.

Der Werthaltigkeitsindex des Leasingobjekts beträgt im Betrachtungszeitpunkt 20,0%.

Grenzen der Aussagekraft

Die Werthaltigkeit kann sich aufgrund von Entwicklungen in den einzelnen Objektgruppen oder Absatzbranchen relativ schnell und relativ stark verändern. So kann aufgrund eines Modellwechsels der Wert von Leasingobjekten des Vorgängermodells sehr schnell und sehr stark sinken, während er bei Lieferschwierigkeiten für neue Modelle beispielsweise wiederum sehr stark steigen kann. Auch politische oder sonstige steuerliche Eingriffe, wie beispielsweise die Abwrackprämie, haben Auswirkungen auf die Werthaltigkeit bestimmter Objektgruppen.

Die Werthaltigkeit schwankt besonders in konjunkturellen Phasen, aber auch je nach Vertragslaufzeit sehr stark. In konjunkturellen Hochphasen beispielsweise, gibt es bei den meisten Leasingobjekten einen Angebotsmarkt, d.h. die Nachfrage ist höher als das

Angebot, was sich entsprechend in hohen Absatzpreisen und damit einer hohen Werthaltigkeit, auswirkt. In konjunkturellen Abschwungphasen ist dies häufig umgekehrt.

Je nach Altersstruktur bzw. Lebenszyklusphase eines Leasingvertrags schwankt in der Regel auch die Werthaltigkeit. Die meisten Leasingobjekte verlieren zu Beginn der Vertragslaufzeit am meisten an Wert und verlieren danach nicht mehr linear, sondern zumeist degressiv an Wert. Je nach Objekt stabilisiert sich der Wert gegen Ende oder steigt teilweise sogar mit dem Alter nochmals an (z.B. bei Oldtimern oder besonders gefragten Modellvarianten, die nicht mehr produziert werden, wodurch das Angebot konstant bleibt oder leicht sinkt, während eine entsprechend konstante oder gar steigende Nachfrage besteht).

Beeinflussungsmöglichkeiten

Die Werthaltigkeit eines Leasingobjekts hängt im Wesentlichen von zwei Komponenten ab. Zum einen vom Kaufpreis zu Vertragsbeginn und zum anderen vom Verkaufspreis am Vertragsende oder allgemein bei der Verwertung des Leasingobjekts.

Der Kaufpreis zu Vertragsbeginn kann nicht immer mitgestaltet werden. Häufig haben die Leasingnehmer den Kaufpreis mit dem Lieferanten bereits endverhandelt. Nichtsdestotrotz gibt es auch Konstellationen, in denen die Leasinggesellschaft die Preisverhandlungen führt und ggf. entsprechende Sonderkonditionen erhält.

Die wohl wesentlichste Beeinflussungsmöglichkeit der Werthaltigkeit stellt die Verwertung am Vertragsende dar. Hier kommen insbesondere die entsprechenden Absatzkanäle mit den unterschiedlichen Netzwerken der Verwertungsabteilung, sofern eine solche eigene Abteilung bei der Leasinggesellschaft existiert, zum Tragen. Je besser die Kontakte mit Händlern, Herstellern, professionellen Verwertern oder Endkunden sind, umso höher sind tendenziell die Verwertungserlöse und umso kürzer sind in der Regel die Verwertungsdauer und damit auch die Verwertungskosten.

Die Verwertungskosten sind darüber hinaus umso höher, je besser der Zustand des Leasingobjekts ist. Deshalb vereinbaren die meisten Leasinggesellschaften bereits im Leasingvertrag, dass entsprechende Service- und Reparaturintervalle am Leasingobjekt ebenso durchgeführt werden müssen, wie bestimmte Generalüberholungen oder turnusmäßige Wartungen und Instandhaltungen.

Datenherkunft

Die Daten für die Ermittlung der Werthaltigkeit können relativ einfach aus der Leasingverwaltungssoftware ermittelt werden. Hier ist zum einen der ursprüngliche Kaufpreis hinterlegt. Zum anderen kann der Verwertungserlös bzw. der entsprechende Restwert ebenfalls aus der Leasingverwaltungssoftware oder dem Finanz- und Rechnungswesen ermittelt werden.

Für eine Prognose der Werthaltigkeit ist häufig das Asset Management, das sich um die Objektbe- und -verwertung kümmert, zuständig. Hier werden zudem häufig entsprechende Simulationen für das Gesamtportfolio oder Teile, beispielsweise einzelne Objektgruppen, durchgeführt und die Auswirkungen auf die Werthaltigkeit untersucht.

Wettbewerbsintensität (in %)

Die Wettbewerbsintensität misst anhand einiger Hilfsgrößen die Härte des Konkurrenzkampfs zwischen den widerstreitenden Leasinggesellschaften. Als ein Indikator für die Wettbewerbsintensität wird unter anderem der Anteil der Angebote, die nicht zu einem Auftrag geführt haben, ins Verhältnis zur Gesamtanzahl an abgegebenen Angeboten gesetzt.

Wettbewerbsintensität

$$= \frac{\text{nicht erfolgreiche Angebote}}{\text{Gesamtanzahl abgegebener Angebote}} \cdot 100\%$$

Aussagekraft

Allgemein wird unter der Wettbewerbsintensität die Geschwindigkeit verstanden, mit der der Vorsprung eines Konkurrenten aufgeholt werden kann. Da es auf dem Leasingmarkt klassischerweise größtenteils standardisierte Produkte gibt, die von den meisten Anbietern mit geringen Modifikationen in nahezu identischer Weise angeboten werden, wird im Folgenden auf die Härte des Konkurrenzkampfs abgestellt.

Bei der Analyse der Wettbewerbsintensität wird im Allgemeinen zum einen die Wettbewerbsstruktur, das Wettbewerberverhalten und abschließend das Marktergebnis genauer analysiert.

Die Wettbewerbsstruktur wird beispielsweise anhand der Marktanteilsentwicklungen der wichtigsten Wettbewerber teilweise in Verbindung mit dem Marktpotenzial und/oder dem Marktsättigungsgrad beurteilt. Darüber hinaus kann auch die Entwicklung des Marktführers für einen Benchmark-Vergleich oder auch die Insolvenzquote der Wettbewerber bzw. allgemein die Anzahl der Wettbewerber zur Beurteilung der Wettbewerbsstruktur herangezogen werden.

Das Wettbewerberverhalten äußert sich unter anderem in der Kundenansprache und hauptsächlich in der geforderten Barwertmarge des Wettbewerbs.

Das Marktergebnis wiederum zeigt sich an den vom Kunden vergebenen Aufträgen und spiegelt sich neben der erzielten Barwertmarge insbesondere auch im Marktanteil einer Leasinggesellschaft wider.

Interpretation

Eine hohe Wettbewerbsintensität bedeutet zumeist eine niedrige Barwertmarge sowie eine niedrige Abschlusseffizienz, also einen erhöhten Anteil an Angeboten, die nicht zu einem Auftrag führen.

In hart umkämpften Märkten kommt es in besonderem Maße auf das Verkaufs- und Überzeugungstalent des Vertriebs an. Sobald es diesem gelingt, entsprechende Wettbewerbsvorteile des eigenen Instituts in den Vordergrund zu stellen und damit einem Preiskampf weitestgehend aus dem Weg zu gehen, kann die Leasinggesellschaft auch in einem hart umkämpften Markt nicht nur bestehen, sondern auch entsprechend erfolgreich sein.

Darüber hinaus kommt es in besonderem Maße auf die Kundenbindung und -loyalität und damit letztendlich auf eine niedrige Kundenfluktuation an. Erst durch eine entsprechend hohe Stammkundenbasis mit beispielsweise engen persönlichen Beziehungen können Wechselbarrieren gebildet werden, die den Kunden ansonsten in einem verschärften Wettbewerb leicht zu einem Wechsel zur Konkurrenz veranlassen würden.

Die Wettbewerbsintensität wird im Regelfall in einem relativ kleinen Abstraktionsgrad in den unterschiedlichen Absatzregionen und Kundengruppen gemessen, um auf entsprechende Entwicklungen bereits frühzeitig und angemessen reagieren zu können. So kann es beispielsweise durch den Markteintritt eines neuen oder durch den marktbeherrschenden Einfluss eines bestehenden Instituts dazu kommen, dass sich die Aggressivität insbesondere in Form von gesenkten Untergrenzen für die Barwertmarge, aber auch in Form einer deutlich erhöhten Intensität der Kundenkontakte, erhöht.

Beispiel

In einem Vertriebsgebiet waren im Vorjahreszeitraum von 100 Angeboten 45 Angebote erfolgreich und es kam zum Abschluss eines Leasing- oder Mietkaufvertrags. Die durchschnittlich erzielte Barwertmarge der Verträge betrug 5,2%.

Zu Beginn des Jahres hat der Marktführer seine Aktivitäten im betrachteten Vertriebsgebiet deutlich ausgeweitet, was sich auch in der Angebotseffizienz niederschlägt. Zum Abschluss von 40 Verträgen waren im Betrachtungszeitraum 220 Angebote notwendig und die durchschnittliche Barwertmarge aller Verträge hat sich auf 4,1% reduziert.

Die Angebotseffizienz bzw. der Anteil an erfolgreichen Angeboten hat sich im Betrachtungszeitraum von 45% im Vorjahr auf nunmehr 18,2% drastisch reduziert. In Verbindung mit den anderen Faktoren ist eindeutig ersichtlich, dass die Wettbewerbsintensität deutlich zugenommen hat.

Es sollten deshalb unbedingt die Gründe für diesen starken Rückgang ermittelt werden. Als Ultima Ratio und sofern keine Aussicht auf eine weitere profitable und kostendeckende Tätigkeit auf dem Markt vorhanden ist, sollte eine Fokussierung auf einen attraktiveren Teilmarkt oder ein attraktiveres Vertriebsgebiet, unter Umständen verbunden mit einem Rückzug aus dem aktuellen Zielmarkt, in Erwägung gezogen werden.

Grenzen der Aussagekraft

Die Wettbewerbsintensität kann nicht direkt gemessen werden, sondern wird immer mit entsprechenden Hilfskonstrukten oder Indikatoren zu messen versucht. So kann beispielsweise ein erhöhter Anteil an nicht erfolgreichen bzw. nicht mit Aufträgen verbundenen Angeboten auch nur ein Indiz dafür sein, dass die Kunden eine erhöhte Anzahl an Angeboten einholen, ohne dass sich an der durchschnittlich erzielten Barwertmarge der Leasinggesellschaften etwas ändern würde.

Es ist also immer das Gesamtbild für die Interpretation der Wettbewerbsintensität entscheidend. Erst auf Grundlage eines möglichst umfassenden Überblicks über die Wettbewerbslage können auch entsprechende Maßnahmenbündel ergriffen werden.

Beeinflussungsmöglichkeiten

Die Wettbewerbsintensität hängt in Anlehnung an die Five-Forces-Theorie von Michael E. Porter im Wesentlichen von den Wettbewerbern innerhalb der Leasingbranche, von potenziellen neuen Wettbewerbern, von der Marktmacht der Vendoren, Kreditinstitute und/oder der Leasingnehmer sowie widerstreitenden Ersatzprodukten ab. Unter die Ersatzprodukte fallen insbesondere klassische Darlehens- bzw. Kreditfinanzierungen oder Eigenfinanzierungen, die beispielsweise durch gesetzliche Regelungen in ihrer Vorteilhaftigkeit beeinflusst werden können.

Datenherkunft

Die wesentliche Informationsquelle für die Daten zur Ermittlung der Wettbewerbsintensität bildet sicherlich der Vertriebsaußendienst. Dieser bzw. die Vertriebssteuerung haben einen ständigen Überblick über die Erfolgsaussichten der eigenen Angebote sowie über die schärfsten Wettbewerber und die allgemeine Wettbewerbssituation.

Darüber hinaus können auch Informationen von Marktforschungsinstituten oder allgemeine Brancheninformationen sowie Geschäftsberichte von Wettbewerbern, soweit diese öffentlich zugänglich sind, herangezogen werden.

Angrenzende Kennzahlen

Liquidität 1. Grades bzw. Cash Ratio
$= \frac{\text{liquide Mittel}}{\text{kurzfristige Verbindlichkeiten}} \cdot 100\%$

Liquidität 2. Grades bzw. Acid Test Ratio
$= \frac{\text{Geldvermögen + Wertpapiere + kurzfristige Forderungen}}{\text{kurzfristige Verbindlichkeiten}} \cdot 100\%$

Working Capital Ratio

→ *vgl. hierzu*: Working Capital

Zahlungen, überfällige (in % oder in EUR)

→ *vgl. hierzu*: offene Posten

Zahlungsrückstandsquote bei Sachversicherungen (in %)

→ *vgl. hierzu*: Insolvenzvolumen, kumuliertes

Zeiteffizienz, digitale (in %)

→ *vgl. hierzu*: Digitalisierungsgrad

Zielvereinbarung, Mitarbeiter mit individueller (in %)

→ *vgl. hierzu*: Gehaltsbestandteile, variable

Zinsfuß, interner (in %)

→ *vgl. hierzu*: Zinssatz, interner

Zinssatz, effektiver (in %)

→ *vgl. hierzu*: Zinssatz, interner

Zinssatz, interner (in %)

Der interne Zinssatz ist eine wesentliche Kenngröße für die Ermittlung der Vorteilhaftigkeit eines Leasinggeschäfts. Er gibt die Verzinsung des eingesetzten Ka-pitals, also des Anschaffungswerts des Leasingobjekts, anhand der Rückflüsse in Form der Leasingraten sowie eventueller Restwertverpflichtungen, an.

Anders ausgedrückt: Durch Abzinsung der Leasingraten mit dem internen Zinssatz erhält man einen Barwert von exakt 100% bezogen auf den Anschaffungswert des Leasingobjekts bzw. einen Kapitalwert von Null.

Werberendite

für den internen Zinssatz i_{int} gilt:

Kapitalwert = 0

$$Kapitalwert = Kaufpreis\ Leasingobjekt + \frac{\sum_{t=1}^{T} Leasingraten_t}{(1 + I_{int})^t} =$$

Interner Zinssatz *(näherungsweise anhand Uniformmethode)*

$$= \frac{(\text{Finanzierungskosten} \cdot 24)}{(\text{Laufzeit [in Monaten]} + 1) \cdot \text{Anschaffungswert}} \cdot 100\%$$

Aussagekraft

Der interne Zinsfuß gibt die Rendite auf das eingesetzte Kapital wieder. Meist ist dies der entscheidende Faktor für den Vergleich von zwei oder mehreren Leasingverträgen.

Der interne Zinssatz dient darüber hinaus einer Abschätzung des maximalen Refinanzierungszinssatzes, bei dem noch ein positiver Kapitalwert, also zumindest ein Deckungsbeitrag bzw. eine positive Barwertmarge erwirtschaftet wird. Dieser wiederum muss im vorliegenden Fall kleiner als der interne Zinssatz sein.

Anhand der Höhe des internen Zinssatzes bzw. der Differenz zwischen dem internen Zinssatz und dem Refinanzierungszinssatz kann darüber hinaus abgeschätzt werden, ob bzw. inwiefern neben dem Refinanzierungszinssatz zudem auch die weiteren Kosten, wie beispielsweise die variablen Kosten, die mit der Akquisition verbunden sind oder waren, aber auch die Fixkosten, wie beispielsweise die Personalkosten für die Marktfolge sowie eine bestimmte Marge, gedeckt werden können, damit sich das Geschäft auch aus Renditeüberlegungen lohnt.

Interpretation

Der interne Zinssatz stellt die Verzinsung des eingesetzten Kapitals dar. Durch eine Gegenüberstellung mit dem Refinanzierungskostensatz kann zum einen entschieden werden, welche Geschäfte eine positive Barwertmarge erzielen bzw. welche Leasinggeschäfte beispielsweise Vorgaben zu einer Mindestverzinsung erfüllen. Häufig wird die Mindestverzinsung nicht pauschal, sondern als Indexkennzahl mit unterschiedlichen Bezugsgrößen, wie beispielsweise der Ratingklassifizierung, der Branche, der Vertriebsregion, der Konzern- bzw. Kreditnehmereinheit oder dem einzelnen Vertriebsmitarbeiter, ermittelt.

Hierdurch können auch konkrete Steuerungsanforderungen relativ übersichtlich dargestellt und herausgearbeitet werden, während es bei einer zu großen Abstraktionsebene nicht selten zu Subventionsmaßnahmen kommt, durch die positive oder negative Ausreißer nivelliert werden. Hierdurch kann es im schlimmsten Fall sogar zu Fehlsteuerungsimpulsen kommen.

Zum anderen können mit Hilfe des internen Zinssatzes aber auch Leasingverträge mit unterschiedlichen Zahlungsströmen, Laufzeiten, Zahlungsterminen und Zahlungsbeträgen miteinander verglichen werden.

Beispiel

Für einen Kfz-Leasingvertrag gelten folgende Rahmendaten *(ohne Berücksichtigung von Restwertansprüchen)*:

Anschaffungswert:	45.000 EUR	
Vertragslaufzeit:	36 Monate	
Lineare Monatsraten:	1.380,15 EUR	*(nachschüssig)*
Summe Rückzahlung:	49.685,40 EUR	
Finanzierungskosten:	4.685,40 EUR	

Damit ergibt sich eine interne Verzinsung von 6,9347% p.a (bzw. anhand der näherungsweisen Ermittlung mit der Uniformmethode von 6,7537% p.a.).

Anmerkung:

Der interne Zinssatz wird häufig nicht manuell mit der o.g. Formel errechnet, sondern automatisiert mit Finanztaschenrechnern oder vollautomatisch durch die entsprechende IT-Unterstützung, beispielsweise in der Leasingverwaltungssoftware.

Mithilfe von Microsoft Excel kann der interne Zinssatz mit der Formel „interner Zinssatz" („=ikv(Werte;[Schätzwert])") oder mit der „Zielwertsuche" *[Unter MS Excel 2003 oder älteren Versionen von MS Excel im Menüpunkt „Extras" - „Zielwertsuche" bzw. unter MS Excel 2007 oder neueren Versionen von MS Excel unter „Daten" - „Datentools" - „Was-wäre-wenn-Analyse" - „Zielwertsuche"]* ermittelt werden.

Grenzen der Aussagekraft

Der interne Zins trifft nur eine Aussage über das in der Investition gebundene Kapital. Das bereits in Form von Leasingraten wieder zurückgeflossene Kapital wird nicht erfasst.

Darüber hinaus werden mit dem internen Zinssatz nur relative Bezüge hergestellt. Für eine valide Beurteilung der Vorteilhaftigkeit der Rentabilität sollte deshalb zum internen Zinssatz auch die damit verbundene Barwertmarge berücksichtigt werden. So kann beispielsweise im direkten Vergleich zwischen einem besonders kleinvolumigen Leasingvertrag mit einem sehr hohen internen Zinssatz von z.B. 15% p.a. und einem großvolumigen Leasingvertrag mit einem niedrigen internen Zinssatz von 4,2% der Eindruck entstehen, dass der kleinvolumigere Leasingvertrag rentabler für die Leasinggesellschaft ist. Unter Beachtung der Barwertmarge erscheint allerdings der großvolumigere Leasingvertrag als rentabler, da hierbei eine höhere absolute Barwertmarge erzielt werden kann.

Der interne Zinssatz trifft zudem keine Aussage darüber, ob ein positiver Deckungsbeitrag erzielt wird bzw. ob neben dem Refinanzierungszinssatz auch beispielsweise die mit der Akquisition des Kunden und der Abwicklung des Leasingvertrags zumindest variablen Kostenbestandteile vollumfänglich gedeckt sind.

Beeinflussungsmöglichkeiten

Neben der Höhe der Raten kann der interne Zinssatz insbesondere auch durch den Ratenverlauf gesteuert werden. Beispielsweise ist der interne Zinssatz bei degressiver Ratengestaltung im Vergleich zum linearen oder progressiven Ratenverlauf bei gleichem Kapitalwert und ansonsten gleichen Bedingungen höher.

Datenherkunft

Die für die Berechnung des internen Zinssatzes notwendigen Daten können zumeist aus den Stammdaten des entsprechenden Leasingvertrages entnommen werden.

Alternativ kann mit zahlreichen Leasingverwaltungssoftware-Modulen problemlos der interne Zinssatz IT-gestützt ermittelt werden.

Angrenzende Kennzahlen

Die Begriffe des internen und des *effektiven Zinssatzes* werden in der praktischen Umsetzung synonym verwendet.

Der interne Zinssatz kann auch als i=p% mit p als dem *internen Zinsfuß* bezeichnet werden. Für einen internen Zinssatz von 7,5% bzw. 0,075 beträgt also der interne Zinsfuß 7,5 und damit das 100-fache des internen Zinssatzes.

Zinsspread (in %)

Ein Zinsspread wird im Allgemeinen zum Vergleich zweier Zinssätze herangezogen. Für Leasinggesellschaften ist insbesondere der Zinsspread zwischen dem internen Zinssatz (dem Leasinggeschäft zugrunde liegender Effektivzinssatz, der auch Kostenbestandteile und die Marge beinhaltet) und dem jeweiligen Refinanzierungszinssatz von hoher Bedeutung.

Zinsspread	
=	interner Zinssatz ./. Refinanzierungszinssatz *[in %]*

Aussagekraft

Der Zinsspread zwischen internem Zinssatz und Refinanzierungszinssatz wird häufig als grober Indikator für die Vorteilhaftigkeit eines Leasinggeschäfts herangezogen.

Durch einen hohen Spread können die weiteren Kosten neben den Refinanzierungskosten sowie auch eine gewisse Marge erwirtschaftet werden.

Interpretation

Anhand der Höhe des Zinsspreads werden häufig auch bestimmte Priorisierungen zwischen unterschiedlichen, teilweise konkurrierenden Leasinggeschäften vorgenommen. Hierzu müssen die jeweiligen Geschäfte allerdings bezogen auf die Laufzeit und den Anschaffungswert vergleichbar sein.

Beispiel

Der interne Zinssatz für die betrachteten Leasingverträge im Portfolio der Leasinggesellschaft beträgt durchschnittlich 9,7%. Der Refinanzierungszinssatz dieser Verträge beträgt demgegenüber durchschnittlich 4,2%.

Der Zinsspread zwischen internem Zinssatz und Refinanzierungszinssatz beträgt damit 5,5%.

Grenzen der Aussagekraft

Der Zinsspread gilt zwar häufig als Indikator für die Vorteilhaftigkeit eines Leasinggeschäfts, er kann aber nicht herangezogen werden, um eine Aussage über die Profitabilität eines Geschäfts zu treffen. Die Profitabilität hängt wesentlich von der Leasinglaufzeit, dem jeweiligen Leasingvolumen sowie den neben den Refinanzierungskosten mit dem Leasinggeschäft verbundenen Kosten, beispielsweise besonders hohen administrativen Aufwendungen, ab.

Beeinflussungsmöglichkeiten

Der Zinsspread ist zum einen wesentlich vom Refinanzierungszinssatz und zum anderen vom internen Zinssatz abhängig.

Der Refinanzierungszinssatz kann nur begrenzt beeinflusst werden. Beispielhafte Einflussfaktoren auf den Refinanzierungszinssatz sind insbesondere die Bonität der zugrunde liegenden Leasingnehmer sowie das Vertragsvolumen.

Der interne Zinssatz hängt wesentlich von der Höhe der Leasingraten und dem entsprechenden Restwert des Leasingobjekts ab.

Der wesentlichste Anknüpfungspunkt für die Beeinflussung des Zinsspreads besteht für die Leasinggesellschaft also größtenteils in der vertriebsseitigen Gestaltung der Höhe und der Modalitäten der Leasingraten und Restwerte.

Datenherkunft

Die Daten für die Ermittlung des Zinsspreads werden häufig durch eine Zusammenarbeit zwischen dem Treasury bzw. der Refinanzierungsabteilung (Ermittlung des Refinanzierungszinssatzes) und der Vertriebssteuerung (Ermittlung des internen Zinssatzes) erhoben.

Angrenzende Kennzahlen

vgl. Barwertmarge; Zinssatz, interner

Zurückgewinnungsquote (in %)

→ *vgl. hierzu*: Reaktivierungsquote

Zuwanderungsquote (in %)

→ *vgl. hierzu*: Neukundenquote

Zweitvertragsquote (in %)

→ *vgl. hierzu*: Folgeabschlussquote

Kennzahlenbasierte Unternehmenssteuerung

C. Glaser, *Leasing A – Z*, https://doi.org/10.1007/978-3-658-31839-0_17

Kennzahlenbasierte Unternehmenssteuerung

„Daten sind das Öl des 21. Jahrhunderts und Datenanalyse ist der Verbrennungsmotor dazu". Dieses Zitat stammt von Peter Sondergaard, Senior Vice President des IT-Marktforschungs- und Beratungsunternehmens Gartner. Und es bringt die große Herausforderung gerade auch in der Leasingbranche sehr anschaulich auf den Punkt. Denn die Institute verfügen heute bereits über umfangreiche und täglich wachsende Datenbestände. Doch oft fehlt es an konkreten Strategien, um diese Informationen nutzenbringend einzusetzen und insbesondere auch darzustellen.

Je erfolgreicher die Zusammenarbeit zwischen Controlling und Unternehmensführung ist, umso größer ist regelmäßig auch der gesamte betriebliche Erfolg. Das Controlling hat hierbei regelmäßig die strategisch wichtige Aufgabe, eine Brücke zwischen Rechnungswesen und einzelnen Fachbereichen, etwa dem Vertrieb, zu schlagen. Einerseits gilt es in besonderem Maße, die institutsindividuellen Prozesse richtig und angemessen abzubilden und andererseits müssen die einzelnen Tätigkeitsfelder und Arbeitsschritte messbar, etwa in Form von Kosten und Erlösen, gemacht werden. Standardkennzahlen allein helfen hierbei nicht weiter und werden den Anforderungen der Adressaten nach einer transparenten und zielgerichteten Information regelmäßig nicht gerecht.

Der typische Controller ist heutzutage auch viel mehr als der eher belächelte „Erbsenzähler", der Kennzahlen mit einem lediglich statistischen Zweck erhebt. Er ist vielmehr ein wichtiger betriebswirtschaftlicher Berater und sozusagen der Navigator für das Management. Die Hauptaufgabe des Controllings ist es, größtmögliche Transparenz über die Kosten und Erlöse sowie die Prozesstreiber zu schaffen. Erst durch eine hohe Transparenz kann das Management rationale Entscheidungen treffen und so die Leasinggesellschaft zielgerichtet steuern. Kennzahlen kommt hierbei eine ganz zentrale Rolle zu. Nur wenn möglichst alle Erfolgspotenziale eines Unternehmens transparent dargestellt werden, kann auch aktiv gesteuert werden.

Controlling ist mittlerweile ein wichtiger Wettbewerbsfaktor und sollte dies auch nicht erst dann sein, wenn der Wettbewerbsdruck die Leasinggesellschaft zum Handeln zwingt. So haben insbesondere die erfolgreichen Institute ein ureigenes Interesse an einem gut funktionierenden und möglichst proaktiven Controlling. Der Begriff des Controllings hat hierbei auch vielmehr einen zukunftsorientierten Blickwinkel. So ist das Umfeld der meisten Leasinggesellschaften ähnlich einer kurvigen Straße, bei der plötzliche Wendungen und Richtungsänderungen alltäglich sind. Ein Controlling auf Vergangenheitsbasis würde hierbei einer Fahrt anhand des Rückspiegels gleichen. Erst anhand moderner Kennzahlen und sogenannter Key Performance Indikatoren (KPIs) können die Managemententscheidungen nicht nur unterstützt, sondern auch aktiv beeinflusst werden. Es versteht sich dabei fast von selbst, dass das moderne Controlling nichts oder zumindest nur sehr wenig mit der fälschlicherweise häufig synonym verwendeten und vergangenheitsorientierten Kontrolle zu tun hat.

Box 3.2 Grundsätze für das interne Risikoreporting

- ✓ Angemessene IT-Infrastruktur
  - o (weitgehende) Automatisierung der Verarbeitung und Aufbereitung
  - o Dokumentation von Datenmodellen und Prozessen
- ✓ Genauigkeit und Integrität
  - o Datenabgleich mit Rechnungswesen und anderen Datenlieferanten
  - o Plausibilitätschecks
  - o Bei Prognosen und Näherungswerten sind Angaben zur Verlässlichkeit zu machen
- ✓ Vollständigkeit
  - o Konsistenter Datenhaushalt
  - o Sämtliche Risikopositionen sind zu berücksichtigen
- ✓ Aktualität
  - o Risikoinformationen müssen zeitnah zur Verfügung stehen
  - o Speziell bei wesentlichen Risiken und in Krisen-/Stresssituationen ist dies essenziell
- ✓ Anpassungsfähigkeit
  - o Neben Standardreports auch flexible Ad-hoc-Auswertungsmöglichkeiten
  - o Unterteilung nach relevanten Merkmalen und Dimensionen
  - o Kapazitäten für nutzerspezifische Datenanpassungen (z.B. Dashboards, Drill-Down etc.)
- ✓ Umfassender Charakter
  - o Alle wesentlichen Risikobereiche umfassend
  - o Identifikation von Risikokonzentrationen
- ✓ Klarheit und Nutzen
  - o Ausgewogenes Verhältnis von qualitativen und quantitativen Informationen
  - o (entscheidungs-)relevante und mit den Bedürfnissen der Adressaten abgestimmte Informationen
- ✓ Verbreitung
  - o Vordefinierte Verteiler und Häufigkeit der Erstellung
  - o Eskalationsstufen

Grundsätzlich gilt sehr häufig die Faustregel, dass die Datenqualität im internen Berichtswesen genauso hoch wie im externen Berichtswesen sein sollte. Ein Trade-Off zwischen Qualität und Schnelligkeit wird von den meisten Leasinggesellschaften nur in sehr begrenztem Umfang akzeptiert. Dies ist beispielsweise bei Ad-hoc-Berichten der Fall, bei denen es darum geht, innerhalb kürzester Zeit Informationen über latente, drohende oder soeben eingetretene Sondersituationen zu erhalten, wenngleich die Datenqualität etwas hinter die Schnelligkeit der Information tritt. In solchen Fällen gilt es aber, im Vorfeld durch das Management exakt zu definieren, wie die dafür notwendige Kalibrierung konkret aussehen sollte.

3.1.1. Megatrend: Big Data

Spätestens im Zeitalter von Big Data ist es für das Controlling existenziell wichtig, die zur Verfügung stehenden Daten und Informationen zu nutzen. Big Data bezeichnet hierbei ganz allgemein Datenmengen, die zu groß sind und sich zu schnell ändern, um mit klassischen Methoden der Datenanalyse und -verarbeitung aussagekräftige Auswertungen zu erhalten.

Sehr anschaulich wird dies an einem bekannten Beispiel aus dem Jahr 2009 deutlich. Ein neuer Grippevirus, der als H1N1 bekannt wurde, kombinierte Merkmale der Vogel- und Schweinegrippe und breitete sich sehr rasch aus. Zur Bekämpfung der Grippeepidemie wurde in den USA eine Meldepflicht für Ärzte eingeführt, die allerdings durchschnittlich erst 2-3 Wochen nach Ausbruch der Grippe eingingen, da viele Menschen erst zum Arzt gingen, nachdem sie sich krank fühlten.

Ebenfalls zu dieser Zeit im Jahr 2009 wurde ein Beitrag eines Google-Mitarbeiters in einer Fachzeitschrift veröffentlicht, wonach Google die Ausbreitung der Grippeepidemie regional und in Echtzeit anhand der eingehenden Suchanfragen auswerten kann. Bis dato war eine solche Auswertung aufgrund der hohen Leistungs- und Serveranforderungen nicht möglich (vgl. Ginsburg et al 2009, S.1012 ff.).

Das Google-System, das anhand von Korrelationen eine Echtzeit-Analyse ermöglichte, stellte damit einen Meilenstein in der Auswertung von Big Data dar und unterscheidet sich grundlegend von der etablierten Meldestatistik der Gesundheitsbehörden.

3.1.2. Big Data und Visual Analytics im Controlling

In Unternehmen gibt es eine Vielzahl von Datenquellen: Daten aus dem ERP- und CRM-System, Data Warehouse und Finanz(planungs)system, Daten der Unternehmenskommunikation, etwa in Form von E-Mails oder Telefonberichten, aber auch externe Daten, beispielsweise von den Social Media.

Die große Kunst ist es, diese Daten aufzubereiten, sodass ein konkreter Mehrwert entsteht. Die zentralen Anforderungen des Controllings an Daten - auch Big Data - sind:

werden. In Management-Cockpits beispielsweise, die sich an das Top-Management richten, werden regelmäßig nur etwa 10 bis 15 Kennzahlen dargestellt. Diese können wiederum durch ein „Drill-Down" noch tiefgreifender analysiert werden. So kann etwa der Kundenwert bei Bedarf noch um die Kenngrößen der durchschnittlichen Kundenbindungsdauer, der Barwertmarge je Kundencluster, der Akquisitionskosten, der durchschnittlichen Kundenzufriedenheit, der Fluktuationsquote und der Neukundenquote ergänzt werden. Hierdurch kann das Bild über die Kundenlandschaft und -wertigkeit ergänzt und abgerundet werden.

In Berichten an die operativen Managementebenen hingegen werden regelmäßig auch die genauen Zusammenhänge und zahlreichen Basisdaten berücksichtigt. Im Vertriebsbereich umfasst dies beispielsweise die Anzahl der Besuchstermine, die Besuchstermineffizienz, die Folgeabschlussquote, das Angebotsvolumen und die Angebotskosten, die aktive Vertriebszeit etc. Die Entscheidungsträger erhalten im Idealfall Berichte mit Kennzahlen und Wirkungszusammenhängen, die sie konkret beeinflussen können bzw. deren Entwicklung besonders relevant für die tägliche, aber auch die strategische Steuerung des Teilbereichs ist.

Je präziser und adressatengerechter die entsprechenden Reports ausgestaltet sind, umso höher ist auch der konkrete Nutzen. Außerdem können Missverständnisse und Fehlinterpretationen gering gehalten und eine Unterstützung bei der aktuellen Entscheidungsfindung ermöglicht werden. In einigen Fällen ist es deshalb auch zielführend, Hintergrundinformationen im Reporting anzugeben sowie mögliche Handlungsalternativen aufzuzeigen.

Eine schnelle und zielgenaue Information der Entscheider wird immer wichtiger. Im Risikomanagement wird dies beispielsweise durch die Regelung BCBS 239 (Principles for Effective Risk Data Aggregation and Risk Reporting) von der Bankenaufsicht explizit vorgeschrieben. Wie genau diese Regelungen auch von den einzelnen, teilweise eher kleinen und mittelständischen, Leasinggesellschaften einzuhalten sind, bleibt speziell auch vor dem Hintergrund des Proportionalitätsprinzips abzuwarten.

3.3.1. Entwicklung der Berichterstattung

Wenn man einmal die Möglichkeit hat, die Berichte eines Unternehmens aus den 1990er-Jahren und seit etwa 2010 zu vergleichen, sieht man sehr eindrucksvoll die Entwicklungstendenzen in der Berichterstattung der letzten gerade einmal etwas mehr als 20 Jahre.

So zeigt sich unter anderem, dass die Berichte deutlich aktueller geworden sind und der Inhalt nicht mehr nur auf Finanzkennzahlen beschränkt ist. Entwicklungen wie die Balanced Scorecard machen dies sehr deutlich, indem der Fokus eben nicht mehr nur auf finanzwirtschaftlichen Zahlen liegt, sondern auf einer ausgewogenen und ganzheitlichen Betrachtungsweise des Unternehmens.

Während die früher in Papierform präsentierten Berichte noch ganze Aktenordner füllten, ist heute ein Gegentrend zu erkennen. So gibt es Executive Summary-, Mindmapping- oder One-Page-Ansätze, in denen die Informationen auf das Nötigste reduziert werden sollen. Dies soll sicherstellen, dass die bereitgestellten Informationen vom Empfänger schnell und effektiv verarbeitet werden können.

Durch diverse Cockpit- und Ad-hoc-Anbindungen wird zudem eine Steuerung (nahezu) in Echtzeit ermöglicht. Die Leasinggesellschaft ist dann nicht mehr über einen Monat im „Blindflug", bis eventuelle Gefahrensituation „im Rückspiegel" anhand der (dann schon wieder einige Tage alten) Daten erkannt werden.

Die folgende Tabelle 3.1 (in Anlehnung an Weber, Schäffer 2008, S.230ff.) stellt die Entwicklung der Berichterstattung nochmals übersichtlich dar.

Kriterium	Mitte bis Ende der 1990er-Jahre	Ab 2010
Berichtstermine	Im Normalfall nicht vor dem 10. Arbeitstag, teilweise sogar erst bis zum 20. Arbeitstag in Form von konsolidierten Berichten an die Geschäftsführung des Unternehmens. Nach etwa 3 Arbeitstagen sind nur einfache Umsatzmeldungen verfügbar.	Erste Berichte sind teilweise bereits am 2.-3. Arbeitstag verfügbar. Analysen und konsolidierte Berichte häufig bereits am 5.-6. Arbeitstag.
Berichtsform	In Papierform mit vielen umfangreichen und detaillierten Tabellen, Schaubildern und Kommentaren bis auf die unteren Hierarchieebenen. Auch teilweise überblicksartige Präsentationen enthalten.	Häufig erfolgt die Verteilung über das Internet oder es werden Informationen (Tabellen, Schaubilder und Kommentare) in Managementinformationssysteme eingestellt. Drop Down-Menüs und Ampelfunktionen erleichtern die Lektüre. Neben verdichteten Informationen in Grafiken und Tabellen ist jederzeit ein Drill-Down auf eine niedrigere Hierarchieebene möglich.

Berichtsumfang	Obwohl bereits gegen Ende der 1990er-Jahre eine deutliche Reduktion der Berichtsinhalte auf das Wesentliche stattgefunden hat, waren die Berichte doch noch eher aktenordnerfüllende Nachschlagewerke mit umfangreichen Analysen.	Deutliche Reduktion der Berichte auf das Wesentliche mit einem kurzen Kommentar bei Bedarf. In Form eines Managements by Exception wird nur bei Bedarf bzw. im Falle einer Planabweichung punktuell detaillierter berichtet.
Berichtsinhalt	Hauptsächlich Finanzkennzahlen in Form von Gewinn- und Verlustrechnungen und Bilanzen, teilweise heruntergebrochen bis auf einzelne Kostenstellen.	Ganzheitliche Berichterstattung über alle wesentlichen Einflussfaktoren auf den Unternehmenserfolg. Neben Finanzkennzahlen können dies auch Fluktuations- und detaillierte Kunden- bzw. Vertriebs- und Wettbewerbsdaten sein. Außerdem steigende Bedeutung von Vorschau sowie Cashflow-Betrachtungen.

Tab. 3.1: Entwicklung der Berichterstattung

3.3.2. Gestaltungsempfehlungen an eine empfängerorientierte Berichterstattung

„Everything should be made as simple as possible, but not more so."

[Albert Einstein]

Einer der wichtigsten Grundsätze bei der Erstellung von Berichten ist die Empfängerorientierung. Denn Berichte, die vom Adressaten nicht verarbeitet oder verstanden werden, sind nutzlos. So geben die MaRisk an verschiedenen Stellen vor, welche Bestandteile in ein Risikoreporting einfließen sollten (vgl. etwa AT 4.3.2 Tz.3-6) und dass die Risikosituation gemäß AT 4.3.2 Tz.6 regelmäßig dem Gesellschafter bzw. dem Aufsichtsorgan zu kommunizieren ist.

Für die Berichterstattung sollte der KISS-Grundsatz (keep it short and simple) gelten, getreu dem Motto „lieber grob richtig als exakt falsch". Je mehr unterschiedliche und komplexe Informationen in den Bericht hineingezwängt werden, umso eher leidet die Konsistenz und Übersichtlichkeit der Daten. Der Blick auf die wesentlichen Themenbereiche und die notwendigen Steuerungsmaßnahmen wird dadurch zumindest erschwert, unter Umständen sogar gänzlich verstellt. Um dies zu verhindern, sollte neben einer übersichtlichen Strukturierung der Daten auch eine Kommentierung der Ergebnisse vorgenommen werden.

Speziell bei den aufgeführten Kennzahlen sollte sichergestellt sein, dass möglichst kein Interpretationsspielraum besteht. Denn nach Abgabe eines Berichts besteht regelmäßig nicht mehr oder nur sehr eingeschränkt die Möglichkeit, mit den Adressaten zu interagieren. Außerdem kann je nach Adressatengruppe ein unterschiedliches Verständnis von Kennzahlen bestehen. Es sollten also in den Bericht nicht getreu dem Motto „viel hilft viel" so viele Informationen wie nur möglich reingepackt werden, sondern vielmehr kritisch geprüft werden, welche Informationen die Adressaten für eine Entscheidungsunterstützung benötigen (vgl. Botthof et al. 2008, S.189).

Aus dem Reporting muss außerdem unmittelbar ersichtlich sein, ob die Kennzahlenwerte die vorgegebenen Limits einhalten. Sollte dies nicht der Fall sein, sind geeignete Maßnahmen zu dokumentieren und deren Auswirkungen im Report sichtbar zu machen.

Neben einer reinen Darstellung von Kennzahlen und bunten Diagrammen sollte im Berichtswesen auch ein Schwerpunkt auf der Darstellung von Kausalketten und deren Wechselwirkungen bzw. Trade-offs liegen, damit die Entscheider die richtigen Steuerungsmaßnahmen veranlassen können.

Um eine empfängerorientierte und rechtzeitige Berichterstattung zu gewährleisten, kommt der Implementierung der Kommunikationswege darüber hinaus eine ganz zentrale Rolle zu. Denn nur empfängerorientiert ausgestaltete Berichte können dafür sorgen, dass unternehmerische Entscheidungen gefördert werden. Erst durch diese Entscheidungen und die Integration in die täglichen Abläufe wird ein konkreter Mehrwert geschaffen und es wird verhindert, dass die Berichte ein „nutzloses Paralleluniversum" zur operativen Steuerung der Leasinggesellschaft bilden.

Die folgende Box 3.4 in Anlehnung an das „Pyramiden-Prinzip" (vgl. Minto 2001) dient einer effizienten Ausgestaltung des Berichtswesens. Anhand dieser einfachen, gleichzeitig aber sehr effektiven Tipps, kann spielend einfach ein adressatengerechter Report konstruiert werden.

Box 3.4 „Pyramiden-Prinzip" für das Berichtswesen

✓ Stellen Sie die Kernaussage an den Anfang

✓ Einleitung aus drei Elementen: Situation - Komplikation (Erklärung des Problems) - Lösung

✓ Jedes Argument sollte immer die Zusammenfassung der nächsttieferen Pyramidenebene sein

✓ Ideen und Konzepte in einer Gruppierung sollten immer vom gleichen Typ sein

✓ Ideen und Konzepte in einer Gruppierung sollten immer logisch angeordnet sein

✓ Nicht mehr als sieben Argumente (plus/minus zwei) verwenden

✓ Am Schluss sollte nochmals ein Appell/eine Handlungsaufforderung stehen

Da in Berichten häufig viele Informationen verarbeitet werden, ist es sehr wichtig, dass trotz einer hohen Informationsdichte trotzdem noch eine gewisse Übersichtlichkeit gewahrt wird. Neben grafischen Anforderungen spielt dabei insbesondere die gewählte Formulierung eine zentrale Rolle.

In Anlehnung an unterschiedliche Lerntypen - die jeder aus seiner eigenen Situation zu Schul- oder Studienzeiten wohl noch sehr gut kennt - gibt es unterschiedliche Sinnesorgane, mit denen die Entscheider Informationen besser aufnehmen können:

- Visuelle Informationsaufnahme
- Auditive Informationsaufnahme
- Haptische Informationsaufnahme
- Abstrakte Informationsaufnahme

Während bei der visuellen Informationsaufnahme insbesondere grafisch aufbereitete Daten benötigt werden, sind es bei der auditiven Informationsaufnahme die Informationen auf der Tonspur in Form von Vorträgen und Besprechungen, bei der haptischen Informationsaufnahme geht es darum, bestimmte Informationen über das Fühlen aufzunehmen, also zu „begreifen". Bei der abstrakten Informationsaufnahme werden Informationen über abstrakte Zeichen und Symbole, die wir erst erlernen mussten, aufgenommen.

Da die meisten von uns - und damit auch die Entscheider - Mischtypen der oben beschriebenen Formen der Informationsaufnahme einnehmen, ist es wichtig, die Informationen sowohl visuell, auditiv, haptisch und abstrakt zu liefern. Dadurch wird die Informationsaufnahme aller Beteiligten deutlich beschleunigt, wenngleich es je nach Sinnesorgan deutliche Unterschiede in der Aufnahmegeschwindigkeit gibt, wie die folgende Tabelle 3.2 zeigt (in Anlehnung an Pollmann/Rühm 2007, S.20).

Art der Informationsaufnahme	Aufnahmegeschwindigkeit
Visuell	ca. 10 Mio. bit/s
Auditiv	ca. 1 Mio. bit/s
Haptisch	ca. 400.000 bit/s
Abstrakt	ca. 5.000 bit/s

Tab. 3.2 Aufnahmegeschwindigkeiten der verschiedenen Informationsaufnahmen

Da die Aufnahmegeschwindigkeit der visuellen Informationsaufnahme mit weitem Abstand am größten ist, verwundert es nicht sehr stark, dass der Mensch über 80% der Informationen über die Augen wahrnimmt (vgl. Florack et al. 2012, S.325). In Bruchteilen von Sekunden sortiert, strukturiert und bewertet dabei das Gehirn die eingehenden Impulse. Um die komplexe Realität besser verständlich zu machen, werden visuelle Metaphern benötigt (vgl. Götz, Rigamonti 2015, S.14). Im Reporting kommt deshalb Diagrammen und Visualisierungen eine zentrale Rolle dabei zu, abstrakten Datensätzen eine verständliche Form zu geben und die Informationsweitergabe an die Zielgruppe effektiver zu gestalten.

Die Datenqualität, die insbesondere durch die regulatorischen Vorgaben, ausgehend von den BCBS 239 bereits im Jahr 2013 und für Leasinggesellschaften dann in Form der neuen MaRisk-Novellen, in den Fokus gerückt ist, wird im Folgenden nicht weiter beleuchtet. Schließlich ist die Qualität der Datenbestände ein Schlüssel dafür, die Kunden besser zu verstehen, Kosten zu verringern, das Risikomanagement zu verbessern und Wachstum zu erzielen. Sie zu optimieren, muss im institutseigenen Interesse sein und mit höchster Akribie vorangetrieben werden. Der Weg dorthin ist allerdings sehr unterschiedlich, je nach Institut und Größe, je nach Controllingfokus und auch je nach IT-Ausstattung.

Die Darstellung der Informationen und Daten auf der anderen Seite hängt nicht so sehr von den institutsindividuellen Besonderheiten ab. Schließlich kämpfen alle Leasinggesellschaften mit den gleichen Herausforderungen, wenn es darum geht, aus Zahlen Bilder werden zu lassen und die Kernbotschaften eindeutig und präzise für die Entscheider aufzubereiten.

Nachdem die in Kapitel 2 dargestellten Kennzahlen ausgewählt und der Inhalt des Management Reportings festgelegt wurde, kommt der äußeren Form und Darstellung eine zentrale Rolle zu, um sicherzustellen, dass die Informationen vom Adressaten auch verstanden und verarbeitet werden. Hinsichtlich der Themen Präsentieren und Visualisieren von Berichten sind insbesondere die Werke von Barbara Minto (2001) und von Gene Zelazny (2003) zu empfehlen.

Tipps für eine gelungene Darstellung von Kennzahlen und deren Entwicklung

- Bemerkenswerte Entwicklungen (also Entwicklungen, die es „wert sind, bemerkt" zu werden) farblich absetzen
- Standardisiertes Farb- und Layoutschema verwenden (gleiche Darstellung für gleiche Sachverhalte)
    - o Analog zu Landkarten, bei denen oben immer Norden ist und Flüsse immer blau sind sowie der Maßstab bei mehreren Blättern immer gleich ist
    - o Nur durch Standardisierung und Normierung können komplexe Sachverhalte in der zur Verfügung stehenden, kurzen Zeit erfasst werden!
- Den richtigen Diagrammtyp wählen (Fokus auf informativen Zielen und weniger auf „Dekoration"; siehe Tab.3.3 für weitere Details)
- Ausgewählte Vergleichstypen und beispielhafte Einsatzbereiche
    - o Strukturvergleich: z. B. Neuabschlussvolumina in einer Region oder Marktanteile je Vertriebsgebiet/Objektgruppen etc.
      → Kreisdiagramm oder Portfoliodiagramm
    - o Rangfolgevergleich: z. B. Gegenüberstellung von Vertriebsregionen und deren Ranking im bundesweiten Vergleich
      → Balkendiagramm (Anordnung vertikal, Unterteilung in Prozent horizontal)
    - o Zeitreihenvergleich: z. B. Entwicklung des Neuabschlussvolumens der letzten 12 Monate
      → Säulendiagramm (bei wenigen Datenpunkten) oder Liniendiagramm (bei größeren Datenmengen)
    - o Häufigkeitsvergleich: z. B. steigt das Neuabschlussvolumen, wenn die Barwertmarge niedriger ist?
      → Säulendiagramm (bei wenigen Datenpunkten) oder Liniendiagramm (bei größeren Datenmengen)
    - o Korrelationsvergleich
- Weniger ist mehr - beschränken Sie sich auf Diagramme und Darstellungen, die eine klare und einfache Visualisierung ermöglichen

Für die Erstellung von Management Reports sollten die International Business Communication Standards (IBCS) herangezogen werden. Diese Standards systematisieren die Darstellung quantitativer Informationen für wissenschaftliche Analysen und Berichte. Herzstück dieser Standards ist die SUCCESS-Formel, die in der folgenden Tabelle 3.3 - unterteilt nach den Wirkungsbereichen (konzeptionell, wahrnehmungsbezogen und semantisch) dargestellt ist (vgl. Rosenfelder 2018).

	Konzeptionell	Wahrnehmungsbezogen	Semantisch	
S	**S**AY			Botschaft vermitteln
U			**U**NIFY	Semantische Notation anwenden
C		**C**ONDENSE		Informationsdichte erhöhen
C		**C**HECK		Visuelle Integrität sicherstellen
E		**E**XPRESS		Geeignete Visualisierung wählen
S		**S**IMPLIFY		Überflüssiges vermeiden
S	**S**TRUCTURE			Inhalt gliedern

Tab. 3.3 SUCCESS-Formel für die Erstellung von Management Reports

Um Berichte schnell und nachhaltig verstehen zu können, ist es besonders wichtig, dass es in der Darstellungsform eine gewisse Kontinuität gibt. Gleiche Sachverhalte sollten immer gleich dargestellt werden (in Bezug auf Diagramme, Schaubilder, Grafiken, Tabellen und Texte). Auch sollten wie bei einer Landkarte die Einheiten und Maßstäbe immer identisch sein.

Die wichtigste Aufgabe des Controllers ist es bei der Erstellung der Berichte, die Informationen komprimiert darzustellen und zu bewerten. Wenngleich in der Praxis immer mehr der Fokus in Richtung Automatisierung gerückt wird, sollte dies nicht vergessen werden. Denn ein guter Bericht stellt die Botschaft verständlich dar und stellt sicher, dass diese auch vom Leser wie gewünscht aufgenommen wird.

Speziell die Schaubildform ist sehr zentral für die Berichtsaussage. In der Praxis findet man immer wieder eine falsche Verwendung von Diagrammen. Anstatt einer übersichtlichen Zusammenfassung entsteht dadurch sehr schnell Verwirrung. Box 3.5 stellt einen praxisnahen, dreistufigen Prozess für einen zielgerichteten Einsatz von Diagrammen und Schaubildern im Reporting dar.

Box 3.5 Dreistufiger Prüfprozess zum Einsatz von Diagrammen

- ✓ Welche Aussage? (von Daten zur Aussage)
- ✓ Welcher Vergleich? (von der Aussage zum Vergleich)
- ✓ Welche Schaubildform? (vom Vergleich zum Schaubild)

Anhand der folgenden Diagramme soll die korrekte Verwendung der unterschiedlichen Diagrammtypen dargestellt werden (eigene Darstellung, in Anlehnung an Zelazny 1996, S.24).

Abb.A1

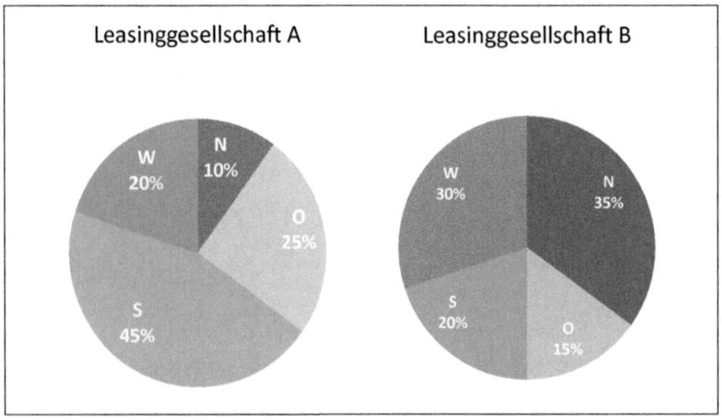

Abb.A2

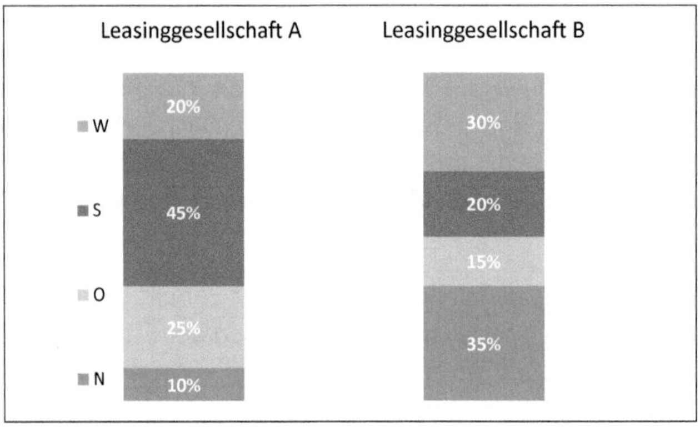

Abb.A3

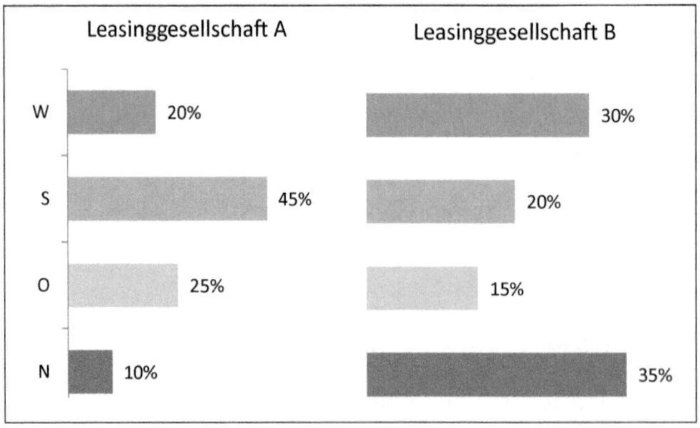

Abb.A4

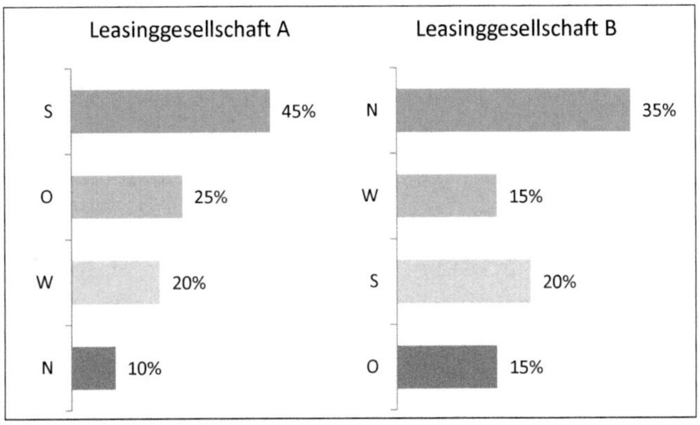

Abb.A5

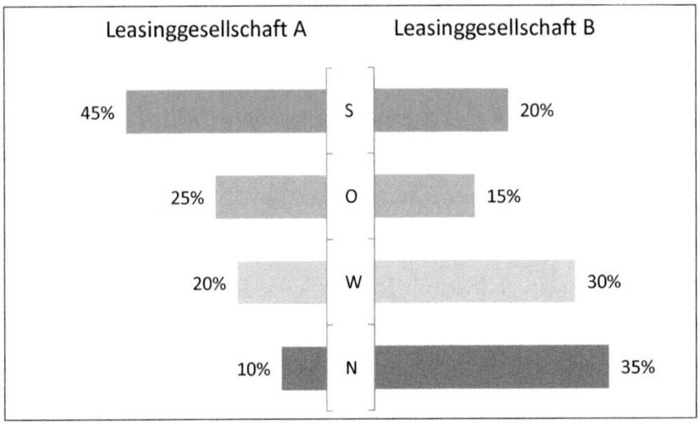

Abb.A6

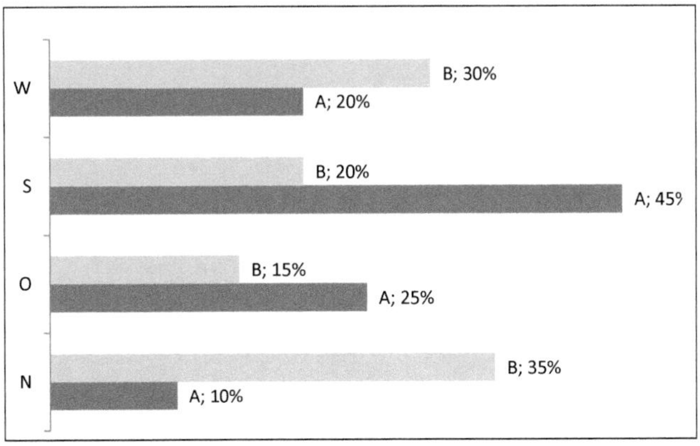

Anhand der unterschiedlichen Darstellungen der identischen Informationen können folgende Aussagen getroffen bzw. unterstrichen werden:

Abb.A1, Abb.A2: Die beiden Leasinggesellschaften A und B haben eine unterschiedliche Neugeschäftsstruktur.

Abb.A3: Das Neugeschäftsvolumen der beiden Leasinggesellschaften unterscheidet sich geografisch.

Abb.A4: Leasinggesellschaft A weist den höchsten Neugeschäftsanteil im Süden aus, Leasinggesellschaft B im Norden. Oder umgekehrt: Leasinggesellschaft A ist im Norden am schwächsten und Leasinggesellschaft B im Osten.

Abb.A5: Leasinggesellschaft A ist in ihrer stärksten Region mehr als doppelt so stark wie B.

Abb.A6: Leasinggesellschaft A ist insbesondere im Süden deutlich stärker als B. Im Westen und Osten besteht ein mittlerer Unterschied und im Norden ist B wiederum deutlich stärker als A.

Speziell der Titel eines Diagramms sollte stets mit der Kernaussage eröffnet werden. So sind Aussagen wie „Neugeschäftsvolumen hat sich verdoppelt" oder „Bezirk Nordbayern bei Produktivität an vorletzter Stelle" deutlich steuerungsrelevanter als Überschriften wie „Produktivität nach Region" oder „Entwicklung Neugeschäftsvolumen".

Die Aussage wiederum bestimmt, welche Schaubildform gewählt werden soll. Denn wie in den Abb.A1-A6 anschaulich dargestellt wurde, können mit den unterschiedlichen Schaubildformen bei ansonsten identischen Daten unterschiedliche Aussagen getroffen bzw. unterstützt werden.

Die folgende Box 3.6 stellt übersichtlich dar, wie anhand des gewünschten Vergleichs gute Rückschlüsse auf das zu verwendende Diagramm (Kreis-Diagramm, Balken-Diagramm, Säulen-Diagramm, Kurven-Diagramm oder Punkte-Diagramm) gezogen werden können.

Box 3.6 Auswahl des zu verwendenden Diagramms

- ✓ Struktur (welchen Anteil am Gesamt - Signalworte: Anteil, Prozent)
  - o Größter Neugeschäftsanteil im Dezember in Region Nord
  - o Marktanteil unter 10%
  - o Fast die Hälfte der Mittel stammt aus zwei Refinanzierungsquellen
- ✓ Rangfolge (Signalworte: größer, kleiner, gleich)
  - o Im Dezember Neugeschäftsvolumen von Region Nord über Region Süd
  - o Fluktuationsrate in allen 4 Vertriebsregionen ungefähr gleich hoch
- ✓ Zeitreihe (Signalworte: verändern, wachsen, steigen, zunehmen, fallen, sinken, schwanken etc.)
  - o Gebräuchlichster aller Vergleiche! - Veränderung über Zeit
- ✓ Häufigkeitsverteilung
  - o Im Oktober lagen die meisten Aufträge bei unter 2TEUR, die meisten Kunden befinden sich im Bonitätsbereich B+
- ✓ Korrelation (folgt der Zusammenhang von zwei Variablen den ‚normalen' Mustern?)
  - o Das Neuabschlussvolumen von Leasingverträgen steigt nicht analog der Umsatzentwicklung bei den Kunden
  - o Leasingnehmer mit dem doppelten Umsatz schließen nicht doppelt so viele Leasingverträge ab

Für Rangfolgen eignen sich in besonderem Maße Balkendiagramme. Zeitreihen werden in der westlichen Welt häufig mittels Säulendiagrammen dargestellt, da dies in besonderem Maße der Leserichtung von links nach rechts gerecht wird. Tabelle 3.4 (in Anlehnung an Zelazny 1996, S.37) gibt eine gute Orientierungshilfe bei der Suche nach dem richtigen Diagrammtyp.

Die dargestellten Grundformen von Schaubildern wiederum werden häufig noch weiter unterschieden. So werden beispielsweise anhand von Abweichungs-Säulendiagrammen sehr anschaulich Gewinn- und Verlustjahre dargestellt. Anhand von gruppierten Säulendiagrammen können etwa Vertriebsregionen mittels identischer Parameter oder über identische Zeiträume hinweg verglichen werden.

Sofern die richtige Schaubildform ausgewählt wurde, sollte abschließend noch die richtige Farbwahl getroffen werden. Speziell im Berichtswesen ist es sehr wichtig, dass die Kernaussagen schnell erfasst werden können. Eine puristische Darstellung mit sparsamer Farbauswahl hilft hierbei besonders (auch wenn dies im Zweifelsfall nicht immer vollständig konform mit der gültigen Coporate Identity sein mag). Zum einen können gewisse Informationen hervorgehoben, aber auch differenziert und symbolisiert werden. Zum anderen kann bei wiederkehrenden Farbmustern und Skalierungen ein gewisser Wiedererkennungswert geschaffen werden, der eine schnellere Informationserfassung ermöglicht.

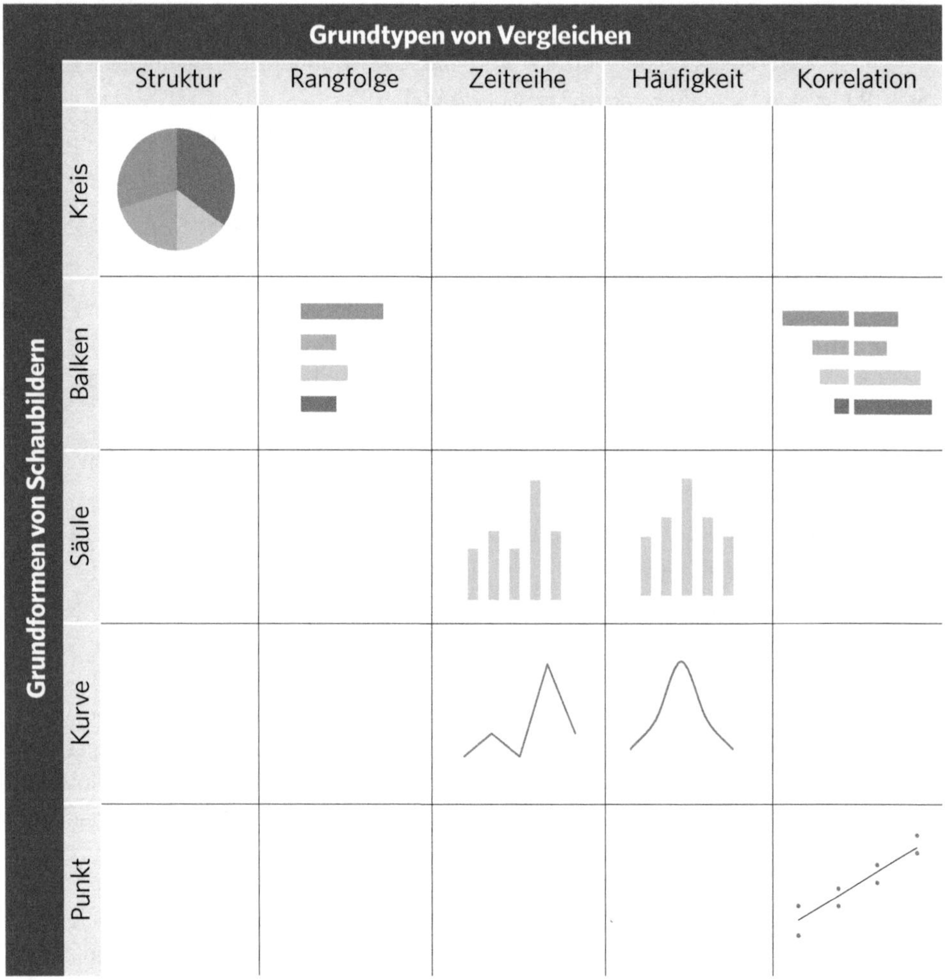

Tab.3.4 Grundformen von Schaubildern und Grundtypen von Vergleichen

3.4. Visualisierung von Informationen

Der Inhalt, beispielsweise die richtige Auswahl von Kennzahlen, wie diese im vorangegangenen Kapitel dieses Buchs dargestellt wurden, bildet die Basis des Reportings. Vor lauter inhaltlicher Fokussierung sollte hierbei allerdings nicht die visuelle Aufbereitung vernachlässigt werden. Gerade in der visuellen Aufbereitung bieten sich für viele Leasinggesellschaften noch erhebliche Potenziale.

Box 3.7 Eye-Tracking für das Berichtswesen

Profi-Tipp: Eye-Tracking-Analysen zeichnen die Blickverläufe von Berichtslesern auf und helfen bei der Optimierung der Berichtsdarstellung.

Wie der dargestellte Profi-Tipp zeigt, bieten sich durch Eye-Tracking ganz neue Ansatzpunkte in der Verbesserung der Berichts-Darstellung. Denn es kann gezielt getestet werden, wie lange und in welcher Reihenfolge der Berichtsleser bestimmte Elemente des Berichts fixiert.

Speziell der pointierten Kommentierung in Berichten kommt eine zentrale Rolle zu. Im Journalismus ist es beispielsweise bereits gang und gäbe, dass es spezielle Experten für die kurzen und prägnanten Überschriften gibt. Denn hier kommt es in besonderem Maße auf eine pointierte und aussagekräftige Beschreibung auf nur sehr begrenztem Umfang an.

Box 3.8 Twitter als Hilfsmittel

Profi-Tipp: Nutzen Sie Twitter mit seinen maximal 140 Zeichen als Maßstab und versuchen Sie, auch die Reporting-Kommentierungen möglichst knapp, präzise und aussagekräftig zu gestalten.

Hierbei sollten die folgenden Punkte berücksichtigt werden:

- ✓ Prägnant, trotzdem aber einfach und verständlich formulieren
- ✓ Keine ausschweifenden Erklärungen
- ✓ Tabellarische und/oder stichpunktartige Darstellung
- ✓ Außergewöhnlichen Inhalt darstellen statt Phrasen und Standardereignisse
- ✓ Reaktion und Handlungsempfehlung hervorrufen

Die Informationen sind das wertvollste Gut, das es im Controlling gibt. Gleichzeitig werden die meisten Entscheider von Leasinggesellschaften heutzutage mit Informationen überflutet. Deshalb ist es besonders wichtig, dass die entscheidungsrelevanten Informationen so strukturiert und übersichtlich dargestellt werden, dass eine höchstmögliche Transparenz beim Entscheider entsteht.

Der visuellen Darstellung kommt damit im Controlling und insbesondere auch im Reporting eine ganz zentrale Rolle zu. So kann beispielsweise durch Visualisierungen eine Vielzahl an Informationen aggregiert und komprimiert dargestellt werden. Ebenso ermöglicht eine grafische Aufbereitung häufig einerseits eine gute Vergleichbarkeit zwischen unterschiedlichen Bezugsgrößen, etwa einzelnen Kunden, einzelnen

Regionen oder Produktgruppen, aber auch zwischen Plan- und Ist-Werten bzw. auch zwischen Werten von Vorperioden, also etwa dem Vormonat oder dem Vorjahr.

Darüber hinaus unterstützt eine gute Visualisierung auch eine rasche Entscheidungsfindung. Gleichzeitig ist es aber auch und insbesondere bei der Visualisierung von Informationen sehr wichtig, dass die Informationen und Zusammenhänge möglichst transparent und übersichtlich dargestellt und auf das Nötigste reduziert werden. Ansonsten besteht schnell die Gefahr, dass „der Wald vor lauter Bäumen" nicht mehr erkannt wird, also die wichtigen nicht mehr von den unwichtigen Informationen unterschieden werden können. Box 3.9 zeigt wichtige Funktionen von Visualisierungen im Controlling.

Box 3.9 Funktionen von Visualisierungen im Controlling

- ✓ Einfache Quervergleiche (etwa zwischen Produktgruppen, Kunden, Regionen etc.)
- ✓ Transparente Darstellung von Entwicklungen
- ✓ Darstellen komplexer Sachverhalte
- ✓ Kurze und schnelle Orientierung
- ✓ Analytische Darstellung von Strukturen und Prozessen

Je schneller die Informationen verarbeitet sind und den Entscheidern sowohl in Kennzahlenform als auch in Form der Visualisierungen vorliegen, umso höher ist regelmäßig der Steuerungsnutzen. Eine weitgehende Automatisierung der Berichtserstellung geht dadurch regelmäßig mit einem qualitativen Steuerungsmehrnutzen einher.

3.4.1 Best Practice für die Darstellung von Informationen

Eine gute Visualisierung ist vielmehr solides Handwerk als schwer zu erlernende Kunst. Im Folgenden werden deshalb unterschiedliche Aspekte für die Visualisierung kompakt und stichwortartig dargestellt und Tipps für deren praktische Umsetzung gegeben. Die Bandbreite reicht hierbei von der Auswahl von Farben und Mustern, Beschriftungen, Inhalten von Berichten bis hin zur Auswahl von Diagramm(typ)en.

Auswahl von Farben und Mustern

Die Auswahl von Farben in der Darstellung von Kennzahlen sollte bewusst erfolgen, lösen Farben in der Wahrnehmung doch häufig bestimmte Assoziationen aus.

Farbe...	...steht für
Rot	Warnung, Gefahr, Liebe, Hass.
Grün	eine reine Umwelt, aber auch Gift.
Gelb	Frische.
Blau	sauber und rein, ist die Farbe des Umweltengels und wird auch mit Zuverlässigkeit in Verbindung gebracht. Blau gilt als elegant und kühl.
Grau	eine „Unfarbe", mausgrau, unauffällig.

Tab. 3.5 Bedeutung von Farben

Visualisieren von Einzelzahlen

Mithilfe von Trendpfeilen lassen sich einerseits Entwicklungen von Kennzahlen zur Vorperiode darstellen, ohne dass gleichzeitig auch die genauen Zahlen hierfür angegeben werden müssen.

Profitabilitäts-Entwicklung	
Barwertmarge	4,52 %
Verwertungserlöse	11,2 %
Effektivzins	4,20 %
Substanzwertentwicklung	10,5 Mio. EUR

Tab. 3.6 Visualisierung von Einzelkennzahlen

Box 3.10 Profi-Tipps für die Darstellung von Daten

- ✓ Vermeiden Sie Farbzusammenstellungen wie grün/blau, blau/rot, grün/rot und blau/schwarz
- ✓ Gut kombinierbar sind die Farben blau/gelb, blau/grau, grau/rot.
- ✓ Wenn Sie sich hinsichtlich des Kontrasts unsicher sind, drucken Sie einfach die entsprechenden Farben zusammen als Schwarz-Weiß-Druck aus. Haben die Grautöne einen guten Kontrast, gilt das auch für die Farben.
- ✓ Setzen Sie Farben sparsam ein, damit die Tabelle nicht überladen wirkt.
- ✓ Verwenden Sie Farben als Ordnungselemente, um eine Tabelle lesbarer zu machen.

Beschriftungen

Bei den Beschriftungen sollte im „McKinsey-Style" die Kernbotschaft prägnant auf den Punkt gebracht werden und die Informationen auf ein absolutes Minimum begrenzt bleiben! Weitere wichtige Tipps:

- Zu lange Beschriftungen lassen sich durch Fußzeilen vermeiden.
- Wiederholungen können vermieden werden, indem Sie den wiederholten Text zur Tabellenüberschrift machen.
- Wählen Sie die Texte bzw. Bezeichnungen einer Tabelle möglichst prägnant.
- Abkürzungen sind nur in Ausnahmefällen zu verwenden! (nur geläufige Abkürzungen, die den Kommunikationsfluss nicht stören)
- „McKinsey-Style" bei Diagrammen, also die Kernaussage bereits in die Überschrift
- Aktivieren Sie den Empfänger und fordern Sie Handlungen/Maßnahmen ein
- Die Anschaulichkeit der Aussagen steigern und Aktiv-Konstruktionen verwenden

Ergänzung von Standardreports

Neben Standardreports können auch bestimmte weitere Reports, Analysen und Auswertungen generiert werden, wenngleich - wie der Name schon sagt - die Standardreports der „Standard" sein sollten und ergänzende Auswertungen nur punktuell erfolgen sollten.

- Ad-hoc-Reporting im Falle der Überschreitung gewisser Schwellenwerte zur sofortigen Information der Entscheider
- Vertiefende Analysen und Drill-Downs bei besonderen Entwicklungen/Ausreißern
- „Auswertung des Tages" - aktuelle Entwicklungen, aufbereitet in Form eines „Eye Catchers"
- News-Ticker (Überblick über aktuelle Erfolge, Geschäftsabschlüsse, Kern-KPIs etc.)

Box 3.11 Profi-Tipp: Bestandteile von Berichten sind typischerweise

- ✓ Schlichte Feststellungen („Das Neuabschlussvolumen ist um 5 Prozent gestiegen."),
- ✓ Erklärungen („Die Gründe für diesen Anstieg sind...") oder
- ✓ Empfehlungen („Es sollte dringend ... getan werden.").

Managementberichte und deren Bedeutung

Der Mehrwert in der Aufführung in Box 3.11 ist aus Adressatensicht typischerweise aufsteigend. Am wertvollsten sind Empfehlungen, denn eine reine Feststellung oder Information weist lediglich auf eine gewisse Entwicklung hin, die Ursache oder gar Konsequenz hieraus auf die Unternehmenssteuerung wird dabei (noch) nicht adressiert.

Der Unterschied zwischen Berichten und Statistiken besteht genau darin, dass Berichte typischerweise Erklärungen und Empfehlungen enthalten, während Statistiken eher zweckfrei eine reine Auflistung von Kennzahlen darstellen.

Der Berichtende reiht nicht nur eine Vielzahl an Kennzahlen aneinander, sondern erbringt auch eine Wertschöpfung, indem bestimmte Zusammenhänge hergestellt und Hintergründe erklärt werden. Außerdem werden strategische Entscheidungen vorbereitet, bewertet oder gar aktiv vorgeschlagen. Diese Wertschöpfung kann keine Software per Algorithmus bieten. Software-Tools liefern allenfalls Statistiken oder Auszüge aus Datenbanken. Die Wertschöpfung verbleibt also stets beim Controller, also beim Menschen, und nicht beim Computer.

Managementberichte sollten zwingend eine Kurzzusammenfassung beziehungsweise Executive Summary zu Beginn enthalten, in der die wichtigsten Informationen prägnant zusammengefasst sind. Dies ermöglicht dem Empfänger eine effiziente und fokussierte Betrachtung des Detailberichts.

Um adressatengerecht berichten zu können, ist es notwendig, dass der Controller die strategische Ausrichtung und insbesondere die Anforderungen der Führungskraft kennt. Ohne eine solche profunde Kenntnis können die Berichte und Auswertungen nicht einer schnellen, eindeutigen und umfassenden Information des Berichtsempfängers dienen. Die folgenden Thesen sollen dies verdeutlichen:

- Berichte können nicht per se in gut und schlecht unterschieden werden. Vielmehr müssen Bericht und Berichtsempfänger zueinander passen.
- In großen Unternehmen ist es besonders schwierig, adressatengerechte Reports zu erstellen, da der Abstand zwischen Berichtsersteller und -empfänger sehr groß ist und sich beide häufig gar nicht kennen. Antworten auf (strategische) Fragen, die der Controller gar nicht kennt, zu geben, ist nicht möglich.
- Kleine Unternehmen auf der anderen Seite werden häufig von Unternehmerpersönlichkeiten geführt, die unkonventionelle Berichtsformen einfordern. Beispielsweise: „Jetzt machen Sie mal den Beamer aus und sagen mir einfach in zwei Sätzen, was Sie mir mitteilen möchten."

Am wichtigsten - und das wurde auch in den drei Thesen verdeutlicht - ist allerdings stets, dass die Botschaft wichtiger ist als der Inhalt, speziell hinsichtlich der Visualisierungen etc. Die Form der Darstellung dient lediglich dazu, die Botschaft zu betonen.

Auswahl von Diagrammen und Darstellungsformen

Bei der Auswahl von Diagrammen und sonstigen Darstellungsformen von Managementinformationen gibt es unterschiedlichste Anforderungen. Kriebernegg und Meyer (2013) unterschieden sehr anschaulich:

- Daily Business
- Overflow
- Distortion
- Minimal und
- Best Practice.

Hinweis: Alle Management Diagramme wurden mit Microsoft Excel 2016 erstellt und sollen anhand des Diagrammtyps Wasserfall exemplarisch verdeutlicht werden.

Daily Business

Diese Diagramme wurden typischerweise auf den praktischen Anforderungen heraus entwickelt. Hichert (2013) hat in seinem „Schreckenskeller" ausgewählte Negativbeispiele solcher Diagramme dargestellt und kommentiert. Ein typisches Beispiel eines „Daily Business Reports" kann dabei am Beispiel des Vorjahresvergleichs von Neuabschlussvolumina wie folgt aussehen:

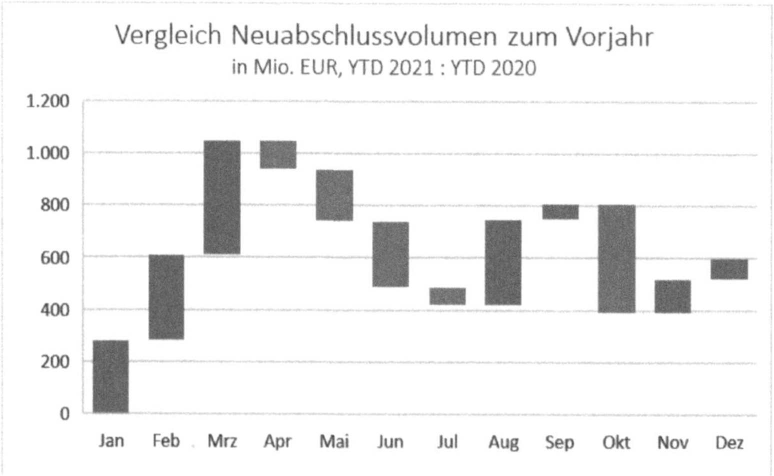

Abb. 3.2 Diagramm „Daily Business"

Quelle: Eigene Darstellung.

Overflow

Bei dieser Ausprägung wird der identische Sachverhalt wie oben dargestellt mit einer Vielzahl unterschiedlicher Elemente und Software-Tools überfrachtet, auch Legenden, Datentabellen und farbige Hintergründe oder gar 3D-Effekte werden exzessiv genutzt.

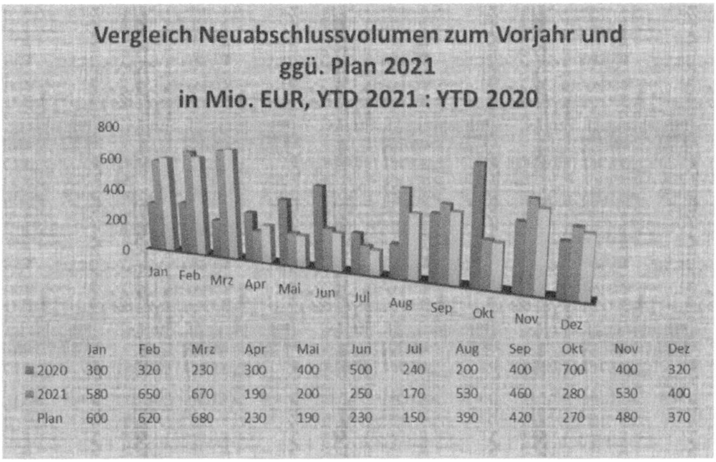

Abb. 3.3 Diagramm „Overflow"

Quelle: Eigene Darstellung.

Distortion

Bei dieser Ausprägung wird verstärkt mit der Skalierung gearbeitet. Sei es nun mit Primär- und Sekundärachsen oder auch mit unterschiedlicher Skalierung, indem die Hochachse nicht bei null anfängt und dadurch die Perspektive verzerrt wird.

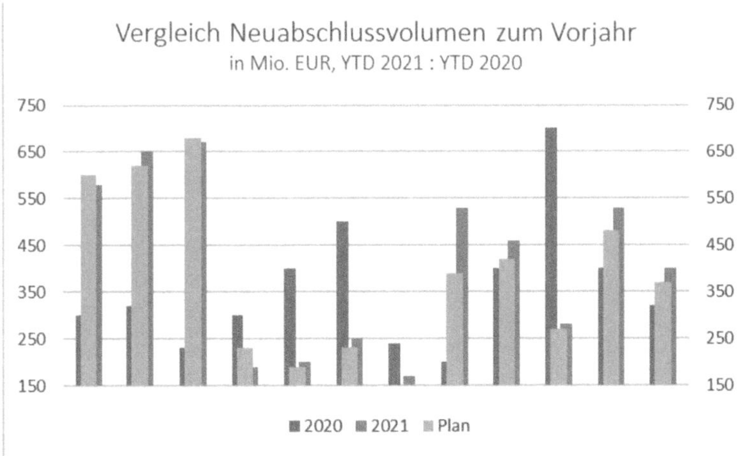

Abb. 3.4 Diagramm „Distortion"

Quelle: Eigene Darstellung.

Minimal

Diese Diagramme sind auf das Minimum beschränkt. Neben Beschriftungen betrifft dies insbesondere Farben (werden möglichst vermieden), Achsen und andere Hilfsmittel wie Gitternetzlinien etc.

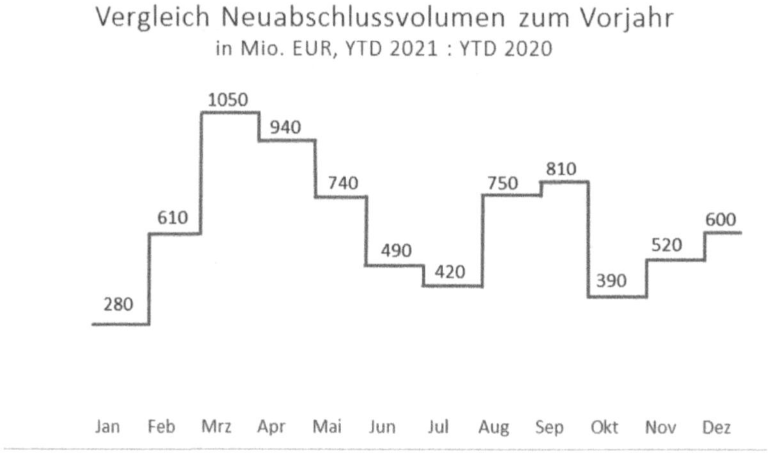

Abb. 3.5 Diagramm „Minimal"

Quelle: Eigene Darstellung.

Best Practice

Die Wahl eines Best Practice Diagramms hängt konkret vom Adressaten und der jeweiligen strategischen Ausrichtung ab. Von den dargestellten Ausprägungsformen kommt insbesondere das Diagramm Daily Business dem Best Practice am nächsten, wenngleich dieses typischerweise ebenfalls etwas sparsamer mit Farben und Formen umgeht. Außerdem wird versucht, bereits in der Überschrift die Kernaussage zusammenzufassen.

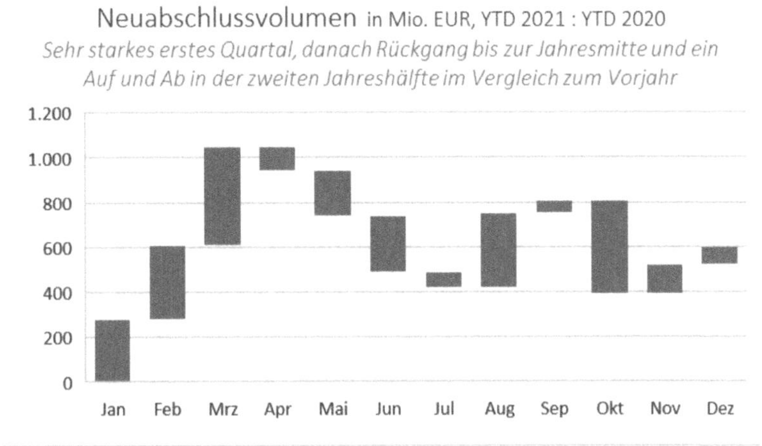

Abb. 3.6 Diagramm „Best Practice"

Quelle: Eigene Darstellung.

Tipps für die Visualisierung und für Handlungsempfehlungen:

- Einfachheit, Prägnanz und Relevanz
- Beschränkung auf wirklich steuerungsrelevante Informationen
- Einfach gestaltete Diagramme mit einem Zahlenwert direkt an der Grafik ohne Legende, ohne 3D-Effekte und ohne viele Farben
- Stringente Skalierung und Layoutvorgaben
- Einfache und präzise Sprache in der Kommentierung
  - Schlecht: „Unser Neuabschlussvolumen ist stark gestiegen und wird noch besser."
  - Gut: „Das Neuabschlussvolumen stieg um 5% und für 2021 ist ein weiterer Anstieg um 7% geplant."
- Vermeidung von Zahlenfriedhöfen durch sinnvolle Visualisierung
  - Gerade in langen, unübersichtlichen Tabellen können Sparklines sehr nützlich sein!

Anhand einer Gegenüberstellung von Best- und Worst-Practice-Beispielen werden diese Tipps verdeutlicht:

Verwendung visueller Tabellen

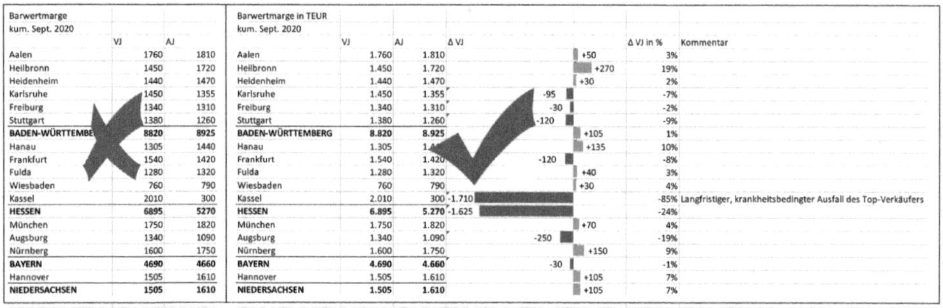

Barwertmarge kum. Sept. 2020	VJ	AJ
Aalen	1760	1810
Heilbronn	1450	1720
Heidenheim	1440	1470
Karlsruhe	1450	1355
Freiburg	1340	1310
Stuttgart	1380	1260
BADEN-WÜRTTEMBE	**8820**	**8925**
Hanau	1305	1440
Frankfurt	1540	1420
Fulda	1280	1320
Wiesbaden	760	790
Kassel	2010	300
HESSEN	**6895**	**5270**
München	1750	1820
Augsburg	1340	1090
Nürnberg	1600	1750
BAYERN	**4690**	**4660**
Hannover	1505	1610
NIEDERSACHSEN	**1505**	**1610**

Barwertmarge in TEUR kum. Sept. 2020	VJ	AJ	Δ VJ	Δ VJ in %	Kommentar
Aalen	1.760	1.810	+50	3%	
Heilbronn	1.450	1.720	+270	19%	
Heidenheim	1.440	1.470	+30	2%	
Karlsruhe	1.450	1.355	-95	-7%	
Freiburg	1.340	1.310	-30	-2%	
Stuttgart	1.380	1.260	-120	-9%	
BADEN-WÜRTTEMBERG	**8.820**	**8.925**	+105	1%	
Hanau	1.305	1.4[illegible]	+135	10%	
Frankfurt	1.540	1.420	-120	-8%	
Fulda	1.280	1.320	+40	3%	
Wiesbaden	760	790	+30	4%	
Kassel	2.010	300	-1.710	-85%	Langfristiger, krankheitsbedingter Ausfall des Top-Verkäufers
HESSEN	**6.895**	**5.270**	-1.625	-24%	
München	1.750	1.820	+70	4%	
Augsburg	1.340	1.090	-250	-19%	
Nürnberg	1.600	1.750	+150	9%	
BAYERN	**4.690**	**4.660**	-30	-1%	
Hannover	1.505	1.610	+105	7%	
NIEDERSACHSEN	**1.505**	**1.610**	+105	7%	

Abb. 3.7 Visuelle Tabellen

Quelle: Eigene Darstellung.

Box 3.12 Profi-Tipp für die Verwendung visueller Tabellen

- ✓ Einheiten bzw. Währung angeben und 1.000er-Trennzeichen verwenden
- ✓ Keine Zahlenkolonnen ohne übersichtliche Abweichungen
- ✓ Sparklines zur schnellen Identifikation von Besonderheiten und größeren Abweichungen
- ✓ Kommentierung von Abweichungen oder sonstigen Besonderheiten

Wichtigkeit von Klarheit, Skalierung und Standardisierung etc.

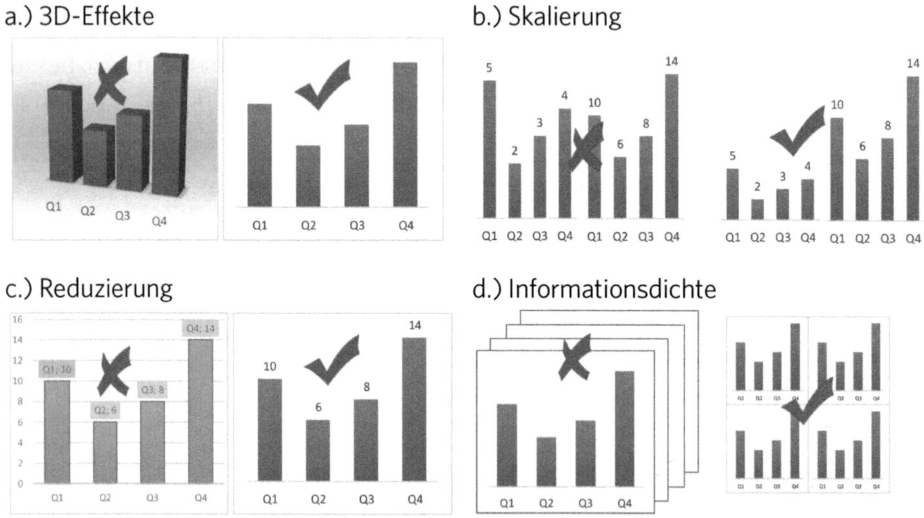

e.) Struktur- und Zeitvergleiche f.) Auswahl

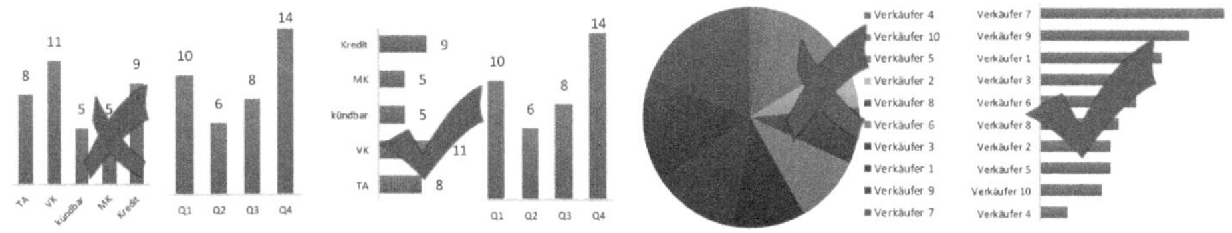

Abb. 3.8 Ausgewählte Best- und Worst-Practice Diagramme

Quelle: Eigene Darstellung.

Box 3.13 Profi-Tipp für die Verwendung von Diagramme n

- ✓ Keine 3D- oder Schatten-Effekte
- ✓ Einheitliche Skalierung aller Diagramme, speziell wenn diese zu Vergleichszwecken herangezogen werden
- ✓ Reduzierung der Informationen auf ein Minimum, Vermeidung von Redundanzen
- ✓ Hohe Informationsdichte in einem Diagramm bzw. auf einen Blick anstatt zahlreicher, ähnlicher Diagramme mit großen Überschneidungen und Redundanzen auf unterschiedlichen Seiten
- ✓ Zeitvergleiche sollten immer mit Säulendiagrammen und Strukturvergleichen (z. B. Produktvergleiche etc.) mit Balkendiagrammen vorgenommen werden
- ✓ Kreisdiagramme eignen sich bei einem Vergleich mehrerer Personen/Produkte etc. nicht, besser ist ein absteigend sortiertes Balkendiagramm

Im abschließenden Negativbeispiel zur Visualisierung sind nochmals die gängigsten Fehler dargestellt, die es unbedingt zu vermeiden gilt! (Eigene Darstellung, in Anlehnung an Wegener, Faupel 2018, S.6).

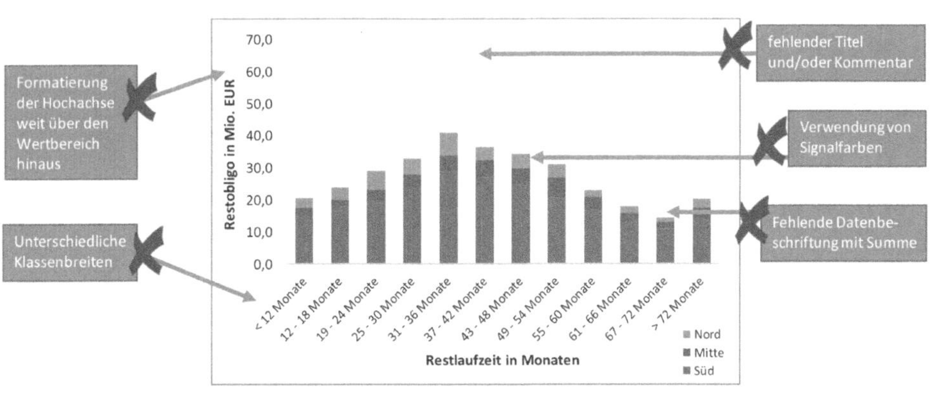

Abb. 3.9 Worst-Practice Diagramm

Quelle: Eigene Darstellung.

3.4.2 Cockpit-Lösungen

Das Ziel von Cockpit-Lösungen im Controlling ist es insbesondere, die visualisierten Informationen übersichtlich und grafisch ansprechend darzustellen. Vielfach wird auch der Begriff des Dashboards („Armaturenbrett") verwendet, der in Anlehnung an die Instrumententafel, etwa im Flugzeug, alle notwendigen Informationen, Kennzahlen und Entwicklungen für den Entscheider auf einen Blick entsprechend komprimiert bereithält. Charakteristisch ist auch die Clusterung der dargestellten Informationen, etwa in die Bereiche Finanzen, Mitarbeiter, Kunden und Absatzmarkt etc. So sollen die Entscheider die Kennzahlen und die Informationen deutlich schneller und effektiver verarbeiten können, als bei umfangreichen und komplexen Reports. Insbesondere die visuelle Darstellung ist hierbei immer wieder ein großer Vorteil.

Dashboards weisen regelmäßig die höchste Aggregationsstufe auf und richten sich speziell an das Top-Management zur Gewinnung eines kompakten Überblicks. Erst anschließend werden bei den meisten Leasinggesellschaften zusätzliche, optionale und weiterführende Analysen und Berichte angestoßen, um die detaillierten Einflussgrößen für die dargestellten Ergebnisse zu ermitteln. So kann beispielsweise als Reaktion auf eine sehr niedrige Abschlusseffizienz nach Vertriebsmitarbeiter und -region differenziert und ermittelt werden, was die Gründe für erfolglose Angebote sind. Anhand des jeweiligen Status kann schnell unterschieden werden, ob ein Vertriebsmitarbeiter beispielsweise immer im gleichen Stadium scheitert, oder ob er immer im Vergleich zu bestimmten Wettbewerbern den Kürzeren zieht. Abbildung 3.10 zeigt einen beispielhaften Aufbau eines Dashboards bei einer Leasinggesellschaft und die idealtypischen, nachgelagerten Prozesse.

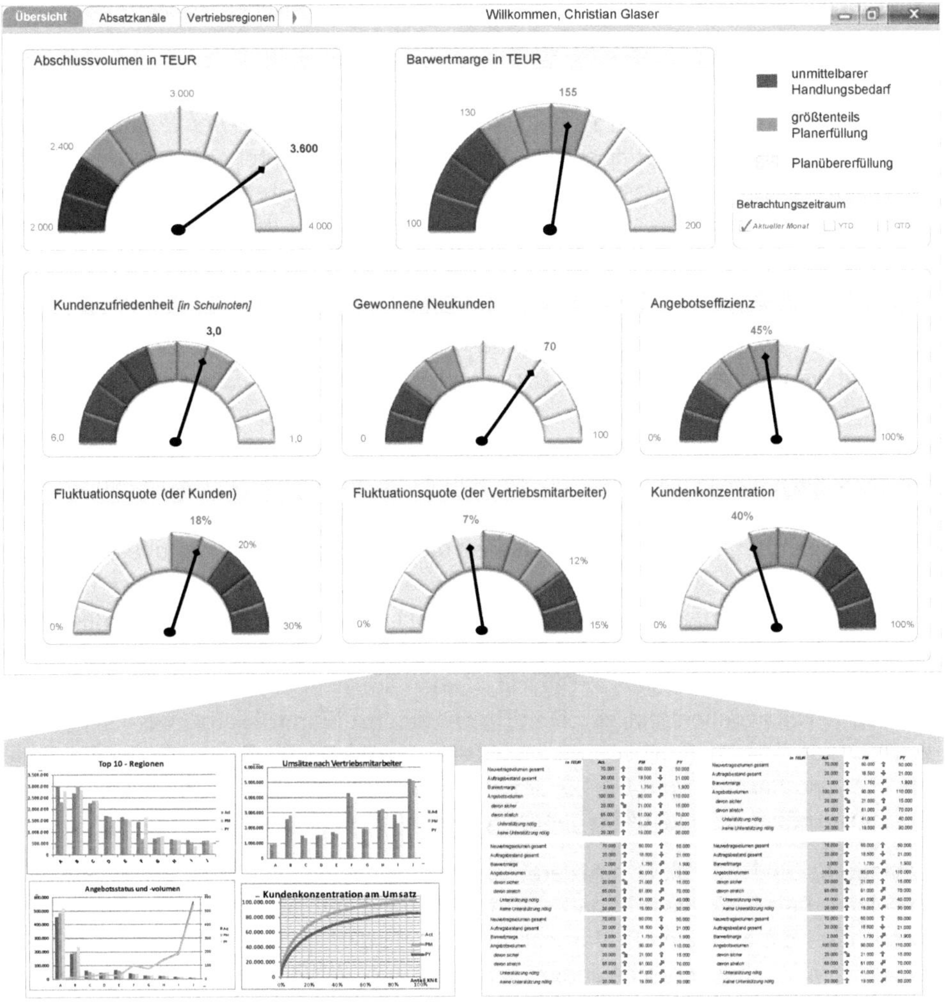

Abb. 3.10 Beispielhaftes Dashboard einer Leasinggesellschaft

Quelle: Eigene Darstellung

Neben dem dargestellten Tachometer erfreuen sich in der Praxis häufig auch Sparklines sowie Ampeln einer großen Beliebtheit. Im Vergleich zu Tachometer-Darstellungen lässt sich mit Sparklines eine deutlich höhere Anzahl an Informationen übersichtlich darstellen.

Der Nutzen von Ampeln im Controlling ist allerdings höchst umstritten, da es hierfür notwendig ist, trennscharfe Grenzwerte zu definieren.

Insbesondere die sehr hohe Aggregationsstufe bei der Darstellung der Informationen erweist sich in der Praxis vielfach als große Herausforderung. So gilt es im ersten Schritt für die individuellen Informationsbedürfnisse passende Kennzahlen zu erarbeiten. Hierbei sollte der Fokus auch stets in besonderem Maße auf Kennzahlen mit einer guten Visualisierungsmöglichkeit gerichtet sein.

Management Cockpits basieren auf konkreten Softwarelösungen und können und sollen individuell an den Bedürfnissen der Entscheider ausgerichtet werden. Das Ziel der Entscheider ist es, den Adressaten die Grundlage für fundierte Entscheidungen zu liefern und Fragen zum Zustand des Unternehmens möglichst frühzeitig und proaktiv zu beantworten.

In der Praxis finden sich aber auch immer wieder sehr kennzahlenlastige Dashboards. Diese weisen zwar einerseits eine sehr hohe Informationsdichte auf, gleichzeitig aber auch eher wenige grafische Elemente. Zu nennen wäre in diesem Zusammenhang etwa eine idealtypische Balanced Scorecard. Anhand einer strukturierten Clusterung der Kennzahlen und der einzelnen Key Performance Indikatoren können auch ohne allzu umfangreiche grafische Elemente die Ziele einer übersichtlichen und schnellen Darstellung von Informationen erreicht werden. Sofern bei solchen Darstellungsformen grafische Lösungen zum Einsatz kommen, dienen diese hauptsächlich einer übersichtlichen Darstellung von Abweichungen und Trendentwicklungen. Besonders erfolgskritisch für die tägliche Controllingarbeit ist für die meisten Entscheider, dass der Fokus der Cockpit-Lösung im ersten Schritt möglichst umfassend ist und alle wesentlichen Geschäftsbereiche und Einflussfaktoren abgedeckt werden. Im zweiten Schritt sollte aber auch die Möglichkeit gegeben sein, ein „Drill-Down" durchzuführen. Hierbei werden die aggregierten Informationen näher untersucht und detailliertere Analysen durchgeführt. Je schneller und flexibler vom Dashboard in die operativen Reports gewechselt werden kann, umso höher ist regelmäßig der operative Steuerungsnutzen.

Dynamische und interaktiv nutzbare Dashboards erfreuen sich in der praktischen Umsetzung bei Leasinggesellschaften sehr großer Beliebtheit. Diese haben den großen Vorteil, dass die einzelnen Einflussparameter verändert und somit mögliche Auswirkungen von Geschäftsentscheidungen simuliert werden können. Die Unternehmensleitung kann damit die Auswirkungen von alternativen Entscheidungen untersuchen und somit die bestmögliche Entscheidung treffen. Die Komplexität dieser Cockpit-Lösungen steigt regelmäßig überproportional an, je nachdem wie tiefgreifend auch entsprechende Wechselwirkungen und Korrelationen untereinander berücksichtigt werden. Das in Abbildung 3.2 dargestellte Dashboard würde in solchen Fällen noch zusätzlich um Schieberegler und Eingabefelder zur Änderung maßgeblicher Einflussfaktoren ergänzt und es würde die Möglichkeit geschaffen, dass die Ergebnisse von zwei Steuerungsalternativen direkt verglichen werden können.

Ein Institut kann allerdings nicht allein mit Cockpit- und Dashboard-Lösungen effektiv geführt werden. Bei aller Euphorie über die bunte und in den meisten Fällen optisch auch sehr ansprechende Darstellung in den Dashboards und die Möglichkeit eines schnellen Überblicks muss nämlich berücksichtigt werden, dass die Lage einer Leasinggesellschaft nicht immer direkt auf einen Blick erfassbar ist und mit nur wenigen Handgriffen optimal gesteuert werden kann. Vielmehr herrschen regelmäßig in besonderem Maße Komplexität, Dynamik und auch Unsicherheit über zukünftige Entwicklungen vor. Die Cockpit-Lösungen müssen deshalb immer als Teil eines ganzheitlichen Controllings genutzt werden. Bei einer isolierten Verwendung besteht schnell die Gefahr von Fehlsteuerungsimpulsen. Auch ist in der Praxis immer wieder zu beobachten, dass manche Entscheider zu wahren Kontrollfreaks werden, sich in Details verzetteln und nur noch hektisch auf die Warnsignale im Dashboard reagieren und dabei die wichtigen strategischen Entscheidungen aus den Augen verlieren.

Um die Fülle an Daten möglichst überall verfügbar zu haben, setzen sich aktuell immer mehr Cloud-Dashboards durch. Diese sind auch häufig in Echtzeit auf mobilen Endgeräten verfügbar.

3.4.3 Geografische Informationssysteme

Aktuell erfreuen sich insbesondere im Vertriebscontrolling geografische Informationssysteme großer Beliebtheit, da sie eine enge Verknüpfung von digitalen Landkarten einerseits und den jeweiligen Daten andererseits ermöglichen. Eine solche Verknüpfung von Informationen und regionalen Parametern war bisher in dieser Form im Controlling nicht im Ansatz möglich. Allein schon eine Auswertung auf Postleitzahlenbasis erweist sich ohne weitere Software als vergleichsweise aufwendig und unübersichtlich.

Eine schlichte Abbildung des Ist-Zustands, also etwa eine regionale Zuordnung von Abschlussvolumina, insbesondere auch historischen Abschlussvolumina bzw. Absatzgrößen über einen längeren Zeitraum, lassen schnell erahnen, welche Regionen bisher noch nicht optimal erschlossen sind.

Anhand einer geografischen Skalierung der Daten in einem Geomarketing-Programm lassen sich unter anderem geografische Potenziale und deren Potenzialausschöpfung darstellen. Auch können potenzielle und in der Regel neue Zielgruppen auf ihr Potenzial hin untersucht werden. Auf dieser Basis wiederum können auch Vertriebsgebiete geplant und optimiert werden. Dies gilt sowohl aus Aspekten der Potenzialgröße je Gebiet als auch hinsichtlich der jeweiligen Reisezeiten - abhängig von der Gebietsgröße - sowie damit indirekt auch der aktiven Vertriebszeit. Abbildung 3.11 zeigt eine beispielhafte Auswertung anhand von Regionen bzw. 2-stelligen Postleitzahlgebieten in Deutschland.

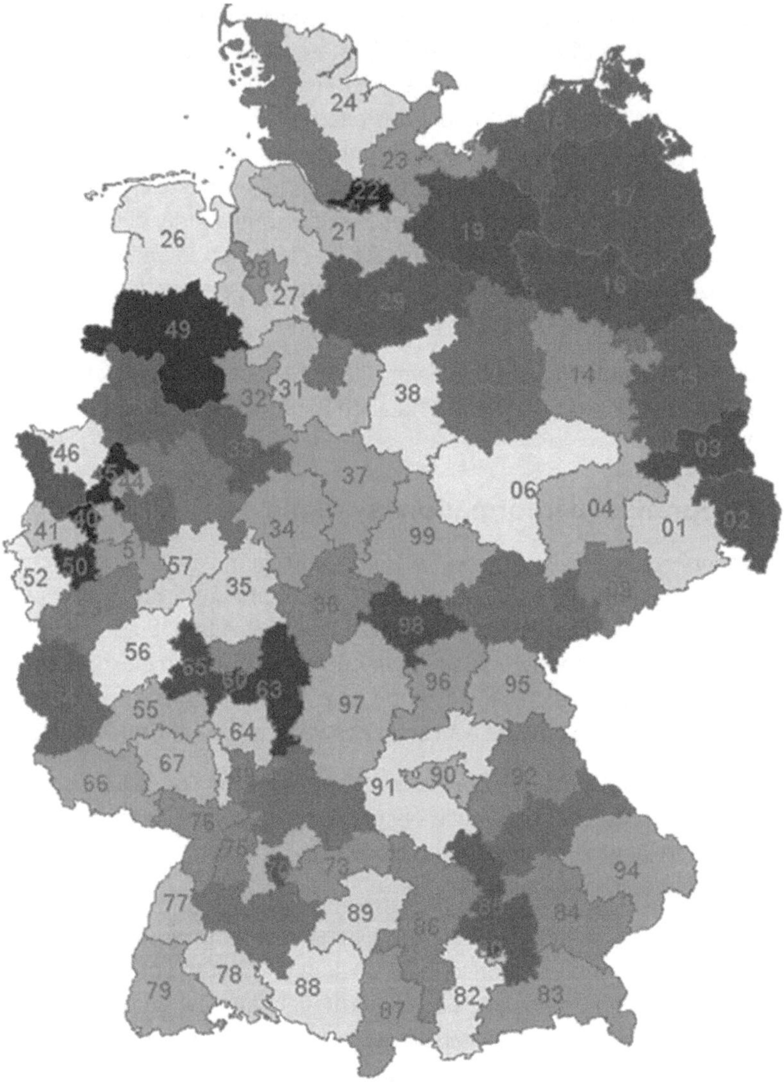

Abb. 3.11 Geomarketing-Auswertung auf Basis 2-stelliger Postleitzahlengebiete

Quelle: Eigene Darstellung, erstellt mit: Regiograph von GfK

Abbildung 3.12 zeigt einen Detailausriss nach Landkreisen bzw. 5-stelligen Postleitzahlgebieten.

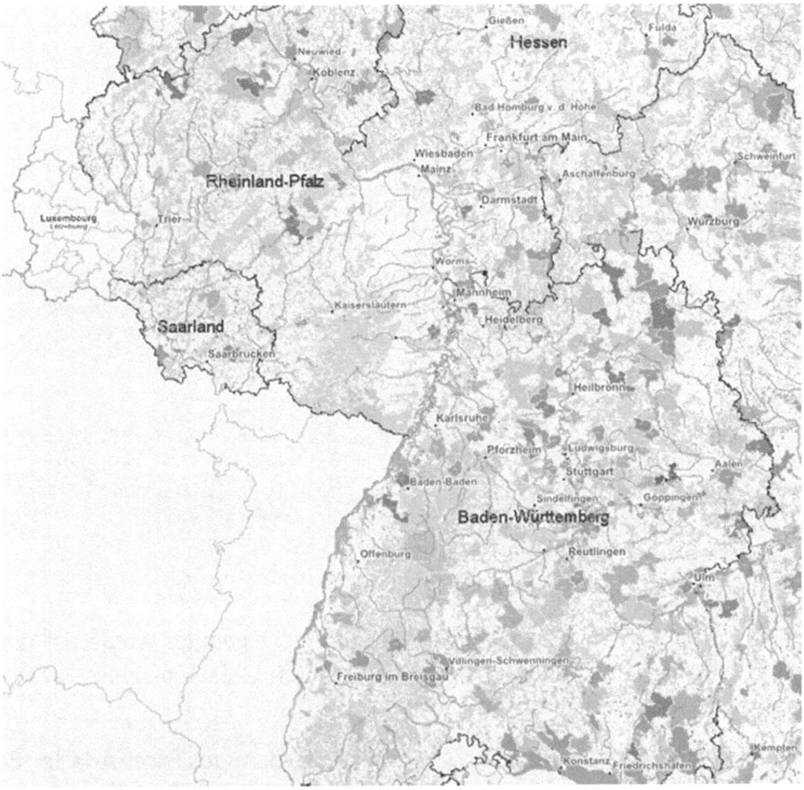

Abb. 3.12 Geomarketing-Auswertung auf Basis 5-stelliger Postleitzahlengebiete

Quelle: Eigene Darstellung, *erstellt mit: Regiograph von GfK*

3.4.4 Einsatz von Excel

Obwohl Excel schnell mit individueller Datenverarbeitung (IDV) und damit erhöhten regulatorischen Anforderungen assoziiert wird und es bereits einige „Experten" gab, die vorausgesagt hatten, dass es im Jahr 2020 in der Finanzbranche keine Excel-Tabellen mehr geben wird, erfreuen sich Excel-Tabellen auch weiterhin großer Beliebtheit. Sowohl im kleinen Unternehmen als auch im Großkonzern.

Privot-Tabellen

Pivot-Tabellen eignen sich besonders, wenn aus umfangreichen Listen und Tabellen eine strukturierte Übersicht (z. B. Summe, Anzahl etc.) generiert werden sollen. Wichtig ist – speziell bei umfassenden Tabellen – dass die Überschriften selbstredend sind, um einfach und strukturiert die Pivot-Tabellen generieren zu können. Mögliche

Überschriften sind z. B.: Neuabschlussvolumen, Barwertmarge, Objektgruppe, Rating, Kunden-Nr., Refinanzierungspartner, Laufzeit, Restlaufzeit, Restobligo, Blankorisiko etc.

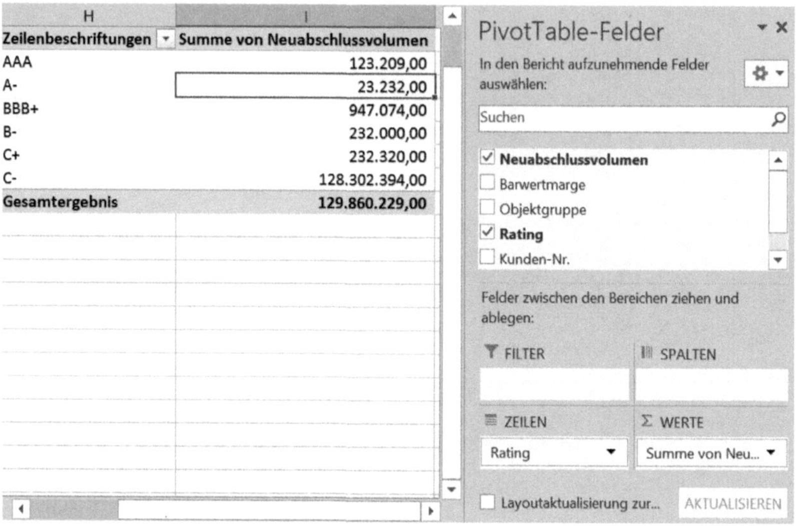

Abb. 3.13 Erstellung einer Pivot-Tabelle in Excel 2016

Quelle: Eigene Darstellung.

Eine weitere Möglichkeit, die im obigen Beispiel nicht genutzt wurde, ist die Filterfunktion. Beispielsweise, indem nur nach bestimmten Objekten (z. B. „Kfz") aus der „Objektgruppe", nach Ratingnoten etc. gefiltert wird.

Für besonders große Datenmengen eignet sich außerdem das Excel-Add-In „PowerPivot" (in den Versionen Excel 2016 und 2013 sowie für Office 365 ist PowerPivot bereits vorhanden und muss nur noch im Abschnitt Add-Ins aktiviert werden, für die Version 2010 muss es von der Microsoft-Website heruntergeladen werden). Der Unterschied zur „reinen" Pivot-Tabelle besteht darin, dass PowerPivot über einen sehr leistungsfähigen Datenimport-Assistenten verfügt, der riesige Datenmengen aus unterschiedlichen Datenquellen importieren und dann verknüpfen kann. Ein weiterer Unterschied von PowerPivot im Vergleich zur normalen Pivot-Tabelle ist die Möglichkeit, die Daten mit einem, zwei oder vier Pivot-Charts darzustellen.

Box 3.14 Profi-Tipp für die Verwendung von Pivot-Tabellen

Achten Sie darauf, dass die Überschriften in der Grundtabelle sauber beschriftet sind und stimmen Sie sich mit dem Empfänger ab, welche Informationen benötigt werden - weniger ist oftmals mehr!

Sparklines

Sparklines sind kleine Diagramme, die dabei helfen sollen, einen Trend zu visualisieren. Ab der Version Excel 2010 wird diese Funktion angeboten und ermöglicht es, visuelle Darstellungen von Daten mit nur einem Klick zu erstellen.

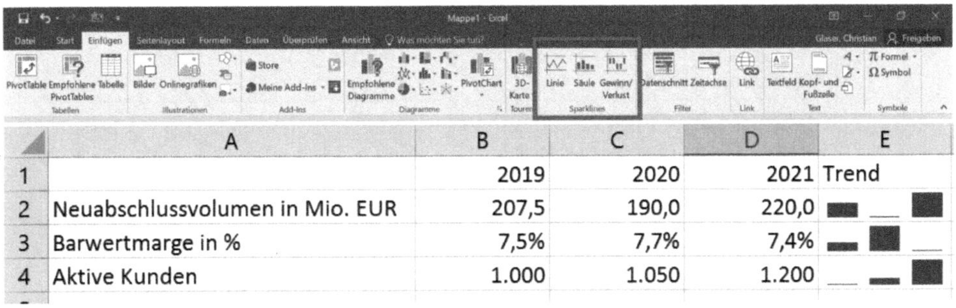

	A	B	C	D	E
1		2019	2020	2021	Trend
2	Neuabschlussvolumen in Mio. EUR	207,5	190,0	220,0	
3	Barwertmarge in %	7,5%	7,7%	7,4%	
4	Aktive Kunden	1.000	1.050	1.200	

Abb. 3.14 Sparklines in Excel 2016

Quelle: Eigene Darstellung.

Bei der Auswahl an Sparklines empfiehlt es sich, die Option „Säule“ zu wählen, da bei einem Säulendiagramm der Unterschied zwischen einzelnen Datenpunkten typischerweise anschaulicher ersichtlich ist als in einer Linie, bei der kleinere Unterschiede häufig gar nicht ersichtlich sind.

Box 3.15 Profi-Tipp für die Verwendung von Sparklines

Auch hier gilt: weniger ist mehr und deshalb sollten Sparklines nicht bei allen Kennzahlen eingesetzt werden, sondern nur dort, wo es auch sinnvoll ist. Bei mehr als 15 Sparklines pro Seite tritt meistens bereits eine Überfrachtung ein.

Bei 4-6 Trendlinien für die wichtigsten Kennzahlen (z. B. Barwertmarge, Kunden und Neuabschlussvolumen) kann dieses Stilmittel gezielt für eine Hervorhebung genutzt werden, um die Fokusdaten gezielt zu visualisieren.

Bedingte Formatierung

Eine einfache, aber effektive Möglichkeit, Abweichungen von Datenreihen grafisch darzustellen, ist die bedingte Formatierung. Nachdem in einer gesonderten Spalte die prozentuale Veränderung (im vorliegenden Fall die Änderung des Neuabschlussvolumens im Vergleich zum Vorjahr) ermittelt wurde, kann diese mit der bedingten Formatierung grafisch aufbereitet werden.

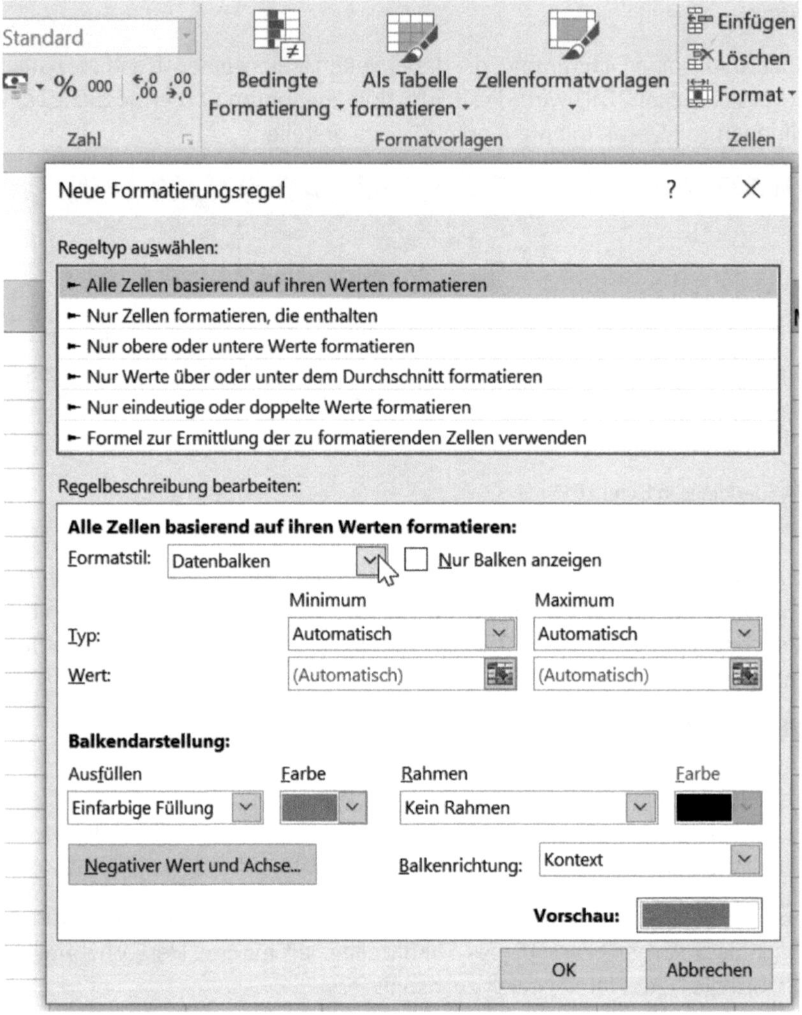

Abb. 3.15 Bedingte Formatierung in Excel 2016

Quelle: Eigene Darstellung.

Anschließend wird die bedingte Formatierung mittels des Formatstils „Datenbalken" (ebenfalls möglich 2- bzw. 3-Farb-Skalen bzw. Symbolsätze) direkt in der Spalte D, in der die prozentuale Abweichung ermittelt wurde, dargestellt.

	A	B	C	D
1	Neuabschlussvolumen in Mio. EUR			
2				
3	Region	2020	2021	Δ Vj. in %
4	Nord	45,0	51,7	14,9%
5	West	71,2	65,9	-7,4%
6	Süd	33,9	44,3	30,7%
7	Ost	39,9	58,1	45,6%
8		190,0	220,0	15,8%

Abb. 3.16 Einsatz von Datenbalken in der bedingten Formatierung in Excel 2016

Quelle: Eigene Darstellung.

Aufgrund der farblichen Darstellung werden positive und negative Abweichungen auf einen Blick ersichtlich gemacht, ohne dass die gesamte Tabelle erst mühsam gelesen werden muss.

Box 3.16 Profi-Tipp für die Verwendung von Signalfarben

Neben den klassischen Signalfarben für positive (grün) und negative (rot) Entwicklungen, können auch Symbole gezielt genutzt werden.

In einigen Fällen bietet es sich außerdem an, die bedingte Formatierung in eine separate Spalte (im obigen Beispiel wäre dies Spalte E) einzufügen, um eine Überlappung von Formatierung und Zahlenwerten zu vermeiden.

Richtiger Maßstab

Um Fehlinterpretationen, speziell im Vergleich zwischen mehreren Bereichen, Regionen oder anderen Vergleichsgruppen zu vermeiden, ist es wichtig, dass ein einheitlicher Maßstab verwendet wird und speziell die Y-Achse auch bei null beginnt.

Die folgende Abbildung 3.17, die im oberen Teil den Vergleich des Neuabschlussvolumens je Vertriebsregion ohne einheitlichen Maßstab und im unteren Teil mit einheitlichem Maßstab enthält, verdeutlicht die Wichtigkeit eines einheitlichen Maßstabs für einen schnellen (Quer-)Vergleich.

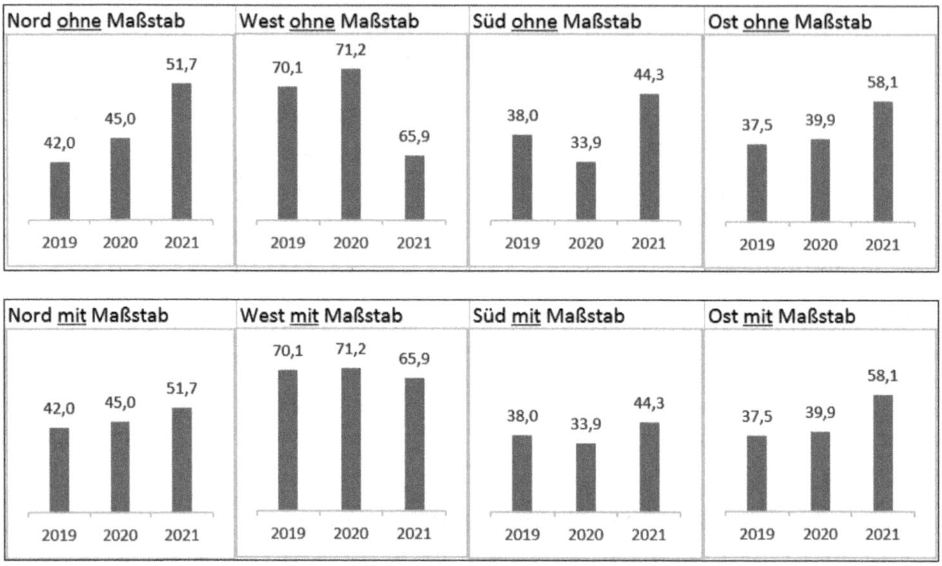

Abb. 3.17 Auswahl des Maßstabs

Quelle: Eigene Darstellung.

Im Sinne der in Tabelle 3.3 dargestellten SUCCESS-Formel ist die Wahl des richtigen Maßstabs der Faktor „Check" zur Sicherstellung der visuellen Integrität.

Für besonders große Datensätze kann es hilfreich sein, mit der Formel MAX den Maximalwert in einem bestimmten Datensatz zu bestimmen und damit auch die maximale Skalierungsgröße festzulegen. Die MIN-Formel wird typischerweise nicht benötigt, da die Y-Achse im Normalfall bei null beginnt.

Box 3.17 Profi-Tipp für die Verwendung von Maßstäben

Gut und insbesondere einheitlich skalierte Maßstäbe von Diagrammen sorgen dafür, dass Daten nicht mehr „gelesen" werden müssen, sondern „gesehen" werden können.

Neben einheitlichen Farben und Diagrammtypen ist ebenfalls wichtig, dass die Skalierung der Achsen einheitlich ist – zumindest bei gleichen Kennzahlen, die in unterschiedlichen Bereichen verglichen werden sollen, z. B. hinsichtlich Objektgruppe, Ratingnote, Kunde etc.

Herausforderungen beim Einsatz von Excel

Excel ist im Controlling der meisten Leasinggesellschaften trotz der strengen Vorgaben an die individuellen Datenverarbeitungen (IDV) nicht wegzudenken. Denn es ist auch ohne größeres Vorwissen in den Grundstrukturen gut und vor allem intuitiv zu bedienen. Und je intensiver man sich mit Excel befasst, umso interessanter wird es, weil man immer leistungsfähigere und komplexere Lösungen erstellen kann. Schnell lernt man mehr und mehr Funktionen, Formeln und Arbeitserleichterungen kennen, kann mithilfe von Makros wiederkehrende Formatierungen oder sonstige Anforderungen automatisieren und so die Arbeit beschleunigen. Neben dem schnellen Einstieg und den niedrigen Kosten sind es insbesondere die hohe Flexibilität und schnelle Anpassbarkeit sowie die einfache Visualisierung von Ergebnissen (wie in den vorherigen Kapiteln dargestellt), die die größten Pluspunkte von Excel sind.

Auf der anderen Seite gibt es aber auch zahlreiche Herausforderungen durch den Einsatz von Excel-Lösungen. Diese werden prominent durch die regulatorischen Anforderungen an die IDVs adressiert. Zu nennen sind zumeist unter anderem:

- Fehlende Standardisierung (selbst bei Profi-Lösungen häufig nicht vorhanden)
    - Unklarheit, welche Dateiversion die aktuelle ist (uneinheitliche Benamung)
    - „drauflos-erstellen“ von Tabellen, ohne sich vorab über die Zielstruktur Gedanken zu machen - dadurch fehlen wichtige Strukturen, Verlinkungen und Formeln
    - Für jede Fragestellung werden neue Dateien erstellt, sodass Doppelarbeiten (mit ggf. unterschiedlicher Datenbasis derselben Werte) entstehen
- Keine Trennung von Anwendungs-/Methodenentwicklung und -validierung, keine strukturierten und dokumentierten Abnahmetests und keine ausreichende Nutzerdokumentation
    - Erhöhtes Fehlerrisiko aufgrund falscher Formeln oder Verknüpfungen
    - Abhängigkeit von einzelnen Mitarbeitern (Ersteller der Excel-Files) - speziell im Falle von Fluktuation, Krankheit oder Arbeitsplatzwechsel sehr kritisch!
- Fehleranfälligkeit steigt mit zunehmender Komplexität
    - Fehlentscheidungen aufgrund falscher Werte, die die Grundlage der Entscheidung bilden
    - Fehleranfälligkeit steigt neben der Komplexität insbesondere auch mit der Kurzfristigkeit der Änderungen und der Anzahl an Benutzern mit Änderungsrechten

Um die Excel-Lösungen weiterhin praktikabel einzusetzen und die beschriebenen Fehlerquellen zu reduzieren, ist es wichtig, dass „Schnellschusslösungen“ vermieden und der Einsatz strukturiert wird. Es sollte dabei geklärt werden,

- wer die Adressaten sind,
- welche Erwartungen an die Auswertung gestellt werden und welche Prozesse sich anschließen,

- wie die Informationen aufbereitet und dargestellt werden sollen und
- wie man was darstellen möchte.

Diese Fragen können unterbleiben, wenn eine Lösung wirklich nur einmal und sehr schnell benötigt wird. Dies dürfte und sollte allerdings die absolute Ausnahme sein und selbst dann wirken diese Fragen als Strukturierung der Anforderung!

Weitere wichtige Regeln, um die Herausforderungen beim Einsatz mit Excel erfolgreich zu meistern, sind im folgenden Profi-Tipp enthalten.

Box 3.18 Profi-Tipp für den Umgang mit Excel im Controlling einer Leasinggesellschaft

- *Endlosformeln und -verzweigungen vermeiden*
  - Formeln müssen transparent sein und sollten nicht mit zahlreichen Sprüngen und Verzweigungen, die selbst der Ersteller nicht mehr oder nur mit Mühe nachvollziehen kann, wenn er die Datei längere Zeit nicht mehr genutzt hat, versehen sein.
- *Konsequente Dokumentation von Funktionsweise, Vorgehen und Änderungen*
  - Die Mappen sollten so gestaltet werden, dass man sofort erkennen kann, was wo eingegeben wird, etwa, indem man eindeutige Bezeichnungen wie Umsatz, Kosten, Gewinn oder Monatsnamen verwendet.
  - Inputzellen sollten von Formelzellen farblich (z. B. blaue Schrift und hellgraue Zellfarbe) getrennt werden.
  - Die Kommentarfunktion von Excel lässt sich sehr gut für Dokumentationen einsetzen.
- *Systematisch und methodisch arbeiten und dokumentieren*
  - Klären, welche Benutzer Zugriff (Lese- und/oder Schreibrechte) für die Tabelle brauchen.
  - Einheitliche Vergabe von Nutzerrechten, Blatt- und Formelschutz etc.
  - Zentrale, einheitliche Erfassung sowie Dokumentation der Anwendung
  - Einheitliches Layout und Design (unter anderem Schriftarten und -größen, Zahlenformate, Zellfarben, Grafiken, Vergabe von Namen für Zellen etc.)
- *Bedachter Einsatz von Makros*
  - Der Einsatz von Makros sollte gut durchdacht und dokumentiert werden, da der Rekorder alles aufzeichnet (auch Scrollen, unnötige Mausklicks etc.), werden Makros häufig größer als unbedingt nötig

- *Unnötige Verknüpfungen vermeiden*
  - Je mehr Verknüpfungen enthalten sind, umso langsamer und fehleranfälliger werden die Dateien.
  - Schnittstellen für eine automatische Datenübernahme bei regelmäßig genutzten Anwendungen erstellen (z. B. monatlicher Plan-Ist-Vergleich der Buchhaltungsdaten wie Neuabschlussvolumen, Kosten, Gewinn etc.).
- *Internes Qualitätsmanagement aufbauen*
  - Systematische Prüfung von Formeln, Verknüpfungen, Berechnungen etc.
  - Dokumentation der Ergebnisse und nachhalten von verpflichtenden Änderungen/Anpassungen

Wenn die dargestellten Spielregeln beachtet werden, ergeben sich durch sinnvolle Excel-Lösungen sehr gute Einsatzmöglichkeiten - sowohl bei der Strukturierung von Zahlenkolonnen als auch bei der visuellen Darstellung von Zahlen und dem Aufzeigen von Trends und Zusammenhängen.

Insbesondere für kleinere und mittlere Leasinggesellschaften, die sich keine ganzheitlichen Dashboards, Cockpits, Data Warehouse-Lösungen etc. leisten können, ist Excel häufig nicht wegzudenken.

3.5. Grenzen des Controllings

Während sich das Controlling früher vielfach sehr stark auf vergangenheitsbasierte Daten und Informationen bezogen hat, ist es ein sehr wichtiges Merkmal des heutigen Controllings, dass neben den Vergangenheitsdaten auch in angemessenem Umfang Zukunftsentwicklungen und Frühwarnindikatoren mit aufgenommen werden. Je weiter die Werte allerdings in die Zukunft reichen, umso höher ist regelmäßig deren Unschärfe. Auch Werte, die maßgeblich vom subjektiven Empfinden einzelner Personen abhängen, wie beispielsweise die geschätzte Abschlusswahrscheinlichkeit eines Angebots, beinhalten in erhöhtem Maße die Gefahr einer Unschärfe und Ungenauigkeit. Gut gepflegte und realistische Daten, anhand derer eine gute Vergleichbarkeit der einzelnen Werte möglich ist, sind bei solchen Kennzahlen nicht immer zufriedenstellend möglich.

In der praktischen Umsetzung erweist sich neben einer ausgewogenen Darstellung der Kennzahlen, bei der nicht nur finanzwirtschaftliche Bereiche näher beleuchtet werden, häufig die Beschaffung der Basisdaten als eine wesentliche Herausforderung. Es gilt der Grundsatz, dass man nur steuern kann, was auch messbar ist, sodass klar wird, dass nicht alle Kennzahlen mit einem vergleichbaren Aufwand ermittelbar sind und der zusätzliche Steuerungsnutzen nicht selten in einem schlechten Verhältnis zum Erhebungsmehraufwand steht.

Die vom Controlling bereitgestellten Plan-Ist-Vergleiche unterstützen häufig das Management by Exception. Hierbei haben die operativ verantwortlichen Mitarbeiter Freiheiten zur eigenverantwortlichen Entscheidungsfindung, solange es keine gravierenden Abweichungen vom Plan gibt. Die Unternehmensleitung schaltet sich nur in Ausnahmefällen, insbesondere bei gravierenden Planabweichungen aktiv in die operativen Tätigkeiten mit ein. Die Steuerung mittels Plan-Ist-Vergleichen steht und fällt aber regelmäßig maßgeblich mit der validen und korrekten Auswahl der Plan-Werte. Diese sollten auch im Vorfeld ausgiebig plausibilisiert und nicht lediglich spontan festgesetzt werden. Ansonsten ist auch der Steuerungsansatz des Managements by Exception wertlos.

So sind sowohl die Entscheidungsfindung als auch langfristig der Erfolg einer Leasinggesellschaft maßgeblich von den zur Verfügung gestellten Informationen abhängig. Die modernen Werkzeuge im Controlling basieren regelmäßig auf der gezielten Nutzung der IT-gestützten Informationssysteme. Die hieraus generierten Daten müssen allerdings 100%ig akkurat gepflegt und aktuell sein, um einen Steuerungsmehrnutzen zu generieren. Deshalb werden sehr häufig auch aufwendige Plausibilitätsprüfungen bei der Dateneingabe zwischengeschaltet, um mögliche Fehleingaben weitgehend zu verhindern.

Außerdem sollte - bei aller Euphorie über ein ausgereiftes Kennzahlensystem - sichergestellt sein, dass die Kennzahlen empfängerorientiert ausgestaltet sind und damit unternehmerische Entscheidungen fördern. Erst durch diese Entscheidungen und die Integration in die täglichen Abläufe findet eine tatsächliche Wertschöpfung statt und es wird verhindert, dass das Reporting als nutzloser „Papiertiger" abgestempelt wird.

Auch sollte sichergestellt sein, dass noch ein gewisser Spielraum für Bauchentscheidungen der einzelnen Verantwortungsträger und für Soft Facts vorgehalten wird. Im Sinne einer erfolgreichen Unternehmenssteuerung sollte eine gesunde Balance zwischen einer Reflexion in Form der Kennzahlen einerseits und der Intuition aller Beteiligten andererseits gefunden werden.

3.6. Häufige Fehler im Reporting

Die Datenqualität ist einer der zentralen Bausteine im Controlling und speziell im Berichtswesen einer Leasinggesellschaft. In der Praxis zeigen sich allerdings immer wieder ähnliche Fehlerursachen, die in einer schlechten Datenqualität resultieren, wie Box 3.19 zusammenfasst.

Box 3.19 Häufige Fehler im Reporting

- ✓ Fehlende Integration der unterschiedlichen Datenquellen (viele Medienbrüche, manuelle Anpassungen und Aufbereitungen etc.)
- ✓ Irrglaube, dass Data Warehouse alle Reporting-Probleme löst
- ✓ Fehlende Aktualität und fehlende Berücksichtigung von unternehmensindividuellen Besonderheiten, speziell bei universellen Ansätzen wie Data Warehouse, Balanced Scorecard etc.
- ✓ Berichte sind nicht adressatengerecht und nur schwer verständlich
- ✓ Fehlende aussagekräftige Zusammenfassung und Übersicht
- ✓ Berichte fordern nicht zum Handeln auf
- ✓ Unterschiedliche Darstellung (Farben, Formen, Skalierungen und Diagramme sowie verwendete Begriffe) von gleichen Sachverhalten
- ✓ Falsche Verwendung von Diagrammen (siehe Kapitel 3.3.2 und 3.4.1)
- ✓ Schlecht lesbare Texte, Tabellen und Diagramme
- ✓ Ausformulierter Prosa-Text
- ✓ „Zeigen, was ich weiß"-Syndrom anstatt komprimierter Zusammenfassung
- ✓ Form wird über- und Inhalt unterschätzt
- ✓ Grafiken lediglich schmückendes Beiwerk statt Unterstützung der Aussagen
- ✓ 3-D-Diagramme oder andere komplexe Darstellungsformen

Speziell die zahlreichen Details in Berichten führen nicht selten zu einem Information Overload des Adressaten. Die Empfänger haben meistens nur sehr wenig Zeit und können die Fülle an Informationen überhaupt nicht mehr korrekt verarbeiten und der eigentliche Zweck - nämlich die angemessene Information des Lesers - wird nicht erfüllt. Gerade deshalb ist eine komprimierte Zusammenfassung in klarer, einfacher Sprache ein zentraler Erfolgsfaktor. Dies umfasst zudem eine einheitliche Darstellung, etwa in Bezug auf Farben, Formen und Diagramme sowie die verwendeten Begriffe. Für die schnelle Erfassbarkeit der Kernaussagen bietet sich ein Telegrammstil an.

Obwohl durch gezieltes Weglassen und Zusammenfassen von Informationen die Effizienz des Reportings deutlich gesteigert werden kann, fällt dies den meisten Controllern am schwersten. Es wird immer wieder entgegnet, dass wichtige Informationen in diesen Fällen vernachlässigt werden könnten. Doch genau das Gegenteil ist der Fall: dem

Adressaten wird eine komprimierte Entscheidungsgrundlage geliefert, die er schnell verarbeiten kann. Auch können Zusammenhänge und wichtige Details dadurch schneller erfasst werden.

Sollten wider Erwarten doch noch weitere Informationen benötigt werden, können diese über ein Drill-Down relativ schnell aufgerufen werden. Bei Instrumenten wie der Balanced Scorecard, Mindmapping oder auch Key-Performance-Indicator-Auswertungen (KPI-Auswertungen) wird diese Methodik bereits sehr erfolgreich angewandt.

Kennzahlenverzeichnis

Abbuchungsauftragsquote (in %) 37
Abbruchrate (in %) 37
ABC-Kundenanalyse 37
A-/B-/C-Kundenquote (in %) 37
Ablehnungsquote (in %) 40
Abmelderate (in %) 42
Abschlusseffizienz (in %, in EUR) 42
Abschlussfrequenz (in %) 42
Abschlussintensität (in EUR) 42
Abschlusskosten (in EUR) 42
Abschreibungsquote, ordentliche (in %) 45
Absenzquote (in %) 47
Absprungrate (in %) 47
Abwicklung, taggenaue (in %) 48
Acid Test Ratio (in %) 48
Adressenausfallrisiko-Prämie (in EUR) 48
Akquisitionskosten je (Neu-)Kunde (in EUR) 48
Aktive Vertriebszeit je Vertriebsmitarbeiter (in %) 50
Aktivische Terminrisikoquote (in %) 53
Aktivkunden 53
Aktivkunden je Vertriebsmitarbeiter 53
Aktivkundenquote (in %) 53
Altersstruktur der Mitarbeiter (in %) 56
Andienungsrechtsquote (in %) 58
Anfragefrequenz je Kunde 60
Angebotseffizienz (in %) 60
Angebotsfrequenz je Kunde 62
Angebotskosten (in EUR) 62
Angebotsvolumen (in EUR) 65
Angebotswegequote (in %) 67
Anschaffungswert, durchschnittlicher (in EUR) 67
Anspannungsgrad I-II (in %) 67
Anzahlungsvolumen (in EUR) 67
Arbeitgeberattraktivitätsindex (in %) 69
Arbeitszufriedenheit 72
Ärgerquotient (in %) 72
Assoziationsquote 72
At-Risk-Maße (in EUR) 72
Attrition Rate (in %) 72
Aufstiegsquote, interne (in %) 73

C. Glaser, *Leasing A – Z*, https://doi.org/10.1007/978-3-658-31839-0

Auftragsbestandsdauer, durchschnittlich gewichtete (in Tagen) 75
Auftragsbestandsvolumen (in EUR) 75
Auftrags-Besuchs-Quote (in %) 77
Auftragseffizienz (in %) 77
Auftragsintensität (in EUR) 77
Ausfallquote Leasingnehmer (in %) 77
Ausfallquote Lieferant (in %) 78
Ausfallwahrscheinlichkeit (in %) 78
Ausfallzeit, maximale (in Stunden) 80
Auslagerungsquote (in %) 80
Auslandsanteil (in %) 82
Auslastungsgrad Kredit-/Refinanzierungslinie (in %) 82
Automatisierungsquote (in %) 84
Barwertmarge (in EUR oder in % vom (Neu-)Abschlussvolumen) 87
Basket-to-Buy-Rate (in %) 90
Bearbeitungseffizienz (in %) 90
Bedarfsdeckungsrate (in %) 90
Bekanntheitsgrad (in %) 90
Bekanntheitsquote der Kunden (in %) 92
Beschwerdequote (in %) 95
Bestandsvolumen (in EUR) 97
Besuchsdauer 97
Besuchsfrequenz (pro Stunde/Tag/Monat) 98
Besuchstermine je Außendiensttag/Monat, durchschnittliche 100
Besuchstermineffizienz (in % oder in EUR) 100
Besuchstiefe (in %) 103
Betriebszugehörigkeit (in Jahren) 105
Betrugsquote (in %) 105
Bewerberanzahl je ausgeschriebener Stelle 108
Big-Ticket-Leasing-Quote (in %) 108
Bilanzgewinn/-verlust (in EUR) 109
Blankorisiko (in EUR oder in %) 109
Bonitätsprüfungsquote, vereinfachte (in %) 111
Bonitätsschwankung, durchschnittliche 114
Bouncerate (Newsletter) (in %) 114
Bouncerate (Website) (in %) 114
Branchenindex (in %) 114
Brand Awareness 114
Brand Equity 114
Break-Even-Point (in Verträgen) 114
Bruttogewinn (in % oder in EUR) 117

Bürgschaftsquote (in %) 117
Capital-Lease-Quote (in %) 121
Cashflow-at-Risk (in EUR) 121
Cashflow, barwertiger (in EUR) 121
Cash Ratio (in %) 125
Churn Rate (in %) 125
Click-Through-Rate (in %) 125
Conditional Value-at-Risk (in EUR) 125
Conversion Rate (in %) 125
Cost-Income-Ratio (in %) 125
Credit Risk Indicator (in EUR) 127
Credit Value-at-Risk (in EUR) 127
Cross-Border-Leasingquote (in %) 127
Current Ratio (in %) 129
Customer Effort Score 130
Customer Lifetime Value (in EUR) 130
Customer Retention Costs (in EUR) 133
Dauer bis Folgeabschluss 137
Debitorenlaufzeit (in Tagen) 137
Debitorentage (in Tagen) 137
Debt Capacity (in %) 137
Deckungsbeitrag (in EUR) 137
Digitalisierungsgrad (in %) 137
Disparitätsmaß 139
Downtime 140
Drehtürgeschwindigkeit (in %) 140
Drohverlustrückstellung (in EUR) 142
Durchdringungsquote (in %) 142
Durchlaufzeit (in Stunden) 142
Earnings at Risk (in EUR) 142
Economic Value Added (EVA) (in EUR) 142
Effektivitätsgrad von Prognosen (in %) 142
Eigenbestandsanteil (in % oder in EUR) 143
Eigenkapital (in EUR) 145
Eigenkapitalkostensatz (in %) 145
Eigenkündigungsquote (in %) 147
Eigenmittelquote 149
Entschuldungsdauer (in %) 149
Erschließungsgrad (in %) 150
Erstabschlussquote (in %) 150
Erstlösungsquote (in %) 150

Erstvertragsquote (in %) ... 152
Eskalationsstufenindex ... 152
Expected Fall (in EUR) ... 152
Expected Loss (in EUR) ... 152
Expected Shortfall (in EUR) ... 152
Fehlzeitenquote (in %) ... 155
Finance-Leasing-Quote (in %) ... 155
First Contact Resolution Rate (in %) ... 155
Fluktuationskosten (in EUR) ... 155
Fluktuationsquote (in %) ... 155
Folgeabschluss, Dauer bis ... 157
Folgeabschlussquote (in %) ... 157
Folgeabschlussvolumen (in EUR) ... 160
Forderungsausfallquote (in %) ... 160
Forfaitierungsquote (in %) ... 160
Fortbildungsintensität (in EUR) ... 163
Fraudquote (in %) ... 163
Fraud-Red-Flags-Quote (in %) ... 163
Fremdfinanzierungsgrad (in %) ... 166
Fremdkapitalquote (in %) ... 166
Fremdwährungsquote (in %) ... 168
Frequenz ... 169
Frühwechselquote der (Neu-)Kunden (in %) ... 169
Frühwechselquote der Mitarbeiter (in %) ... 171
Gehaltsbestandteile, variable (in %) ... 177
Gehaltsdisparität (in %) ... 180
Gehaltsdispersion (in %) ... 182
Gehaltsentwicklung innerhalb der letzten Jahre ... 182
Gehaltsindex (in %) ... 182
Gehaltskonzentration (in %) ... 184
Gehaltsquote (in %) ... 184
Gehaltsspreizung (in %) ... 184
Gesamtkapitalrentabilität (in %) ... 184
Gesamtrisikodeckungsbedarf (in %) ... 186
Gesundheitsquote (in %) ... 186
Gewinn (in EUR) ... 186
Gewinnschwelle ... 186
Gini-Koeffizient ... 186
Granularitätsindex ... 186
Herfindahl-Index ... 186
Hierarchie-Tiefe ... 186

Hirschmann-Herfindahl-Index 187
Impressionen 187
Individualisierungsgrad (in %) 187
Innovationsquote (in %) 187
Insolvenzquote (in %) 187
Insolvenzvolumen, kumuliertes (in % oder in EUR) 187
Intensivbetreuungsanteil (in %) 190
IRB-Ansatz, fortschrittlicher 190
IRB-Basisansatz 190
IT-Ausfallquote (in %) 190
IT-Zuverlässigkeit (in %) 193
Jahresergebnis (in EUR) 193
Jahresfehlbetrag (in EUR) 195
Jahresüberschuss (in EUR) 195
Kapitaldienstfähigkeit (in EUR) 199
Kapitalkosten (in %) 202
Kapitalrentabilität (in %) 202
Klickrate (in %) 202
Know-how-Träger-Quote (in %) 203
Kongruenzfinanzierungsgrad (in %) 205
Konkurrenzstruktur (in %) 207
Kontakthäufigkeit 207
Kontaktzeit beim Kunden (in %) 209
Kontaktquote (in %) 209
Konversionsrate (in %) 210
Konzentrationsgrad (in %) 212
Konzentrationsindex (in %) 212
Kosten-Ertrags-Quote (in %) 217
Krankenquote (in %) 217
Krankheitsquote (in %) 217
Krankheitstage, durchschnittliche 221
Kreditversicherungsquote (in %) 221
Kundenabwanderungsquote (in %) 221
Kundenaufwandsindex (in Schulnoten) 221
Kundenbilanz 224
Kundenbindungskosten (in EUR) 226
Kundenbindungsrate (in %) 229
Kundendichte (in %) 229
Kundendurchdringungsrate (in %) 232
Kundenentwicklung (in %) 234
Kundenfluktuation (in %) 234

Kundenkonzentration (in %) 234
Kundenloyalitätsindex (in %) 235
Kundenpenetrationsquote (in %) 240
Kundenstruktur 240
Kundentreueindex (in %) 240
Kundenwert (in EUR) 240
Kundenzufriedenheit (in Schulnoten) 240
Lastschriftenquote (in %) 247
Leasing Value Added (in EUR) 248
Leasingvermögen (in EUR) 250
Leitungsspanne (in Anzahl der Mitarbeiter) 250
Leverage-Faktor (in %) 252
Lieferunfähigkeit Lieferant (in %) 252
Limitauslastung (in %) 253
Liquiditätsgrad (in %) 255
Liquiditätskoeffizient (in %) 255
Liquiditätspuffer (in EUR) 255
Liquiditätsreichweite (in Monaten) 257
Liquidity at Risk (in EUR) 259
Liquidity Value-at-Risk (in EUR) 259
Lohnkostenquote (in %) 259
Loss Given Default (in %) 259
Lost Customers-Quote 259
Lost Offer Index (in %) 259
Loyalitätsindex (in %) 259
Mahnstufenindex (in % oder in EUR) 263
Mahnungsquote (in %) 265
Malusquote (in %) 265
Markenbekanntheitsindex (in %) 267
Marktanteil (in %) 270
Marktanteilsentwicklung (in %) 273
Marktausschöpfung (in %) 273
Marktdurchdringungsgrad (in %) 274
Markteintrittsbarrieren-Index 276
Marktmacht 278
Marktpenetrationsindex 278
Marktpotenzial (in EUR) 278
Marktsättigungsgrad (in %) 281
Marktschrankenindex 283
Marktvolumen (in EUR) 283
Marktwachstum (in %) 285

Mehrarbeitsquote (in %) ... 287
Meldevolumen Millionenkredite (in EUR) ... 287
Mindestbarwertmarge (in % oder in EUR) ... 288
Mindestumsatz Werbemaßnahme (in EUR) ... 290
Minuskundenquote (in %) ... 290
Mitarbeiterfluktuation (in %) ... 292
Mitarbeiterloyalität (in %) ... 292
Mitarbeiterzufriedenheit (in % oder in Schulnoten) ... 295
Mobbingquote (in %) ... 299
Mobilitätsindex des Vertriebs ... 299
Modifikationsquote getroffener Entscheidungen (in %) ... 299
Mund-Propagandaquote, positive (in %) ... 299
Nachmieterlöse (in EUR) ... 303
Nachwuchsförderungsquote (in %) ... 305
Net Promoter Score (in %) ... 305
Netto-Umlaufvermögen (in EUR) ... 307
Neuabschlussvolumen (in EUR) ... 307
Neugeschäft, aktiviertes (in EUR) ... 307
Neugeschäft, kontrahiertes (in EUR) ... 307
Neukundenakquisitionsquote ... 307
Neukundenquote (in %) ... 307
Neukundenterminquote (in %) ... 310
Neuvertragsvolumen, kontrahiertes (in EUR) ... 312
Nullkundenquote (in %) ... 315
Nutzungsrate der Kontaktmedien (in %) ... 318
Öffnungsrate (in %) ... 320
Offene Posten (in EUR) ... 323
Offene Posten, Durchschnittsalter (in Tagen) ... 326
Operate-Leasing-Quote (in %) ... 326
Operating-Leasing-Quote (in %) ... 329
Operational Value-at-Risk (in EUR) ... 329
Outsourcingquote (in %) ... 329
Personalaufwandsquote (in %) ... 333
Personalbeschaffungskosten je Eintritt (in EUR) ... 333
Personalentwicklungsaufwendungen je Mitarbeiter (in EUR) ... 335
Personalkosten je Mitarbeiter (in EUR) ... 335
Personalkostenintensität (in %) ... 335
Potenzialausschöpfung (in %) ... 337
Potenzialkundenquote (in %) ... 340
Präsenzzeit beim Kunden (in %) ... 342
Probability of Default (in %) ... 342

Produktivität (in EUR oder in %) ... 342
Prognosegüte (in %) ... 345
Provisionsquote (in %) ... 348
Prozesskosteneffizienz, digitale (in % oder in EUR) ... 350
Prozessverbesserungsquote (in %) ... 350
Qualifikationsindex (in %) ... 350
Qualifikationsniveau der Mitarbeiter ... 353
Qualitätsindex (in %) ... 353
Ratingmigrationsindex (in Ratingklassen) ... 357
Reaktivierungsquote (in %) ... 359
Rechnungsabgrenzungsposten, passiver (in EUR) ... 361
Regioindex ... 361
Reichweite ... 361
Reisestrecke je Besuchstermin, durchschnittliche (in km) ... 361
Rendite (in %) ... 361
Rentabilität (in %) ... 361
Responserate (in %) ... 361
Restlaufzeit der Leasingverträge, durchschnittlich gewichtete (in Monaten) ... 362
Restobligo (in EUR) ... 364
Restwert, kalkulierter (in %) ... 366
Restwert-Marktwert-Quotient (in %) ... 369
Restwertquote, verdeckte (in %) ... 369
Restwertrisiko ... 369
Retention Rate (in %) ... 369
Return on Capital Employed (ROCE) (in %) ... 369
Return on Equity (RoE) (in %) ... 371
Return on Investment (RoI) (in %) ... 372
Revisionsquote getroffener Entscheidungen (in %) ... 372
Risikoadjustierte Performancemaße (in %) ... 375
Risikoadjustierte Preisbildung ... 377
Risikodeckungsmasse ... 378
Risikodeckungspotenzial ... 378
Risikotragfähigkeitsindex (in %) ... 378
Risk Adjusted Performance Measures (in %) ... 382
Risk Adjusted Pricing ... 382
Risk Return Ratio ... 382
Rückgewinnungsquote (in %) ... 382
Rückkaufquote ... 382
Rücklastschriftquote ... 383
Rücklastschriftvolumen (in EUR) ... 383

Rückstellungsquote (in %) ... 385
Rückstellungsstruktur (in %) ... 388
Rückzahlungsquote (in %) ... 388
Sale-and-Lease-Back-Quote (in %) ... 391
Schadensfallanteil operationeller Risiken (in EUR oder in %) ... 393
Self-Service-Ratio (in %) ... 396
Servicegrad (in %) ... 398
Share of Wallet (in %) ... 401
Small-Ticket-Leasing-Quote (in %) ... 401
Stammkundenquote (in %) ... 401
Standardausfallkosten (in EUR) ... 402
Stundungsvolumen (in EUR) ... 402
Substanzwert nach dem BDL-Schema (in EUR) ... 404
Taggenaue Abwicklung (in %) ... 409
Teilzeitquote ... 409
Terminationsquote (in %) ... 409
Termintreue (in %) ... 411
Ticketindex (in %) ... 413
Time to Market ... 415
Total Blackout Index (in Stunden) ... 415
Trafficquellenquote (in %) ... 417
Überfällige Posten (in EUR) ... 419
Überfällige Zahlungen (in % oder in EUR) ... 419
Überstundenquote (in %) ... 420
Überwälzungsquote (in %) ... 422
Umsetzungsquote der Verbesserungsvorschläge (in %) ... 424
Unexpected Loss (in EUR) ... 425
User Experience ... 425
Value-at-Risk (in EUR) ... 429
variabler Vergütung, Mitarbeiter mit (in %) ... 432
Verbesserungsvorschlagsquote (in %) ... 432
Vereinfachte Bonitätsprüfung ... 435
Verfügbarkeitsindex im Vertrieb (in %) ... 435
Vergütung, variable (in %) ... 437
Veritätsschadensquote (in %) ... 437
Verkaufsförderungsintensität (in %) ... 440
Verlorene Kunden ... 442
Verlust, erwarteter (in EUR) ... 442
Verlust, unerwarteter (in EUR) ... 445
Vermietvermögen (in EUR) ... 447
Vermittlerquote (in %) ... 449

Verschuldungsgrad, dynamischer (in Jahren) 451
Verschuldungskapazität (in EUR) 451
Versorgungssicherheit 454
Vertriebskanalquote (in %) 454
Vertriebskosten (in EUR oder in %) 454
Vertriebskostenstruktur (in %) 457
Vertriebsqualität (in % oder in Schulnoten) 457
Vertriebswegequote (in %) 460
Vertriebszeit, aktive 463
Verweildauer, durchschnittliche 463
Verwertungserlöse (in % oder in EUR) 466
Verwertungsmindererlöse (in % oder in EUR) 470
Vollamortisationsquote (in %) 470
Vorhersagegüte (in %) 472
Vorschlagsquote (in %) 472
Weighted Average Cost of Capital (in EUR) 475
Weiterbildungskosten (in EUR) 475
Weiterbildungsquote (in %) 475
Weiterempfehlungsquote (in %) 475
Werbe-Konversionsrate (in %) 475
Werbekosten je Kunde/Vertrag 475
Werberendite (in % oder in EUR) 475
Wertberichtigungsquote (in %) 478
Werthaltigkeitsindex (in %) 480
Wettbewerbsintensität (in %) 483
Working Capital (in EUR oder in %) 486
Working Capital Ratio 488
Zahlungen, überfällige (in % oder in EUR) 488
Zahlungsrückstandsquote bei Sachversicherungen (in %) 488
Zeiteffizienz, digitale (in %) 488
Zielvereinbarung, Mitarbeiter mit individueller (in %) 488
Zinsfuß, interner (in %) 488
Zinssatz, effektiver (in %) 489
Zinssatz, interner (in %) 489
Zinsspread (in %) 492
Zurückgewinnungsquote (in %) 493
Zuwanderungsquote (in %) 493
Zweitvertragsquote (in %) 494

Literaturverzeichnis

Anders U (2000) *RAROC – ein Begriff, viel Verwirrung. Die Bank, o. Jg. 5/2000, S.314-317.*

Basel Committee on Banking Supervision (2013) *Principles for effective risk data aggregation and risk reporting („BCBS 239") vom Januar 2013. http://www.bis.org/ publ/ bcbs239.pdf. Zugriff: 26.07.2020.*

Becker G, Everling O (2010) *Debitorenrating. Gabler Springer, Wiesbaden.*

Becker T (2007) *Effektives Vertriebscontrolling durch strukturierte Datenbestände. Zeitschrift für das gesamte Kreditwesen, 60.Jg. 2/2007, S.13-14.*

Behle C, vom Hofe R (2006) *Handbuch Außendienst. mi-Fachverlag, Redline, Landsberg am Lech.*

Behringer S (2011) *Konzerncontrolling. Springer, Berlin/Heidelberg.*

Bender H (2001) *Kompakt-Training Leasing. Kiehl, Ludwigshafen.*

Börner C, Everling O, Soethe R (2008) *Kauf, Miete und Leasing im Rating. Gabler, Wiesbaden.*

Botthof H-J, Hölzl F, Raslan N (2008) *Wie Zahlen wirken. Haufe, München.*

Bruhn M (1995) *Internes Marketing als Baustein der Kundenorientierung. Die Unternehmung, 49.Jg. 6/1995, S.381-402.*

Bühner R (2004) *Betriebswirtschaftliche Organisationslehre, 10. Aufl. Oldenbourg, München.*

Bundesanstalt für Finanzdienstleistungsaufsicht (BaFin; 2017) *Mindestanforderungen an das Risikomanagement (MaRisk), Fassung vom 27.10.2017, Bonn.*

Bundesverband Deutscher Leasing-Unternehmen e.V. (BDL; 2010) *Substanzwertrechnung für Leasing-Gesellschaften unter HGB und IFRS, Berlin.*

Bundesverband Deutscher Leasing-Unternehmen e.V. (BDL; 2011) *Pressemitteilung vom 23.11.2011 – Leasing-Branche realisiert 2011 Investitionen für knapp 50 Mrd. Euro, Frankfurt.*

Bundesverband Deutscher Leasing-Unternehmen e.V. (BDL; 2015) *Leasing in Deutschland 2015. Eine Marktstudie von TNS Infratest im Auftrag des BDL, Berlin. Carlsen S-O (1994) Kurz und bündig zum Leasing-Profi. NM, München.*

Bundesverband Deutscher Leasing-Unternehmen e.V. (BDL; 2019) *Zahlen & Daten zum Leasing-Markt im Jahr 2019. https://bdl.leasingverband.de/internet/downloads/ Broschueren/fact-sheet-leasing-markt.pdf. Zugriff: 26.07.2020*

Burkert M (2008) *Qualität von Kennzahlen und Erfolg von Managern: Direkte, indirekte und moderierende Effekte. Gabler, Wiesbaden.*

Chrubasik B, Hellen H-H (2010) *Risikoorientierte Gesamtleasingsteuerung – Ein systematischer und konzeptioneller Ansatz. In: Nemet M (2010) Risikomanagement für Leasinggesellschaften. Logopublix, München, S. 350–405.*

Cottin C, Döhler S (2009) *Risikoanalyse. Vieweg+Teubner, Wiesbaden.*

Crenze U (2015) *Big Content – und die Rolle von Enterprise Search & Analytics. Wissensmanagement, 17.Jg., 5/2015, S.32-33.*

C. Glaser, *Leasing A – Z*, https://doi.org/10.1007/978-3-658-31839-0

Detroy E-N, Behle C, vom Hofe R (2007) *Handbuch Vertriebsmanagement, mi-Fachverlag/Redline, Landsberg am Lech.*

Diemer R, Hertel G (1996) *Durch interne zur externen Kundenzufriedenheit. Ein Beitrag zur Entwicklung der Personalqualität. Qualität und Zuverlässigkeit, 41. Jg., 4/1996, S.375-378.*

Dietzel M, Hortmann S (2009) *Klare Sicht auf die Dinge. Die Bank, o. Jg., 11/2009, S.64-69.*

Dixon M, Freeman K, Toman N (2010) *Stop Trying to Delight Your Customers. Harvard Business Review, 07-08/2010. https://hbr.org/2010/07/stop-trying-to-delight-your-customers. Zugriff: 26.07.2020.*

Duderstadt S (2006) *Wertorientierte Vertriebssteuerung durch ganzheitliches Vertriebscontrolling. GWV, Wiesbaden .*

Edwards B (2010) *A Useful Guide to Customer Service. Pansophix, Essex.*

Florack A, Scarabis M, Primosch E (2012) *Psychologie der Markenführung. Vahlen, München.*

Foitzik O (2015) *Big Data: Suchst du noch oder arbeitest du schon? Wissensmanagement, 17.Jg., 5/2015, S.36-38.*

Friedag H, Schmidt W (2004) *My Balanced Scorecard, 3. Aufl. Rudolf Haufe, Freiburg i. Br.*

Ginsburg J et al (2009) *Detecting Influenza Epidemics Using Search Engine Query Data, Nature, Bd. 457, S.1012 ff. http://www.nature.com/nature/journal/v457/n7232/full/nature07634.html. Zugriff: 26.07.2020.*

Gladen W (2014) *Performance Measurement – Controlling mit Kennzahlen. 6. Aufl. Springer Gabler, Wiesbaden.*

Glaser C (2011) *Anti-Fraud-Management als Drahtseilakt zwischen Kundenbeziehung und Kriminalitätsbekämpfung, Erfahrungsbericht einer Leasinggesellschaft (Teil 2). Risiko Manager, o. Jg. 21/2011 , S.16-22.*

Glaser C (2011) *Aufbau einer Schadensfalldatenbank für operationelle Risiken, Erfahrungsbericht einer Leasinggesellschaft. FLF Finanzierung, Leasing, Factoring, 58. Jg., 4/2011, S.167-173.*

Glaser C (2011) *Das Risikoinventar als Basis für die Risikosteuerung, Erfahrungsbericht einer Leasinggesellschaft. FLF Finanzierung, Leasing, Factoring, 58. Jg., 3/2011, S.109-113.*

Glaser C (2011) *Stresstests - Die Kür im Risikomanagement, Erfahrungsbericht einer Leasinggesellschaft (Teil 1). Risiko Manager, o. Jg. 13/2011, S.1,8-13.*

Glaser C (2011) *Stresstests - Die Kür im Risikomanagement, Erfahrungsbericht einer Leasinggesellschaft (Teil 2). Risiko Manager, o. Jg. 14/2011, S.18-13.*

Glaser C (2011)*Anti-Fraud-Management als Drahtseilakt, Erfahrungsbericht einer Leasinggesellschaft (Teil 1). Risiko Manager, o. Jg. 21/2011, S.1,6-13.*

Glaser C (2012) *Am Anfang steht die Gefährdungsanalyse. Bank & Compliance, o. Jg. Newsletter September 2012, S.2-4.*

Glaser C (2012) *Auslagerungsinventur für Leasinggesellschaften. FLF Finanzierung, Leasing, Factoring, 59. Jg., 5/2012, S.204-208.*

Glaser C (2012) *Das Management von Risikokonzentrationen im Leasing-Geschäft – Häufig eine versteckte Gefahr. FLF Finanzierung, Leasing, Factoring, 59. Jg., 2/2012, S.60-65.*

Glaser C (2012) *Die Gefährdungsanalyse gemäß §25c KWG (Teil 1).Risiko Manager, o. Jg. 6/2012, S.18-27.*

Glaser C (2012) *Die Gefährdungsanalyse gemäß §25c KWG (Teil 2). Risiko Manager, o. Jg. 7/2012, S.12-22.*

Glaser C (2012) *Die Kunst der Kennzahlensteuerung. FAZ Leasing Spezial vom 17.10.2012, Nr.242, S.V3.*

Glaser C (2012) *Frühwarnindikatoren im Risikomanagement – Bedeutung und Identifikation (Teil 1). Risiko Manager, o. Jg. 16/2012, S.1, 6-11.*

Glaser C (2012) *Frühwarnindikatoren im Risikomanagement – Bedeutung und Identifikation (Teil 2). Risiko Manager, o. Jg. 17-18/2012, S.22-28.*

Glaser C (2012) *Nutzenpotenziale und Grenzen einzelrisikobezogener Limit-systeme – Überlegungen zur Anwendung bei Leasing-Gesellschaften. FLF Finanzierung, Leasing, Factoring, 59. Jg., 1/2012, S.34-38.*

Glaser C (2012) *Ohne Zahlen geht nichts, in: Handelsblatt Online vom 25.04.2012. http://www.handelsblatt.com/unternehmen/leasing/steuerung-von-leasing-gesellschaften-ohne-zahlen-geht-nichts/6548118.html. Zugriff: 26.07.2020.*

Glaser C (2012) *Strategieprozess vor dem regulatorischen Hintergrund. FLF Finanzierung, Leasing, Factoring, 59. Jg., 3/2012, S.130-136.*

Glaser C (2013) *Auf dem Weg zu neuen Ufern heißt es: Regeln beachten - Praktische Umsetzung des Neue-Produkte-Prozesses. FLF Finanzierung, Leasing, Factoring, 60. Jg., 2/2013, S.61-65.*

Glaser C (2013) *Compliance-Anforderungen für Finanzdienstleister. ZfgK Zeitschrift für das gesamte Kreditwesen, 66. Jg., 03/2013, S.1, 6-11.*

Glaser C (2013) *Die Steuerung von Asset-Risiken im Leasinggeschäft. FLF Finanzierung, Leasing, Factoring, 60. Jg., 3/2013, S.108-113.*

Glaser C (2013) *Einfluss- und Konsistenzmatrizen zur Validierung und Kalibrierung von Stresstests. Risiko Manager, o. Jg. 02/2013, S.1, 6-10.*

Glaser C (2013) *Inverse Stresstests vs. „klassische" Stresstests. FLF Finanzierung, Leasing, Factoring, 60. Jg., 4/2013, S.157-162.*

Glaser C (2013) *Wettbewerbsfaktor Vertrieb bei Finanzdienstleistern – Ein ganzheitliches Konzept zur Sales Excellence, Springer Gabler Verlag, Wiesbaden 2013.*

Glaser C (2015) *Der Dreiklang aus Governance, Risk und Compliance. ZRFC Zeitschrift Risk, Fraud & Compliance, 10. Jg., 2/2015, S.54-59.*

Glaser C (2015) *Risikomanagement im Leasing – Grundlagen, rechtlicher Rahmen und praktische Umsetzung, Springer Gabler Verlag, Wiesbaden 2015.*

Glaser C (2015) *Welche Irrtümer sich hartnäckig halten. Bankmagazin, 23. Jg., 6/2015, S.24-27.*

Glaser C (2017) *Risikomanagement für kleine und mittelständische Finanzdienstleister. Risiko Manager, o. Jg., 4/2017, S.32-39.*

Glaser C (2017) *Vertriebssteuerung von Finanzdienstleistern als Schlüssel zum Erfolg. Sales Excellence als zentraler Wettbewerbsvorteil. FLF Finanzierung Leasing Factoring, 64. Jg., 6/2017, S. 266-269.*

Glaser C (2017) *Risikomanagement für Finanzdienstleistungsinstitute und Leasinggesellschaften. Compliance & Risk Newsletter Creditreform, 4/2017, S.5-7.*

Glaser C (2018) *Key Performance Indikatoren im Risikomanagement. Ein KPI-System zur ganzheitlichen Umsetzung in Leasing-Gesellschaften. FLF Finanzierung Leasing Factoring, 65. Jg., 2/2018, S.70-75.*

Glaser C (2018) *Risikofaktoren im Leasing und deren ganzheitliches Management. Ergebnisse einer empirischen Studie kleiner und mittelständischer Unternehmen. FLF Finanzierung Leasing Factoring, 65. Jg., 5/2018, S.210-217.*

Glaser C (2019) *Mit Vertriebs-Controlling aktiv steuern. Controlling & Management Review, 63. Jg., 1/2019, S.30-36.*

Glaser C (2019) *Den Vertrieb mit Controlling aktiv steuern. Sales Excellence, o. Jg., 4/2019, S.20-23.*

Glaser C (2019) *Risiko im Management. Zur Konstruktion belastbarer Risikomodelle. FLF Finanzierung Leasing Factoring, 66. Jg., 6/2019, S.29-33.*

Glaser C (2020) *Risiko im Management. Controller Magazin, 45. Jg., 1/2020, S.38-44.*

Glaser C (2020) *100 Fehler, Irrtümer, Verzerrungen und wie man sie vermeidet. Der Bank Blog, 28.05.2020. https://www.der-bank-blog.de/risiko-im-management/buchtipps/37665324/. Zugriff: 26.07.2020.*

Glaser C (2020) *Covid-19 und Management in Unternehmen - Nichts wird mehr so sein, wie es war! RiskNet, 19.06.2020. https://www.risknet.de/themen/risknews/covid-19-und-management-in-unternehmen/. Zugriff: 26.07.2020.*

Glaser C (2020) *Covid-19: Nichts wird mehr so sein, wie es war – auch im Management?! Compliance & Risk Newsletter Creditreform, II/2020, S.2-4. https://www.creditreform-compliance.de/fileadmin/Compliance_and_Risk_Newsletter_022020.pdf. Zugriff: 26.07.2020.*

Gleich R, Munck J C (2018) *Die richtigen Kennzahlen optimal nutzen. Haufe, München.*

Götz V, Rigamonti A (2015) *1 + 1 ≠ 2. Informationsvisualisierung: Missbrauch und Möglichkeit. Avedition, Stuttgart.*

Hafner N (2018) *Customer Experience Management – revisited! Acquisa, 66. Jg., 02/2018, S.52-62.*

Hagenmüller K, Stoppok G (1988) *Leasing-Handbuch für die betriebliche Praxis, 5. Aufl. Fritz Knapp, Frankfurt/Main.*

Heesen B, Gruber W (2009) *Bilanzanalyse und Kennzahlen, 2. Aufl. GWV, Wiesbaden.*

Hellen H-H, Christopeit N (2008) *Kennzahlen für Leasing-Unternehmen, Cost Income Ratio und Return on Equity. FLF Finanzierung, Leasing, Factoring, 55. Jg., 4/2008, S.166-167.*

Henkening A, Bluhm C, Fahrmeir L (2006) *Kreditrisikomessung: Statistische Grundlagen, Methoden und Modellierung. Springer, Berlin/Heidelberg.*
Herzog D (2007) *30 Minuten für die OnePage-Methode. Gabal, Offenbach.*
Hichert R (2005) *Prof. Dr. Rolf Hichert zum Thema Managementberichte „Die Botschaft ist wichtiger als der Inhalt". Is report 06/2005, 9.Jg., S.16-19.*
Hichert R (2013) *Schreckenskeller. Verfügbar unter: http://www.hichert.com/de/consulting/kommunikationsformen/73. Stand: 07.01.2013 via https://web.archive.org/web/20130107070219/http://www.hichert.com/de/consulting/kommunikationsformen/73. Zugriff: 26.07.2020.*
Hock K, Frost H (1993) *Ratgeber Leasing. Haufe, Freiburg.*
Hoffjan A (2009) *Internationales Controlling. Schäffer-Poeschel, Stuttgart.*
Horváth P, Gleich R, Seiter M (2015) *Controlling. 13. Aufl. Vahlen, München.*
Hügens T (2008) *Balanced Scorecard und Ursache-Wirkungsbeziehungen. GWV, Wiesbaden.*
Jung H (2007) *Controlling, 2. Aufl. Oldenbourg, München.*
Klein A (2013) *Soft Skills für Controller. Haufe, München.*
Klein A (2018) *Controllinginstrumente mit Excel umsetzen. Haufe, München.*
Klement J (2007) *Kreditrisikohandel, Basel II und interne Märkte in Banken. GWV, Wiesbaden .*
Kotler P (2003) *Marketing Management, 11th Ed. Pearson, New Jersey.*
Kratzer J, Kreuzmair B (2002) *Leasing in Theorie und Praxis, 2. Aufl. Gabler, Wiesbaden .*
Krause H-U, Arora D (2008) *Controlling-Kennzahlen – Key Performance Indicators. Oldenbourg, München.*
Kriebernegg P C, Meyer H (2013) *Wie individuell müssen Management-Diagramme sein, um zweckmäßig zu sein? Wirtschaftspsychologie 2-3/2013, 21. Jg., S.82-91.*
LifePR (2009) *Wo Kunden am meisten kosten. Sopra Steria vom 03.09.2009. https://www.lifepr.de/inaktiv/steria-mummert-consulting-ag/Wo-Kunden-am-meisten-kosten/boxid/121201. Zugriff: 26.07.2020.*
Link J, Seidl F (2009) *Kundenabwanderung. GWV, Wiesbaden.*
Matzke H (2018) *Kennzahlen: Gemeinsame Entwicklung sorgt für Akzeptanz und hohe Nutzungsgrade. In: Gleich R, Munck J C (2018) Die richtigen Kennzahlen optimal nutzen, S.217-234. Haufe, München.*
Meier A (2019) *Überblick Analytics: Methoden und Potenziale. HMD Praxis der Wirtschaftsinformatik, 5/2019, 56. Jg., S.885-899.*
Mensch G (2008) *Finanz-Controlling, 2. Aufl. Oldenbourg, München.*
Minto B (2001) *The Pyramid Principle, 3. Aufl. Prentice Hall, New York.*
Natrapei I (2020) *Was ist der CES (Customer Effort Score)? vom 29.01.2020. https://blog.hubspot.de/service/ces-customer-effort-score. Zugriff: 26.07.2020.*
Nemet M, Ulrich P-O (2010) *Substanzwertrechnung – Anwendungs-bereiche und Weiterentwicklung. FLF Finanzierung Leasing Factoring, 57. Jg., 3/2010, S.123-130.*

Newsletter2Go (2018) *https://www.newsletter2go.de/wp-content/uploads/sites/2/2018/08/Branchen_Benchmark_2018_Newsletter2Go.pdf. Zugriff: 26.07.2020.*

Nier H (2016) *Facebook fesselt seine Nutzer am stärksten vom 16.03.2016. https://de.statista.com/infografik/4519/zeit-pro-tag-in-sozialen-netzwerken/. Zugriff: 26.07.2020.*

Ossola-Haring C (2006) *Handbuch Kennzahlen zur Unternehmensführung. mi-Fachverlag, Landsberg am Lech.*

Pollmann R, Rühm P (2007) *Controlling Berichte professionell gestalten. Haufe, München.*

Porter M (2008) *Wettbewerbsstrategie, Methoden zur Analyse von Branchen und Konkurrenten, 11. Aufl. Campus, Frankfurt/Main.*

Posluschny P (2007) *Die wichtigsten Kennzahlen. Redline Wirtschaft, Heidelberg .*

Proudfoot A (2009) *Sales Effectiveness, A study of international sales force performance. https://static1.squarespace.com/static/5006b364e4b09ef-2252d3129/t/5260ee69e4b09953de147be7/1382084201441/sales+effectiveness+report.pdf. Zugriff: 26.07.2020.*

Preissler P (2008) *Betriebswirtschaftliche Kennzahlen. Oldenbourg, München.*

Price B, Jaffe D (2011) *The Best Service is No Service: How to Liberate Your Customers from Customer Service, Keep Them Happy & Control Costs. Jossey-Bass, San Francisco.*

Price B, Jaffe D (2011) *The Best Service is no Service. Jossey-Bass, San Francisco.*

Pufahl M (2006) *Vertriebscontrolling, 2. Aufl. Gabler, Wiesbaden.*

Reichmann (2006) *Controlling mit Kennzahlen und Management-Tools. Die systemgestützte Controlling-Konzeption. 7. Aufl. Vahlen, München.*

Reichmann T, Kissler M (2009) *Das RL-Konzern-Kennzahlensystem. Controlling – Zeitschrift für erfolgsorientierte Unternehmenssteuerung, 21. Jg., 04-05/2009, S.205-212.*

Reinecke S, Tomczak T (2006) *Handbuch Marketingcontrolling, 2. Aufl. Gabler, Wiesbaden.*

Riebell C (2015) *Die Praxis der Bilanzauswertung. 10. Aufl. Deutscher Sparkassen Verlag, Stuttgart.*

Romeike F, Erben R (2002) *Risiko-Management-Infomations-Systeme – Potenziale einer umfassenden IT-Unterstützung des Risk-Managements. In:* **Pastors P (2002)** *Risiken des Unternehmens – vorbeugen und meistern. Rainer Hampp, München und Mering, S. 551–580.*

Rosenfelder M (2018) *Die SUCCESS REGELN von Prof. Dr.-Ing. Rolf Hichert. https://www.controlling-strategy.com/hichert-success-regeln.html. Zugriff: 26.07.2020.*

Schäfer M (2009) *Orientierung am Risiko-Chancen-Kalkül. Ein Ansatz zur Weiterentwicklung des Gesamtbanksteuerungskonzepts. Betriebswirtschaftliche Blätter, 58. Jg., 4/2009, S. 195–199.*

Scharnbacher K, Kiefer G (2003) *Kundenzufriedenheit, 3. Aufl. Oldenbourg, München.*

Scherpereel P (2006) *Risikokapitalallokation in dezentral organisierten Unternehmen. GWV, Wiesbaden.*

Schlottmann F, Wimmer K (2019) *Kennzahlenorientierte Banksteuerung und Pareto-orientierte Steuerung von strategischen Kennzahlen. Risiko Manager, o. Jg., 02/2019.*

Schmeisser W, Eckstein P, Boche M (2009) *Bankcontrolling mit Kennzahlen. Rainer Hampp, München u. Mering.*

Schneider C, Stahl K-U, Wiener A (2016) *Managementberichte gekonnt visualisieren. Standards und Design-Grundsätze für ein aussagekräftiges Reporting. Haufe, München.*

Schneider W, Hennig A (2008) *Lexikon Kennzahlen für Marketing und Vertrieb – Das Marketing-Cockpit von A-Z, 2. Aufl. Springer, Berlin/Heidelberg.*

Schneyer W (2007) *Kennzahlen für die Personalentwicklung. GWV, Wiesbaden.*

Sendinblue (2020) *Klickraten & Öffnungsraten im E-Mail Marketing – Der große Branchen-Benchmark vom 03.04.2020. https://de.sendinblue.com/blog/klickraten-oeffnungsraten-newsletter-benchmark/?rtype=n2go. Zugriff: 26.07.2020.*

Statista (2020) *Falldauer von Arbeitsunfähigkeit in Deutschland nach Altersgruppen bis 2018, vom 19.06.2020. https://de.statista.com/statistik/daten/studie/77731/umfrage/arbeitsunfaehigkeit-falldauer-nach-altersgruppen/. Zugriff: 26.07.2020.*

Stauss B (2000) *Perspektivenwandel: Vom Produkt-Lebenszyklus zum Kundenbeziehungs-Lebenszyklus. Thexis – Fachzeitschrift für Marketing, 17. Jg., 2/2000, S.15-18.*

Stauss B (2006) *Grundlagen und Phasen der Kundenbeziehung – Der Kundenbeziehungs-Lebenszyklus.* **Wilde K (2006)** *Grundlagen des CRM – Konzepte und Gestaltung, 2. Aufl. GWV, Wiesbaden, S.420-S.429, S.434.*

Steiner M, Wenninger C, Willinsky C (2002) *Value-at-Risk-Schätzung bei Optionen. Financial Markets and Portfolio Management, 16. Jg., 1/2002, S.69-87.*

Tompkins N (1992) *Employee satisfaction leads to customer service. HR-Magazine, Society for Human Resource Management, o. Jg. 11/1992, S.93-95.*

Vollmuth H (2004) *Controlling-Instrumente, 4. Aufl. Haufe, Planegg/München .*

Vollmuth H (2008) *Controlling-Instrumente von A-Z, 7. Aufl. Haufe, Planegg/München.*

Vollmuth H, Zwettler R (2006) *Kennzahlen, Best-of-Edition. Haufe, Freiburg.*

Weaver J (1994) *Want customer satisfaction? Satisfy your employees first. HR-Magazine, Society for Human Resource Management, o. Jg. 2/1994, S.110-112.*

Weber J, Schäffer U (2008) *Einführung in das Controlling, 12. Aufl. Schäffer Poeschel, Stuttgart.*

Wegener B, Faupel C (2018) *Reporting Design, Ergebnisse einer aktuellen Studie und Ableitung von Handlungsbedarfen. Controller Magazin, Mai-Juni/2018, 43. Jg., S.4-8.*

Wolke T (2008) *Risikomanagement, 2. Aufl. Oldenbourg, München.*

Zelazny G (1996) *Wie aus Zahlen Bilder werden, 4. Aufl. Gabler, Wiesbaden.*

Zelazny G (2001) *Say it with Charts. 4. Aufl. McGraw Hill, New York.*

Zelazny G (2003) *Wie aus Zahlen Bilder werden. 5. Aufl. Gabler, Wiesbaden.*

Zeranski S (2006) *Liquidity at Risk – Messung und Steuerung von Zahlungsstromrisiken in Banken. Bank Praktiker, 2.Jg., 5/2006, S.252-257.*

Zerres C, Zerres M (2006) *Handbuch Marketing-Controlling, 3. Aufl. Springer, Berlin/ Heidelberg.*

Zumstein D, Gächter I (2016) *Digital Analytics – Strategien im digitalen Geschäft umsetzen und mit KPIs überprüfen. HMD Praxis der Wirtschaftsinformatik, 3/2016, 53. Jg., S.371-388.*

GPSR Compliance

The European Union's (EU) General Product Safety Regulation (GPSR) is a set of rules that requires consumer products to be safe and our obligations to ensure this.

If you have any concerns about our products, you can contact us on ProductSafety@springernature.com

In case Publisher is established outside the EU, the EU authorized representative is:

Springer Nature Customer Service Center GmbH
Europaplatz 3
69115 Heidelberg, Germany

Batch number: 10682368

Printed by Printforce, the Netherlands